दलीय घेरे के बाहर

यंग इंडियन के सम्पादकीय

चन्द्रशेखर

प्रस्तावना

पी.वी. नरसिम्हा राव

सम्पादक

ओम प्रकाश श्रीवास्तव

हरिवंश

अनुवादक

अशोक प्रियदर्शी

राजकमल प्रकाशन

THE QUEST, THE HURDLES : A Socialist Testament का अनुवाद

ISBN : 978-93-89577-42-6

मूल्य : ₹1195

पहला संस्करण : 2020

प्रकाशक : राजकमल प्रकाशन प्रा. लि.
1-बी, नेताजी सुभाष मार्ग, दरियागंज
नई दिल्ली-110 002

शाखाएँ : अशोक राजपथ, साइंस कॉलेज के सामने, पटना-800 006
पहली मंजिल, दरबारी बिल्डिंग, महात्मा गांधी मार्ग, इलाहाबाद-211 001
36 ए, शेक्सपियर सरणी, कोलकाता-700 017

वेबसाइट : www.rajkamalprakashan.com
ई-मेल : info@rajkamalprakashan.com

मुद्रक : यश प्रिंटोग्राफिक्स
नोएडा-201 301 (उत्तर प्रदेश)

DALEEYA GHERE KE BAHAR
by Chandra Shekhar
Edited by Om Prakash Shrivastava, Harivansh
Translated by Ashok Priyadarshi

प्रस्तावना

भारत में राजनीतिक पत्रकारिता की एक लम्बी परम्परा रही है। स्वतंत्रता आन्दोलन के दौरान उदारवादियों से लेकर क्रांतिकारी नेताओं तक, लगभग सभी ने अपने विचारों को जनता तक पहुँचाने के लिए अपनी पत्र-पत्रिकाएँ निकालीं। महर्षि अरविन्द, महात्मा गांधी, लाला लाजपत राय, लोकमान्य तिलक आदि ऐसे नाम हैं जिन्होंने अपने समय में राजनीतिक विचारों को बहुत प्रभावित किया, जिसके लिए उन्होंने अपने समाचार-पत्रों को माध्यम बनाया। इसके लिए उन्होंने ब्रिटिश शासकों का क्रोध भी झेला और अपने लेखन के लिए भारी कीमत चुकाई। उन लोगों के लिए पत्रकारिता एक मिशन और देशप्रेम के आन्दोलन का हिस्सा था।

कहने की जरूरत नहीं कि आज का हमारा समय बहुत भिन्न है। तकनीकी विकास के चलते पत्रकारिता में एक अलग रंग आ गया है। भारी पूँजी-निवेश के चलते आज वह एक उद्योग के रूप में फल-फूल रही है। इस पृष्ठभूमि में *यंग इंडियन* जैसी किसी विचारशील पत्रिका को देखकर सुखद आश्चर्य होता है, जिसने तीस से भी ज्यादा वर्षों का अपना जीवन तमाम उतार-चढ़ाव के साथ पूरा किया है। श्री चन्द्रशेखर ने *यंग इंडियन* (साप्ताहिक) का प्रकाशन 1970 में अपने कुछ कांग्रेसी साथियों के साथ शुरू किया था। इसका उद्देश्य उन कांग्रेसियों के दृष्टिकोण को व्यक्त करना था जो कांग्रेस पार्टी की कार्यशैली में एक आधारभूत बदलाव देखना चाहते थे। उन दिनों की घटनाओं से परिचित कोई भी व्यक्ति मानेगा कि श्रीमती इन्दिरा गांधी के नेतृत्व में उस समय की कांग्रेस एक मुश्किल दौर से गुजर रही थी और 1969 का विभाजन एक वैचारिक रंग लेकर आया था। लोकसभा के 1971 के आम चुनाव के दौरान श्रीमती गांधी बदलाव की भारी उम्मीदों की लहर पर चढ़कर आईं। स्वाभाविक ही था कि चन्द्रशेखर और उनके साथी-सहयोगी जनों ने इस दौरान श्रीमती गांधी का पूरे दिल से साथ दिया। लेकिन सामाजिक और आर्थिक परिवर्तनों का उनका लक्ष्य उनकी निगाहों में पूरी तरह स्पष्ट था। पत्रिका के इन अंकों से गुजरते हुए, जिसमें श्री चन्द्रशेखर के तत्कालीन सम्पादकीयों को संगृहीत किया गया है, शुरुआती सम्पादकीयों में खासतौर पर उम्मीद, अपेक्षा और भावी मोहभंग की चेतावनी को साफ देखा जा सकता है। इन्हें पढ़ते हुए हम

सम्पादक की दूरदृष्टि से चकित रह जाते हैं जब वे जे.पी. आन्दोलन के दौरान उभरते संकटों का विश्लेषण करते हैं। दुर्भाग्य से घटनाएँ एक त्रासद मोड़ पर मुड़ीं और जे.पी. तथा श्रीमती इन्दिरा गांधी के टकराव को किसी भी तरह टाला नहीं जा सका। आपातकाल, 'यंग इंडियन' का बन्द होना और चन्द्रशेखर की नजरबन्दी इधर की घटनाएँ हैं।

सन् 77 का जनता-प्रयोग और उसकी असफलता और श्रीमती गांधी की पुन: वापसी को भी नए सिरे से याद दिलाने की जरूरत नहीं है। श्रीमती गांधी को ब्लू स्टार ऑपरेशन की भारी कीमत चुकानी पड़ी। उनकी जघन्य हत्या और तदुपरान्त शोकाकुल माहौल में राजीव गांधी का प्रधानमंत्री बनना इस दौर की अन्य अहम घटनाएँ हैं। इसके बाद उम्मीदों ने पुन: सिर उठाया और 1984 के आम चुनाव में राजीव गांधी भारी बहुमत से वापस गद्दीनशीन हुए। लेकिन किसी वजह से वे लोगों की उम्मीदों को भाँप नहीं पाए और निराशा का दौर वापस आन खड़ा हुआ। इस पूरी अवधि के दौरान *यंग इंडियन* प्रकाशन में नहीं था। पंजाब समस्या के चलते चन्द्रशेखर बराबर अपने विचारों को व्यक्त करने की जरूरत महसूस करते रहे। इसी के चलते उन्होंने 1989 में *यंग इंडियन* का पुनर्प्रकाशन शुरू किया। पंजाब के मुद्दे पर उनके संतुलित विचारों को इन सम्पादकीयों में बखूबी देखा जा सकता है। लोकतंत्र का उच्चतम बिन्दु असहमति है। एक अर्थ में चन्द्रशेखर राजनीतिक परिदृश्य में एकाकी बने रहे। इन सम्पादकीयों से गुजरते हुए हम उनके बेबाक विचारों से रू-ब-रू होते हैं, जिनमें उन्होंने राजनीतिक दलों की आन्तरिक कार्यशैली पर प्रकाश डाला है। पार्टी के भीतर लोकतंत्र और अपनी नीतियों तथा सिद्धान्तों के प्रति ईमानदारी ऐसे कुछ मुद्दे हैं जिनकी शुरुआत चन्द्रशेखर जी ने *यंग इंडियन* के माध्यम से किया, और यह प्रक्रिया आज तक जारी है। धर्मनिरपेक्षता, स्वदेशी, आत्मनिर्भरता और भारत के जन-गण की आन्तरिक शक्ति में उनका यकीन इस पुस्तक में हमें हर पृष्ठ पर देखने को मिलते हैं।

वी.पी. सिंह की जनता दल सरकार अपने ही खिलाफ खड़ी एक विभाजित इकाई थी। भारतीय जनता पार्टी द्वारा समर्थन वापस ले लेने के बावजूद कुर्सी से चिपके रहना नैतिक आधार पर उनके लिए वाजिब नहीं था। इस मामले में चन्द्रशेखर ने बिना किसी संकोच के अपनी राय दी और वी.पी. सिंह से इस्तीफे की माँग की। इसे आप 4 नवम्बर, 1990 के उनके सम्पादकीय 'वी.पी. सिंह मस्ट क्विट' में पढ़ सकते हैं। वी.पी. सिंह सरकार के पतन के बाद विशेष परिस्थितियों में चन्द्रशेखर को प्रधानमंत्री बनना पड़ा। इसे लेकर वे किसी भ्रम में नहीं थे। उन्हें अपनी सीमाएँ पता थीं जिन्हें इस दौर के उनके सम्पादकीयों में साफ देखा जा सकता है। सन् 1991 में जब मैंने सत्ता सँभाली, देश की आर्थिक स्थिति बहुत खराब थी जिससे उबरने के लिए सरकार को कुछ महत्त्वपूर्ण फैसले लेना जरूरी था। इस सन्दर्भ में नई

आर्थिक नीतियों की शुरुआत की गई। जिन्हें बाद की सरकारों द्वारा भी किसी न किसी रूप में जारी रखा गया। इसमें दो राय नहीं कि कुछ गलत नतीजे भी सामने आए, मसलन पीएसयू इकाइयों का विनिवेश। चन्द्रशेखर ने इन नीतियों का विरोध बिलकुल शुरू से किया। इस विषय में उन्हें न कोई शंका थी, न कोई दुविधा। लेकिन आर्थिक विषयों की विवेचना सम्पादकीयों के दूसरे खंड में की गई है। इसलिए मैं यहाँ उस विषय में कोई टिप्पणी नहीं करूँगा।

इस पुस्तक में मुख्य रूप से राजनीतिक मुद्दों को लिया गया है—जो लगभग तीस वर्ष की अवधि को समेटते हैं। उनके सम्पादकीयों का एक तारतमिक स्वर सहमति है जिसके माध्यम से वे लगभग हर राष्ट्रीय मुद्दे को हल करने की कोशिश करते हैं। पंजाब समस्या हो, असम, जम्मू-कश्मीर, नक्सली हिंसा या राम जन्मभूमि विवाद, हर मसले पर वे एक द्विपक्षीय और सहमतिपरक निदान चाहते हैं। ऐसे कम ही नेता हैं जो देश की समस्याओं पर अपने विचार लिखकर प्रकट करना चाहते हैं क्योंकि इससे लेखक-विचारक अपने विचारों से बँध जाता है। वे नहीं लिखते क्योंकि इससे उन्हें अपने हितों और परिस्थितियों के अनुसार जब चाहे तब अपने विचार बदल लेने की सुविधा ही देती है। श्री चन्द्रशेखर इसके एक प्रमुख अपवाद हैं। इस खंड को पाठक शिक्षाप्रद, विचारोत्तेजक और रोचक पाएँगे। इसमें उन्हें देश के तीन महत्त्वपूर्ण और बहुवर्णी दशकों का परिचय मिलेगा जिसके दौरान *यंग इंडियन* का प्रकाशन हो रहा था। यह पुस्तक भी चन्द्रशेखर को एक निष्पक्ष और पूर्वग्रह-रहित राष्ट्रीय नेता के रूप में प्रक्षेपित करती है जिसके लिए राष्ट्रीय हित ही सर्वोपरि है—जिसके सामने बाकी हर चीज गौण है।

—पी.वी. नरसिम्हा राव
पूर्व प्रधानमंत्री, भारत

नई दिल्ली
दिनांक : 1 मार्च, 2004

यह संकलन : महत्त्व व उपयोगिता

यह पुस्तक चन्द्रशेखर के *यंग इंडियन* साप्ताहिक में छपे सम्पादकीयों का संकलन है। इसका हिन्दी अनुवाद हिन्दी के जाने-माने विद्वान अध्यापक प्रो. अशोक प्रियदर्शी (राँची) ने किया है। यह अनुवाद लगभग एक दशक बाद आपके सामने है। चन्द्रशेखर, गांधी, आचार्य नरेंद्र देव, लोहिया, जे.पी. युग की समृद्ध परम्परा की राह चलने वाले अग्रणी नेता थे। अपने विचारों, नीतियों और सिद्धान्तों के लिए उन्होंने *यंग इंडियन* साप्ताहिक पत्रिका निकाली। उस पत्रिका के सम्पादकीय, उस दौर में देश के बड़े अखबारों के हेडलाइन या सुर्खियाँ बनते रहे। अंग्रेजी में *यंग इंडियन* में छपे उनके सम्पादकीय दो खंडों में मौजूद हैं। पर हिन्दी में पहली बार यह संकलन, राजकमल प्रकाशन और भाई अशोक महेश्वरी के सौजन्य से आपके हाथों में है। अंग्रेजी में पहला खंड है, 'द क्वेस्ट,द हर्डल्स : ए सोशलिस्ट टेस्टामेंट', भाग-एक (The Quest, The Hurdles : A Socialist Testament, Vol. 1) इसमें राजनीतिक विषयों पर लिखे सम्पादकीय संकलित हैं। अंग्रेजी में इसकी भूमिका लिखी है, पूर्व प्रधानमंत्री पी.वी. नरसिंह राव ने। दूसरा खंड है,'द क्वेस्ट, द हर्डल्स : ए सोशलिस्ट टेस्टामेंट', भाग-दो (The Quest, The Hurdles : A Socialist Testament, Vol. 2) इसमें आर्थिक और विदेशी मामलों से जुड़े उनके लिखे सम्पादकीय हैं। इसकी भूमिका लिखी है, भारत के पूर्व राष्ट्रपति आर. वेंकटरमन ने। अंग्रेजी में दोनों खंड कोणार्क पब्लिशर्स लिमिटेड ने छापे हैं। हिन्दी संस्करण में ये दोनों संयुक्त हैं।

चन्द्रशेखर ने प्रजा समाजवादी पार्टी से हटाए जाने पर, जब कांग्रेस में पाँव रखा, तब इस घोषित शर्त पर (उन्होंने यह बात इन्दिरा जी से पहली मुलाकात में तब कही, जब श्रीमती गांधी ने पूछा, कांग्रेस में आकर आप क्या करेंगे?) कि या तो हम कांग्रेस को समाजवादी बनाएँगे या इसे तोड़ देंगे। इस तरह पहली नजर में उनके ये सम्पादकीय कांग्रेस की यथास्थितिवादी ताकतों (सिंडिकेट) के खिलाफ माने गए। पर देश की तत्कालीन परिस्थितियों के सन्दर्भ में बदलाव विरोधी ताकतों के खिलाफ, चन्द्रशेखर के अभियान का यह लेखन हिस्सा है। मुल्क में सामाजिक-आर्थिक प्रगति और राष्ट्रवादी सोच की नई ताकतवर धारा प्रस्फुटित हो, इस महाअभियान में वह लगे थे। उनके मकसद बड़े थे, इसलिए उन्होंने सत्ता की राह न अपनाकर नए

दौर के बदलाव की बुनियाद के लिए काम करना तय किया। समाज में ऐसी राजनीतिक चेतना प्रस्फुटित हो, इसके लिए अपने लेखन और अपनी पत्रिका को माध्यम बनाया। उन दिनों देश की आर्थिक, सामाजिक, विदेशी नीतियों वगैरह में बुनियादी बदलाव कहाँ और कैसे हो, इसका गम्भीर विश्लेषण इस लेखन में है। ये लेखन भारतीय राजनीति के शासक दल के तत्कालीन गम्भीर वैचारिक संघर्ष से भी जुड़े हैं। इन सम्पादकीयों में तब कांग्रेस के अन्दर आ रहे बदलाव का विश्लेषण भी है। राजनीति विज्ञानी मानते हैं कि आजादी के बाद कांग्रेस के अन्दर वैचारिक संघर्ष का जो श्रेष्ठ दौर आया, उसका श्रेय खासतौर से चन्द्रशेखर और युवा तुर्कों को है। कांग्रेस में चन्द्रशेखर बदलाव के वैचारिक मुद्दों की बात कर, पहचान बनाने वाले अल्पसंख्यक समूह से थे। कांग्रेस आलाकमान के पुजारी भी नहीं थे। इस कारण भारतीय राजनीति में वैचारिक बदलाव की भूमिका में चन्द्रशेखर के इन विचारों का खास महत्त्व है। भविष्य में जो लोग भी वैचारिक राजनीति का इतिहास जानना चाहेंगे या सामाजिक बदलाव के लिए विचारों की राजनीति के प्रति अपनी आस्था रखेंगे, उनके लिए यह संकलन, प्रेरक, उपयोगी और विचारसम्पन्न होगा।

यंग इंडियन की जरूरत के पीछे ऐतिहासिक सन्दर्भ था कि कांग्रेस आन्तरिक द्वन्द्व और वैचारिक तूफान के दौर से गुजर रही थी। युवा तुर्क समूह को लगा कि अपने विचार व्यक्त करने के लिए एक प्रकाशन की जरूरत है। इस तरह *यंग इंडियन* 1970 दिसम्बर से शुरू हुआ और मार्च 2002 तक चला। बीच-बीच में इसका प्रकाशन स्थगित भी हुआ। 1975 में आपातकाल लगा। चन्द्रशेखर गिरफ्तार किए गए। *यंग इंडियन* का कार्यालय कनॉट प्लेस (दिल्ली) में था। अपनी प्रखर वैचारिक धार के कारण यह पत्रिका, इसका कार्यालय, तत्कालीन सत्ताधीशों का कोपभाजन बना। यह बिल्डिंग ही ध्वस्त कर दी गई। पत्रिका का प्रकाशन स्थगित हो गया। पुनः 1989 में इसका प्रकाशन शुरू हुआ। 1991 में पुनः स्थगित हुआ। 1997 में पुनः इसका प्रकाशन शुरू हुआ। मार्च 2002 तक चला।

चन्द्रशेखर के अनेक पुराने मित्रों ने, जिनमें मनु भाई साह और ललित नारायण मिश्र रहे, विज्ञापन एकत्र करने में मदद की। इसके सम्पादकीय बोर्ड में चिन्तामणि पाणिग्रही, मोहन धारिया, कृष्णकांत और बेजव्रत बरुआ थे। कृष्णकांत आपातकाल लगने तक इसके प्रकाशक थे। आपातकाल लगने व चन्द्रशेखर की गिरफ्तारी के बाद, ब्रह्मानन्द और एस.ए. सिद्दीकी ने इसे चलाने की पूरी ताकत, ऊर्जा और साहस से कोशिश की। बाद के दिनों में इसका हिन्दी संस्करण भी निकला, जिसमें ओमप्रकाश श्रीवास्तव, नर्वदेश्वर राय, अनिल अत्रि वगैरह जुड़े थे।

चन्द्रशेखर ने बताया है कि 70 के दशक में पार्टी मंचों पर अनेक विवादास्पद और महत्त्वपूर्ण वैचारिक मुद्दों पर बहस होती रही। तब लगा कि समाजवादी समाज बनाने के लिए वैचारिक स्पष्टता और सैद्धांतिक प्रतिबद्धता जरूरी है।

चन्द्रशेखर ने लिखा है कि हम में से जो साथी सत्ता का हिस्सा नहीं बनना चाहते थे या जिनकी दिलचस्पी सत्ता की राजनीति में नहीं थी, जो महज प्रगतिशील नीतियों के क्रियान्वयन के लिए प्रयत्नशील थे, उनके लिए स्पष्टता से अपनी बात सामने लाना जरूरी था। 1969 के कांग्रेस बेंगलुरू अधिवेशन में श्रीमती इन्दिरा गांधी ने 'स्ट्रे थॉट्स'(स्फुट विचार) जो वैचारिक नोट रखा, वह मामूली परिवर्तन के साथ युवा तुर्कों द्वारा तैयार विचार था। इसमें बैंक राष्ट्रीयकरण, प्रिवीपर्स खात्मा व प्रगतिशील कदमों की माँग की गई थी। इसी तरह 1970 में इस समूह को लगा कि सर्वोच्च न्यायालय यथास्थितिवाद के पक्ष में कानूनी राय रखता है, तब इस समूह ने लोकतांत्रिक मंचों से लोगों का आह्वान किया कि न्यायिक व्यवस्था की सीमाओं के बारे में उन्हें एहसास कराना जरूरी है, ताकि सामाजिक बनावट में मौलिक बदलाव किया जा सके। ऐसी ही परिस्थितियों और सवालों के बीच 1970 दिसम्बर में *यंग इंडियन* निकला।

1970 में कांग्रेस के अन्दर रहते हुए उन्होंने अपने सम्पादकीय में सवाल उठाया कि कांग्रेस किधर जा रही है? कैसे हम कांग्रेस की विरासत से दूर जा रहे हैं। फिर जनवरी 1971 के सम्पादकीय में लिखा कि कैसे इस चुनाव में जाकर हम जनता का विश्वास जीतें? मार्च 1971 यानी कांग्रेस की जीत के ठीक बाद चन्द्रशेखर ने सम्पादकीय में लिखा कि किस तरह किन-किन राजनीतिक दलों ने बड़े-बड़े आर्थिक आश्वासन चुनाव में दिए हैं? उन्होंने जनता के बीच उसके लिए क्या किया है? यह पता चलना चाहिए। यह संकेत कांग्रेस (स) या स्वतंत्र पार्टी (जिसके उम्मीदवार, राजे-महराजे थे) या विपक्ष के महागठबंधन के लोगों की ओर था। चन्द्रशेखर की राजनीति साफ थी। वह बड़ी पूँजी के सख्त खिलाफ थे। उन्होंने मार्च 1971 में सम्पादकीय लिखा कि जो आइ.सी.एस. अफसर हैं, प्रशासन पर इनकी जो हेजोमनी या एकाधिकार का साम्राज्य है, वह खत्म होना चाहिए। अप्रैल 1971 में, उन्होंने लिखा कि कैसे बड़े घराने अपना रास्ता अख्तियार करते हैं। अप्रैल 1971 में ही आर्थिक नीतियों के सन्दर्भ में दुर्लभ संसाधनों के दुरुपयोग पर सवाल खड़ा किया। मई 1971 में एकाधिकारवाली कम्पनियों के अधिकार सीमित करने और लगातार आर्थिक सुधार करते रहने की बात की। जून 1971 में ही उन्होंने कांग्रेस नेतृत्व को आगाह किया कि राजनीति खतरनाक रास्ते पर जा रही है। अक्टूबर 1971 में 'सिग्निफिकेंस ऑफ शिमला' उनका सम्पादकीय शिमला की कांग्रेस कार्यसमिति में उन्हें इन्दिरा जी के विरोध के बावजूद जो शानदार जीत मिली, उस पर बात नहीं कर, कांग्रेस की अन्दरूनी स्वस्थ परम्पराओं पर बात की। अक्टूबर 1971 को उन्होंने गांधी के ऊपर एक सम्पादकीय लिखकर याद दिलाया कि देश कैसे गांधी को भूल गया? दिसम्बर 1971 में 'कांग्रेस एंड सोशलिस्ट' विषय पर अपना विचार लिखा।

अप्रैल 1972 में कहीं संजय गांधी का विरोध नहीं था, तब चन्द्रशेखर ने सम्पादकीय लिखा 'स्माल कार इज नो सॉल्यूशन' (यानी छोटी कार समस्या का समाधान नहीं है)। फिर अप्रैल 1972 में ही उन्होंने साफ-साफ अपने ही साथियों से अपनी ही सरकार के लोगों से कहा, तिकड़म बन्द करें, जनता को दिग्भ्रमित न करें। अप्रैल 1972 और मई 1972 में सरकारी संस्थाओं और प्रशासनिक ढाँचे की अव्यवस्था को मुद्दा बनाया। सितम्बर 1972 में औद्योगिक नीति कैसे समाजवादी तौर-तरीके से बने, इस पर बात की। इस तरह देश के जो बड़े सवाल थे, उन पर वह लगातार लिखते रहे। अक्टूबर 1972 में गांधीनगर ए.आइ.सी.सी. सम्मेलन पर टिप्पणी की। नवम्बर 1972 में आचार्य नरेन्द्र देव पर सम्पादकीय लिखा। दिसम्बर 1972 को कलकत्ता कांग्रेस अधिवेशन में जो बातें हुईं, उन पर अपना विचार रखा।

यह वह दौर था, जब गरीबी हटाओ का नारा लगा, बांग्लादेश समस्या का दौर आया, इसके बाद श्रीमती गांधी की शानदार चुनावी कामयाबी का समय आया। इसके ठीक बाद आर्थिक हालात खराब होने लगे। कांग्रेस 'गरीबी हटाओ' के वायदे से मुकर गई। चन्द्रशेखर ने कहा कि 72 का बजट लोगों की उम्मीदों पर पानी फेर गया। कांग्रेस रूलिंग ने भूमि सुधार का आश्वासन अपने चुनाव मेनिफेस्टो में दिया था, वह भूल गई। सेंट्रल लैंड रिफॉर्म कमिटी के अनुमोदन पर लीपापोती हुई। तब इन सारे सामाजिक-आर्थिक सवालों को *यंग इंडियन* ने शिद्दत से उठाया।

चन्द्रशेखर ने बार-बार अपने सम्पादकीय लेखों में लिखा कि कांग्रेस कैसे अपने किए वायदों को भूल रही है। कांग्रेस नेतृत्व को आगाह भी किया कि इसकी बड़ी राजनीतिक कीमत आने वाले दिनों में चुकानी पड़ेगी। यह, वह समय था, जब श्रीमती गांधी के प्रताप, प्रभाव और यश का सूर्य प्रखर ताप से चमक रहा था। विपक्ष में भी विरोध की सशक्त आवाज नहीं थी। पर कांग्रेस की सर्वशक्तिशाली समिति में रहते हुए कोई यह साहस करेगा, यह कल्पना भी नहीं थी। चारण, चापलूस, दरबारी संस्कृति और 'इन्दिरा इज इंडिया' का दौर कांग्रेस के अन्दर चल रहा था। इस कारण चन्द्रशेखर के लिखे ये सम्पादकीय, उन दिनों देश के सभी बड़े समाचार-पत्रों के पहले पेज की लीड खबर बनते। चन्द्रशेखर ने अपने एक सम्पादकीय में तब यह भी लिखा कि कांग्रेस में साइकोफेंसी (चापलूसों) की नई संस्कृति जन्म रही है। यह आजादी का 25वाँ वर्ष (रजत जयंती) था। 72 में कीमत वृद्धि तेज गति से हो रही थी। 71 का 'गरीबी हटाओ' का उत्साह मुरझाने लगा था। सार्वजनिक जीवन में निराशा छाने लगी थी। सामाजिक-आर्थिक हालात अनियंत्रित हो रहे थे। विपक्ष सक्रिय हो रहा था। देश के कई हिस्सों में शिक्षा नीति को लेकर विद्यार्थी गोलबन्द हो रहे थे। तब चन्द्रशेखर ने सम्पादकीय लिखकर कहा, अब लोग इस हालात को सहने की मन:स्थिति में नहीं हैं। इसी तरह 73 का निर्णायक वर्ष आया, जब लोकतांत्रिक संस्थाओं की साख पर सवाल उठने लगे। हिंसक घटनाएँ बढ़ीं। छात्र

आन्दोलन बढ़ा। इन सभी मुद्दों को उठाने और इनके हल की गम्भीर पहल या सुझाव का प्रामाणिक दस्तावेज है *यंग इंडियन* का सम्पादकीय।

मार्च 1973 में कांग्रेस पार्टी पर एक सम्पादकीय लिखा कि कांग्रेस संगठन के अन्दर किस तरह परिवर्तन हो। मार्च 1973 में बजट पर बात की। अप्रैल 1973 में खाद्यान्नों का जो कारोबार राज्य ने हाथ में लिया था, उस प्रसंग को उठाया। नवम्बर 1973 में जे.पी. पर उनका सम्पादकीय था। फिर नए विचारों की जरूरत पर दिसम्बर 1973 में लिखा।

1974–75 का दौर आया, गुजरात का नवनिर्माण आन्दोलन शुरू हुआ। बिहार आन्दोलन, जयप्रकाश जी से टकराव। इन सभी मुद्दों पर चन्द्रशेखर के सम्पादकीय—विचार की राजनीतिक दुनिया में प्रभावी और सार्थक हस्तक्षेप करते रहे।

अगस्त 1974 में स्वदेशी से लेकर शेष अन्य चीजों पर सम्पादकीय लिखा और आह्वान किया कि कैसे गांधी को पुन: हम इस देश में प्रासंगिक बनाएँ। अक्टूबर 1974 में (तब जे.पी. का नाम लेना कांग्रेस में माना जाता था कि कांग्रेस नेतृत्व को चुनौती देना है) चन्द्रशेखर का चर्चित सम्पादकीय सिर्फ 'जे.पी.' करके आया था कि जे.पी. का व्यक्तित्व क्या है, वह किस तरह महत्त्वपूर्ण हैं? इस तरह चन्द्रशेखर आजादी के बाद उन एकाध दुर्लभ नेताओं में रहे, जिन्होंने अपने विचारों या अपनी विचारधारा को लिखकर, स्पष्ट तथ्यों, तर्कों से सम्पन्न आँकड़ों के साथ अपनी बातें रखीं। फिर नवम्बर 1974 में जे.पी.–पी.एम. मीट यानी जयप्रकाश और इन्दिरा जी के बीच मुलाकात पर सम्पादकीय लिखा। पंचवर्षीय योजना पर 'नए सिरे से विचार' विषय पर मार्च 1974 में लिखा। रेलकर्मियों की चर्चित हड़ताल पर मई 1974 में लिखा। देश को चुनौतियों से निकालने के लिए कदम उठाने की जरूरत पर सितम्बर 1974 में लिखा।

कांग्रेस कार्यसमिति के सदस्य रहते हुए अपनी ही सरकार द्वारा मीसा के दुरुपयोग पर जनवरी 1975 में लिखा। जनवरी 1975 में 'रोल ऑफ सी.पी.आई.' पर लिखा। बेरोजगारी जैसे सवालों को बौद्धिक प्रखरता से देश के सामने मई 1975 में उठाया। चन्द्रशेखर के सम्पादकीय संसद के अन्दर–बाहर और पूरी राजनीति में खूब पढ़े जाते थे। राष्ट्रीय मुख्यधारा की बहस और नीतियों को प्रभावित करने वाले विचार इन लेखों में होते थे। उन दिनों सी.पी.आई. का कांग्रेस में काफी प्रभाव बढ़ चला था। 'पॉलिटिक्स ऑफ मैनिपुलेशन' यानी जोड़–तोड़ की राजनीति के बारे में मई 1975 में सम्पादकीय लिखा, जून 1975 में जब देश आपातकाल के मुहाने पर खड़ा था, चन्द्रशेखर ने *यंग इंडियन* के सम्पादकीय में लिखा 'इंपटी वर्ड्स बट नो एक्शन' यानी खाली शब्द हैं सरकार के, कोई काम नहीं हो रहा। जून 1975 का उनका सम्पादकीय 'कास्ट एंड क्लास वार' पर है। बिहार में जो घटनाएँ घट रही थीं, उनका इसमें उल्लेख है। जून 1975 में नक्सलवादियों की चुनौतियों पर सम्पादकीय

लिखा और बताया कि यह सामाजिक–आर्थिक सवाल है। इसका हल भी इसी दृष्टि से होना चाहिए। अपने समय के इन महत्त्वपूर्ण सवालों पर उनके निजी विचार बहुत साफ थे।

जुलाई 1989 को चन्द्रशेखर ने बड़े घरानों के एकाधिकार की स्थिति पर लिखा। इसी तरह 1989 में देश की आर्थिक स्थिति चुनौतियों से घिर गई। नौवें वित्त आयोग की रिपोर्ट ने कहा—अर्थव्यवस्था ध्वस्त होने के कगार पर पहुँच गई है। देश भारी कर्ज में डूब गया था। नीतियाँ कारगर नहीं दिख रही थीं। उन सवालों पर चन्द्रशेखर ने प्रभावी ढंग से अपना विचार रखा, लिखकर और जनता के बीच जाकर। आगे जब देश साम्प्रदायिक और जातिवाद के द्वन्द्व में फँसा, तब भी चन्द्रशेखर ने देश को आगाह किया। नई अर्थनीति और पश्चिमी आर्थिक विकास मॉडल के खिलाफ देशव्यापी अभियान चलाया। गांधीवादी संकल्प और स्वदेशी की बात की। मुख्यधारा के विपरीत वह लगातार पॉपुलिज्म (लोकलुभावन), कास्टिज्म (जातिवाद) और कम्युनलिज्म (साम्प्रदायिकता) की राजनीति से देश को आगाह करते रहे। राजनीतिक दलों को भी।

अक्टूबर 1990 में मीडिया के प्रभाव से कैसे सरकार की प्रॉयरिटी तय होने लगी है और शासन में चीजें प्रभावित होने लगी हैं, इस पर लिखा। नवम्बर 1990 में उन्होंने 'सेव द कंट्री' सम्पादकीय लिखा, जब मंडल आयोग और लालकृष्ण आडवाणी की रथयात्रा की आग में देश झुलस रहा था। जनता दल में रहते हुए नवम्बर 1990 में देश के हालात पर साफ लिखा 'वी.पी. सिंह मस्ट क्विट' (विश्वनाथ प्रताप सिंह को इस्तीफा देना चाहिए)।

जुलाई 1998 में उन्होंने अपने सम्पादकीय में भारतीय नेतृत्व से कहा कि इस वक्त न्यायपालिका, जिस ढंग से सार्वजनिक टिप्पणियाँ कर रही है, उस पर साफ बोलने का वक्त है।

चन्द्रशेखर ने जून 2001 को पुरी से पोरबन्दर यात्रा शुरू की। बिलकुल गर्मी में। उस यात्रा का मकसद था कि विदेशी संस्थाओं और बहुराष्ट्रीय कम्पनियों ने कारटेल बनाकर भारत की अर्थनीति, राजनीति और राजकोषीय नीति को प्रभावित करना शुरू किया था। इस पर विस्तार से अपने सम्पादकीय में लिखा। उन्होंने यह भी लिखा कि अनेक मौकों पर यह मुद्दा मैंने पार्लियामेंट के अन्दर और बाहर उठाया। उदारीकरण की ये नीतियाँ, यह ग्लोबलाइजेशन या प्राइवेटाइजेशन, पिछले एक दशक से चल रहे हैं। उन्होंने चेताया कि इनके क्रियान्वयन से किस तरह के परिणाम सामने आते हैं, यह हमने दूसरे देशों में देखा है। अगस्त 2001 का उनका सम्पादकीय इसी विषय पर है।

चन्द्रशेखर इस बारे में भी अपवाद हैं कि उन्होंने राजनीति में हमेशा व्यक्ति पूजा का विरोध किया। भावात्मक मुद्दों पर न कभी राजनीति की, न ऐसा करने वालों

के साथ रहे। वह मानते थे कि अन्ततः समाज में, देश और व्यवस्था में बदलाव, नीतियों में बदलाव के कारण सम्भव है, व्यक्ति पूजा या व्यक्तिविरोध या भावात्मक मुद्दों के बल नहीं। वह एक और सन्दर्भ में अलग पहचान रखते थे कि कभी लोक-लुभावन (पॉपुलिस्ट) नारों से प्रभावित नहीं हुए और मुख्यधारा के खिलाफ अकेले होकर भी अपनी बात कही, यह राजनीति में दुर्लभ है। पर राजनीतिक जोखिम उठाकर और इसकी कीमत चुकाकर भी चन्द्रशेखर ने यही रास्ता अपनाया। इसलिए वह दौर कांग्रेस में वैचारिक मुद्दों का श्रेष्ठ समय माना गया। इस कारण इस पुस्तक और इस लेखन की उपयोगिता हमेशा रहेगी।

इस तरह चन्द्रशेखर ने सम्पादकीय के माध्यम से आर्थिक सुधारों से लेकर अन्तरराष्ट्रीय मुद्राकोष, विश्वबैंक, भूख, निजीकरण, डब्लू.टी.ओ. वगैरह विषयों के विभिन्न पहलुओं पर चर्चा की। इन्हीं सम्पादकीय लेखों में दुनिया की राजनीति पर, पाकिस्तान से लेकर बांग्लादेश, भारत-पाकिस्तान बातचीत, जर्मनी की राजनीति, भारत-नेपाल के सम्बन्ध, खाड़ी युद्ध से लेकर श्रीलंका के संकट, एशिया की चुनौतियाँ, अमेरिका के रुख, अफगान संकट, कश्मीर की समस्या जैसे विषयों पर उनके विचार हैं। अपने समय के सभी बड़े सवालों को उन्होंने वैचारिक दृष्टि से देखा, परखा और उन पर साफ ढंग से विचार किया। अपने दल के नेतृत्व को भी लगातार लिख, कह और बोलकर याद दिलाते रहे कि हम कैसे मौलिक और बुनियादी सवालों से भटक रहे हैं? मेनिफेस्टो के वायदों से विमुख हो रहे हैं। राजनीति में यह प्रयास असाधारण था।

चन्द्रशेखर ने आर्थिक और विदेशी मामलों पर जो सम्पादकीय लिखे, वे प्रमाण हैं कि उनकी आर्थिक समझ और विदेशी राजनीति पर कितनी गहरी पकड़ थी। न वह देश के अंग्रेजी बोलने वाली इलीट क्लास से रहे, न इंडिया इंटरनेशनल सेंटर के नियमित बौद्धिकों में। पर, ३५ वर्षों में विदेशी मामलों पर जिस दृष्टि से सम्पादकीय लिखा, वह उनके स्टेट्समैन होने का परिचायक है। इन सम्पादकीय लेखों में सबसे उल्लेखनीय और खास बात है कि इसमें एक कटु शब्द न किसी के खिलाफ है, न भद्दी आलोचना है, न तीखी टिप्पणी है, न आक्रोश है। बिलकुल सीधे-साफ और सपाट अन्दाज में असल तथ्य कहने की कला दक्ष लोगों में ही होती है। उल्लेखनीय है कि चन्द्रशेखर के ऐसे लेखन के मुरीद या प्रशंसक एम. चलपति राव जैसे महान सम्पादक रहे हैं।

—हरिवंश

भूमिका

पुत्र होने के नाते ही नहीं, भारतीय राजनीति के घटनाक्रम को नजदीक से देखने और उस परिदृश्य में अपने पिता श्री चन्द्रशेखर के वैचारिक और व्यावहारिक अवदान की अपनी जानकारी के भरोसे मैं यह कहना चाहूँगा कि वे एक सच्चे भारतीय नेता थे, जिन्हें न सिर्फ अपने देश और समाज की ताकत पर भरोसा था, बल्कि वे उसकी कमजोरियों को साफ-साफ देखने की कूव्वत भी रखते थे।

यंग इंडियन के इन सम्पादकीयों को सुधी पाठकों के सम्मुख प्रस्तुत करते हुए मुझे पूरी उम्मीद है कि आज का राजनीतिक नेतृत्व और समाज-देश के बारे में चिन्ता करने वाला पाठक समुदाय इनके माध्यम से एक दृष्टि प्राप्त करेगा और आज की परिस्थितियों में स्व. चन्द्रशेखर के विचारों तथा सुझावों को अमल में लाने की कोशिश करेगा।

चन्द्रशेखर जी एक राजनेता के रूप में हमेशा अपने विचारों को लिखित रूप में सहेजने और जनता तक पहुँचाने का प्रयास करते थे। वे उन नेताओं में नहीं थे, जो अपने फायदे के लिए जब चाहे अपनी राय बदल लेते हैं। वे एक विश्लेषक और चिन्तक के रूप में अपनी बात को इतना व्यावहारिक और समझ में आने लायक रूप में शब्दबद्ध करते थे कि कोई भी उसे समझकर, अगर चाहे तो उनसे सवाल और बहस भी कर सकता था। सत्ता के पीछे वे कभी नहीं रहे, उनका उद्देश्य अपने देश-समाज को आगे बढ़ाना था।

आज की राजनीति को जिन मूल्यों की सबसे ज्यादा जरूरत है, चन्द्रशेखर जी ने हमेशा उन्हीं मूल्यों की पैरवी की। वे धर्मनिरपेक्षता और युवा शक्ति के सदुपयोग पर खास जोर देते थे। युवाओं के अच्छे भविष्य को वे देश के भविष्य के रूप में देखते थे, और उनकी आशाओं तथा अपेक्षाओं पर गहरी निगाह रखते थे। 31 दिसम्बर, 1970 के अपने सम्पादकीय में वे कहते हैं कि 'आज का युवा उस तरह की प्रतिक्रिया व्यक्त नहीं करेगा, जैसी पच्चीस साल पहले के युवा करते थे। अमेरिकी युवाओं के घोषणा-पत्र में, संयुक्त सोवियत रूस के कला-साहित्य सम्मेलन की घोषणाओं में, चेकोस्लोवाकिया के विद्रोह में, वियतनाम के अदम्य उत्साह में और काली ताकतों के उभार में इसी सत्य को अभिव्यक्ति मिली है।'

इस वक्तव्य में वे कहना यह चाहते हैं कि राजनीतिक और सामाजिक नेतृत्व को अपने समय के युवा-मानस की आकांक्षाओं-इच्छाओं को सही सन्दर्भों में समझना चाहिए ताकि वे अपनी नीतियों और निर्णयों को सही समय पर सही दिशा दे सकें।

कह सकते हैं कि चन्द्रशेखर जी राजनेता के साथ-साथ एक सचेत विचारक और सजग पत्रकार भी थे। *यंग इंडियन* के ये सम्पादकीय इसके गवाह हैं। समसामयिक विषयों और मुद्दों पर उन्होंने हिताहित को दरकिनार कर सदैव अपने विचारों को स्पष्ट रूप में सामने रखा।

गांधी जी के विषय में अपने एक सम्पादकीय में वे कितने सुन्दर ढंग से लिखते हैं—'गांधी को याद करते हैं हम, उनके दर्शन को भूलने के लिए।' गांधी की प्रासंगिकता को रेखांकित करते हुए वे कहते हैं : 'गांधी ने हमें जो सिखाया उस पर चिन्तन-मनन के लिए कभी भी बहुत देर नहीं है। जनता के उत्सुक सहयोग से एवं आडम्बरहीन जीवन की राह अपनाकर भारत सामाजिक-आर्थिक विकास की राह पर आगे बढ़ सकता है, वह भी विकसित देशों या अन्य अन्तर्राष्ट्रीय संस्थाओं के आगे भिक्षा-पात्र ले जाए बिना।'

अपने 1 नवम्बर, 1997 के सम्पादकीय में वे समाज के नैतिक विघटन के विषय में बात करते हैं। दोहराने की जरूरत नहीं कि आज की राजनीति और राजनेताओं को एक स्वस्थ समाज और उसके नेतृत्व के लिए सबसे जरूरी इस घटक के विषय में चिन्ता लगभग नहीं के बराबर है। लेकिन चन्द्रशेखर उन कुछ नेताओं की परम्परा में आते थे जो उस विषय पर अकसर चिन्ता करते थे। इस सम्पादकीय में उन्होंने भारत में जारी नैतिक विघटन पर विस्तार से और हर कोण से विचार किया है। राजनीतिक परिदृश्य को सम्बोधित करते हुए वे कहते हैं कि 'धार्मिक, साम्प्रदायिक और क्षेत्रीय भावों को भड़काकर, जगाकर राजनीतिक समर्थन जुटाने की प्यास उभार पर है। यह मुड़कर केन्द्रापसारी प्रवृत्तियों को प्रोत्साहित कर रही है। यह सब सहानुभूति के नाम पर हो रहा है। किसी प्रेरक नैतिक आदर्श की अनुपस्थिति में लोगों को जातिवादी नारों की ओर खींचा जा रहा है।...ऐसे तरीके राजनीतिक आदर्श बन गए हैं।'

ऐसा ही नैतिक स्टैंड वे दल-बदल की राजनीति के बारे में 8 नवम्बर, 1997 के अपने सम्पादकीय में लेते हैं। लिखते हैं : 'सत्ता की बागडोर थामने के लिए राजनीतिक पार्टियाँ जिस निचले स्तर तक गिर गई हैं, वह विद्यमान राजनीतिक आचरण पर अफसोसजनक टीका है। नैतिक मूल्यों का नियमित क्षरण और नैतिक मानदंडों में गिरावट ने राजनीति को सर्वोत्कृष्ट सिंहासन के लिए युद्ध में कोटिच्युत कर दिया है। धनबल और बाहुबल को बढ़ती दी गई है और सिद्धान्त तथा विचारधारा को खिड़की से बाहर फेंक दिया गया है।'

ऐसे नैतिक बल और प्रतिबद्धता से भरपूर नेता श्री चन्द्रशेखर के विचारों को इस पुस्तक में संकलित सम्पादकीयों के माध्यम से पाठकों तक, उस दौर के भारतीय राजनीतिक इतिहास के साथ प्रस्तुत करने का यह उपक्रम मेरे स्वयं के लिए एक उपलब्धि है। मुझे पूरी उम्मीद है कि इस पुस्तक के साथ श्री चन्द्रशेखर के विचार भारतीय समाज और राजनीति को सजगता की राह पर ले जाएँगे।

—नीरज शेखर

क्रम

दलीय घेरे के बाहर

क्रूर राजशाही दमन और शोषण के अँधियारे दिनों से उबरकर हम स्वाभिमानी और स्वतंत्र राष्ट्र बने। हमारे सामने गुलामी की सारी संस्थाओं और प्रतीकों को नष्ट करने तथा अपनी जनता को अमानवीय कष्टों से उबारने का दायित्व था। हम इसमें असफल रहे हैं।

बढ़ते सामाजिक तनावों और राजनीतिक दबावों ने अनिश्चितता का एक माहौल बना दिया है। नई शक्तियाँ उभर रही हैं, जबकि स्थापित मूल्य और संस्थाएँ पुरानी पड़ गई हैं। हमारे सामाजिक और राजनीतिक जीवन के विभिन्न क्षेत्रों में विभिन्न स्तरों पर काम करने के तरीके बाबा आदम के जमाने वाले हैं। परिणाम है जड़ीभूत स्थिरता। इसका अर्थ है क्षय और अन्तिम रूप से ध्वंस।

ग्रामीण भारत में चिन्ताजनक परिस्थितियाँ पैदा हो गई हैं। श्रमिक वर्ग, जमीन का जोतदार जागरूक हो गया है। किन्तु उससे किए गए वादे अपूरित हैं। एक असन्तोष है, जो विनाशकारी शक्ल लेता जा रहा है। केवल चिन्ता और निन्दा से काम नहीं चलेगा। शोषण के सदियों पुराने तरीके को सुधारना होगा। यदि रोग को दूर करना है तो हमें उसकी जड़ पर निर्णायक प्रहार करना चाहिए, रोग के लक्षणों भर पर हाय-तौबा मचाने का कोई अर्थ नहीं है।

शहरी क्षेत्र में आर्थिक शक्ति के जमाव ने हमारे आर्थिक विकास की प्रक्रियाओं को असन्तुलित कर दिया है। आमदनी को लेकर निराशा बढ़ती जा रही है। यह स्वीकृत राष्ट्रीय लक्ष्यों के उलट है।

हमारे सामने आज भारत की एक विकृत छवि है। एक ओर, ऐशो-इशरत का जीवन, बरबादी और अनाप-शनाप उपभोग, और दूसरी तरफ जी सकने और बढ़ने के लिए एक शाम के भोजन से भी महरूम बच्चे! झुग्गी-झोंपड़ियों को मुँह चिढ़ाते, सारी आधुनिक सुविधाओं से युक्त भव्य भवन। इन झोंपड़ियों में श्रमिक रहते हैं, अट्टालिकाओं के निर्माता। ऐसी स्थिति में असन्तोष, निराशा और विद्रोह की भावनाओं का उठना स्वाभाविक है।

अरबों लोग काम की खोज में गली-गली भटक रहे हैं। ये लोग राष्ट्र की सम्पदा की वृद्धि में अपना योगदान करना चाहते हैं और उसके बदले में प्रतिष्ठापूर्वक

अपनी रोटी कमाना चाहते हैं। नियोजन की किसी गुंजाइश के अभाव में तकनीकी ज्ञान वाले और अभियन्ता तक भटक रहे हैं। हम कगार पर पहुँच गए हैं।

विश्वविद्यालय परिसरों में युवाओं के हंगामी आचरण के प्रदर्शन से उनमें व्याप्त निराशा स्पष्ट है। लाभ-लोभ में लगी यथास्थितिवादी शक्तियाँ एक खतरनाक खेल खेलने में लगी हैं। अपनी स्थिति और शक्ति को चुनौती देने को उठ रहे ज्वार को दबाने और उसकी दिशा बदलने के लिए ये लोग क्षेत्रीय निष्ठाओं, धार्मिक उन्मादों के नाके खड़े करना चाहते हैं। राष्ट्र के भविष्य की कोई चिन्ता न करते हुए, क्षणिक राजनीतिक लाभ के लिए भावनाएँ भड़काई जाती हैं। इससे हमारी राष्ट्रीय एकता और धर्मनिरपेक्षता के आदर्शों के लिए खतरा पैदा होता है।

इस गम्भीर स्थिति में भी संसदीय संस्थाएँ रुटीनी कामकाज से सन्तुष्ट दिखती हैं। हमारी न्यायिक व्यवस्था भी शाब्दिक व्याख्याओं की बारीकियों में ज्यादा रुचि लेती दिखाई पड़ती है, बजाय इसके कि सामाजिक तनावों के समाधान में सहायता का हाथ बढ़ाए। चुनौतियाँ तुरन्त समाधान चाहती हैं, परिस्थिति गम्भीर है और खतरा बड़ा। हम सुस्त पड़े रहने का जोखिम नहीं उठा सकते।

आगामी कल के भारत को युवाओं के लिए गढ़ने का जिम्मा कोई नहीं लेगा। युवाओं को अपने भवितव्य की राह खुद खोजनी होगी। यह सिर्फ तभी सम्भव है जब वे जिम्मेदारी लें और वर्तमान राजनीतिक दलीय घेरों के बाहर आकर साहस के साथ काम में लग जाएँ। वर्तमान चुनौतियाँ एक अवसर भी सिद्ध हो सकती हैं, बशर्ते समाजवादी विकास में लगी सारी शक्तियाँ सम्मिलित प्रयास करें।

(10 दिसम्बर, 1970)

उत्तराधिकार से टूट

यथास्थिति और जड़तापूर्ण ठहराव की राजनीति को गत वर्ष कांग्रेस की टूट से बड़ा झटका लगा। परिवर्तनकामी और धारदार नीतियों की समर्थक ताकतों के लिए एक रास्ता खुला।

कांग्रेस (ओ) ने आमूल परिवर्तनवादी मुद्राओं के साथ अहमदाबाद से अपनी राजनीतिक यात्रा शुरू की। सबों के लिए, विशेषकर इसके भीतर के स्वस्थ तत्त्वों के लिए, यह गहरे पछतावे की बात है कि यह इतना अल्पजीवी हुआ। कांग्रेस (ओ) के शीर्ष के असन्तुष्ट लोगों की संकीर्ण दृष्टि, उनके सत्ता-मोह तथा प्रधानमंत्री श्रीमती इंदिरा गांधी को प्रधानमंत्री पद से हटाए जाने से इन्हें अन्धी गली में पहुँचा दिया है। जन-भावनाओं के अनुकूल केन्द्र-सरकार के कुछ परिवर्तनवादी कदमों ने इन्हें हताश कर दिया है। अहमदाबाद की अपनी वचनबद्धता के प्रतिकूल, प्रिवी पर्सों की समाप्ति

के खिलाफ मत देने को कांग्रेस (ओ) को बाध्य होना पड़ा। लखनऊ सम्मेलन में इसने कांग्रेस के उत्तराधिकार से अपनी टूट को औपचारिक मान्यता दे दी है।

कांग्रेस (ओ)—सम्मेलन का सम्पूर्ण वातावरण व्यक्तिगत विद्वेषों से आवेशित रहा। बड़ी चतुराई के साथ इसे कम्यूनिस्टों के विनाश के काल्पनिक भय से जोड़ दिया गया। 'महा-गठजोड़' की विचित्र राजनीतिक कलाबाजियों का समापन, इसके कई ऊँच-नीच के बाद, अन्तिम रूप से लखनऊ में एक विभाजित पार्टी के रूप में दिखा।

कांग्रेस (ओ) के नेता इस सत्य को भुलाए बैठे हैं कि विनाशक शक्तियों को रूढ़िवादी ताकतों, यथास्थिति तथा दक्षिणपन्थी प्रतिक्रिया से ताकत मिलती है। कम मूल्य के ही सही, परिवर्तन की कोशिशों को, कम्यूनिस्टों के विनाश के नाम पर रोकने के इनके यत्न आत्मघाती हैं।

यह उत्साहवर्द्धक है कि कांग्रेस (ओ) के भीतर के कुछ लोगों ने नेताओं के द्वारा निर्धारित आत्मघाती कदमों के सन्दर्भ में सूझ और दृष्टि का परिचय दिया। आगे चुनावी ताल-मेल के लिए तथाकथित 'जनतांत्रिक, धर्मनिरपेक्ष, राष्ट्रवादी' के सम्बन्ध में अस्पष्ट रहकर उन्हें उलझा देने से कोई प्रतिबद्धता सामने नहीं आती।

कांग्रेस (ओ) के भीतर राजनीतिक परिपक्वता के चिह्न स्वागत-योग्य हैं। लखनऊ सम्मेलन के बाद जिन्होंने कांग्रेस (ओ) को छोड़ दिया है वे राजनीतिक परिदृश्य पर उभर रही सकारात्मक प्रवृत्ति को दर्शाते हैं।

(17 दिसम्बर, 1970)

निर्णायक मध्यस्थ

न्यायिक पुनरीक्षण ने दासता के प्रतीकों को बचाने का काम किया है। गुलामी, शोषण और अपमान की संस्थाओं को संविधान की व्यवस्थाओं का संरक्षण प्राप्त है, जैसी कि व्याख्या उच्चतम न्यायालय ने बहुमत के फैसले से की है। जनता से शक्ति ग्रहण करने वाले संविधान का इस्तेमाल जनाकांक्षा को पराजित करने वाले दस्तावेज के रूप में किया जा रहा है।

संसदीय संस्थाएँ अपने को असहाय पा रही हैं, क्योंकि एक निश्चित समय पर वे एक मत का छोटा-सा भाग जुटाने से चूक गईं। शब्दों की व्याख्या करने के पारम्परिक मानकों से न्यायिक प्रक्रिया सीमाबद्ध है और जनता की इच्छा-आकांक्षा की उपेक्षा की जाती है।

ऐसा आज इसलिए सम्भव है, क्योंकि जनता को अभी भी साफ-साफ तथा स्पष्ट रूप से अपने को अभिव्यक्त करना बाकी है कि सारी विपरीतताओं के बावजूद उनकी

इच्छा प्रभावी रहेगी। अपने प्रतिनिधियों के माध्यम से जनता की बात निश्चित तौर पर कही जानी चाहिए। किन्तु यदि उनके चुने हुए प्रतिनिधि इस दायित्व के निर्वाह में चूकते हैं तो वे जनता का विश्वास खो देंगे और तब जनता परिस्थिति को सीधे-सीधे अपने कब्जे में ले लेगी। ऐसी स्थितियों में स्थापित संस्थाएँ नष्ट कर दी जाती हैं। संविधान रद्दी का टुकड़ा बन जाता है और व्यवस्थित परिवर्तन की कोशिशों को आघात पहुँचता है। आज हमारे समाज में ऐसे लक्षण स्पष्ट हैं।

शान्तिपूर्ण परिवर्तनों के प्रयत्नों को बाधित किया जा रहा है। ऐसा वातावरण बनाया जा रहा है, जहाँ स्थायित्व की आकांक्षा को विकृत करके यथास्थिति बनाए रखने के औजार की छवि दिखे। सम्पूर्ण बदलाव और विकास चाहने वाले ऐसा होने नहीं देंगे। कोई उलझन या भटकाव नहीं होना चाहिए।

सबों को यह साफ और एकदम स्पष्ट कर दिया जाना चाहिए कि जो लोग जनता की तकलीफों के बीच सौदेबाजी करने के अभ्यस्त हैं उनके साथ मान-मनौअल और समझौते से कुछ हासिल नहीं किया जा सकता। विकल्प यह है कि हमारी जनता के विवेक को जगाया जाए और उन्हें थोड़े से विशेष सुविधा-प्राप्त लोगों के प्रभुत्व को कायम रखने वाली प्रवत्तियों और रुचियों के खिलाफ संगठित किया जाए। इस लक्ष्य की सिद्धि के लिए छोटे महत्त्व के किसी एक ही विकासवादी उपाय पर निर्भरता पर्याप्त नहीं है। उभर रही सामाजिक ताकतों और चुनौतियों का एक सम्पूर्ण अवलोकन अपेक्षित है।

हमारी जनता, विशेषकर युवा पीढ़ी में बढ़ते असन्तोष ने वर्तमान व्यवस्था के विरुद्ध दृढ़ धारणाएँ बनाई हैं। इन भावनाओं को हल्के ढंग से परे नहीं हटा दिया जा सकता। उन्हें दबाने की खातिर राज्य की दमनात्मक शक्तियों के इस्तेमाल के लिए निहित स्वार्थ लगातार दबाव बना रहे हैं। वह दिन अत्यन्त अवसादपूर्ण होगा जब सत्ताधारी लोग नई पीढ़ी की गहरी इच्छाओं को समझने में असफल हो जाएँगे और इन्हीं सलाहकारों के प्रभाव में अपने को आ जाने देंगे। यह देश को पूरी तरह से उन संस्थाओं पर निर्भर बना देगा, जो अपनी उपयोगिता खो चुके हैं।

लोगों में विश्वास का नया दौर लाने के लिए एक शुरुआत की ही जानी चाहिए। राष्ट्र के भवितव्य की आखिरी निर्णायक जनता ही है।

(24 दिसम्बर, 1970)

नया समर्पण-भाव

'समय और ज्वार किसी व्यक्ति के लिए रुकते नहीं'। 1970 का साल समाप्त होने को है। यह रहस्य, रोमांच और चुनौतीपूर्ण स्थितियों से भरा था।

जनसमूह का खास विकास नहीं हो सका। कीमतों की उत्तरोत्तर वृद्धि से कोई राहत नहीं है और लाभकारी नियोजन के अवसरों में भी नाम-मात्र की वृद्धि हुई है। सामान्य आदमी अपने पर भारी बोझ के लदे होने का अनुभव कर रहा है। केवल सफाइयों से वह सन्तुष्ट नहीं होगा, न ही योजनाओं और कार्यक्रमों के भुलावे में वह आएगा, जब तक कि इन्हें लक्ष्य-निर्धारित अमली जामा न पहनाया जाता। साल बीत रहा है किन्तु समस्याएँ बनी हुई हैं, सम्भवत: और अधिक उलझे रूप में।

स्थापित मूल्यों के प्रति विद्रोह की आवाज सारी दुनिया में बढ़ती जा रही है और उग्र हो गई हैं। सामाजिक, आर्थिक, राजनीति—हर क्षेत्र में पुराने घिसे-पिटे मूल्यों और सार्थक नए मूल्यों के बीच टकराव है।

आज का युवा उस तरह की प्रतिक्रिया नहीं व्यक्त करेगा जैसी पच्चीस साल पहले के युवा करते थे। अमेरिका के युवकों के घोषणा-पत्र में, संयुक्त सोवियत रूस के कला एवं साहित्य सम्मेलन की घोषणाओं में, चेकोस्लोवाकिया के विद्रोह में, वियतनाम के अदम्य उत्साह में, लैटिन अमेरिकी राज्यों की लहर में, काली-ताकतों के उभार में, पोलैंड में भोजन के लिए हुए दंगों में इसी सत्य को अभिव्यक्ति मिली है। संसार के सारे भागों में अलग-अलग तरीकों से नई पीढ़ी अपने प्रभाव को दर्ज करा रही है।

वर्तमान तनावभरे वातावरण से आशा, सहयोग और सद्भाव के नवयुग को निकलना ही चाहिए। इसे हम यों देखें जैसे सबेरे के पहले का यह अँधेरा है।

संसार के सबसे बड़े जनतंत्रों में से एक होने के नाते हम अलग-थलग नहीं रह सकते। संसार भर के विभिन्न भागों के युवाओं की समयानुकूल पुकार की प्रतिक्रिया और प्रभाव की अनदेखी हम लोग नहीं कर सकते। हमने हमेशा अच्छाई की जीत में विश्वास किया है, किन्तु यह नई समर्पण-भावना की माँग करता है। दोषों के बीच फूलने-फलने वालों को पराजित करने के लिए आपसी भाईचारे और नैतिकता की शक्तियों को एकजुट होना होगा।

नव वर्ष हमें बुराइयों से लड़ने की नई शक्ति दे!

(31 दिसम्बर, 1970)

जनादेश के लिए मुद्दे

लोकसभा के भंग कर दिए जाने से भारतीय राजनीति में मंथन की प्रक्रिया शुरू हो गई है। जो लोग मध्यावधि चुनाव को महज एक धमकी समझ रहे थे उनके लिए यह एक स्तब्धकारी घटना है। इसकी वास्तविक सत्यता ने उनमें घबराहट पैदा कर दी है। कुछ ही सप्ताह पहले वे चुनाव कराने की माँग जोर-शोर से कर रहे थे और

प्रधानमंत्री को जनादेश लेने की चुनौती दे रहे थे। अब ऐसा किए जाने के फैसले को वे असंवैधानिक और अलोकतांत्रिक बता रहे हैं।

राष्ट्र के भाग्य का फैसला करने का मौका जनता को देने से अधिक जनतांत्रिक कदम की कल्पना नहीं की जा सकती।

अपने प्रसारण में प्रधानमंत्री ने मध्यावधि चुनाव कराने का साहसिक और निश्चयात्मक कदम उठाने के कारणों का खुलासा किया है। आज राष्ट्र जिन उलझाऊ समस्याओं से जूझ रहा है उस पर प्रकाश डाला है और विकास की राह की रुकावटों तथा जनहित की बात कही है।

दूसरी तरफ निहित स्वार्थों वाली राजनीतिक पार्टियाँ अस्तव्यस्त और निराश हैं। मौकापरस्त गठजोड़ों के लिए इनकी व्यग्रता-भरी कोशिशें इसका संकेतक हैं।

सामाजिक शक्तियों का अपना संवेग है। एक बार यह संवेग आ गया तो राजनीतिक चालबाजी से इसे रोका नहीं जा सकता। सामाजिक बदलाव को गति देने वाली शक्ति है जन-जागृति। भय, नफरत, ईर्ष्या और सत्ता-लोभ पर आधारित गठबन्धन में इस मूलभूत ऊर्जा का अभाव होता है। जो हो, कथित 'महा-गँठजोड़' को सामाजिक बदलाव के सम्भावित गतिरोधक की भूमिका को इस कठिन घड़ी में कम करके नहीं आँका जा सकता।

समाज में आधारभूत आकृतिमूलक परिवर्तन लाने के लिए विकास की शक्तियों को स्पष्ट दृष्टि और दृढ़ निश्चय के साथ आगे बढ़ना चाहिए। इस काम के लिए स्पष्ट जनादेश पाना होगा, ताकि संविधान में आवश्यक संशोधन किए जा सकें।

अपनी प्रतिनिधि संस्थाओं द्वारा अभिव्यक्त जनता की प्रभुसत्ता को सुनिश्चत किया जाना है और उसे मान्यता दी जानी है। विभिन्न प्रकार के शोषणों को हटाना है।

जनता को यह निशि्चत विश्वास दिलाया जाना चाहिए कि सामन्ती संस्थाओं को नष्ट कर दिया जाएगा, एकाधिकारी विकास में कटौती की जाएगी और तड़क-भड़कपूर्ण जीवन जीना असम्भव बना दिया जाएगा। आय, धन और सम्पत्ति में उबाऊ अन्तर को शीघ्रता से पाट दिया जाएगा।

काले धन को खोद निकालने और बढ़ती जाती कीमतों पर अंकुश लगाने के लिए सख्त कदम उठाए जाने चाहिए। लाभकारी और उत्पादक कार्य करने का अधिकार सुनिश्चित किया जाना चाहिए। धन पैदा करनेवालों का उचित भाग अर्थ-प्रबन्धन में होना चाहिए। भूमि इसको जोतने वाले के पास होनी चाहिए।

बदलती परिस्थितियों में नई चुनौतियों को स्वीकार करने के लिए जनता को आगे लाना चाहिए। आने वाले कठिन सप्ताहों में हमें विश्वासपूर्वक आगे बढ़ना चाहिए। जनता के समक्ष जो मुद्दे रखे गए हैं उन पर वह स्पष्ट अभिमत देगी।

(7 जनवरी, 1971)

जनता का विश्वास फिर से हासिल कीजिए

लोकसभा के लिए अपने प्रतिनिधि को चुनने के लिए कुछ ही हफ्तों में लोग मतदान करेंगे। तमिलनाडु की विधानसभा के भंग किए जाने और पश्चिम बंगाल में विधानसभा चुनाव की घोषणा से चुनाव की तसवीर अब स्पष्ट हो गई है।

सारे राजनैतिक दल, प्रभावी समूह और उनके अभियान के तकनीशियन (प्रविधिज्ञ) अपने साधनों को चुस्त-दुरुस्त बना रहे हैं और मतदाताओं को लुभाने के लिए अपनी प्रतिभाओं को माँज रहे हैं।

समाजवादी विकास के सम्पूर्ण परिवर्तनवादी कार्यक्रम के लिए जनादेश पाना इस मध्यावधि चुनाव का लक्ष्य है। किन्तु यह इसका एकमात्र उद्देश्य नहीं हो सकता। मतदाता की रुचि इसमें भी है और वह ऐसे विश्वसनीय नेतृत्व की खोज में है जो गरीबी और बेरोजगारी के खिलाफ युद्ध में तथा मानवीय प्रतिष्ठा और आत्मसम्मान की रक्षा में उनकी अगुआई कर सके।

लम्बे समय तक लोग नेताओं की बातों पर भरोसा करते रहे हैं। कांग्रेस के विभाजन के समय जैसा कि साफ शब्दों में स्वीकारा गया था, नेताओं ने जनता को निराश किया और उन्हें धोखा दिया। मतदाता अब कांग्रेस की नई छवि की रूपरेखा देखना चाहेंगे। जिन प्रत्याशियों को खड़ा किया जाता है और चुनावी सभाओं में जो मुद्दे उठाये जाते हैं उनसे यह छवि दिखेगी।

पहले भी जनता ने कांग्रेस के कार्यक्रम और कांग्रेस के चुनाव घोषणा-पत्र को कभी खारिज नहीं किया। पर कुछ व्यक्तियों में उन्हें कांग्रेस की नीयत पर सन्देह करने का कारण दिखा। ताकत, हैसियत और कांग्रेस के अतीत के बावजूद, लोगों ने राजनीति में प्रदर्शन-कला को समाप्त करने का एक प्रयास किया। पिछले कुछ वर्षों ने राजनीतिक पाखंड का भारी अस्वीकार देखा है।

आज की जरूरत यह है कि कांग्रेस अपने को प्रतिबद्ध और सही परिप्रेक्ष्य में प्रायोजित करे। राजनीति वर्ग के रूप में इसके प्रति लोगों में नफरत है, अविश्वास है और भरोसे का अभाव है। कार्यपालिका, न्यायपालिका और विधायिका जैसी स्थापित संस्थाएँ भी लोगों की आशाओं, आकांक्षाओं के मेल में शायद ही दिखती हैं, नतीजतन ऐसी ही भावनाएँ इन संस्थाओं के प्रति भी लोगों के मन में हैं, और यह प्रवृत्ति ज्यादा खतरनाक है।

आगामी चुनाव राजनीति के लिए नए द्वार खोल रहा है। लोग अपने अधिकार पर दृढ़ रहना चाहेंगे, और प्रवृत्ति उलटी नहीं जा सकती, यह रहेगी और बढ़ेगी।

राजनीतिक दलों को इसका फैसला करना है कि क्या वे जनता का विश्वास फिर से हासिल कर सकने में सक्षम हैं या कि जनता की बढ़ती खीझ के चक्रवात

में और उनके गुस्से की और गहरी पकड़ में आ जाएँगे। हमारी राजनीति चौरास्ते पर खड़ी है।

(14 जनवरी, 1971)

चुनाव में पैसा

संसदीय चुनावों में नामजदगी के पर्चे वापस लेने की अन्तिम तिथि हर राज्य में समाप्त हो चुकी है। बड़ी संख्या में निर्दलीय उम्मीदवारों के डटे होने के कारण यद्यपि अब भी प्रत्याशियों की संख्या बहुत बड़ी है, अधिकांश चुनाव-क्षेत्रों में या तो सीधा मुकाबला होगा या फिर त्रिकोणात्मक।

तमिलनाडु और पश्चिम बंगाल के दो राज्यों को छोड़ दें, तो लोकसभा के प्रत्याशियों को अपने चुनाव-क्षेत्र को अपने बूते सक्रिय करना होगा। अब तक अपने तईं बिना खास प्रयत्न के वे चुने जाते रहे थे। आर्थिक और जनबल के साधन, पूर्व आम चुनावों में, आम तौर पर उन्हें विधानसभा के उम्मीदवार उपलब्ध कराते रहे थे।

इस बार एक प्रत्याशी पर कितना खर्च आएगा? चुनाव आयोग ने अधिकतम राशि की सीमा रु. 35,000 निर्धारित की है। यह सच है कि एक चुनाव-क्षेत्र से दूसरे चुनाव-क्षेत्र में चुनाव के खर्च में काफी अन्तर पड़ जाता है। क्षेत्र के विस्तार, गाँवों की संख्या, मतदाताओं की संख्या, संगठनात्मक सहायता, व्यक्तिगत सम्पर्कों, प्रत्याशी द्वारा पूर्व में किए गए कार्यों आदि पर खर्च निर्भर करता है। किन्तु सर्वाधिक अनुकूल परिस्थितियों में भी यदि कुछ प्रत्याशी ईमानदारी से यह दावा कर सकें कि उन्होंने खर्च की निर्धारित सीमा के भीतर अपने को रखा है, तो यह एक विरल उपलब्धि होगी। गम्भीर प्रत्याशियों के औसत खर्च का अनुमान रु. 2,00,000 लगाया गया है। ऐसे भी प्रत्याशी होंगे जिनका खर्च लगभग आठ से दस लाख तक हो, पर ऐसे मामले उसी प्रकार से थोड़े होंगे जैसे एक लाख के आसपास खर्च करने वाले।

यह तरस खाने की बात है कि एक भी प्रत्याशी ऐसा नहीं होगा जो चुनाव के बाद रिट दाखिल करके बताएगा कि निर्धारित सीमा के भीतर अपने चुनाव-खर्च को वह नहीं रख सका।

भावनाप्रवण लोग, उचित ही, यह पूछ सकते हैं कि ऐसी परिस्थितियों में क्या किसी गरीब के लिए चुनावों में भाग लेने की गुंजाइश है? यह विचार क्षुब्ध करने वाला है।

यह उचित समय है कि विभिन्न वर्गों के भारतीय लोग इस समस्या पर गम्भीरता से विचार करें और ऐसे रास्ते तलाशें ताकि जनतांत्रिक संस्थाओं के चुनाव वास्तव में केवल अमीरों का विशेषाधिकार बनकर न रह जाएँ।

यह ठीक है कि प्रत्याशियों को आर्थिक या अन्य मदद राजनीतिक पार्टियों से मिल रही है। पर तब प्रश्न उठते हैं कि पार्टियाँ कहाँ से धन उगाहें ? क्या यह सारा सफेद धन है जो चुनावों में झोंका जा रहा है ? क्या धन-दाताओं को ईमानदार विश्वास और निष्ठा से अभिप्रेरित किया गया है ? क्या पार्टी-फंड का पूरा लेखा-जोखा रहता है और उसका हिसाब-किताब होता है ? इन प्रश्नों के उत्तर सभी जानते हैं, खासकर के ऊपर के लोग। क्या यह आशा की जाए कि आगामी संसद चुनाव-खर्च की समस्या पर सबसे पहले विचार करेगी ?

(18 फरवरी, 1971)

वादों की भरमार

विभिन्न पार्टियों के चुनाव घोषणा-पत्र वादों से ठुँसे थैले-जैसे होते हैं। एस.एस.पी. ने देश को 'समृद्धि की हरी-भरी घाटी' बनाने का वादा किया है। कांग्रेस (ओ) 'समाज के जीवन और स्वास्थ्य' को बचाना और उभर रहे तानाशाह को पराजित करना चाहती है। जनसंघ इस जुगत में है कि भारत का सम्मान बढ़े। यह बेरोजगारी तथा गरीबी की समस्या का समाधान करने का वादा करता है। कांग्रेस ने जनतांत्रिक एवं शान्तिपूर्ण तरीकों से सामाजिक क्रान्ति के एक नए दौर को लाने के लिए लोगों से नया जनादेश माँगा है।

इस कवायद में 31 लोकसभा सदस्यों का समूह अद्यतन है। ये लोग कांग्रेस (ओ); बी.के.डी.; स्वतंत्र : जनसंघ; एस.एस.पी.; जनता; बांग्ला कांग्रेस से हैं या फिर स्वतंत्र हैं। स्पष्ट ही, इनके लिए पार्टी के नाम का कोई महत्त्व नहीं है। ये दल के दलदल से ऊपर हैं। भिन्न-भिन्न पार्टियों के लोगों का मिलकर एक समूह बनाना क्या आगामी संसद में व्यक्तिगत और समूह-राजनीति का संकेतक और पीठिका है ?

यह समूह, निश्चित रूप से, बड़े गठजोड़ से भी विस्तृत राजनीतिक विचारधाराओं का प्रतिनिधित्व करता है। जो हो, इसके सदस्यों में एक बात सामान्य है। इनमें से हर-एक बड़े औद्योगिक घराने या राजघराने का प्रतिनिधित्व करता है। इन्होंने दावा किया है कि 'और भी अनेक लोग हैं जो इन विचारों से सहमति रखते हैं, किन्तु फिलहाल वे अपने चुनाव-क्षेत्रों में व्यस्त हैं।'

इस समूह का वादा है : 'हर परिवार के लिए एक घर और एक कार।' इसके सदस्य गृह-विरह के साथ ब्रिटिश राज के बीते अच्छे दिनों को याद करते हैं, 'जब इनके अनुसार, एक सामान्य भारतीय आज की अपेक्षा कहीं अधिक खुशी से जीवन जीता था।' इनके मुताबिक, लोगों ने 'सारे राजनेताओं और सिद्धान्तों' पर विश्वास करना छोड़ दिया है। और यों उनका मानना है, समय आ गया है जब पूर्व राजाओं

और बड़े उद्योगपतियों को देश के आर्थिक, राजनीतिक और सामाजिक जीवन का प्रभार ग्रहण कर लेना चाहिए।

इस समूह के पास भारतीय अर्थ-व्यवस्था को पटरी पर लाने के विचार हैं। गृह तथा सड़क-निर्माण की त्वरित योजनाओं : सस्ते दर पर बिजली का वादा, उर्वरक, उदार ऋण, भूमि-कर नहीं, खूबसूरती से खड़े किए गए गाँव—जहाँ पक्के मकान हों, चौड़ी, साफ-सुथरी सड़कें और देश के करोड़ों ग्रामीण भूखों-गरीबों के लिए सारी आधुनिक सुविधाओं आदि के द्वारा ये तीन साल में बेरोजगारी दूर करने का समाधान बताते हैं। कामगारों को हड़तालों और आन्दोलनों के बिना ही ये न्याय देने का वादा करते हैं। हर व्यक्ति को कॉलेजी और उच्चतर तकनीकी शिक्षा दी जाएगी। कीमतों पर अंकुश लगाया जाएगा।

ये 31 'जादूगर' हर वह चीज देने का वादा करते हैं जिसकी इच्छा हमारे मन में है। क्या यह 'शैंग्रीला' नहीं है ? किन्तु इस घोषणा-पत्र का सबसे गम्भीर भाग उस शिकायत का है कि लोगों का केवल 0.5 प्रतिशत भाग आय-कर चुकाता है और इन्हें ही 'विकास-मद के सारे खर्च का बोझ उठाना पड़ता है'। ये लोग इस बोझ को कम करना चाहते हैं, ताकि अमीर लोग अपने श्रम से अर्जित धन को बचा सकें और उसका अधिक सुख उठा सकें।

कौन हैं ये लोंग ? इन्होंने इनकी उपाधियाँ गिनायी हैं—महाराजा, राज-माताएँ, राजा या फिर बिड़लाओं, टाटाओं, बजाजों, गोयनकाओं, सोमाणियों और दूसरे बड़े उद्योगों के विश्वासपात्र लोग हैं अथवा उसके सदस्य। जनता के साथ या जनता के लिए इन्होंने क्या किया है यह जग-जाहिर है। ये जानकार लोग हैं। पर ये भूल जाते हैं कि ब्रिटिश राज के 'पुराने अच्छे दिन' 1947 में समाप्त हो गए।

आम मतदाता जाग्रत है। वह बच्चा नहीं है जिसे जादूगरों की कहानियों और जोकरों की मजाकिया भंगिमाओं से बहलाया जा सके। अफसोस, जैसी कि कहावत है कि 'गंजों को प्रकृति नुकीले और लम्बे नाखून नहीं देती!'

(25 फरवरी, 1971)

नई लोकसभा

इस सप्ताह भारत की जनता मतदान केन्द्रों पर जाकर लोकसभा के लिए अपने प्रतिनिधियों का चुनाव करेगी। नई लोकसभा को कुछ नई समस्याओं के रू-ब-रू होना पड़ेगा।

ऐसा इसलिए है कि नई लोकसभा को कुछ मूलभूत और महत्त्वपूर्ण मुद्दों पर मतदान करना है। इसके समक्ष जो समस्याएँ हैं उनमें से कई का समाधान

तब तक नहीं हो सकता जब तक लोकसभा के दो-तिहाई सदस्य इस पर एकमत न हो जाएँ।

इस तरह से आगामी संसद में सामान्य बहुमत एक पार्टी की सरकार बनाने के लिए पर्याप्त है, असली जरूरत दो-तिहाई बहुमत की है जो यह सुनिश्चित करेगा कि कुछ संवैधानिक संशोधन आसानी से हो जाएँगे।

जो पार्टी सत्ता में आएगी उसके सामने मूलभूत और लम्बे समय से लटक रहे परिवर्तन के उपायों पर अमल नहीं कर पाने का कोई बहाना नहीं होना चाहिए।

जैसा हम देख, सुन और पढ़ रहे हैं, ऐसा नहीं लगता कि कांग्रेस पार्टी को लोकसभा में सुविधाजनक बहुमत मिलेगा। यह भी लग रहा है कि कुछ पुराने दिग्गज चुनावों में चित हो जाएँगे।

तेजी से बढ़ रही जो प्रवृत्ति सर्वाधिक सन्तोषप्रद है वह यह कि नई लोकसभा में बड़ी संख्या में युवा एवं प्रगतिशील सदस्य चुनकर आएँगे *यंग इंडियन* उन्हें अपनी हार्दिक शुभकामनाएँ देता है।

दूसरी तरफ इस मध्यावधि चुनाव का सर्वाधिक परेशान करने वाला पहलू कुछ समूहों द्वारा हिंसा का सहारा लेना है। यह अत्यन्त दुर्भाग्यपूर्ण है कि सुभाष चन्द्र बोस के एक अत्यन्त निकट के सहयोगी रहे, हेमन्त कुमार बसू जैसे ऊँचे पाए के व्यक्ति की हत्या वामपन्थी दुस्साहसिकों ने कर दी। इस किस्म की हत्या के पीछे के तर्क या कारण को समझना बुद्धि के परे है। क्या इससे गरीब लोगों और भारतीय समाज की लड़ाई आगे बढ़ती है?

यह बात भी उतनी ही परेशान करने वाली है कि उन तीनों राज्यों में जहाँ कांग्रेस (ओ) सत्तासीन है, कांग्रेस तथा अन्य पार्टियों की सभाओं में बाधा डालने की संगठित कोशिशें हुई हैं। लगता है कि इस बात की संगठित कोशिश हो रही है कि कोई महत्त्वपूर्ण बैठक या सभा खलल या ढेलेबाजी के बिना सम्पन्न न हो पाए। किस मुँह से कांग्रेस (ओ) के लोग यह दावा कर सकते हैं कि वे जनतंत्र को बचाना चाहते हैं, जबकि उनके द्वारा शासित राज्यों में जनसभाओं में सबसे अधिक खलल डाला गया है।

(4 मार्च, 1971)

एक कदम आगे बढ़ने के लिए

बड़े औद्योगिक घरानों, राजघरानों और उनके प्रतिनिधियों को मतदाताओं के हाथों अपकीर्तिकर पराजय मिली है। भारत में राजनीतिक अधिकार को सीधे-सीधे हड़प लेने का उनका बहुप्रचारित 'महाभियान' व्यर्थ हो गया है। एक धर्म के ऊपर दूसरे

धर्म की सर्वोच्चता का दावा करने वालों को भी वैसा ही करारा झटका लगा है। इनके साथ क्षेत्रीय राजनीति की भी इतिश्री हो गई है।

लोकसभा के लिए हुए मध्यावधि चुनावों के परिणाम आगे बढ़ने की जनाकांक्षा का स्पष्ट प्रमाण हैं। परिणाम बतलाते हैं कि भारतीय जनता ने वोट दिया है राष्ट्रीय मुद्दों पर, आर्थिक मुद्दों पर, ऐसी नीतियों के लिए जो सम्पत्ति एवं आय के केन्द्रीकरण की मात्रा घटाएँगी और ऐसे उपायों के लिए जो देश के थोड़े-से लोगों द्वारा जमाने भर से चले आ रहे अन्यायपूर्ण विशेषाधिकारोपभोग को समाप्त करेंगे।

यंग इंडियन ने हमेशा भारत की जनता और उनके अर्थपूर्ण मत देने की योग्यता में विश्वास व्यक्त किया है। चुनाव-परिणामों ने इस विश्वास को पूरी तरह से इस विश्वास के औचित्य को सिद्ध किया है और इस विश्वास को कहीं अधिक बल दिया है। हमारा विश्वास है कि भारतीय जनता जाग चुकी है तथा नई पीढ़ी अपने अधिकार माँग रही है, दबे-कुचले लोग अपने हालात में बेहतरी के लिए आगे देख रहे हैं तथा शोषित-पीड़ित लोग अपनी यातनाओं से मुक्ति की आशा लगाए हैं। कांग्रेस तथा इसके नेतृत्व के प्रति जबरदस्त विश्वास के मत उन आशाओं और उम्मीदों की पुष्टि करते हैं जो जनता के मन में हैं और जिनकी पूर्ति की ललक उनमें है।

एक ओर यह कांग्रेस तथा उसके नेतृत्व के लिए गर्व महसूस करने का अवसर है, साथ ही यह उस बड़ी जिम्मेदारी को, जो नई सरकार पर आ गई है, महसूस करने का भी अवसर है। अब अपने सारे कार्यक्रमों के साथ पार्टी आगे बढ़ सकती है और इस काम के लिए, बिना किसी कठिनाई के, संविधान में आवश्यक संसोधन भी कर सकती है। अपेक्षा पर खरा न उतर पाने के लिए अब इसके पास कोई बहाना नहीं है।

चुनाव-परिणामों ने दिखाया है कि भारतीय जनता न सिर्फ तैयार है बल्कि परिवर्तन चाहती है और किसी राजनीतिक नेतृत्व को साहसिक एवं विकासात्मक कदम उठाने में हिचकिचाना नहीं चाहिए। सामान्य जन संकीर्ण न्यायिक दृष्टिकोणों से बँधे नहीं हैं और ऐसी सारी पद्धतियों और संस्थाओं को बदल देना चाहते हैं जो यथास्थिति की पक्षधर हैं और थोड़े-से लोगों के अनुचित अधिकारों एवं सुविधाओं को संरक्षण देती हैं।

विस्तृत विकासात्मक नीतियों के स्पष्ट एवं भारी समर्थन के बाद यह स्पष्ट है कि यह अवसर है, जब कांग्रेस पार्टी तथा नई सरकार को छोटे-छोटे कार्यक्रम बनाकर तथा अन्य उपायों द्वारा अपने वायदों को वास्तविकता में बदलना चाहिए। इसके लिए काफी तैयारी अपेक्षित है। और इस कोशिश में प्रतिबद्ध युवाओं, कार्यपालकों एवं बुद्धिजीवियों को अधिकाधिक संख्या में भागीदार बनाना होगा।

(4 मार्च, 1971)

दलीय घेरे के बाहर

आगे के कार्य भार

जनता ने वोट दिया है। महत्त्वपूर्ण मध्यावधि चुनाव के परिणाम मालूम हो चुके होंगे जब तक यह अंक पाठकों के हाथ में पहुँचेगा।

परिणाम जो हो, सभी युवाओं, गतिशील और समाजवादी शक्तियों के लिए आगे के कर्त्तव्य अब एक नई रंगत और दिशाएँ ग्रहण करेंगे, संसद के भीतर भी, बाहर भी।

सरकार बना लेना अपने आप में इति नहीं हो सकता। यह केवल एक माध्यम है। जनाकांक्षाओं और उम्मीदों को जगा दिया गया है और वे सुस्पष्ट हो गई हैं। उनके विश्वास के औचित्य को सिद्ध करने से कमतर कोई भी चीज आत्मघाती होगी। अगली सरकार को आत्यंतिक और प्रगतिशील कदम उठाने होंगे, तेजी से और साहसपूर्वक।

सर्वाधिक निर्णायक है कार्यक्रम को लागू करना। इसके लिए प्राथमिक जरूरत है प्रशासनिक सेवाओं के ऊपरी स्तर पर उन परिवर्तनों को लागू करना जो लम्बे समय से बकाया हैं। प्रशासन पर आई.सी.एस. के आधिपत्य को समाप्त करना होगा।

यह एक दुर्भाग्यपूर्ण विश्वास है कि आई.सी.एस. के लोगों की राजनीतिक प्रतिबद्धता नहीं होती। सिविल सेवाओं वालों की, विशेषकर आई.सी.एस. वालों की 'निष्पक्षता' का मिथक आई.सी.एस. अधिकारियों की उस बड़ी संख्या के द्वारा प्रचुर मात्रा में तोड़ा जा चुका है जो सेवा-निवृत्ति के बाद बड़े औद्योगिक घरानों की नौकरी करने लगे या जिन्होंने अपने को स्वतंत्र पार्टी जैसे राजनीतिक दलों से संबद्ध कर लिया।

इसके बराबर के ही महत्त्व का सवाल है राजकीय क्षेत्र के उद्यमों में श्रमिकों की बहाली का। यह दुर्भाग्यपूर्ण है कि योजना के दो दशकों के बाद भी प्रतिनियुक्त सिविल सेवा वाले इन उद्यमों में प्रबन्धन के शीर्ष पदों पर बैठे हुए हैं। एक साल से भी कुछ समय पहले यह निर्णय लिया गया था कि ऐसे सरकारी सेवक प्रशासन के अपने पद या राजकीय उद्यमों में स्थायी जीविका में से एक को चुन लेंगे।

किन्तु इस निर्णय के कार्यान्वयन में बार-बार स्थगन से ढील दी जाती रही है। इस सीधे-से निर्णय को लागू नहीं करने का कोई उचित कारण नहीं है, सिवा इसके कि जबकि राजनीतिक नेतृत्व जनता का विश्वास हासिल करने में व्यस्त है, ये अफसर अपने लाभ के लिए जोड़-तोड़ में व्यस्त हैं।

प्रशासकीय पुनःकल्पन के अलावा, नई सरकार को चुनावों के बाद, गम्भीरता के साथ और प्रभावपूर्ण तरीके से, एकाधिकार को नियंत्रित करने और रोकने तथा धन एवं आर्थिक ताकत जुटाने की प्रवृत्ति को उलटने के लिए अपने को लगा देना होगा।

एकाधिकार आयोग को एकाधिकार में कटौती करने तथा उपभोक्ताओं के शोषण की समाप्ति के लिए शक्तिशाली और प्रभावशाली एजेंसी बनाना चाहिए। इस आयोग में ऐसे लोगों को रखना चाहिए जो दृष्टिसम्पन्न और सूझ-बूझ वाले हों, ऐसे लोगों को नहीं जो कानूनी बिन्दुओं पर एकदम तकनीकी दृष्टि से सोचें। इसको एक और 'हाई कोर्ट' नहीं बना देना है जो राष्ट्र को सिर्फ यह बतलाता है कि वर्तमान कानून एकाधिकारियों को अपने हाथ-पाँव और भी पसारने की इजाजत देता है या नहीं। लोग उम्मीद लगाए हैं कि एकाधिकार आयोग (मोनोपलीज कमीशन) उनकी शोषण-मुक्ति के लिए कुछ उपाय करेगा।

ये और ऐसे ही कई अन्य महत्त्वपूर्ण मुद्दे हैं जिन पर चुनावों के बाद त्वरित ध्यान दिया जाना चाहिए। क्या करना है, उसकी साफ-संक्षिप्त पहचान होनी चाहिए और इन कार्यों के निष्पादन में भटकन, झिझक बिल्कुल भी नहीं होनी चाहिए।

(18 मार्च, 1971)

आत्मसन्तोष के लिए कोई अवसर नहीं

नवगठित लोकसभा, जिसने अपना पहला सत्र शुरू कर दिया है, भारतीय राजनीति के 'नए स्वरूप' के लिए लोगों की इच्छा और बेचैनी को पूर्णतः प्रतिबिम्बित करती है। अधिकांश घिसे-पिटे नेताओं और उनके आकाओं को तथा उन राजनीतिक पार्टियों को भी, जो जनता के उत्थान के कामों को प्राथमिकता देने में चूके तथा यथास्थिति से चिपके रहे, संसद से बाहर जाने पर दरवाजा दिखा दिया गया है।

सामान्य भारतीय को कुछ क्षेत्रों में अनपढ़, दारिद्र्य का मारा, अधनंगा, कुपोषण का शिकार, यातना-भरा जीवन जीता हुआ और बाबा आदम के जमाने के रूढ़िग्रस्त जीवन-मूल्यों से घिरा दिखाया-बताया जाता है। इन क्षेत्रों में लोग यह सोचकर आत्मतुष्टि पाते रहे कि ऐसे दब्बू, अज्ञानी भारतीय लोग, परिवर्तन के लिए दृढ़ कदम नहीं उठा सकते। किन्तु मध्यावधि चुनावों ने प्रमाणित कर दिया है कि जो परिवर्तन भारतीय जन चाहते हैं उसके मकसद और परिणाम को वे ठीक-ठीक समझते हैं। सच पूछिए तो इन्होंने निर्णायक रूप से और सहज विश्वासभरी मुद्रा में नवनिर्माण के पक्ष में कार्य किया है। नवनिर्माण के स्तरों को देश के करोड़ों लोगों ने तय कर दिया है।

राजनीति में इस नएपन को अब सत्ता तथा कार्यान्वयन के हर हिस्से में बिम्बित करना होगा, राजनीतिक स्तर पर न सिर्फ सरकार के गठन के समय बल्कि विभिन्न स्तरों पर प्रशासकीय मशीनरी के पुनर्गठन वगैरह में भी। काम करने के तरीके और व्यवहार करने के ढंग में आमूल परिवर्तन लाना होगा। जनता को यह आश्वासन

मिलना ही चाहिए कि जिन लोगों के हाथों में कार्यों के निष्पादन की डोर है वे केवल नारेबाजी में रुचि नहीं रखते, वास्तव में कुछ करना चाहते हैं। भारत की जनता ने उनमें जो विश्वास व्यक्त किया है उसका औचित्य उन्हें सिद्ध करना ही होगा। संक्षेप में, हाल के मध्यावधि चुनाव और नतीजों का निहितार्थ यही है।

लोकसभा में दूसरी सबसे बड़ी पार्टी के रूप में माकपा (मार्क्सवादी) के उभर कर आने की भी उपेक्षा नहीं की जा सकती। वर्तमान राजनीतिक ढाँचा चाहे इससे तत्काल प्रभावित न हो, किन्तु निश्चित रूप से यह भविष्य का संकेतक है।

संसदीय संस्थाओं के माध्यम से मूलभूत जनतांत्रिक राजनीति में भारतीय जनता ने अपनी पसन्द बतलाई है। किन्तु इतना ही नहीं है। भविष्य के लिए उन्होंने अपने विकल्प खुले रखे हैं। उनके देखे स्थापित संसदीय पद्धति की यह परीक्षा की घड़ी है। इसका भी अपना अर्थ और निहितार्थ है।

वे पार्टियाँ और वे हस्तियाँ जो संसदीय संस्थाओं को बचाने में रुचि रखती हैं उन्हें दलित-पीड़ित जनों की आशाओं-उम्मीदों को संसदीय जनतंत्र के माध्यम से पूरा करने में कोई कसर नहीं छोड़नी चाहिए।

चुनावी विजय की खुशी के अतिरेक में डूबकर जश्न मनाना कांग्रेस पार्टी और इसके नेतृत्व के लिए नुकसानदेह और अत्यन्त क्षतिकर होगा।

(25 मार्च, 1971)

पाकिस्तानी शासकों का अनर्थकारी रास्ता

पूर्वी बंगाल के लोग स्वायत्तता तथा अपने अच्छे भविष्य को तय करने के अपने जनतांत्रिक अधिकारों की माँग करते रहे हैं।

पूर्वी बंगाल को इसके अपने संसाधनों और क्षमता के अनुसार विकसित होने का अवसर नहीं दिया गया है। पश्चिमी पाकिस्तान, पूर्वी पाकिस्तान के लोगों का शोषण एक उपनिवेश की तरह करता रहा है। बांग्लादेश के निर्विवाद नेता शेख मुजीबुर्रहमान तथा उनकी पार्टी ने जनतांत्रिक तरीकों से पूर्वी पाकिस्तान की समस्याओं का सार्थक समाधान खोजने की कोशिश की है।

इस सारे समय में शेख मुजीबुर्रहमान एक अहिंसक आन्दोलन का नेतृत्व करते रहे हैं। इस विश्वास के साथ कि राष्ट्रपति की उन घोषणाओं में कुछ सच्चाई है जो आपसी समस्याओं को जनतांत्रिक तरीके से सुलझाने के सन्दर्भ में उन्होंने कही हैं, शेख साहब, राष्ट्रपति याह्या खाँ के साथ विचार-विमर्श के लिए गए भी। इधर शेख साहब बातचीत की मेज पर पहुँचे, उधर शातिर याह्या खाँ ने निहायत शरारती तरीके से पश्चिम पाकिस्तान से सैनिक टुकड़ी को पूर्वी बंगाल में भेजने की योजना

बनाई। सिर्फ कुछ समय पा लेने के ख्याल से याह्या खाँ से बातचीत की। जैसे ही सैनिक पूर्वी पाकिस्तान के सागर-तट पर पहुँचे, याह्या खाँ अपने असली रंग में आ गए। उन्होंने मार्शल लॉ लागू करके सेना को पूर्वी पाकिस्तान की सारी राजनीतिक गतिविधियों को कुचल देने के अधिकार दे दिए हैं।

बराबर की ही शरारती भूमिका पश्चिमी पाकिस्तान के राजनेता जुल्फिकार अली भुट्टो ने भी निभाई है। पश्चिमी पाकिस्तान के गैर-ईमानदार नेता, पूर्वी पाकिस्तान के भोले-भाले, शान्तिप्रिय और अहिंसक समूहों को दबाना चाहते रहे हैं और सेना ऐसे लोगों की भी सहायता कर रही है।

सेना के पास सारे आधुनिक हथियार होते हैं। सो बांग्लादेश की क्रान्ति को क्रूरतापूर्वक कुचल देना इसके लिए बहुत आसान है। परन्तु, प्रश्न यह है कि किसी देश की जनता को बलपूर्वक दबाए रखा जा सकता है? बन्दूकों और गोलियों के बल पर दुनिया में कहीं भी स्थायी शान्ति बहाल नहीं की जा सकी है। लोग मार दिए जा सकते हैं, किन्तु उनकी अभिलाषाएँ जीवित रहती हैं और अपने अधिकार के प्रति दृढ़ बनी रहती हैं।

एक सम्प्रभुतासम्पन्न राज्य के रूप में बांग्लादेश के अभ्युदय के प्रति बहुतों के मन में संशय था। पाकिस्तानी शासकों द्वारा मार्शल लॉ घोषित करने तथा शेख मुजीबुर्रहमान को देशद्रोही करार देने के पहले तक ही ऐसा संशय हो सकता था। स्वतंत्र बांग्लादेश की स्थापना अब अपरिहार्य दिखती है।

पाकिस्तानी सैन्य द्वारा जनता पर ढाये गए जुल्मों की निन्दा सारी दुनिया के अमनपसन्द लोग करेंगे। निश्चय ही यह उन लोगों को उदास करने वाली घड़ी है जिनका विश्वास जनतांत्रिक संस्थाओं में है, कि चुनावों के द्वारा इतनी स्पष्टता से अभिव्यक्त जनाकांक्षा को बन्दूकों-गोलियों की ताकत से कुचला जा रहा है। आजादी और जनतांत्रिक व्यवस्थाओं के लिए हम भारतीयों के मन में आदर और सहानुभूति का भाव है, चाहे जिस किसी भी देश में यह खतरे में हो। बांग्लादेश की जाँबाज जनता के प्रति हम अपना सम्पूर्ण समर्थन व्यक्त करते हैं।

(1 अप्रैल, 1971)

फैसला लेने की घड़ी

बांग्लादेश के भोले-भाले लोग, जिनके हाथों में कोई हरबा-हथियार नहीं, पश्चिमी पाकिस्तान की सेना द्वारा क्रूरतापूर्वक कत्ल किए जा रहे हैं और दुनिया भर के लोग असहाय-से, चुपचाप, इस दर्दनाक दृश्य को देख रहे हैं। प्रस्तावों और वक्तव्यों के द्वारा सहानुभूति और नैतिक समर्थन देने के अलावा, हम अपने को इस स्थिति में

नहीं पा रहे कि बांग्लादेश की जनता की रक्षा कर सकें या उनके सर्वथा उचित आन्दोलन को आगे बढ़ा सकें।

शोषित लोगों के उचित आन्दोलनों को समर्थन देने और विश्व-शान्ति बहाल करने का दायित्व जिन अन्तरराष्ट्रीय शक्तियों पर है वे कुछ भी कर सकने में नाकाम रहे हैं। यह निहायत शर्मनाक है कि सैनिक हिंसा से पीड़ित लोगों को चिकित्सकीय सुविधा मुहैया कराने पर भी पश्चिमी पाकिस्तान ने रेड क्रॉस पर बंदिश लगा दी है। निष्पक्ष पर्यवेक्षकों को भी पूर्वी पाकिस्तान में जान-माल की बरबादी की भयावहता, विशालता और तरीकों की जानकारी दुनिया को देने की इजाजत नहीं है। ऐसे में शान्ति के ये वैश्विक संगठन और संस्थाएँ बांग्लादेश के करोड़ों लोगों के किस काम की हैं?

पूर्वी बंगाल के जन-विद्रोह ने यह दिखला दिया है कि शोषितों और शोषकों को मजहब जोड़कर नहीं रख सकता। एका और शान्ति तभी हो सकती है जब समाज के हर वर्ग को सन्तुलित एवं सुसंगत तरीके से अपने जीवन के निर्वाह की परिस्थितियों को समुन्नत करने का अवसर उपलब्ध कराया जाए। विषमता का होना, और तिस पर इसका बढ़ना, चाहे यह अन्तर-क्षेत्रीय हो या समाज के एक अंग द्वारा दूसरे अंग पर लादी गई, क्रान्ति को खुला आमंत्रण है और शान्ति तथा विकास के लिए सदैव बना रहने वाला खतरा है। एक बार जनता सचेत होकर लामबन्द हो जाती है तो कोई ताकत उन्हें झुका या हरा नहीं सकती। पूर्वी बंगाल में यही हुआ है।

पश्चिमी पाकिस्तान के सत्ताधीश, जो अजीबोगरीब तर्क और आर्थिक कारण लम्बे समय से बताते रहे हैं उनकी कलई खुल गई है। पाकिस्तान के योजना आयोग ने स्वीकार किया है कि पश्चिम की तुलना में पूर्वी भाग बहुत कम विकसित है। किन्तु, इसने तर्क दिया है कि पूर्व के लिए योजना-मद में अधिक राशि उपलब्ध कराने की जरूरत नहीं है। इसके लिए यह बहाना बनाया गया कि पूर्वी बंगाल की आबादी बहुत घनी है, इसके अनुपात में पूँजी का उत्पादन कम है, और यहाँ की जमीन उपजाऊ है, जबकि पश्चिम का भू-भाग बड़ा है और आधारभूत संरचना के लिए बड़ी लागत की माँग करता है, पूँजी-उत्पादन का अनुपात ऊँचा है, और जमीन या तो असिंचित है या पानी में डूबी हुई। पूर्वी बंगाल के दावे के नकार के लिए पश्चिमी पाकिस्तान के हुक्मरान ऐसे विकृत आर्थिक तर्क प्रस्तुत करते रहे हैं।

यह जानने-जैसा है कि पाकिस्तान योजना आयोग से जुड़े एक भी पश्चिमी विशेषज्ञ या अर्थशास्त्री ने पश्चिमी पाकिस्तान के सत्ताधीशों के औपनिवेशिक प्रस्ताव एवं दृष्टिकोण पर सवाल नहीं खड़ा किया है। बांग्लादेश के विश्वविद्यालयी अर्थशास्त्रियों ने इसे जरूर चुनौती दी। आश्चर्य नहीं कि परिसमापन के लिए पाकिस्तानी सेना के प्राथमिक निशाने पर विद्वज्जन, विश्वविद्यालय के प्रोफेसर और शिक्षाशास्त्री हैं।

बांग्लादेश की घटनाएँ ऐसे आधारभूत प्रश्न उठाती हैं जिनके मंथन की जरूरत है। संसार के शोषित भागों के लोग यदि विद्रोह करते हैं, तो उसका बचाव कैसे किया जा सकता है ? जनता के उचित आन्दोलनों को आगे बढ़ाने का प्रभावी औजार कैसे बन सकती हैं अन्तरराष्ट्रीय शक्तियाँ ? विकास की प्रक्रिया में पिछड़े क्षेत्रों और तबकों को उनका उचित स्थान दिलाने के लिए कौन से सांस्थानिक या दूसरे उपाय आवश्यक हैं ?

(8 अप्रैल, 1971)

श्रीलंका के संकेत

श्रीलंका की घटनाएँ उन अन्तर्धाराओं और प्रक्रियाओं की सूचक हैं जिनसे होकर नई अपेक्षाओं से भरे मतदाताओं की राजनीति गुजर रही है।

सिर्फ साल भर पहले विशाल बहुमत से श्रीमती भंडारनायके श्रीलंका की सरकार बनाने को चुनी गई थीं। पारम्परिक श्रीलंकाई समाज को आधुनिक और समाजवादी स्वरूप में बदलने के लिए उन्हें स्पष्ट जनोदश मिला। मतदाताओं से किए गए उनके वायदे अतिरंजित नहीं थे। चुनावों के समय उन्होंने जो वायदे किए थे उनके अनुरूप कई निश्चित उपयों और नीतिगत फैसलों की घोषणा करने में वे पीछे नहीं रहीं। इन महिला राजनेता की निष्ठा और काम के प्रति ईमानदारी पर भी सन्देह नहीं किया जा सकता। किन्तु शुभेच्छाएँ और इरादे जनता को तब तक सन्तुष्ट नहीं करते जब तक नए कार्यक्रमों को इस रूप में और इस गति से लागू न किया जाए कि लोग इनके वास्तविक परिणाम-प्रभाव को सचमुच महसूस कर सकें, देख-सुन सकें।

किसी पिछड़े समाज को अग्रगामी और गतिशील समाज में बदलने की कोई कोशिश सफल नहीं हो सकती यदि इसे प्रशासकीय और व्यवस्थागत ढाँचे का आवश्यक सहारा न मिले। रूपान्तरण के औजार, अर्थात् स्पष्ट परिवर्तन की व्यवस्था में लगे खास लोगों के पास न सिर्फ एक दृष्टि और परिप्रेक्ष्य होना चाहिए बल्कि अल्पतम समय में लोगों तक लाभ पहुँचाने का संकल्प भी होना चाहिए। सामान्य जन में आशा और विश्वास की ज्योति जगाने का केन्द्र होना चाहिए इन लोगों को।

अनेक आन्दोलन सिर्फ परिप्रेक्ष्य के अभाव में नहीं, बल्कि मूलतः राष्ट्रीय गतिविधियों के संचालन के लिए जिम्मेवार अधिकारियों की सीमाओं के कारण असफल हो जाते हैं। श्रीलंका की घटनाएँ सारे एशियाई देशों के लिए संकेतक हैं। कोई नेतृत्व या पार्टी जो मूलभूत परिवर्तनों के लिए ईमानदार और संकल्पवान् है, इस पहलू की उपेक्षा नहीं कर सकता या इसे कम महत्त्व का नहीं मान सकता।

सामाजिक क्रान्तियाँ वैसे दृढ़निश्चयी लोगों के द्वारा की जाती हैं जिनकी दृष्टि स्पष्ट हो, जिनका लक्ष्य सुनिश्चित हो और जो जनता को विश्वास में ले सकने की क्षमता रखते हों। परिवर्तन की प्रक्रिया स्वमेव ऐसी शक्तियाँ पैदा करती हैं जो जनोत्साह को एड़ लगाते हैं और कई बार जनाकांक्षाएँ व्यावहारिक सीमाओं को भी उलाँघ जाती हैं। ऐसी अतिरंजित माँगें परिवर्तन की राह में रोड़े अटका सकती हैं। ऐसी ही परिस्थिति में सांगठनिक ढाँचे को लोगों को शिक्षित करने एवं विश्वास में लेकर उन कठिनाइयों के बारे में समझाने की जिम्मेदारी निभानी पड़ती है जो सामाजिक परिवर्तन के मूल स्वभाव में होती हैं।

इस दायित्व के निर्वाह में कमी से जनोत्साह क्षीण पड़ सकता है और जनोद्वेग उबाल ले सकता है। और ऐसे तत्त्व हमेशा मौजूद रहते हैं जो ऐसी परिस्थितियों का फायदा उठाना चाहते हैं। राज्य की दमनात्मक शक्तियाँ ऐसी स्थिति से निपटने में सक्षम नहीं होतीं। इसके विपरीत, शक्ति का प्रयोग आग में घी का काम करता है और स्थिति हाथ से बाहर हो जाती है।

किसी भी समाजशास्त्री को सामाजिक परिवर्तन के काम में तब तक हाथ नहीं डालना चाहिए जब तक इसके परिणामों-प्रभावों की पूरी समझ उसे न हो।

(15 अप्रैल, 1971)

बड़े औद्योगिक घराने अपनी राह निकाल लेते हैं

स्पष्ट जनादेश से बनी केन्द्र सरकार से उम्मीद थी कि जनाकांक्षा के अनुरूप वह देश के सामाजिक-आर्थिक ढाँचे में आमूलचूल परिवर्तनों के लिए तुरन्त आवश्यक कदम उठाएगी।

इस कार्यक्रम का एक महत्त्वपूर्ण विषय एकाधिकार को नियंत्रित करने और सम्पत्ति तथा आर्थिक शक्ति के केन्द्रीकरण रुझान को रोकने के उपाय करना है। इसी दृष्टिकोण से गत वर्ष 'एकाधिकार और प्रतिबन्धक व्यापार पद्धति आयोग' (द मोनोपॉलीज ऐंड रेस्ट्रिक्टिव्ह एंड प्रैक्टिसेज कमीशन) की स्थापना की गई थी। अन्य कामों के अलावा, आयोग को उन सारे औद्योगिक लाइसेंसों की जाँच की जिम्मेदारी दी गई है। जो एकाधिकार और बड़े उद्योगों के स्वार्थ को साधने वाले हैं।

उपर्युक्त तथ्य के आलोक में, लोगों को यह जानकारी माँगने का अधिकार है कि पिछले दिनों में ढेर सारे नए लाइसेंस बड़े उद्योगों के लिए कैसे निर्गत किए गए।

टाटा केमिकल्स को सोडा ऐश की क्षमता की 50 प्रतिशत से भी अधिक की वृद्धि करने की अनुमति दी गई है। किर्लोस्कर के द्वारा डीजल इंजिनों के अधिक उत्पादन को नियमित कर दिया गया है। टाटा की एक अन्य कम्पनी, वोल्टाज को प्रति वर्ष लगभग एक करोड़ रुपयों की अतिरिक्त मशीनों के उत्पादन का लाइसेंस दिया गया है। बिरला के जेनिथ स्टील पाइप को शिअर कैंचों, मिल रॉलरों, डाइ, जिग और उपास्कारों (फिक्सचर्स) के निर्माण के लाइसेंस दिए गए हैं। नए औद्योगिक लाइसेंसों के लाभुक अन्य बड़े उद्योग हैं—ऐंड्रयू यूल, बालचन्द, टी.वी. सुन्दरम्, अमीन एवं रैलीज।

इन सभी लाइसेंसों को पहले घोषित सरकारी नीति के अनुसार, 'एकाधिकार और प्रतिबन्धक व्यापार आयोग' के पास जाँच के लिए जाना चाहिए था। सच यह है कि इनमें से एक की भी जाँच उक्त आयोग के द्वारा नहीं की गई है।

औद्योगिक लाइसेंसों के अलावा अनेक 'इन्टेन्ट-पत्र' भी निर्गत किए गए हैं। टाटा, थापर, एस्कोर्ट्स आदि देश के तथा गुडईयर, बेयर्स, फिलिप्स आदि विदेशी औद्योगिक महाशक्तियों को ये 'इन्टेन्ट-पत्र' मिले हैं। मोटरकार उद्योग के लिए नई चीजों के निर्माण की अनुमति गुडईयर को दी गई है और बेयर्स को अपनी क्षमता को तीन गुना बढ़ाने की अनुमति मिल गई है। फिलिप्स को प्रतिवर्ष 3.3 लाख से बढ़ाकर 7 लाख रेडियो रिसीवरों के उत्पादन की अनुमति दी गई है और इसके अलावा उन्हें इलेक्ट्रॉनिक सामानों के लिए बृहत् क्षमता के सृजन के लिए 'इन्टेन्ट लेटर' दिए गए हैं।

बड़े उद्योग-समूहों तथा एकाधिकार को पूरा प्रोत्साहन दिया गया है, जैसा कि उनके पक्ष में उदार लाइसेंस-नीति से पता चलता है। चिन्ताजनक यह है कि इन्हें अपनी गतिविधियाँ बढ़ाने का जैसा विस्तृत फलक दिया गया है उसकी तुलना में इन योजनाओं से नियोजन के अवसर उपलब्ध कराने की ओर कोई ध्यान नहीं दिया गया। इनमें से कुछ के पक्ष में जो जोर-शोर का प्रचार किया गया कि इनसे निर्यात को बढ़ावा मिलेगा, वह केवल मुद्दों को आड़ में कर देने का बहाना भर है। हमारे ढेर सारे पुराने अनुभव बताते हैं कि निर्यात के वायदों पर भी अमल नहीं किया गया और भविष्य में भी इस पर अमल किए जाने की कोई सम्भावना नहीं है।

प्रश्न उठता है : यदि ऐसे मामलों को सरकार 'एकाधिकार और प्रतिबन्धक व्यापार पद्धति आयोग' के समक्ष नहीं रखना चाहती, तो आयोग की जरूरत क्या है ?

वर्तमान में यह आयोग एक क्रियाहीन संस्था दिखता है। न तो इसके पास करने को जरूरत के काम हैं न इसके पास ऐसे आवश्यक कर्मचारी हैं जिनमें कार्यों के सही निष्पादन का कौशल हो।

(22 अप्रैल, 1971)

अपर्याप्त संसाधनों का दुरुपयोग

हमारे पास संसाधन बहुत कम हैं। संसाधनों की अपर्याप्तता के कारण अक्सर विकास के कार्यों में रुकावट आती है।

इसी कारण यह तर्क दिया जाता है, अपनी योजनाओं की प्राथमिकताओं को ध्यान में रखते हुए, संसाधनों को अत्यन्त सावधानी से फैलाना चाहिए, और संसाधनों के इस्तेमाल में पहला ध्यान आम जनता की जरूरी जरूरतों पर दिया जाना चाहिए। अफसोस की बात है कि पिछले कई वर्षों से इन विचारों को हवा में उड़ाया जाता रहा है और अपसरण की यह प्रवृत्ति बनी हुई है।

निवेश-नीति अपरिवर्तित है। गैर-सरकारी एकाधिकार-सम्पन्न घराने बिलास के उपकरणों के उत्पादन में पूँजी निवेश जारी रखे हुए हैं। ऐसे निवेशों के लिए परमिट और लाइसेंस जारी करने में सरकार अत्यन्त उदार रही है।

निवेश के संसाधनों के ऐसे शर्मनाक दुरुपयोग का असाधारण उदाहरण तथाकथित 'जनता-कार' की परियोजना है। ऐसा देश जहाँ जन-परिवहन एकदम अपर्याप्त है और मुश्किल से पूरी आबादी आधा प्रतिशत कारों के उपयोग की क्षमता रखता है। इस तरह से 'जनता-कार' की बात एक क्रूर तमाशा है। ऐसे सारे निवेशों के विरोध में सरकार को सख्त कदम उठाने चाहिए थे।

हाल ही में भारतीय जीवन बीमा निगम ने इंडियन आइरन एंड स्टील कम्पनी के तीन लाख शेयर खरीदे हैं। अभी दो साल पहले सरकार ने संसद में सुस्पष्ट बयान दिया था कि जीवन बीमा निगम या किसी अन्य सरकारी वित्तीय संस्था द्वारा किसी खास बड़ी औद्योगिक संस्था के प्रति अनुग्रह नहीं किया जाएगा। यह समझना मुश्किल है कि जीवन बीमा निगम द्वारा इंडियन आइरन के शेयर खरीदने से कौन-सा लक्ष्य सध रहा है। न इससे रोजगार के अवसर बढ़ेंगे, न ही इससे छोटे उद्योगों को प्रोत्साहन मिलेगा। तीन करोड़ के विनिवेश से सरकार कम-से-कम तीन सौ या इससे भी कुछ अधिक लघु उद्यमियों को नए कामों के लिए सहायता दे सकती थी, जिनमें से अधिकांश देश के पिछड़े इलाकों में हों।

सिवाय इसके कि एक खास औद्योगिक घराने को, जो अपनी अव्यावहारिक गतिविधियों के लिए बदनाम है, संकट से उबारने के लिए एक सरकारी वित्तीय संस्थान ने सहायता दी, संरक्षण दिया, भारतीय जीवन बीमा निगम के इस विशेष विनिवेश को नहीं समझा जा सकता, इसे उचित ठहराना तो दूर की बात है।

इन विनिवेशों के बाद जीवन बीमा निगम और दूसरे वित्तीय संस्थान 'इंडियन आइरन' के कुल शेयरों के लगभग 35 प्रतिशत पर अधिकार कर लेंगे। इस बात पर विश्वास करना भी कठिन है कि शेयरों की वर्तमान खरीद किसी खास कम्पनी को अधिकृत कर लेने के दृष्टिकोण से है। ऐसे विनिवेश देश के आर्थिक विकास पर

प्रतिकूल प्रभाव डालेंगे। यही समय है जब कि ठोस विनिवेश-नीति अपनाकर उसे व्यवहार में लाया जाए।

(29 अप्रैल, 1971)

इजारेदारों पर नियंत्रण रखिए

मंत्रिमंडल के गठन का काम समाप्तप्राय है। अगले कुछ दिनों में योजना आयोग के नए सदस्यों की नियुक्ति भी हो जाएगी। फलाँ आदमी सरकार में सीधी जिम्मेदारी के लिए बुलाया जाने वाला है, ऐसी अटकलों पर विराम लग जाना चाहिए। अब सरकार के नेताओं के लिए जनता से किए गए वायदों को पूरा करने के काम में लगने और उन मुद्दों को पकड़ में लेने का समय है, जिसके आधार पर उन्होंने स्पष्ट बहुमत पाया।

सालाना बजट की प्रस्तुति सदा से सर्वाधिक महत्त्वपूर्ण घटना रही है, क्योंकि इस एक दस्तावेज से बहुत सारे लक्ष्यों को सिद्ध करने की कोशिश की जाती है। आगामी बजट प्रस्ताव का स्वरूप यह दिखलाएगा कि राष्ट्रीय समस्याओं के समाधान के प्रति सरकार कितनी गम्भीर है। 1971-72 के बजट को न सिर्फ साहसिक होना होगा अपितु इसे स्पष्ट रूप से एक नई दिशा ग्रहण करनी होगी।

ऐसे अनेक औद्योगिक उत्पादन हैं जिनमें इजारेदारी स्थितियाँ प्रबल होती हैं। इजारेदार उत्पादकों को विदेशी प्रतिस्पर्द्धा के खिलाफ पूरा संरक्षण मिलता है, उन्हें रियायती दर पर कच्चा माल उपलब्ध होता है और तब भी मूल्य या गुणवत्ता पर कोई नियंत्रण नहीं होता। ये इजारेदार प्रभूत लाभ कमाते हैं और कीमतें कम रखने या आर्थिक पलड़े को ठीक रखने, नई तकनीकों के इस्तेमाल पर शायद ही उनका ध्यान जाता है। इस तरह से अर्जित मुनाफे को गैर-सरकारी औद्योगिक घराने के विस्तार में लगाया जाता है। इजारेदारी के इस पक्ष पर बजट में ध्यान दिया जाना चाहिए। रेयन, अल्यूमिनियम, जिंक (जस्ता), स्टेनलेस स्टील, हजामत बनाने के ब्लेड, दवाओं आदि के बेहिसाब मुनाफा वाले उद्योगों पर दूसरे उद्योगों की अपेक्षा कहीं अधिक टैक्स लगाया जाना चाहिए। अन्तर-समूहों के विनिवेशों से हुई कमाई पर छूट देने के पुराने तरीके को अविलम्ब समाप्त कर देना चाहिए। असल में, वैसे विनिवेशों पर, जो दूसरी कम्पनियों पर अधिकार करने के लिए किए जाते हैं। ऊँची टैक्स-दर के लिए पर्याप्त कारण हैं।

'एकाधिकार एवं प्रतिबंधित व्यापार अधिनियम' (मोनोपॉलीज एंड रेस्ट्रिक्टेड ट्रेड प्रैक्टिसेज ऐक्ट) की कुछ प्रासंगिकता उद्योग के केन्द्रण के आगे और बढ़ने की प्रवृत्ति पर अंकुश लगाने में है। किन्तु जो इजारेदारी स्थापित हो चुकी है उस पर

अंकुश लगाए रखने के लिए बजट-प्रावधानों के बुद्धिमत्तापूर्ण और संकल्पवान् उपाय की जरूरत है। इस समस्या का प्रभावी उत्तर, सामूहिक क्षेत्र से ऊँची पूँजी-उगाही करने या कम-से-कम क्रमिक एवं पर्याप्त सम्पत्ति-कर लगाने में है।

सम्पत्ति को गतिशील बनाने की पर्याप्त कोशिश के बिना विकास-कार्यों और साहाय्य के उपायों को गम्भीर कठिनाई का सामना करना पड़ेगा। मगर यह भारी हाथ अल्प आय-समूहों पर नहीं बल्कि उन पर पड़ना चाहिए जो अब तक अननुपातिक सम्पत्ति तथा मुफ्त में प्राप्त हो गई विशाल आमदनी का मजा मारते रहे हैं।

बजट निर्माणाधीन है और इसी महीने प्रस्तुत किए जाने को है। क्या यह राष्ट्र के मतदाताओं की अपेक्षा एवं उनसे किए गए वायदों के अनुरूप होगा?

(6 मई, 1971)

निष्क्रियता और जोड़-तोड़ पर विराम लगाइए

स्पष्ट तौर पर संसदीय लोकतंत्र की सीमाएँ और बंदिशें हैं, किन्तु इसकी अपनी खूबसूरती भी है।

इसका काम करने का तरीका बहुत हद तक उन परिस्थितियों पर निर्भर करता है जिनमें इसे काम करना पड़ रहा है तथा उस नेतृत्व पर जो इसके भीतर से उभर कर आता है।

पिछले कुछ सालों से भारतीय राजनीतिक परिदृश्य अत्यन्त रंजक रहा है। कई घटनाओं ने संसदीय संस्थाओं के प्रभावशाली होने को प्रमाणित किया है, तो कुछ इन संस्थाओं की कमियों को प्रकाश में लाई हैं। असल में ये कमियाँ खास स्वार्थप्रेरित राजनेताओं के द्वारा किए जा रहे जोड़-तोड़ से पैदा होती हैं, हालाँकि इनमें से कई अपने को नए समाज का निर्माण करने वाले मसीहा के रूप में प्रस्तुत करते हैं।

पिछले मध्यावधि चुनावों के पहले और चुनावों के दौर में काफी सनसनी फैल गई थी जब राजनीतिक जोड़-तोड़ से कांग्रेस शासन को अपदस्थ करने की कोशिश की गई। पहले कांग्रेस के भीतर और फिर इसके बाहर दक्षिणपन्थी योग से ऐसा हुआ। ये कोशिशें बेकार गईं और लोकसभा में कांग्रेस पार्टी ने प्रचंड बहुमत से विजय पायी।

इसके बाद यह आशा अतिरेकपूर्ण नहीं थी कि राष्ट्र के भवितव्य को दिशा देने के लिए लोगों की एक गतिशील तथा सुगठित टीम को आगे आना चाहिए। किन्तु आश्चर्य कि प्रारम्भ से ही एक अनिश्चय का-सा वातावरण बनाया गया। लगातार तीन किस्तों में शपथ-ग्रहण समारोहों ने पिछले दो महीनों में ऐसे अनिश्चय-भरे वातावरण को और बल दिया है और राष्ट्रीय प्रेस यह अटकलें लगाता रहा है कि

न सिर्फ विभागों के सम्भावित परिवर्तन को लेकर बल्कि कार्मिकों के भी।

इस तरह से एक नए किस्म की अस्थिरता से हम रू-ब-रू हो रहे हैं, जो वस्तुत: जनतांत्रिक प्रक्रिया के भीतर मौजूद नहीं है। चुनावों के बाद मंत्रिमंडल के गठन की एक बड़ी कवायद स्वाभाविक और सामान्य होगी। परन्तु इसको लेकर बना अनिश्चय का वातावरण अवमाननापरक है।

इसके परिणामस्वरूप कार्य-निष्पादन में सुस्ती आई है। कांग्रेस के कार्यक्रम को लागू करने के लिए शायद ही कोई नई नीति लागू की गई है या गम्भीर कोशिश की गई है। दो महीने का समय छोटा दिख सकता है किन्तु प्रारम्भिक काहिली और इसके फलस्वरूप उत्पन्न निराशा घातक सिद्ध हो सकती है। लोगों ने परिवर्तन के पक्ष में वोट दिया है किन्तु कुछ लोगों ने इसे सिर्फ स्थिरता की गारंटी के रूप में लिया है।

समय आ गया है जब अनिश्चय का यह खेल बन्द किया जाए ताकि असली काम हाथ में लिये जा सकें। हमें जो पाना है उसके विषय में हमारे मस्तिष्क में बिल्कुल स्पष्टता होनी चाहिए और उसी के अनुरूप हमें अपने औजार चुनने चाहिए।

युवा पीढ़ी ने अपना समर्थन केवल ड्रामाबाजी के लिए नहीं बल्कि वास्तविक उपलब्धियों के लिए दिया है। इन उपलब्धियों का फैसला प्रिय पात्रों को संरक्षण देने से नहीं होगा, बल्कि बेरोजगारी और बढ़ती गरीबी-जैसी जन-समस्याओं के समाधान में प्रवृत्त होने से होगा।

यह समय है जब हमें निष्क्रियता और जोड़-तोड़ के लिए 'विराम' कहकर, वास्तविक और सही सामाजिक बदलाव के लिए कड़ी मेहनत करनी चाहिए।

(13 मई, 1971)

कार्य-निष्पादन की जाँच में अपर्याप्त

जुलाई 1867 में कार्ल मार्क्स ने कहा था : "राजनीतिक अर्थनीति के क्षेत्र में स्वतंत्र वैज्ञानिक पड़ताल को सिर्फ उन्हीं शत्रुओं से सामना नहीं होता जैसा कि सारे दूसरे क्षेत्रों में होता है। जिस उपकरण से इसका सम्बन्ध होता है उसका विचित्र स्वभाव, मानव-हृदय में छिपे व्यक्तिगत स्वार्थ के उन्माद रूपी अत्यन्त आक्रामक, दुष्ट और अहितकर आवेशों को युद्धक्षेत्र के शत्रुओं की तरह आमंत्रित करता है। उदाहरणार्थ, एक स्थापित इंग्लिश चर्च अपने 39 धर्म-सिद्धान्तों में से 38 पर किए गए आक्रमणों को सहजता से क्षमा कर देगा, बजाय अपनी आमदनी के 1/39 भाग के। वर्तमान मिल्कियत सम्बन्धों की आलोचना की तुलना में नास्तिकता आजकल कहीं बड़ा दोष है।" ('कैपिटल' की भूमिका)

एक सदी से ज्यादा बीत चुकी है, किन्तु यह टिप्पणी आज भी कितनी सही और अर्थगर्भित है। अपने देश के वर्तमान राजनीतिक परिदृश्य से यह स्पष्ट है।

हम अक्सर अपने समाज के ढाँचे को बदलने का नारा दुहराते हैं। अक्सर हमने सम्पत्ति के सम्बन्धों में परिवर्तन लाने की प्रतिज्ञाएँ भी की हैं। काम के जिम्मेदार लोगों ने हमारी सारी अर्थ-व्यवस्था के पुन: अभिविन्यास की अपनी इच्छा और संकल्प को लिखित रूप में व्यक्त किया है। इन वायदों ने लोगों के उत्साह को जगा दिया है और ऐसे वायदों पर शीघ्र अमल में सहयोग के लिए वे साफतौर पर सहयोग देने को आगे आए हैं। किन्तु अफसोस की बात है कि जनादेश और इन वायदों पर अमल के लिए अवसर के बावजूद बहुत सारे समर्पित लोग भी पारम्परिक सोच तथा काम करने के पुराने तरीकों में फँसकर रह जाते हैं और सम्भवत: अनजाने में, ऐसे दावे करते हैं जो निहित स्वार्थों के पक्ष में जाते हैं।

पिछले मध्यावधि चुनाव के दौरान कांग्रेस पार्टी ने सामाजिक कायापलट का वातावरण बनाया था। किन्तु चुनावों के तुरन्त बाद हम उनके दृष्टिकोण में विचित्र परिवर्तन पा रहे हैं, जो एक नए समाजवादी युग का मसीहा होने का दंभ भरते हैं।

राष्ट्र-निर्माण के कार्यक्रमों में सहयोग के लिए मेहनतकश लोगों को नहीं बुलाया जाता। बुद्धिजीवियों, युवाओं, कामगारों-किसानों को नहीं, हमारी अर्थव्यवस्था को फिर से खड़ा करने में सहयोग के लिए पहली अपील चैम्बर ऑफ कॉमर्स के बड़े इजारेदारों को संबोधित है। प्रबन्धन में श्रमिक वर्ग के प्राप्य के लिए सद्‌भावना प्रस्ताव या इनकी वाजिब माँगों के सन्दर्भ में आवश्यक मध्यस्थता का आश्वासन या हमारे औद्योगिक परिवेश में श्रमिक-संघों की स्वस्थ गतिविधियों (ट्रेड यूनियनिज्म) के विकास के दायित्व-स्वीकार जैसा कुछ भी इस संबोधन में नहीं है। इसके विपरीत हमारी आर्थिक-सामाजिक बुराइयों के उपचार के लिए बड़े उद्योगपतियों की मनाने की प्रवृत्ति इसमें प्रत्यक्ष है।

यह बात यहीं खत्म नहीं होती : 1948 में हम जहाँ थे उससे भी पीछे खिसकने की प्रवृत्ति इन वक्तव्यों और नीतिगत निर्णयों में, जो गत कुछ दिनों में दिए गए हैं, पहचानी जा सकती है। सरकार के उपक्रमों की कमियों और बदइन्तजामियों को बहाना बनाकर, हमारे देश के प्रमुख उद्योगों को चलाने की अनुमति निजी सेक्टर को दी जा रही है। महत्त्व में जरा-से फेर-बदल के नाम पर पुराने निर्णयों को पलटा जा रहा है। औचित्य के नाम पर मूल की ही उपेक्षा हो रही है। यह सारा कुछ उन लोगों के द्वारा किया जा रहा है जो अपने को प्रतिबद्ध समाजवादी कहते हैं।

उदाहरण के लिए, 50,000 टन की क्षमता वाले प्रत्येक संयंत्र को 'लघु संयंत्र' कहकर, निजी क्षेत्र में इस्पात के उत्पादन के लिए सरकार द्वारा छह नए लाइसेंस दिए जाने को जायज ठहराने की कोशिश और कुछ नहीं, 1956 की उद्योग नीति के संकल्प से विचलन के अभिप्राय को छोटे महत्त्व का दिखाने की हास्यास्पद कवायद

है। पश्चिम की आधुनिक फैशन की दुनिया से उधार ली गई 'लघु संयंत्र' वाली अभिव्यक्ति न सिर्फ मखौल का उत्तम उदाहरण है, बल्कि उसी ढंग का है जैसा मात्र रु. 15,000 में 'जनता-कार' बेचने का पूर्व का फैसला। आश्चर्यजनक यह है कि इस स्पष्ट विचलन को सन् 1956 की उद्योग नीति का 'संशोधित रूप' भर बताया गया है। यह उम्मीद करना कोई ज्यादती नहीं होगी कि केन्द्रीय सरकार के मंत्रियों की पहुँच में औद्योगिक नीति के मसौदे की मूल और प्रामाणिक प्रति हो, ताकि वे यह देख सकें कि क्या लौह एवं इस्पात उद्योग के इसकी समग्रता में शिड्यूल (अनुसूची) की पहली कोटि में रखा गया था, जिसमें ऐसे-ऐसे सारे उद्योग शामिल हैं—"जिनके आगे के विकास का सम्पूर्ण दायित्व राज्य का होगा।" बेतुके तर्क दिए जा रहे हैं कि नीति से कोई नया विचलन नहीं हुआ है, क्योंकि ऐसे लाइसेंस पहले भी निजी क्षेत्र को दिए जाते रहे हैं। 'समाजवादी सरकार' का एक समाजवादी मंत्री अपने को ऐसी स्थिति में पा रहा है जब उसे वर्तमान विचलन के औचित्य को पुराने विचलनों के आधार पर सही ठहराना पड़ रहा है, यह बेतुकापन हास्यास्पद है। ऐसे व्यक्ति का दिमाग किस दिशा में काम कर रहा है इसका पता उनके द्वारा जुटाए गए तर्कों-वितर्कों, कि औद्योगिक नीति 'मूलभूत अधिकारों की तरह अपरिवर्तनीय नहीं' थी, से चलता है। राजनीतिक निर्णयों की परीक्षा केवल विद्वान् अधिवक्ताओं की न्यायिक व्याख्याओं से या सर्वोच्च न्यायालय की चारदीवारी के भीतर नहीं होती। सरकार को जनता की मूल स्वीकृति को स्वीकार करते हुए, उनकी आशाकांक्षाओं के अनुरूप खरा उतरना होता है।

मंत्री यह कहते हुए सुने जाते हैं कि देश में 'प्रेस एकाधिकार' को नियंत्रित करने की सख्त जरूरत है। प्रेस कमीशन ने इस समस्या की रपट 1954 में ही प्रस्तुत कर दी थी। इन मंत्रियों के वक्तव्यों ने एक विवाद खड़ा कर दिया है और राष्ट्रीय प्रेस पर अधिकार वाले बड़े उद्योगपति इन उद्घोषणाओं पर आरोप-दर-आरोप लगा रहे हैं। निहित स्वार्थों की प्रतिक्रियाएँ समझी जा सकती हैं, किन्तु यह कैसा मजाक है कि भारत सरकार के मंत्रीगण ऐसे मुद्दों पर विवाद खड़ा करें जिन पर समग्रता में विचार किया जा चुका है और इन पर पार्टी तथा सरकार की नीति जग-जाहिर है। यह बात तब समझ में आती जब ऐसे वक्तव्य कांग्रेस पार्टी के कार्यकर्ताओं, पत्रकारों या सरकार के सत्ता-प्रतिष्ठानों से बाहर के लोगों की ओर से आते। किन्तु यह अटपटा है कि महत्त्वपूर्ण मंत्री ही इजारेदारी के खिलाफ जनता बन कर खड़े हो जाएँ; परन्तु अपने टेबुल पर इन समस्याओं के समाधान के लिए कनिष्ठिका उँगली तक को कष्ट देने में हिचकिचाएँ, चाहे यह कदम कार्यसम्पादन के रूप में उठाना हो या उचित कानून के रूप में।

सिर्फ ऊँची आवाज में की गई घोषणाओं के बजाय ये मंत्री इन पर अमल क्यों नहीं कर सकते ? प्रेस एकाधिकार के लिए यदि कोई दोषी है तो या तो सामान्य रूप

से सरकार या विशेष रूप से सम्बन्धित मंत्रीगण। हम इस सच्चाई को जानें कि केवल चीखने, वह भी मंत्रियों द्वारा, का कोई अर्थ नहीं है। जरूरत इस बात की है कि जनता से कहा जाए 'ऐसा किया जा चुका है'। जरूरत कार्यान्वयन की है, केवल हवाबाजी की नहीं, जिससे जनता ऊब चुकी है।

यंग इंडियन के कालमों में इस बात का उल्लेख हो चुका है कि ऐसे उत्पादों के लिए भी जो सरकारी क्षेत्र या मध्यम और लघु औद्योगिक क्षेत्रों में जाने चाहिए थे, सरकार ने बड़े औद्योगिक घरानों और अन्तरराष्ट्रीय समूहों के लिए हाल ही में कई औद्योगिक लाइसेंस निर्गत किए हैं। किसी भी हालत में, यदि 'जनता के हक में' सरकार को बड़े उद्योगों को लाइसेंस देने पड़ रहे हैं, तो सरकार का यह नैतिक कर्तव्य बनता है कि वह उन कारणों को स्पष्ट करे जिनके चलते उसे अपवादों का सहारा लेना पड़ता है और घोषित जन-नीतियों से विचलित होना पड़ता है। ऐसा कोई प्रयास कभी नहीं हुआ, जबकि जनता को उन बाध्यताओं की जानकारी दी जाए जिनके कारण कुछ खास इजारेदार उद्योगपतियों को जगह देनी पड़ती है। यह तो एक बात हुई, 'मोनोपॉलीज और रेस्ट्रिक्टिव्ह ट्रेड प्रैक्टिसेज कमीशन' जैसी संस्था के बाद यह आशा की जाती है कि सरकार ऐसे सारे मुद्दों को, जो इस धारा के अन्तर्गत आते हैं, इस आयोग को विचारार्थ सौंप देगी। दूसरे, यह आशा की जाती है कि इस आयोग में अत्यन्त योग्य शोधकर्मी होंगे जो न सिर्फ तकनीकी पक्षों पर, बल्कि संसद ने जिस मन से इस धारा को पास किया था उसके आलोक में अपनी सलाह सरकार को देंगे। किन्तु यह अत्यन्त खराब स्थिति है कि इस अधिनियम के क्षेत्र में पड़ने वाले महत्त्वपूर्ण प्रश्नों को भी सरकार ने आयोग के समक्ष नहीं ले जाने का निर्णय लिया है। उदाहरणार्थ, टाटा केमिकल्स, दिल्ली क्लॉथ मिल्स, बजाज ऑटो, जे.के. केमिकल्स, लार्सन ऐंड टूब्रो, चाउगेल स्टीमशिप, इंगलिश इलेक्ट्रिक कम्पनी, माइको, ग्रामोफोन कम्पनी ऑफ इंडिया, इकोमिनको बिनानी जिंक तथा कई दूसरों को मनमर्जी से औद्योगिक लाइसेंस निर्गत कर दिए गए हैं। इन सभी मामलों को आयोग के पास जाना चाहिए था। इसी तरह से वजीर सुलतान कम्पनी के मामले पर भी सहानुभूतिपूर्ण विचार जारी है। यह पूछा जा सकता है कि कम्पनी मामलों का विभाग, जिस पर मोनोपॉलीज ऐक्ट के संचालन का जिम्मा है, जिम्मेदारी को नहीं निबाहता है तो प्रभारी मंत्री को सामान्य इजारेदारी पर अंकुश लगाने और उसे नियमित करने तथा विशेष रूप से प्रेस के एकाधिकार को नियंत्रित करने की बात कहने की क्या जरूरत है?

हाल के महीनों में सरकार की एक खास उपलब्धि, इसके अपने अन्दाज में, वह तरीका है जैसे 'इजारेदारी और निषेधात्मक व्यापार आयोग' का गठन किया गया। इस प्रगतिशील कदम के बारे में बड़ा ताम-झाम पसरा। आयोग को गठित हुए लगभग एक साल होने को आया, इसमें अभी एक भी जाँचकर्ता या शोध-सहायक

की नियुक्ति की अनुमति देने के बारे में सरकार सोच ही रही है। यदि किसी पर्यवेक्षक को टिप्पणी करनी हो तो वह कहेगा कि आयोग, बजाय 'जनता की जरूरतों' का पता लगाने के, एक और 'उच्च न्यायालय' बनता जा रहा है, जो अपने को कानूनी स्थिति तक सीमित रखता है। इसके लिए जिम्मेदार चाहे जो भी हो, बात यह है कि हम भारी-भरकम नाम वाली संस्थाएँ बनाते हैं; लोग उम्मीद लगाने लग जाते हैं; संसद गर्व का अनुभव करती है इसने प्रगतिशील कानून बना दिए हैं; और सरकारी तंत्र इन सारे कदमों को विफल कर देने का कौशल जानता है। यदि ऐसा ही रहा तो यह आयोग, जो इजारेदारी को खत्म करने और धन-शक्ति के केन्द्रण के अनुचित विकास पर रोक लगाने के लिए बना है, इजारेदारी और न्यस्त स्वार्थों का सबसे शक्तिशाली समर्थक बन जाएगा। कम-से-कम इतना तो सरकार को करना ही चाहिए कि यह आयोग को वित्तीय वर्ष 1970-71 की रिपोर्ट दे। ऐसा नहीं होना चाहिए कि आयोग की कार्यशैली पर विचार-विमर्श को टालने का अपवाद बना दिया जाए। यह सर्वाधिक महत्त्व का है कि आयोग के सारे विवरण सर्वप्रथम संसद के समक्ष प्रस्तुत किए जाएँ।

काफी सोच-विचार के बाद हमने योजनाबद्ध विकास का रास्ता चुना 'ताकि हमारे पास उपलब्ध संसाधनों का सर्वोत्तम उपयोग राष्ट्र के विकास के लिए किया जाए'। इसके लिए ही संसद के एक संकल्प द्वारा योजना आयोग की स्थापना की गई थी। संकल्प में कहा गया था :

'एक ऐसी संस्था द्वारा इन लक्ष्यों को पाया जा सकता है जो दैनन्दिन प्रशासन के बोझ से मुक्त हो, किन्तु उच्चतम नीति के स्तर पर सरकार के लगातार सम्पर्क में हो'।

योजना मंत्रालय बनाकर और इससे भी अधिक, योजना मंत्रालय को कार्य वितरित करने सम्बन्धी अधिसूचना इस दृष्टिकोण को नकार दिया गया है। आम धारणा यह बनी है कि योजना आयोग की हैसियत को घटाकर रेलवे बोर्ड या कृषि मंत्रालय की अधीनता वाले कृषि उत्पाद मूल्य आयोग जैसा कर दिया गया है। योजना मंत्री ने स्वीकार किया है कि सरकारी अधिसूचना में कुछ चूक हो गई है। उन्होंने इस बात पर बल देने की कोशिश की कि योजना आयोग की हैसियत को किसी भी तरह से घटाया नहीं गया है। हालाँकि सरकारी अधिसूचना का संशोधन, जैसा आश्वासन योजना मंत्री ने दिया था, अब तक नहीं हुआ है। यह आश्चर्यजनक है कि ऐसी चूक हुई कैसे। योजना आयोग जैसी संस्था को जो क्षति हो चुकी है उसकी भरपाई मुश्किल है। छवि या हैसियत के सवाल से अलग, इसने योजना-प्रक्रिया के प्रभावी होने को लेकर ही सन्देह पैदा कर दिया है। देश में सामाजिक और आर्थिक परिवर्तन लाने में योजना आयोग और योजना प्रक्रिया के महत्त्व को कोई नकार नहीं सकता। योजना-तंत्र की स्थिति को कम करके आँकने वाला और चाहे जो हो, आमूल परिवर्तनकामी या समाजवादी नहीं हो सकता।

ऐसी सारी घटनाओं के बीच केवल तड़क-कड़क वाला एक निर्णय, जैसे जेनरल इंश्योरेंस कम्पनियों के प्रबन्धन को अपने अधिकार में ले लेना, न तो जनमत को सन्तुष्ट करने के लिए पर्याप्त है और न विकास-प्रक्रिया में आर्थिक जरूरतों को पूरा करने में सक्षम है। वाणिज्यिक बैंकों के अधिग्रहण के समय के जनता के उत्साह की तुलना में जेनरल इंश्योरेंस के अधिग्रहण के कदम का उत्साहहीन स्वागत ध्यातव्य और अत्यन्त महत्त्वपूर्ण है। बैंक राष्ट्रीयकरण को देश की अर्थव्यवस्था के ढाँचागत सुधार के काम को आगे बढ़ाने के कई सुधारवादी उपायों में से पहले महत्त्वपूर्ण कदम के रूप में देखा गया था, जेनरल इंश्योरेंस कम्पनियों के प्रबन्धन के अधिग्रहण को एक अकेले काम के रूप में देखा जा रहा है, जो किसी सुनियोजित लम्बे कार्यक्रम का हिस्सा नहीं है और इसीलिए जनता की उत्साहपूर्ण प्रतिक्रिया के योग्य नहीं है, हाल के मध्यावधि संसदीय चुनाव ने उनमें जो आशाएँ-उम्मीदें जगायी हैं उस परिप्रेक्ष्य में, और ऐसा सोचना ठीक ही है।

यह विचित्र तथ्य है कि भारत सरकार में कई समाजवादी दिख जाते हैं, किन्तु अपने सामूहिक निर्णयों के समय वे जो रुख अख्तियार करते हैं उसको समाजवादी नहीं कहा जा सकता। जनता के समक्ष उद्घोषणाएँ करते समय, अकेले ही बातचीत में बातों पर बल देते समय और व्यक्तिगत बचनबद्धता में तो वे बड़ी उत्साहजनक तसवीर खड़ी करते हैं, किन्तु कार्य-निष्पादन के समय वे अस्तित्वहीन की तरह ढह जाते हैं, शक्तिशाली उद्योगपतियों द्वारा आसानी से वशवर्ती बना लिये जाने लायक।

यह स्थिति अवसादजनक है। ऐसे वातावरण में जन-सहयोग तो असम्भव है ही, उभर रही प्रवृत्ति से बचने के लिए जनता को गोलबन्द करना भी मुश्किल है। इन प्रवृत्तियों को थहाने में कुछ समय लगता है और जब तक इनको लेकर सचेत होते हैं, उनकी हताशा चरम पर होती है। इसके परिणाम के रूप में आई निराशा उन्हें अतिवाद की ओर ले जाती है। संसदीय तरीकों से इतर तरीके अख्तियार किए जा सकते हैं और इस तरह से हिंसा और रक्तपात शुरू हो जाता है। जनता की अन्तिम विजय पर कोई सन्देह नहीं कर सकता। किन्तु संसदीय संस्थाओं और उनके नेताओं को अपनी निष्ठा, इच्छा और संकल्पशक्ति प्रमाणित करनी होगी कि वे इस अल्प काल को शान्त, सहज और अहिंसक बनाए रख सकते हैं।

(27 मई, 1971)

डगमगाते कदम

यह सच है कि अकेले बजट की नीति से या एक बजट से सामाजिक-आर्थिक परिवर्तन नहीं लाया जा सकता। फिर भी समाज के लघु एवं दीर्घकालिक लक्ष्यों की

सिद्धि के लिए बजट सबसे महत्त्वपूर्ण औजार है। सरकार के अभिगम, उसकी मान्यता, विभिन्न वस्तुओं पर सरकार द्वारा दिए जा रहे बल, जिनसे राज्य की नीति निर्धारित होती है, को भी बजट-प्रस्ताव प्रतिबिम्बित करते हैं। वर्तमान सन्दर्भ में यह पूछा जा सकता है कि क्या वाई.बी. चवन के बजट की समग्र दिशा और इसके अन्तर्विषय जनता की अपेक्षाओं और देश की आर्थिक तथा राजनीतिक स्थिति के मेल में हैं ? दुर्भाग्य से इसका उत्तर सकारात्मक नहीं होगा।

तीन महीने पहले वर्तमान सरकार ने समाजवाद के लिए जो विशाल जनमत पाया उससे लोग उम्मीद लगाए थे कि पिछले कई सालों से चले आ रहे केन्द्रीय बजट के पैटर्न को छोड़कर नया बजट एकदम नई दिशा वाला होगा। स्पष्ट ही, यह उम्मीद ऐसे बजट से पूरी नहीं की जा सकती जो मुख्यत: यहाँ-वहाँ 'हाशिये के' परिवर्तन पर निर्भर करता है और अन्तत:, समग्रता में, लगभग 400 करोड़ की खाली जगह जिसमें छोड़ दी जाती है। उपभोक्ता सामग्रियों की कीमतों के बढ़ने के साथ, इस घाटे की अर्थव्यवस्था समाज के अपेक्षया गरीब लोगों पर निश्चय ही बहुत भारी पड़ेगी।

अपने राष्ट्रीय लक्ष्यों को बताते समय हम 'समाजवाद की प्राप्ति से कुछ भी कम नहीं' तथा 'एक नई सामाजिक व्यवस्था बनाने की' बात करते हैं। किन्तु जब नीतियों और कार्यक्रमों को बनाने का समय आता है तो बल और प्राथमिकताएँ बदल जाती हैं। तब बताया जाता है कि राष्ट्र के सम्मुख पहला काम त्वरित आर्थिक विकास है। समाजवादी समाज के बृहत्तर लक्ष्यों को जैसे कुछ रिआयत देने के अन्दाज में सामाजिक न्याय की आवश्यकता का उल्लेख किया जाता है। तर्क यह दिया जाता है कि त्वरित आर्थिक विकास से चूँकि नियोजन के लिए अधिक पद बनेंगे और उत्पादन का स्तर ऊँचा होगा, अत: दोनों लक्ष्य एक-दूसरे के विपरीत नहीं हैं। सच यह है कि दुनिया भर के निजी इजारेदार उद्योगपति हमेशा से यही कहते आए हैं। उनके और भारत की वर्तमान समाजवादी सरकार के दर्शन में अन्तर कहाँ है ?

जिस रास्ते पर हम चल रहे हैं और जिसे अभी भी छोड़ना नहीं चाह रहे उसके दीर्घ एवं अल्पकालिक परिणामों पर हमें गम्भीरता से सोचना चाहिए। तथाकथित प्रशासनिक दृष्टिकोण से अपनायी गई विचलन और अनिर्णय वाली नीतियों का कुपरिणाम हैं आज के भारत की आर्थिक और राजनीतिक समस्याएँ। अकर्मण्यता और राष्ट्र की घोषित नीतियों से विचलन के औचित्य को सिद्ध करने के लिए ऐसी ही दलीलें आज दी जा रही हैं। यदि हम निश्चयात्मक तरीके से विगत को पीछे छोड़कर एक नई दिशा में आगे बढ़ना चाहते हैं, तो सम्पूर्ण परिवर्तनवादी उपायों का सहारा लेने के लिए न तो हमें क्षमा-याचना करने की जरूरत है, न हिचकिचाने की। और अगर हमको केवल सीमान्त के परिवर्तन का खेल खेलना है तब समाज को बदलने की बात करना व्यर्थ है।

सम्भव है कि कुछ अति परिवर्तनवादी उपायों से विकास को थोड़ी क्षति पहुँचे। किन्तु बाद में शीघ्र ही अर्थ-तंत्र को सुदृढ़ आधार मिल जाएगा और सुसंगत तरीके से आगे बढ़ते जाने में यह सक्षम होगा। जमाने भर से चले आ रहे आर्थिक ढाँचे को, जिसकी न्यस्त स्वार्थों वाली गहरी जड़ें हैं, ठठेरे की छोटी ठक-ठक से ठीक करके नई समाज-व्यवस्था नहीं गढ़ी जा सकती।

(10 जून, 1971)

खतरनाक विचलन

संसद में किसी पार्टी के प्रचंड बहुमत-भर को जन-समस्याओं के समाधान की शक्ति-सम्पन्नता का प्रमाण नहीं मान लिया जा सकता। अधिक-से-अधिक यह अपने समय की चुनौतियों का सामना करने के लिए जनता द्वारा पार्टी को दिए गए समर्थन का सूचक माना जा सकता है। यह पार्टी-नेतृत्व को अपनी क्षमता सिद्ध करने का, इस समर्थन को संसदीय पद्धति में, और भूख, गरीबी तथा गन्दगी, जिसे पीढ़ियों से जनता भोगती आई है, की समस्याओं के समाधान-हेतु आगे बढ़ने में राजनीतिक नेतृत्व के समर्पण भाव तथा संकल्प-शक्ति, योग्यता, काम के प्रति ईमानदारी में, जन-सामान्य के चिरस्थायी विश्वास में बदलने का अवसर है।

गरीबी की मार झेल रहे समाज की समस्याएँ बहुत उलझ जाती हैं और रुद्ध सामाजिक व्यवस्था के बन्ध तोड़ने के लिए असामान्य साहस की जरूरत होती है। आदर्शवादी विश्वास तथा स्पष्ट राजनीतिक समझ से समर्थित शक्तिशाली प्रेरणा की यह पूर्वापेक्षा रखता है। इन पूर्व शर्तों को पूरा नहीं करने पर विचलन स्वाभाविक है और विजय के जुनून में किया गया उत्साह का प्रारम्भिक प्रदर्शन शीघ्र ही परिस्थिति से असंबद्ध अहंजन्य दावे में विकृत हो जाता है। ठोस क्रिया के विकल्प के रूप में नारेबाजी और अस्पष्ट सामान्यीकरण को खड़ा किया जाता है।

आज के हमारे राजनीतिक जीवन में ये लक्षण प्रत्यक्ष हैं। जनता की अभूतपूर्व प्रतिक्रिया जगाने के बाद चुनौती से भरी स्थितियों के प्रति कांग्रेस पार्टी तेजी से संवेदनशून्य होती जा रही है। कांग्रेस संसदीय दल में ज्वलन्त समस्याओं के प्रति जैसा लापरवाह और उत्साहहीन रुख है ऐसा पहले कभी नहीं रहा। हमारे राष्ट्रीय जीवन के हाल के सर्वाधिक उत्तेजक क्षणों ने पार्टी में एक शिकन भी पैदा नहीं की।

पार्टी और सरकार की घोषित नीतियों से स्पष्ट विचलन, जैसे कि निजी क्षेत्र के छोटे इस्पात संयंत्रों को लाइसेंस देना, पर कभी विचार-विमर्श नहीं किया गया, बल्कि पार्टी में ऐसे विमर्श की माँग तक कभी नहीं की गई। इसी तरह से, कांग्रेस संसदीय दल में, कई अन्य महत्त्वपूर्ण परिणाम वाली घटनाओं पर ध्यान नहीं दिया गया।

राष्ट्रीय प्रेस में जो अकेली घटना सुर्खियों में आई वह पार्टी का चुनाव है, जिसमें खास ग्रुप ने खास रुचि दिखलाई है और ऐसी छवि बनायी है जहाँ प्रतिष्ठित पदों पर व्यक्तियों को समायोजित करने में उन लोगों की खास रुचि है जो पार्टी के नेता से निकटता का दावा करते हैं।

संरक्षण देकर व्यक्तियों को तुष्ट करने की ऐसी कोशिश आत्म-पराजयी है और इसकी प्रतिक्रिया अवश्यंभावी है। यह और भी दुर्भाग्यपूर्ण है कि ऐसे लोग जो अतिपरिवर्तनवादी होने का दावा करते हैं वे ही ऐसे आकर्षणों का सहज शिकार हैं, जिनका पार्टी या देश को नए सिरे से गढ़ने से कोई वास्ता नहीं है।

यही उपयुक्त समय है जब पार्टी के सदस्यों को थोड़ी देर ठहरकर विचार-मन्थन करना चाहिए और अपने को छोटे शक्ति के खेलों का मोहरा भर बन जाने से बचना चाहिए, ताकि वे पार्टी को ऐसा सजाएँ कि यह सामाजिक बदलाव का औजार बन सके।

(17 जून, 1971)

निर्भीक कोशिश की जरूरत

भारतीय अर्थतंत्र में सरकारी क्षेत्र के विस्तार के पीछे खास तर्क है। और यह तर्क ऐसे त्वरित आर्थिक विकास, जो निजी बड़े इजारेदार घरानों के उदय से जुड़ा न हो, वाले वृहत्तर राष्ट्रीय उद्देश्य से व्युत्पन्न होता है। यह भी कि राष्ट्रीय संसाधनों के संयोजन और उन्हें गतिशील बनाकर योजना की प्राथमिकता के क्षेत्रों की ओर लगाने के एक अत्यन्त महत्त्वपूर्ण एवं प्रभावी औजार के रूप में सरकारी क्षेत्र की परिकल्पना की गई थी। लेकिन भारत के सरकारी क्षेत्र के उद्यमों की कार्यशैली ऐसी रही है कि अर्थतंत्र की 'प्रभावशाली ऊँचाई' तक पहुँचने और कुछ खास निजी हाथों में एकाधिकार की बढ़ती का विकल्प बनने के बजाय, वे निजी स्वार्थों के सुविधाजनक उपसेवक तथा निजी हाथों में आर्थिक शक्ति के केन्द्रण की बढ़ती को स्वीकार्य बनाने का बहाना बन गए हैं।

हम तेजी से उस मुकाम पर पहुँच रहे हैं, जब सरकारी क्षेत्र के विस्तार पर किसी भी तरह का जोर और भी 'सफेद हाथियों' को जनता की जेब की कीमत पर पालने के बहाने के रूप में देखा जाएगा। अफसोस की बात है कि सरकारी क्षेत्र के पिछले कार्य-निष्पादन ही स्वयं सरकारी क्षेत्र के विस्तार के सबसे बड़े शत्रु बन जाएँ।

सरकारी क्षेत्र के अधिकांश उद्यमों की गड़बड़ी शीर्ष की नियुक्तियों, प्रबन्धन पर्षदों और वरीय कार्यपालक पदों के लापरवाह अभिगम से पैदा होती है। सरकारी सेवा में लगे लोगों या सेवानिवृत्त सरकारी सेवकों तथा कुछ खास प्रियपात्रों के

विशिष्ट सुरक्षित स्थान बन गए हैं सरकारी क्षेत्र के उद्यम। सरकारी उद्यमों के जनता के पैसों के स्थायी निवास-मार्ग बन जाने वाले चरित्र में कोई अन्तर्निहित बुराई नहीं है। किन्तु भिन्नता नहीं आएगी यदि किसी उद्यम का शीर्ष प्रबन्धन अपने कार्य के प्रति उदासीन है और अपने अधीन इकाइयों की देख-रेख और काम की जिम्मेदारी के प्राथमिक बोध का भी उसमें अभाव है।

सरकारी क्षेत्र के उद्यमों को ऐसे लोगों की सीधी देख-रेख में देने की जरूरत है जिनमें आवश्यक प्रतिबद्धता और परियोजना को फलोत्पादक ढंग से चलाने के लिए अपने को लगा देने की गहरी निष्ठा है। इस परिप्रेक्ष्य में यही समय है जब सरकार को संसद के समक्ष उस नियम में संशोधन का प्रस्ताव लाना चाहिए जिसके अनुसार जनता का कोई भी निर्वाचित प्रतिनिधि, जैसे सांसद या विधायक सरकारी क्षेत्र के उद्यमों के प्रबन्धन पर्षदों में नियुक्त नहीं हो सकता। सरकारी क्षेत्र के प्रबन्धन को स्वस्थ दिशा देने के लिए समर्पित तथा कुशल जन-प्रतिनिधियों को सम्मिलित करने की खातिर दृढ़ प्रयत्न किया जाना चाहिए। जन-प्रतिनिधियों की सहभागिता न सिर्फ गोपनीयता के अनावश्यक लबादे को, जिसके नाम पर भ्रष्टाचार, भाई-भतीजावाद और पक्षपात के अनेक काले कारनामों को प्रश्रय मिलता है, उतार फेंकने में सहायता करेगी, बल्कि उद्यमों की मूलभूत समस्याओं को समझने में नीति-निर्धारकों की सहायक भी होगी।

(24 जून, 1971)

मंत्रियों का दायित्व

संसदीय प्रक्रिया में मंत्रियों द्वारा सत्य को छिपाने, घटनाओं के तोड़े-मरोड़े विवरण और अस्पष्ट वक्तव्य देने की कोशिशें असामान्य नहीं हैं। किन्तु बिना वस्तुस्थिति की पूरी जानकारी लिये, दायित्वपूर्ण पदों पर बैठे लोगों को पाक-साफ होने का प्रमाण-पत्र दे देने से संसदीय नैतिकता को गम्भीर चोट पहुँचती है।

इससे किसी को इनकार नहीं है कि यदि अधिकारियों पर अनुचित आक्रमण होता है तो मंत्रियों को उनकी रक्षा करनी चाहिए। किन्तु जिनके खिलाफ आरोप लगाए गए हैं ऐसे लोगों की प्रतिरक्षा में निश्चयात्मक वक्तव्य देते समय उनकी जमीन पुख्ता होनी चाहिए। संसद में जो आरोप लगाए जाते हैं उन्हें प्रमाणित करने की आशा भी संसद-सदस्यों से की जाती है। यदि किसी बिन्दु पर विवाद उठ खड़ा होता है तो दोनों पक्षों का यह कर्तव्य है कि अपने-अपने आधार के समर्थन में तथ्य प्रस्तुत करें।

संसद की कार्यवाही को जनता ध्यान से देख रही होती है। जनता को यह विश्वास दिलाया जाना चाहिए कि इन संस्थाओं द्वारा प्राप्त विशेषाधिकार का दुष्प्रयोग

नहीं हो रहा है। व्यक्तिगत झगड़ों से सुलटने का क्षेत्र संसद को नहीं बनाया जाना चाहिए। अपनी गलतियों-चूकों के कारण जिन सरकारी सेवकों पर टीका-टिप्पणी होती है उनका पक्ष लेने और संरक्षण देने की जगह भी संसद नहीं है।

संसदीय इतिहास में यह असामान्य नहीं है जब छोटे-मोटे आरोप ऐतिहासिक महत्त्व की घटनाओं में बदल गए हैं। ऐसी स्थिति में इसके प्रभाव दूरगामी हुए हैं। जब-तब सदस्यों को झिड़का गया है किन्तु स्थितियाँ ऐसी बनी हैं जब मंत्री बगलें झाँकने लगे हैं और सरकारी सेवक के सन्दर्भ में, तथ्यों की जानकारी के बिना, उत्साह से भरी पक्षधरता के लिए उन्हें पद तक छोड़ना पड़ा है।

जो लोग संसदीय कवच का सुख भोग रहे हैं उन पर कोई अंकुश न हो तो इसका मुख्य आकर्षण ही समाप्त हो जाएगा। भारतीय संसद के अनुभव बहुत प्रसन्नतादायी नहीं हैं। बिना तथ्यों और जनहित को ध्यान में रखे, मंत्रिगण अक्सर सरकारी सेवकों के बचाव में कूद पड़े हैं। अयोग्य सरकारी सेवकों का बचाव करते समय, इनमें से कुछ ने अपने को जनतांत्रिक पद्धति के रक्षक के रूप में भी प्रस्तुत किया है।

यह दृश्य पुनः-पुनः दुहराया गया है। वे आसानी से अपनी मूल स्थिति को भूल जाते हैं और कलई खुल जाने और गलत साबित हो जाने के बाद अपना आधार बदल लेते हैं, विवेक पर किसी प्रकार की चुभन का अनुभव किए बिना। इस दृश्य के हम अभ्यस्त हो गए प्रतीत होते हैं। इसने सदन में अनधिकृत वक्तव्यों की उच्छृंखलता में मशगूल रहने के लिए मंत्रियों को प्रोत्साहन दिया है।

समय आ गया है जब संसदीय लोकतंत्र के भविष्य की चिन्ता करने वाले सारे लोगों को संसदीय जीवन के इस पक्ष पर विचार करना चाहिए। गैर-जिम्मेदार वक्तव्य देने के लिए सांसदों को जिम्मेदार ठहराकर उन्हें दंडित किया जाना चाहिए। किन्तु यदि मंत्री भी ऐसा करते हैं तो इसके कुफल कहीं अधिक गम्भीर हैं, इसकी निम्नतम कीमत के रूप में सम्बन्धित मंत्री को अपना पद छोड़ देना चाहिए। जनता स्वयं तथ्य जुटाए और ऐसे मुद्दों पर अपनी राय बनाए।

(1 जुलाई, 1971)

झाड़-पोंछ की जरूरत

अधिकार-सम्पन्न लोग बहुत दिनों से भारतीय सरकारी क्षेत्र को गड़बड़ी से उबारने की आवश्यकता की बात करते रहे हैं। अब समय है कि दुहराये जाते खोखले वायदों की जगह ईमानदारी से ऐसे आश्वासन दिए जाएँ और घोषणाएँ की जाएँ जिन पर अमल हो। प्रारम्भिक जरूरत इस बात की है कि इन उद्योगों के प्रबन्धन पर्षदों की जो लोग अध्यक्षता करते हैं या प्रबन्धन की मेज पर बैठते हैं उनकी योग्यता के

स्तर, उनकी वचनबद्धता की प्रामाणिकता और उनके दायित्व-बोध की गहराई का सम्पूर्ण मूल्यांकन किया जाए।

एच.एस.एल. के दो विदेशी सहयोग के समझौतों के मूल-पाठ, जो अभी उपलब्ध हुए हैं, कई कारणों से अ-समर्थनीय हैं। किन्तु सबसे बुरा यह है कि इन समझौतों के लिए जो जिम्मेदार हैं उनके विरुद्ध कोई कार्रवाई प्रारम्भ करने की जगह ऐसा दिखता है कि सारे प्रसंग पर परदा डालने का प्रयत्न किया जा रहा है।

इससे किसी का विरोध नहीं है कि सरकारी क्षेत्र के प्रबन्धन को अधिक स्वायत्तता दी जाए और उनको अधिक लचीला तथा कार्यक्षम बनाया जाए, किन्तु परिचालन की आवश्यकता के नाम पर स्वायत्तता को इस बात का लाइसेंस नहीं समझा जा सकता कि उद्यम, सरकार और देश के हितों की चिन्ता किये बगैर कोई जो चाहे वह करे।

सरकारी क्षेत्र के दर्शन में जिनका विश्वास है उन सबों का यह दायित्व है कि वे यह देखें कि भारतीय सरकारी क्षेत्र के उद्यम सामाजिक-आर्थिक बदलाव की गतिशील शक्ति के रूप में काम करते हैं, न्यस्त स्वार्थों के उपसेवक, या बड़े उद्योगों को फूलने-फलने की अनुमति देने या ऐसे काम जो सरकारी उद्यम के विकास के लिए निर्धारित हैं उन्हें निजी क्षेत्र को सौंप देने का बहाना नहीं बन जाते। यह स्वीकार किया जाना चाहिए कि सरकारी क्षेत्र ने अपने चारों ओर बहुत सारे और तरह-तरह के परोपजीवियों को इकट्ठा कर लिया है।

यह सब एक वृहत् झाड़-पोंछ, साफ-सफाई के अभियान को आमंत्रित करता है। निःसन्देह इसकी शुरुआत व्यवस्थापकों या दरवानों से नहीं की जा सकती। इसका प्रारम्भ शीर्ष से ही होना चाहिए। यह दुर्भाग्यपूर्ण है कि दुष्कर्मों और तोड़-फोड़ के प्रयत्नों को प्रकाश में लाने की प्रक्रिया में कुछ व्यक्तियों की पहचान हो जाती है। किन्तु यह अवश्यंभावी है यदि हम काम से मतलब रखते हैं और तथ्यहीन, अस्पष्ट आरोप लगाकर पलायन करना नहीं चाहते।

याद आता है कि जब बिड़ला हाउस का रहस्योद्घाटन जनता के सामने लाया गया, बहुत सारे लोगों ने, जिनमें से कई बड़े ईमानदार और भली नीयत वाले मित्र थे, यह माना कि बिड़ला हाउस पर आक्रमण व्यक्तिगत होता जा रहा है। बाद की घटनाओं ने प्रमाणित किया कि इसमें व्यक्तिगत-जैसा कुछ नहीं था। भारत के तत्कालीन उप-प्रधानमंत्री मोरारजी देसाई के सम्बन्ध में जनता के बीच विवाद को लेकर कुछ तथ्यों को अनावृत्त करना पड़ा था, और उस समय भी ऐसी ही सच्चाई सामने आई थी। कुछ क्षेत्रों में आज भी इसी तरह के विचार हो सकते हैं कि एच.एस.एल. के रहस्योद्घाटन से व्यक्तिगत दुराग्रह की गंध आती है। जैसा कि पहले प्रमाणित हो चुका है, इस बार भी आने वाली घटनाएँ सिद्ध करेंगी कि इसमें व्यक्तिगत जैसा कुछ नहीं है।

ईमानदार दृढ़ धारणा वाले ऐसे लोगों को जो समाज की कुरीतियों को दूर करने के लिए चिन्तित हैं, अप्रिय कार्य करने का दायित्व निभाना होगा। यह सम्भव है कि उनके कामों से कुछ निकट मित्रों या अन्यथा प्रिय जनों को दुःख पहुँचे। किन्तु यदि वे अपने और अपने देश के प्रति ईमानदारी बरतना चाहते हैं तो उन्हें अपने कर्तव्य का निर्वाह भय या पक्षपात के बिना, और पुरस्कार प्राप्ति की आशा छोड़कर करना होगा।

(8 जुलाई, 1971)

चुनौती का सामना कीजिए

कभी-कभी सरहद पार की घटनाओं का सामाजिक एवं राजनीतिक प्रभाव हमारे राष्ट्र पर उससे कहीं अधिक पड़ता जैसा साधारणतः हम अनुभव करते हैं। अन्तर्कलह से ग्रस्त, यातनाएँ झेल रहे बांग्लादेश में ही खून नहीं बह रहा, जहाँ की जनता पर सेना क्रूरतम कहर ढा रही है, इसका भयंकर दुष्प्रभाव भारत की परिस्थिति पर भी पड़ रहा है।

इसे सेना के घृणित अत्याचार के कारण अपने देश की धरती से भाग आने को विवश बांग्लादेशियों के अस्थायी आगमन के रूप में लिया गया होगा। किन्तु बाद की घटनाएँ स्पष्टतया प्रमाणित करती हैं कि यह याह्या-शासन के द्वारा बांग्लादेश के जाँबाज लोगों के आन्दोलन को कुचलने-भर का प्रयत्न नहीं था अपितु बांग्लादेश की आबादी के एक बड़े हिस्से को खदेड़कर भारत के लिए समस्याएँ पैदा करने का भी प्रयत्न था।

यह नई तरह का आक्रमण है, जो राष्ट्र के मर्मस्थल को ही क्षत करता है। यह केवल बिना किसी तरह के साजो-सामान वाले 60 लाख लोगों के पुनर्वास की ही समस्या नहीं है, बल्कि इसके दूसरे दूरगामी परिणाम भी हैं। ऐसी स्थिति का अन्तिम परिणाम सामाजिक तनाव, राजनीतिक दबाव और आर्थिक संकट है।

धैर्य और सहनशीलता की परीक्षा की भी अपनी सीमा होती है। भारत के अच्छे व्यवहार के प्रति विश्व का जनमत सन्तोष देने वाला हो सकता है, पर अस्थायी तौर पर। इससे समस्या का स्थायी समाधान नहीं होता, न ही यह दिन-दिन उलझती जाती समस्या का सामना करने में किसी प्रकार की सहायता या शक्ति देता है। यह बात अब पक्के तौर पर प्रमाणित हो चुकी है कि विवेक का कोई स्वर पाकिस्तानी सैन्य शासन को प्रभावित नहीं करता। अन्तरराष्ट्रीय जनमत का भी अब तक उनके व्यवहार पर कोई प्रत्यक्ष प्रभाव नहीं दिखता।

यदि अच्छे पड़ोसी की तरह आचरण करने की अपील व्यर्थ हो जाती है और अन्तरराष्ट्रीय बिरादरी इस मामले में अपनी असहायता दिखलाती है तो भारत के समक्ष एक ही रास्ता बच जाता है कि पाकिस्तानी शासकों को यह अनुभव कराये

कि पड़ोसी के लिए समस्याएँ पैदा करके अपनी समस्याओं को वह क्रूरतापूर्ण प्रयत्नों से हल नहीं कर सकता। ऐसे अवसर आते हैं जब देश को बड़े वज्राघात से बचाने के लिए सेना की सहायता लेनी पड़ती है।

बांग्लादेश के घटनाक्रम से एक अस्थिर माहौल का बनना लाजिमी है और यह अस्थैर्य न सिर्फ उस भू-भाग में होगा बल्कि इसका कुप्रभाव पूरे क्षेत्र पर पड़ेगा। बांग्लादेश की अशान्त स्थिति अतिवादियों को दुष्कृत्यों का अवसर देगी और इसका परिणाम एक लम्बा गृह-युद्ध भी हो सकता है।

भारत ऐसी स्थिति का मौन दर्शक नहीं बना रह सकता। यह अपनी जमीन-जायदाद और घरों से बेदखल कर दिए गए 60 लाख लोगों के बीच या इन्सानी आजादी, सम्मान और प्रतिष्ठा के लिए भुगत रहे इन लोगों के प्रति गहरी सहानुभूति रखनेवाले लोगों के बीच यह शान्ति और सद्भाव बनाए नहीं रख सकता।

पूरी स्थिति के समग्र आकलन की तार्किक निष्पत्ति यह होगी कि जो सबसे बुरा है उसके लिए क्रूर और कठिन फैसला लिया जाए, जिसका संकेत जयप्रकाश नारायण ने दिया है। किन्तु ऐसे अवसर आते हैं जब आने वाली पीढ़ियों के भविष्य के लिए ऐसी चुनौतियों का सामना करना पड़ता है।

हालात कगार पर पहुँच हुए हैं और अधिक विचलन और अधिक समस्याएँ पैदा करेगा तथा स्थिति विस्फोटक हो जाएगी। जो अपरिहार्य है उसका हम सामना करें। यदि पाकिस्तान के सैन्य शासकों को विश्व-जनमत की परवाह नहीं है और वे विवेक के स्वर की अनसुनी करते हैं, सभ्य व्यवहार के नियमों की अनदेखी करते हैं, तो राष्ट्र को कठिन फैसले के लिए तैयार करना चाहिए।

(15 जुलाई, 1971)

जन-जागृति की जरूरत

भारतीय संविधान की आत्मा राज्य-नीति के निर्देशक सिद्धान्तों में समाविष्ट है।

इस प्रकार से रेखांकित लक्ष्य और उद्देश्यों को पाने के लिए सरकार से अपेक्षित है कि संसद द्वारा प्रस्तुत एवं स्वीकृत कार्यक्रमों को गति एवं संवेग प्रदान करे।

काफी पहले भारत की संसद ने हमारे समाज के हर वर्ग के लिए समान अवसर पर आधारित समाजवादी समाज की कल्पना की। इस प्रकार के रूपान्तर के पक्ष में अपनी धारणा को कांग्रेस पार्टी ने बार-बार दोहराया। पिछला मध्यावधि चुनाव इसी नारे पर लड़ा गया था और ऐसे रूपान्तर के पक्ष के जनता ने प्रबल बहुमत से शासनादेश दिया। सरकार का यह कर्तव्य था कि संविधान में ऐसे परिवर्तन लाती जो विकास के रास्ते की रुकावटों को दूर करे।

बहुधा संसद और सरकार अपनी ऐतिहासिक जिम्मेदारी के निर्वाह में चूक जाती है, दिशाहीनता के कारण नहीं, आवश्यक गति के अभाव में, जिसके साथ सामाजिक परिवर्तन लाए जाने चाहिए। सर्वाधिक महत्त्व के कामों को हाथ में लेने में तीन कीमती महीने खो गए।

प्रतिश्रुत संवैधानिक परिवर्तनों को लाने के लिए हाल ही में संसद में कांग्रेस के दो सौ दस सदस्यों ने प्रधानमंत्री को ज्ञापन दिया। यह दुर्भाग्यपूर्ण है कि ऐसी परिस्थिति पैदा हुई जब सरकार को ऐसा ज्ञापन पाना पड़ा, हालाँकि यह मुद्दा लोकसभा के लिए मध्यावधि चुनाव के पूर्व और चुनाव के दौरान पूरी तरह से पक्ष-प्रचारित था। कांग्रेस पार्टी के सदस्यों के कदम की वांछनीयता पर कोई व्यक्ति सवाल नहीं उठा सकता, क्योंकि व्यक्तिगत या सामूहिक रूप से हर पार्टी-सदस्य का यह दायित्व है कि घोषित एवं देश की जनता के समक्ष प्रतिश्रुत दिशा में आगे बढ़े। अन्ततः संविधान में आवश्यक संशोधनों के पक्ष में केन्द्रीय मंत्रिमंडल के फैसले का गर्मजोशी से स्वागत होगा, कांग्रेस पार्टी ही नहीं, आम जनता द्वारा भी।

उचित संविधान-परिवर्तन से सामाजिक-आर्थिक जीवन में आवश्यक परिवर्तनों के रास्ते खुलेंगे। आज के कई राजनीतिक तनावों का मूल कारण परिवर्तन न करने की गलती ही है, कई क्षेत्रों में इसी कारण अराजक स्थितियाँ उत्पन्न हो गई हैं। सबों के सामने यह बात साफ होनी चाहिए कि संविधान-परिवर्तन निश्चय ही आवश्यक है किन्तु उसे ही इति नहीं माना जा सकता। वर्तमान आर्थिक ढाँचे में सरकार द्वारा क्रान्तिकारी परिवर्तन लाने के लिए साहसिक फैसले लेने की राह की रुकावटों को दूर करने का एक कदम-भर है ये संवैधानिक परिवर्तन। हमारे वर्तमान आर्थिक ढाँचे की आधारशिला औपनिवेशक शासकों के द्वारा रखी गई थी ताकि न्यस्त स्वार्थों वाले एक छोटे-से वर्ग की स्थिति और हैसियत को बढ़ाया और बनाए रखा जा सके।

कांग्रेस पार्टी और इसके जागरूक सदस्यों के लिए अब भी यह आवश्यक होगा कि संविधान-परिवर्तन के बाद विभिन्न आर्थिक एवं राजनीतिक क्षेत्रों में शीघ्र अनुवर्ती कार्रवाई के लिए दबाव डालें। इसके लिए न सिर्फ जन-जागृति अपेक्षित है बल्कि देश के नताओं में इसकी और भी जरूरत है, क्योंकि सामाजिक परिवर्तन के नवयुग को लाने के उन्हें ही प्रारम्भिक कदम उठाने हैं। 'हमारा संविधान और सामाजिक परिवर्तन' विषय पर अपने विचार रखने के लिए संसद के कांग्रेस-दल ने विभिन्न क्षेत्रों के विशेषज्ञों को आमंत्रित किया। इससे न सिर्फ संविधान-परिवर्तन के पक्ष में वातावरण बनेगा बल्कि उन लोगों में भी नई चेतना जगेगी जिन पर हमारे सँजोए हुए लक्ष्यों तक पहुँचाने वाले कदम उठाने का दायित्व है, वे लक्ष्य जिनका उल्लेख राज्य-नीति के निर्देशक सिद्धान्तों में किया गया था तथा मध्यावधि चुनाव में जनता से जो वायदे किए गए थे।

(22 जुलाई, 1971)

अनिर्णय के लिए कोई स्थान नहीं

संयुक्त राष्ट्रसंघ द्वारा बंगाल में भारत-पाक सीमा की दोनों ओर प्रेक्षकों को तैनात करने की खबर अफसोसनाक है, और इसका अभिप्राय यह है कि बांग्लादेश के अभ्युदय को यह वैश्विक संगठन सही परिप्रेक्ष्य में नहीं देख रहा है। अप्रत्यक्ष रूप से इसे भारत-पाक संघर्ष के रूप में प्रक्षेपित किया जा रहा है। पूर्वी बंगाल के लोगों के द्वारा शोषण और अत्याचार के खिलाफ विद्रोह के असली मुद्दे को पृष्ठभूमि में ढकेला जा रहा है। यदि अब भी पाकिस्तान की सैन्य जनता उसी दुष्प्रचार का राग अलापती है कि पूर्वी बंगाल का भीषण विद्रोह भारत से प्रेरित था, तो किसी को कोई शिकायत नहीं हो सकती। लेकिन यदि 'संयुक्त राष्ट्र' जैसे विश्व-संगठन पाकिस्तान के सैन्य शासकों के सुविधाजनक औजार बन जाते हैं तो इसके निहितार्थ गम्भीर हैं और यह पाकिस्तान के असन्तुष्ट तथा हताश तानशाहों को निराशोन्मत्त कदम उठाने को प्रेरित करेगा, जैसा आज हम देख रहे हैं।

इस सन्दर्भ में यह नहीं भूलना चाहिए कि यदि पिंगपोंग शैली के कूटनीतिक कदम सीधी कूटनीतिक बातचीत के मार्गदर्शक बन सकते हैं, चीन को पाकिस्तानी सैन्य जनता से प्रेम जताने के लिए प्रेरित करने की निक्सन की कोशिशों के भीतर भारत पर आक्रमण जैसे दुस्साहसिक कृत्य के लिए सबल उकसावे की सम्भावना भी छिपी है। यह विचित्र संयोग है कि सारी सद्इच्छाओं से युक्त लोगों ने अपने को ऐसी परिस्थिति में ला खड़ा किया है जब शान्ति के नाम पर काम से अनजाने में अव्यवस्था की शक्तियों को बल मिला है। शान्तिखोजी चैम्बर लेन ने फ्युहरर के दिमाग में आधिपत्य की भूख जगा दी।

सामान्य स्थिति में लोगों ने चीन और अमेरिका के करीब और मनमुटाव तथा अविश्वास को कम करने की कोशिशों का स्वागत किया होता। किन्तु इस कार्रवाई का समय और दिशा यह गम्भीर सन्देह पैदा करती है कि युनाइटेड स्टेट्स सोवियत रूस को अलग-थलग करने के लिए कूटनीतिक खुटचाल चल रहा है और तनावों के नए क्षेत्र तैयार कर रहा है। अमेरिका-चीन संविधान पर उत्तरी वियतनाम और उत्तरी कोरिया की तीखी प्रतिक्रियाओं को खारिज नहीं करना चाहिए।

नई परिस्थितियों के बनने की सम्भावनाओं का मूल्यांकन भारत को अवश्य करना चाहिए और इस क्षेत्र में अपने राष्ट्रीय हितों की रक्षा के लिए तुरन्त कदम उठाने चाहिए। प्रबल सम्भावना है कि पाकिस्तान युद्ध का चुनाव करेगा, विशेषकर नई परिस्थिति से जिस आश्वासन और सहायता की आशा वह कर रहा है उसके सन्दर्भ में।

इतिहास को दुहराना नहीं चाहिए। हम बेखबर न पकड़ लिये जाएँ। इस तैयारी का अर्थ केवल परिष्कृत हथियारों का जखीरा खड़ा करना ही नहीं, एक पूर्ण प्रशिक्षित विशाल सेना तथा साहसी निर्णय ले सकने वाला नेतृत्व भी है। आज की

वैज्ञानिक प्रगति के सन्दर्भ में केवल सरहदें ही नहीं, पूरा राष्ट्र ही युद्धक्षेत्र में बदल जाता है। यह जंग हर खेत और हर कारखाने में लड़ी जाती है। इस युद्ध से विजयी निकलने के लिए हर नागरिक को अपनी क्षमतानुसार सहयोग करना होगा। केवल सैनिक को नहीं, बल्कि हर कारीगर, किसान और मजदूर को प्रशिक्षित करना होगा कि वह सावधान और किसी भी घटना का सामना करने के लिए तैयार रहे। हर स्त्री-पुरुष के भीतर उत्सर्ग का भाव तथा चरम धैर्य होना चाहिए और आशा-निराशा की दोलायमान स्थिति का सामना करने के लिए सकारात्मक सहयोग का भाव होना चाहिए। परिस्थिति का मुकाबला करने के लिए राष्ट्र को तैयार करने का दायित्व और कर्तव्य नेतृत्व का है।

(29 जुलाई, 1971)

उनके होश ठिकाने लाइए

भारत में शोषण का लम्बा रिकार्ड विदेशी तेल कम्पनियों का है, खास करके कच्चे तेल की बिक्री के लेन-देन में। वर्षों से भारत को कच्चे तेल में छूट देने से इनकार किया जाता रहा है, हालाँकि दूसरी जगहों के ग्राहकों को यह लाभ दिया गया। तेल कम्पनियों को वाजिब दाम लेने के लिए मनाने की सारी सरकारी कोशिशें व्यर्थ गई हैं।

साठ के दशक में, जब बड़ी अन्तरराष्ट्रीय कम्पनियाँ भी एक-दूसरे से प्रतिस्पर्द्धा कर रही थीं और जब 'संकटग्रस्त' जहाजी माल की बिक्री आम बात थी, एक भी प्रेषित (परेषित) माल भारत को छूटवाली कीमत पर नहीं बेचा गया। अनुमान है कि हल्के ईरानी कच्चे तेल की $ 1.28 की तथाकथित घटी हुई कीमत पर भी जिस पर तेल कम्पनियों को गत वर्ष उतरना पड़ा था, उन्हें 10 सेंट की लागत के काम पर 30 सेंट का शुद्ध मुनाफा होता है। सामान्य समय से इन कम्पनियों की इस वाणिज्यिक चालाकी और धोखाधड़ी की नीति को मुआफ किया जा सकता है। लेकिन इस कठिन घड़ी में, जिसके खतरनाक राजनीतिक परिणाम हो सकते हैं, उन्हें शरारतपूर्ण कदम उठाते देखना बेचैन करने वाला है। राष्ट्रीय संकट की घड़ी में भी नई मुसीबतें पैदा करने और उसे अपने पक्ष में भुनाने में वे नहीं हिचकते।

दूसरे की बाँह मरोड़ने की उनकी नीति का यह हिस्सा है। 1962 के भारत-चीन युद्ध के बाद उन्होंने धोखेबाजी से अपने तेल-शोधक कारखानों का विस्तार कर लिया। सितम्बर 1965 के भारत-पाक युद्ध के दौरान उन्होंने आपूर्ति के क्षेत्र में कदम डाल दिए और सरकार गिड़गिड़ायी न होती तो चीजों को वे जक-थक की स्थिति में ला देते।

हमारी पूर्वी सरहद पर संकट के बादल मँडरा रहे हैं और इसकी तान के साथ अन्तरराष्ट्रीय उत्पादक संघ की प्रतिनिधि कम्पनियों ने कठोर रुख अपना लिया है। तेहरान समझौते के बाद से वे कोशिश करती रही हैं कि भारत उनके टैक्स चुकाये और इस तरह से वे मोटा मुनाफा कमाएँ। इतना ही नहीं, प्रति बैरल वे 5 सेंट अतिरिक्त माँग रहे हैं, इस आधार पर कि दुनिया की रुझान इसका औचित्य सिद्ध करता है।

स्पष्ट है कि वे इस समय का फायदा उठाना चाहती हैं जब बांग्लादेश में पाकिस्तानी शरारत के कारण भारत को समस्याओं का सामना करना पड़ रहा है। समय आ गया है जब भारत को सख्ती से पेश आना चाहिए, इस प्रकार की दुष्टतापूर्ण हरकत के आगे झुकना नहीं चाहिए।

जितनी जल्दी सरकार इन कम्पनियों पर पूर्णतः आश्रित न रहने का फैसला लेगी, राष्ट्रीय अर्थ-व्यवस्था और सुरक्षा के लिए उतना ही अच्छा होगा। आपूर्ति के वैकल्पिक स्रोत के लिए जब सारे सम्भव प्रयास करके इन कम्पनियों को हमें बता देना चाहिए कि वे अपनी शर्तों पर राजी होने को हमें बाध्य नहीं कर सकतीं। जब व्यापारी अन्तरराष्ट्रीय राजनीतिक धोखेबाज बन जाते हैं, सरकार को यह जानना चाहिए कि शक्ति के किस कल-पुर्जे को ऐंठकर उनके होश ठिकाने किए जा सकते हैं।

(5 अगस्त, 1971)

हमारी कुल परम्परा

'करो या मरो' एक असहाय और हताश देश का नारा नहीं था अपितु दृढ़संकल्प और विदेशी आधिपत्य से मुक्ति की इच्छाशक्ति की अभिव्यक्ति था। विदेशी शासन मुक्ति हेतु सर्वोच्च उत्सर्ग के लिए यह महात्मा की पुकार थी।

करोड़ों लोगों ने साहस और संघबद्धता के साथ इस पर अनुकूल प्रतिक्रिया की। सारा राष्ट्र विद्रोह में खड़ा हो गया। तब आतंक के शासन, कत्लेआम और अत्याचारों की शुरुआत हुई। लाठी चार्ज, लूट, डकैती, गोली-बारी और बड़ी संख्या में गिरफ्तारियों का सहारा लिया गया। परन्तु राष्ट्र के उत्साह को दबाया नहीं जा सका।

बापू के नेतृत्व में जिस लम्बे संघर्ष में देश आहिस्ता पर स्थिर कदमों से आगे बढ़ता जा रहा था उसका चरम बिन्दु था 9 अगस्त, 1942। इस कठिन परीक्षा के लिए वे लोगों को प्रशिक्षित एवं तैयार कर रहे थे। धैर्य, बहादुरी तथा उत्सर्ग के पाठों ने उत्साह को मरने नहीं दिया। ऊपर से तो यह आन्दोलन दब गया पर शीघ्र ही कहीं अधिक तेज और शक्ति के साथ यह उठ खड़ा हुआ।

संघर्ष और उत्सर्ग की कहानी को राष्ट्र स्वाभिमानपूर्वक याद करेगा। शहीदों की याद को हम सलाम करते हैं।

राष्ट्र के जीवन में यदा-कदा के धक्कों को कभी नकारा नहीं जा सकता। किन्तु यदि लोगों को स्पष्टता एवं दृष्टिसम्पन्नता के साथ निर्धारित लक्ष्य को हासिल करने की शिक्षा दी जाए तो वे कभी उत्सर्ग से हिचकते नहीं और उनकी अन्तिम विजय सुनिश्चित है। हर राष्ट्र के जीवन में चुनौतियाँ आती हैं, विभिन्न अवसरों पर उनकी प्रकृति भिन्न हो सकती है, किन्तु मूलतः वे एक हैं। उनका सामना करने के लिए उत्सर्ग का कभी न मिटने वाला उत्साह और संकल्प अपेक्षित है। कठिन दिनों में देश की गाड़ी को साफ-साफ आगे निकाल ले जाने के लिए सुस्पष्ट विचार सहित तात्त्विक मूल्यों, दृष्टि और समर्पित भाव वाला नेतृत्व अपेक्षित है।

आज हमारे सामने कठिन परिस्थिति है। अपनी कुलपरम्परा के उत्साह के साथ इसका सामना किया जाना चाहिए।

(12 अगस्त, 1971)

अलगाव की समाप्ति

पिछले दिनों अमेरिकी शासन ने अपनी कूटनीतिक चालबाजी से गम्भीर प्रयत्न किए कि एशियन परिदृश्य से सोवियत रूस बाहर हो जाए। जितना प्रत्यक्ष दिख रहा है उससे कहीं अधिक गहरी चाल इसके पीछे है। जब बाँग्लादेश में एक गम्भीर स्थिति पैदा हो गई है, ऐसे समय अलगाव का मनोविज्ञान बनाकर यह भारत को अपमानित करने की कोशिश है।

पाकिस्तान को शस्त्र देने के सम्बन्ध में अमेरिका का बदलता रुख ही भारतीय जन-मानस को खिझाने और उत्तेजित करने को पर्याप्त था; किन्तु स्पष्ट है कि 'पुराने ठेकों' और 'पाइप लाइन सप्लाई सिद्धान्त' के नाम पर लगातार हथियारों की आपूर्ति करने भर से निक्सन-शासन सन्तुष्ट नहीं था। अमेरिकी हथियारों का भेजा जाना जान-बूझकर जारी रखा गया ताकि बांग्लादेश की जनता के स्वतंत्रता आन्दोलन को दबाया जा सके। और इस सबके ऊपर वाशिंगटन-इस्लामाबाद-पीकिंग के बीच सीधे अक्ष का निर्माण हुआ। भारत में इसकी तीखी-प्रतिक्रिया होनी ही थी।

ऐसी परिस्थिति में अमेरिका के षड्यन्त्रों को नाकाम करने के लिए, जो वर्चस्व की राजनीति की अशिष्ट चालों से प्रेरित हैं और केवल विस्तार तथा संसार के निर्धन देशों पर आधिपत्य के सिद्धान्त के द्वारा ही सही ठहराये जा सकते हैं, जवाबी कार्रवाई बहुत जरूरी थी।

ऐसे माहौल में उन शान्तिकामी लोगों के लिए, जिनका विश्वास मानव के सम्मान, स्वतंत्रता और शान्तिपूर्ण सह-अस्तित्व में है, भारत-सोवियत सन्धि मनोबल

को बहुत ऊँचा करने वाली है। विश्व-राजनीति में इस सन्धि ने एक नया अध्याय खोला है, जहाँ आक्रामकता, दुस्साहसिकता और मौकापरस्ती के गठजोड़ वाली शक्तियों पर अंकुश लगाने के लिए राष्ट्र आपस में जुड़ सकते हैं। एशिया के दक्षिण-पूर्वी क्षेत्र में इस सन्धि ने एक नया विश्वास पैदा किया है, और तनाव फैलाने की किसी भी कोशिश तथा स्वतंत्रता के लिए वास्तविक जन-संघर्ष को अन्तरराष्ट्रीय प्रकृति के फसाद में बदलने के कुत्सित-चालबाज प्रयासों के खिलाफ यह रक्षा-कवच का काम करेगी।

यह एक प्रारम्भ है। अपने पड़ोसी देशों के साथ इसी प्रकार की सन्धियों के लिए गम्भीर कोशिश की जानी चाहिए। सम्भवत: श्रीलंका, म्यांमार (बर्मा), उत्तरी वियतनाम, उत्तरी कोरिया और जापान आदि देशों के साथ ऐसी सन्धियाँ करना अपेक्षया आसान होगा। उचित समय पर चीन के साथ भी ऐसे समझौते के लिए भारत के विकल्प खुले रखने चाहिए। दुनिया भर के देशों को यह साफ-साफ बता देने की हमारी कोशिश होनी चाहिए कि ऐसी सन्धियाँ मूलत: विश्वशान्ति, मैत्री और आपसी सद्भाव के लिए हैं।

तमाम दुनिया को और विशेष रूप से उन गुट-निरपेक्ष देशों के सामने हमें अपना यह आधार स्पष्ट करना चाहिए, जो संकट की घड़ी में हमेशा हमारे साथ खड़े रहे हैं। इस क्षेत्र में शान्ति और दोस्ती का माहौल कायम करने के लिए आगे कदम बढ़ाते समय युगोस्लाविया-जैसे देशों को विश्वास में लिया जाना चाहिए।

गुट-निरपेक्षता की नीति पर हमारे रुख पर किसी प्रकार की भी शंका की जाती है तो यह दुर्भाग्यपूर्ण होगा। हालाँकि सन्धि से स्पष्ट है कि सोवियत संघ विश्व-शान्ति के औजार के रूप में हमारी गुट-निरपेक्षता की नीति का सम्मान करता है, फिर भी यह आवश्यक होगा कि ऐसी घोषणा की अकृत्रिम प्रामाणिकता के बारे में हम अपने मित्रों को समझाएँ और सन्तुष्ट करें।

यह ध्यान भी रखना चाहिए कि ऐसी सन्धियों से अनावश्यक आशावादिता को फटकार न लगे। किसी देश की आक्रामकता के चलते यदि हम पर कोई युद्ध थोप दिया जाता है, जनता को यह समझने के लिए तैयार रहना चाहिए कि आधुनिक विश्व में युद्ध के तबाही ढाने वाले परिणामों के घाव को राष्ट्र की समग्रता में झेलना पड़ता है। मित्र केवल सहायता दे सकते हैं और यह भी एक सीमा तक ही। ऐसी सन्धि निश्चय ही उन दुस्साहसिकों पर काफी हद तक निवारक का काम करेगी जिनके मन में अपने ही लोगों की दुर्दशा की शायद ही कोई परवाह होती है और जो राष्ट्रों को बरबादी और विनाश की ओर ढकेलने में परपीड़क आनन्द होते हैं।

(19 अगस्त, 1971)

सही दिशा में एक कदम

प्रेस के एकाधिकार पर अंकुश लगाने के पवित्र इरादों को ठोस शक्ल मिल रही है। इस आशय का एक बिल संसद में लाने का प्रस्ताव सरकार ने रखा है। एकाधिकार को नियंत्रित करने वाली किसी भी कार्रवाई का सदैव स्वागत होगा। इतना कह चुकने के बाद, ऐसी कार्रवाई के प्रभावी होने और इसकी प्रशासनिक प्रक्रिया में घुस आई विकृतियों को लेकर आश्चर्य का भाव जगता है।

एकाधिकार पर, प्रतिबन्धक व्यापार के आचरण पर और आर्थिक शक्ति के केन्द्रीकरण पर नियंत्रण करने के लिए कानून बनाने पर देश में जो खुशी छाई थी उसे भूला नहीं जा सकता। किन्तु इसके कार्यान्वयन का अनुभव कैसा है? अगले ही दिन एम.आर.टी.पी. कमीशन ने नीति सम्बन्धी एक घोषणा करते हुए निस्संकोच कहा कि भारत में बड़े उद्योगों पर पाबन्दी लगाने के लिए कमीशन नहीं बना है! एम.आर.टी.पी. अधिनियम जिस उद्‌देश्य से बना था उसको यह स्टैंड एकदम बेकार कर देता है, और सरकार ऐसी गतिविधियों से पूर्णतः अनजान या उदासीन दिखती है।

एक ओर कुछ खास हाथों में आर्थिक शक्ति के केन्द्रीकरण तथा इस रोग को दूर करने के प्रयत्न में कमी और दूसरी तरफ हमारे सामाजिक जीवन के क्षेत्र में एकाधिकार को नियंत्रित करने का प्रयत्न, इसका शायद ही दूरगामी परिणाम निकले।

औद्योगिक और आर्थिक क्षेत्र में इजारेदार न सिर्फ विद्यमान हैं बल्कि फल-फूल रहे हैं, तो इस कारण कि पिछले दो दशकों में बनाए गए ढेरों कानून पूर्णतः विफल प्रमाणित हुए हैं और उनका कार्यान्वयन हमारी प्रशासनिक व्यवस्था पर अफसोसजनक टिप्पणी है। एकाधिकारियों की चालाकी पर रिपोर्ट-दर-रिपोर्ट अंकुश नहीं लगा सकते।

इस रोशनी में देखें तो यह समझने की जरूरत है कि देश के एक भी आर्थिक या सामाजिक जीवन-क्षेत्र में एकाधिकार को हटाने की कोशिश तब तक बहुत थोड़ी प्रभावी होगी जब तक ढाँचागत परिवर्तन को प्रभावशाली ढंग से नहीं लाया जाता। मूलभूत परिवर्तनों की अनुपस्थिति में किए गए प्रयत्नों से न सिर्फ लक्ष्य-सिद्धि में असफलता हाथ आएगी बल्कि स्थिति और उलझ जाएगी।

प्रेस की आजादी के नाम पर प्रस्तावित बिल का विरोध निरर्थक है, क्योंकि आज भी वर्तमान पत्रकारों और अखबार निकालने वालों को अभिव्यक्ति की बहुत कम आजादी है। प्रेस के धनी-मानी लोग, सारे निर्णायक मामलों में, न सिर्फ सम्पादकीय नीति पर नियन्त्रण रखते हैं बल्कि अपने स्वार्थों की पूर्ति करने वाले समाचार प्रकाशित करने का फैसला थोपते हैं। बड़े औद्योगिक घरानों द्वारा नियंत्रित प्रेस ऐसे दर्शन की प्रस्तावना के लिए जाना जाता है जो अमीर को और अमीर तथा

निर्धन को निर्धनतर बनाने में सहायता करता है। बहुत दिनों तक सरकार और लोग इस स्थिति को बर्दाश्त करते रहे हैं।

किन्तु उचित सामाजिक, आर्थिक एवं राष्ट्रीय परिप्रेक्ष्य के बिना समाचार-पत्रों के निकालने पर किसी भी प्रकार का नियन्त्रण करने से स्थिति-निर्धारण का परिणाम अनुशासन हो सकता है, जो समाज के लिए वर्तमान स्थिति से कम खतरनाक नहीं होगा। कुछ मामलों में, यदि इस शक्तिशाली उपकरण पर अधिकार रखने वाले लोग विरोधियों की आवाज दबाने के तत्त्वों का समावेश करते हैं तो यह प्रेस की आजादी की मूल अवधारणा के लिए ही घातक सिद्ध हो सकता है।

इन परिस्थितियों में प्रेस के एकाधिकार को नियंत्रित करने के लिए लाए गए विधेयक को प्रस्तावित उपायों के पक्ष-विपक्ष को ध्यान में रखना चाहिए। प्रेस इजारेदारी के मालिकाना अधिकार को प्रतिबंधित करने भर तक अपने को सीमित रखने पर यह विधेयक बहुत थोड़ी सार्थकता सिद्ध कर सकेगा। मोरारजी भाई की कारिन्दगी में बैंकों के अधिग्रहण से जो पाया जा सका था उसके आगे ऐसे प्रतिबन्ध भर का कोई अर्थ नहीं है।

ठीक यह होगा कि सारे बड़े अखबारों को सार्वजनिक परिसीमित कम्पनियों, ट्रस्टों और ऐसी पंजीकृत संस्थाओं के नियन्त्रण में रख दिया जाए जिनको कुछ खास लोग या औद्योगिक जगत् के धनी-मानी लोग अपने संकुचित साम्प्रदायिक स्वार्थों के लिए आसानी से धोखाधड़ी करते हुए संचालित नहीं कर सकेंगे। इसके अतिरिक्त, सम्पादकों के लिए अपने क्षेत्र में आजादी की अन्तर्निहित गारंटी होनी चाहिए तथा अपने विवेक के अनुसार नीतियों को लागू करने में उन्हें सुरक्षा की पर्याप्त अनुभूति होनी चाहिए। कम-से-कम यह लक्ष्य तो रखा ही जाना चाहिए। निश्चय ही यह भूलना नहीं चाहिए कि आधारभूत कार्य सामाजिक-आर्थिक ढाँचे का परिवर्तन है, सिर्फ यही देश की सामाजिक, आर्थिक और राजनीतिक समस्याओं का उत्तर हो सकता है।

(26 अगस्त, 1971)

योजना और योजनाकारों की परीक्षा की घड़ी

एक विकासशील देश में योजना बनाने की प्रक्रिया का लक्ष्य सीमित संसाधनों का न्यायसंगत इस्तेमाल होता है और इसकी तैयारी संसाधनों को जुटाने के लिए सख्त अनुशासन तथा लागत और खर्च की प्राथमिकताओं के निर्धारण को ध्यान में रखकर की जाती है। संकटपूर्ण समय में योजना-तंत्र का काम न सिर्फ अपेक्षया कठिन, बल्कि उस कठिन परिस्थिति का सामना करने के लिए आवश्यक नीतियों और उपायों को बृहत्तर कठोरता से लागू करने की दृष्टि से कहीं अधिक महत्त्वपूर्ण हो जाता है।

किन्तु भारत में एक विचित्र तथ्य है कि सामान्य और शान्त समय में योजना निर्धारण अधिक प्रासंगिक और राष्ट्रीय संकट और आर्थिक तंगहाली के दिनों में कम समझा जाता है। हमारे योजनाकारों में यह आचरण बहुधा दिखता रहा है। 1957 में जब भारत विदेशी विनिमय के गम्भीर संकट में था तो आयात पर सख्त प्रतिबन्ध लगाने और अधिक अतिरिक्त संसाधन जुटाने के बजाय सरकार ने वैसे कई मामलों में ढील दे दी जो मूलत: विदेशी विनमय को बनाए रखने के लिए लागू किए गए थे, और उपभोक्ता वस्तुओं में भी निजी विदेशी पूँजी लगाने के नियमों को उदार बना दिया। राष्ट्रीय योजना की प्राथमिकताओं की अवधारणा को हवा में छोड़ दिया गया।

चीनी आक्रमण और भारत-पाक सशस्त्र संघर्ष ने हमारी अर्थ-व्यवस्था पर काफी दबाव डाला। संसाधन जुटाने और विनियोग-दर को बढ़ाने के योजनाबद्ध तरीके की जरूरत अब से ज्यादा कभी नहीं थी; किन्तु योजना के क्षेत्र-विस्तार और योजना की कोशिशों को और सघन बनाने की कोशिशों की जगह हमने योजना में अवकाश के लिए इसी समय को चुना। कुछ साल पहले जब देश के कई भागों में मन्दी और सूखा था तब भी चतुर्थ योजना का लगातार अधोमुखी संशोधन हो रहा था।

आज हमारे सामने बहुमुखी राष्ट्रीय संकट है। बेरोजगारी और बढ़ती मुद्रास्फीति की युगलबन्दी से देश के कुछ भागों में गम्भीर असन्तोष पैदा हो रहा है। बांग्लादेश के शरणार्थियों की अकल्पनीय विशाल बाढ़ ने इस असन्तोष को बदतर कर दिया है। भारतीय अर्थव्यवस्था और सरकार के संसाधनों पर बहुत दबाव है। अर्थतंत्र की ऐसी अवसादपूर्ण स्थिति कभी नहीं थी, न विशाल पैमाने पर योजनाबद्ध कोशिश की जरूरत अब से ज्यादा कभी थी। किन्तु आश्चर्य कि योजना-तंत्र का नेतृत्व बिल्कुल असम्पृक्त दिख रहा है। योजना-मंत्री का जो बयान आया है, कि चालू वर्ष की राष्ट्रीय योजना अप्रभावित रहेगी, उसे केवल इस अनुमान के सहारे उचित ठहराया जा सकता है कि शिक्षित बेरोजगरी को दूर करने के लिए निर्धारित योजना के रु. 50 करोड़ खर्च नहीं करने-जैसे कुछ और कठोर उपाय किए जाएँगे।

यह जानकारी दयनीय है कि कुछ जिम्मेदार लोगों के मन में झूठी उम्मीद बनी हुई है कि आने वाले कुछ महीनों में बांग्लादेश के शरणार्थियों की समस्या का समाधान हो जाएगा जब सभी न भी सही, अधिकांश शरणार्थी अपने घरों को लौट जाएँगे। इस वर्ष अप्रैल-मई में यह उम्मीद लगायी गई होती तो उसका कुछ औचित्य भी था, किन्तु आज भी इस समस्या को इतना आसान बनाकर देखा जा रहा है। और कामचलाऊ समाधान खोजे जा रहे हैं, तो सचमुच यह दुर्भाग्यपूर्ण है। एक करोड़ लोगों का खर्च उठाने और उनके पुनर्वास के लिए आगामी दो वर्षों में सम्भवत: दो हजार करोड़ रुपयों से भी अधिक की जरूरत पड़ेगी। यह भी सम्भावित है कि बांग्लादेश दुर्भिक्ष की चपेट में आ जाता है तो भारत को कुछ लाख और शरणार्थियों के लिए अपने दरवाजे खुले रखने होंगे। इन्सानों की इस विशाल बाढ़

को जीवित-भर रखने के लिए अपरिहार्य निम्नतम जरूरतों के लिए कीमतों का और अधिक उछलना अवश्यंभावी है।

योजना आयोग को भी भारत द्वारा अमेरिकी डॉलर से विनिमय समतुल्यता बनाए रखने के लिए फैसले के गम्भीर परिणामों को ध्यान में लाना शेष है। 'अवमूल्यन' एक घृणित शब्द है और वर्तमान सरकार खुलेआम भारतीय रुपए का और अवमूल्यन नहीं कर सकती थी। किन्तु वास्तव में, बिना किसी सम्भ्रम के, भारत ने रुपए का अवमूल्यन किया है। अमेरिकी डॉलर का अवमूल्यन हुआ है और रुपए से डॉलर की समतुल्यता को स्वीकार करने का अर्थ ही है भारतीय मुद्रा का अविवेचित अवमूल्यन। घरेलू कीमतों पर इसका क्या प्रभाव पड़ेगा उसको अभी ठीक से समझा जाना बाकी है। योजना मंत्री ने हाल ही में घाटे की वृहत्तर अर्थनीति की बात कही है। हालाँकि इस बात पर बल दिया गया है कि इस सब से मुद्रा-स्फीति नहीं बढ़ेगी, वास्तविकता यह है कि यदि योजना मद में विनिवेश की प्रमात्रा (क्वांटम) को वास्तविक रूप में नहीं बढ़ाया गया, वर्तमान मुद्रा-स्फीति के दबावों के साथ भी, तो वास्तविक राष्ट्रीय विनिवेश वास्तविकता में कम हो जाएगा।

योजना आयोग के जिम्मेदार लोगों द्वारा योजना के मोर्चे पर सब कुछ ठीक-ठाक है, जैसे दिखावे की कोशिश की गलत आशावादिता और प्रदर्शनप्रियता प्रभावित करने वाली है। इस तरह के विचार के गम्भीर खतरे हैं। एक ओर यह आत्मसन्तों और अपनी दुनिया में रहने की पुरानी आदत को बिम्बित करता है और दूसरी ओर इसका अर्थ जनता को धोखे में रखना है। नेतृत्व यहाँ-वहाँ छोटे-मोटे ठक-ठुक से सन्तुष्ट हो जा सकता है परन्तु अर्थव्यवस्था और बदतर हो जाएगी। जिन परेशानियों और मुसीबतों का आना लाजिमी है उनके लिए लोग-बाग तैयार नहीं मिलेंगे। इस तरह के व्यवहार का कहीं अधिक गम्भीर परिणाम राजनीतिक नेतृत्व तथा जनतांत्रिक संस्थाओं में लोगों के विश्वास की अपरिहार्य समाप्ति है। हमें लोगों के मस्तिष्क में भ्रम नहीं पैदा करना चाहिए और न यह झूठी आशा जगानी चाहिए कि सब कुछ सामान्य है तथा भविष्य अत्यन्त उज्ज्वल और आशाजनक है।

उचित यह है कि यह समझा जाये कि जब आर्थिक स्थितियाँ अधिक चिन्ताजनक हो जाती हैं तब योजना प्रक्रिया और योजना आयोग की भूमिका और जिम्मेदारी कहीं अधिक बढ़ जाती है। आयोग को अप्रीतिकर निर्णय लेने पड़ेंगे। उदाहरणार्थ, कर-नीतियों के निर्धारण में ग्रामीण अमीरों के अतिरिक्त संसाधनों को बचाने के लिए एक गम्भीर आधार बनाना होगा। इसी तरह से, आयोग को सारे क्षेत्रों में तड़क-भड़कपूर्ण रहन-सहन को नियंत्रित करने पर बल देना होगा। आय और व्यय पर एक हद के बाद रोक लगाना आवश्यक है। संसाधन जुटाने की पूरी प्रक्रिया को नए सिरे से गठित करना होगा और इस तरह से लैस करना होगा कि अतिरिक्त उत्पादन का यह वास्तविक और गतिशील औजार बन सके।

समझा जा रहा है कि आयात को और उदार बनाने तथा सार्वजनिक क्षेत्र की नियंत्रक नीतियों में ढील देने का प्रस्ताव है। एक नया हौआ खड़ा किया जा रहा है कि भारत में औद्योगिक विकास, इजारेदारी को नियंत्रित करने की सरकारी घोषणा के कारण ही सीमित हो रहा है। आयोग यह समझ ले तो बेहतर कि औद्योगिक उत्पादन में मन्दी का असली कारण एकाधिकार अथवा बड़े उद्योगों पर नियंत्रण करने के प्रस्ताव नहीं हैं। वस्तुतः एकाधिकार के अस्तित्व तथा थोड़े से लोगों के हाथों में आर्थिक शक्ति के केन्द्रीकरण के कारण ही ऐसा है कि भारत में योजना-प्रक्रिया पटरी से उतर गई है। यदि सुदृढ़ आधार पर अर्थ-तंत्र के विकास को पाना है तो इसका उत्तर सार्वजनिक क्षेत्र में औद्योगिक विनिवेश की वृहत् योजना में है। नियमों में ढील देने या बड़े उद्योगों को और बड़ा बनने की इजाजत देने से आखिर में कोई काम नहीं सधने वाला है। आयोग को अपने लक्ष्यों और सार्वजनिक क्षेत्र में अपनी भूमिका को फिर से स्पष्ट करना चाहिए और सार्वजनिक क्षेत्र के उद्यमों को और कार्यक्षप बनाने पर अपेक्षया अधिक बल देना चाहिए। सार्वजनिक क्षेत्र की वर्तमान इकाइयों के घटिया प्रदर्शन को सही नीतियों का शत्रु बन जाने की अनुमति नहीं दी जानी चाहिए। सामाजिक न्याय के साथ उत्पादन के लक्ष्य को पाने की यही राह है।

(2 सितम्बर, 1971)

दमन या अनुनय

अनुनय और विचार-विनिमय की राजनीति को बचाये रखने की सम्भावना तेजी से क्षीण होती जा रही है। इससे निराशावादी ध्वनि आ सकती है किन्तु सम्भवतः वास्तविकता यही है। देश के कुछ भागों के घटना-विकास से इस धारणा को बल मिलता है।

पश्चिम बंगाल की हालिया हत्याएँ बिगड़ते हालात की अतिरिक्त प्रमाण हैं। हत्या की राजनीति अब एकतरफा मामला नहीं है। प्रतिशोध के उपाय के रूप में यह उन्हें भी मान्य है जो इससे लड़ने और खत्म करने का दावा करते हैं। एक तरह से यह जनतांत्रिक ढाँचे में राजनीतिक गतिविधि के स्वीकृत ढाँचे को खारिज करना है। शायद यह दलील दी जाए कि जो हाल है उसमें कोई विकल्प शेष नहीं है। पर इससे उस विश्वास को और बल मिलता है कि वर्तमान तंत्र में राजनीतिक शक्ति पाने या बचाने के लिए ऐसी दुःखद घटनाएँ अवश्यंभावी हैं। बिना तोहमत लगाए, यह दिख रहा है कि राजनीतिक विरोधियों को हटाने के लिए हत्या की कोशिशों के इस दलदल से निकल पाना धीरे-धीरे मुश्किल होता जा रहा है। इसका प्रारम्भ

हताशा के कृत्य के रूप में हुआ और अब इसे राजनीतिक औचित्य के रूप में स्वीकृति मिल रही है। यदि यह सर्वग्रासी हो गया तो राजसत्ता की प्रभावी शक्तियाँ बे-असर हो जाएँगी।

असैनिक पुलिस और डण्डे से बात शुरू करें, दमन-तंत्र की परिणति सैन्य बल के सारे परिणामात्मक विकासों के साथ उस पर निर्भरता में होती है। यह प्रक्रिया स्वयं में जनतांत्रिक आचरण और मूल्यों के धीमे क्षरण का परिणाम है, किन्तु साथ ही यह नए आन्दोलन के सूत्रपात का कारक है, जो हिंसक क्रान्तिकारी राजनीति को नए रूप में लाता है।

बहुतों, विशेषकर युवाओं में यह परिस्थिति इस आन्दोलन में खिंचे आने का आकर्षण पैदा करती है। एक खास तरह की राजनीतिक रूमानियत, संसदीय संस्थाओं का कच्छप गति वाला तंत्र, निर्धन वर्गों की भयंकर दुर्दशा, शक्ति का फूहड़ प्रदर्शन और चीखती असमानता के सामने धन, बढ़ती बेरोजगारी और सबके ऊपर, दफ्तरशाही परम्परानिष्ठा की रखैल सत्ता के प्रति जनता की बढ़ती जाती उदासीनता तेजी से परिस्थिति को बदतर कर रही है। इसे हताशा की राजनीति कहना बहुत दूर तक सही होगा, परन्तु इससे इन्कार नहीं किया जा सकता कि जिन्होंने इसे इतना बढ़ने दिया, उन पर इसका सीधा दोष जाता है।

हमारे इतिहास के किसी ऐसे दौर की याद नहीं आती, जब इतने छोटे समय में इतनी युवा जानें ली गईं। वे भटके हुए हो सकते हैं। वे निराश और हताश हो सकते हैं किन्तु उनको इस तरह प्रभावित कर लिया गया है कि उनके लिए कोई भी कुर्बानी बड़ी नहीं है। मानव-गरिमा तथा प्रतिष्ठा की रक्षा के लिए वर्तमान समाज को बदलने की उम्मीद में वे अपनी जान देने को तैयार हैं। उनके देखे, आज का संसदीय जोड़-तोड़ और कुछ नहीं, जनता को शोषण और अपमान को भुगतते रहने के लिए लोरी सुनाने-जैसा दमनात्मक सहिष्णुता का चालाकी से बनाया गया मुखौटा है।

इसे दूर करने के लिए हमने क्या किया है ? प्रारम्भ में हम उनकी दुस्साहसिक कोशिशों को हँसी में उड़ाते रहे, फिर हमने तिरस्कार में भौंहें चढ़ायीं, और अब हम उन्हें हर हाल में पाठ पढ़ाना चाहते हैं, हमारी अनुनय की राजनीति के आचार-शास्त्र को हवा में उड़ाकर भी।

इस तथ्य की विशालता का सामना करने के लिए, इस नए आन्दोलन को समझने के लिए एक नई अवधारणा आवश्यक है। उनकी गहरी संवेदनाओं-भावनाओं के प्रति वास्तविक सम्मान का भाव उन्हें काफी हद तक इस बात के लिए राजी करेगा कि वे सामाजिक बदलाव के लिए नया रास्ता चुनें।

हम एक ऐसा वैचारिक गंठजोड़ बनाएँ जहाँ अनुनय की राजनीति, दमन और सामूहिक संहार की क्रूर शक्तियों पर अपना वर्चस्व सिद्ध करेगी।

(9 सितम्बर, 1971)

रुग्ण राजनीति!

पारम्परिक धैर्य, परम्परानिष्ठा और कठिनतम यातनाओं के बीच भी सन्तोष से रह लेने की भारतीय लोगों की अद्भुत शक्ति ही मुख्यतः इतने सारे राजनीतिक दलों के अस्तित्व में बिम्बित होती है।

एकदम इसी कारण से भारत की राजनीतिक पार्टियों का नेतृत्व गौरवमय अतीत और संकटपूर्ण वर्तमान को बार-बार रेखांकित करता है। सारी राजनीतिक पार्टियों के बारे में यह सच है। आसन्न खतरों के लगातार भय से पार्टियों के कर्ता-धर्ता नाकारे बने हुए कुछ-एक लोगों के बुद्धि-चातुर्थ पर निर्भर रहते हैं। इस भ्रम को तोड़ने की किसी भी कोशिश को अपधर्म करार कर दिया जाता है। ऐसी प्रवृत्ति मुक्त विचार-विमर्श के क्षेत्र को सीमित करती है और पार्टियाँ रटे-रटाये कर्मकांड में उलझी रहती हैं, उनका अर्थ जाने बिना। परिणामतः राजनीतिक पार्टियाँ जड़ संगठनों के रूप में विकृत होकर गुट्टबाजों से घिर जाती हैं, महत्त्वपूर्ण पदों पर नैतिकताविहीन लोग दखल कर लेते हैं और सही लोगों का वहाँ रहना, झेलना और कुछ कर पाना मुश्किल हो जाता है।

हमारे राजनीतिक जीवन का यह विद्रूप मुख्यतः जनता के रुख के कारण है। पार्टी के सामान्य जन सारी शरारत इस आशा से झेलते रहते हैं कि वह नेतृत्व, जिस पर उसके पूर्व आचरण के कारण वे विश्वास बनाए हुए हैं, बेहतर व्यवहार करेगा।

तेजी से बदल रही परिस्थिति के आवधिक वस्तुनिष्ठ मूल्यांकन, और समय के साथ नेतृत्व कितनी दूर तक चल सकेगा, जैसी बातों की उपेक्षा की जाती है, सम्भवतः इस कारण कि आत्मालोचन को पार्टी के भीतर आत्मनिन्दा और पार्टी-हितों के विरुद्ध समझा जाता है। इस तरह से पार्टी-संगठन का प्रभावशाली गुट इसके तंत्र पर अपने विवादास्पद तरीकों से कब्जा जमाये रहता है। इससे धीरे-धीरे जड़ता आती है और संगठन में चतुर्दिक् सड़न आ जाती है। राष्ट्रीय मुद्दों पर वस्तुनिष्ठ चिन्तन असम्भव हो जाता है। प्रभावशाली जगहों पर चाटुकार और चापलूस बैठ जाते हैं और पूरा वातावरण दूषित हो जाता है। संशक्तिशीलता से काम करने, एक-दूसरे के विचार-बिन्दुओं को समझने और साफगोई से विचार-विमर्श करने की जगह आपसी रुक्षता, चरित्र-हनन और गुपचुप चलाए जा रहे अभियान ले लेते हैं।

कांग्रेस (ओ) में यह रोग, हाल में, प्रत्यक्ष हुआ है और इसके बीज नवगठित सोशलिस्ट पार्टी में तुरन्त अँकुरने लगे हैं। कम्युनिस्ट पार्टियाँ भी इससे मुक्त नहीं हैं। और अपने सारे गौरवपूर्ण विजय-अभियानों के साथ कांग्रेस पार्टी ने भी कई राज्यों में ऐसी ही चिन्ताजनक प्रवृत्ति दिखलाई है। इस रोग के उपचार के लिए प्रस्तावित दवाओं का परीक्षण अभी बाकी है।

हमारे देश के राजनीतिक जीवन में यह प्रवृत्ति मुख्यतः पुराने सामन्ती सोच और हमारे सामाजिक जीवन में अभिजात आचरण के कारण है। एक व्यक्ति की योग्यता उसके दिल-दिमाग की आन्तरिक खूबियों से नहीं बल्कि इस आधार पर आँकी जाती है कि चाहे जैसे भी हो, शक्तिकेन्द्रों के वह कितना करीब है। सामाजिक-राजनीतिक ढाँचे में किसी व्यक्ति की हैसियत के निर्धारण की प्रक्रिया में क्रान्तिकारी परिवर्तन लाना होगा। इस काम के लिए राजनीतिक कार्यकर्ताओं को शिक्षित-प्रशिक्षित करना होगा।

(16 सितम्बर, 1971)

औद्योगिक निष्क्रियता

गत वर्ष भारत में औद्योगिक उत्पादन प्रायः रुद्ध रहा। फेडरेशन ऑफ इंडियन चैम्बर्स ऑफ कॉमर्स (भारतीय वाणिज्य परिसंघ) तथा ऐसी अन्य संस्थाएँ सरकार और जनता को यह विश्वास दिलाने का प्रयत्न करेंगी कि विकासपरक नीतियों और बड़े औद्योगिक घरानों के पूँजीपतियों को बदनाम करने की कोशिशों का निश्चित परिणाम है उत्पादन में यह कमी।

औद्योगिक उत्पादन में गिरावट पर सरकार की चिन्ता स्वाभाविक है। यदि शीघ्र कुछ मूल परिवर्तनवादी बड़े कदम नहीं उठाए गए तो जाहिर है कि निकट भविष्य में हमारे अर्थ-तंत्र को कहीं अधिक बुरे मुद्रा-स्फीति के दबावों से जूझना होगा। ऐसे संकेत मिल रहे हैं।

देश के सम्मुख मूल प्रश्न यह है कि कुल लागत-दर को कैसे बढ़ाएँ और यह कैसे सुनिश्चित करें कि निवेशित राशि का बहाव सिर्फ ऐसी दिशाओं में है जिससे औद्योगिक उत्पादन को तेजी से बढ़ावा मिलेगा और एक मजबूत औद्योगिक आधार तैयार होगा, जो जीवन की प्राथमिक जरूरतें हैं। मुद्दे विनिवेश के आकार और तरीके से सम्बन्धित हैं। बड़े उद्योगों को प्रोत्साहन तथा साख की समस्याओं को खड़ा करने का कोई भी प्रयत्न बेजगह और दुर्भाग्यपूर्ण होगा।

जहाँ तक विनिवेश के विस्तार का सवाल है, राजकोषीय एवं आर्थिक नीतियों के सन्दर्भ में स्पष्ट एवं दृढ़ निर्णयों की आवश्यकता है। किस सीमा तक और किस रूप में केन्द्रीय सरकार कराधान के लिए उपाय करने को तैयार है, या राष्ट्रीय विकास के प्रयत्नों, जो मुख्यतः लाभ लेते रहे हैं, उन्हें कार्यप्रवृत्त करने को तैयार हैं ? भारत के विकास का फल बड़े उद्योगपति, ठेकेदार, जमींदार या ऐसे अन्य लोगों का छोटा-सा समूह आपस में बाँटता रहा है। धनी वर्ग की नई आमद को भी सरकार अनुत्पादक कार्यों की ओर चली जाने देगी ? या, उनकी अतिरिक्त आय को उत्पादक

धाराओं की ओर मोड़ने का प्रयत्न करेगी ? निश्चय ही समाज के ये वर्ग सर्वाधिक मुखर हैं और उन्हें असुविधा और कष्ट झेलने के लिए तैयार करने की कोई भी कोशिश बिल्कुल विकृत करके एवं बढ़ा-चढ़ाकर प्रस्तुत की जाएगी। केन्द्रीय सरकार को आगे आना है।

राष्ट्रीय प्राथमिकताओं के सवाल पर, योजना आयोग, मंत्रिमंडलों और राज्यस्तरीय योजना की एजेंसियों को यह निर्णय लेना होगा कि जनता कार, सुपरफाइन कपड़ा, आलीशान इमारतें, पॉश होटल, जम्बो जेट उनकी प्राथमिकताएँ हैं या जन-परिवहन व्यवस्था, चाहे मोटे पर सस्ते कपड़े, झुग्गी-झोंपड़ियों की जगह छोटे-उपयोगी मकान, स्तरीय जनोपयोगी सामानों के उत्पादन को पहली राष्ट्रीय आवश्यकता समझते हैं। अधभूखे-गूँगे करोड़ों लोगों, सुविधाभोगियों के प्रति नर्म और सुविधाहीन गरीबों के प्रति सख्त होकर योजना की अवधारणा का मजाक बनाने का कोई लाभ नहीं होना है। निवेश-नीतियों को स्थायी उत्पादन की राष्ट्रीय जरूरतों से निर्धारित होना चाहिए न कि समाज के एक छोटे-से वर्ग की माँगों को पूरा करने के ख्याल से।

भारत के विशाल निगमों और बड़े उद्योगों को संसाधन की उपलब्धता का वस्तुनिष्ठ मूल्यांकन होना चाहिए। विकास की योजनाबद्ध प्रक्रिया में हिस्सेदारी से उन्हें हतोत्साहित नहीं करना चाहिए। किन्तु इस बहाने उन्हें राज्य एवं सार्वजनिक संस्थाओं की सक्रिय सहायता से विशाल निजी सम्पत्ति बटोरने, औद्योगिक साम्राज्य स्थापित करने और इजारेदारी कायम करने की छूट नहीं मिलनी चाहिए।

औद्योगिक मन्दी को चतुर्मुखी सन्दर्भ में देखा जाना चाहिए और मूलभूत आवश्यकता है विनिवेश की प्राथमिकताओं का निर्धारण तथा कर सम्बन्धी एवं आर्थिक नीतियाँ। बड़ों, उद्योगपतियों, इजारेदारों के भय को कम करके देखना न सिर्फ गलत बल्कि अर्थतंत्र के लिए घातक होगा।

(23 सितम्बर, 1971)

उड़ीसा से एक सबक

उड़ीसा के उप-चुनाव का परिणाम चिन्ता का विषय है और भविष्य में सावधान रहने की चेतावनी है। कोई सुख-बोध बना रहने वाला नहीं होता, और इस सारांश की उपेक्षा नहीं की जा सकती। लोगों की भावनाओं को भड़का कर जगाया जा सकता है किन्तु उतनी ही सरलता से उन्हें सुलाया नहीं जा सकता। जगती आकांक्षाएँ जादुई कार्यान्वयन की आशा करती हैं। न यह सम्भव है, न व्यावहारिक। किन्तु इस बात को भुलाया नहीं जा सकता कि आगे बढ़ते लोग, चाहे वे कितने भी संकोची हों, राजनीतिक दलों के व्यवस्थापकों की तरह आसानी से नियंत्रित नहीं किए जा

सकते। उन्हें शिक्षित करने के उत्साही प्रयत्न तथा समस्याओं को समझने और उनका समाधान खोजने में लगाकर ही उनकी ऊर्जा को दिशा दी जा सकती है।

इस राजनीतिक परिप्रेक्ष्य से रहित, किसी चतुर युक्ति से चमत्कार करने की कोशिश का विफल होना लाजिमी है और इससे स्थिति और कठिन हो जाएगी।

पार्टी-संगठन की शुद्धि की किसी भी प्रक्रिया का सदैव स्वागत है। कई बार सफाई आवश्यक हो जाती है। परन्तु ऐसे कदमों का कारण और प्रणाली, सामान्य रूप से जनता और विशेष रूप से पार्टी-कार्यकर्ताओं को विश्वास होना चाहिए। ऐसे उपायों की सराहना की जा सकती है यदि इनसे पार्टी की छवि और नीति की रक्षा होती है, तब नहीं जब नख-दंतविहीन लोगों के लाड़ में ऐसा किया गया हो।

हाल के उप-चुनावों का नतीजा कांग्रेस की नीतियों का अस्वीकार कतई नहीं है। सम्भवत: यह शीघ्र परिवर्तन के लिए लोगों की बेचैनी का सूचक है, क्योंकि वे कलाबाजियों से खीझे हुए हैं। अपनी आशाओं को वास्तविकता में बदलने के लिए त्वरित प्रतिक्रियाओं के प्रति वे भावुक हैं और हमारी घोषणाओं तथा उनके कार्यान्वयन की इच्छाशक्ति के कुछ विश्वास-योग्य प्रमाण की तलाश उन्हें है। यह बात हमें याद दिलाती है कि दूसरी शक्ति मृत नहीं, मात्र निद्रित है।

बहुत सारे लोगों का मानना है कि लोक-सभा में दो-तिहाई बहुमत ने कांग्रेस पार्टी के लिए चीजें आसान बना दी हैं। यदि बाहर के लोगों की ऐसी धारणा हो तो यह आश्चर्यजनक नहीं है, किन्तु इससे अधिक पीड़ादायक कुछ नहीं हो सकता कि पार्टी-संगठन के महत्त्वपूर्ण लोग भी इस विचार के साथ हैं। इस भ्रांति के कारण वे कुछ लोगों की निन्दा और कुछ की प्रशंसा करने के सुख में डूबे रहते हैं। उनके लिए पहला काम संगठन में महत्त्वपूर्ण पदों को हथियाना और हर सम्भव तरीके से शासन करना है।

अनुशासन और अधिकारवाद के शासन में इस तरह की चेष्टा का कुछ अर्थ हो सकता है। जिस समाज में जनतांत्रिक कार्यपद्धति का लेश-मात्र भी शेष है वहाँ ऐसी चातुरी से खास लाभ नहीं होने वाला है। आनेवाली चीजों के स्वरूप के निर्धारण में जब तक लोगों का दखल है, उनका विश्वास जीते बिना और उनके समर्थन के बिना अपना उल्लू सीधा करने की आशा व्यर्थ है।

इसके लिए अपने सोच और क्रिया के क्षितिज का विस्तार करना जरूरी है, बजाय इसके कि राजनीति के छुटभैयों के परामर्श तक अपने को सीमित रखा जाए, क्योंकि वे सहज उपलब्ध हैं और इच्छानुसार हाँके जा सकते हैं। ऐसे सुविधाजनक सहकर्मी, जिनके पास अपनी कोई दृष्टि नहीं होती और जिनके पास लोक-लुभावन नारे तो होते हैं। उन्हें कार्यान्वित करने का दृढ़ संकल्प नहीं होता, निकट दृष्टि वालों को प्रभावित करते हैं, परन्तु उन्हें विरक्तिकर लगते हैं, जो त्वरित लाभ-हानि के पार देखते हैं।

राजनीतिक जीवन में जब-तब के धक्कों का प्रभाव अच्छा हो सकता है, यदि हम उनसे सीख लें और सड़न को रोकने के लिए अपने रास्ते बदलें। वस्तुनिष्ठ

मूल्यांकन और सुधार के उपायों से अवसाद की घड़ी को प्रबुद्ध एवं संसक्तिशील कार्य-संस्कृति में बदला जा सकता है, किन्तु सनक और जिद से इसमें और सड़ांध आ सकती है। हम आशा करें कि यह धक्का सही सोच और इच्छित कार्य के लिए प्रेरक का काम करेगा।

(30 सितम्बर, 1971)

भुला दिए गए गांधी

निस्सन्देह आधुनिक इतिहास के सर्वाधिक विशिष्ट सामाजिक प्रबन्धक थे। वे दशाब्दियों पूर्व प्रासंगिक थे और उतने ही या उससे भी अधिक प्रासंगिक आज हैं। मानवीय आवेगों और आकांक्षाओं में अपनी भेदक अन्तर्दृष्टि से उन्होंने करोड़ों को देश की आजादी के लिए कुर्बानियाँ देने के लिए उत्साहित किया। स्वतंत्रता आन्दोलन को उन्होंने शक्ति कदी और आजादी की अवधारणा को नए आयाम दिए। जनता के साथ एक हो जाने और उन्हें आर्थिक तथा राजनीतिक सक्रियता के लिए लामबन्द करने की अद्‌भुत क्षमता उनमें थी। उनकी पुकार पर करोड़ों लोग महलों और झोंपड़ियों से समान रूप से निकल कर ठसाठस भर जाते थे।

उच्च वर्णी सामन्ती अभिमान और समाज के निर्बलतम शोषित सदस्य के बीच की वह संयोजक कड़ी थे। जीवन के हर क्षेत्र में उन्होंने धूल से नेता पैदा किए। अदना से अदना आदमी भी उनके जादुई स्पर्श से परिवर्तन का महत्त्वपूर्ण औजार बन गया। संक्षेप में कहें तो भारतीय लोगों में जो सर्वोत्तम है उसे काम में लाने, देश के कोने-कोने में हर स्तर पर ऐसा नया नेतृत्व खड़ा करने में वे सक्षम थे, जो कठिन समय में राष्ट्र के लिए लोगों को लामबन्द करे और सन्देश पहुँचा सके।

बापू ने अहिंसा को प्रचारित किया। किन्तु एक अहिंसक तन्त्र की सीमाओं को वे जानते थे और समाज में वर्तमान सम्पत्ति के रिश्ते ने जो सामाजिक नाके खड़े किए थे उसके निहितार्थ को भी समझते थे।

गांधीजी ने कहा था : 'अहिंसक आजादी की मास्टर-कुंजी है आर्थिक बराबरी। जब तक अमीरों और करोड़ों गरीबों के बीच एक चौड़ी खाई बनी रहती है तब तक अहिंसक तंत्र की सरकार होना असम्भव है। नई दिल्ली के महलों और निर्धन श्रमिक-वर्गों की दयनीय झोपड़ियों के बीच का अन्तर एक दिन स्वतंत्र भारत में नहीं रहेगा, जिसमें गरीब भी वही सुविधाएँ भोगेंगे जो धरती के सबसे अमीर भोगते हैं। जब तक अमीर स्वेच्छा से गरीबों के प्रति अपनी बाध्यता को महसूस नहीं करेंगे। जनसामान्य के लिए अपना धन नहीं बाँटेंगे, एक हिंसक और खूनी क्रान्ति अवश्यंभावी है।'

अपनी आजादी के 24 साल बाद भी हम राष्ट्रपिता के द्वारा देखे गए सपनों को यथार्थ में बदलने के क्रम में आस-पास भी नहीं हैं। महलनुमा इमारतों और झोपड़ियों में गुणात्मक बढ़ोतरी हो रही है, न सिर्फ भारत की राजधानी में अपितु सारे बड़े शहरों, जैसे कलकत्ता (कोलकाता), मद्रास (चेन्नई) और बम्बई (मुम्बई) में। आर्थिक वैषम्य बढ़ रहे हैं और विनाशकारी स्वरूप अख्तियार कर रहे हैं। आज के सामाजिक और राजनीतिक ढाँचे का नियन्त्रण जिनके हाथों में है उन्हें महात्मा की चेतावनी ने सजग नहीं किया है।

हम हिंसा की निन्दा करते हैं, परन्तु हिंसक प्रस्फुटन के कारणों को बढ़ावा देते हैं। जब तक गैर-बराबरी मौजूद रहती है, चिड़चिड़ाहट का कारण और शान्तिपूर्ण तथा अहिंसक तंत्र के प्रति वास्तविक खतरा सच में बना रहेगा। इस नाके को ध्वस्त किए बिना शान्तिपूर्ण बदलाव कर पाना असम्भव है। अफसोस कि अहिंसा के बारे में गांधीजी के उपदेशों को तो हम याद करते हैं, किन्तु आर्थिक और सामाजिक बराबरी की स्थापना की जरूरत की उनकी सीख की सुविधापूर्ण उपेक्षा करते हैं। बाहरी परिवेश के खिलाफ सत्ता के लोग पृथक्कारी बाड़ खड़ी करने की कोशिश करते हैं। जब लोग तंगहाली और गन्दगी में जी रहे हैं, जिनके लिए कोई जीवनाधार नहीं है, ऐसे में एक व्यवस्थित समाज के बारे में सोचना सम्भव नहीं है। जो लोग अपने को महात्मा का अनुयायी कहना चाहते हैं और उनके सपनों का भारत बनाना चाहते हैं, उन्हें आज के भारत के इस पक्ष पर गम्भीरता से सोचना चाहिए। गांधीजी केवल एक राजनेता नहीं थे, वे एक समाज-दार्शनिक थे और उन्होंने सोचने और काम करने का नया तरीका दिया। अपने आचरण से उन्होंने हमें एक सबक सिखाया कि हमें अपने उन सहकर्मियों और साथियों के गुणों को देखना चाहिए जो राष्ट्र के विकास के काम में लगे हैं। उनकी बुराइयों को नजरअंदाज करके और उन्हें और अच्छाइयों वाली राह चुनने के लिए प्रेरित करके, उन्होंने अपने साथ काम करने वाले कइयों को सुधारा।

दुर्भाग्य से राजनीति ने एक नया मोड़ ले लिया है और हम अपने सहकर्मियों की चूकों को खोजने में लगे हैं और उन्हीं लोगों को बदनाम करने में लगे हैं जिन पर हमने बड़े काम करने की जिम्मेदारी डाल रखी है। राजनीति की यह प्रवृत्ति गांधी के विचार और कार्य के विपरीत है। इससे निश्चय ही अविश्वास की भावना जगेगी और आत्मविश्वास का संकट पैदा हो जाएगा। इस तरह का वातावरण चतुर्दिक बना हो तो किसी भी राष्ट्र का नवनिर्माण नहीं हो सकता। इस तरह की प्रवृत्ति विचारों में संगति की कमी को प्रतिबिम्बित करती है और इससे केवल व्यक्तिगत उम्मीदों को जगाने का बढ़ावा मिल सकता है। गांधीजी ने न केवल उच्च नैतिकता की शिक्षा दी बल्कि ईमानदारी से इसे अपने पूरे जीवन में कार्यान्वित करने की कोशिश की।

वह महान् क्रान्तिकारी थे, उन्होंने हैसियत के सारे पुराने प्रतीकों को नकार कर सादगी-भरा जीवन अपनाया था और समाज के ऊपरी वर्ग के सारे मूल्यों को त्याग

दिया था। इस तरह से गांधीजी ने करोड़ों लोगों के आत्मविश्वास को प्रेरित किया और बदले में उनके विश्वास को फिर से बहाल किया। इससे लोग देश की आजादी के लिए कुर्बानी देने को और एक नए भारत को गढ़ने के लिए प्रेरित हुए। उनके लिए कोई उत्सर्ग बड़ा नहीं था और इस तरह से कठिनतम परिस्थितियों में भी बापू ने भारतीय जन का स्वैच्छिक सहयोग पाया। उनके व्यक्तित्व से हम बुराइयों की ताकतों से संघर्ष करने और जो भी अच्छा है उसके विकास के लिए प्रेरणा ग्रहण करें। सिर्फ तभी महात्मा के प्रति राष्ट्र सच्ची श्रद्धांजलि अर्पित कर सकेगा।

(7 अक्तूबर, 1971)

संसाधनों का संघटन और राज्य

केन्द्र तथा राज्य, दोनों ही स्तरों पर देश जिस सीमा तक विकासात्मक कार्य हाथ में ले सकता है उसका निर्धारण सार्वजनिक संस्थाओं द्वारा उत्पादन-व्यवस्था की अपनी ही धारा से बचत को संघटित करने की क्षमता से निर्धारित होता है। पूँजीवादी तथा समाजवादी, दोनों ही व्यवस्थाओं में विनिवेश तथा अन्य राष्ट्र-निर्माण के कार्यक्रमों को हाथ में लेने के लिए आर्थिक बचत करना निस्सन्देह अत्यन्त आवश्यक है।

भारत जैसी संघीय व्यवस्था में संसाधन-संघटन का काम केन्द्रीय और राज्य सरकारों को मिलकर करना होता है। किन्तु दो तरह से केन्द्र को अगुआई करनी पड़ती है। पहला, कराधान के लिए पूर्ण परिवर्तनवादी तथा प्रगतिशील उपायों को अपनाना और सभी आडम्बरहीन तरीके अपनाकर एक उदाहरण प्रस्तुत करना। और दूसरा, केन्द्र-सरकार को ऐसा ढाँचा बनाना होता है जिसमें सभी सम्भव तरीकों से अतिरिक्त संसाधन जुटाने और अपने अनुत्पादक खर्चों में बचत करने के लिए राज्य सरकारों को आवश्यक प्रोत्साहन मिले।

पूर्व योजनाओं में केन्द्रीय योजना सहायता एक प्रभावशाली औजार था जिससे अनिच्छुक और हिचकिचाती राज्य-सरकारों को अतिरिक्त संसाधन जुटाने के लिए बाध्य किया जा सके। यह दुर्भाग्यपूर्ण है कि योजना आयाेग को अब केन्द्रीय सहायता का उपयोग राज्य सरकारों पर दबाव डालने के साधन के रूप में करने की क्षमता नहीं है। केन्द्रीय सहायता की प्रमात्रा (क्वांटम) और स्वरूप पर कोई टैग (टँगनी) नहीं है। यह अब शर्तबन्द की तुलना में नियमित प्रतिबद्ध अनुदान है।

इस ढाँचे में ऐसे राज्य हैं जिन्होंने अतिरिक्त संसाधन जुटाने की ओर नहीं जैसा ध्यान दिया है; और ऐसा है कि पिछड़े राज्यों में संसाधन जुटाने के प्रयत्न अत्यन्त दयनीय हैं। वस्तुत: संसाधन जुटाने की सीमा और विकास के उच्चतर स्तर में सीधा सम्बन्ध है।

कुछ ऐसे राज्य हैं जो न सिर्फ संसाधन उगाहने में सुस्त पड़े हैं बल्कि आवश्यक संसाधनों की उपलब्धता के बावजूद योजना-निर्धारित कार्यों में डगमगा रहे हैं। दूसरी ओर ऐसे बहुत से राज्य हैं जो संसाधनों की गम्भीर कमी से जूझ रहे हैं और अपने कतिपय आवश्यक कार्यक्रमों के कार्यान्वयन को स्थगित करने को बाध्य हुए हैं।

ऐसी परिस्थिति में केन्द्र सरकार और योजना की जिम्मेदारी है कि केन्द्रीय सहायता के पूरे तरीके पर नए सिरे से विचार करें और ऐसे दूसरे तरीके खोजें जिससे देश ऐसी स्थिति में न पड़े जहाँ एक भाग के पास बहुतायत है और दूसरा भूखा है। इस प्रक्रिया को विकास कार्यों में अक्षमता और अनिच्छा के लिए पुरस्कृत करने वाला नहीं होना चाहिए।

संसाधनों के संघटन को अनुपेक्षणीय दायित्व मानते हुए यह याद रखना भी जरूरी है कि हर राज्य में संसाधन जुटाने की क्षमता अलग-अलग होती है। विकसित राज्यों में एक अन्तर्गठित तंत्र होता है जो कम विकसित राज्यों की तुलना में तेज गति से राजस्व उगाहता है। उदाहरणार्थ, महाराष्ट्र, तमिलनाडु और पंजाब में भी, उत्पादन-क्रियाशीलता पर ध्यान दें तो। यू.पी., बिहार, मैसूर (आंध्र प्रदेश) या असम की तुलना में, 'बिक्री कर' ही विकास के लिए ज्यादा अनुकूल है।

उन उपायों के पुनरीक्षण की शीघ्र आवश्यकता है जिनका उपयोग संसाधनों को जुटाने के लिए किया जा सकता है। केन्द्र को मुख्य जिम्मेदारी ओढ़नी होगी और नेतृत्व देना होगा। यह भूलना नहीं चाहिए कि चढ़ते बाजार-भाव से सरकारी कार्यों के खर्च भी बढ़ते जा रहे हैं। संसाधन-उगाही में उपयुक्त उपायों की कमी और प्रशासन का बढ़ता खर्च अर्थतंत्र को सामान्य रूप रो विनिवेश में कटौती और विशेष रूप से सार्वजनिक क्षेत्र के विस्तार की ओर ले जाएगा।

(14 अक्तूबर, 1971)

शिमला का महत्त्व

सैद्धांतिक विश्वास की कमी का परिणाम अनिश्चित राजनीतिक व्यवहार होता है। यह सुविधा की राजनीति और सामाजिक-राजनीतिक दायित्वों से अधिक व्यक्ति-केन्द्रित सोच को सामने लाने की अस्वास्थ्यकर प्रवृत्ति को बढ़ावा देता है। सिद्धान्त और कार्यक्रम पृष्ठभूमि में ढकेल दिये जाते हैं और राजनीतिक क्रियाशीलता में व्यक्तिगत समीकरण निर्देशक कारण बन जाता है। स्वाभाविक रूप से ऐसी भंगिमाएँ अकल्पनीय परिस्थितियाँ पैदा करती हैं और सरल राजनीतिक मुद्दों को जटिल बना देती हैं। पहला आघात वस्तुनिष्ठ सोच पर पड़ता है।

ऐसी परिस्थितियों में, व्यक्तिनिष्ठ कारक वस्तुनिष्ठ सच्चाइयों पर हावी हो जाते हैं। सामाजिक बदलाव के लिए संकल्पित राजनीतिक नेतृत्व को ऐसे अस्वास्थ्यकर विकासों से अपनी रक्षा करनी होती है अन्यथा इसके सामान्य आकांक्षाओं का रोधी बन जाने का खतरा होता है।

हाल का शिमला की अखिल भारतीय कांग्रेस कमेटी की केन्द्रीय चुनाव समिति का चुनाव ऐसे अनिष्टकर विकास का ज्वलन्त उदाहरण है। चुनावों में प्रतियोगिता और परिणाम और कुछ नहीं, पार्टी के जनतांत्रिक तौर पर काम करने का प्रमाण है। इरादे ढूँढ़ना और मत-वैभिन्य की सरल अभिव्यक्ति में षड्यन्त्र देखना जनतंत्र के ही खात्मे की ओर ले जाएगा।

ऐसे लोग हैं जो दूरदर्शी होने का दावा करते हैं और इसे पार्टी में एक और विभाजन के चिह्न के रूप में देखते हैं जबकि दूसरे लोग हैं, जिनके लिए यह सारी प्रतिक्रियावादी और असन्तुष्ट तत्त्वों की गिरोहबन्दी है। दोनों ही दृष्टि के धुँधलेपन और राजनीतिक 'पीलिया' से ग्रस्त हैं। नेतृत्व को आघात तथा कांग्रेस में फूट के रूप में इसकी व्याख्या करके शान्ति अनुभव करने वाले लोग वे हैं जो हमेशा से यथास्थिति की वकालत और गतिशील परिवर्तन का विरोध करते रहे हैं। किन्तु वे जो इसे असन्तुष्ट तत्त्वों की जवाबी कार्रवाई कहकर खारिज कर रहे हैं वे वस्तुत: वैसे लोग हैं, जिनका अपना कोई आधार नहीं होता और जो नेतृत्व की दलाली करके राजनीति में पनपते हैं।

ऐसे राजनीतिक तत्त्व संगठन और इसके स्वस्थ विकास, जीवनी शक्ति तथा जनतांत्रिक कार्यप्रणाली के लिए अधिक खतरनाक हैं। इनके लिए प्रगतिशीलता सत्ता के करीब पहुँचने और व्यक्तिगत लाभ के लिए उसके उपयोग का औजार है।

कांग्रेस-जैसी विस्तृत फलक वाली जनाधारित पार्टी में, जो विविध प्रवृत्तियों का प्रतिनिधित्व करती है, मुट्ठी भर लोगों की बन्द मानसिकता से बँध नहीं सकती, चाहे ये लोग सत्ता के गलियारों के नजदीक पहुँचने के मामले में कितने भी होशियार हों। अतएव नेतृत्व को इन धाराओं और एक-दूसरे को काटती धाराओं पर ध्यान रखते हुए उनके स्वस्थ एवं सकारात्मक प्रभाव से शक्ति ग्रहण करनी होगी।

अपने कुछ विरोधियों की राजनीतिक आकांक्षाओं से जगी छोटी-मोटी मत-विभिन्नताओं से ऊपर उठकर, इसे पार्टी की नीतियों की प्रतिबद्धता को सार्थक बनाना सीखना होगा। गांधी और नहेरू के जमाने में उदारता कांग्रेस की पहचान रही है और यदि पार्टी को सामाजिक बदलाव के सही औजार के रूप में टिके रहना है, तो हम इन जनतांत्रिक परम्पराओं को किनारे नहीं कर सकते।

(21 अक्तूबर, 1971)

आचार्य नरेन्द्र देव

बहुतों के लिए राजनीति सत्ता के लिए दौड़ है। इनके लिए सामान्य योग्यता, चालबाजी और छल-योजना की क्षमता, गोल-मोल बातों से जनता को चकमा देना इसकी मुख्य विशेषताएँ हैं और सत्ता के किसी मुकाम पर पहुँचने और व्यक्तिगत विजय की खुशी के लिए कोई भी राह पकड़ने में नहीं हिचकिचाते, चाहे वह कितना भी सन्देहास्पद हो।

किन्तु कुछ खास लोगों के लिए राजनीति जीवन की सारी बुराइयों से लड़ते हुए सद्‌गुण-सम्पन्न शक्तियों को आगे बढ़ाने का उपक्रम है। सद् और असद् का संघर्ष उन्हें जीवन की सारी यातनाओं, सुख-दुःख और तकलीफें झेलने की फौलादी ताकत देता है। यह एक अनवरत संघर्ष है और एक निश्चित विचार-दर्शन, कुछ खास जीवन-मूल्यों का आग्रह और कठिनतम परिस्थितियों में भी दृढ़निश्चय से एक प्रकार के परितोष का भाव जगता है। केवल ऐसे राजनीतिक व्यक्तित्व ही समाज को गौरव और विजय दिलाते हैं। आचार्यजी राजनीतिज्ञों के इस कुल के प्रतीक-पुरुष हैं।

हमारे राष्ट्रीय नेताओं के बीच वे अपनी नैतिक सम्पूर्णता, सैद्धान्तिक प्रतिबद्धता तथा जनतांत्रिक-समाजवादी आदर्शों की स्थापना के प्रति भावप्रवण लगाव के लिए जाने जाते थे।

किन्तु यह कैसा व्यंग्य है कि इन सद्‌गुणों ने उन्हें आजादी के बाद राजनीतिक सत्ता में भागीदारी की अनुमति नहीं दी, क्योंकि इसका अर्थ होता अपने राजनीतिक आदर्शों के साथ समझौता। जीवन भर वे उन सबों के लिए संकेत-दीप की ज्योति बने रहे, जो उनका सम्मान करते थे, उनकी प्रशंसा करते थे और उनकी विद्वत्ता, मसीहाई अन्तर्दृष्टि, मानवीयता, विनम्रता, विनोदप्रियता तथा व्यक्तिगत और राजनीतिक विपत्तियों-विपरीतताओं के बावजूद आत्म-संयमी साहस के लिए उनके प्रति श्रद्धा रखते थे।

अपनी इच्छा के विपरीत आचार्य नरेन्द्र देव को कांग्रेस छोड़नी पड़ी। किन्तु एक बार उनके साथियों (कॉमरेडों) ने यह निर्णय ले लिया तो उन्होंने उनका नेतृत्व किया और सैद्धान्तिक राजनीति पर आधारित समाजवादी आन्दोलन को धीरे-धीरे आगे बढ़ाने की कोशिश की। बाद के संगठनात्मक समझौते और उनके कुछ शीर्ष साथियों (कॉमरेडों) के बीच की कहा-सुनी, जिसकी परिणति उनकी पार्टी की टूट में हुई, सांघातिक आघात सिद्ध हुई जिसने उनके प्राण ही ले लिये।

इसमें कोई सन्देह नहीं है कि नरेन्द्र देव यदि कांग्रेस में रह गए होते तो इस पार्टी को अपनी राजनीति समझौतों, ढुलमुलपन और स्वार्थपरायणता पर आधारित नहीं होने देने में महत्त्वपूर्ण भूमिका निभाहते। सामाजिक बदलाव लाने के लिए जो

आखिरी साधन उन्होंने चुना उसे उनके तत्कालीन सहकर्मियों ने विफल—व्यर्थ कर दिया। इस तरह से भारतीय राजनीति में उनकी जगह के अनुरूप, स्वातंत्र्योत्तर भारत में, जो रचनात्मक भूमिका वे निभा सकते थे उससे उन्हें वंचित कर दिया गया।

उनकी मूलभूत शोकांतिका यह थी कि मार्क्सवादी विचारधारा के बावजूद, उनके राजनीतिक अभिगम की मानवीयता न तो उन्हें निष्ठुर बनने की इजाजत देती थी, न उन राजनीतिक संगठनों को मुट्ठी में करने की, जिसने उन्हें प्रभावी राजनीतिक नेतृत्व से रोक दिया।

जिस उद्देश्य पर वह दृढ़ रहे, जिसके लिये काम किया और जान दी वह अभी भी अप्राप्त है। और विरोधाभासी विचारधाराओं के बीच उनके दर्शन और उनके कौशल का, भारतीय परिस्थितियों में आज भी कोई सानी नहीं है। वे आज भी भारत के जनतांत्रिक समाजवादियों के सर्वोत्तम पथ-दर्शक हैं।

(28 अक्तूबर, 1971)

संयुक्त राष्ट्रसंघ में चीन का प्रवेश

संयुक्त राष्ट्र संघ में चीन का प्रवेश एक अत्यन्त महत्त्वपूर्ण घटना है और इसका स्वागत वे सभी लोग करेंगे जो विश्व में, विशेषकर एशिया में, शान्ति और स्थिरता चाहते हैं।

संयुक्त राष्ट्र जो अपनी नकारात्मक और अनुदार नीति के कारण चीन के प्रवेश का लगातार विरोध करता रहा है, 750 मिलियन लोगों के प्रतिनिधित्व को विश्व-मंच में शामिल न करके शान्ति के पक्ष की सहायता नहीं कर रहा है। चीन के प्रवेश से संयुक्त राष्ट्र और भी प्रातिनिधिक संस्था बन गया है और शान्ति के लिए अधिक सकारात्मक कारक बनकर उभर सकता है।

आशा की जाती है कि चीन, जिसने इधर अन्तरराष्ट्रीय समस्याओं के प्रति अधिक जिम्मेदार रुख अख्तियार किया है और बहुत सारे देशों से अपने रिश्ते बनाने और बढ़ाने की कोशिश की है। संयुक्त राष्ट्र में प्रवेश के बाद इस दिशा में और आगे बढ़ेगा।

चीन की सदस्यता से इस विश्व-संस्था की न सिर्फ अधिक साख और हैसियत बढ़ेगी बल्कि अन्तरराष्ट्रीय विवादास्पद मुद्दों को सुलझाने का असली मंच बन जाएगा। संयुक्त राष्ट्र के पीठ-पीछे विश्व की समस्याओं पर विचार-विमर्श का दो महाशक्तियों का अभ्यास चीनी प्रभाव में छूट जाएगा। संयुक्त राष्ट्र लोगों के संघर्षों तथा आशाओं का केन्द्रबिन्दु और आईना बन जाएगा।

यूएन में चीन के प्रवेश ने संयुक्त राष्ट्र के 'दो चीन' वाले सिद्धान्त को सदा के लिए समाप्त कर दिया है। भारत-चीन समस्या और दक्षिण-पूर्व एशिया में शान्ति के उदय के लिए चीन अब अधिक सार्थक भूमिका निभाएगा।

भारत, जिसने चीन की यूएन में उचित अधिकारपूर्ण जगह की माँग का सदैव समर्थन किया है। इसके प्रवेश का स्वागत करता है और आशा करता है कि भारतीय उप-महादेश के प्रति अधिक सकारात्मक रवैया अपनाएगा। इस्लामाबाद के सैन्य शासन का समर्थन इसे अवश्य ही वापस ले लेना चाहिए, जो बांग्लादेश के मुक्ति-संग्राम को अद्वितीय बहशियाना तरीके से कुचलने में लगा है।

इस सन्दर्भ में, भारत-चीन सम्बन्धों का सामान्यीकरण इस क्षेत्र की शान्ति के लिए बहुत महत्त्वपूर्ण हो गया है। आपसी विवादों को सुलझाने के लिए बेहतर वातावरण बनाने की विकलता दोनों ही तरफ होनी चाहिए। यूएन की सदस्यता के बाद चीन भारतीय उप महाद्वीप में शान्ति की समस्याओं के प्रति सकारात्मक रुख अपनाएगा, ऐसी हमारी आशा है।

(4 नवम्बर, 1971)

जवाहरलाल नेहरू

जवाहरलाल नेहरू का अवदान बहुमुखी रहा है। वे स्वतंत्रता-संग्रामी और राष्ट्र-निर्माता थे। उनके जीवन का लक्ष्य भारत को उस सबसे निजात दिलाना था जो हमारे राष्ट्रीय जीवन में अपमानजनक, फूहड़ और अवमाननापूर्ण था। वे स्वतंत्रता-संग्राम में इसलिए कूद पड़े, क्योंकि किसी भी रूप में उपनिवेशवाद की अवधारणा उनके भीतर विद्रोह का भाव जगाती थी। वे इसे मानवीय गरिमा पर आघात समझते थे। यह मनोवृत्ति अभिग्रहण नहीं बल्कि उनका गुण-धर्म थी, जो उनके पूरे जीवन में उनके सोच तथा कार्यों में यह प्रतिबिम्बित होती रही।

सत्ता-पुरुष के रूप में उन्होंने यह सुख गरिमा के साथ भोगा। भ्रष्ट करने वाले प्रभावों और सुपरिचित क्षुद्र बुद्धि, सामान्य योग्यता के लोग जिसके सहज शिकार बन जाते हैं, से उन्होंने अपने को सफलतापूर्वक अलग रखा। वाजिब आलोचना को पसन्द करने की और अपेक्षया अपने अत्यन्त कनिष्ठ सहकर्मियों के तीखे आक्रमणों को भी हँसकर झेल जाने की उदारता उनमें थी। उनके देखे यह व्यक्तिगत भंगिमा नहीं बल्कि संसदीय लोकतंत्र के खेल का एक हिस्सा था। इस पद्धति की सीमाओं के बारे में वे सचेत थे और ऐसा कहते भी थे, किन्तु धर्म निरपेक्ष लोकतांत्रिक भारत की मजबूत नींव रखने के लिए उन्होंने अपनी सम्पूर्ण सामर्थ्य लगा दी। वे जनता से प्रेरणा ग्रहण करते थे तथा उसके फैसले और प्रयोजन की ईमानदारी पर उन्हें भरोसा था। प्रारम्भिक पराजयों को वे अपरिहार्य कठिनाइयों के रूप में लेते थे और उनके चयनित पथ से उन्हें कुछ भी डिगा नहीं सकता था।

पारम्परिक समाज से आधुनिक भारत के लिए कोई शॉर्ट कट (छोटी राह) नहीं था और इस कठिन यात्रा में वे अपने सहकर्मियों पर निर्भर रहे, जो उस विश्वास के योग्य अपने को शायद ही सिद्ध कर पाए और इस कठिन अनुभव ने सदा के आशावादी नेहरू को जब-तब अत्यन्त दुर्बल व्यक्ति बना दिया। किन्तु उनके लिए बाजी में कभी भी हार नहीं थी और अपने जीवन के आखिरी दिनों तक वे इस राष्ट्र के भाग्य को फिर से गढ़ने के अन्तिम लक्ष्य तक की यात्रा में आवश्यक परिवर्तन करने के प्रयत्नों में लगे रहे।

जवाहरलाल में असीम आत्मविश्वास था तथा दृढ़ संकल्पशक्ति थी। कठिनतम परिस्थितियों में भी वे हिम्मत नहीं हारते थे और अपने सिद्धान्तों पर अड़े रहते थे। विश्व-राजनीति में वे सभी विकासशील देशों एवं अपने स्वतंत्रता-संघर्ष में लगे लोगों के लिए शक्ति और प्रेरणा के स्रोत थे। प्रभावशाली शक्ति-केन्द्रों से उन्होंने अपने को कभी प्रभावित नहीं होने दिया। इसने उन्हें अन्तरराष्ट्रीय बिरादरी में प्रतिष्ठा और विशिष्ट स्थान दिलाया। विवेक, स्वतंत्रता, शान्ति और मानव समुदाय के भाईचारे की आवाज सुनने के लिए सारी दुनिया के लोग उनकी ओर देखते थे। जहाँ कहीं भी, जो भी अच्छा था उसे उन्होंने आत्मसात किया, किन्तु अपने भारत की गौरवपूर्ण परम्पराओं से अपने को सदैव गहरे रूप से संबद्ध रखा। हमारे जीवन में रूढ़िवाद और अन्धविश्वास को उन्होंने सदैव तिरस्कृत किया किन्तु विश्व के विभिन्न मंचों पर अपने आचरण से और अपने लेखन से भारत को नई छवि की चमक दी।

भारत के इस महान् सपूत को राष्ट्र सदैव प्यार और कृतज्ञता के साथ याद रखेगा।

(11 नवम्बर, 1971)

प्रधानमंत्री का मिशन

अपनी तीन सप्ताह की विदेश-यात्रा से प्रधानमंत्री लौट आई हैं। यह अनुपस्थिति का एक लम्बा समय था, खासकर के पाकिस्तान की सैनिक जनता द्वारा 'भारत को कुचल देने' की धमकी के सन्दर्भ में देखते हुए।

भारत ने क्या पाया? इस प्रश्न का उत्तर इस पूर्व प्रश्न में है कि इस यात्रा के पीछे प्रधानमंत्री के उद्देश्य क्या थे? क्या यह बांग्लादेश के शरणार्थियों को खिलाने के लिए अमीर देशों से आर्थिक मदद पाने के लिए की गई यात्रा थी? कुछ पश्चिमी अखबारों ने प्रधानमंत्री की यात्रा को 'भिक्षाटन मिशन' के रूप में देखा। ऐसी व्याख्याओं पर प्रभावशाली रोक तब लग गई जब उन देशों में से एक, जहाँ की यात्रा पर वे थीं, की पहली प्रेस-मीटिंग में श्रीमती गांधी ने यह स्पष्ट कर दिया कि भारत के लोग चाहे जितने भी गरीब हों, वे बांग्लादेशी शरणार्थियों की बाढ़ से उपजी आर्थिक समस्याओं के समाधान के लिए सक्षम और आश्वस्त हैं।

अब पश्चिमी प्रेस में एक स्पष्ट परिवर्तन देखा जा सकता था। लोग विस्मित थे कि ऐसे गम्भीर आर्थिक बोझ के बावजूद भारतीय प्रधानमंत्री ने पूर्ण आत्मविश्वास दिखलाया। जबकि यह नहीं कहा गया था कि कोई सहायता वे स्वीकार करेंगी ही नहीं, यह बात बल देकर कही गई थी कि इस कठिन घड़ी में उनकी विदेश-यात्रा का उद्देश्य आर्थिक सहायता माँगना नहीं है।

तो क्या व्यक्तिगत बातचीत के जरिए पश्चिम के शक्तिशाली राष्ट्राध्यक्षों को भारत-पाकिस्तान को आमने-सामने करके समझौता कराने को राजी करना था? फिर से उत्तर है—'नहीं'। सिर्फ इतने भर हो कि एक देश का प्रधानमंत्री दूसरे के पास व्यक्तिगत यात्रा पर जाता है, सरकारें अपनी स्थिति नहीं बदल देतीं। संचार के अत्यन्त कुशल एवं त्वरित माध्यमों के इस युग में कोई एक व्यक्ति ज्यादा तथ्य और तर्क दूसरे राष्ट्र-प्रमुख के सम्मुख नहीं रख सकता। व्यक्तिगत सम्बन्ध भी महत्त्वपूर्ण है इसमें सन्देह नहीं, किन्तु इनसे विदेशी सरकारों को उनकी विदेश-नीति में किसी तात्कालिक और क्रान्तिकारी परिवर्तन के लिए तैयार नहीं किया जा सकता।

ऐसी यात्राओं का वास्तविक उद्देश्य विश्व जनमत को जानकारी देना, समस्याओं को सही परिप्रेक्ष्य में रखना और उनकी तात्कालिकता और गम्भीरता पर प्रकाश डालना है। श्रीमती गांधी की कोशिश इस बात पर बल देने की रही है कि बांग्लादेश-समस्या भारत-पाक सम्बन्धों का एक रूप या पहलू नहीं है। बड़े पैमाने पर शरणार्थियों का आना, भारत सरकार और यहाँ की जनता के प्रसन्न आमंत्रण पर नहीं हुआ है। जनतांत्रिक ढंग से चुने गए बांग्लादेश के प्रतिनिधियों को उनके स्वशासन के अधिकार से पाकिस्तानी सैन्य जनता का इन्कार इसका मुख्य कारण है।

पाकिस्तान की कथित अन्दरूनी समस्याओं ने भारत के लोगों पर भारी आर्थिक, सामाजिक और राजनीतिक बोझ डाल दिया है। यदि भारत के लाखों शरणार्थियों को शरण दी है तो ऐसा मानव-मूल्यों, धर्मनिरपेक्ष सिद्धान्तों के प्रति उसके आग्रह और जनतांत्रिक संस्थाओं के प्रति उसकी गहरी आस्था के कारण है।

प्रधानमंत्री ने पश्चिम के नेताओं के सामने यह स्पष्ट करके ठीक किया है कि भारत आर्थिक बोझ की वजह से उतना चिन्तित नहीं है जितना उन सामाजिक-राजनीतिक तनावों को लेकर जो देश में पैदा हो जाएँगे, यदि भारत में रह रहे 60 लाख शरणार्थी बांग्लादेश के अपने घरों तक नहीं लौट पाते हैं। इसका सिर्फ एक ही समाधान है कि पाकिस्तान की सैन्य जनता को बांग्लादेश के लोगों की इच्छा का सम्मान करने को बाध्य किया जाए। जैसी दृढ़ता और मानव-मूल्यों के प्रति जैसा विश्वास नेतृत्व ने दिखलाया है तथा भारत के लोगों ने जिस धैर्य और संयम का परिचय दिया है, आशा की जानी चाहिए कि सरकार कुछ आवश्यक कदमों से पीछे नहीं हटेगी।

(18 नवम्बर, 1971)

भिड़ंत की जरूरत

वर्तमान वातावरण अपवादिक रूप में तनावपूर्ण है। हमारे राष्ट्रीय क्षितिज पर युद्ध के अनिष्ट-सूचक बादल मँडरा रहे हैं। शरणार्थियों का लगातार आता सैलाब, हमारी सरहदों पर बन्दूकों की लगातार धायँ-धायँ, बांग्लादेश से आतंक और क्रूरता की कथाएँ और लोगों की दिल दहलाने वाली सहनशीलता और धैर्य परिस्थिति की गम्भीरता को बढ़ा रहे हैं। युद्ध के आसन्न खतरे का सामना करने के लिए राष्ट्रीय तैयारी की बात हर जबान पर है। राजनेताओं के उपदेश हर दिन का मामला हैं। हमारे जवानों का मनोबल बहुत ऊँचा है। सीमा-क्षेत्रों में हमारे लोगों का साहस और आत्मविश्वास अनुकरणीय है। किन्तु उनके व्यवहार और कार्यशैली में ऐसी किसी सजगता के लक्षण नहीं दिखते जो हमारे नागर जीवन में महत्त्व रखते हैं।

उत्पादन के मोर्चे पर हमारा निष्पादन नितान्त असन्तोषप्रद है। लगभग सारी फसलों के कृषि-उत्पादन में हम पिछड़ गए हैं। अनाज-भंडार की स्थिति अवश्य थोड़ी सन्तोषजनक है। औद्योगिक निष्क्रियता आ गई है और धीरे-धीरे कुल उत्पादन-गति में गिरावट आ रही है। 'बड़े' औद्योगिक घराने अपनी औद्योगिक क्षमता का उपयोग करने से कतरा रहे हैं, कारण वे ही जानें। सरकार उन्हें अभिप्रेरित करने में सक्षम नहीं है न यह उन पर अच्छे व्यवहार के लिए दबाव डाल सकती है। कराधान के उपाय और राजस्व नीति ने संसाधनों को कार्यप्रवृत्त करने में शायद ही कोई फायदा पहुँचाया है। कीमतों की कुंडली पर कोई अंकुश नहीं है और वेतन-भोगी कठिन समय से गुजर रहे हैं। इनके परिणामस्वरूप श्रमिक-असन्तोष और औद्योगिक विवाद हर दिन की घटनाएँ हैं। नशाबन्दी और हड़ताल उत्पादन में रुकावट डालते जा रहे हैं। इस अधिभारित वातावरण के बावजूद, इन हानिकर प्रवृत्तियों को रोकने के लिए कुछ नहीं किया गया है।

इस चुनौती का सामना करने के लिए बढ़ती माँग, हमारे संसाधनों पर बढ़ते दबाव, विनाश और बर्बादी के साथ झोलदार उत्पादन, जो हर युद्ध अपने साथ लाता है, राष्ट्र को इस आपातकाल से जूझने के लिए कमर कसना होगा। किन्तु जिम्मेदार लोगों में ऐसा बोध नहीं दिखता। फिजूलखर्ची जारी है। भारी मुनाफे कमाने का लोभ बढ़ता ही चला जा रहा है। और दूसरी ओर मेहनतकश लोग दो जून की रोटी के लिए संघर्ष कर रहे हैं। काला धन एक समानांतर अर्थ-व्यवस्था चला रहा है। प्रशासन तंत्र लकवाग्रस्त और अप्रभावी है, इस कठिन घड़ी में भी।

जो लोग ऊँची जगहों पर हैं उन्हें नई राह बनाने का दायित्व अपने ऊपर लेना होगा। केवल नारों या मौखिक आश्वासनों से नहीं, अपितु वास्तविक व्यवहार से उन्हें लोगों को समझाना होगा कि उनके उपदेश खुद के अंगीकरण के लिए हैं। प्रधानमंत्री ने अपने जन्मदिन पर भड़कीले आयोजन से इन्कार करके अच्छा संकेत दिया है।

किन्तु इस संकेत को हमारी जन–नीतियों में पूर्वाभिमुखीकरण के रूप में उतारना होगा। कठिन फैसले लेने होंगे। हर सम्भव तरीके से उत्पादन और वितरण में अनुशासन लागू करना होगा।

(25 नवम्बर, 1971)

कांग्रेस और समाजवादी

समाजवाद के लिए संघर्ष को सख्त और कठिन होना ही है। वर्तमान सामाजिक ढाँचे को पुनर्गठित करने के प्रयास में हानि पहुँचाने वाली शक्तियों के विरोध को सहना होगा। कोई निर्विघ्न राह नहीं है और समाजवादी ताकतें तभी विजयी बनकर निकल सकती हैं जब वे कार्यरत सामाजिक शक्तियों और ऐसे संघर्ष में उनकी भूमिका के विषय में सुस्पष्ट धारणा रखकर संघर्ष के संगत मार्ग पर चलती चलें। रणनीतिक समझौते करने होंगे किन्तु राजनीतिक गतिविधि पर व्यक्तिगत आग्रहों को हावी नहीं होने देना चाहिए।

तेजी से बदल रही परिस्थिति में यह अधिक आवश्यक है कि उन मुद्दों को सुनिश्चित किया जाए जो आन्दोलन के केन्द्रबिन्दु हैं। इसके बराबर, या कुछ अधिक ही महत्त्व की बात यह है कि उन शक्तियों की पहचान हम करें जिनके साथ मिलकर हमें चलना है। सुसंगत आन्दोलन का उभार मुख्यतः इन्हीं कारकों पर आधारित होगा। किन्तु अपनायी गई राह और गति भी आन्दोलन की सफलता अथवा असफलता में योग देगी।

आम जनता के हक में बदलाव के आश्वासन ने देश को एक नया मनोविज्ञान दिया। लोगों ने अपना सर्वोत्तम देकर कांग्रेस पार्टी को प्रचंड बहुमत से सत्ता में लौटा दिया। वर्तमान सामाजिक व्यवस्था के शीघ्र परिवर्तन के पक्ष में उन्होंने अपनी सुनिश्चित राय व्यक्त की। उनसे किए गए वायदे स्पष्ट थे और दिए गए आश्वासन तो और भी स्पष्ट थे। किन्तु निष्पादन ठहराव–भरा और ढुलमुल बना रहा। हड़बड़ी के जोखिम को नजर–अन्दाज नहीं किया जा सकता किन्तु विलम्ब के खतरे से भी इन्कार नहीं हो सकता।

कांग्रेस के समाजवादियों के समक्ष विचित्र अवसर था। यह समय था जब वस्तुगत तथ्यों का ध्यान रखकर उस कार्यक्रम के कार्यान्वयन के लिए संयुक्त अभियान चलाना चाहिए था, जिसकी वकालत उन्होंने की थी। किन्तु इस अनुकूल अवसर पर भी पेंच–पाँच, जोड़–तोड़ तथा गुट्टबाजों के मूल प्रवृत्ति हावी हो गई तथा सामूहिक प्रयत्नों को आसानी से भुला दिया गया। कांग्रेसी समाजवादियों से लोग यह आशा लगाए थे कि वे नीति–निर्धारण की प्रक्रिया और उसके कार्यान्वयन में घुस आई विकृतियों को

सुधारेंगे, किन्तु उनमें से कई अपने सहकर्मियों को ही बदनाम करने में लग गए ताकि राज्य-शक्ति के तंत्र पर कब्जा कर सकें। अपनी सही राह से भटक कर वे उनके सहापराधी हो गए, जो निश्चित तौर पर किसी भी प्रकार के समाजवादी विकास के खिलाफ थे।

यदि वैज्ञानिक समाजवाद राजनीति के प्रति मार्क्सवादी प्रवेश (मार्ग) है तो इस पर कोई मतभेद नहीं हो सकता। भारतीय परिस्थितियों में, जहाँ संसदीय ढाँचे में समाजवाद को लाने के प्रयत्न हो रहे हैं, मार्क्सवाद अभी भी प्रासंगिक है। किन्तु वैज्ञानिक समाजवाद के नाम पर कांग्रेस, बदनाम, अधिपुरुषों (बॉसों) को या असंगत विचारधारा को समर्थन देने की इजाजत नहीं दे सकती।

जिम्मेदार लोगों ने ऐसी नकारात्मक प्रवृत्तियों की ओर सही इशारा किया है और समाजवादियों को कांग्रेस द्वारा स्वीकृत जनतांत्रिक समाजवाद के साथ दृढ़निश्चय से जुड़ जाना चाहिए।

कांग्रेस एक विशाल जन-संगठन है। और एक संकुचित मतांध समूह (ग्रुप) इसे सर्वसत्तात्प ढाँचे में ढालने के तोड़-जोड़ वाले उपक्रम में सफल नहीं हो सकता। ऐसी कोशिशें विगत में विफल की जा चुकी हैं और आज भी वे नाकाम होंगी। जो ऐसे तरीके अपनाते हैं उन्हें अपने महान् संगठन के स्वभाव, परम्पराओं और प्रतिमानों का पता नहीं है। अधिक से अधिक वे कुछ पद जुगाड़ ले सकते हैं।

समाजवादी कार्यक्रमों की गति और कार्यान्वयन की दिशा को लेकर वास्तविक मतभेद हो सकते हैं, किन्तु विचारधारा की आत्मा को तोड़ने-मरोड़ने की अनुमति नहीं दी जा सकती। अतएव कांग्रेस समाजवादियों को संकीर्ण मतांधता से ऊपर उठना चाहिए। केवल तभी वे अब भी, पूर्व की तरह, कांग्रेस के समाजवादी कार्यकर्ताओं के पथ-दर्शक मित्र और दार्शनिक बने रह सकते हैं।

(2 दिसम्बर, 1971)

गौरव की घड़ी : चुनौती के दिन

यंग इंडियन ने एक साल पूरा कर लिया है; गहन असमंजस और उत्साहपूर्ण गतिविधियों से भरा एक साल। दिसम्बर, 1970 के दूसरे सप्ताह में इसका पहला अंक प्रकाशित हुआ था। *यंग इंडियन* के प्रकाशन का विचार इस अनुभूति से आया कि ''हमारा देश विक्षुब्धता की स्थिति में भी भारतीय जन, विशेषकर युवा सजग हो रहे हैं और परिवर्तन चाह रहे हैं—स्वस्थ, गतिशील और न्यायसंगत समाज के लिए परिवर्तन, जो उनके द्वारा सँजोये सपनों को साकार करेगा। 'परिवर्तन की चुनौती' जन और जन-नेताओं, दोनों के सम्मुख समान रूप से है। टाल-मटोल, अपसरण या

बहानेबाजी से इससे बचा नहीं जा सकता। *यंग इंडियन* ने 'एक विचारधारा और एक आन्दोलन का प्रतिनिधित्व करने और हमारे समाज के सभी वर्गों, विशेषकर युवाओं के विचारों और आकांक्षाओं को स्वर देने के प्रयास,' का निश्चय किया।''

वर्ष भर की घटनाओं ने हमारी समझ को सही सिद्ध किया, और अपनी सारी सीमाओं के बावजूद 'यंग इंडियन' केवल अस्तित्व के लिए जूझता नहीं रहा बल्कि समर्पण-भाव के साथ अपने संकल्पों की पूर्ति में सोत्साह लगा रहा। बाधाएँ अनेक थीं और कठिनाइयाँ बेशुमार। किन्तु इसके शुभचिन्तकों की सद्इच्छा और समर्थन ने इसे चलते जाने में सहायता दी।

स्थापना के समय से ही *यंग इंडियन* को तेजी से बदलते राष्ट्रीय जीवन के परिदृश्य के साथ सामंजस्यपूर्ण गति बनाए रखनी थी। 1970 का साल बीतते-बीतते लोकसभा नाटकीय रूप से भंग हो गई। अनिश्चय-भरे बीमारू माहौल से उबरने के लिए नया जनादेश प्राप्त करने का निश्चय किया गया।

यह साहसिक फैसला और एक नपा-तुला राजनीतिक जोखिम था, जो कि परिवर्तन की राजनीति का सत्त्व है। यह जनता की समझ तथा जनतांत्रिक संस्थाओं की शक्ति के प्रति विश्वास की अभिव्यक्ति भी था। और सबसे ज्यादा, यह राजनीतिक नेतृत्व के आत्मविश्वास और दृढ़निश्चय की अभिव्यक्ति था। इसके परिणामस्वरूप विपक्षी दलों में गठजोड़ की आपाधापी मच गई। यथास्थितिवादी सारी ताकतें एकजुट हो गईं। चरित्र-हनन का एक अभियान शुरू हुआ। गाली-गलौज की कोशिशें हुईं। किन्तु सारी साजिशें बेकार गईं।

निर्धारण सही साबित हुआ। जनता ने राजनीतिक परिपक्वता दिखाई और हमारी जनतांत्रिक पद्धति ने अपनी शक्ति को स्थापित किया। जनता ने परिवर्तन, अपने हक में परिवर्तन के लिए मत दिया। हमारी संसदीय पद्धति के भविष्य को लेकर उठते संशय मिट गए। श्रीमती इन्दिरा गांधी का नेतृत्व विशिष्ट और अप्राश्नेय बनकर उभरा।

चुनाव-परिणामों ने जनता में नई आशा जगायी। उनकी उम्मीदें बढ़ गईं, आकांक्षाएँ जग गईं। यह आगे बढ़ने का अवसर था, जनता से किए गए वायदों को पूरा करने के पुनर्संकल्प के साथ। किन्तु हमारे देश के पूर्वी क्षितिज पर अनिष्टकारी बादल मँडरा रहे थे।

पूर्वी पाकिस्तान में, जो अब स्वतंत्र बांग्लादेश है, जनादेश को हवा में उड़ा दिया गया था और पाकिस्तान के सैन्य गुट ने वहाँ के लोगों की आकांक्षाओं-उम्मीदों को कुचलने की कोशिश की। चुनावी आदेश को क्रूर सैन्यशक्ति से रद्द कर दिया गया। उनके चुने हुए प्रतिनिधियों को सलाखों के पीछे डाल दिया गया। दस लाख से भी ज्यादा लोगों को मौत के घाट उतार दिया गया। जनतांत्रिक संस्थाओं को नष्ट कर दिया गया। मनुष्यता के इतिहास की क्रूरतम पाशविकता, कत्लेआम और दमन को

खुल–खेलने दिया गया। लाखों लोग आनन–फानन में अपने घर छोड़कर हमारे देश में शरणार्थी बन गए।

मानव–इतिहास की यह अभूतपूर्व यातना केवल बांग्लादेश के लोगों का संकट नहीं था, इसने हमारे आर्थिक, सामाजिक और राजनीतिक जीवन पर भी बड़ा दबाव डाला। इस समस्या के राजनीतिक समाधान की अपीलों को अनुसना कर दिया गया। भारत द्वारा व्यग्रता–भरी कोशिशों को गम्भीरता से नहीं लिया गया। हमारी व्यग्रता–भरी कोशिशों को केवल मौखिक सहानुभूति मिली। कुछ भी ठोस उपलब्धि नहीं हुई। भारत के बार–बार के आग्रह को अनसुना कर दिया गया। जनता की इच्छा का सम्मान करने की जगह पाकिस्तान के सत्ता–गुट ने इस संघर्ष को भारत–पाक युद्ध में बदल देने को अधिक सुविधाजनक समझा।

इस अप्रत्याशित विकास ने देश में एक विचित्र स्थिति ला दी। परिवर्तन के सारे वायदे पृष्ठभूमि में ढकेल दिए गए। आम जन के लिए बँधाई आशाएँ दरकिनार कर दी गईं। एक अधिक गम्भीर और तुरन्त समाधान माँगने वाली नई समस्या खड़ी हो गई। तेजी से बिगड़ते हालात से जूझने के लिए सारे संसाधनों को संघटित रूप में उधर मोड़ देना पड़ा। यह हमारा किया नहीं था, किन्तु अवश्यंभावी को झेलना ही था।

बांग्लादेशी लोगों के शौर्यपूर्ण संघर्ष ने गति पकड़ी। जीवन के सारे क्षेत्रों के लोगों के सामने थे रुकावट बनकर खड़े हुए। शिक्षाविदों का मान–मर्दन करते हुए उन्हें विनष्ट कर दिया गया। महिलाओं और बच्चों को कत्ल किया गया। घर जला दिए गए। उनकी सभ्यता और संस्कृति को नष्ट कर देने के प्रयत्न हुए। इन सबके बावजूद सामना कर रहे लोगों के आन्दोलन को सफलताएँ मिलनी शुरू हुईं। इस दिन–दिन बढ़ते जनान्दोलन को सैनिक शासन ने दबाने की कोशिश की। इस प्रयत्न में वे सभ्य मानवीय व्यवहार की सारी सीमाएँ लाँघ गए और प्रयत्न यह किया गया कि बांग्लादेश की पूरी प्रजाति को ही रास्ते से हटा दिया जाए।

इसने एक नया आयाम ग्रहण किया। ऐसी परिस्थिति में भारत अपनी दहलीज पर बैठा, इस त्रासदी का मूक दर्शक नहीं बना रह सकता था। यह नैतिक मूल्य और मानवीय सोच–विचार का सवाल नहीं था, अपितु भारत को ऐसी स्थिति में ढकेल दिया गया कि इस तकलीफजदा मानव–समुदाय को समर्थन देना अत्यावश्यक हो गया। इससे पाकिस्तानी सैन्य शासक उत्तेजित हो गए। युद्ध की धमकियाँ कई बार दुहराई गईं। तनाव बढ़ता गया और अन्ततः दिसम्बर के प्रारम्भ में पाकिस्तान ने सम्पूर्ण आक्रमण का आरम्भ कर दिया, न सिर्फ पूर्वी क्षेत्र में बल्कि पश्चिमी मोर्चे पर भी। इसका परिणाम हुआ एक पूरा–पूरा युद्ध। किन्तु इतिहास में यह करिश्मा दर्ज है कि दो सप्ताह के भीतर बांग्लादेश को मुक्त करा लिया गया।

एक नए राष्ट्र का जन्म हुआ। आज ढाका आजाद देश की आजाद राजधानी है। मानव–जाति के इतिहास में यह पहली घटना थी कि विनाश में फँसे लोगों ने अपने

स्वतंत्रता-संघर्ष में किसी बाहरी देश का बिना शर्त समर्थन पाया। अत्याचार और दमन की शक्तियों को परास्त कर दिया गया। इस नए देश के इतिहास में एक गौरवपूर्ण अध्याय का प्रारम्भ हुआ। छोटे किन्तु जोशीले युद्ध की पराकाष्ठा, एक क्षयमाण मजहबी सत्तावादी समाज की राख से एक धर्मनिरपेक्ष एवं जनतांत्रिक देश के उदय में हुई। इन्सानी कोशिश में इसने एक नया गौरवपूर्ण अध्याय जोड़ दिया है जहाँ अच्छाई की ताकतों की जीत के लिए बुराई की ताकतों को हराने की कोशिश की गई है।

इस तरह से बांग्लादेश के अभ्युदय ने एक नया इतिहास सिरजा है। बांग्लादेश के युवजन को, जो 'मुक्ति वाहिनी' के योद्धा थे, और भारतीय वायुसेना, नौसेना, थल-सेना तथा सीमा सुरक्षा बल को मानवीय गरिमा, सम्मान और स्वतंत्रता की रक्षा के लिए की गई कुर्बानी के लिए इतिहास में पूरे अभिमान के साथ याद किया जाएगा।

भारत के राजनीतिक नेतृत्व ने, विशेषकर प्रधानमंत्री के, अपने को एक नई दुनिया के अग्रदूत के रूप में स्थापित किया है। ऐसी दुनिया जहाँ क्रूर सैन्य शासन की शक्ति से इन्सान दबाया या सताया नहीं जाएगा, अपितु स्वतंत्रता, सद्भाव और आपसी सहयोग की दीपशिखा की रोशनी मानव जाति को भविष्य की राह दिखाएगी।

इसने प्रधानमंत्री को नई ऊँचाई दी है और भारत को विश्व-राजनीति में नया स्थान दिया है। यह बात भी एकदम साफ हो गई है कि स्पष्टवादिता, साहस, सहनशीलता तथा खतरे उठाने के मूल गुण से जुड़ी उत्सर्ग की भावना करिश्मा कर सकती है। इन गुणोंवाली नेतृत्व, देश के समक्ष खड़ी चुनौतियों का सामना करने के लिए उठ खड़े होने को जनता को प्रेरित कर सकती है और उनमें बड़ी से बड़ी कुर्बानी देने का भाव भरा जा सकता है।

विजय की घड़ी में प्रधानमंत्री ने अनुकरणीय संयम तथा बड़प्पन दिखलाया है। युद्धबन्दी की एकतरफा घोषणा, निरर्थक रक्तपात के खिलाफ एक नैतिक कदम थी। क्षेत्रीय लाभ के लिए विजय के इन्कार की भारतीय मंशा का यह एक प्रमाण था।

यह इस अर्थ का भी दृढ़कथन था कि चुनौती मिलने पर हम अपनी प्रभुसत्ता की रक्षा कर सकते हैं, किसी भी क्षेत्र के दबावों का हम सामना कर सकते हैं और कठिनतम परिस्थिति में भी संयम बरत सकते हैं। भारत के लिए दबाव की राजनीति पुरानी और अप्रचलित है। न हम ऐसी राजनीति करना चाहते हैं, न इसे सहने को तैयार हैं।

यह एक नई शुरुआत है। युद्ध बरबादी और तबाही लाता है। इससे बचना चाहिए। किन्तु यदि अघटनीय घट जाता है तो इस समय का उपयोग मानवीय उत्सर्ग-भाव को जगाने के लिए किया जाना चाहिए, क्षणिक लाभ के लिए नहीं, बल्कि स्थायी जीवन-मूल्यों और आदर्शों के लिए उत्सर्ग। भारत लड़ा, जीता और ठीक इसी उद्देश्य से लड़ाई रोक दी। हम आशा करें कि जिन देशों को गलतफहमियाँ थीं वे अब हमारी स्थिति को बेहतर समझेंगे और पसन्द करेंगे।

आने वाले दिन और चुनौती-भरे होंगे। यह तो सिर्फ प्रारम्भ है। देश को प्राप्त गौरव छनता हुआ निचली सतह तक पहुँच जाता है। सभी नागरिक, विशेषकर युवा, उत्तेजित हैं। ये और भी तेजस्विता के साथ अपने दावे को व्यक्त करना चाहते हैं। इन परिस्थितियों में यह आवश्यक है कि उनकी आशाकांक्षाओं को गति एवं संकल्प के साथ पूरा किया जाए। आर्थिक विषमताएँ बढ़ रही हैं। आने वाले दिनों में बेरोजगारी की समस्या का और उलझना अवश्यंभावी है। क्षेत्रीय असन्तुलन बढ़ रहा है, परिणामत: तनाव भी बढ़ेंगे ही। राज्यों को अधिक स्वायत्तता की बात को गति मिलेगी। अब तक उपेक्षित छोड़ दिए गए सामाजिक क्षेत्रों की माँगें अधिक शक्तिशाली होंगी।

बदल रही स्थिति का सर्वाधिक दुर्भाग्यपूर्ण और कुरूप पक्ष यह है कि मुट्ठी भर सुविधा सम्पन्न लोग न सिर्फ बीते दिनों से चिपके रहते हैं बल्कि सारी स्थिति को फिर से पुराने-पुराने मुकाम पर पलट देने के लिए एड़ी-चोटी का जोर लगाते हैं। इसका परिणाम आपसी रुखाई और अनबन होता है। इससे बचना चाहिए और इतिहास की इस निर्णायक घड़ी में नेतृत्व को महत्त्वपूर्ण भूमिका निभानी है।

बाहरी दुनिया की परिस्थितियाँ तेजी से बदल रही हैं। नए गठजोड़ बन रहे हैं। दोस्त और दुश्मन की पारम्परिक अवधारणाएँ तेजी से समाप्त हो रही हैं। भारत को एक नई जगह मिली है। यह गर्व करने की जगह तो है, परन्तु कठिन उलझनों से भरी है। धमकियाँ भी विरल नहीं हैं, किन्तु स्पष्ट ही, प्राय: निरर्थक। हमें अपना हौसला बनाए रखना होगा। नीतिगत निर्णय लेने होंगे। हाल के अनुभव नसीहत-भरे हैं। विदेशी सहायता ठुकराई नहीं जा सकती, ठुकराई नहीं जानी चाहिए, किन्तु कई मामलों में, कठिन अवसरों पर, इसके सहारे नहीं रहा जा सकता।

यदि यह समझ आ जाती है तो निवेश की प्राथमिकताओं और खपत की प्रक्रियाओं को नए सिरे से समायोजित करना होगा। विदेश-व्यापार के क्षेत्र में विकल्पों के बारे में सोचना होगा और योजना बनानी होगी। भारत तथा सोवियत संघ के बीच बढ़ती मैत्री को और मजबूती देनी होगी। बांग्लादेश तथा अन्य पड़ोसी देशों के साथ हमारे सम्बन्धों पर विशेष ध्यान देना होगा। अनेक 'मित्रों' के साथ हमारे रिश्तों का पुनर्मूल्यांकन, आने वाले दिनों में, हमारी कार्यसूची में होगा।

आगामी वर्ष में इन्हीं काँटों भरी चुनौतियों का सामना देश को करना है। इन नानाविध समस्याओं पर विभिन्न मत-मतांतरों वाले लोगों के विचारों को एक जगह रखने की कोशिश *यंग इंडियन* ने की है। इन समस्याओं पर ध्यान खींचने और मिल-जुलकर इनके समाधान खोजने के प्रयत्न के लिए यह एक कोशिश है।

यदि बीत रहे साल का अनुभव कोई संकेत है तो हमें यह विश्वास करने का प्रभूत कारण है कि आगामी वर्षों में, राह की सारी दुश्वारियों और बाधाओं को पार करते हुए भारत इच्छित मार्ग पर और तेजी से चलेगा। हम आशा करें कि जिस नेतृत्व

ने देश को इस कठिन समय में विजय-मंच पर ला खड़ा किया है वह निर्धारित लक्ष्य तक ले जाने के लिए देश को मार्गदर्शन कराता रहेगा।

(वार्षिकांक, दिसम्बर, 1971)

मेघाच्छन्न आकाश में तड़ित-रेख

1971 का साल बीत गया। बांग्लादेश का कत्ले-आम, पुनः बमबारी से वियतनाम में हत्याएँ, दक्षिण अफ्रीका में नृशंसता, अमेरिका सहित कई देशों में बढ़ती हिंसा, पश्चिम एशिया में बढ़ता तनाव, महाशक्तियों की दखलन्दाजी की धमकियाँ, साम्राज्यवादी ताकतों द्वारा सैन्य शक्ति का नंगा प्रदर्शन और, सबके ऊपर, हमारे देश पर पाकिस्तान का आक्रमण कुछ ऐसी त्रासद घटनाएँ और प्रवृत्तियाँ हैं, जिन्हें आसानी से विस्मृत या उपेक्षित नहीं किया जा सकता।

ये इतिहास के काले धब्बे हैं, किन्तु एक उज्ज्वल पक्ष भी था। बांग्लादेश की मुक्ति, भारत द्वारा एकतरफा युद्ध-विराम की घोषणा, पेरिस में वार्ताओं को फिर से जारी करना, साम्राज्यवाद, नव-उपनिवेशवाद, मानव-समुदाय के दमन-शोषण के खिलाफ बढ़ता प्रतिरोध, निक्सन-प्रशासन द्वारा अपनायी गई दखलन्दाजी की राजनीति के खिलाफ अमेरिका में बढ़ता जनान्दोलन, निक्सन की प्रस्तावित पीकिंग-यात्रा (चाहे गुप्त उद्देश्यों और उनकी भारत-विरोध भंगिमा से ही सही) तथा भारत-सोवियत सन्धि आदि कुछ ऐसी प्रवृत्तियाँ हैं, जो आशाजनक भविष्य का आधार बन सकती हैं।

वर्ष 1972 कई चुनौतियाँ और प्रभूत सम्भावनाएँ लेकर आया। बांग्लादेश अब एक स्वतंत्र राष्ट्र है। पाकिस्तान ने सत्ता-हस्तांतरण का हताशाजनक, किन्तु जोशीला, ड्रामा देखा। अन्तरण सत्वर था और ऐसी ही तेजी थी पाकिस्तान के नए राष्ट्रपति जुल्फिकार अली भुट्टो की चालों में। सत्ता में आने के बाद जनतंत्र की बहाली नहीं बल्कि उनके पार्टी घोषणा-पत्र में किए गए वायदों को अमल में लाने की तेजी ने इसे मजेदार और नाटकीय बना दिया। तानाशाह (सर्वहारा-वर्ग के तानाशाह नहीं) सामन्ती, अभिजात, पूँजीवादी और नौकरशाही निहित स्वार्थों के समर्थन से पनपते हैं। किन्तु भुट्टो ने इन सबों पर शिकंजा कसकर शुरुआत की है। यह एक नया प्रयोग है। उनका काम करने का ढंग भी विचित्र है। उन्होंने प्रारम्भ तो युद्ध की धमकियों वाली मुद्रा से किया किन्तु एक पखवाड़े के भीतर वे युद्ध के भयानक दुष्परिणामों, भारत और पाकिस्तान, दोनों ही देशों के गरीबों के लिए, की विषय-वस्तु पर आ गए। हम आशा करें कि वे अपने पूर्ववर्तियों की गलतियों से शिक्षा लेंगे और अधिक समझदारी-भरा रास्ता अख्तियार करेंगे। यदि भुट्टो के अभी के बयान

और कार्यों को संकेतक माना जाए, वे पाकिस्तान के लिए बेहतर भविष्य और भारत तथा बांग्लादेश से बेहतर समझ की ओर बढ़ सकते हैं। शेख मुजीबुर्रहमान को मुक्त कर देने की उनकी कराची की जनसभा में की गई नाटकीय घोषणा कई अर्थों में ऐतिहासिक है।

बांग्लादेश का आगाज अच्छा है। वेतन पर पाबन्दी, जूट एवं चाय-उद्योग का राष्ट्रीयकरण आदि सही दिशा में उठाए गए कदम हैं। जब वे अपने प्रशासन-तंत्र को ठीक से गठित कर लेंगे तो बहुत सारी नई चीजों का आना निश्चित है। शेख मुजीब का नेतृत्व उन्हें नई शक्ति और नई प्रेरणा देगा।

भारत की पश्चिमी और पूर्वी सीमाओं पर जो नई गतिविधियाँ हैं, उनके कारण भारतीय नेतृत्व के कंधों पर नई जिम्मेदारियाँ बढ़नी ही हैं। सामान्य रूप से पश्चिम पाकिस्तान के उपनिवेशवाद और विशेष रूप से 22 पाकिस्तानी इजारेदार घरानों के शोषण से मुक्ति के लिए बांग्लादेश के राष्ट्रवादी संघर्ष को जब भारतीय लोगों और इसकी शक्तियों ने भरपूर समर्थन दिया तो भारत में बड़े उद्योगपतियों को निर्धन और असहाय करोड़ों उपभोक्ताओं को चंगुल में रखने की अनुमति देने का कोई सवाल नहीं होना चाहिए। पूर्ण परिवर्तनवादी और प्रगतिशील आर्थिक नीतियों के अंगीकरण में अब और देर नहीं की जा सकती।

(13 जनवरी, 1972)

कठिन दौर

तेजी से बदल रहे राजनीतिक परिदृश्य ने लोगों को अत्यन्त आशावादी और कुछ नाटकीय घटित होने के लिए प्रतीक्षारत बना दिया है। पिछले चार वर्षों में घटनाओं ने ऐसे मोड़ लिये हैं कि सारी ज्योतिषीय भविष्यवाणियाँ गलत सिद्ध हुई हैं। धर्मान्धता, फूट और घृणा पर आधारित राजनीति को बांग्लादेश के सम्प्रभुतासम्पन्न राज्य के रूप में उदय ने गहरा झटका दिया है। यह निर्विवाद रूप से सिद्ध हो गया है कि सामाजिक-राजनीतिक समस्याओं के प्रति जन-धारणा के निर्धारण में धर्म निर्देशक तत्त्व नहीं हो सकता। आर्थिक इच्छाओं, भाषायी समस्याओं और सांस्कृतिक प्रश्नों का कहीं अधिक गहरा प्रभाव होता है। इन समस्याओं की अनदेखी के घातक परिणाम हो सकते हैं और इसके परिणामस्वरूप ऐसी क्रान्तियाँ हो सकती हैं जो तंत्र को ही बैठा दें।

हाल की जीत ने हम पर अतिरिक्त दायित्व डाल दिया है। इसने जनता को, विशेषकर युवाओं में जागृति ला दी है, ताकि समाज में बेहतर स्थान के लिए वे दबाव बना सकें। किसी भी कोने से उन पर पड़ रहे अपमानजनक जीवन जीने की साजिश

की समाप्ति के लिए वे कोई भी कुर्बानी देने को तैयार हैं। भारतीय समाज के सामन्ती रिश्तों के सन्दर्भ में यह सच है। यह विदेश के साथ रिश्ते के सन्दर्भ में भी सच है, जो अपने को विकासशील देशों का भाग्य-विधाता होने का दावा करते हैं। इस प्रकार की जन-चेतना उस सब के खिलाफ विद्रोही भाव को जगाएगी जो दमनात्मक है। यह सहज वृत्ति आज अत्यन्त व्यापक है और समाज के संकल्पवान् पुनर्गठन का यही सही वक्त है और हमारी पुरानी विदेश-नीति के लक्ष्यों के पुनर्निर्धारण का भी। हाल की घटनाओं ने भारत को एक बड़े शक्ति-केन्द्र की दहलीज पर उछाल दिया है। किन्तु राह के नदी-नालों जैसी बाधाओं को पार करना होगा। इनमें से सर्वाधिक महत्त्वपूर्ण है आर्थिक शक्ति अर्जित करना तथा विश्व-राजनीति में शटल-कॉक (चिड़िया) या सैटेलाइट (पिछलगा) की स्थिति को स्वीकार नहीं करने के लिए आवश्यक मानसिकता।

आत्मनिर्भरता पर बल को गति मिलती जा रही है, अंशतः कठिन दिनों में विश्व-शक्तियों द्वारा विदेशी अनुदान के इन्कार के कारण। किन्तु इसके अनुपात में अपने ढंग से काम करने के लिए आवश्यक अनुशासन और चरित्र का अब भी हम में अभाव है। न हमने सादगी से जीना सीखा है, न ही हमने मूल्यवान् मानव-संसाधन, जो नियोजन के अवसरों के अभाव में बेकार पड़ा है, के उपयोग की दिशा में दिखने लायक प्रगति की है। आयातित उपभोक्ता-वस्तुओं के उपयोग में कमी लाने के लिए भी कोई कदम नहीं उठाया गया है, सुस्पष्ट और ऐशो-इशरत भरे उपयोग पर पाबन्दी की बात तो जाने ही दीजिए।

'आयात विकल्प' के नारे को बहाना बनाकर हमारी योजना की प्राथमिकताओं को विकृत होने दिया गया है। विदेशी विनिमय संसाधनों को जुगाने की कोशिशों पर अधि-बीजक (ओभर-इनवॉइसिंग) तथा अल्प-बीजक (अंडर-इनवॉइसिंग) के प्रचुर प्रचलन ने कहर ढाये हैं। जब हम 'आत्म-निर्भरता' की बात करते हैं तो यह आवश्यक है कि अपने लिए स्वतंत्र और स्थायी बाजार बनाने की विशेष चिन्ता करें। विदेशी बाजार के एक समूह पर ध्यान देने के बजाय हमारी दीर्घकालीन नीति विस्तृत बाजार सुनिश्चित करने की होनी चाहिए, ताकि एक देश के साथ राजनीतिक वैर-भाव से हमारी निर्यात-आय खटाई में न पड़ जाए। इस सन्दर्भ में सबसे जरूरी होगी भारतीय उत्पादन के स्तर की एकरूप गुणवत्ता तथा कीमत कम रखने की चौतरफा कोशिश। हमें यह भी देखना होगा कि हमारे आत्म-निर्भरता के लक्ष्य को हासिल करने में विदेशी सहयोग कहीं बाधा तो नहीं डाल रहा है? ये वह कुछ सवाल हैं, जिन पर शीघ्र ध्यान दिया जाना चाहिए यदि हम सचमुच आत्मनिर्भर बनना चाहते हैं।

(20 जनवरी, 1972)

गणतंत्र दिवस : हमें रखनी है बात जरूर

इस सप्ताह भारतीय जन अपने सम्प्रभुतासम्पन्न जनतांत्रिक गणराज्य की 22वीं जयन्ती मनाएँगे। सन् 1950 में इसी दिन हमने भारत के संविधान को आत्मार्पित किया—एक ऐसा दस्तावेज जो देश की हसरतों और प्रेरणाओं को बिम्बित करता है और एक ऐसा ढाँचा जिसके भीतर भारतीय समाज परिचालित होगा। राष्ट्रीय स्वतंत्रता आन्दोलन की आत्मा और निश्चय ने राज्य-नीति के निर्देशक सिद्धान्तों में अभिव्यक्ति पाई। ये सिद्धान्त 'देश के शासन में बुनियादी हैं और राज्य का यह कर्तव्य होगा कि कानून बनाते समय इन सिद्धान्तों को लागू करें'।

निस्सन्देह हमें अपने राष्ट्रीय दिवसों को उपयुक्त तरीके से मनाना चाहिए। इन आयोजनों का राष्ट्रीय स्वाभिमान तथा भारतीय समाज की सुसंगठित और अन्तर्निहित शक्ति को प्रतिबिम्बित करना चाहिए। इस वर्ष हमारे गर्वोन्नत महसूस करने का एक अतिरिक्त कारण है : यह वह भूमिका है जो हमारे देश ने स्वतंत्र बांग्लादेश के अभ्युदय में सहयोग देकर निभाई और इस तरह से पश्चिमी पाकिस्तान द्वारा बांग्लादेश की जनता के औपनिवेशिक, आर्थिक, राजनीतिक और सामाजिक शोषण की समाप्ति हुई। भारत को यह गौरव नौसेना, वायु-सेना और थल-सेना के बहादुर जवानों की असंख्य कुर्बानियों से मिला है। हमारे इतने बन्धुओं को अपना जीवन उत्सर्ग कर देना पड़ा, इसका हमें दु:ख है। किन्तु भविष्य में किसी भी प्रकार की बाहरी चुनौती से प्रतिरक्षा में ये शहीद सदैव सम्पूर्ण राष्ट्र को प्रेरणा देते रहेंगे।

जब इतने महान् भारतीयों ने राजनीतिक स्वतंत्रता दिलाने में अपनी जान की बाजी लगाकर हमें अपनी राष्ट्रीयता पर अभिमान करने का अवसर दिया है, तो यह हमारी अल्पतम जिम्मेदारी है कि उन आदर्शों, दर्शन और मूलभूत उद्देश्यों का सम्मान करें और उन्हें प्रचारित करें जो भारत के जनतांत्रिक गणराज्य को सार्थकता प्रदान करते हैं। जब हम गणतंत्र दिवस मनाते हैं तो हमें सुनिश्चित कार्यों को लागू करने में अपनी उपलब्धियों तथा राज्य-नीतियों के निर्देशक सिद्धान्तों से जुड़े रहने के बारे में सवाल करना चाहिए।

संविधान ने राष्ट्रीय नेतृत्व तथा सरकार पर 'ऐसी सामाजिक व्यवस्था बनाने और उसे संरक्षित करने, जिसमें सामाजिक, आर्थिक और राजनीतिक न्याय राष्ट्रीय जीवन की हर संस्था को प्रमाणित करेगा ताकि जनता के कल्याण की दिशा में प्रगति हो,' की नैतिक जिम्मेदारी डाल दी है। क्या हम शोषण पर आधारित संस्थाओं को समाप्त कर सके हैं?

निर्देशक सिद्धान्तों में से एक था कि 'राज्य, संविधान के प्रारम्भ के दस वर्षों के भीतर, सभी बच्चों को नि:शुल्क एवं अनिवार्य शिक्षा देने की कोशिश करेगा, जब तक कि वे चौदह साल की उम्र के नहीं हो जाते'। 20 से भी ज्यादा वर्षों में क्या हम इस लक्ष्य को पा सके हैं?

यह ठीक है कि निर्देशक सिद्धान्तों को कानून से लागू नहीं करवाया जा सकता। किन्तु किसी राष्ट्र के कार्यों का मूल्यांकन मात्र तकनीकी और कानूनी बिन्दुओं के आधार पर नहीं होता। निःशुल्क एवं सार्वजनिक शिक्षा के 'कालबद्ध' निर्देशक सिद्धान्त के अलावा निर्देशक सिद्धान्त कुछ सुनिश्चित जिम्मेदारियाँ राज्य पर डालता है, ताकि वह देखे कि 'समाज में भौतिक संसाधनों पर अधिकार और नियन्त्रण को इस प्रकार से वितरित किया जाए कि सबों का अधिकाधिक भला हो'। भौतिक संसाधनों में से एक, भूमि, का ही सबों में प्रभावी पुनर्वितरण करने में हम कितने सफल हुए हैं ?

निर्देशक सिद्धान्त यह आशा भी करते हैं कि राज्य अपनी नीतियों को यह विश्वास दिलाने की दिशा देगा कि 'आर्थिक तंत्र के संचालन का परिणाम धन-संचय और उत्पादन-तंत्र का कुपरिणाम सामान्य गिरावट न हो जाए'। पूर्णतः निर्मूल करना तो छोड़िए, क्या हम गिने-चुने लोगों के बीच धन तथा आर्थिक शक्ति के केन्द्रीकरण पर नियन्त्रण भी कर पाए हैं ? यदि ऐसे प्रश्नों का उत्तर सकारात्मक नहीं हो सकता, तो हमें गम्भीरता से उन कारणों की पहचान करनी चाहिए जिन्होंने हमारी विकासात्मक उपलब्धियों को रोक रखा है।

भव्य आयोजनों और उत्सवी माहौल के साथ, भारतीय गणतंत्र के संविधान की आत्मा, राज्य-नीति के निर्देशक सिद्धान्तों को सम्मान देने और उनका अनुपालन करने पर विशेष ध्यान देने का अतिरिक्त संकल्प भी होना चाहिए।

(27 जनवरी, 1972)

चोरगढ़ों से सावधान

उचित ही, हालिया राष्ट्रीय बहसों का मुद्दा जल्दी-से-जल्दी आत्म-निर्भरता प्राप्त करने पर नया बल रहा है। छोटे-से भारत-पाकिस्तान युद्ध के दौरान कई महाशक्तियों के आचरण ने ज्यादा तीव्रता से यह अनुभव कराया कि सहायता देने वाले देशों का साहाय्य राजनीतिक बन्धनों से मुक्त नहीं होता। यह सवाल पूछने के अलावा कि क्या खास तरह की 'विदेशी सहायता' वास्तव में 'सहायता' है, हमें यह भी देखना है कि सुविधा से मिल जाने वाली विदेशी सहायता, अपने देश में संसाधन जुटाने के प्रयत्नों और त्वरित आर्थिक विकास की पूर्वावश्यकता, एक राष्ट्रीय अनुशासन, के प्रयत्नों में हमारी चाल मद्धम करने का बहाना नहीं बन जाती!

अभी कुछ ही सप्ताह पहले यह प्रभाव डाला गया था कि कुछ देशों द्वारा अचानक सहायता रोक देना हमारे लिए छिपा हुआ वरदान सिद्ध हुआ है। यदि बाद में वे सहायता देते भी हैं तो हमें ऐसी सहायता को बेलाग ठुकरा देना चाहिए। किन्तु दिखता है कि

हमारे पूर्व संकल्प के फिर से धुँधलाने के आसार हैं। वर्ल्ड बैंक के अध्यक्ष, मैक्नपारा, जैसे लोगों की यात्राएँ और 'विकास तथा सामाजिक न्याय' के कामों के लिए उनकी सहायता की बातें हमें विदेशी सहायता पर निर्भरता के लिए पूर्व की तरह पुनः नहीं ललचाएँगी, इसका क्या भरोसा?

समाजवादी रूपरेखा के अनुसार भारतीय अर्थ-तंत्र के विकास के लिए राष्ट्र प्रतिबद्ध है। आर्थिक सहायता के किसी प्रस्ताव पर विचार करते समय हमारा मुख्य ध्यान इस बात पर होना चाहिए कि सहायता का प्रस्ताव, प्रत्यक्ष अथवा अप्रत्यक्ष रूप से हमें हमारी घोषित नीतियों और राष्ट्रीय हितों से दूर तो नहीं कर रहा। यह सभी जानते हैं कि अमेरिका द्वारा पीएल-480 के तहत हमारे देश की अनाज देने के बदले में हमें, अनचाहे ही सही, कूले ऋण फंड (कूले लोन फंड) के लिए तैयार होना पड़ा। समझौते की शर्तों के अनुसार यह फंड केवल निजी क्षेत्र की कम्पनियों के लिए उपलब्ध होता है, उसमें भी उनके लिए जिनका अमेरिकी कम्पनियों से सहयोग होता है। हमारे खाद्य-संकट को दूर करने के लिए की गई अनाज की सप्लाई के दाम से स्थापित कूले लोन फंड भारत में स्थापित विदेशी संस्था हो गया है, जिसका काम अमेरिकी निजी बड़े उद्योगों का विस्तार तथा उनके भारतीय प्रतिरूपों के साथ उनके सहयोग को सुधर बनाना है।

वर्ल्ड बैंक के किसी सहायता-प्रस्ताव पर विचार करते समय हमें यह नहीं भूलना चाहिए कि बैंक का स्वभाव भी कुछ राजनीतिक बन्धनों और उसके प्रभावों से मुक्त नहीं है। इसे समझने के लिए सम्भवतः हमें पीछे मुड़कर देखते हुए उस दबाव को याद करना चाहिए जो वर्ल्ड बैंक के विशेषज्ञों ने भारत पर मुद्रा-अवमूल्यन के लिए डाला था। बैंक के विशेषज्ञों द्वारा दी गई सलाह कितनी दुरुस्त थी, यह बात इसी से जानी जा सकती है कि रुपए के अवमूल्यन के जो आकर्षक परिणाम बताये गए थे उनमें से एक भी लाभ हासिल नहीं हुआ। इससे किसी को इनकार नहीं है कि कुछ जटिल क्षेत्रों में भारत को आवश्यक जानकारी और तंत की जरूरत पड़ सकती है। अतएव वाणिज्य के छोटे विपरीत संतुलनों की खाई को पाटने के लिए भारत को कुछ सूत्रों से छोटे समय के उधार की आवश्यकता होगी। किंतु सहायता पाने की संभावना में ऐसा नहीं कि 'माध्यम' ही 'लक्ष्य' का शत्रु बन जाए।

(3 फरवरी, 1972)

राज्यों के लिए एक और मौका

उत्तर प्रदेश, तमिलनाडु, केरल और उड़ीसा को छोड़कर भारत गणराज्य के शेष सभी राज्यों में अपनी विधानसभाओं के लिए सदस्यों का चुनाव करने को मतदान होंगे।

दलीय घेरे के बाहर

यदि कोई यह कहे कि इन चुनावों में प्राय: सभी राज्यों में कांग्रेस पार्टी को बहुमत मिलेगा, तो यह कोई ऐसी भविष्यवाणी नहीं है। सच पूछिए तो विपक्षी पार्टियों के पास खड़े होने लायक कुछ खास है ही नहीं। फिर भी सदस्यों की व्यक्तिगत क्षमता के महत्त्व की अनदेखी नहीं की जा सकती। स्थानीय चुनावों में मतदान का निर्णय सदस्य की व्यक्तिगत सामर्थ्य पर भी उतना ही निर्भर करता है जितना इस पर कि कौन-सी राजनीतिक पार्टी उसका समर्थन कर रही है।

गत वर्ष संसद में कांग्रेस को मिले प्रचंड बहुमत ने देश को स्थिरता दी। और अब यदि राज्यों में भी कांग्रेस पार्टी को सत्ता मिल जाती है तो केन्द्र और राज्य-सरकारों के बीच तालमेल-भरे निर्विघ्न कार्य-संचालन की राह साफ हो जाएगी। विभिन्न आर्थिक कार्यक्रमों को लागू करने में विलम्ब के लिए कांग्रेस के पास कोई बहाना नहीं बच जाएगा।

आजादी के तुरन्त बाद जिस सर्वाधिक महत्त्व के लिए आर्थिक कार्यक्रम प्रारम्भ किया गया था वह भूमि-सुधार का था। प्रारम्भ में कांग्रेस केन्द्र में भी सत्ता में थी और राज्यों में भी। और तब भी अधिकांश राज्यों में भूमि-सुधार प्रभावकारी ढंग से लागू नहीं हो सका। कृषि-योग्य भूमि पर सीलिंग (ऊपरी सीमा) के निर्धारण के लिए विधेयक लाने पर सैद्धांतिक सहमति थी किन्तु यह सीमा इतनी बड़ी कर दी गई कि भूमि के जोत-क्षेत्र (होल्डिंग) का मूल ढाँचा जस-का-तस रह गया। अपनी अतिरिक्त भूमि को हस्तांतरित करने के लिए बड़े भू-स्वामियों को पर्याप्त समय दिया गया। जहाँ कानून बना भी वहाँ इसको लागू करने के गम्भीर प्रयास कभी हुए ही नहीं। जोत-क्षेत्र की अधिकतम सीमा तय करने के लिए कानून बनाने के बारे में जो सच है वही भूमि-सुधार सम्बन्धी अन्य उपायों के सन्दर्भ में भी सच है। ऐसा क्यों हुआ ? यह कोई नहीं कह रहा कि अपनी घोषित नीति के खिलाफ कांग्रेस पार्टी कभी भी जमींदारों या बड़े इजारेदारों के पक्ष में खड़ी हुई। कराची अधिवेशन (1931) से आगे के हर आर्थिक नीति सम्बन्धी दस्तावेज में भूमिहीन मजदूरों के लिए बेहतर अवसर सुलभ कराने की आवश्यकता पर बल दिया जाता रहा है। और फिर भी स्थिति नहीं बदली।

प्रधानमंत्री ने बल देकर कहा कि नई कांग्रेस सरकारों द्वारा भूमि सुधारों को गम्भीरता से लागू किया जाएगा। प्रधानमंत्री तथा कांग्रेस पार्टी नेतृत्व के इस आश्वासन का स्वागत होना चाहिए। किन्तु कोई भोला व्यक्ति ही यह समझेगा कि भूमि-सुधार जैसे प्रगतिशील उपायों को ईमानदारी से लागू करने में प्रधानमंत्री को किसी प्रकार के विरोध का सामना नहीं करना पड़ेगा। हमें थोड़ी प्रतीक्षा करनी होगी और यह देखना होगा कि राज्य-विधायिओं का स्वरूप कैसा होता है। पहले ये जैसी थीं उनसे क्या नई विधानसभाएँ भिन्न होंगी? क्या राज्य-स्तरीय कांग्रेस पार्टी की कमान उनके हाथों में होगी जो मन से समाजवाद में विश्वास करते हैं या उनके हाथों में

जो समाजवाद के चोले को आम जनता को मूर्ख बनाने के लिए अच्छा आवरण समझते हैं?

राज्य-स्तर पर नेतृत्व की प्रगतिशील नीतियों में वास्तविक विश्वास, प्रतिबद्धता और दृढ़ निश्चय के सवाल के साथ यह पूछना भी जरूरी है कि क्या वर्तमान प्रशासकीय व्यवस्था और कर्मचारीगण, जो किसी प्रकार की समाजवादी नीति में विश्वास नहीं करते, कोई परिणाम दे सकेंगे?

(10 फरवरी, 1972)

संसदीय लोकतंत्र का गति-विज्ञान

संसदीय पद्धति सतत विकसित होती रहने वाली पद्धति है। यह देशी सामाजिक-आर्थिक शक्तियों की पारस्परिक क्रिया की बोझिल पद्धति है, विशेषकर एक विकासशील देश में। परम्पराओं और प्रतिमानों को स्थिर होने में समय लगता है। स्थापित प्रतिमानों के अभाव में क्षणस्थायी भावनाएँ हावी होकर सन्तुलन को बिगाड़ देती हैं। कभी-कभी झुकाव असामान्य हो जाता है और इस पद्धति का भविष्य ही मेघाच्छन्न दिखने लगता है। ऐसी परिस्थिति में अत्यन्त सावधानी आवश्यक है।

राजनीतिक पार्टियों को प्रभावी भूमिका निभानी है। उनकी बनावट, चरित्र एवं कार्यविधि इस पद्धति की कार्यशैली को समग्रता में प्रभावित करती है। सैद्धांतिक स्पष्टता, सुनिर्धारित सामाजिक उद्देश्य, सचेत एवं प्रशिक्षित संवर्ग से समृद्ध राजनीतिक पार्टियाँ संसदीय कार्यवाही की योग्यता तथा क्षमता में सहायता देती हैं। यदि राजनीतिक पार्टियाँ पंचमेल जमात के समूह के रूप में अपने को गिरा लेती हैं, जिसका एकमात्र उद्देश्य सत्ता-प्राप्ति और उसे बचाये रखना है, तो गम्भीर तनावों के बोझ तले संसदीय पद्धति ही दरक जाती है। सिद्धान्तहीन राजनीतिक जुटाव का यह स्वाभाविक परिणाम है।

बड़ी संख्या में जन-भागीदारी इस पद्धति की शक्ति है किन्तु यह इसे अनवरत जन-आलोचना के लिए भी अरक्षित छोड़ देता है। बढ़ती जन-जागृति मुख्य मुद्दे को लम्बे समय तक दबाए रखने को एकदम असम्भव बना देती है।

मतदाताओं को रिझाने वाले लोक-लुभावन नारे और कार्यान्वयन में सुविधानुसार टाल-मटोल ऐसे कदम हैं, जो अनजाने में राजनीतिक नेतृत्व को कगार पर पहुँचा देते हैं। जनता का मोहभंग हो जाता है और विद्रोह के लिए उठ खड़े होते हैं, न सिर्फ राजनीति के ऐसे तत्त्वों के खिलाफ बल्कि वे उस मूलभूत आधार को ही उखाड़ देना चाहते हैं, जिस पर संसदीय लोकतंत्र खड़ा रहता है। सत्ता के बीज होते गौरव के

क्षणों में इस गंभीर चुनौती की अक्सर उपेक्षा की जाती है और सत्ता प्रतिष्ठान के लोग जीवन की सच्चाइयों से कट जाते हैं। ये खतरे बदतर हो जाते हैं। असली लोग पृष्ठभूमि में ढकेल दिए जाते हैं और राजनीति तथा शासन में महत्त्वपूर्ण स्थानों पर विकृत मानसिकता वाले लोग दखल जमा लेते हैं।

संसदीय पद्धति के स्वस्थ विकास और पुष्टि के लिए शासन चलाने और पार्टी-तंत्र के गठन के मामले में योग्य व्यक्तियों की पसन्द और चुनाव शीर्ष महत्त्व का है। जब नाजुक संसदीय संस्थाओं में भर्ती के लिए लोगों की पसन्द राजनीतिक संरक्षण से निर्धारित होती है, तो योग्य एवं समर्थ लोगों क़ा हत या क्षत होना स्वाभाविक है। इससे इन संस्थाओं का क्षरण होता है और यह पूरी राजनीतिक बुनावट को गुटों की कार्यवाही के रूप में पतित कर देता है, जो जनता से एकदम कटा होता है। ऐसी परिस्थिति में यह पद्धति किसी भी राजनीतिक उथल-पुथल के दबाव को नहीं झेल सकती, चाहे यह दबाव अत्यन्त कमजोर ही क्यों न हो।

स्पष्ट है कि भारत का साम्प्रेतिक राजनीतिक जीवन इन सारी कठिन समस्याओं से रू-ब-रू है। बिना किसी अपवाद के, सभी राजनीतिक पार्टियों में अस्वास्थ्यकर प्रवृत्तियाँ घर कर गई हैं। इस बीमारी को यदि दूर नहीं किया गया तो यह संसदीय पद्धति के सुचारु संचालन में गम्भीर गत्यावरोध पैदा करेगी। यदि इन संस्थाओं के वास्तविक प्रतिनिधियों के द्वारा जनाकांक्षाएँ प्रतिबिम्बित नहीं होतीं तो निर्विवादतः जनाकांक्षा दूसरे तरीकों का सहारा लेगी जो निश्चय ही जनतांत्रिक नहीं होंगे। ये आज की चुनौतियाँ हैं और यदि इनका सामना शक्ति और दृष्टि के साथ किया गया तभी यह कल की आशा के रूप में मुड़ेगा।

(17 फरवरी, 1972)

अन्तिम न्याय के दिन का एक और मसीहा

सम्भवतः सारी दुनिया में भारत इकलौता ऐसा देश है, जहाँ सेवा-निवृत्त न्यायाधीशों को अविवाद्य तथा आकाश-तले कुछ भी और सभी कुछ का सर्वमान्य जानकार समझा जाता है। सेवा-निवृत्त जन ऐसे व्यक्तित्वों में से है जिसकी खोज सर्वाधिक होती है। उसने चाहे व्यापार या उद्योग के बारे में कुछ नहीं जाना हो (कुछ शेयर खरीद लेने को छोड़कर), फिर भी वह मूल्य-ढाँचे या सर्वोत्तम और अपेक्षित मुनाफा-दर पर अपनी 'सुविचारित राय' दे सकता है। उसे किस बड़ी औद्योगिक इकाई का मैनेजिंग डाइरेक्टर (प्रबन्ध निदेशक), किसी विश्वविद्यालय का कुलपति (उप-कुलपति) या किसी जाँच-आयोग का अध्यक्ष बनाया जा सकता है, जिनका सम्बन्ध वैज्ञानिक, आर्थिक या राजनीतिक महत्त्व की बातों से होता है।

जब पूर्व 'माई लॉर्डों' की इतनी माँग है, आश्चर्य नहीं कि उनमें कुछ यह मानने लगें कि उनके नहीं होने से देश रसातल में चला जाएगा। उनका फूला हुआ अहं उन्हें अन्तिम न्याय के दिन के मसीहा के रूप में बात करने को प्रेरित कर सकता है। बिना किसी संकोच के वे साधारण जन की निन्दा की आजादी ले सकते हैं। किन्तु वे भूल जाते हैं कि भारतीय कानून की 'न्यायालय की अवमानना' वाले उपबन्ध से अब वे सुरक्षित नहीं हैं। जनता के समक्ष उनके कुतर्क के भंडाफोड़ का बराबर का अधिकार दूसरों को है।

पंजाब, हरियाणा और दिल्ली के 'चैम्बर ऑफ कॉमर्स' के तत्त्वावधान में, एक उद्योगपति की स्मृति में भारत के पूर्व मुख्य न्यायाधीश हिदायतुल्ला ने कथित तौर पर एक व्याख्यान दिया। ऐसा लगता है कि उन्होंने यह संकेत दिया कि राजनीतिक नेतृत्व ने देश की जनता को यह कहकर गुमराह किया है कि न्यायालय की रुकावट के चलते समाजवाद की प्रगति रुक गई। उनके अनुसार संविधान के हाल के परिवर्तनों ने निर्देशक सिद्धान्तों को मूलभूत अधिकारों के ऊपर कर दिया है। वे पश्चात्ताप करते हैं कि 'न्यायालय के निषेधाधिकार (वीटो) को हटा दिया गया है और राष्ट्रपति ने भी अपना निषेधाधिकार छोड़ दिया है। आगे वे यह भी कहते हैं कि संसद की अधिक शक्ति का 'एक दिन दुरुपयोग' भी हो सकता है।' हिदायतुल्ला तर्क देते हैं कि हाल के संविधान-परिवर्तन ने भारत के संविधान के मूल चरित्र को ही बदल दिया है।

विगत दिनों में ऐसे कितने मसीहाओं को हमने सुना है। ये एक और हैं। किन्तु इससे स्थिति बदल नहीं जाती। न्यायपालिका के सेवा-निवृत्त लोगों के लिए बेहतर होगा (कम-से-कम उनकी अपनी मानसिक शान्ति के लिए) यदि चैम्बर ऑफ कॉमर्स (वाणिज्य-मंडल) के निमन्त्रण स्वीकार करने और यह मानने की जगह कि भारत का सामान्य व्यक्ति बछिया का ताऊ है, वे गाँवों में जाते और जिस नवोत्साह और विश्वास के साथ तथाकथित अशिक्षित गरीब आदमी अपनी समृद्धि के लिए कोशिश करने को तैयार है, उसे शिक्षित करने का प्रयत्न करते। सम्भवत: पाषाण-निर्मित इमारतों के बाहर की दुनिया उतनी अतार्किक नहीं है जितनी यह तब दिखेगी जब आदमी एकांत में रहने का चुनाव करता है। कानून की किताबों में जो लिखा है उससे न सब कुछ की शुरुआत होती है, न सब कुछ उसके साथ खत्म हो जाता है।

कहा जाता है कि हिदायतुल्ला जैसे लोगों को यह नहीं पता कि गरीबी हटाना 'अधिकांशत: जनसंख्या-नियंत्रण' नहीं है। यह, अनिवार्यत:, अर्थ-तंत्र में उच्चतर निवेश के साथ समाज के सामाजिक-आर्थिक ढाँचे में परिवर्तन के लिए सघन प्रयत्न है। जहाँ तक उनके विश्वास कि 'अशिक्षित मतदाता समाजवाद को नहीं समझता' की बात है, इस सत्य से उन्हें थोड़ी सान्त्वना ग्रहण करने दीजिए, क्योंकि जब कुल मतदाताओं में से आधे भी समाजवाद का मतलब समझ जाएँगे तो उद्योगपतियों के

लिए स्मृति-व्याख्यानों की आवश्यकता नहीं रह जाएगी। श्रमिकों की स्मृति में ऐसी व्याख्यानमालाएँ आयोजित करनी होंगी। विषय संविधान की अच्छाइयाँ नहीं होगा बल्कि सामाजिक न्याय की सच्चाइयाँ होगा।

(24 फरवरी, 1972)

आधारभूत लक्ष्यों की प्राप्ति

कृषि-आय और सम्पत्ति पर जिस तरीके से कर निर्धारित किया जाना चाहिए उस पर रिपोर्ट देने के लिए के.एन. राज की अध्यक्षता में एक विशेषज्ञ समिति की नियुक्ति स्वागत-योग्य कदम है। इसमें सन्देह नहीं कि यह नियुक्ति सरकार की इस स्वीकृति को दर्शाता है कि कृषि-क्षेत्र में ऊँची आय पर कर लगाने की जरूरत है। किन्तु समिति की नियुक्ति के सन्दर्भ में जो बात समान महत्त्व की है वह है इसकी घोषणा का समय। अभी जब राज्यों में चुनाव होने वाले हैं तो राजनीतिक गलियारों में ऐसी समिति की घोषणा में बुद्धिमानी को लेकर भय होना स्वाभाविक है, क्योंकि यह जमींदारों और समृद्ध किसानों पर कर का अतिरिक्त बोझ डाले जाने की आशंका पैदा करता है। इस कोण से देखें तो सत्तासीन पार्टी ने ग्रामीण भूपतियों के समर्थन के लिए गैर-बराबरी कम करने की अपनी मूल नीति से समझौता नहीं करके जो आत्मविश्वास दिखाया है उसकी तारीफ की जानी चाहिए।

समिति की सन्दर्भ-सीमा अत्यन्त विस्तृत है। जिन आधारभूत लक्ष्यों को पाना है वे हैं विकास के लिए अतिरिक्त संसाधन जुटाने की खातिर कृषि-आय और सम्पत्ति पर सीधे कर-निर्धारण को सुसंगत बनाना, आर्थिक असमानता को कम करना तथा भूमि और श्रमिकों के अधिक कार्यक्षम उपयोग को बढ़ावा देना। किसी विवेकवान व्यक्ति को इन लक्ष्यों से विरोध नहीं हो सकता। सच पूछिए तो इन मुद्दों पर विचार करने के लिए समिति की नियुक्ति में विलम्ब हुआ है।

प्रत्यक्ष कृषि-करों के निर्धारण और वसूली की प्रक्रिया में आवश्यक परिवर्तनों पर भी समिति को रिपोर्ट देनी है। यह समझना मुश्किल है कि प्रत्यक्ष कर के तंत्र के सिर्फ एक हिस्से तक समिति अपने को कैसे सीमित रख पाएगी। कृषि-कर-अपवंचन की समस्या निश्चय ही गम्भीर होगी। लेकिन क्या एक तरह के करों के लिए पृथक् कार्यक्षम कर-तंत्र के बारे में सोचा जा सकता है? यह स्वाभाविक है यदि कोई पूछे कि आय और समष्टि-कर (कॉरपोरेट टैक्स) जैसे वर्तमान प्रत्यक्ष करों के अपवंचन और टाल-मटोल पर सरकार इतना कम ध्यान क्यों दे रही है? क्या यह बेहतर नहीं होता कि विशेषज्ञों की ऐसी समिति बनायी जाती जो पूरी कर-प्रक्रिया पर समग्रता में विचार करती?

लोग यह भी चाहेंगे कि राज समिति की सन्दर्भ-सीमा वाली ही एक और समिति को सरकार गठित करेगी, जिसमें सिर्फ एक अन्तर होगा कि 'कृषि-आय और सम्पत्ति' की जगह 'औद्योगिक आय और सम्पत्ति' होगी। इसका अर्थ होगा संसाधान जुटाने के प्रश्न पर एक समरूप दृष्टिकोण, राष्ट्रीय संसाधनों का उचित उपयोग और आर्थिक वैषम्य को कम करने का यत्न।

(2 मार्च, 1972)

निक्सन की पीकिंग की तीर्थ-यात्रा

चीन की कथित 'ऐतिहासिक' यात्रा के बाद राष्ट्रपति निक्सन घर लौट गए हैं। यदि उनकी यात्रा का मकसद सीमित था, जैसा कि कुछ लोग कह रहे हैं—आगामी राष्ट्रपति-चुनाव में अपनी आसान जीत को सुनिश्चित करना, तो यह सन्देह होता है कि क्या इस लक्ष्य को सिद्ध करने में निक्सन सफल हुए?

यह अवश्य सम्भव दिखता है कि इस यात्रा ने अमेरिकी उद्योग को अपने उत्पादों के लिए एक नये बाजार की उम्मीद दी होगी। अमेरिकी सामानों के लिए चीन एक बड़ा बाजार हो सकता है और अमेरिका भी चीनी सामानों के आकर्षण का केन्द्र हो सकता है। दोनों के बीच विस्तृत वाणिज्य-व्यापार हो सकता है। अमेरिकी बड़े उद्योग-समूह के लिए जो अमेरिकी राष्ट्रपति की मुद्राओं और घोषणाओं का निर्धारण करता है, तुरत-फुरत में नए बाजारों की सम्भावनाओं का पता करना आवश्यक हो गया है। सम्भवत: ऐसा मुख्यत: यूरोपीय समुदाय में उसके लड़खड़ाते व्यापार के कारण है। किन्तु यह निश्चित नहीं दिखता कि अपने यहाँ के विस्तृत बाजार का द्वार, अमेरिकी उद्योग-जगत् को आभारी बनाने के लिए, चीन खोल देगा।

चीनी दृष्टिकोण से निक्सन की यात्रा ने एक बड़ा मकसद पूरा किया है। अमेरिका तथा पाकिस्तान से सीधा संवाद शुरू करके भारत में सोवियत गुट को अलग-थलग करने की कोशिश की गई है। इस सन्दर्भ में पाकिस्तान के राष्ट्रपति भुट्टो और अमेरिका के राष्ट्रपति निक्सन की साथ-साथ यात्रा पर ध्यान देने की जरूरत है। एक तरफ तो चीन ने पाकिस्तान के साथ किसी औपचारिक सुरक्षा-समझौते से इनकार किया है, दूसरी ओर भारत के विरुद्ध पाकिस्तान को अमेरिकी सहायता को उन्होंने पूरा समर्थन दिया है। इस तरह से, बिना सीधी भागीदारी के, चीन ने भारत के खिलाफ पाकिस्तान को तथा सोवियत संघ के खिलाफ अमेरिका को समर्थन दिया है। चीन में निक्सन की यात्रा के बाद जो विज्ञप्ति जारी की गई वह निश्चित रूप से शरारतपूर्ण है, जो न विश्व-शान्ति के मुद्दे को प्रोत्साहन देती है, न ही जनतांत्रिक या समाजवादी शक्तियों के आगे बढ़ने में सहायता करती है।

अमेरिका तथा चीन के आधारों की अन्तर्धारा यह है कि दोनों में से कोई भी सैद्धांतिकता से प्रेरित या निर्देशित नहीं है। पाकिस्तान के तानाशाही और तिकड़मी शासन को 'संसार के सबसे बड़े लोकतंत्र' जैसा कि स्वयं अमेरिकी कहते हैं, के खिलाफ समर्थन देकर अमेरिका ने लोकतंत्र के पक्ष को कितनी मजबूती दी है, यह बिल्कुल साफ है। ठीक इसी प्रकार चीन के प्राथमिक काम के रूप में अपनी ऊर्जा को सोवियत संघ या अन्य समाजवादी देशों को नीचा दिखाने में लगाना उस ढाँचे में नहीं बैठता, जहाँ चीन अपने को सच्चे मार्क्सवादी दर्शन में विश्वास करने वाला कह सके।

हम भारतीयों के लिए आवश्यक है कि निजी इजारेदारी पूँजी से निर्देशित अनगढ़ अमेरिकी खेल तथा अन्य देशों से भी, जो ऐसे ही क्षुद्र लाभों के लिए हमें परेशान करने की कोशिश कर सकते हैं, अपने राष्ट्रीय हितों की रक्षा करें। पाकिस्तान के अन्दर नेतृत्व के लिए आन्तरिक फूट में और भी बलाघात स्पष्ट संकेत देता है, कि भारत को अपनी पश्चिमी सीमाओं पर चौकस रहना है। चीन और अमेरिका के सक्रिय समर्थन से पाकिस्तानी नेतृत्व द्वारा किसी दुस्साहसी तिकड़म की सम्भावना से इनकार नहीं किया जा सकता।

(9 मार्च, 1972)

शीघ्र परिवर्तन के लिए प्रचंड जनादेश

जनता ने फिर एक बार कांग्रेस में अपना विश्वास व्यक्त किया है। इसने वर्तमान सामाजिक-आर्थिक ढाँचे में गतिशील परिवर्तन की नई सम्भावनाएँ उजागर की हैं। चुनाव का सर्वाधिक ध्यान खींचने वाला पहलू है दक्षिणी प्रतिक्रिया वाली पार्टियों का मूलोच्छेद। जनता ने यथास्थिति, न्यस्त स्वार्थों और रूढ़िवाद की राजनीति को अस्वीकार कर दिया है। कांग्रेस ने यह प्रचंड जनादेश इस आशा में पाया है कि जनता से किए गए वायदों को पूरा करने के लिए यह आगे बढ़ेगी।

वायदे कुछ उम्मीदें जगाते हैं। गत वर्ष ऐसे कई वायदे किए गए थे, किन्तु परिस्थिति ने दूसरी करवट ले ली और जनता की मूलभूत समस्याओं के समाधान के लिए बहुत कम काम किया जा सका। शीर्ष राजनीतिक महत्त्व की कई उपलब्धियाँ हुईं। राष्ट्र के समक्ष उपस्थित चुनौती का सामना करने के लिए जनता ने, बिना हिचकिचाहट के, बोझ को बँटाया। गौरव और विजय से वे हर्षोल्लसित हुए। किन्तु उनकी मूल समस्याएँ अनसुलझी रह गईं।

इन्तजार का एक साल बीत गया और इन्तजार जारी है। किन्तु लोगों का यह असीम धैर्य और सहनशीलता परिस्थिति की जरूरत की समझ के कारण है। इसे

उनके अज्ञान का परिणाम मानने की भूल नहीं करनी चाहिए। राष्ट्र की खातिर उत्सर्ग के लिए लोगों को लगाया जा सकता है किन्तु यथास्थिति को और झेलने के लिए लोरियों से बहलाया नहीं जा सकता।

कांग्रेस ने एक नई जन-चेतना भर दी है और अपनी घोषणाओं से श्रीमती इन्दिरा गांधी ने प्रक्रिया को गतिवान् बनाने में महत्वपूर्ण योगदान किया है। बदले में जनता ने उन पर अपना अगाध विश्वास व्यक्त किया है और कांग्रेस पार्टी को ऐसी स्थिति में ला दिया गया है कि वह जनाकांक्षाओं को पूरा कर सके। कांग्रेस के पक्ष में भारी बहाव, वर्तमान सामाजिक ढाँचे के उनके अनुकूल त्वरित परिवर्तन की उनकी व्यग्रता को बतलाता है। यह एक चुनौती-भरा कार्य और बड़ी जिम्मेदारी है।

अपनी ओर से जनता के लोकतांत्रिक पद्धति में अपना विश्वास व्यक्त किया है और नेतृत्व में आस्था जतायी है। यह अब कांग्रेस के लिए है कि अपने वायदे पूरे करे। जनता बधाई की पात्र है। कांग्रेस को अपने को लोगों की चिन्ताओं से जोड़ना होगा और प्रमाद-आलस्य से सावधान रहना होगा। इसी तरह से हम संसदीय लोकतंत्र के माध्यम से अपने लक्ष्य की ओर बढ़ सकते हैं।

(16 मार्च, 1972)

नई चुनौती, आखिरी मौका?

गतिवान् जनता जनादेश को आदेशात्मक बना देती है। भारतीय जन गतिशील हैं। अपने बार-बार के निर्णय से उन्होंने बतला दिया है कि वर्तमान सामाजिक ढाँचे के पुनर्गठन के तुरन्त के काम में वे किसी प्रकार का आगा-पीछा बर्दाश्त करने के मूड में नहीं हैं।

देश में संसदीय पद्धति एक नई अवस्थिति में है। यह न सिर्फ एक नई चुनौती है बल्कि आखिरी मौका भी सिद्ध हो सकता है। निर्धनों और विशेष सुविधाप्राप्त गिने-चुने लोगों के टकराते स्वार्थ में सामंजस्य नहीं बिठाया जा सकता। इसके अलावा कोई विकल्प नहीं है कि उत्तर पक्ष, पूर्व पक्ष की अत्यावश्यक माँगों को समझे। मनावन के द्वारा यह प्रयत्न किया जा चुका है, पर निरर्थक।

लोगों ने दबाव बना लिया है, आवश्यक अधिकार दे दिया है और जो परिवर्तन की राह में रुकावट डालते हैं वैसे अनिच्छुक तत्त्वों के खिलाफ दृढ़ कार्रवाई की राजनीति का सहारा लेने के लिए आवश्यक वातावरण बना दिया है। पुरानी पड़ गई पद्धति को बनाए रखने के लिए व्यावहारिकता का कोई भी तर्क लोगों के द्वारा क्षयमाण सामाजिक ताकतों को बचाये रखने के मात्र राजनीतिक यन्त्रीकरण और चालबाजी के रूप में लिया जाएगा।

वास्तविक उत्पादक ताकतों की पहचान के बिना विकास और उत्पादकता को गति देने की बात व्यर्थ एवं छद्‌म है। देश को हमेशा के लिए यह फैसला करना होगा कि औद्योगिक इजारेदार, शेयर मार्केट के छलयोजनाकार और बेईमान व्यापारी नए भारत के निर्माता नहीं हो सकते। अपने समाज में अद्यावधि दबाए गए लोगों की क्षमता, योग्यता और अधिकार में एक नया विश्वास भरना होगा। यह उन्हीं का विश्वास और समर्थन है जिसने कांग्रेस पार्टी को नवोत्साह और नई शक्ति दी है।

यह समर्थन स्वतःस्फूर्त है, बिना शर्त नहीं। खास आश्वासनों के साथ एक व्यवस्थित तरीके से इसे पाया जा सका है। राजनीतिक औचित्य के नाम पर वायदों को पूरा करने का काम टाला नहीं जा सकता। ऐसी प्रवृत्ति अपनी ही नीतियों के प्रतिकूल है। एक तरह से यह जनता की बुद्धि और जागरूकता पर सवाल उठाना है। इस बारे में सचेत होने के कारण जनता तीखी प्रतिक्रिया व्यक्त करेगी। ऐसे अविवेक में हम नहीं उलझ सकते। ऐसी कठिन घड़ी में एक भी गलत कदम लोगों की सकारात्मक जनतांत्रिक प्रतिक्रिया को नकारात्मक घृणा में बदल सकता है। हमें इससे बचना है।

वायदों को पूरा करने की दृढ़ इच्छाशक्ति के प्रारम्भिक प्रमाण बहुत हितकर नहीं हैं। हमारे समाज में वह सारा कुछ जो अनावश्यक और अनुत्पादक है, उसे सख्ती से समाप्त करने में पारम्परिक झिझक बनी हुई दिखती है। समस्या के किनारे तक का स्पर्श बजट-प्रस्ताव नहीं करते। न ही इसने उन लोगों के भीतर कोई बेचैनी पैदा की है जो विशिष्ट उपभोक्ता हैं और न यह एड़ी-चोटी का पसीना एक करने वाले उस श्रमिक-समुदाय को पुलकित कर सका है, जो इस उम्मीद में लगातार कठिन परिश्रम और उत्सर्ग किए चले जाते हैं कि कल बेहतर होगा।

एक बजट-प्रस्ताव से समाजवादी युग में प्रवेश कर जाने की बात सोचना अतिरंजित है, किन्तु उसकी एक झलक असम्भव बात नहीं थी। फिर से बहुत सारे आश्वासन हैं। गिनाए गए कदम अत्यन्त प्रभावशाली हैं। योजना-व्यय में बढ़ी हुई लागत का स्वागत है। समाज-कल्याण के कार्यों पर बल उचित है। किन्तु पुराने अनुभवों की उपेक्षा नहीं की जा सकती। इन रुटीनी अभिव्यक्तियों ने भी जनता की बढ़ती चली जाती उम्मीदों को और बढ़ाया है, जबकि इस क्षेत्र में किया बहुत कम गया है। इससे समस्या और जटिल होती है।

आने वाले दिन निर्णायक होंगे। संसदीय प्रणाली को मजबूती मिली है। आइए, हम संसदीय संस्थाओं के प्रभावी ढंग से कार्य करने के लिए कार्य करें। यह तभी सम्भव है जब हम जनता से किए गए वायदों को पूरा करने के अपने लक्ष्य की ओर एक कदम आगे बढ़ाएँ। इन संस्थाओं के माध्यम से उठाया गया हर कदम इन्हें शक्ति देगा।

(23 मार्च, 1972)

इसे ठीक कीजिए

मोनोपॉलीज ऐंड रेस्ट्रिक्टिव्ह ट्रेड प्रैक्टिसेज कमीशन (इजारेदारी और प्रतिबन्ध व्यापार आयोग) की नियुक्ति से यह आशा जगी थी कि आर्थिक शक्ति के केन्द्रीकरण के बढ़ावे पर प्रभावी पाबन्दी लगेगी और आयोग अस्वास्थ्यकर, इजारेदारी एवं प्रतिबंधित व्यापार के प्रचलन को देश में नियंत्रित करने में महत्त्वपूर्ण भूमिका निभाएगा। किन्तु ऐसी सारी आशाएँ झूठी सिद्ध हुई हैं।

आयोग के सदस्यों के बीच मतभेद के प्रचार से आयोग को शायद ही कोई प्रतिष्ठा मिली है तथा जिस काम के लिए आयोग का गठन हुआ था उसमें रुकावट आई है। सदस्यों का मतभेद व्यक्तिगत निर्णयों के छोटे मामलों में नहीं है। यह आधारभूत है। मूल उद्देश्यों, कार्यपद्धति, दृष्टिकोण तथा आयोग के कार्यक्षेत्र तक पर सदस्य एकमत नहीं हैं। आयोग का बहुमत न्यायिक संस्था की भूमिका में रहते हुए एम.आर.टी.पी. ऐक्ट की कानूनी व्याख्या करने का पक्षधर है। वे यह नहीं मानते कि आयोग को सारे विषयों की अत्यन्त सावधानी से परीक्षा करनी चाहिए और आवश्यक हो तो अपनी पहल पर जाँच-प्रक्रिया शुरू करानी चाहिए।

यदि इजारेदारी आयोग (मोनोपॉलीज कमीशन) को केवल न्यायपालिका की एक शाखा के रूप में काम करना है तो एक विशेष आयोग की स्थापना की जरूरत क्या थी? न्यायपालिका से बाहर के लोग भी इसके सदस्य क्यों बनाए गए हैं? भारत के विभिन्न उच्च न्यायालयों के अलावा मोनोपॉलीज कमीशन के रूप में एक नया न्यायालय गठित करने की मंशा संसद की नहीं थी।

मोनोपॉलीज कमीशन-जैसी संस्थाएँ सारी दुनिया में वृहत्तर सामाजिक-आर्थिक सन्दर्भ में काम करती हैं। अमेरिका का फेडरल ट्रेड कमीशन और ब्रिटेन का मोनोपॉलीज कमीशन इजारेदारी (एकाधिकार) की जाँच करते हैं ताकि सरकार ऐसी सारी गतिविधियों पर अंकुश लगा सके जो जनहित के प्रतिकूल पायी जाती हैं। किन्तु यह अफसोसनाक है कि भारत के मोनोपॉलीज कमीशन के बहुमत की कल्पनाशक्ति सीमित न्यायिक प्रवृत्ति से आगे की यात्रा नहीं कर पायी। इस मूलभूत मतभेद के दृष्टिकोण से यह आश्चर्यजनक नहीं है कि मोनोपॉलीज कमीशन द्वारा अब तक प्रस्तुत की गई सारी रपटों पर एक-न-एक सदस्य की लम्बी विरोधी टिप्पणी है। इस विकास की पृष्ठभूमि में कम्पनी लॉ डिपार्टमेंट, जिसके बारे में समझा जाता है कि वह एस.आर.टी.पी. ऐक्ट का संचालन करता है, को इसकी कोई चिन्ता ही नहीं है कि आयोग का क्या होता है। थोड़ी-सी सतर्कता से सरकार को यह स्पष्ट कर देना चाहिए था कि लाइसेंस के आवेदन पर विचार करने वाली या न्यायसम्बन्धी परामर्श देने वाली एक और संस्था यह आयोग नहीं है। आयोग को यह स्पष्ट कर दिया जाना चाहिए था कि उसकी जाँच एक निश्चित सामाजिक-आर्थिक ढाँचे के भीतर होनी है।

यह खिझानेवाली बात है कि सरकार ने अपने कानूनी दायित्वों और मोनोपॉलीज कमीशन की रपटों को संसद और जनता के सामने लाने के औचित्य का शायद ही सम्मान किया है। सबसे बुरा तो यह है कि, जबकि संसद को कमीशन की रपटों पर बहस से वंचित रखा गया है, चुने हुए प्रेस-संवाददाताओं और आवेदक फर्मों को रपटों के जमा किए जाने के घंटे भर के भीतर इसकी प्रतियाँ मिल जाती हैं। सरकार यह नहीं समझ पा रही कि रपटों पर संसद में बहस केन्द्रीकरण के निवारक का काम करेगी जो इस आयोग का काम है।

यह एकदम निश्चित है कि मोनोपॉलीज कमीशन, आज जिस रूप में यह है, कभी यह नहीं समझेगा कि न्यायिक सलाहकार की भूमिका के निर्वाह के इसके फैसले का अर्थ उन उद्देश्यों को ही भूल जाता है जिनके लिए इसका गठन हुआ था। यदि आयोग के सदस्यों को यह समझ नहीं आती तो सरकार, आयोग के क्षेत्र और उद्देश्य को इसके सही सन्दर्भ में रखने की जिम्मेदारी से बच नहीं सकती।

आयोग की कार्यशैली की इस चिन्तित करने वाली दिशा पर सत्ताधारी लोगों का ध्यान जाना चाहिए। वे अपनी जिम्मेदारी से बच नहीं सकते यदि यह आयोग इजारेदारी को नियन्त्रित करने में असफल रहता है। आर्थिक तंत्र को जनहित के खिलाफ काम करने के लिए लम्बे समय तक छोड़ नहीं दिया जा सकता। यह गोपनीयता के घूँघट के पीछे नहीं किया जा सकता। यही समय है जब सरकार के दृढ़ निर्णयों में समाजवादी विश्वास प्रतिबिम्बित होना चाहिए और आयोग का काम उचित तथा सार्थक होना चाहिए।

(30 मार्च, 1972)

अर्थशास्त्री जादूगर काम पर

दिल्ली में हमारे अर्थशास्त्री जादूगर हमारी बाबा आदम के जमाने से चली आती आर्थिक बीमारी का कोई जादुई इलाज खोजने में लगे हैं। वे हमें यह विश्वास दिलाना चाहते हैं कि किसी कीमियागर की तरह अपनी जादू की छड़ी को हवा में लहराकर सबों को आश्चर्य में डाल देंगे। लेकिन न उनकी जादू की छड़ी, न ही उनका जादू-टोना दु:खी लोगों को कोई राहत दे पाया। देश के करोड़ों लोग ? अभाव और भुखमरी के चक्कों के नीचे कराह रहे हैं। विडंबना ही तो है यह किसी अर्थशास्त्री जादूगर की मनमर्जी और सनक से अर्थतंत्र संचालित नहीं होता; न ही इस इलाके में जादू-टोना वाले करतब की कोई गुंजाइश है। इसके अपने नियम हैं और इनकी सफलता या असफलता देश-विशेष में वर्तमान कड़वी सच्चाइयों के तथ्यात्मक अध्ययन पर निर्भर

करेगी। विडंबना यह है कि हमारे अर्थशास्त्री जादूगर मिश्रित अर्थव्यवस्था के भीतर काम करते हुए आर्थिक समृद्धि हासिल करने के प्रयत्न में लगे हैं। इससे बड़ा विरोधाभास शायद ही हो। हमें यह विश्वास दिलाया जा रहा है कि मन्द एवं निष्क्रिय विशाल ग्रामीण अर्थव्यवस्था में 'आधुनिक क्षेत्र' बनाकर भारत इसका भेदन कर लेगा। किन्तु हमारी आर्थिक स्थिति पर इसने जो गम्भीर उलझनें छोड़ दी हैं उसकी वे अनदेखी करते हैं। ऐसा करके हम दुहरी अर्थव्यवस्था को और मजबूती ही देते हैं, जो हमारे विकास में बाधक हैं।

इस देश में मानव और वस्तु के विशाल संसाधन पड़े हैं जिनका उपयोग ही नहीं किया गया। हमारे नीति-निर्माता ऐसी कोई सकारात्मक और समेकित नीति बनाने में ही नाकाम रहे हैं, जो विकासात्मक गतिविधियों को जोत दे। दुःखद यह कि इसकी जगह ग्रामीण और शहरी दोनों क्षेत्रों के करोड़ों लोगों को गरीबी-गन्दगी का अभिशप्त जीवन जीने को छोड़ दिया गया है। आर्थिक विकास की राह में रोड़े अटकाने वाला एक और खलनायक है। हमारी सामाजिक व्यवस्था के मूल में स्थित गैर-बराबरी ने हमारे विकास को गम्भीर और अपूरणीय क्षति पहुँचायी है; इसने विशिष्ट उपभोग और समाज के लिए अपेक्षित वस्तुओं के बीच संसाधनों के निर्धारण को विकृत कर दिया है; इसने करोड़ों भूखों मरते, अभागे लोगों की कीमत पर बड़े औद्योगिक घरानों को ऐश्वर्य में ऊभ-चूभ करने की बेलगाम आजादी दे रखी है।

समय की माँग है कि सामाजिक न्याय के कार्यक्रम को लागू किया जाए। किन्तु हमारी सामाजिक व्यवस्था के ढाँचे में बदलाव के बिना यह बात थोथी प्रतीत होती है, और यह व्यवस्था हमने दुर्भाग्य से, औपनिवेशिक शासन के रिक्थ के रूप में पायी है। इस कालातीत और निराशाजनक व्यवस्था को लम्बे 27 वर्षों से बनाए हुए हैं। गाँव दिल्ली के साम्राज्यवादी शासक के उपनिवेश हैं।

विद्युत् शक्ति और कच्चे माल की कमी हमारे आर्थिक विकास में बड़ी रुकावटें हैं। किन्तु सिर्फ यही कारण नहीं है। आर्थिक दृष्टि से इससे भी ज्यादा जरूरी और महत्त्वपूर्ण है रोजगार देना और देश के सभी शारीरिक रूप से समर्थ वयस्कों को 'राष्ट्रीय न्यूनतम' उपलब्ध कराना। दुनिया की बढ़ती कीमतों और बढ़ते निवेश को दोष देना हमारे अर्थतंत्र की असफलता के लिए उचित और पर्याप्त नहीं है। प्राथमिकता के क्षेत्रों की पहचान के लिए अँधेरे में टटोलना होगा। इस देश की समस्या तो बिल्कुल स्पष्ट है। समस्या यह है कि बेरोजगारी और गरीबी को यथाशक्य अविलम्ब दूर किया जाए। इस लक्ष्य को पाना सम्भव है, बशर्ते समृद्धिशाली वर्ग की अमीरी को नियंत्रित करके और उत्पादन प्रक्रिया में मूलभूत परिवर्तन लाकर सामाजिक क्रान्ति और परिवर्तन करने के लिए हममें 'संकल्प' और 'इच्छाशक्ति' हो। इन्हीं प्रश्नों के ताले के साथ आर्थिक विकास की कुंजी लगी है। वर्तमान समाज में 'विज्ञान और प्रौद्योगिकी' की

बात अमीरों को और अमीर बनाने में सहायक होगी; क्योंकि उद्योगपतियों ने श्रम के अतिरिक्त मूल्य को हड़पकर इनका उपयोग रुपए बनाने के लिए किया है।

(10 अप्रैल, 1975)

सही वक्त पर उपयुक्त फैसला

लोग जागरूक होते जा रहे हैं। वे अपने अधिकारों के प्रति सचेत हैं। अपने जीवन को दुष्प्रभावित करनेवाली कमियों को भी लोग समझ रहे हैं। वे चाहते यह हैं कि इन्हें दूर करने के लिए अधिक दृढ़ और सार्थक कदम उठाए जाएँ। यदि वे यह महसूस करते हैं कि वे ठगे जा रहे हैं, तो विद्रोह के लिए उठ खड़े होते हैं। इस प्रकार के विद्रोह का प्रारम्भ कई रूपों में अभिव्यक्त होता है। इनमें से एक, प्रतिवाद, देश में प्रायिक हो गया है।

कई बार इनसे समाज में सिर्फ छोटी लहरें उठती हैं। किन्तु जब-तब ये हिंसक और विध्वंस हो जाते हैं। शासन की अवपीड़क शक्ति के भारी पड़ने से व्यवस्था बहाल हो जाती है। फिर भी यह व्यवस्था मात्र अस्थायी एवं क्षणिक सिद्ध हो सकती है। और इससे समस्या का समाधान भी नहीं होता। बल्कि सम्भावित अव्यवस्था के यह और भी युद्धोपकरण मुहैया करा देती है। सामाजिक-आर्थिक समस्याएँ सारे नियम-कानून की अवज्ञा करती हैं यदि जनाकांक्षाओं के लिए वे एक राह नहीं देतीं। ये कानून स्वमेय कालातीत हो जाते हैं और विकासमान समाज के लिए जकड़जामा सिद्ध होते हैं। यही इतिहास से मिला सबक है; यह समाज का भी गति-सिद्धान्त है। इसकी उपेक्षा अपने विनाश की कीमत पर ही की जा सकती है। क्योंकि यदि सामाजिक वंचन की प्रक्रिया बेरोकटोक चलती रही, तो इससे देश में क्रान्ति की परिस्थिति तैयार होना स्वाभाविक है; यह हिंसक भी हो सकता है, शान्तिपूर्ण भी। किन्तु शान्तिपूर्ण क्रान्ति जनहित में भी है और शासन के हित में भी।

ऐसे वातावरण में अधिकारियों द्वारा दी गई धैर्य धारण की कोई भी सलाह अलोकप्रिय होगी ही और संयम तथा समझौते की अपील कर लोग त्योरी चढ़ाएँगे। किसी भी समाज के सामने यही असमंजस होता है। यदि यह किसी तर्कपूर्ण, लक्ष्यनिष्ठ और वैज्ञानिक राह पर चल पाने में असमर्थ हो तो यह आग में घी का काम करता है।

ऐसी ही परिस्थिति से हम गुजर रहे हैं। सामाजिक उथल-पुथल से अनुभवों से हमने कुछ सीखा है, ऐसा नहीं दिखता। वेदना की चीख भी हमें सम्भावित खतरे के प्रति आगाह करते हुए जगा नहीं पाती। यदि बार-बार इसकी शक्ति की उपेक्षा की गई तो हम कठिन परिस्थिति में फँस जाएँगे।

यह सही समय है जब हमें, बिना एक भी पल गँवाये, सामाजिक परिवर्तन लाने के लिए कठोर कदम उठाने चाहिए और सदियों से इस देश के जन-समुदाय को उद्वेलित कर रही समस्याओं के समाधान के लिए गम्भीर प्रयत्न करना चाहिए। यदि हम चूके, तो इसका कोई औचित्य नहीं होगा। इसके खतरनाक ही परिणाम होंगे। कगार तक खींचकर ले जाने की नीतियाँ जब-तब राजनीतिक घटनाक्रम को नाटकीय बना सकती हैं, किन्तु समय पर उपयुक्त निर्णय ही महाविनाश से परिस्थिति को उबार सकता है।

(15 अप्रैल, 1975)

भूदान आन्दोलन

आचार्य विनोबा भावे द्वारा प्रारम्भ किये गए भूदान आन्दोलन ने 18 अप्रैल को 25 वर्ष पूरे कर लिये हैं। देश की भू-समस्या के समाधान के लिए निश्चय ही यह अहिंसा का नया प्रयोग था। हालाँकि उपलब्धि के सन्दर्भ में इसकी सफलता बहुत उत्साहवर्द्धक नहीं रही है। इस आन्दोलन ने 44 लाख एकड़ भूमि इकट्ठा की है। अब तक जुटायी गई जमीन में से आधे का श्रेय अकेले बिहार को मिला है। परन्तु कुल संग्रहण का 50 प्रतिशत या तो खेती करने के लायक नहीं है या बंजर है। इकट्ठा की गई जमीन में से 15 लाख एकड़ भूमि ही अभी तक भूमिहीन जोतदारों (किसानों) के बीच वितरित की जा सकी है।

भूदान आन्दोलन के द्वारा भू-वितरण के सम्बन्ध में कई अन्य हतोत्साह करने वाली रिपोर्टें हैं। एक, बाद में बेरहम भू-स्वामियों के द्वारा भूदान जोतदारों से जमीन खाली करा ली गई। दो, उनको अनेक प्रकार के मुकदमों में फँसा दिया गया है। न सरकार और न ही भूदान आन्दोलन उन्हें किसी प्रकार की सुरक्षा दे सका; वे इस निष्ठुर त्रासदी के अकर्मण्य दर्शक बने रहे। तीन, जिन भूमिहीन मजदूरों ने भूदान आन्दोलन में थोड़ी जमीन पायी थी वे आर्थिक दृष्टि से इतने गरीब थे कि इस जमीन पर कुछ भी पूँजी लगाने में असमर्थ थे। परिणामस्वरूप, विरक्ति से भरकर उन्होंने अपनी जमीन छोड़ दी और फिर से भूमिहीन मजदूरों की जमात में शामिल हो गए।

भूमि-सम्बन्धी अधिनियम भी इस गॉर्डियन की गाँठ (कठिन गाँठ) को हटाने में उतने ही असफल रहे। आजादी के बाद भूमि-सुधार से सम्बन्धित कई अधिनियम पारित हुए, परन्तु वे करोड़ों भूखों को गाढ़े में कोई सहायता नहीं दे पाए। वे अभी भी गरीबी की चक्की के नीचे चीख रहे हैं।

भारत के विकास और समृद्धि की कुंजी जमीन के पास है। इस देश के 80 प्रतिशत लोग अपनी आजीविका के लिए भूमि पर निर्भर करते हैं। विशाल ग्रामीण

क्षेत्र में अतृप्ति और असन्तोष अन्दर ही अन्दर उबल रहा है, यह जब-तब की और कभी-कभी लगातार होनेवाली हिंसा का वास्तविक मैदान बन गया है।

तथापि, हिंसा से किसी समस्या का समाधान नहीं होता। यह वक्त है जब भूदान आन्दोलन के नेताओं को इस समस्या पर नए सिरे से दृष्टिपात करना चाहिए।

यह आन्दोलन तभी सफल हो सकता है जब सत्याग्रह के जरिए जनता की अहिंसक स्वीकृति का लाभ उठाया जाए। लेकिन स्वतंत्रता के तुरन्त बाद से हम इस तरीके से परहेज करने लगे हैं। यही हमारी त्रासदी रही है। वर्तमान आन्दोलन की सफलता के लिए नैतिक प्रत्ययकारिता की आवश्यकता है। किन्तु जब हमारी सामाजिक व्यवस्था में निहित स्वार्थ और लोभ इतने संस्थापित हैं तो इसका असफल होना लाजिमी है।

(24 अप्रैल, 1975)

हिंसा बनाम सैन्य शक्ति

जो सामाजिक व्यवस्था हमने औपनिवेशिक शासन के रिक्थ के रूप में उत्तराधिकार में प्राप्त की है वह हिंसा पर आधारित है। इतिहास की दृष्टि से, इसके पीछे सामन्ती स्वीकृति है। यह शोषण, गैर-बराबरी और गरीबी को जन-समुदाय में बढ़ाने-भर का काम करती है। भारत के औपनिवेशिक शासन के दिनों के मूल्य-समूह में इसकी खास जगह है। विदेशी शासक विदा ले चुके हैं, किन्तु मूल्य-तंत्र अब भी वैसा ही बना हुआ है। शासन के उन्हीं तरीकों से सबकुछ संचालित होता है। पिछले कई वर्षों के गुणात्मक परिवर्तन के बावजूद जीवन-शैली वही है। फलस्वरूप हिंसा की समाजशास्त्रीय अन्तर्वस्तु के यथार्थवादी मूल्य-निर्धारण के प्रति सामान्य विरक्ति है, जिसका सामना व्यवहार के पुराने पड़ गए तरीकों से करने की कोशिश की जाती है। केवल सत्ता-शीर्ष के विशिष्ट जनों की सुविधा के लिए ही इसमें छूट दी जाती है। चित्त के उस मनोवैज्ञानिक ढाँचे से बाहर निकलना उनके लिए सम्भव नहीं हुआ है, जो पुराने दिनों का रिक्थ है।

स्वतंत्रता की चौथाई शती के बाद भी औपनिवेशिक ढाँचे में परिवर्तन लाने में हमने नाममात्र की सफलता पायी है। बल का जो थोड़ा-बहुत अन्तर हो, प्रशासन-तंत्र वही है, वैसा ही है। समाज में, शीर्ष के गिने-चुने लोगों, उद्योगपतियों, भू-स्वामियों और नौकरशाहों के रवैये में कोई अन्तर नहीं आया है; अमीर और गरीब के बीच के फर्क के बिगड़ते और गहराते जाने के बावजूद। वर्ष-पर-वर्ष बीतते जाते हैं और अल्पसंख्यक अमीरों की अशिष्ट ऐयाशी में लिप्तता बढ़ती जाती है, चाहे यह अज्ञान के कारण हो या संवेदनशून्यता के कारण; जबकि इसे कम होते जाना चाहिए था।

श्रमिक वर्ग और भूमिहीन मजदूरों की आर्थिक दासता और निर्भरता कहीं अधिक हृदयविदारक और सुनिश्चित हो गई है।

राजनीतिक वातावरण भी इस दूषण से मुक्त नहीं है। संवेदनहीनता और विकृति का सुस्पष्ट चिह्न प्रत्यक्ष है। स्वयं कष्ट सहकर भी लोगों को कष्ट से उबारने और अनन्त दासता से गरीबों को छुड़ाने की बीते दिनों की इच्छाशक्ति उतार पर है। समाज को हिंसा की मरोड़ से मुक्त रखने के बहाने से ज्वलंत समस्याओं को पृष्ठभूमि में ढकेलने की प्रवृत्ति की किसी तरह की अस्वीकृति पाना कठिन है। स्थिति की सच्चाई से आँखें मूँदने के सचेत प्रयत्नों की ये निशानियाँ हैं। ऐसे टाल-मटोल से इसे लम्बे समय तक छिपाया नहीं जा सकता।

वर्तमान सामाजिक व्यवस्था के विरोधाभासों ने आज कई-कई सामाजिक-आर्थिक चुनौतियाँ खड़ी कर दी हैं। इसे केवल कानून-व्यवस्था की समस्या के रूप में देखना स्पष्ट ही कृत्रिम मूल्यांकन है। प्रत्यक्ष है कि विकासशील स्थिति के दबाव और आगे सह सकने की क्षमता वर्तमान ढाँचे में नहीं है। जबकि हमारे समाज का पद-दलित शोषित वर्ग नई पहचान पाने के अनथक प्रयत्न में है, वर्तमान तंत्र इसे कुचलने की कोशिश में लगा है। सम्मानजनक समझौते और आत्मसात्करण की उनकी उत्कट इच्छा को, जो नया सामाजिक सन्तुलन बनाने में सहायक होगा, महत्त्वपूर्ण लोगों की सकारात्मक प्रतिक्रिया नहीं मिली है।

विशीर्ण प्राचीन के बीच से एक जीवनक्षम समाज बनाया जा सके, इसके लिए कर्ता-धर्ता लोगों को, जो वर्तमान तंत्र को नियंत्रित, संचालित करते तथा चलाते हैं, अपने आचार-व्यवहार में अनुक्रियात्मक और अपनी प्रतिक्रियाओं में संवेदनशील होना चाहिए। इसके लिए उन्हें समस्याओं को नए सिरे से समझना होगा। यदि यह बोध समय से आता, महाविनाश सुनिश्चित होगा। जो इस वास्तविकता को देखने को इनकार क़रते हैं वे हिंसा को उकसाने का खतरा उठाते हैं, इसे टालने की अपनी मंशा के बावजूद।

जनाकांक्षाओं और सत्तासीन या सत्ता के आस-पास के लोगों के दृढ़ प्रयत्न के बीच विरोधाभास की अवस्थिति अनिवार्यतः आगे चलकर विरोध प्रकट करने वाले आन्दोलनों को जन्म देती है। यह सच है कि ऐसे हर विरोधी आन्दोलन में हिंसा का तत्त्व अन्तर्निहित होता है, किन्तु ऐसे आन्दोलन के प्रति सकारात्मक प्रतिक्रिया के नकार में कहीं अधिक बड़ी हिंसा के बीज होते हैं। एक निश्चित बिन्दु के बाद इसका पूर्णतः प्रतिशोधात्मक चरित्रवाला हो जाना निश्चित है। जब वह अवस्था आ जाती है, शासन की अवपीड़क ताकतें पूर्णतः प्रभावशून्य हो जाती हैं।

दकियानूसी मूल्यों की समाप्ति के लिए सामाजिक परिवर्तन का कोई-न-कोई आन्दोलन आवश्यक है, किन्तु अहिंसक आन्दोलन और हिंसक आन्दोलन के बीच फर्क करनेवाली एक रेखा खींच देनी चाहिए। हिंसक आन्दोलन खतरनाक साबित

हो सकता है। राज्य-शक्ति और उसके समर्थक विशिष्ट लोगों द्वारा अहिंसक एवं शान्तिपूर्ण आन्दोलन के किसी भी प्रकार के प्रतिरोध से हिंसा की सम्भावना बढ़ जाएगी।

इतिहास प्रतिक्रियाशून्य सत्ता की कसरतों की व्यर्थता का गवाह है। यह सिर्फ गिनती के दिन को टालने में सहायता दे सकता है, किन्तु अनंतकाल तक नहीं। तंत्र की जीवनक्षमता को संरक्षित किया जा सके, इसके लिए सत्ता-प्रतिष्ठान के तंत्रों को परिवर्तनकारी जनाकांक्षा का ध्यान रखना चाहिए। यदि प्रमुख शक्तियाँ इच्छित दिशा में परिवर्तन के लिए स्वेच्छया नहीं मान जातीं तो अन्त में वे आत्मसमर्पण कर देती हैं। सशस्त्र बल, पैरा-मिलिटरी संगठन और पुलिस-तंत्र एक रुद्ध और सड़ती सामाजिक व्यवस्था को बनाये-बचाये रखने में सफल नहीं हो सकता।

फिर, आस-पास की परिस्थिति से शासन का अवपीड़क तंत्र भी बिल्कुल अप्रभावित नहीं रह सकता। वे समाज का अपेक्षया अधिक सचेत खंड हैं। वे जनता के प्रति अपने दायित्वों और नैतिक बाध्यताओं को समझते हैं।

पुलिस और सैन्यकर्मियों के कर्तव्यों को परिभाषित करने में हमारे कानून-निर्माताओं ने प्रभूत सावधानी बरती है। 1861 के पुलिस अधिनियम की धारा 23 बताती है कि हर पुलिस-अधिकारी को केवल ऐसे आदेशों और वारंटों (परवानों) का त्वरित पालन और निष्पादन करना चाहिए जो 'कानूनसम्मत तरीके से जारी' किए गए हैं। सैन्य अधिनियम 1950, वायु सेना अधिनियम 1950, पुलिस अधिनियम 1861 के समरूप हैं। ये अधिनियम बताते हैं : 'यदि आदेश कानूनसम्मत आदेश नहीं है तो कोई भी सैन्य या वायु-सेना अधिकारी, जो किसी भी कार्य पर हो, किसी उच्चाधिकारी के द्वारा दिए गए आदेश का पालन करने को बाध्य नहीं है।'

1930 के अप्रैल में वीर चन्दन सिंह गढ़वाली ने, जो पेशावर में एक रेजीमेंट के प्रभार में था, नागर जनता पर गोली चलाने से इनकार कर दिया। बताते हैं कि गांधीजी ने इस कदम का समर्थन किया। जवाहरलाल नेहरू ने इसका उल्लेख अपनी आत्मकथा में किया है। वे लिखते हैं : उन प्रारम्भिक दिनों में जो सबसे बड़ा सदाचार हमें मिला वह 23 अप्रैल को पेशावर की घटनाओं का था, जो बाद में पूरे पेशावर में घटा। मशीन-गन की गोलाबारी के सामने ऐसे अनुशासित और शान्तिपूर्ण साहस के उल्लेखनीय प्रदर्शन ने भारत में कहीं भी होने पर पूरे देश को मथ दिया होता। गढ़वाली सैनिकों द्वारा नागर जनता पर गोली चलाने से इनकार करने की प्रसिद्ध घटना भी सीमांत प्रदेश में ही घटी। नि:शस्त्र भीड़ पर गोली चलाने में एक सैनिक की अरुचि, और निस्सन्देह, भीड़ के साथ सहानुभूति के कारण उन्होंने गोली चलाने से इनकार किया।

सरकार से बाहर के कुछ असन्तुष्ट लोगों की झिड़की-भर से भीड़ के प्रति सहानुभूति नहीं जगायी जा सकती। ऐसी परिस्थिति की प्रेरणा अधिक वस्तुपरक

और सकारात्मक होनी चाहिए। एक लोकतांत्रिक व्यवस्था में इसे षड्यंत्रकारी गतिविधियों से भी आसानी से नहीं पाया जा सकता। यह तभी सम्भव है जब प्रशासन के संवेदनहीन और निर्दय व्यवहार के कारण जनता के साथ बेहतर बर्ताव की सारी आशाएँ चूर-चूर हो जाएँ। यदि ऐसी परिस्थिति पैदा न होने दी जाए तो सन्देह में डूबे रहने का कोई कारण नहीं है। कुछ व्यक्तियों के वक्तव्यों से विद्रोह नहीं भड़क जाता, लेकिन पेशा और पारिश्रमिक उन्हें बढ़ते सामाजिक दबावों में शान्त नहीं कर सकता। गांधीजी के द्वारा सुविचारित आदर्श स्थिति को प्राप्त करना कठिन है, किन्तु इसकी अनदेखी नहीं की जा सकती कि हमारे समाज का हर खंड जो शोषित है, उसमें साथ चिपके रहने की स्वाभाविक प्रवृत्ति है। बढ़ती जागृति के साथ यह और सुस्पष्ट होगा।

मृत्यु के पूर्व गांधी ने बम्बई के मुख्यमंत्री बी.जी. खेर से कहा था : '...आज के पुलिस-तंत्र से बिल्कुल अलग तरह का पुलिस-बल होगा। इसके सैनिक अहिंसा में विश्वास करनेवाले होंगे। वे जनता के सेवक होंगे, स्वामी नहीं। अपने सहज-ज्ञान से लोग उनकी हर प्रकार से सहायता करेंगे और आपसी सहयोग से वे आसानी से हर तरफ फैली अशान्ति का मुकाबला करेंगे। पुलिस-बल के पास कुछ किस्म के शस्त्र होंगे, किन्तु उनका इस्तेमाल अत्यन्त विरल परिस्थिति में होगा, अगर कभी हुआ तो। वस्तुतः पुलिस-बल के लोग सुधारक होंगे।'

एक बार गांधीजी ने कहा कि यह सुनकर उन्हें पीड़ा हुई कि 'कानून-व्यवस्था की संरक्षक होने की जगह पुलिस कानून-व्यवस्था को बरबाद करनेवाली हो गई है।' इससे कोई इनकार नहीं कर सकता कि नृशंसता, क्रूरता और तानाशाही इस देश में हर दिन की कहानी हो गई है। यदि यह जारी रहता है और यथास्थिति की रक्षा के लिए ऐसी चूकों को क्षमा कर दिया जाता है, तो निश्चय ही अत्यन्त अवसादकारी और दुर्भाग्यपूर्ण घटना-विकास होगा। शासन की ऐसी अवपीड़क शक्तियों के इस्तेमाल को नियंत्रित करने के लिए यदि आवाजें उठायी जाती हैं तो उनका स्वागत किया जाना चाहिए, उन पर भृकुटि नहीं ताननी चाहिए।

(1 मई, 1975)

बेरोजगारी की समस्या

बेरोजगारी इस देश की सबसे बड़ी समस्या रही है। निश्चय ही यह एक विडंबना है कि देश की सबसे बड़ी परिसम्पत्ति बेकार पड़ी है; योजनाकारों ने इस समस्या के समाधान के लिए बहुत कम, या प्रायः बिल्कुल ही नहीं रुचि ली है।

वे यह भी महसूस नहीं कर सके कि गरीबी और बेरोजगारी एक-दूसरे से

सम्बन्धित हैं। यदि एक कारण है तो दूसरा उसका परिणाम। यह तथ्य पूरी तरह से प्रमाणित हो चुका है।

नियोजन के लिए सरकार ने हाल में कई योजनाएँ चलाई हैं; इनमें से एक है ग्रामीण नियोजन के लिए केन्द्र की क्रैश स्कीम (धमाकेदार योजना)। इस योजना का प्रारम्भ एक धमाके के साथ हुआ और यह एक पिनपिनाहट के साथ समाप्त हो गई। किन्तु जहाँ तक तथ्यों का सम्बन्ध है, बेरोजगारी पहले से ज्यादा पैनी हो गई है। पिछले दो सालों में नियोजन-कार्यालयों में शिक्षित रोजगार-खोजनेवालों की पंजीयन-संख्या में लगभग 28 प्रतिशत की वृद्धि हुई। दिसम्बर 1972 में 3,27,42,000 से बढ़कर दिसम्बर 1974 में यह संख्या 4,17,47,000 हो गई है।

बेरोजगारी की स्थिति हर राज्य में अलग-अलग है। तमिलनाडु में पिछले दो वर्षों में इस संख्या में 55.27 प्रतिशत की वृद्धि हुई है, महाराष्ट्र में 27.81 प्रतिशत। किन्तु हरियाणा इस सूची में सबसे ऊपर है। देश में बेरोजगारी की वृद्धि के साथ, लोग सुदूर गाँवों से कुछ महानगरों में एक साथ एकत्र हो रहे हैं। ये दोनों ही प्रवृत्तियाँ बेचैन करनेवाली हैं; वे गंभीर आर्थिक परिणामों से भरी हैं।

किन्तु इन सबके ऊपर एक और गम्भीर समस्या है : यह मानवीय समस्या है। इस देश की कुल आबादी तेजी से बढ़ रही है। सरकार का जनसंख्या नियंत्रण कार्यक्रम इस समस्या का उपयुक्त समाधान नहीं हो सकता। इनमें से लगभग 50 प्रतिशत युवा पीढ़ी के हैं। यदि बेरोजगारी बेरोकटोक बढ़ती रही, सबसे अधिक कष्ट युवजन को उठाना पड़ता है।

मुद्रास्फीति की तरह बेरोजगारी भी अपना बोझ ग्रामीण सर्वहारा-वर्ग और शहरों के निर्धनों पर डालती है। जनसंख्या का यह हिस्सा पूरी जनसंख्या का सबसे बड़ा हिस्सा है। यदि उन पर सामाजिक वंचन का भाव हावी हो जाता है, तो इससे समाज में अव्यवस्था फैलनी ही है।

यह अत्यन्त त्रासद है कि हमारे योजनाकार वास्तविकता को देखने में असफल रहे हैं। समाज के विशिष्ट वर्ग के लाभ को ध्यान में रखकर उन्होंने देश के विकास की योजना बनायी है। उन्होंने उस मानवीय विचारधारा का ध्यान नहीं रखा है, जो हमारे समय की व्यापक मनोवृत्ति है। इसकी अत्यन्त आवश्यकता है कि इस देश के हर वयस्क व्यक्ति को रोजगार की गारंटी दी जाए और जीवन-जीने के लिए राष्ट्रीय न्यूनतम अवश्य सुलभ कराया जाए। इन दो उद्देश्यों को शामिल किए बिना बनायी गई योजना भारतीय अर्थ-तंत्र को बरबाद कर देगी।

सरकार को राजनीति-प्रेरित की जगह सकारात्मक कार्यक्रम विकसित करने चाहिए, जो रोजगार उपलब्ध करा सकें। यदि ऐसा नहीं किया गया तो इससे देश के प्रशासन-तंत्र की साख को ही बट्टा लगेगा।

(15 मई, 1975)

जाति एवं वर्ग-संघर्ष

हिंसा निन्दनीय है, इसकी निन्दा होनी ही चाहिए, क्योंकि यह हमारे राष्ट्र के लिए खतरनाक है, व्यक्ति और समाज के समेकित सम्पूर्ण के लिए। कोई भी विवेकवान व्यक्ति हिंसा की शिक्षा नहीं दे सकता। यह विकृत मस्तिष्क और पागलपन का सुस्पष्ट चिह्न है।

अभी भी हिंसा है—देश के करोड़ों शोषित और भूखे लोगों के खिलाफ हिंसक अपराधकर्म जारी है। यह हिंसा किसी भी अन्य प्रकार की हिंसा से बदतर है। तिस पर भी यह पीढ़ी-दर-पीढ़ी चली आ रही है और करोड़ों-करोड़ लोगों को भुखमरी, कुपोषण, धीमे विषायण और मृत्यु की ओर ढकेल रही है। यह घृणित अपराध-कर्म, धन-सम्पत्ति में डूब-उतरा रहे मुट्ठी-भर लोगों और समाज की प्रभुत्वशाली जातियों, दोनों के द्वारा किया जा रहा है। फिर भी, वर्तमान सामाजिक व्यवस्था इसे सुदृढ़ कर रही है और संरक्षण दे रही है। शासन के शक्तिशाली हाथ भी उनके बचाव में आगे आ जाते हैं। यह विडंबना ही तो है।

देश के तीन हिस्सों में हाल में घटित तीन त्रासद घटनाएँ भयभीत करनेवाली हैं। एक घटना बिहार के भोजपुर जिले के सहार अंचल के दुल्लमचक गाँव में घटी। भूमिहीन हरिजनों एवं अन्य पिछड़ी बिरादरियों के खिलाफ अपेक्षया धनी किसानों ने तलवार खींच ली। परिणामस्वरूप कई लोग मारे गए। इस क्षेत्र के लिए हिंसा नई नहीं है। प्रमुख जातियाँ, जो क्षेत्र के शासनकर्ता विशिष्ट लोग हैं, प्रारम्भ से ही, भूमिहीनों के खिलाफ अनेक नृशंस और खूनी गतिविधियों में लिप्त रहे हैं। छोटी जातियों के लोगों को अपने छाते बन्द करके, जूते उतारकर, प्रमुख भू-स्वामियों के दरवाजे पर श्रद्धा अर्पित करनी होती है, प्रणाम करना होता है। यदि वे इनकार करते हैं, उनकी खबर ली जाती है और मौत का सामना करने को भी उन्हें तैयार रहना होता है। कुछ समय पहले एक हरिजन लड़के को जिन्दा भून दिया गया था; क्योंकि ऊँची जाति के किसी व्यक्ति के प्रति उसने गुस्ताखी की थी।

जाति-संघर्ष ने वस्तुतः वर्ग-संघर्ष का रूप ले लिया है। हरिजनों और पिछड़े समुदायों के खिलाफ युद्ध में भू-स्वामी प्रमुख जातियों, भू-राजस्व एवं पुलिस के अधिकारियों ने हाथ मिला लिये हैं। दूसरी घटना आंध्र प्रदेश के नालगोंडा जिले के भौनगीर तालुके के बोल्लापल्ली गाँव में घटी।

बोल्लापल्ली गाँव के बड़े जमींदारों ने सरकारी जमीन अपने नाम कराने की जुगत बैठा ली। यह गैर-कानूनी था और सरकार की नीति के प्रतिकूल भी। आंध्र प्रदेश लैंड सीलिंग अधिनियम की कोई परवाह किए बिना उन्होंने वह जमीन बेच दी। इस लेन-देन की सूचना सरकार तक पहुँचाने के लिए हरिजनों और पिछड़े समुदायों के लोगों ने 'लैंड सीलिंग्स कार्यान्वयन समिति' बनायी। इससे बड़े जमींदार

गुस्से में आ गए। उन्होंने हरिजनों, विशेषकर समिति के पद-धारियों पर आक्रमण कर दिया।

पुनः उत्तर प्रदेश के गाजीपुर जिले के शेरपुर गाँव में 26 और 27 अप्रैल को एक वीभत्स नाटक खेला गया। हरिजनों की आबादीवाले पूरे गाँव को क्षेत्र की प्रमुख जातियों ने आग के हवाले कर दिया। इस तरह की घटनाएँ पूरे देश में सर्वत्र घट रही हैं।

यह केवल न्याय-व्यवस्था की समस्या नहीं है। मूलतः यह सामाजिक-आर्थिक समस्या है : न्याय-व्यवस्था केवल अनुषंगी है। सैन्य-बल की तैनाती भी समस्या का कोई समाधान नहीं है। हिंसा के लिए नक्सलियों के सिर ठीकरे मढ़ना भी मूल मुद्दे से बचना है; और इससे देश में शान्ति-स्थापना के कार्य को कोई सहायता भी नहीं पहुँचने वाली।

असली दोष उन लोगों का है जिनके हाथों में घटना का संचालन-सूत्र है। कई भूमि-सुधार अधिनियम पारित हुए। उन अधिनियमों का क्या हुआ? स्वाभाविक है कि कोई पूछे : क्या ये अधिनियम लागू किए गए हैं? गाँव के जर्जर सामाजिक रिश्तों में क्या हमने कोई बदलाव लाया है? ये वे मूल प्रश्न हैं जिन पर हिंसा का उत्तर निर्भर होगा। परिसम्पत्तिशाली वर्ग और प्रभुत्तासम्पन्न जातियों के हाथ मजबूत करके सरकार अपने को सामान्य जन-विरोधी और विशिष्ट जन-पक्षधर के रूप में अनावृत कर रही है।

भारत में जाति और वर्ग के बीच विभाजक रेखा खींचना मुश्किल है। जाति, वर्ग के साथ मिलकर एक हो गई है। ग्रामीण निर्धनों का बहुलांश हरिजन या पिछड़ी जातियों के लोग हैं। समस्या सामाजिक भी है, आर्थिक भी। यदि समस्वर तरीके से इसका समाधान नहीं किया गया तो वर्ग-संघर्ष के उमड़ने को कोई रोक नहीं सकता। सामाजिक-आर्थिक से इतर समाधान की तलाश सिर्फ आग में घी का काम करेगी। जो लोग स्थिति की गम्भीरता को कम करके आँकते हैं वे मानव विकास के इतिहास को नहीं जानते या सामाजिक परिवर्तन के गति-विज्ञान को नहीं समझते।

(29 मई, 1975)

थोथे शब्द...किन्तु क्रियाशून्यता

योजना आयोग के उपाध्यक्ष श्री पी.एन. हक्सर ने हाल के अपने दो भाषणों में, देश की समस्या के समाधान के लिए 'माइक्रो-लेव्हेल' (लघुस्तरीय) योजना के महत्त्व और 'नेशनल कन्सेंसस' (राष्ट्रीय मतैक्य) की आवश्यकता के महत्त्व पर बल दिया था। उन्होंने यह सलाह भी दी है कि यदि देश की बीमारी को दूर करने का मरहम

लगाना है तो 'उधार' लिये गए समाधानों के बजाय 'भारतीय उपाय' निकाले जाएँ। श्री हक्सर ने दो और चटकीले विचार प्रस्तुत किए हैं : पहला यह कि 'विद्यमान संसाधनों के इस्तेमाल में फिजूलखर्ची' पर रोक लगायी जाए और दूसरा, 'गरीबी नहीं, सम्पत्ति वितरित की जाए'।

ये विचार निश्चय ही स्वागत-योग्य हैं, बशर्ते शब्दों को हल्का किए बिना इन्हें निष्कपट और ईमानदार तरीके से लागू किया जाए। किन्तु दुःख इस बात का है कि हमारे देश में होता ठीक उसके विपरीत है जो नीति-निर्माता कहते या उपदेशते हैं। उपदेश और आचरण के बीच रिक्त है। इस देश में योजना अमीर और समृद्ध समुदाय के पक्ष में झुक गई है; भूख से तड़पते करोड़ों देशवासियों को घुट-घुटकर मरने के लिए छोड़ दिया गया है।

हक्सर के द्वारा व्यक्त अवधारणाएँ देश के लिए नई नहीं हैं। गांधी के पास लघुस्तरीय योजना पर आधारित 'भारतीय समाधान' खोज निकालने की मेधा थी और इसने देश की जड़ अर्थ-व्यवस्था को उछाल दिला दी होती, यदि इस पर आचरण किया गया होता। उन्होंने गरीबी की समस्या को समझा था और कांग्रेस के नेताओं को अपर्याप्त संसाधनों के असंयत उपयोग के लिए मना किया था। जिस क्षण हमारे शासकों ने सत्ता सम्हाली, उन्होंने गांधी के परामर्शों की ओर पीठ करके उन्हें छोड़ दिया। शासक बदल गए थे, किन्तु औपनिवेशिक पद्धति वाला शोषण और तड़क-भड़क वाली जीवन-शैली बनी रह गई। बदतर तो यह है कि आजादी के 27 साल बीत जाने के बाद भी इसे जस-का-तस बनाए रखा गया है। व्यवहार में, सर्वतोभावेन, आज योजना विशिष्टजनोन्मुखी और सामान्य जन-विरोधी है।

देश की योजना बनाने के लिए भारत के योजनाकारों ने पश्चिमी मॉडल को उधार लेने को प्रश्रय दिया। उन्होंने विकास-दर को आर्थिक विकास के साथ गड्डमड्ड कर दिया है। विडम्बना यह कि न विकास-दर पायी जा सकी, न आर्थिक विकास ही हो सका। परिणाम यह हुआ कि इस देश की योजना ने करोड़ों 'निर्धनों' की जगह थोड़े से 'सधनों' को लाभ पहुँचाया है।

उपदेश देना आसान है, आचरण करना मुश्किल। संसाधनों का असंयत उपयोग आर्थिक विकास पर गम्भीर दबाव डालता है। किन्तु केवल बातों से इसे नहीं हासिल किया जा सकता। जितनी जल्दी यह किया जाए उतना बेहतर। सम्पत्ति के वितरण के साथ भी ऐसा ही है। क्योंकि यह आज की जरूरत है और आर्थिक विकास की सबसे आवश्यक शर्त है। गांधी ने काफी पहले हमें सिखाया था कि समाज के गरीब तबकों को समस्तरीय बनाने के लिए अमीर तबके के स्तर को थोड़ा नीचे लाना होगा। लेकिन उन्हें सुनने की परवाह किसने की ? जादू की छड़ी से इसे उपलब्ध नहीं किया जा सकता। आय और पारिश्रमिक के सम्बन्ध में सरकार अभी तक सकारात्मक नीति भी नहीं बना पायी है। इसके लिए किसे दोष दिया जाए ?

थोथे शब्दों से करोड़ों भूखे लोगों को सन्तुष्ट नहीं किया जा सकता। आज जरूरत सामाजिक सुधार और सामाजिक परिवर्तन की नीति के कार्यान्वयन के लिए साहस और संकल्प की है। यदि श्री हक्सर के शब्द थोथे नहीं हैं, उन्हें इन विचारों को आर्थिक विकास का आधार बनाना चाहिए और इसे इसपर इसके शब्द और इसकी आत्मा, दोनों के साथ आचरण किया जाना चाहिए।

(5 जून, 1975)

क्या यह नक्सली चुनौती है ?

पटना जिले के मुसहर टोला में 3 जून को बोरडा मुसहर और उसके 14 साथी मार डाले गए। बताया गया कि पुलिस–मुठभेड़ में उनकी मौत हुई। यह तर्क कि पुलिस की कार्रवाई में ये लोग मारे गए, लोगों के दिल–दिमाग में विश्वास नहीं पैदा कर सका। मारे गए लोग कौन थे और मारने वाले लोग कौन थे, जिन्होंने ऐसी नृशंस त्रासदी को अंजाम दिया ? रिपोर्ट है कि मारे गए लोग नक्सलवादी थे। फिर भी वे इसी धरती की सन्तान थे। वे किसी शत्रु देश के नहीं थे न ही उनका अपराध न्याय–व्यवस्था के अनुसार, सामान्यतः, किसी प्रकार के अपराध की श्रेणी में आता है। शत्रु देश में युद्धबंदियों के साथ भी ऐसा व्यवहार नहीं किया जाता। दूसरी ओर, हत्यारे केन्द्र सरकार द्वारा भरण–पोषण पानेवाले सिपाही हैं। यह एक विडंबना है कि सरकार की गोली का निशाना इसकी अपनी प्रजा बनी है। विद्यमान सामाजिक व्यवस्था का यही मूल विरोधाभास है।

सरकार ने फैसला लिया है कि वह नक्सलवादियों के विरुद्ध कार्रवाई करेगी। बिहार के पटना और भोजपुर जिलों के 20 नक्सल प्रभावित गाँवों में से प्रत्येक में सीआरपी (केन्द्रीय रिजर्व पुलिस) और बिहार सैन्य पुलिस के एक प्लाटून (पलटन) की तैनाती की गई है। कथित नक्सलियों को मात देने के लिए बिहार सरकार ने हाल में ही लोगों को शस्त्र–सज्जित करने की घोषणा की है। यह किसे शस्त्र–सज्जित करने जा रही है ? क्या वे जमींदारों को भूमिहीनों के खिलाफ शस्त्र–सज्जित करना चाहते हैं ? फिर भी, यह फैसला, यदि यह सच है तो, दुर्भाग्यपूर्ण है और यह केवल आग में घी का काम करेगा। बुरा यह है कि ये उपाय देश में लोकतंत्र की कार्य–प्रणाली की बदहाली का संकेत करते हैं।

इस बात के पर्याप्त प्रमाण हैं कि पुलिस का रवैया भूमिहीन गरीबों से अधिक धनी जमींदारों की पक्षधरता का है। भोजपुर जिले का संघर्ष अधिकांशतः सवर्ण जमींदारों और हरिजन–सह–पिछड़ी जाति के बटाईदारों या खेत–मजदूरों के बीच का था। पुलिस पर आरोप है कि उसने भू–स्वामियों को अपना समर्थन दिया। जाति–सह–वर्गाधीन

समाज में ऐसा होगा ही। सीजर की पत्नी की तरह क्या पुलिस सन्देह से परे है? पुलिसिया कार्रवाई नक्सली संकट का समाधान कतई नहीं है।

नक्सलवाद के तौर-तरीके और उसके दर्शन से हमारा विरोध हो सकता है। किन्तु नक्सलवाद एक सामाजिक घटना है; यह गाँव के अन्यायी एवं शोषक सामाजिक वर्ग के विरुद्ध आगे बढ़ा हुआ निष्पन्न तथ्य है। नक्सलवाद ने अपने लिए सुभेद्य जमीन बिहार, उड़ीसा और आंध्र प्रदेश के निकटस्थ जनजातीय क्षेत्रों में पायी है और इसके पुनः प्रयोग के कारण भूमिहीन मजदूरों की बढ़ती बदहाली, भूमि-सम्बन्धी असन्तोष तथा सामाजिक तनावों के कारणों को दूर करने में राज्य सरकारों की विफलता, आदिवासियों की जमीनों का अपहरण, पुलिस-जुल्म, जमींदारों द्वारा फसल की जबरिया कटाई हैं।

गाँव में आज भू-स्वामियों और बटाईदारों के बीच लड़ाई है; भूमिहीनों और भू-स्वामियों के बीच संघर्ष है। भोजपुर के हँड़ियाबाद गाँव के बारे में रिपोर्ट है कि भू-स्वामियों ने एक हरिजन को मार डाला और चार अन्य को जिन्दा जला दिया। इस घटना के बाद गढ़बन त्रासदी को अंजाम दिया गया, जिसमें 15 नक्सलियों के मारे जाने की बात कही गई है। बदकिस्मती से, भारत में जाति और वर्ग-भेद एक-दूसरे के साथ हो जाते हैं।

आर्थिक बराबरी के लिए संघर्ष को अपराध नहीं कहा जा सकता। इस देश के नेताओं—भूत और वर्तमान—दोनों ने देश में सामाजिक क्रान्ति लाने की शपथ ली थी। सामाजिक क्रान्ति के सम्पादन के बिना न लोकतंत्र और न ही समाजवाद प्रभावी और वास्तविक हो सकता है। हालाँकि आजादी के 27 साल बीत गए हैं, लगभग 60 प्रतिशत बच्चे कुपोषित हैं और भारत के 60 प्रतिशत बच्चे गरीबी के कारण, चार-पाँच साल की शिक्षा के बाद स्कूल छोड़ देते हैं। उड़ीसा से कई भयंकर और हृदय-विदारक रिपोर्टें हैं। माता-पिता अपनी किशोरी पुत्रियों को कौड़ी के मोल बेच रहे हैं; भोजन के अभाव में एक नंगी औरत राहत-पाकशाला के दरवाजे पर मर गई; बच्चे भिखारी बन गए हैं और नंगलपद गाँव के निवासी बन्दरों, कौओं और दूसरे जानवरों के मांस पर गुजारा कर रहे हैं।

आज जरूरत इस बात की है कि गरीबी-उन्मूलन के लिए एक सकारात्मक नीति और राष्ट्रीय सहमति विकसित की जाए, ताकि सामाजिक परिवर्तन का दौर लाकर गाँवों के सामाजिक तनाव को दूर किया जा सके और अपने व्यक्तित्व के विकास के लिए देश के हर व्यक्ति को समान अवसर उपलब्ध कराया जा सके। किन्तु इस सब के लिए इस्पाती संकल्प और नीति को लागू करने की इच्छाशक्ति की जरूरत पड़ेगी। विशिष्ट जनोन्मुखी योजना को हटा देना होगा; दफ्तरशाही समूह, जो औपनिवेशिक शासन का रिक्थ है, में आमूल सुधार करना होगा और जीवन-शैली को बदलना होगा। यदि हम यह कर सकते हैं, हम हिंसा और रक्तपात के बिना नक्सलवाद की चुनौती

का सामना करने में समर्थ हो सकते हैं। अतएव, जो चुनौती है वह औपनिवेशिक शासन के उत्तराधिकार में मिले तंत्र की अधिक है, बजाय नक्सलवाद के; बादवाला पहलेवाले के भीतर विद्यमान कारण है।

(12 जून, 1975)

इतिहास का एक दिन

इतिहास में कुछ ऐसे बिन्दु हैं, जो अचानक इसे एक मोड़ दे देते हैं। गुरुवार, 12 जून, 1975 ऐसा ही एक दिन था। हमारी राज्य-व्यवस्था और इसकी संस्थाओं पर अभूतपूर्व प्रभाव के साथ इस धक्के की धमक देश पर पड़ी। जैसी स्थिति थी, राष्ट्र के जीवन के कई दशक क्षणों में फँस गए और ऐसी तीव्रता के साथ विस्फोटित हुए कि बहुत सारे लोग भौचक्के रह गए। अचानक इतिहास के कदम इतने विशाल हो गए कि उन्हें नापना असम्भव था। और, देश फिर वही नहीं होगा। इलाहाबाद उच्च न्यायालय के फैसले और गुजरात के जनादेश, हालाँकि दोनों आपस में असंबद्ध हैं, ने सम्मिलित रूप से सारा अन्तर ला दिया है। एक विशेष परिस्थिति पैदा हो गई है।

घटनाओं की गम्भीरता और प्रभावकारिता यह आदेशसूचक बना देती है कि इस क्षण की चुनौती का सामना करते समय परम संयम और शान्ति बरती जाए। निःसृत शक्तियों का हिसाब रखे बिना जल्दबाजी में उठाए गए एक कदम का परिणाम भी बरदाश्त का लोप हो सकता है तथा मामलों को और उलझा सकता है, जो पहले से ही उलझे हुए हैं। बड़े खतरे की कीमत पर ही सच्चाइयों को नजरअन्दाज किया जा सकता है। समय की माँगें हैं परिदृश्य और सावधानी।

इससे शायद ही किसी को इनकार हो कि लोग, और सिर्फ लोग, इतिहास को शक्ल देते हैं; इसके साथ ही एक सामाजिक और राजनीतिक तंत्र अपने लिए जो संस्थाएँ खड़ी करता है उनकी एक भूमिका और प्रासंगिकता होती है, तब, जब तंत्र स्वयं साबुत रहे। किन्तु उनका सिर्फ औजारों के रूप में इस्तेमाल, अल्पकालिक क्षुद्र स्वार्थ के लिए सुविधा पर बिक जाना खतरनाक सिद्ध हो सकता है। इन संस्थाओं के क्रमिक क्षरण और लोप से, जो सहारा देते हैं, तंत्र लड़खड़ा जाता है और अपने ही दबाव से विघटित हो जाता है। बाद में आनेवाली खलबली और ऐंठन में प्रक्रिया को प्रारम्भ करनेवाले मूल तत्त्व को ही लपेटे में ले लेने की प्रवृत्ति होती है। सम्भव है, अल्पकालिक लाभों के पीछे पड़े कुछ लोग वास्तविकता को देख ही न पाएँ। परन्तु इतिहास की अपनी राह होती है। अपने प्रमाण में यह अटल होता है। यह और बात है कि ऐसे कदमों से इच्छित परिणाम मिल जाएँ। किन्तु एक बार खेल का भंडाफोड़ हो गया तो यह उत्पादन के प्रतिकूल और आत्म-पराजयी हो जाता है। लोगों को

जगाने और उन्हें सामाजिक लक्ष्यों के प्रति या आर्थिक परिवर्तन के लिए सजग करना उससे बिल्कुल भिन्न है, जिसे उलझन में डालने वाली स्थिति को परे ढकेलने का गलियों का तमाशा कह सकते हैं, जो विद्यमान ढाँचे में अन्तर्निहित है और साथ ही जो अपनी सुरक्षा के उपाय स्वयं करता है।

राजनीतिक ढाँचे के विभिन्न उग्र पक्षों में जो नाजुक सन्तुलन है उसे पुष्टि और सहारे की जरूरत है। सत्ता और कार्यपालक की प्रभुता के लिए न्यायिक या विधायिक अंग को अनभिप्रेत चुनौती भी पूरे तंत्र के मर्मस्थलों को क्षत करने का काम करेगी। लोकतंत्र में वे अन्योन्याश्रित हैं और बिना सोचे-समझे एक के अधिकार के क्षरण का प्रयास दूसरों के वजन को कहीं अधिक कम कर देगा, जिसका परिणाम यह होगा कि नुकसान दोनों उठाएँगे, लाभ कोई नहीं पाएगा। मतभेद हो सकते हैं, होते हैं, किन्तु उन्हें खेल के नियमों के अनुसार ही सुलझाना चाहिए, वे नियम, जो दशकों के श्रम के बाद विकसित और परिभाषित किए गए हैं, ताकि स्थिरता और विकास के लिए ढाँचा बरकरार रहे और इसे न्यूनतम अवरोध-प्रतिरोध का सामना करना पड़े। यह समय है जब हमें तर्कबुद्धि और धैर्य का सहारा लेना चाहिए। अप्रासंगिकताओं में भटकने की जिद और स्थितियों को परिदृश्य से काटकर देखने की प्रवृत्ति के परिणाम भयंकर होंगे।

(19 जून, 1975)

अध्यक्ष की ओर से

भारतीय जन-समुदाय के जारी शोषण के बोध ने साठ के दशक के अन्तिम दिनों में खलबली पैदा कर दी और सत्ताधारी पार्टी के विभिन्न मंचों (फोरमों) में इसे अभिव्यक्ति मिली। संसदीय संस्थाओं ने इजारेदार घरानों तथा शोषण के तौर-तरीकों पर कड़वी परन्तु सार्थक बहसें देखी-सुनीं। इसने एक कठिन विवाद को जन्म दिया और इसकी परिणति 1969 में कांग्रेस पार्टी के विभाजन में हुई। प्रत्यक्ष ही, यह क्रिया इस भाव से प्रेरित थी कि शोषित समूहों की सहायता के लिए सामाजिक परिवर्तन लाया जाए। इच्छित दिशा में कुछ कदम उठाए गए। सांस्थानिक परिवर्तन किए गए। प्रयत्न किया गया कि आशा और विश्वास का वातावरण बने। जनता को आकृष्ट करने के लिए नए नारे गढ़े गए। किन्तु शीघ्र ही यह सब मिथ्या सिद्ध होने को था।

सम्भावित विचलन की सनसनाहट स्पष्टतः अवगम्य थी। स्थिति की आवश्यक गम्भीरता का सामना करने के लिए उठाए गए राजनीतिक कदमों में जरूरी विश्वास की कमी थी। इस असाधारण राजनीतिक संघर्ष में भाग लेने वालों में सर्वसामान्य प्ररिपेक्ष्य का साझा नहीं था और उनमें से अधिकांश के पास भविष्य के लिए स्पष्ट

दृष्टि नहीं थी। आशंका और संशय के इसी वातावरण में *यंग इंडियन*, सावधान करने के लिए, और संचालन-सूत्र सँभालने वाले लोगों को उनके वायदों तथा अपूरित आशाओं-आकांक्षाओं के दीर्घकालिक निहितार्थ की याद दिलाने के लिए, अस्तित्व में आया।

चेतावनी के इस स्वर को असंगत बताकर इसका उपहास किए जाने में देर नहीं लगी। रिवाज के मुताबिक हतोत्साहित करने, रोकने और फिर निन्दा करने की कोशिशें हुईं। किन्तु ये सभी वार बेकार गए। चूँकि *यंग इंडियन* विरोध और चेतावनी के स्वर को प्रतीकित करता है, दबाव बने और उनका दृढ़ता से मुकाबला किया गया। विरोध प्रकट करनेवाले इस स्वर को केवल आपातकाल (इमर्जेन्सी) के काले दिनों में खामोश कराया जा सका, जब *यंग इंडियन* को बलात् बन्द कर दिया गया।

स्थिति एक बार फिर चुनौतीपूर्ण है। पहले कभी राष्ट्र इससे अधिक महाविनाशकारी स्थिति में नहीं था। विपरीत दावों के अतिरिक्त आज कुछ भी कारगर होता प्रतीत नहीं होता। आर्थिक स्थिति बैठ जाने के कगार पर है। यह नवें वित्त आयोग के अध्यक्ष का मूल्यांकन है। रिजर्व बैंक की रिपोर्टें बेचैन करनेवाली हैं। अधिक अनिष्ट-सूचक है हमारे अर्थ-तंत्र के व्यवस्थाओं की निर्दयता। ऐसा लगता है जैसे वे अपने आश्चर्यलोक में रहते हैं। राष्ट्र को वशवर्ती बनाने का यत्न हो रहा है। इसे विश्वास में नहीं लिया जा रहा। आडंबरहीनता को भुला दिया गया है और धन सम्पत्ति का शासन है। सांख्यिकीय चालबाजी और मीडिया के इन्तजाम से निर्मित झूठी उम्मीदों से शासक, लोगों के पेट भरना चाहते हैं। ये खतरनाक चिह्न हैं। यदि रोग का सही निदान नहीं हुआ तो इसके उपचार की उचित कोशिश वे कैसे कर सकते हैं? हर बढ़ती मुद्रास्फीति, बढ़ती बेरोजगारी, चढ़ते ऋण, अमीर-गरीब के बीच चौड़ी होती खाई और क्षेत्रीय असन्तुलन की चिन्ताजनक प्रवृत्ति ऐसी समस्याएँ हैं, जिन्हें उड़ाया नहीं जा सकता।

समाधान कड़वे फैसलों की माँग करता है, जो अपराजेय जनशक्ति पर पूर्ण विश्वास और सम्प्रत्यय के बिना सम्भव नहीं है। यदि करोड़ों लोगों की अवहेलना होती है और उनका स्वैच्छिक सहयोग उपलब्ध नहीं है तो निहित स्वार्थी तत्त्वों और सुविधाप्राप्त थोड़े-से लोगों के आक्रमण का सामना नहीं किया जा सकता। यदि हमें इस राह पर चलना है तो हमें संघर्ष के रास्ते चलना होगा, जो विद्यमान सामाजिक व्यवस्था के ढाँचे में ही अन्तर्निहित है।

यथास्थितिवादी ताकतों ने घेराबन्दी कर रखी है और वे कड़ा मुकाबला करेंगी। जन-समूह को इकट्ठा और तैयार करके ही उन्हें पराजित किया जा सकता है। इस संघर्ष में जन-सहयोग तभी सम्भव है, जब राष्ट्रनिर्माता के कार्यों में उनकी आशाओं और उम्मीदों की परछाईं हो।

दुर्भाग्य से, शासक-मंडली में इस आवश्यक पूर्वावश्यकता का कोई बोध नहीं है और हर क्षेत्र में हम अपसरित हो रहे हैं। इस अपसरण ने खतरनाक अनुपात पा लिया है। हम ऐसे बिन्दु पर पहुँच गए हैं, जहाँ इसका उल्लेख न सिर्फ वर्णित है बल्कि इसका मजाक उड़ाया जाता है। लोगों को उलझाने की सुविचारित कोशिश हो रही है और विचार-निर्माता इसके सहज शिकार हैं। इस उलझन को दूर करने के लिए उन मुद्दों पर, जिनका सीधा सम्बन्ध जनता के भविष्य से है, खुली बातचीत, वाद-विवाद की आवश्यकता है। समय आ गया है, जब उपेक्षित छोड़ दिये गये लोगों को भी अभिव्यक्ति का अवसर मिले और उनकी आवाज सुनी जाये। इस दिशा में एक विनम्र प्रयास है *यंग इंडियन*। अपने सीमित तरीके से इसने दमन और शोषण के कर्ताओं के खिलाफ आवाज उठायी। इसने दबावों के आगे झुकने से इनकार किया और मुकाबला करने का रास्ता चुना।

आज फिर यह आपके सम्मुख उपस्थित है, उसी उत्साह और दृढ़ता के साथ। इसका पुनराविर्भाव आचार्य नरेन्द्र देव की पुण्यतिथि के साथ हो रहा है; आचार्य नरेन्द्र देव, जिनके जीवन और कर्म ने करोड़ों लोगों को तमस की ताकतों के खिलाफ खड़े होकर संघर्ष करने की प्रेरणा दी, ताकि समाजवाद का नवयुग लाया जा सके। उनके लिए समाजवाद केवल आर्थिक सोच-विचार तक सीमित नहीं था अपितु यह जीवन का नया रास्ता था, मानव-व्यवहार और रवैये का पूर्ण पुनर्पूर्वाभिमुखीकरण। इस संघर्ष को आगे बढ़ाने के लिए और इस लक्ष्य को पाने के लिए हम, आचार्यजी के शती-वर्ष में, जन-सेवा और अन्याय के खिलाफ अपरिहार्य संघर्ष के लिए जनता को संगठित करने के लिए अपने को पुनर्समर्पित करें। *यंग इंडियन* पूर्व की तरह, इस नई जागृति का वाह· · बना रहेगा।

(19 फरवरी, 1989)

बजट—आँखों में धूल झोंकने की कवायद

किसी भी राजनीतिक दल का कोई भी वित्तमंत्री, चुनाव-वर्ष में, संसाधन जुटाने के लिए अथवा सार्वजनिक खर्च के पैटर्न (नमूने) में कठोर परिवर्तन के लिए साहसिक प्रस्ताव रखने में समर्थ नहीं हो सकता। वास्तविकता को छिपाने और चमकीले पक्ष को सामने लाने वाले को भी थोड़ी छूट दी जा सकती है। अर्द्धसत्य पर बल देना भी असामान्य नहीं है।

तथापि, कुछ गणनाओं से बजट महत्त्वपूर्ण है। वित्तमंत्री ने संसाधन जुटाने में विचलन किया है, हालाँकि थोड़ा-सा ही। उदाहरणार्थ, टी.वी., पैसेंजर कारों और कुछ अन्य विशिष्ट जनोपयोगी सामानों के उत्पाद-शुल्क में वृद्धि का प्रस्ताव; हवाई

यात्रा तथा पाँचसितारा होटलों पर अतिरिक्त कर, रु. 50,000 से अधिक की करनिर्धार्य आय के आय-कर पर अधिशुल्क परिवर्तन के परिचायक हैं।

इस प्रकार के प्रस्ताव वर्तमान सरकार के आचरण और दर्शन के सर्वथा प्रतिकूल हैं, यदि पिछले पाँच वर्षों का रिकॉर्ड देखा जाए, खास करके 1985 से। हाल के वर्षों में विकसित कराधान-प्रणाली के व्यापक दबाव या मूल स्वरूप में प्रस्तावित परिवर्तन हेर-फेर नहीं करते। वित्तीय प्रणाली गरीबों पर ऊँचे कर का बोझ लादने का और विशिष्ट जनों के उपभोग की वस्तुओं के लिए आर्थिक सहायता देने का औजार बन गई है। यह इजारा-पूँजी तथा बड़े उद्योगपतियों की उपकारक और विदेशी पूँजी तथा बहुराष्ट्रीय कम्पनियों के हितों की प्रोत्साहक है। राजीव गांधी के सत्ता में आने के बाद से ऐसा कुछ नहीं है, जो सरकार के मूल दर्शन के उत्क्रमण का संकेत है। एस.बी. चह्वाण ने यह परिवर्तन क्यों किया है ?

प्राथमिक कारण इस तथ्य में निहित है कि यह चुनाव-वर्ष का बजट है। शासक दल पूरी तरह सचेत है कि इसे यत्किंचित प्रगतिशील मुद्रा बनाकर गरीबों के बीच अपनी छवि सुधारने की जरूरत है। मूल प्रेरणा, स्वीकार्यता पाने की इच्छा है, दृढ़ धारणा नहीं। यह लोगों की आँखों में धूल झोंकने की कोशिश है। यदि सरकार सचमुच गरीबी की हालत को लेकर चिन्तित थी तो कराधान के इस तरीके को वर्षों पूर्व प्रारम्भ किया जाना चाहिए था।

जवाहरलाल नेहरू की शती के अवसर पर बृहत् नियोजन कार्यक्रम का प्रस्ताव बजट में है, जिसके लिए रु. 500 करोड़ की व्यवस्था भी कर दी गई है। यह एक और छलावा प्रतीत होता है। गरीबी और बेरोजगारी की समस्या का समाधान तदर्थ वित्तीय लागत या ऐसे-वैसे करतबों से नहीं किया जा सकता। समस्या की प्रकृति ढाँचागत है। वास्तविक समाधान भारतीय समाज के सामाजिक-आर्थिक ढाँचे में बदलाव से होगा न कि सरकारी योजनाओं से, जो शुद्ध रूप से चुनावों से प्रेरित हैं और जिनका परिदृश्य सीमित है। हाँ, गरीबों और बेरोजगारों को दी जानेवाली कोई भी सहायता, स्वागत-योग्य है, चाहे वह छोटी-से-छोटी हो। यदि 'ऋण-मेला' की तरह ही यदि इनका भी कार्यान्वयन हुआ तो इनका कोई ठोस परिणाम नहीं निकलेगा। चूँकि यह चुनाव-वर्ष है, सत्ताधारी पार्टी चिह्नित फंडों का उपयोग उन्हें संरक्षण देने में करेगी, जो वोटों से इसकी सहायता करेंगे।

विचलन अपनी जगह, बजट-प्रस्ताव पुरानी रुझानों को ही मजबूती देना जारी रखेंगे। इनमें से सर्वाधिक महत्त्वपूर्ण प्रवृत्ति का मूल इस विश्वास में है कि खुली प्रतिस्पर्द्धा और अन्तरराष्ट्रीय बाजार, व्यवस्था और पूँजी के लिए अर्थ-तंत्र को खोलने-जैसी छूट, योजना के अनुशासन में, देकर आर्थिक विकास के लक्ष्य को पाया जा सकता है। भुगतान-सन्तुलन खाते की गम्भीर कठिनाइयों और समस्याओं के बावजूद निर्यात पर आधारित विकास के सिद्धान्त पर अभी भी हमारा विश्वास बना हुआ है।

बाहरी-भीतरी ऋण का आकार बढ़ता जा रहा है। सामूहिक क्षेत्र में खपत की पद्धति और सार्वजनिक मीडिया द्वारा ऐसी जीवन-शैली और ढंग को आगे बढ़ाने के प्रयत्न, देश के अमीर ही जिसमें समर्थ हो सकते हैं, इनके प्रति बजट में आनन्दपूर्ण अज्ञान झाँकता है।

वित्तमंत्री ने बजट में विशाल घाटा छोड़ दिया है। रु. 7,337 करोड़ की संख्या की जगह, घाटे के वित्त-प्रबन्ध का आकार 10,000 करोड़ रुपयों से अधिक होगा, जिससे मुद्रास्फीति होनी ही है। बहुराष्ट्रीयों से भरे संगठित पैकेजिंग उद्योग को दी जानेवाली छूटों की पृष्ठभूमि में अनुमानित मूल्य-वृद्धि को देखने की जरूरत है। निर्यातों पर बजट में रु. 1,700 करोड़ की सहायता के प्रावधान, एक वर्ष में ही रु. 500 करोड़ की वृद्धि, को दुनिया के निर्यात-व्यापार में भारत की गिरती हिस्सेदारी के सन्दर्भ में देखा जाना चाहिए।

इस तरह से पूरी कसरत ही मूलतः चुनावोन्मुख है और उन गरीबों की आँखों में धूल झोंकने का प्रयत्न है, जिनकी सहायता यह माँगेगा, चाहे देर से सही।

(4 मार्च, 1989)

अध्यक्षीय : पंजाब पैकेज—कोई प्रस्थान (टेक-ऑफ) नहीं

पंजाब के बारे में प्रधानमंत्री की हाल की घोषणा से समस्या के समाधान में प्रारम्भ से ही जारी अपरिपक्वता और अयोग्यता ही उजागर हुई है। इसका प्रारम्भ अकाली दल के द्वारा कुछ धार्मिक सुविधाएँ माँगने के साथ हुआ। कुछ माँगें राज्य की जनता की सामाजिक-आर्थिक उम्मीदों से भी जुड़ी थीं। भारत सरकार ने अकाली दल के धर्मांध तत्त्वों के हाथों का खिलौना बन जाने की बड़ी गलती की, जिन्होंने पंजाब के लोगों की सामाजिक-आर्थिक आशाओं से जुड़ी माँगों के साथ धार्मिक माँगों का घालमेल करना चाहा। आकली दल का एक बड़ा धड़ा प्रारम्भ में इन दो प्रकार की माँगों को अलग-अलग रखने के पक्ष में था। धार्मिक माँगों को मानने में कोई दिक्कत नहीं होती। यदि इसे जल्द-से-जल्द निपटा दिया गया होता तो इस आन्दोलन ने वह गति न पकड़ी होती, जो इसने बाद में पकड़ ली। यह प्रारम्भ में ही दब गया होता।

धर्म, भाषा और क्षेत्रीय समस्याओं आदि—जैसे भावनात्मक मुद्दों पर लोग जल्दी उत्तेजित हो जाते हैं, किन्तु आर्थिक और सामाजिक स्थिति में सुधार के लिए आन्दोलनरत होने के लिए समझाने-बुझाने पर भी उन्हें तैयार करने में बहुत समय लगता है। आनन्दपुर साहब प्रस्ताव को भी इसी आलोक में देखा जाना चाहिए था। यह स्मरण करते करुणा जगती है कि, जबकि अकाली दल इस प्रस्ताव की अत्यन्त

उदार व्याख्या कर रहा था और बार-बार इस बात पर बल दे रहा था कि यह आन्दोलन अलग सिख राज्य के लिए नहीं है, उनके विरोध के कारणों की उपेक्षा की गई, सिख समुदाय के कुछ धड़ों को, जो इस मुद्दे पर भावनाओं को भड़का रहे थे, बेवजह अतिरिक्त महत्त्व दिया गया। बुद्धि-विवेक का तकाजा था कि भावनात्मक अपील को अधिक न उछाल कर अकाली दल नेतृत्व द्वारा दी गई आनन्दपुर साहब प्रस्ताव की उदार व्याख्या को स्वीकार किया जाता। ऐसा नहीं किया गया। बुद्धिजीवियों की नजरों से अकाली दल के बड़े धड़े की साख को गिराने के उत्साह में सरकार ने एक और भयंकर भूल की। यह दुर्भाग्यपूर्ण है कि ऐसी परिस्थिति के दूरगामी प्रभाव और राजनीतिक जोड़-तोड़ को सत्तासीन लोगों ने और प्रबुद्ध जनमानस के बड़े हिस्से ने भी नहीं समझा। दिल्ली के महत्त्वपूर्ण लोग यहीं नहीं रुके, अपितु सिख समुदाय के उग्र धड़ों का उत्साह बढ़ाने की कोशिश की, ताकि अकाली दल का स्थापित नेतृत्व गलत करार दिया जा सके। समय के बीतने के साथ स्थिति और उलझती गई और चीजें हाथ से बाहर हो गईं। अन्ततः इसकी परिणति सर्वाधिक दुर्भाग्यपूर्ण घटना में हुई, जिसे ऑपरेशन ब्लू स्टार कहते हैं।

इस आखिरी और अतिवादी कदम को उठाने के पहले सरकार को सिख-समुदाय की ऐतिहासिक परम्पराओं को ध्यान में रखना चाहिए था। ये परम्पराएँ संसद के द्वारा पारित अधिनियम या राजनीतिक पार्टियों के संकल्पों से नहीं बनी हैं। अनेक पुण्यात्माओं, जिनका इतिहास में गौरवपूर्ण स्थान है, के बलिदान से ये सम्पुष्ट हुई हैं। परिस्थिति से निपटने के कई अन्य रास्ते थे, किन्तु सत्ता-मद ने सरकार को इस सत्य के प्रति अन्धा बना दिया कि यदि इतिहास की परम्पराओं से छेड़छाड़ की जाती है तो इतिहास कभी क्षमा नहीं करता। उस समय की एक गलती के लिए राष्ट्र को बहुत बड़ी कीमत चुकानी पड़ी है। हमें देश के प्रधानमंत्री की हत्या की शर्म और अपमान को बर्दाश्त करना पड़ा।

अनेक निर्दोष लोग रोज मारे जा रहे हैं। दिल्ली में तथा देश के अन्य भागों में प्रधानमंत्री की हत्या के बाद जो हुआ उससे, इन्सानी भाईचारे में विश्वास करनेवाले और जाति, पन्थ, धर्म के आधार पर किसी प्रकार के भेदभाव के विरोधी लोगों, हम सबों के सिर शर्म से और भी झुक गए हैं। यह अत्यन्त दुर्भाग्यपूर्ण है कि इस त्रासद घटना में भी सरकार का रिकॉर्ड धब्बों से मुक्त नहीं था और सत्ताधारियों की ओर कई शिकायती उँगलियाँ उठीं। विभिन्न जाँच आयोगों और प्राधिकारों की रिपोर्टों को गम्भीरता से नहीं लिया गया और निरपराध लोगों की हत्या के जिम्मेदार लोगों के खिलाफ कोई कार्रवाई नहीं की गई। सन्त लोंगोवाल के साथ जो सहमति हुई थी उसे भी जनता के सामने स्पष्ट नहीं किया गया। अलग-अलग लोगों ने अलग-अलग व्याख्याएँ प्रस्तुत कीं। उस समय जब हरियाणा के मुख्यमंत्री एक प्रकार की व्याख्या प्रस्तुत कर रहे थे, पंजाब के मुख्यमंत्री सरदार बरनाला उसी सहमति के बारे

में ठीक उलटी बात कह रहे थे। दुर्भाग्यवश सन्त लोंगोवाल हत्यारे की गोली का निशाना बन गए।

आज तक भी प्रधानमंत्री ने इस मुद्दे पर अपनी चुप्पी नहीं तोड़ी है। इस चुप्पी के कारण लोगों को बहुत सारी यातनाएँ सहनी पड़ी हैं और उनके मन में सन्देह भर दिया है, जिनकी भावनाओं-उद्वेगों को शान्त किया जाना चाहिए थे। इसने और भी कड़वाहट तथा गलतफहमी पैदा कर दी है, बजाय इसके कि सद्भाव, विश्वास और उम्मीद जगे। इस समस्या के समाधान के विषय में सोचते समय इन सारी बातों पर गौर किया जाना चाहिए था।

जोधपुर में नजरबन्द लोगों की रिहाई भी, देर से की गई, घोषणा स्वागत-योग्य कदम है, किन्तु रिहाई के तुरन्त बाद सरदार गुरचरन सिंह तोहड़ा की गिरफ्तारी से प्रशासन की ढुलमुल सोच का संकेत मिलता है। जो वातावरण बनाने का विचार किया गया था उसे बिगाड़ दिया गया है, और जिन्हें सरकार के इरादों के बारे में फिर से आश्वस्त करना चाहिए था, उनके मन में कुछ संशय पलने लगे हैं। यह बात समझ में नहीं आती कि सरकार यह घोषणा करने में हिचकिचाहट क्यों महसूस कर रही है कि जिन्हें मुकदमें के बिना गिरफ्तार किया गया है वे छोड़े नहीं जाएँगे। इस दिशा में दृढ़ता और साहस होना चाहिए जो नई समझबूझ और स्पष्टता के लिए रास्ता निकालेगा।

आतंकवादियों द्वारा निरीह लोगों की हत्याओं को माफ नहीं किया जा सकता, लेकिन इन हत्याओं की निन्दा करते समय रोज-रोज निर्दोष लोगों की गिरफ्तारी और परेशान किए जाने के बारे में भी उतना ही सचेत रहना चाहिए। मारने वालों का मारा जाना भी उतना ही दर्दनाक है। मनुष्य का जीवन, उसके प्राण तो वही हैं। इसे रोकने के प्रयत्न होने चाहिए। आपसी बातचीत और लोगों के दुःखी दिल को प्रबोध देकर इस समस्या के समाधान के प्रति प्रशासन को अपनी गम्भीरता और इच्छाशक्ति का प्रमाण देना होगा। यह तभी सम्भव है जब संवाद शुरू किया जाए। हमें अतीत को भूलकर नई शुरुआत का प्रयत्न करना होगा। यह दुर्भाग्यपूर्ण है कि सरकार ने इसे प्रतिष्ठा का प्रश्न बना लिया है और इस तरह से सारी स्थिति को उलझा दिया है। जब तक यह प्रवृत्ति बनी-बची रहती है, पंजाब में नई शुरुआत नहीं हो सकती।

(19 मार्च, 1989)

तमिलनाडु में उपद्रव

मार्च 26 के समाचार-पत्रों की चीखती सुर्खियाँ थीं—'तमिलनाडु विधान-सभा में हुल्लड़बाजी—जख्मियों में जयललिता भी—28 ए आई ए डी एम के (अखिल भारतीय

अन्ना द्रविड़ मुनेत्र कषगम्) विधायक निलम्बित', 'टी एन सदन में विधायकों के बीच हाथापाई—28 ए आई डी एम के विधायक निलम्बित'।

एक दिन पहले तमिलनाडु विधान-सभा में हिंसा और विधायकों के उपद्रवी आचरण का अभूतपूर्व नजारा था। मुख्यमंत्री करुणानिधि और विपक्ष की नेता जयललिता पर 'आक्रमण' हुआ, मारपीट के बाद, सिर में चोट के कारण एक विधायक को अस्पताल में भर्ती कराया गया। माइक उखाड़ दिए गए, पेपरवेट और वजनी दस्तावेजों का इस्तेमाल मिसाइलों के रूप में किया गया। जयललिता ने आरोप लगाया कि उनकी प्रतिष्ठा और मर्यादा को भंग किया गया।

हमारी विधान-सभाओं में असंसदीय व्यवहार तथा हुल्लड़बाजी एवं अशोभन दृश्य लगभग रोज की बात हो गए हैं। कुछ ही दिन पहले कुछ विधायकों ने दुहराया, जो संसद के दोनों सदनों में घटा था, परिणामस्वरूप विपक्ष के 63 सदस्यों का अश्रुतपूर्व निलम्बन हुआ। वे इन्दिरा गांधी की हत्या पर ठक्कर आयोग की रिपोर्ट के रखे जाने की माँग कर रहे थे।

हर दिन विधायक संसदीय व्यवहार के नए मानक गढ़ रहे हैं। जब-तब विधान-सभाओं की कार्यवाही के विवरण में गाली-गलौज, या मछली बाजार जैसे मुहावरे अर्थहीन हो जाते हैं।

समाचार-पत्रों के संवाददाता जब किंकर्त्तव्यविमूढ़ हो जाते हैं तो 'अभूतपूर्व' विशेषण का प्रयोग करते हैं, जिसने अपना अर्थ ही खो दिया है।

संक्षेप में यह कि विधायक अपनी गरिमा तथा प्रतिष्ठा को तेजी से क्षरित करते जा रहे हैं और संसदीय लोकतंत्र के प्रति विश्वास की जड़ खोद रहे हैं। किन्तु तमिलनाडु में जो कुछ हुआ वह एम जी आर के दिनों में हमें ले जाता है, यदि अब तक नहीं ले जाया गया था। एक विधायक ने अपनी 'धोती' उठाकर, अपने निन्दकों को, अपना अंगविशेष दिखलाया। उस शनिवार (मार्च 25) को जो कुछ हुआ वह बेशर्मी की हद है और लोकतंत्र के रिकॉर्ड पर एक धब्बा। जनवरी 1988 का दृश्य, जब जानकी रामचन्द्रन ने अपना बहुमत सिद्ध करने की कोशिश की, धुँधला होकर महत्त्वहीन हो जाता है।

सम्बन्धित मुद्दों के सही-गलत होने पर अपेक्षया शान्त क्षण में बहस की जा सकती है, यह ठीक हुआ कि सत्ताधारी डीएमके के समझदार लोग प्रभावी हुए तथा मुख्यमंत्री ने बीती ताहि बिसार दे के लिए सहमति जतायी और एआईएडीएमके के विधायकों के निलम्बन के निरस्त किए जाने का रास्ता निकाला।

लगता है कि इस शर्मनाक एपिसोड का प्रारम्भ जयललिता के 'रोपित' त्यागपत्र से हुआ, जिसने स्वाभाविक ही तीखी शिकायत से भर दिया। पुलिस की सहापराधिता तो प्रत्यक्ष ही है। इस मामले की पूरी जाँच की जानी चाहिए, झाड़-पोंछ कर इसे किनारे नहीं लगा देना चाहिए। प्रिंट मीडिया (अखबारों) ने इस समाचार को

सुर्खियों में डाला था, जाहिर है चटपटेपन के तौर पर; उन्हें अपनी साख बनाए रखने के लिए ऐसी 'स्टोरी' छापने के पहले पूरा एहतियात बरतना चाहिए। सच है कि कभी-कभी, सारी सावधानियों के बावजूद जीहुजूरिये राह निकाल लेते हैं। हाँ, इलेक्ट्रॉनिक मीडिया (टी.व्ही., रेडियो) को इससे फर्क नहीं पड़ता, क्योंकि इसकी अपनी आचारसंहिता है।

इस एपिसोड (उपकथा) का नतीजा कांग्रेस (आई) और जयललिता की एआईएडीएमके के बीच नया रिश्ता है, जो हाल-फिलहाल तक एक-दूसरे के विरोध में थे। दोनों के बीच केवल एक सामान्य बिन्दु है, करुणानिधि और उनकी डीएमके के प्रति नफरत, जिसकी भारी बहुमत से सदन में वापसी हुई है। डीएमके और राष्ट्रीय मोर्चा (नेशनल फ्रंट) के लिए नफरत पर आधारित कांग्रेस (आई)-एआईडीएमके गठबन्धन कैसे काम करेगा, दोनों पार्टियों के महत्त्वाकांक्षी नेताओं—मूपनार और जयललिता के होते हुए, यह किसी के लिए भी अनुमान का विषय है, क्योंकि प्याले और होठ के बीच की दूरी में छलकने की बहुत गुंजाइश है।

केन्द्रीय नेतृत्व ने इस बेचैनी का लाभ लेने का अवसर छोड़ा नहीं। आनन-फानन में इसने वाणिज्य-मंत्री दिनेश सिंह को परिस्थिति का आकलन करने के लिए मद्रास भेजा। श्री सिंह ऐसे राजनेता हैं, जो कौशल और चालाकी के लिए जाने जाते हैं। दिनेश सिंह ने गुप्त संकेत दिए हैं, किन्तु जयललिता की माँग को स्वीकार करके करुणानिधि सरकार को, जिसने अभी-अभी प्रतिष्ठापूर्ण जनमत पाया है, बर्खास्त करने की हिमालयी भूल केन्द्र करता है तो इसे अगले ही दिन पछताना पड़ सकता है, जैसा कि हाल में ही इसने राज्यपाल रामलाल की सलाह पर आंध्र प्रदेश में या धर्मवीर की सलाह पर पश्चिम बंगाल के वाम मोर्चा मंत्रिमंडल के साथ किया था।

करुणानिधि पुराने खिलाड़ी हैं। राजनेता और प्रशासक के रूप में उनके पास प्रभूत अनुभव, कौशल और चातुरी है। उनके विरोधियों को धैर्यपूर्वक उनके छलयोजन-चातुरी की बराबरी में आने की कोशिश करनी चाहिए और सही समय पर भिड़ना चाहिए। केन्द्र, जिसकी जमीन खुद कमजोर है, का आशीर्वाद चाहे जितना मिल जाए, सरल उपाय फलीभूत नहीं होंगे। सारे चातुर्य और अनुभव के बावजूद मूपनार घेरे में क्यों सिमट गए हैं ?

इस बीच, सबसे बड़ी पार्टी का नेता होने के नाते करुणानिधि को विपक्षी नेताओं को बुलाने की पहल करनी चाहिए, ताकि कार्य के सुचारु संचालन एवं संसदीय औचित्य के निर्वाह के लिए प्राचल (पैरामीटर) तैयार किए जा सकें। खेल के नियमों का सख्ती से पालन किया जाना चाहिए, और वे पर्याप्त अवसर देते हैं। आज के विधायकों के साथ दिक्कत यह है कि वे हड़बड़ी में हैं, उनके पास ऐसी बारीक चीजों के लिए समय नहीं, उन्हें इसकी जरूरत भी नहीं महसूस होती, यदि शॉर्ट कट (सुगम रास्ते), चाहे वे कितने भी अनुचित हों, से काम निकल जाता है तो ठीक। ऐसे ढेर सारे

प्रमाण हैं कि कैसे नियमों के ढाँचे के भीतर रहकर विपक्ष ने सरकार को दिन-रात घेरे रखा। किन्तु वे दिग्गजों और गौरवशाली संसद के दिन थे।

(3 अप्रैल, 1989)

अध्यक्षीय : भारत-नेपाल सम्बन्धों में विचलन

भारत-नेपाल सम्बन्धों में बढ़ता तनाव इस क्षेत्र के लिए बड़ा महँगा पड़ सकता है। भारत और नेपाल के बीच जमाने से चले आते सांस्कृतिक रिश्ते ने कई तूफानों को झेला है और सदियों से यह सम्बन्ध न सिर्फ दोस्ताना अपितु अन्तरंग बना रहा है।

यह केवल भौगोलिक सामीप्य का मामला नहीं है, बल्कि दोनों देशों के बीच विशिष्ट प्राकृतिक सम्बन्ध-सूत्र हैं, जो एक-दूसरे के सहयोग के बिना उनके विकास और आर्थिक उन्नयन को लगभग असम्भव बना देते हैं। जीवन के उच्चतर मूल्यों की खोज के क्रम में इनमें सामान्य विरासत का साझा है और दोनों आध्यात्मिक और सांस्कृतिक अनुभव एक जैसे रहे हैं। सभ्यता और परम्परा के लम्बे सफर में इस रिश्ते की जड़ें हैं जो शताब्दियों से राजनीतिक उथल-पुथल के बावजूद बनी-बची हुई हैं।

इस विशेष सम्बन्ध को एक-दो राजनेताओं की सनक-भरी अभिव्यक्तियों से तोड़ा नहीं जा सकता। इन नेताओं को राजनीतिक शक्ति, जिसे आज वे भोग रहे हैं, की अनित्य प्रकृति का स्मरण नहीं है।

इस सन्दर्भ में नेपाल के विदेश मंत्रियों के उद्गारों को बचकाना या अपरिपक्व नहीं कहा जा सकता। अन्तरराष्ट्रीय नियमों का उल्लेख गलत राजनीतिक फैसलों की ओर ले जाएगा और सख्त मुद्राएँ उलझी स्थिति को और उलझाएँगी ही।

विशिष्ट और खास सम्बन्ध की सच्चाई को अगर नजरअन्दाज किया गया तो इसके खतरनाक परिणाम निकलेंगे। छोटे राष्ट्र के मनोविज्ञान को भारत को ध्यान में रखना चाहिए, जो निहित स्वार्थों से परिचालित हो सकता है; फिर हिमालय की गोद में बसे इस राज्य की सरकार के स्वरूप पर भी ध्यान देना चाहिए। कोई भी कदम, जो हमसे जमीन से जुड़े इस राज्य के लोगों की तकलीफ और तंगहाली को बढ़ाता है, उनके मन में सन्देह जगाएगा और इससे अलगाव की भावना पैदा होगी। ऐसे शासन, जिसे जनता की खास परवाह न हो, के दुस्साहसिक कदम उठाने की सम्भावना रहती है, इस उम्मीद में कि उसे अन्तरराष्ट्रीय समर्थन मिले, उन कोनों से जिनके रिश्ते भारत से बहुत अनुकूल नहीं हैं। दुर्भाग्यवश, जनता के स्तर पर आसन्न मुद्दों पर बातचीत सम्भव नहीं है, नेपाल की राज्य-व्यवस्था के प्रतिबन्धक चरित्र के कारण। किन्तु नेपाल के लोगों को सावधान कर देना अप्रासंगिक नहीं होगा कि उन्हें दहशत

से भरने के लिए नेपाल की प्रभुसत्ता के कल्पित भय से सम्बन्धित उन्माद का जो ऑर्केस्ट्रा बजाया जा रहा है उसकी गिरफ्त में उन्हें नहीं आना चाहिए। भारत सरकार को इस खतरनाक विचलन के प्रभाव को समझना चाहिए और इस भ्रम को दूर करने के कदम उठाने चाहिए कि यह नेपाली लोगों के कष्टों को बढ़ाना चाहता है या उनकी प्रतिष्ठा-प्रभुसत्ता में किसी भी प्रकार का दखल देने की इसकी मंशा है।

नेपाल के लोगों के विश्वास को जीतने के लिए जनता सरकार द्वारा 1979 में उठाए गए कदम सही दिशा में थे। किन्तु यह अकेलेपन में उठाया गया कदम नहीं था। एक दीर्घकालिक परिदृश्य था और दोनों देशों की जनता के लाभ के लिए समृद्ध नेपाल की एक दृष्टि थी, जो आर्थिक विकास में भारत के साथ सहयोग करेगा। इसका उद्‍देश्य नेपाल की जनता के स्वैच्छिक सहयोग के लिए आमंत्रण था।

1977 के चुनावों ने नेपाल को स्पष्ट सन्देश दिया कि वे अपने भविष्य के निर्माण के लिए अपनी आखिरी ताकत को जगाएँ।

भारत-नेपाल सम्बन्धों को सुदृढ़ करने की शुरुआत के लिए भारत एक नई पहल था। अपने लोकतांत्रिक अधिकारों पर बल देकर अधिक सार्थक भूमिका निभाने के लिए उत्साहित करने के लिए प्रयत्न जारी रखना चाहिए था। किन्तु ऐसा होना नहीं था। नेपाल की प्रतिक्रिया नकारात्मक थी। नेपाल, भारत पर दबाव बनाने के लिए, अवसरवादी राजनीतिक दाँवों में व्यस्त हो गया। भारत के सद्‍भाव के उत्तर में जो नेपाल ने किया वह था भारतीय सामानों के आयात की भेदभावमूलक नीति, काम के लिए परमिट जारी करना, भारतीय मूल के लोगों को तंग करने की बढ़ती वारदातें, भारत-विरोधी वातावरण का निर्माण और, कुछ मामलों में, यात्रा पर आए भारतीय मेहमानों का अपमान। सिर्फ इतना ही नहीं, नेपाल की भंगिमा से ऐसा सन्देह जगा कि भारत के प्रतिरक्षा-हित भी सुरक्षित नहीं थे।

यह संकीर्ण दृष्टि का राजनीतिक खेल था। इस रुख के लिए कोई तर्काधार नहीं हो सकता, सिवाय सत्ता-मद की अभिव्यक्ति या नेपाल की जनता को प्रच्छन्न धमकी कि वहाँ कार्यरत तंत्र अन्य क्षेत्रों की मदद लेकर अपने को बनाए रख सकता है और यह कि लोकतंत्र की सारी प्रक्रियाओं को कुचलने की क्षमता तथा ताकत उसे है।

परतंत्रता तथा गुलामी के खिलाफ भारत ने सदैव आवाज उठायी है। संसार के कई हिस्सों की हाल की घटनाएँ यह स्पष्ट संकेत देती हैं कि कोई राष्ट्र, चाहे वह कितना भी शक्तिशाली हो, जनता और उसकी आकांक्षाओं के दमन का साहस नहीं कर सकता। उन्हें अधीनता में रखने का तो कोई सवाल ही नहीं है। किन्तु यह साफ-साफ समझ लेना बुद्धिमानी होगी कि तीसरी ताकत को बीच में लाने की अप्रत्यक्ष धमकियों का निष्फल होना निश्चित है और ये धमकियाँ बहुत महँगी पड़ेंगी।

विद्यमान संकट से नेपाल को कोई बाहरी दखलन्दाजी उबार नहीं सकती। समाधान का एकमात्र उपाय आपसी सहयोग है। नेपाल की जल-शक्ति का लाभ लेने की

योजनाएँ, जिनसे दोनों देशों का लाभ हो, भारत के सहयोग से ही बनायी जा सकती हैं। भारत को इससे बेहतर नहीं मिलेगा और नेपाल किसी वैकल्पिक सहारे-समर्थन की बात नहीं सोच सकता, क्योंकि जितनी दूर तक भविष्य दिखता है, नेपाल की प्रभूत प्राकृतिक सम्पदा का लाभ कोई अन्य राष्ट्र नहीं उठा सकता।

हम उस निर्यात को स्वीकार करें कि जो प्रकृति, संस्कृति और परम्परा ने हमें दी है। राजनेताओं की क्षुद्र स्वार्थोंवाली विनाशकारी मुद्राओं को इतिहास कभी क्षमा नहीं करेगा।

(18 अप्रैल, 1989)

अध्यक्षीय : कर्नाटक की शर्मनाक, वीभत्स घटनाएँ

कर्नाटक की विधान-सभा के भंग किए जाने के पीछे की घटनाएँ शर्मनाक और वीभत्स हैं : अपनी ही पार्टी को धोखा देने के विधायकों के आचरण के कारण शर्मनाक और भारत सरकार के षड्यंत्रपूर्ण राजनीतिक दाँव के कारण वीभत्स। यह खेदजनक है कि राज्यपाल भी अपने को सन्देह से परे नहीं रख सके और राष्ट्रपति भी अपनी सरकार को इस खतरनाक च्युति से अपनी सरकार को रोक नहीं सके। केन्द्र को रिपोर्ट भेजने की जल्दबाजी से यह स्पष्ट है कि सरकार गिराने के खेल में राज्यपाल भी साझीदार थे और सत्ताधारी दल से अपसरण (डिफेक्शन) को उन्होंने बढ़ावा दिया और उकसाया। इसमें सन्देह नहीं कि मंत्रिमंडल की सलाह के अनुसार चलने की राष्ट्रपति की नैतिक बाध्यता थी किन्तु घोषणा पर हस्ताक्षर करने में उनकी फुर्ती का औचित्य बताना कठिन है। राज्य-शीर्ष से यह उम्मीद करना क्या ज्यादती होगी कि अन्तिम निर्णय लेने के पहले उन्हें इस कदम के परिणामों की गहराई में जाना चाहिए था? क्या उन्हें यह पता नहीं था कि उनके इस कार्य से सर्वाधिक प्रशंसित अपसरण-विरोधी कानून (ऐंटी-डिफेक्शन ऐक्ट) का मजाक बन रहा था और राज्यपालों के सम्मेलन की अनुशंसाओं को हवा में उड़ाया जा रहा था? ऐसी जल्दी क्या थी?

श्री वेंकटरमण की कद के व्यक्ति की बेचारगी की अभिव्यक्ति दु:खद थी। सरकार, और कर्नाटक में अपने प्रतिनिधि श्री वेंकटसुब्बैया को पूरे मुद्दे की फिर से जाँच करने और ताजा रिपोर्ट भेजने को कहकर उन्होंने कम-से-कम न्याय और ईमानदारी का आभास तो दिया होता, दिखावा तो किया होता! वे इस लांछन से बच नहीं सकते, क्योंकि उनकी उद्घोषणा पर हस्ताक्षर के समय बोम्मई सरकार को विधान-सभा में बहुमत प्राप्त था। इन घटनाओं में हमारे राजनीतिक जीवन की अनैतिक प्रवृत्तियाँ प्रतिबिम्बित हो रही हैं।

जब राजनीतिक वचनबद्धता-हीन लोग राजनीतिक दृश्य में छा जाते हैं और घटनाओं की राह निश्चित करने की जुगत भिड़ा लेते हैं, विकृति आ जाती है। स्थापित मानदंडों और परम्पराओं की अनदेखी होती है। अस्थायी राजनीतिक लाभ के लिए ऐसे लोग किसी भी स्तर तक नीचे झुकने को राजी हो जाते हैं। कोई नैतिक संयम नहीं, कोई झिझक नहीं। इसका परिणाम होता है राजनीतिक अवसरवादिता और प्रशासनिक दुस्साहसिकता।

कुछ ही साल पहले कर्नाटक में अल्पमत जनता सरकार केन्द्र के सारे आक्रमणों को झेल गई। अब, सुविधाजनक बहुमत के बावजूद हम सरकार नहीं चला पाए, तो हम इस जिम्मेदारी से अपने को (अपराध)-मुक्त नहीं कर सकते कि हमारी सरकार को गिराने के षड्यंत्र में लगे केन्द्र के हाथों में हमारे लोग खिलौने बन जाते हैं।

पार्टीजनों के रवैये में यह परिवर्तन सीधे-सीधे विगत के हमारे राजनीतिक कारनामों से जुड़ा था। यदि मुद्दे और समस्याएँ पृष्ठभूमि में ढकेल दी जाती हैं और व्यक्तिगत राजनीति का सहारा लिया जाता है तो जमीनी (तृणमूल) कार्यकर्ता इससे प्रभावित होते हैं। उदाहरणार्थ, सरकार को बचाने के लिए विपक्ष के सारे तत्त्वों का समर्थन नहीं जुटाने का कोई कारण नहीं था। महत्त्वपूर्ण राजनीतिक घटनाओं का सामना करने की राह में व्यक्तिगत पूर्वाग्रह को आने नहीं दिया जा सकता।

व्यक्तिगत राजनीति पर निर्भर करना खतरों से भरा है। संसदीय संस्थाओं की लोकतांत्रिक पद्धति के प्रतिकूल चलती है व्यक्तिगत राजनीति। घटनाओं की राह के निर्धारण में व्यक्तियों की भूमिका होती है किन्तु समाज की ऐतिहासिक जरूरतों के गति-विज्ञान का विकल्प वे नहीं बन सकते। दुर्भाग्य से, हाल के दिनों में देश की राजनीति पर केवल व्यक्तिगत विचार (लिहाज) ही हावी रहे हैं और जनता से जुड़े मुद्दों और समस्याओं की किसी प्रकार की चर्चा की हँसी उड़ायी जाती है। परिणाम स्पष्ट है। हमने ऐसा मनोविज्ञान खड़ा कर दिया है, जहाँ हर व्यक्ति अपनी चिन्ता में पड़ा है। सीमित व्यक्तिगत लाभों के लिए छोटे-मोटे बहाने बनाकर वे पार्टी-हित की उपेक्षा करने को तैयार हैं।

दूसरा कारण जिसको नजरअन्दाज नहीं किया जा सकता, वह हमारे अपने मामलों का दुर्बल प्रबन्धन है। अपने पदधारियों की घरघराहट दूर नहीं कर पाने के हम दोषी हैं। हमें यह सदैव स्मरण रखना चाहिए कि संसदीय लोकतंत्र मानव-प्रबन्धन भी है। यदि हम अपने लोगों को व्यवस्थित नहीं रख सकते और उनकी उम्मीदों, उनकी मनोव्यथा, उनके क्रोध को नहीं समझ सकते तो हमारा लड़खड़ाना स्वाभाविक है। कर्नाटक के सन्दर्भ में यही हुआ है। इस घटना से हमारी आँखें खुल जानी चाहिए। दूसरों पर दोष मढ़ना आसान मनोरंजन है किन्तु आत्मनिरीक्षण का काम कठिन है। इसके लिए बहुत साहस और आत्मविश्वास की आवश्यकता है। सिर्फ इसी तरीके से हम अपने को सुधार सकते हैं ताकि भविष्य में ऐसी गलतियाँ दुहराई न जाएँ।

परिस्थिति का लाभ उठाते हुए केन्द्र राजनीतिक साहसिकता में मशगूल हो गया है, जो अन्त में महँगा पड़ने वाला है, अपनी संकीर्ण दृष्टि के कारण यह इतनी-सी बात नहीं समझ सकता कि विधान-सभा में बहुमत वाली एक सरकार को ही अपदस्थ नहीं किया, बल्कि इसने उन सुस्थापित संस्थाओं पर कलंक लगाया जो संसदीय लोकतंत्र के गढ़ हैं। अपने त्वरित राजनीतिक लाभ के लिए केन्द्र की सत्तारूढ़ पार्टी राज्यपाल और राष्ट्रपति की संस्थाओं को वहाँ घसीट कर ले गई है, जहाँ शासन के ये प्रतिष्ठित उच्चाधिकारी लांछन से आसानी से बच नहीं सकते। यह एक प्रकार की राजीनीतिक दुस्साहसिकता है, जो हमारी लोकतंत्रीय कार्यप्रणाली की इमारत को ही खतरे में डाल सकती है।

चुनौती गम्भीर है, पदों को जोड़ने का नाम महत्त्वपूर्ण और अत्यावश्यक है। हमें व्यक्तिगत आग्रह नहीं रखने चाहिए। हमें अतीत से सीख लेकर वर्तमान को समझना चाहिए, ताकि जिस षड्यंत्र वाली राजनीति में केन्द्र लगा है उसे पूर्णत: पराजित कर सकें। हम जनता को एक मौका दें, जिसका फैसला अन्तिम होगा।

(4 मई, 1989)

साम्प्रदायिक सौहार्द की जरूरत

एक बार फिर साम्प्रदायिक उन्माद को जगाया जा रहा है। जबकि देश के सामने कई महत्त्वपूर्ण समस्याएँ हैं—राजनीतिक, सामाजिक और आर्थिक—कुछ तत्त्वों ने दो बड़े सम्प्रदायों को उत्तेजित कर मुठभेड़ की राह पर ले जाने का फैसला किया है। इससे सिर्फ कड़वाहट बढ़ेगी, बैर बढ़ेगा और पूर्व की तरह देश कमजोर होगा।

इस बार बाबरी मसजिद/राम जन्मभूमि विवाद को औजार के रूप में चुना गया है। दोनों ओर उन्माद बढ़ाया जा रहा है। धार्मिक भावनाएँ उभारी जा रही हैं, जिससे उन लोगों का हित सधेगा जो लोग दोनों सम्प्रदायों के उद्धारकों के रूप में सामने आए हैं, राष्ट्रीय एकता और अखंडता को खतरे में डालकर और देशभक्ति की भावना का क्षय करते हुए।

लोकसभा में एक विचार-विमर्श में हस्तक्षेप करते हुए अभी पिछले दिन गृहमंत्री (स्वराष्ट्रमंत्री) श्री बूटा सिंह ने कहा कि इलाहाबाद उच्च न्यायालय की तीन-सदस्यीय पीठ उत्तर प्रदेश सरकार द्वारा दायर मुकदमे को देखेगी। उन्होंने कहा कि पहली सुनवाई 10 जुलाई को होने वाली थी। साथ ही, दोनों पक्षों को स्वीकार्य समझौते के लिए बातचीत फिर से शुरू करने के ताजा संकेत मिल रहे हैं। यह स्वागत-योग्य है। उभयपक्षीय समझौते की सकारात्मक पहल करनेवालों को दोनों पक्षों के समर्थक नेताओं को यह सलाह देनी चाहिए थी कि वे संघर्ष को विराम दें और संबद्ध पार्टियों या अदालत, जैसी स्थिति हो, के फैसले को ससम्मान स्वीकार करें।

किन्तु दुर्भाग्य से, ऐसा नहीं है। आन्दोलनकारी अपनी योजना के अनुसार आगे बढ़ते जा रहे हैं। प्रत्यक्षत: वे उबाल बनाए रखना चाहते हैं, क्योंकि चुनाव दूर नहीं हैं। राजनीतिक लाभ के लिए धार्मिक भावनाओं को भड़काया जाएगा। आश्चर्य होता है कि उत्तर प्रदेश सरकार इतने दिनों तक अपने पाँव घसीटती क्यों रही और पहले ही पहल क्यों नहीं की। शायद इसे केन्द्र के सिग्नल (इशारे) का इंतजार था, जो उलझे हुए दावों-प्रतिदावों के बीच स्वयं ही कोई फैसला नहीं ले पा रहा था।

श्री बूटा सिंह ने लोकसभा को यह सूचना भी दी है कि शीघ्र ही सरकार राष्ट्रीय इन्टिग्रेशन (एकीकरण) काउंसिल के प्रस्ताव का अनुमोदन संसद के दोनों सदनों से कराएगी ताकि यह जनता के समक्ष मित्रभाव और साम्प्रदायिक सौहार्द के सन्देश के रूप में जाए।

किन्तु क्या यह बहुत पहले ही नहीं कराया जा सकता था, क्योंकि नेशनल इन्टिग्रेशन काउंसिल ने यह प्रस्ताव लगभग दो साल पहले पारित किया? ऐसा क्यों है कि केवल अब इसकी उपयोगिता की खोज की गई है?

इतना ही नहीं। भारतीय कम्युनिस्ट पार्टी के नेता इंद्रजीत गुप्त ने एनआईसी की मीटिंग तुरन्त बुलाने के प्रस्ताव को प्रधानमंत्री ने स्वीकार कर लिया है। क्या यह भी पहले नहीं किया जा सकता था और परिस्थिति को उबाल-बिन्दु पर पहुँचने से रोका नहीं जा सकता था, क्योंकि जैसा कि सीपीआई ने संकेत दिया है, इसने यह सलाह काफी पहले दी थी।

सरकारी पक्ष की ऐसी क्रियाहीनता कोई नई चीज नहीं है। पंजाब एक ज्वलंत उदाहरण है। लगभग सभी लोगों ने, जिनका थोड़ा भी महत्त्व है, सर्वदलीय बैठक बुलाने की वकालत की है, ताकि मुद्दे पर गहन विचार-विमर्श हो और कोई समाधान निकाला जा सके।

पंजाब और बाबरी मसजिद/राम जन्मभूमि, दोनों ही मुद्दों पर सरकार की कदमघसीटी से काफी नुकसान हो चुका है।

अफसोस की बात है कि देश अभी भी साम्प्रदायिक तनाव से मुक्त नहीं है। साम्प्रदायिक दंगे हमें धमकाते रहते हैं। हमें जिस चीज की सर्वाधिक आवश्यकता है वह है राष्ट्रभक्ति की भावना और साम्प्रदायिक सौहार्द, न कि साम्प्रदायिक तथा धार्मिक कट्टरता और उद्धत राष्ट्रवादिता। यदि हमारे राष्ट्रीय जीवन में इन भावों का अभाव हो तो कोई भी राष्ट्र शक्तिशाली नहीं बन सकता। भविष्य में हमारे विकास की दिशा और गति का निर्धारण साम्प्रदायिक सौहार्द और बेहतर अन्तर-साम्प्रदायिक सम्बन्ध को करना चाहिए।

बहुत साल पहले, यद्यपि थोड़े भिन्न सन्दर्भ में, सन् 1945 में आचार्य नरेन्द्र देव ने कहा था : 'पाकिस्तान बने, न बने, साम्प्रदायिक समस्या को सुलझाना ही होगा और यह सुलझेगा आर्थिक मुद्दों पर बल देकर, क्योंकि यह देश के हिन्दू और

मुसलमान, दोनों जन-समुदायों को समान रूप से प्रभावित करता है। इन दोनों के आर्थिक हित समान हैं और सामान्य हितों के आधार पर ही एकता कायम की जा सकती है। समान आर्थिक हितों के लिए सामान्य संघर्ष के द्वारा ही एकता स्थापित की जा सकाती है।'

हमें दो विकल्पों के बीच से चुनाव करना होगा : क्या हम आदिम युग में लौट जाएँ और अलग-थलग पड़े रहें या अपनी सामाजिक व्यवस्था को पुनर्गठित करें तथा अन्तर-साम्प्रदायिक बन्धन को मजबूत बनाएँ।

स्पष्ट है, पहले विकल्प के चुनाव का प्रश्न ही नहीं है, क्योंकि इससे पूरी ऐतिहासिक प्रक्रिया उलटी दिशा में चलने लगेगी। विज्ञान और प्रौद्योगिकी के युग में हम अँधेरा नहीं ओढ़ सकते। समाधान को अनिवार्यतः बहुराष्ट्रीय, बहुपन्थी (बहुधार्मिक) समुदाय के ढाँचे के भीतर आना चाहिए। पन्थनिरपेक्ष (धर्मनिरपेक्ष) ताकतों को न सिर्फ नेतृत्व अपने हाथों में लेना चाहिए, अपितु अपने विचारों पर बल देना चाहिए। भारत की एकता की अनिवार्यता इसकी बहुलता में ही होनी है।

(19 मई, 1989)

चीन का संकट

इस महीने में चीन ने जैसे स्वतःस्फूर्त प्रदर्शन देखे ऐसे कभी नहीं देखे थे। विद्यार्थी, जिन्हें आम जनता के बड़े हिस्से का समर्थन प्राप्त था, लोकतंत्र—यह पश्चिमी ढंग का हो यह जरूरी नहीं—की माँग कर रहे थे और भ्रष्टाचार समाप्त किए जाने की आवाज लगा रहे थे। उन्होंने पद्धति के मूल सिद्धान्तों पर प्रश्न नहीं खड़े किए हैं।

जिस ध्यानमन चौक पर 1949 में कम्युनिस्ट अधीनीकरण की माओ की ललकार गूँजी थी उसे, बीजिंग में मार्शल लॉ की घोषणा के दसवें दिन, 30 मई को, दो सप्ताह पुराने अपने कब्जे के मुक्त कर देने की सूचना विद्यार्थियों ने दी।

अपनी नैतिक विजय का दावा करते हुए उन्होंने संवाददाताओं से कहा, 'इसका अर्थ समाप्ति नहीं है। लोकतंत्र के लिए यह लम्बी लड़ाई है और फिर से प्रदर्शन करने का अपना अधिकार हम सुरक्षित रखते हैं।

इस सूचना के दो दिन बाद एक बे-पहचान छात्र नेता ने सार्वजनिक संबोधन माध्यम से उसी स्थल से सूचना दी—वे तब तक अपना धरना जारी रखेंगे, जब तक उनके लोकतंत्र के लिए और भ्रष्टाचार-विरोधी आन्दोलन की 'मान्यता और बहाली' की माँग को सरकार मान नहीं लेती। मंगलवार, 30 मई को धरना समाप्त कर दिए जाने वाली पूर्व सूचना का उसने कोई उल्लेख नहीं किया।

'हर कोई पूछ रहा है कि हम चौराहे को कब खाली कर देंगे। इसमें सन्देह नहीं कि एक दिन हम इसे खाली कर देंगे, लेकिन जब तक हमारी माँगें नहीं मान ली जातीं, वह दिन नहीं आएगा', अपनी पहचान बताये बगैर छात्र ने कहा।

स्पष्ट है कि विद्यार्थी विभाजित हैं और उनमें ताल-मेल का अभाव है। तथापि, उन्होंने 'प्रति-क्रान्तिकारी' का आरोप लगाए जाने का विरोध किया है और याद दिलाया कि पेंग देहुई और लिउ शाओकी जैसे शीर्ष क्रान्तिकारियों पर भी ऐसे आरोप लगाए जा चुके हैं।

छात्रों के प्रदर्शन के सम्बन्ध में जो भी कहा जाए, यह चीन के इतिहास का उल्लेख्य विकास है। इसने नेतृत्व को चुप बैठे रहने को लाचार कर दिया है। नेतृत्व भी इसके प्रति दृष्टिकोण में बँटा है। एक हिस्सा इनके साथ सहानुभूति रखता है और नरम रुख अपनाए जाने का पक्षधर है, दूसरा हिस्सा इसे कानून-व्यवस्था की समस्या से कुछ बड़ी ही समस्या मानता है, इससे उसी आधार पर निपटने की बात कहता है। इससे उस सत्ता-संघर्ष की भी झलक मिलती है जो काफी-कुछ दिनों से चल रहा है। फिलवक्त सख्त रुख के पक्षधर (उग्रपन्थी) जीत गए हैं।

हू चाओबांग की जगह, लगभग दो वर्ष पूर्व, झाओ जियांग को लाया गया था। झाओ वैसी ही परिस्थिति का सामना कर रहे हैं जैसी एक समय हू ने झेली थी। हू, जो डौंग जिआओजिंग के आश्रित हैं, अपने उदारतावादी विचारों के लिए जाने जाते थे। 15 अप्रैल को उनका निधन हुआ और तुरन्त वे विद्यार्थियों के लिए प्रबल प्रतीक बन गए। इसके तुरन्त बाद 4 मई के आन्दोलन की 70वीं वर्षगाँठ आ गई। अपना आन्दोलन, जो लोकप्रिय आन्दोलन बन गया, प्रारम्भ करने के लिए विद्यार्थियों को इससे बेहतर तिथि नहीं मिलती।

ऐसा हुआ कि मिखाइल गोर्बाचोव की यात्रा इसी समय हो गई। चीन के राजनीतिक कैलेंडर में यह महत्त्वपूर्ण घटना थी, क्योंकि तीस साल बाद एक शीर्ष सोवियत नेता बीजिंग की यात्रा पर आया था। अपने देश में पेरेस्त्रोइका और ग्लास्नोस्त की वकालत करके गोर्बाचोव ने चीनी युवाओं का दिल जीत लिया है। सम्भवत: विद्यार्थी जानते थे कि गोर्बाचोव की यात्रा से उन्हें लाभ होगा और दुनिया भर में उनका प्रचार हो जाएगा।

राष्ट्रीय सरकार के मुख्य स्थल से सटे ध्यानमन चौराहे पर कब्जा कर लिये जाने के कारण गोर्बाचोव के स्वागत-समारोह के लिए स्थान-परिवर्तन करना पड़ा और नयाचार के कुछ आयोजन रद्द करने पड़े, इससे उन्हें शर्मिन्दगी का एहसास हुआ। इससे भी बुरा यह कि विद्यार्थियों ने गोर्बाचोव की जय-जयकार की, जबकि अपने ही कुछ शीर्ष नेताओं की निन्दा की तथा डेंग और प्रधान ले पेंग से इस्तीफे माँगे। गोर्बाचोव जब तक बीजिंग में रहे, नेतृत्व विद्यार्थियों पर कोई कड़ी कार्रवाई नहीं कर सका।

जैसे ही गोर्बाचोव मास्को रवाना हुए, अधिकारियों ने मार्शल लॉ घोषित कर दिया और कुछ अन्य बंदिशें लगा दीं। चौराहे को खाली कराने के लिए सेना बुला

ली गई किन्तु विद्यार्थियों को जो प्रभूत समर्थन और सहानुभूति मिल रही थी उस वजह से वह झिझकी। श्रमिकों और विभिन्न पेशों के लोगों ने भी विद्यार्थियों का साथ दिया और सेना पर दूर रहने के लिए दबाव बनाया। सिर्फ इतना ही नहीं, चीन के सरकारी अखबारों की रिपोर्टों के अनुसार सेना भी विद्यार्थियों पर कार्रवाई करने के बिन्दु पर विभाजित हो गई थी।

कम्युनिस्ट ढाँचे में यह सब अकल्पनीय और अविश्वसनीय है। किन्तु यह सब घटा। इससे नेतृत्व को निश्चय ही सदमा पहुँचा होगा। विद्यार्थी अवज्ञाशील, विरोध में खड़े, और सेना-सहित सम्पूर्ण सरकारी तंत्र आज्ञा-पालन में असमर्थ। सारे नेताओं में डेंग और ली पेंग ने अपने को सर्वाधिक अपमानित महसूस किया। झाओ जियांग नए नायक के रूप में उभरे। लेकिन वे शायद लम्बे समय तक न टिक पाएँ।

84 के हो रहे डेंग इस बारे में सचेत हैं कि उनका दिवसावसान हो रहा है और इसीलिए वे चाहते हैं कि निर्विघ्न सत्तांतरण हो। दृश्यपटल से माओ के हटने के बाद से वे ही शीर्ष पर रहे हैं। दूरगामी आर्थिक सुधारों को लागू करने के लिए डेंग जाने जाते हैं, जिसके बारे में उनके आलोचक कहते हैं कि इसमें पूँजीवादी तत्त्व हैं। केन्द्रीय योजना को छोड़ दिया गया। किसानों-उद्यमियों को लाभ मिला। 'खुले दरवाजे' ('ओपेन डोर') वाली नीति का परिणाम समृद्धि के द्वीपों के रूप में सामने आया। चूँकि मुद्रा-प्रसार बढ़ा इसलिए मुद्रा-स्फीति ने भी उछाल मारी। इस प्रयोग का परिणाम अमीरों के नए वर्ग, गरीबों के भी, के रूप में आया। विदेशी मुद्रा और बहुराष्ट्रीयों का सीमित प्रवेश भी भ्रष्टाचार-जैसी कुछ अपरिहार्य बुराइयाँ धड़ल्ले से ले आया। ऐसा नहीं कि वहाँ पहले भ्रष्टाचार था ही नहीं, किन्तु यह इतना प्रत्यक्ष और परिब्याप्त नहीं था। आर्थिक सुधार विशिष्टजनों पर नए दबाव ले आया। दैनन्दिन जीवन कठिनतर हो गया। नेतृत्व इस सब का पूर्वानुमान नहीं कर पाया और जन-असन्तोष को लगाम नहीं लगा सका। उन्होंने सुरक्षा वाल्व (कपाट) की कोई व्यवस्था नहीं की थी। आर्थिक सुधारों को राजनीतिक सुधारों के साथ मिला देना चाहिए था। विद्यार्थियों ने एक अवसर उपलब्ध करा दिया तो विभिन्न वर्गों की आहत भावनाएँ सामने आ गईं। अब वे अपनी माँगें रखने में डर नहीं रहे थे। कम्युनिस्ट शासन में नेताओं के इस्तीफे जनता द्वारा माँगा जाना अश्रुतपूर्व है।

गोर्बाचोव के प्रयोगों के बाद, जिनकी प्रक्रिया अभी भी जारी है, कम्युनिस्ट-जग विशेष रूप से, अन्त:क्षोभ की-सी स्थिति में दिख रहा है। सारी दुनिया जब विस्मित होकर सोवियत संघ में बदलाव को देख रही है, तूफान का सामना करने को गोर्बाचोव कटिबद्ध दिखते हैं।

सोवियत प्रयोगों के बाद एक मुद्दा, जिस पर विवाद जारी है, यह है कि क्या आर्थिक और राजनीतिक सुधारों को एक साथ लाना चाहिए या एक के बाद दूसरे को लाया जाना चाहिए। यदि ऐसा है तो पहले किसे लाया जाए। अभी तक इसका कोई अन्तिम जवाब नहीं है। सम्भवत: विशेष समाज की विशेष परिस्थितियों के आधार

पर इसका निर्धारण हो सकेगा। किन्तु यह स्पष्ट है कि एक पार्टी के अखंडित शासन और अनुशासित समाजों के दिन लद गए और चीजों को बदलना होगा। जितनी जल्दी उतना अच्छा।

माओ द्वारा प्रेरित सांस्कृतिक क्रान्ति ('हम पुरातन की राख पर नवनिर्माण करेंगे') की तरह सीपीसी को भी गहरा धक्का लगा है। नेतृत्व के बीच के मतभेदों को दूर कर लिया जाएगा और आवश्यक काट-छाँट कर ली जाएगी, कब्ल इसके कि बहुत देर हो जाए। इसमें कोई सन्देह नहीं कि नेतृत्व गम्भीर संकट से जूझ रहा है। समझौते करने होंगे। सिर भी चकराएँगे। लेकिन क्रान्ति अपने ही बच्चों को खा जाए, ऐसा नहीं होना चाहिए।

(4 जून, 1989)

छल-कपट से शासन क्यों करें?

केन्द्र में सत्तारूढ़ पार्टी में घबराहट के चिह्न दिख रहे हैं और जैसे-जैसे चुनाव नजदीक आ रहा है, वे जब-तब कानून और संविधान की परवाह छोड़कर काम कर रहे हैं। परिणाम को सोचे बिना ही इसने अधिकांश विपक्ष को 'अ-राष्ट्रवादी', 'साम्प्रदायिक', 'विदेशी एजेंट' और जाने किन-किन आरोपों से भूषित कर दिया है। एक-दो और राज्य-सरकारों को गिराने की कोशिश में यह बेचैन है। कथित रूप से बम्बई के एक उद्योगपति ने बड़बोलेपन के साथ दावा किया कि वह लोकसभा चुनाव के पहले राजीव गांधी को दो राज्य सरकारों का उपहार देगा।

प्रधानमंत्री और उनके सहायकों के उन्मादी विस्फोट अपनी जगह—अद्यतन है 'एनटीआर ठग रहे हैं'—इस प्रकार के व्यवहार का हाल का उदाहरण है विभिन्न मंत्रालयों से जुड़ी पारदर्शी समितियों की तरह की एक संसदीय सलाहकार समिति कर्नाटक के लिए नियुक्त करने का निर्णय, जो निष्फल हो गया। आधिकारिक प्रवक्ता ने 10 जून को नई दिल्ली में की गई अपनी घोषणा के स्पष्टीकरण में कहा कि पंजाब और तमिलनाडु में विधान-सभा के प्रस्तावों पर विचार के लिए गठित समितियों के विपरीत, कर्नाटक समिति की 'प्रकृति अधिक सामान्य होगी और यह राज्य-प्रशासन से सम्बन्धित सारे महत्त्वपूर्ण मामलों पर विचार-विमर्श करेगी।'

इस तरह से यह स्पष्ट है कि कर्नाटक समिति को संविधान की धारा 357 से बाहर रहना था, जिसमें केवल राष्ट्रपति-शासन वाले राज्यों में संसद के अनुमोदन के लिए विधान-सभा के प्रस्तावों पर विचार करने की व्यवस्था है। प्रवक्ता द्वारा प्रयुक्त शब्दावली में सबकुछ समाविष्ट है, जो समिति को प्रभूत शक्तियाँ देता है, हालाँकि उनके पीछे कोई कानूनी अनुसमर्थन नहीं है।

विपक्ष ने हो-हल्ला मचाकर इस घोषणा का स्वागत किया और कांग्रेसीजन किंकर्त्तव्यविमूढ़ मालूम पड़े। चार दिन बाद बैंगलोर में पत्रकारों से बात करते हुए प्रधानमंत्री ने आश्चर्य व्यक्त किया और ऐसी समिति की राह साफ करने से साफ इनकार किया। 'मुझसे किसी व्यक्ति ने समिति के बारे में बात नहीं की है और मैं इसके विषय में जानता तक नहीं'। क्या इसका यह अर्थ है कि आधिकारिक प्रवक्ता ने अपने तईं यह भूमिका निभाई या कि बायाँ क्या कर रहा है इसका पता दाएँ को नहीं था?

केन्द्रीय गृहमंत्री ने, जो निश्चय इस तसवीर में होंगे, चुप्पी साधे रहना ही बेहतर समझा। विधि-मंत्री ने भी सोचा कि मौन स्वर्ग है। प्रधानमंत्री के लिए यह अधिक गरिमापूर्ण होता यदि वे स्पष्ट इनकार की जगह उक्त घोषणा की वापसी का आदेश देते। यदि प्रधानमंत्री की बात सच है तो पूरे प्रसंग की विस्तृत जाँच जरूरी है।

इस उपकथा को जो बात और उलझाती है और जो नकार अधिक सन्देहास्पद बनाता है वह यह कि आधिकारिक प्रवक्ता की घोषणा के पहले केरल प्रदेश कांग्रेस (आई) के अध्यक्ष वीरेन्द्र पाटील सहित शीर्ष पार्टी-जनों ने राज्य के सांसदों की समिति को राज्यपाल, श्री पी. वेंकटसुब्बैया को सलाह-भर देने को कहा था। किन्तु राज्यपाल ने यह कहते हुए कि इसके लिए कोई संवैधानिक व्यवस्था नहीं है और वे इसकी कोई आवश्यकता नहीं समझते, तुरन्त इसे खारिज कर दिया। प्रत्यक्षत: उन्होंने इस प्रस्ताव में अपने ही अधिकारों की कटौती का प्रयत्न देखा। वे पहले से ही अपने प्रशासन की आलोचना से नाखुश थे। यह सब तब, जब राज्यपाल पार्टी के आदमी हैं और जनता दल सरकार को बरखास्त कराके अपनी निष्ठा-भक्ति का सबूत दिया है।

पहले के तरीके और संवैधानिक व्यवस्था के विपरीत, और जिसके पास बड़ा अधिकारक्षेत्र है, सलाहकार समिति के संविधान ने भी चेतावनी का संकेत दिया। श्री बोम्मई ने इसको लोकसभा चुनाव सम्पन्न हो जाने तक के लिए राज्य विधान सभा को स्थगित किए जाने की भूमिका समझा।

संसद द्वारा आवश्यक अधिकार पाए बिना एक समिति गठित करने का विचार अधिक उलझानेवाला है, विशेषकर तब जबकि इसमें जिन सांसदों को राज्यपाल को परामर्श देने के लिए नामित किया जाना है वे छह महीने के भीतर ही नए जनादेश की प्रतीक्षा में होंगे, यानि चुनावों में उतर जाएँगे। उनमें से कई की सदन में वापसी नहीं भी हो सकती है। जब उनकी गरदन पर तलवार लटक रही है तब क्या उनसे यह आशा की जा सकती है कि वे पार्टी-हितों से ऊपर उठकर स्वतंत्र और निष्पक्ष तरीके से काम करेंगे?

अभी कुछ सप्ताह पहले ऐसा ही वाकया हुआ था। एक समाचार-पत्र ने 64वें संशोधन विधेयक (पंचायती राज पर) को 'स्कूप' बनाकर उड़ा लिया, जिसमें राज्यपाल को पंचायती संस्थाओं का स्थान ले लेने की आपत्तिजनक व्यवस्था थी। सरकार ने

विधेयक की छपी सामग्री को अपना नहीं बताया, लोकसभा के कुछ दिन के और विस्तार की माँग की और नया विधेयक प्रस्तुत किया, जिसमें से आपत्तिजनक हिस्से हटा दिए गए थे।

धोखे और चालबाजी का यह शासन क्यों?

(19 जून, 1989)

बड़े व्यवसायी कितना भारतीय हैं?

एसोचैम (ए एस एस ओ सी एच ए एम) और फिक्की (एफ आई सी सी आई), भारत के शक्तिशाली निजी व्यवसाय के प्रकोष्ठों (लॉबी) ने सरकारी विनियंत्रक नीतियों (स्टेट रेगुलेटरी पॉलिसीज) और सार्वजनिक विनियंत्रक (पब्लिक कंट्रोल्स) की प्रक्रियाओं में आमूल बदलाव पर जोर देने के लिए हाथ मिला लिये। एसोचैम के प्रवक्ता उदारीकरण की अन्तरराष्ट्रीय प्रवृत्तियों का हवाला देते हैं और इस सन्दर्भ में निजी विनिवेश को चीन, हंगरी, चेकोस्लोवाकिया और युगोस्लाविया जैसे समाजवादी देशों द्वारा दी गई छूट का उल्लेख करते हैं। एसोचैम सरकार से एम आर टी पी अधिनियम की धारा 21, 22 और 23 को समाप्त कर देने की उम्मीद करते हैं। इसी प्रकार, यह बात बल देकर कही जाती है कि भारत में मुक्त विदेशी विनिवेश की राह में फेरा (एफ ई आर ए) बड़ी बाधा है। अत: ये प्रकोष्ठ चाहेंगे कि भारतीय अर्थनीति एम.एन.सी.-ओ. को शत-प्रतिशत इक्विटी होल्डिंग के आधार पर भी नि:शुल्क प्रवेश दे।

स्वतंत्रता-संघर्ष के दौरान हर तरह के निजी औद्योगिक घरानों ने स्वदेशी आन्दोलन का समर्थन किया था। उन्होंने विदेशी पूँजी का बहिष्कार किया। भारत के बड़े व्यवसायियों ने चाहा कि अर्थतंत्र को पूरी तरह से भारतीय उद्यमियों पर छोड़ दिया जाए। विदेशी पूँजी केवल कनिष्ठ सहयोगी की भूमिका अदा कर सकती थी। 1948 के उद्योग नीति वक्तव्य (इंडस्ट्रियल पॉलिसी स्टेटमेंट) में इस दृष्टिकोण को शामिल कर लिया गया। तब से बहुत सारी चीजें बदल गई हैं। राजनीतिक नेतृत्व के मूल्य-बोध में जमीन-आसमान का फर्क आ गया है। नए सामाजिक राजनीतिक गठजोड़ आए हैं और नई राष्ट्रीय प्राथमिकताओं में बहुत सारे निजी उद्योग फिट नहीं बैठते।

राजनीतिक कार्यकर्ताओं के लिए स्वदेशी अभिमान का विषय था। न सिर्फ कांग्रेसी कार्यकर्ता अपितु दूसरे सदस्य भी अपने व्यक्तिगत जीवन में स्वदेशी का अभ्यास करते थे। खादी, जिसे नेहरू आजादी की वर्दी कहते थे, पहनना उन्हें भारतीयों लोगों में से निर्धनतमों के करीब ले आया। आज स्वदेशी की अवधारणा का अवमूल्यन हो रहा है, हालाँकि अभी भी यह उपहास की चीज नहीं है।

यह आश्चर्यजनक है कि जब देश नेहरू की शतवार्षिकी मना रहा है, भारत के इजारेदार अन्तरराष्ट्रीय निगमों को मुक्त प्रवेश की अनुमति दिलवाना चाहते हैं। बड़ा व्यवसाय सचेत है कि विदेशी निजी निवेशकर्ता, बिना कुछ स्थानीय पूँजी और प्रभावशाली व्यक्तित्वों के समर्थन के बिना किसी देश में प्रवेश नहीं पा सकते। एसोचैम और फिक्की के भारतीय सदस्य जब विदेशी निजी पूँजी को छूट देने की वकालत करते हैं तो उनका लक्ष्य शक्तिशाली अन्तरराष्ट्रीय निजी निगमों के साथ विशेष सम्बन्ध बनाना और एम.एन.सी.ओ. के साथ कनिष्ठ साझेदार के अपने दावे को स्थापित करना है। विदेशी पूँजी की शर्तों में उदारता बरतने के तेज शोर को व्यवसाय के तर्क के आधार पर देखना होगा। इस कोण से भारतीय व्यवसायियों का संघ विदेशी पूँजी क्यों चाहता है जो कठिन प्रतिस्पर्द्धा ले आएगा। बड़े व्यवसायी इसे पूरी तरह से जानते हैं कि तीसरी दुनिया की कोई लोकतांत्रिक सरकार ऐसा करने में समर्थ नहीं हो सकती; न ही एम.एन.सी. वास्तव में 100 प्रतिशत सहायक बनने के लिए गम्भीर है।

विदेशी पूँजी के आमंत्रण के लिए विभिन्न प्रकार के तर्क हैं। निजी व्यवसायी लॉबी (प्रकोष्ठ) अवगत है कि भारतीय भुगतान-सन्तुलन तेजी से बिगड़ रहा है। इसके निहितार्थ स्पष्ट हैं। निर्यात के विकास को उच्च प्राथमिकता है ही। बड़ा व्यवसाय इस संवेदनशीलता का पूरी तरह से दोहन कर रहा है। पिछले एक दशक ने निर्विवाद रूप से यह प्रमाणित कर दिया है कि किसी भारतीय या विदेशी बड़े निगम ने विदेशी मुद्रा अर्जित करने में भारत की मदद नहीं की है। विदेशी मुद्रा के असली कमाऊ लघु क्षेत्र तथा कुटीर और हथकरघा क्षेत्रों के कामगार हैं। मध्य पूर्व में अत्यन्त कठिन परिस्थितियों में काम करनेवाले भी विदेशी मुद्रा कमानेवाले हैं, यदि श्रमिक, अभियन्ता, तकनीशियन, डॉक्टर और नर्सें अपने घर अपनी कमाई भेजती हैं।

तथापि, बड़ा व्यवसाय यह दिखाना चाहता है कि एम.एन.सी. या भारतीय इजारेदार निर्यात को बढ़ावा देने में भारत के सहायक हो सकते हैं। ये दावे अनुभव सिद्ध प्रमाणों से रहित हैं और हर तरह से व्यावसायिक तर्क के प्रतिकूल तो हैं ही।

यह दुर्भाग्यपूर्ण है कि जब बड़ा व्यवसाय भारतीय (वि)नियंत्रण पद्धति में क्रान्तिकारी परिवर्तन के सुझाव दे रहा है, कोई ऐसा सार्वजनिक या निजी संगठन नहीं है, जो इन दावों के खोखलेपन को बेपर्द करे। राजनीतिक पार्टियाँ खामोश रहती हैं; विद्वज्जन खिझाना नहीं चाहते और राज्य-सेवक, तथ्यों से पूरी तरह से अवगत होने के बावजूद, राजनीतिक आकाओं की नाराजगी जैसे सार्वजनिक विवादों के भय से खंडन नहीं करते।

चालीस साल पहले की तुलना में आज के अर्थतंत्र में कहीं अधिक गैर-बराबरी है। गिने-चुने थोड़े-से लोगों द्वारा सार्वजनिक नीतियों को प्रभावित करने की आज जैसी शक्ति पहले कभी नहीं थी। लॉबियों (प्रकोष्ठों) को यह पता है कि वे प्रभावशाली हैं और उनके दावों पर सवाल खड़े करनेवाली कोई संगठित आवाज नहीं है। राष्ट्रीय

विकास के लिए सामाजिक-आर्थिक दृष्टि रखने के लिए बड़े व्यवसाय को कभी नहीं जाना गया है। वे व्यवसाय कर रहे हैं, समाज-सेवा नहीं।

यह समय है जब नीति-निर्धारक और राजनीतिक पार्टियाँ यह प्रश्न उठाना शुरू करें : बड़ा व्यवसाय कितना भारतीय है ? उदाहरणार्थ, क्या शीतल पेय को बोतलबन्द करने के लिए भारत को किसी टाटा की जरूरत है, जो दुनिया की सबसे बड़ी बहुराष्ट्रीय कम्पनी के सहयोग से इस व्यवसाय में उतरे ? जब विदेशी एम.एन.सी.-ओ. की वकालत फिक्की और एसोचैम करते हैं तो राष्ट्र-हित कितनी दूर तक सधता है ?

(4 जुलाई, 1989)

गुटबन्दी बन्द करे जनता दल

समय-समय पर एकता के अभिज्ञान का व्रत धारण करने के बावजूद जनता दल का घर पूर्ववत् बँटा हुआ है। इसकी अधिकांश समस्याएँ सम्मिलित ग्रुपों और व्यक्तियों के बीच संशक्तिशीलता की कमी और निर्णय ले सकने में सक्षम नेतृत्व के अभाव के कारण हैं।

गुटबन्दी बेरोक-टोक जारी है, क्योंकि हर ग्रुप और व्यक्ति अपने हितों की रक्षा के लिए दूसरे से श्रेष्ठतर स्थिति पाने के प्रयत्न में लगा रहता है। दूसरे शब्दों में यह कि केन्द्र-वाम राजनीति की विभिन्न धाराओं वाले पदधारियों में नेतृत्व विश्वास नहीं जगाता है।

लहर ने श्री वी.पी. सिंह को जहाँ फेंक दिया वह बहुत दिनों से प्रतीक्षित था। उनके बहुत से सहकर्मियों का मानना है कि विपक्ष के नेता के पद की जिम्मेदारी उनके लिए बहुत बड़ी है, क्योंकि सत्तासीन कांग्रेस(आई) के आरामतलब कामों में अधिक समय बिताने के कारण न उनमें विपक्ष का नेतृत्व सँभालने का कौशल है, न स्वभाव।

इस सबसे भी बड़ी बात यह कि श्री सिंह अपने सहकर्मियों के साथ समनुरूप और व्यवहार में साफ-सुधरे होने की छवि नहीं बना पाते, पार्टी और राष्ट्रीय राजनीति के बड़े मुद्दों को सँभालने की बात तो जाने ही दीजिए। उनकी सार्वजनिक घोषणाएँ प्राय: चीजों को उलझाती ही हैं, जैसे कि गठबन्धनों के सवाल पर। भाजपा के प्रस्ताव को उनके द्वारा ठुकराये जोन की जयपुर घोषणा के 24 घंटे के भीतर उनके एक वरिष्ठ सहकर्मी ने इसे 'सुधारा' और इस प्रक्रिया में इल्जाम प्रेस पर डाल दिया, घाल-मेल से उबरने का सरलतम तरीका शायद यही है। यह ढुलमुलपन और अनिर्णय जनता दल का कितना नुकसान कर रहा है, वह भी तब जब चुनाव सिर पर हैं, इसे सम्भवत: श्री सिंह और उनके सलाहकार महसूस नहीं कर रहे हैं।

संगठन की असहजता हम सबों के सामने हैं। संगठन-समिति को अपना काम अभी पूरा करना है, जो आसान नहीं है। अड्डे पर गुटबन्दी का राज है, उदाहरणार्थ बिहार, मध्य प्रदेश, राजस्थान, केरल और उत्तर प्रदेश में। इसका एक कारण कुछ नेताओं के जाग्रत अहं है। दूसरा कारण विभिन्न घटकों के भीतर समाया यह भय है कि सांगठनिक ढाँचे में या टिकट-बँटवारे में उनके साथ न्याय नहीं होगा।

अभी कुछ ही दिन हुए जब उन्होंने अपनी सारी परेशानियों के लिए श्री चन्द्रशेखर पर आरोप लगाना चाहा। प्रेस के एक पक्ष ने इस बात का ढोल पीट दिया। एक राष्ट्रीय अखबार ने अपने साथ के हिन्दी संस्करण के साथ, वस्तुतः, निन्दा-अभियान चलाना शुरू कर दिया, इस विश्वास से कि देश और राजनेताओं का भाग्य उनकी मुट्ठी में है। श्री चन्द्रशेखर यद्यपि दुखी हुए, किन्तु उन्होंने चुप रहना ही बेहतर समझा। उन्होंने उनका खेल खेलने से इनकार कर दिया। किनारे पर खड़े रहने वाले लोगों ने स्वयं, बाद में उन्हें मनाया कि वे पार्टी की गाँठें खोलने में सक्रिय सहयोग दें। स्पष्ट ही, कुछ ग्रुपों ने इसे पसन्द नहीं किया है और इसे डुबाने में लगे हैं, ताकि अपने घोंसलों की परिचर्या कर सकें। उनके नेताओं के पंक्तिबन्धन अपने लक्ष्य की सिद्धि के प्रयत्न में बदलते रहते हैं, समग्र रूप से पार्टी-हित की चिन्ता करने का सवाल ही नहीं।

महासचिव के पद से तथा महत्त्वपूर्ण समितियों में से एक से श्री यशवंत सिन्हा का इस्तीफा श्री सिंह की कार्यशैली का नवीनतम नमूना है। श्री सिन्हा का आरोप है कि दिल्ली जनता दल के पदाधिकारियों की सूची को स्वीकृति देने के पहले उन्होंने उनसे परामर्श नहीं किया। हालाँकि वे इसके प्रभार में हैं। प्राविधिकताएँ अपनी जगह, क्या श्री सिंह के लिए यह उचित नहीं था कि वे श्री सिन्हा को विश्वास में लेते, खास करके तब जब दिल्ली के मामले सँभालने की जिम्मेदारी उन्हें दी गई थी? यदि ऐसे मामलों का निर्णय आदेशों से होता है तो कांग्रेस(आई) और जनता दल के बीच फर्क क्या है? क्या श्री सिंह ने बार-बार यह नहीं कहा कि वे पार्टी को सर्वसम्मति से चलाने का प्रयत्न करेंगे? और सर्वसम्मति, परामर्श की बाधक नहीं है।

सहबन्धों के सवाल पर ही वर्तमान थरथराहट और आगा-पीछा बन्द होना चाहिए। जनता और राष्ट्रीय मोर्चा, जिसका यह अंग है, को हमेशा के लिए अपनी स्थिति बिल्कुल स्पष्ट करनी चाहिए और मतदाताओं के मन की उलझन को दूर करना चाहिए। जनता दल की स्थिति, जैसी श्री सिंह ने जयपुर में बतायी (बाद में संशोधित), श्री देवी लाल और श्री एन.टी. रामाराव से मेल नहीं खाती। श्री सिंह भाजपा के साथ हरियाणा मॉडल का प्रचार करते रहे हैं और रामाराव आदि आंध्र प्रदेश में या अन्यत्र भाजपा के साथ गठजोड़ में कोई शर्त नहीं डाल रहे।

यदि जनता दल या मोर्चा सत्ता में आ जाता है, तो नेतृत्व के सवाल पर भी श्री सिंह के समय-समय पर दिए बयान अन्तर्विरोधों से भरे हैं। प्रारम्भ त्यागवाली घोषणा से होता है कि वे कोई पद नहीं सम्हालेंगे। 'यदि मैं प्रधानमंत्री बन गया तो यह

महाविनाशकारी होगा'। उचित यह होगा कि जब हम पुल पर पहुँच जाएँ, तभी उसे पार करें।

समय बहुम कम बचा है। श्री सिंह और उनके सहकर्मियों के मामले दुरुस्त करने चाहिए और कुछ सिद्धान्तों और कार्यक्रमों के प्रति समर्पित एकजुट पार्टी के रूप में अपने को प्रस्तुत करना चाहिए। अपनी-अपनी खिचड़ी अलग पकाना छोड़कर उन्हें काम में लग जाना चाहिए। सिर्फ तभी पार्टी अपना सर्वोत्तम लेकर आगे कदम बढ़ा सकेगी।

द्वितीय विश्वयुद्ध में संयुक्त शक्तियों की विजय के बाद किसी ने विन्सटन चर्चिल को उनके ब्रिटेन को बचाने के चमत्कारिक कारनामे के लिए बधाई दी। प्रखर राजनेता और कूटनीतिज्ञ तो वे थे ही, उन्होंने उत्तर में कहा : 'यह तो जनता है जिसने यह सब किया है। मैंने केवल सिंह-गर्जन किया।' उस गर्जन का अभी तक अता-पता नहीं है।

(19 जुलाई, 1989)

अभी या कभी नहीं

संसद ने इतिहास बनाया जब मुख्य प्रतिपक्षी दलों के सदस्यों ने लेखा-नियन्ता और महालेखाकार (कम्प्ट्रोलर और ऑडिटर जेनरल—सी.ए.जी.) द्वारा बोफोर्स तोपों की खरीद पर सरकार पर आरोप लगाने वाली विवादास्पद रिपोर्ट के सवाल पर लोकसभा से इस्तीफा दे दिया। इस अकेली कार्रवाई से राजनीतिक स्पेक्ट्रम (वर्णक्रम) के एक सिरे से दूसरे सिरे तक—सी.पी.आई.(एम) से भाजपा—ने आक्रामकता को फिर से पा लिया है और, राजीव सरकार को बाहर करने के लिए एक साथ रहने की दृढ़ता दिखाई है। उच्च पदों में भ्रष्टाचार से लड़ने के लिए अपनी शक्तियों को एकाग्र करने की इच्छा का भी यह सूचक है।

यह तब हुआ है जब चुनाव सिर्फ कुछ महीने दूर हैं। कांग्रेस(आई) की हताशा उनके द्वारा प्रतिपक्ष और सी.ए.जी., दोनों पर पूर्वनिर्धारित तेजाबी और अशोभनीय आक्रमणों से स्पष्ट है। जे.पी.सी. और अन्य कांग्रेस(आई) सांसदों द्वारा लगभग एक ही साथ की गई घोषणाओं से सरकार की बदनीयत स्पष्ट है। वस्तुत:, रिपोर्ट के संसद में पेश किए जाने के पहले ही आक्रमण शुरू हो गए। इससे पता चलता है कि सत्ताधारी पार्टी अपने मतलब के लिए किस हद तक जा सकती है। संविधान के तहत बनायी गई संस्थाओं को नष्ट करने में भी ये नहीं हिचकेंगे। सरकार और सत्ताधारी पार्टी द्वारा दिया गया सन्देश यह है कि अब से हर संस्था और कार्यालय को उनकी मर्जी के अनुसार चलना चाहिए। संविधान के तहत निर्मित इन संस्थाओं की स्वतंत्रता और मर्यादा को केवल पुराण-गाथा बनाया जा रहा है।

इन इस्तीफों पर सबसे व्यंग्यात्मक टिप्पणी किसी अन्य ने नहीं, स्वयं एक वरिष्ठ कांग्रेसी सज्जन ने स्वयं की। ये पूर्व लोकसभा-अध्यक्ष श्री गुरदयाल सिंह ढिल्लो थे, जिन्होंने बलराम जाखड़ को उनके करतब के लिए 'बधाई' दी और कहा कि एक ही दिन बहत्तर इस्तीफे स्वीकार करके उन्होंने अपने को 'विशिष्ट' बना लिया है और उनका नाम गिनीज बुक में जाना चाहिए। अध्यक्ष बड़े उपकारी और भद्र रहे हैं। राज्यसभा में उपाध्यक्ष ने प्रतिपक्ष को अविश्वास-प्रस्ताव लाने का परामर्श भी दिया, हालाँकि उस सदन में ऐसा करने की व्यवस्था नहीं है। वैसे भी सीएजी की रिपोर्ट पर कोई बहस बेमाने होती, क्योंकि कांग्रेस(आई) का रुख पूर्वनिश्चित था और बहस मुद्दे की गम्भीरता पर नहीं, सदस्यों के बहुमत के आधार पर कराने की धमकी भी थी। लोकसभा अब एक तितिम्मा (अवशेष) है। तकनीकी दृष्टि से यह जो काम करना चाहे, कर सकती है, संविधान-संशोधन भी, किन्तु देश को प्रभावित करनेवाला कोई भी महत्त्वपूर्ण फैसला करने का नैतिक अधिकार इसने खो दिया है। निश्चय ही, सत्ताधारी दल के ए.आई.डी.एम.के., मुसलिम लीग, नेशनल कॉन्फ्रेंस जैसे मित्र उसे वैधता देने के लिए बचाव में आएँगे, किन्तु इससे कोई धोखा नहीं खाएगा। लोकसभा से इस्तीफा देते समय राज्यसभा में प्रतिपक्ष ने एक तिहाई से अधिक ताकत बचाये रखी है, जिससे संविधान संशोधन विधेयक को पारित करने के लिए आवश्यक बहुमत को रोक सके। अब सत्ताधारी पार्टी दलबदल कराने की जुगत में है, जिससे दलबदल-विरोधी कानून का मजाक बनेगा, जो पहले से ही सत्ताधारी पार्टी के हाथ आया औजार बन गया है।

कांग्रेस(आई) अब प्रतिपक्ष की व्यवस्था में फूट और अनबन के बीज बोने का यत्न करेगी और प्रतिपक्ष को सावधान रहना होगा। सरकारी मीडिया के सहारे कांग्रेस(आई) के अधिप्रचारक प्रतिपक्ष पर आक्रमण करने में व्यस्त हैं। संसदीय दल में और अन्यत्र एन.टी.आर. और वी.पी. सिंह पर फेंके गए काँटों ने उनके अनुयायियों के हृदय को प्रसन्नता से भर दिया है।

कांग्रेसी जन अब मार्क्सवादियों को विभाजित करने के लिए, जिन्होंने दो राज्यों में अपने पाँव जमा लिये हैं और केन्द्र की चुनौतियों और चिकोटियों का मुकाबला करने में समझदारी का परिचय दिया है, अब केवल 'बंगाल लाइन' और 'केरल लाइन' की बात कर रहे हैं।

अभी कल ही प्रधानमंत्री ने केन्द्र द्वारा भेजे गए चावल के वितरण में आदिवासियों को 'ठगने' का आरोप आन्ध्र प्रदेश सरकार पर लगाया। संसद के दोनों सदनों में दिए गए सरकारी विवरण से निष्फल होकर यह आरोप लौट आया है। सरकारी मीडिया ने इसे हवा देना उचित नहीं समझा, हालाँकि पूर्व में इसने बड़ी प्रसन्नता के साथ 'धोखाधड़ी' को प्रसारित किया था। राजीव गांधी ने एन.टी.आर. के प्रत्यायक से भी यह पूछकर प्रश्न उठाया है कि 'फिल्मी परदे के अलावा इस शख्स के पास प्रसिद्धि

के दावे के लिए और क्या है ?' ये सस्ते उपहास उनके अपने पदधारियों को, जिन के पास प्रसिद्धि के बेहतर दावे हैं, 'क्षणिक आनन्द' देने के अलावा और कुछ भी कर पाने में सफल नहीं होंगे। वैजयन्तीमाला और सुनील दत्त इस पर जरूर झेंप रहे होंगे।

प्रतिपक्ष के सम्मुख अब एक अधिक जरूरी काम है। इसे अपनी कोटियों को और भी दृढ़ करना चाहिए और लोगों के बीच जाकर उन्हें संघटित, सूचित और शिक्षित करना चाहिए। जो एकता उपलब्ध हुई है वह दबाव में आएगी, विशेषकर तब जब सीटें दी जाएँगी। लोकतांत्रिक राजनीतिक दलों के लिए वह कठिन समय है और इसको सँभालने के लिए व्यवहार-कौशल तथा अक्लमन्दी की जरूरत है। यदि 'एक के लिए एक' का फार्मूला चल गया तो प्रतिपक्षी दलों के बीच सीटों का बँटवारा कम कठिन काम नहीं होगा। इन समस्याओं से पार पाना नेताओं की प्रवीणता के बाहर नहीं होना चाहिए। एक तरह से उनकी समस्या इस्तीफों से हलकी हो गई है, क्योंकि सौ सीटों के लिए प्रत्याशियों का चुनाव हो चुका है।

जे.पी.सी. रिपोर्ट के बाद कांग्रेस(आई) और सरकार ने सोचा था कि ऊँचे पदों पर भ्रष्टाचार का मुद्दा समाप्त हो गया है और प्रतिपक्ष अपने शस्त्रागार के सबसे खतरनाक शस्त्र से वंचित हो गया है। किन्तु उसे विस्मय हुआ कि सीएजी की रिपोर्ट ने इसे पूरी भयंकरता के साथ पुनर्जीवित कर दिया है, संसद के भीतर और बाहर की गई मंत्रियों की सारी घोषणाओं के बावजूद। यह एक कारण है जिसके चलते कांग्रेस(आई) छटपटी में है और इस तरह के आचरण कर रहा है। प्रतिपक्ष को मुद्दों को सफाई से चुनना चाहिए और उन्हें तीखे ढंग से बताना चाहिए। इसे संसाधन-मानव और वस्तु—भी अवश्य जुटाने चाहिए, हालाँकि सत्ताधारी दल से प्रतिस्पर्द्धा करने की जरूरत नहीं है, क्योंकि उसके सबकुछ भरपूर है। प्रतिपक्ष के नारे 'एक वोट, एक नोट' से ही कांग्रेस परेशानी महसूस कर रही है। कोई आश्चर्य नहीं होगा, यदि वह इस नारे को मुलम्मे की तरह अपना ले, यह दिखाने को कि छोटे-छोटे सहयोगों पर यह कितना निर्भर करती है।

उनकी पार्टी के कार्यों और प्रदर्शन का धन्यवाद, कांग्रेसी जनों का एक घटक उत्साहहीनता एवं भ्रष्ट होने का अनुभव कर रहा है। अपनी वास्तविक अनुभूतियों को वे एकान्त में ही मित्रों में बाँटते हैं, क्योंकि सार्वजनिक रूप से कुछ कहने में वे अपने को असुरक्षित महसूस करते हैं। जिस तरह से पार्टी और सरकार चल रही है उससे उनमें विश्वास नहीं जगता। वे महसूस करते हैं कि पार्टी एवं सरकार की वर्तमान छवि के साथ मतदाताओं को रिझाना कठिन होगा।

पार्टी की असहिष्णुता और औद्धत्य, हाल ही में, राज्यसभा में देखने को मिला, वह भी प्रधानमंत्री की उपस्थिति में। इसके नए सदस्यों में से एक, डी.पी. राय ने चिमनभाई पटेल पर हाथ उठाया, जिन्हें नेतृत्व-परिवर्तन की माँग करने के कारण कांग्रेस(आई) से निष्कासित कर दिया गया। श्री गांधी सहित किसी भी व्यक्ति ने

इस घटना की निन्दा में एक शब्द नहीं कहा। जब उप-सभापति ने श्री राय पर सदन में क्षमा-याचना के लिए दबाव डाला तो उन्होंने इनकार किया और सदन से बाहर चले गए। पुनः, मंत्री-पीठ से एक भी व्यक्ति ने अपनी पार्टी के भ्रान्त सदस्य के आपत्तिजनक व्यवहार की अस्वीकृति में एक शब्द भी नहीं कहा।

इससे पार्टी के जिद्दी स्वभाव और तनशक्ति तथा धनशक्ति में विश्वास का पता चलता है। बहुत से कांग्रेसी लोग यह महसूस करते हैं कि वर्तमान नेतृत्व न कबाड़ हटा सकता है न विश्वास जगा सकता है। वर्षों कांग्रेस में रहने के बाद, आज वे गूँगे पशुओं की तरह हाँका जा रहा महसूस करते हैं। शायद वे मौके की तलाश में हैं।

प्रतिपक्ष को 'अभी या कभी नहीं' के प्रस्ताव के साथ लोगों के बीच जाना चाहिए। श्रीमान् स्वच्छ की सरकार स्पष्टत: अस्वच्छ हो गई है और इसने प्रतिपक्ष को भुनाने के लिए अनेक बिन्दु दे दिए हैं। उन्होंने बन्दूक को जाम कर दिया है। अब उन्हें बोफोर्स को दनदनाना चाहिए।

(4 अगस्त, 1989)

पाप का मेहनताना

जापान की राजनीति बड़े बदलाव की ओर अग्रसर है। इस तेजी से बदलते समय में भी जापानियों को नैतिकता की फिक्र रहती है। लिबरल डेमोक्रेटिक पार्टी (एल.डी.पी.), जिसने 35 सालों तक लगातार जापान पर शासन किया है, को एक सबक सिखलाया गया है और अब यह पार्टी जीत को सुनिश्चित नहीं मान सकती।

गत कुछ सप्ताहों की घटनाएँ चेतावनी का संकेत देती हैं। एल.डी.पी. के एक घटक के अल्पज्ञात नेता, श्री तोशिकी काइफू को संवैधानिक प्रावधान के तहत, जिसके जरिए पार्लियामेंट के ऊपरी सदन की पसन्द, समाजवादी नेता सुश्री ताकाको दोई की अवहेलना की गई—जापान का नया प्रधानमंत्री नामित किया गया है।

असल में दबंग लोग इस शीर्ष पद में रुचि नहीं ले रहे थे, क्योंकि उन्हें पूरा पता था यह कामचलाऊ व्यवस्था है, अगले वर्ष जुलाई में निचले सदन के चुनाव होंगे। पार्टी-अध्यक्ष के चुनाव के लिए—जो अपने आप से प्रधानमंत्री बन जाता है—पारम्परिक भागदौड़ का इस बार कोई अता-पता नहीं था, क्योंकि कद्दावर नेता, कई करोड़ के नियुक्ति घोटाले के प्रकाश में आने के बाद पार्टी के गहरे संकट में फँसे होने के कारण, दुर्भाग्य से घिरे हैं और बदनाम हो गए हैं। 17 वर्षों में पहली बार अध्यक्ष-पद का चुनाव हुआ। रुचि की कमी और सुस्ती का दूसरा कारण यह है कि उन्हें पता है कि गन्दगी से भरे अस्तबलों को साफ करना और जनता के बीच पार्टी की छवि को सुधारना भगीरथ प्रयत्न होगा।

2 जून को ही श्री सोसुके ऊनो ने श्री नोबुरु ताकेशिता से पद-भार लिया था, जिनके बारे में कहा जाता है कि नियुक्ति-घोटाले में अन्तर्लिप्तता के कारण पद छोड़ने को बाध्य किए जाने के बावजूद वे राजा बनानेवाले की भूमिका निभा रहे हैं। श्री ऊनो तीसरे प्रधानमंत्री हैं, जिनका सिर घोटाला-कांड के पर्दाफाश के बाद कलम हुआ है।

श्री ऊनो का दुर्भाग्य यह कि वे सेक्स-स्कैंडल के शिकार हुए, जब उनकी 'गीशा' गृहिणियों में से एक ने आरोप लगाया कि उन्होंने अपने वायदे पूरे नहीं किए। ऊपरी सदन के हाल के चुनावों के अवसर पर महिलाओं के बारे में उनकी कठोर और अश्लील टिप्पणियाँ भी उन्हें महँगी पड़ीं। उन्हें इस्तीफा देना पड़ा, क्योंकि समाजवादियों को इसमें बड़बोलापन दिखा।

भ्रष्टाचार का जंग पार्टी को बहुत दिनों से खाता आ रहा है। नियुक्ति वाला मामला अपने ढंग का अकेला नहीं था जिसमें बहुत सारे नेताओं के घूस लेने और सहूलियत देने के लिए पैसे लेने का पता चला। तथापि, पूर्व में वे तूफान को हर बार झेल गए, किन्तु इस बार नहीं। इस बार वे नंगे पकड़े गए। भ्रष्टाचार में अन्तर्लिप्तता और गिरती नैतिकता के लिए एल.डी.पी. नेताओं की सार्वजनिक निन्दा की परिणति हाल के चुनावों में उनकी पिटाई में हुई। अब नेतागण बैठकर उस कठिनाई की गहराई को मापने में लगे हैं, जिसने उन्हें घेर रखा है। जैसे इतना ही पर्याप्त नहीं था, एल.डी.पी. की पसन्द के उच्च सदन द्वारा इनकार किए जाने से उन्हें लगभग प्राणलेवा धक्का लगा है।

ऊपरी सदन में श्री काइफू की जगह सुश्री दोई को पसन्द करना एक नहीं अनेक रूपों में महत्त्वपूर्ण है। इससे प्रतिपक्ष को बड़ी ताकत मिलेगी, विशेषकर समाजवादियों को। अपनी विजेता पार्टी की नेता की नई छवि के साथ सुश्री दोई महिलाओं के साथ बेहतर सम्पर्क साध सकेंगी; महिलाएँ, अन्य जगहों की तरह यहाँ भी कुल मतदाताओं में आधा हैं।

अन्य प्रतिपक्षी पार्टियों के साथ सुश्री दोई की नई ताकत मिलकर श्री काइफू के लिए घातक हो सकती है। ऊपरी सदन में बहुमत वाला विपक्ष यदि विधायिका पर रोक लगा देता है तो इससे काइफू की पारी छोटी हो जाएगी और शीघ्र चुनाव की राह निकल आएगी। भ्रष्टाचार की बदबू अभी भी बहुत है, सो संयुक्त प्रतिपक्ष आसानी से भ्रष्ट एल.डी.पी. को गद्दी से हटा सकता है। सुश्री दोई उगते सूरज की धरती का नया सितारा हैं।

सबसे बड़े प्रतिपक्ष-समूह की नेता की हैसियत से सुश्री दोई को प्रतिपक्षी एकता के लिए पहल करनी होगी और एक सामान्य कार्यक्रम तैयार करना होगा। समय की माँग है मुद्दों के प्रति व्यावहारिक दृष्टिकोण। काम आसान नहीं है। यह चुनौती से भरा है, जैसा कि हम अपने अनुभवों से जानते हैं।

यह कहना कठिन है कि अपनी पार्टी तथा सरकार की नीतियों को परिस्थिति के अनुसार बदलने के लिए श्री काइफू कितने स्वतंत्र होंगे। जो हो, इतना साफ है कि विभिन्न गुटों के कद्दावर नेता, जो अनेक कारणों से हाशिये पर डाल दिए गए हैं, अपने हाथ से सत्ता को फिसलता पाकर दर्शक बने बैठे नहीं रहेंगे। युवा पीढ़ी की उम्मीदों को पूरा करने के लिए उन्होंने गुटबाजी को खत्म करने और पार्टी के लोकतंत्रीकरण का वायदा किया है।

उनका अपना चुनाव विभिन्न धड़ों के बॉसों के बीच समझौते का परिणाम था, जिन्होंने सोचा कि यदि श्री योशिरो हयाशी को समर्थन दिया गया तो फिर उन्हें अपदस्थ करना कठिनतर होगा।

पूरी सम्भावना है कि काइफू धीरे चलेंगे और केवल छोटे परिवर्तनों तक अपने को सीमित रखकर अपनी शक्ति बढ़ाने का यत्न करेंगे, ताकि सत्ता के दलाल नाराज न हों। यह अलग बात है कि इससे युवा मतदाताओं को आकृष्ट करने में मदद मिलेगी कि नहीं, जब पार्टी नए जनमत के लिए जाती है।

सुश्री दोई ने सही टिप्पणी की है कि काइफू के चुनाव का मतलब केवल किताब का कवर बदलना है, किताब की विषयवस्तु को बदलना नहीं। सोच की इस दिशा को लोग पसन्द करेंगे, विशेषत: युवा पक्ष। जनता द्वारा व्यक्त की गई इच्छा कि नैतिक मूल्यों का सम्मान हो और पार्टी का लोकतंत्रीकरण हो, के प्रति एल.डी.पी.-ओ. के दायित्वबोध का अभी तक कोई चिह्न नहीं है।

(19 अगस्त, 1989)

जनतंत्र को जीने दीजिए

हर बीतते दिन के साथ चुनाव-पूर्व परिदृश्य अन्धकारमय होता जा रहा है। गन्दे दाँव-पेंच वाला विभाग व्यस्त रहने लगा है। लक्षण ऐसे हैं कि इसे ओवरटाइम काम करने को कहा जाएगा। कोशिशें होंगी कि प्रतिष्ठाओं को धूल में मिलाया जाए और प्रतिपक्ष के प्रकाश-पुंजों को अपराध और समाज-विरोधी गतिविधियों में फँसाया जाए।

प्रतिपक्ष के मुख्यमंत्री अभी से यह भय व्यक्त कर रहे हैं कि उनकी सरकारों को गिरा दिया जाएगा और उन्हें अस्थिर करने की खुली योजनाएँ होंगी। रिपोर्ट है कि बम्बई के एक उद्योगपति ने करोड़ों रुपए के खर्च का जिम्मा लिया है। इस उद्योगपति के एक सहायक को कथित रूप से एक प्रतिद्वंद्वी को रास्ते से हटाने का जिम्मा दिया गया है।

बोफोर्स सौदे पर बी.पी. सिंह से टी.वी. पर वाद-विवाद की चुनौती से राजीव गांधी के पीछे हट जाने की धूल बैठने के पहले ही, कथित तौर पर मीडिया के हाथ नकली दस्तावेज थमाये गये हैं, ताकि एक विदेशी निवेश कम्पनी में बी.पी. सिंह

और उनके बेटे के नाम से जमा अनुमानित गुप्त खाते को लेकर उन्हें बदनाम करे। अभी कुछ ही सप्ताह पहले ऐसा ही एक दस्तावेज प्रकाशित कराया गया था, ताकि इलाहाबाद में उनके चुनाव में हाजी मस्तान की सहायता के लिए बी.पी. सिंह को धन्यवाद देते हुए दिखाया जाए। ये दोनों ही दस्तावेज इधर कुछ दिनों से प्राइवेट वितरण में हैं। हाँ, ज्योति बसू और एन.टी. रामाराव लम्बे समय से कांग्रेस(आई) के मित्र रहे हैं। आसमान के नीचे जितने भी तरह के अपराध हो सकते हैं—हत्या से भ्रष्टाचार तक—उन पर सबों के आरोप लगे हैं। गनी खाँ चौधरी और कम्पनी लम्बे समय से वाम मोर्चा को बंगाल की खाड़ी में फेंकने के प्रयत्न में लगे हैं। शायद खाड़ी उतनी गहरी नहीं है। इसलिए अब यह भागीरथी है। वे वोट-खींचू की तलाश में हैं। केन्द्र जब आसाम में बोड़ो लोगों को अपना आन्दोलन गहराने के लिए उकसा रहे हैं और प्रोत्साहित कर रहे हैं, ये महंत को कोयले में पका रहे हैं कि कानून-व्यवस्था को वो ठीक से सम्हाल पा रहे, चालाक बहाना है!

सबसे ऊपर, प्रधानमंत्री भी, चूँकि वे जवान हैं, पूरे उत्साह से खेल में भाग ले रहे हैं। वे अधिक आक्रामक होते जा रहे हैं, दाएँ-बाएँ आरोपों की झड़ी लगा रहे हैं और ऐसी भाषा में बात कर रहे हैं, जो सभ्य सरकार के शीर्ष को शोभता नहीं। लाल किले से 15 अगस्त का उनका संबोधन एक उदाहरण है, हालाँकि यह राष्ट्रीय कैलेंडर का एक पवित्र दिन था, जब गम्भीरता और विनम्रता अपेक्षित थी। इसकी पिछली ही शाम राष्ट्र को संबोधित करते हुए राष्ट्रपति वेंकटरमण ने अपने प्रसारण में आगामी चुनाव के प्रत्याशियों को शपथपूर्वक उग्रता, विद्वेष और हिंसा त्यागने के लिए प्रेरित किया और कहा कि 'लोकतंत्र की जड़ पर प्रहार करनेवाला कोई काम किसी के द्वारा नहीं किया जाना चाहिए'।

उन्होंने सभी राजनीतिक दलों द्वारा इस बात का दायित्व ओढ़ने की जरूरत पर भी बल दिया कि चुनाव गरिमा, मर्यादा और शालीनता के साथ लड़े जाएँ।

स्पष्ट ही श्री गांधी ने सोचा कि राष्ट्रपति की सलाह और अपील उनके तथा उनकी पार्टी के लिए नहीं है और उसकी उपेक्षा की जा सकती है। उनके 50 मिनट के नीरस भाषण का चालू विषय यह था कि 'राष्ट्रविरोधी और प्रतिपक्षी शक्तियाँ' राष्ट्रीय एकता और अखंडता के लिए खतरा हैं। सम्भवत:, यह उनकी बढ़ी हताशा की सूचना देनेवाला है।

दिसम्बर 1984 में पिछले चुनाव-प्रचार के दौरान भी श्री गांधी ने बार-बार विपक्ष (प्रतिपक्ष) को 'देशद्रोही' कहा था। एक युवक द्वारा चुनाव-प्रचार का उल्लास मानकर उसे भुला दिया गया था। कुछ दिन पहले संसद में वे अपने इस आरोप पर वापस आए किन्तु विपक्ष द्वारा चुनौती देने पर वे एक-एक इंच करके पीछे लौट गए। वे फिर वही पुराना खेल खेल रहे हैं और यह मान रहे हैं कि जो भी कांग्रेस(आई) में हैं वे देशभक्त हैं और बाकी सब इसके विपरीत हैं।

इधर प्रधानमंत्री जिस प्रकार के भाषण देते रहे हैं वह राष्ट्रपति जी की अपील के प्रभाव को समाप्त करेगा और कांग्रेसियों को उन्मत्त होकर विपक्षियों को क्रोधोन्मत्त बनाने के लिए उत्साहित करेगा। राजनीति के अपराधीकरण—कमलपति त्रिपाठी जैसे दिग्गज ने भी इस पर अपनी खीज और चिन्ता व्यक्त की—और अपराधियों तथा समाजविरोधी तत्त्वों के अपने जबड़े फैलाने एवं राजनेताओं द्वारा संरक्षण पाने के परिणामों का ठीक-ठीक अनुमान लगाया जा सकता है।

मंत्रियों/विधायकों के पूर्वचरित और असामाजिकों के साथ उनके गहित सम्पर्कों पर जो रिपोर्ट उत्तर प्रदेश के गृह विभाग ने प्रस्तुत की है वह आँख खोलनेवाली है, यदि हम आँखें खोलना चाहें तो। लखनऊ और इलाहाबाद के हाल के नगरपालिका-चुनाव एक और उदाहरण हैं।

पुलिस-थानों में नामदर्ज अपराधी और माफिया-सरगना अब अपने को सम्मानित पिता के रूप में इतराकर दिखाएँगे और अपने नए पद को अपना प्रभाव तथा अपना 'व्यापार' बढ़ाने के लिए भुनाएँगे। बिहार तो, खैर, स्वयं एक कानून है।

जनता की याददाश्त तो कमजोर होने के लिए कुख्यात ही है। लेकिन क्या हाल में ही भागवत झा आजाद ने बिहार में कोयला और को-ऑपरेटिव्ह, 'माफिया बादशाहों' के खिलाफ धर्मयुद्ध नहीं छेड़ा था, इनमें से कुछ तो उनकी ही पार्टी के थे और लाभ की जगहों पर थे। इससे क्या हासिल हुआ ? उन्होंने गिरोह बना लिये और प्रत्याक्रमण करके उन्हें पद से हटवा दिया। कारण दूसरे भी थे। तथापि, उत्तराधिकारी एस.एन. सिंह ने उन्हें 'माफिया' कहने से इनकार कर दिया। वे सिर्फ यह कहेंगे कि वे 'आपराधिक' कृत्यों में लिप्त थे, और अपनी नाजुक गाड़ी को बचाने के लिए आहिस्ता-आहिस्ता पेडल घुमा रहे हैं। हवा में चुनावों की सुगबुगाहट है, सो आश्चर्य नहीं कि वे सब बेलाग बच जाएँ और अपना साम्राज्य खड़ा करने के घृणित काम में पुनः लग जाएँ। यह तो है ही कि लूट का पूर्ववत् साझा होगा। इसे आप दलाली कहें, कमीशन कहें, जो चाहें कहें।

अधिकारियों के स्थानान्तरण और पदस्थापन चुनाव आयोग के रोक वाले परिपत्र के बावजूद यह काम शुरू हो चुका है। बिहार ने अगुआई की है। पार्टी को अपनी पसन्द का जिलाधिकारी चाहिए ही चाहिए। दूसरे शब्दों में अधिकारियों को वशवर्ती होना चाहिए और पार्टी के साथ साँठ-गाँठ कर उसकी सम्भावनाओं को सहारा देना चाहिए। आश्चर्य नहीं कि ईमानदार और स्पष्टवादी अफसरशाहों के लिए कोई जगह नहीं है, जिनमें से अधिकांश धारा के साथ तैरना अच्छी तरह से सीख चुके हैं।

यह महत्त्वहीन नहीं था कि राष्ट्रपति ने अपने संबोधन में राजनीतिक दलों और अफसरशाहों, दोनों से अपील की।

एक अत्यन्त महत्त्वपूर्ण वाक्य में उन्होंने टिप्पणी की : 'और यों, चुनावों का अगला दौर नजदीक आता जा रहा है, तो क्या मैं विश्वास, आशा और आकांक्षा व्यक्त कर सकता हूँ कि चुनाव स्वतंत्र और निष्पक्ष होंगे'।

राष्ट्रपति के सन्देश से सरकारी मीडिया के मन्दरिनों में कुछ समझ आनी चाहिए। रेडियो और दूरदर्शन उन्मत्त हो गए हैं, खासकर के श्री के.के. तिवारी इनकी अध्यक्षता करनेवाले विग्रह बन गए। पेशागत नैतिकता और शालीनता का दिखावा करना भी उन्होंने छोड़ दिया है। जो कुछ वे थोड़ा-थोड़ा करके बाँटते हैं वह आम श्रोता या दर्शक के लिए अत्यन्त उबाऊ और चिढ़ पैदा करनेवाला है। हित-साधन के लिए सार्वजनिक धन की कैसी खुली बरबादी है।

श्री वेंकटरमण इतने समझदार और अनुभवी हैं कि उन्होंने जो कहा उससे बहुत अधिक कहा है। हम आशा करें कि सभी सम्बन्धित लोग उस सन्देश को गम्भीरता से लेंगे और तदनुकूल आचरण करेंगे। चुनाव आएँगे और जाएँगे। सरकारें आएँगी और जाएँगी। किन्तु लोकतंत्र को जीने दीजिए और फूलने-फलने दीजिए। थोड़े से लोगों के स्वार्थी कृत्यों से इसे धूल-धूसरित और अपमानित होने से बचाना होगा।

(4 सितम्बर, 1989)

भ्रष्ट करनेवाली सत्ता

एक पुरानी सूक्ति है—'सत्ता भ्रष्ट बनाती है और अबाधित सत्ता पूर्णतया भ्रष्ट बनाती है'। आजकल हम भारत में जो कुछ देख रहे हैं वह इसके ठीक विपरीत है : जो ऊँचे पदों पर हैं वे सत्ता को भ्रष्ट बनाते हैं।

यद्यपि बोफोर्स-सौदे पर आखिरी शब्द अभी कहा जाना शेष है—क्या कभी यह कहा भी जाएगा ?—इसका औचित्य सिद्ध करने में या इसके विरोध में करोड़ों शब्द खर्च किए जाने के बावजूद इस अशोभनीय विवाद पर ढक्कन नहीं रखा गया है। वस्तुतः कम्प्ट्रोलर और ऑडिटर जेनरल की रिपोर्ट तथा 'इंडिया टुडे' और 'इंडियन एक्सप्रेस' में जेनरल सुन्दरजी के साक्षात्कारों के बाद सरकार की गलत कारगुजारियाँ और भी प्रमाणित हो गई हैं। सामान्य धारणा यह बनी है कि सिर्फ दलाली में हिस्सेदारी के लिए सरकार ने धोखेबाजी की गलती की।

सरकार और इसके समर्थक प्रतीयमानतः योजनाबद्ध कौशल से काम कर रहे हैं, ताकि विवाद में फँसे असली मुद्दों से ध्यान हटाया जा सके। असली मुद्दे की आलोचना का उत्तर देने और 'तथ्यों' का सामना करने की जगह वे गालियाँ, अपमान, सदाशयता पर सवाल खड़े करना और अपने विरोधियों का तथा जो असहज बनाने वाले रहस्य खोल देते हैं उनके चरित्र-हनन के गोले दाग रहे हैं। यहीं वे नहीं रुकते। वे उनकी राष्ट्रभक्ति और पेशागत योग्यता—सीएजी और जेन. सुन्दरजी जैसे उच्च पदासीन लोगों तक की—पर सवालिया निशान लगाते हैं।

सभ्य लोकतंत्र की सारी मर्यादाओं और आदर्शों और ऊँचे पदों, प्रतिष्ठा को भूलकर, कांग्रेस(आई) के समर्थक श्री टी.एन. चतुर्वेदी को यह कहते नहीं हिचकते कि वह देखो 'अलग बैठा हुआ चार्ली', 'वी.पी. सिंह का एक मित्र' जिसने सरकार के कामकाज की आलोचना करने का साहस इसलिए किया, क्योंकि उसे नौकरी में एक साल का विस्तार नहीं मिला। वी.पी. सिंह पर 'सी.आई.ए. एजेंट' तथा 'देशद्रोही' का बिल्ला लगाया गया है। वस्तुतः सम्पूर्ण विपक्ष को स्वयं प्रधानमंत्री ने बार-बार राष्ट्रद्रोही कहा है। संक्षेप में यह कि राजनीतिक शब्द-कोश के सारे गन्दे शब्दों का इस्तेमाल हो चुका है। प्रोपगंडा (प्रचार) मंत्री, के.के. तिवारी पर शेष गालियों वाले शब्दों के लिए भरोसा किया जा सकता है।

जेन. सुन्दरजी को बदनाम करने के लिए उसी तकनीक का इस्तेमाल किया गया है, जिन पर यह आरोप लगाया गया है कि वे 'हताशा' में काम कर रहे हैं, क्योंकि सेवा-निवृत्ति के बाद उन्हें राज्यपाल या राजदूत का पद नहीं दिया गया। जेनरल ने भेद खोला कि स्वयं प्रधानमंत्री द्वारा इस आशय के प्रस्ताव को उन्होंने ठुकरा दिया। जेनरल पर पहला साल्वो केन्द्रीय मंत्री वेंगल राव ने दागा, जो अपने कुछ अन्य बड़बोले सहकर्मियों की तरह, जो हवा में लाठी भाँजने के लिए मशहूर हैं। उनके अन्य पार्टी-सदस्यों के लिए अपने हिस्से के कटु शब्द कहने को इतना संकेत काफी था, मानो राष्ट्रभक्ति का एकाधिकार सिर्फ उनके पास है।

अखिल भारतीय कांग्रेस कमिटी के महासचिव, के.एन. सिंह ने जेन. कौल को परामर्श दिया, उसकी कथा भी जान लें। श्री सिंह के अनुसार जेन. कौल ने रहस्योद्घाटन किया कि उनको एक बन्दूक के व्यापारी की ओर से 2.5 करोड़ की पेशकश की गई थी और यदि वे एक खास बन्दूक को पसन्द करते तो राशि दुगुनी की जा सकती थी। इस पर श्री सिंह ने सलाह दी, 'उनको रुपए स्वीकार कर लेने चाहिए थे और अपनी जिन्दगी बनानी चाहिए थी।' श्री सिंह ने आश्चर्य व्यक्त किया, उनकी समस्या क्या थी ? सचमुच वीरता और बुद्धिमत्तापूर्ण परामर्श! कोई आश्चर्य नहीं कि अनुभवी नेता, कमलापति त्रिपाठी कहते हैं, 'उत्तर प्रदेश की ग्राम-सभाओं के हाल के चुनावों में कैसे तत्त्वों ने प्रभुता पा ली है उसका मुझको पता है। मुझको यह सूचना भी मिली है कि ऐसे कई स्थानों पर कांग्रेस के पद बेचे गए हैं। पद --- की कीमत पर दिये गए हैं।' स्वतंत्रता-पूर्व के यशस्वी संघर्षशील नेता, कमलापतिजी, उनमें से नहीं है, जिन्हें नई पीढ़ी, जिसने अपने स्वार्थ-साधन के लिए पार्टी पर कब्जा जमा लिया हैं, धमकाये। किन्तु उनके शब्द शोर में खो जाएँगे। यही हाल तोप-विवाद या एच.डी.डब्लू. पनडुब्बी सौदे का है।

इस सब में आशा का आधार यह है कि अभी भी कुछ युवा कांग्रेसी हैं जिन्होंने अपना मानसिक सन्तुलन बनाए रखा है और एन.के.पी. साल्वे, कल्पनाथ राय और इन जैसे अन्य जनों का साथ देना पसन्द नहीं किया है, जो महा-रखवाले कुत्ते को

प्रधानमंत्री की गोद का कुत्ता (लैपडॉग) बना देना चाहेंगे। सी.ए.जी. पर आक्रमण की निन्दा करते हुए, अखिल भारतीय कांग्रेस कमिटी के महासचिव, नवल किशोर शर्मा, इस पक्ष की भावनाओं को व्यक्त करते हुए कहते हैं कि सी.ए.जी. की रिपोर्ट ने न सिर्फ एक 'राष्ट्रीय विस्फोट' किया है बल्कि इसका प्रमाण भी दिया है कि अभी भी कुछ असैनिक अधिकारी हैं, जो 'अपने कर्तव्य का पालन ईमानदारी से और निर्भय होकर करने में सक्षम हैं।' इस बात पर अफसोस जाहिर करते हुए कि देश की महत्त्व की संस्थाओं को कमजोर किया जा रहा है, वे चेतावनी देते हैं कि यह देश के लिए नुकसानदेह होगा, और आगे कहते हैं कि इसके फलस्वरूप देश में 'परिवर्तन की एक प्रक्रिया' प्रारम्भ हो गई है।

मूल मुद्दे से ध्यान हटाने की छल-योजना इस सीधे-से कारण से सफल नहीं होगी कि राजनीति में और राजनीति के बाहर अभी भी ऐसे स्त्री-पुरुष हैं जो अर्द्धसत्यों और झूठों से—जिन्हें दिन-रात प्रचारित किया जा रहा है—बेवकूफ नहीं बनाए जा सकेंगे। अभी भी ऐसे लोग हैं, चाहे उनकी संख्या जितनी कम हो, जिन्हें सच्चाई, न्यायनिष्ठा और राष्ट्रीय हितों की चिन्ता है। ऐसे लोग भी हैं जो सार्वजनिक जीवन में नैतिक मूल्यों को महत्त्व देते हैं, उनके उलट जो समृद्धि में जन्मे हैं और दूनों, डेलों और घाटियों में पले-बढ़े हैं।

उच्च पदों पर भ्रष्टाचार और सरकार की कार्यशैली ऐसे बिन्दु पर पहुँच गई है, जहाँ मूल मुद्दों को धुँधला करना सम्भव नहीं होगा। यदि बोफोर्स मुद्दे पर हमें सरकारी तर्क से चलना है, तो जिन्होंने रु. 64 करोड़ का घूस लिया वे अधिक राष्ट्रभक्त हैं और सुरक्षा के लिए खतरा नहीं-जैसे हैं। अपनी चालबाजियों पर पर्दा डालने के लिए जो लोग झूठ गढ़ते हैं वे उन पर आरोप लगानेवालों की तुलना में अधिक राष्ट्रभक्त और ईमानदार हैं।

उन सारे लोगों को, जिनके हृदय में देश-हित का भाव है और जो कुछ स्वीकृत मूल्यों के साथ हैं, उन मूल मुद्दों पर विचार करना चाहिए, जो इस अपूर्व बहस में सामने आए हैं और सत्ताधारी पार्टी की छल-योजना के अनुसार भटकना नहीं चाहिए। ध्यान इस बात पर होना चाहिए कि क्या जेनसर सुन्दरजी और जेन. कौल के रहस्योद्घाटन और सी.ए.जी. द्वारा प्रकाश में लाए गए तथ्यों की संवीक्षा की जानी चाहिए। यदि इन मुद्दों का ईमानदारी से सामना नहीं किया गया और उत्तर नहीं दिया गया तथा दोषियों को सजा नहीं दी गई तो यह लूटकर बच निकलने की आजादी देना होगा। नौकरशाही पर निश्चित रूप से लगाम लगाना चाहिए अन्यथा ऐसे लोगों को प्रोत्साहन मिलेगा जो सिर्फ अपने आकाओं की प्रसन्नता के लिए काम करते हैं और मुख्यमंत्री तक को झिड़कने का साहस दिखलाते हैं। जिस तरह के लोकतंत्र को पोषित करना चाह रहे हैं उसकी यह सेवा होगी। लोगों को यह कहने का अवसर हम न दें कि लोकतंत्र ने आजादी को सत्ताधारियों द्वारा लूट के लिए

पवित्र किया। यदि ऐसा होता है तो लोकतंत्र के जनक अपनी कब्रों में भी करवटें बदलने लगेंगे।

संयुक्त राष्ट्र का वाटरगेट कांड इतने हाल का है कि उसे भुलाया नहीं जा सकता। इसने एक 'झूठे' राष्ट्रपति की प्रतिष्ठा गिराई, जो प्रिंट मीडिया से नफरत करता था और इलेक्ट्रॉनिक मीडिया को अपने पक्ष में लाकर जिसने प्रिंट मीडिया के खिलाफ मुहिम शुरू की। वाटरगेट और बोफोर्स समान न सही, फिर भी कुछ समानताएँ इनमें हैं। ब्रिटिश पत्रकार पीटर जेन्किन्स ने अपने एक अध्ययन में कहा है : 'सिर्फ एक व्यक्ति रिचर्ड निक्सन, को पढ़कर वाटरगेट को अच्छी तरह से समझा जा सकता है, बजाय इसके कि राष्ट्रपति की संस्था को पढ़ा जाए। इस उच्च पद पर बैठने में निक्सन नैतिक दृष्टि से अक्षम थे...निक्सन को सत्ता ने भ्रष्ट नहीं बनाया था। उन्होंने सत्ता को भ्रष्ट बनाया।' वहाँ यह राष्ट्रपति का कार्यालय था। यहाँ यह प्रधानमंत्री का कार्यालय है।

(19 सितम्बर, 1989)

एक विशिष्ट गुणसम्पन्न व्यक्ति को श्रद्धांजलि

इधर राजनीति का अर्थ शक्ति और सम्पदा के लिए दौड़ हो गया है। बहुतों के लिए सामान्य योग्यता, चालबाजी की क्षमता, छल-कपट करना और लोगों को चकरा देना इसकी मुख्य विशेषताएँ हैं और वे शक्ति-केन्द्रों तक पहुँचने और व्यक्तिगत विजय की भावना की खुशी पाने के लिए कोई भी तरीका अपनाने में नहीं हिचकते, चाहे वे तरीके कितने ही सवालिया हों। इसका परिणाम है लोकतांत्रिक संस्थाओं का क्षरण और हमारे राष्ट्रीय जीवन के प्रिय मूल्यों का ह्रास, जो समाज को छिन्न-भिन्न कर रहा है और सारे लोकतांत्रिक तरीकों को नकार रहा है।

कुछ लोग, जो राजनीति को जीवन में बुराई की शक्तियों को क्षत कर, हराकर, अच्छाई की ताकतों को आगे बढ़ाने का उपक्रम मानते हैं वे राजनीति को नया आयाम देते हैं। सद्-असद् के बीच का यह संघर्ष, हर प्रकार की यातनाएँ सहने और तकलीफें झेलने की उनकी दृढ़ता को इस्पाती बना देता है। वे तुरन्त की जीत के एकमात्र लक्ष्य से निर्देशित नहीं होते अपितु दूरस्थ भविष्य के परिणामों की अधिक चिन्ता करते हैं। उनके लिए राजनीति एक सतत संघर्ष है और एक सुनिश्चित आदर्श के प्रति प्रतिबद्धता, खास मूल्यों से चिपके रहना और बुरी-से- बुरी परिस्थिति में भी दृढ़ता से उन्हें परितृप्ति का एहसास होता है। केवल ऐसे राजनीतिक व्यक्तित्व समाज को यश और विजय की ऊँचाइयों तक ले जाते हैं। राजनेता-कूटनीतिज्ञ के इसी गोत्र को प्रतीकित करते हैं आचार्य नरेन्द्र देव।

हमारे राष्ट्रीय नेताओं में वे अपनी नैतिक सम्पूर्णता, सिद्धान्तवादी प्रतिबद्धता और लोकतांत्रिक एवं समाजवादी आदर्शों को प्रोत्साहित करने की उत्कट इच्छा के लिए जाने जाते थे। किन्तु यह विधि की विडंबना है कि इन गुणों ने उन्हें आजादी के बाद राजनैतिक सत्ता में साझेदारी की इजाजत नहीं दी, क्योंकि इसका अर्थ होता है उनका अपने राजनीतिक आदर्शों का समझौता। यह उनका खुद का चुनाव था। यही कारण है कि वे सदैव उन सबों के प्रेरणास्रोत बने रहे जो उनके पांडित्य, पैगम्बरी अन्तर्दृष्टि, मानवीयता, विनम्रता, विनोदप्रियता तथा व्यक्तिगत एवं राजनीतिक विपत्तियों के सामने भी सुख-दुःख-उपेक्षी साहस के प्रदर्शन के लिए उन्हें आदर देते थे, उनकी प्रशंसा करते और उन्हें प्रभूत श्रद्धा भी देते थे।

सैद्धांतिक मतभेदों के कारण सन् 1948 में आचार्य नरेन्द्र देव को कांग्रेस छोड़ देनी पड़ी। उस समय उनके मन में बड़ी हिचक थी लेकिन एक बार उनके कॉमरेडों ने यह फैसला ले लिया तो उन्होंने उनके नेतृत्व का दायित्व खुद ले लिया और इस प्रकार की राजनीति पर आधारित समाजवादी आन्दोलन के प्रारम्भ की कोशिश की। कांग्रेस को छोड़ते समय उन्होंने विधान-सभा से भी इस्तीफा दे दिया और हमारे संसदीय लोकतंत्र में एक स्वस्थ परम्परा स्थापित करने की कोशिश की। यह अफसोसनाक है कि कांग्रेस-नेतृत्व उस समय भी इस कदम की उपयुक्तता को पहचान नहीं सके, न ही इसे दूरदर्शिता माना। यदि उस सिद्धान्त को सम्मान दिया गया होता और उसका अनुपालन किया गया होता तो राजनीतिज्ञों के हर दिन गिरगिटों की तरह रंग बदलने का भद्दा दृश्य हम नहीं देखते। कांग्रेस नेतृत्व ने आचार्य नरेन्द्र देव को फिर विधान-सभा में आने नहीं दिया और उप-चुनाव में उन्हें हराने की भरपूर कोशिश की। पंडित कमलापति त्रिपाठी और डॉ. सम्पूर्णानन्द के सम्भावित अपवाद को छोड़कर, गोविन्द वल्लभ पंत सरीखे नेताओं ने आचार्य जी को हराने के लिए हर चालबाजी का सहारा लिया। जवाहरलाल नेहरू जैसे लोगों ने भी इस मामले में हस्तक्षेप करना राजनीतिक दृष्टि से व्यावहारिक नहीं समझा। इससे सिर्फ यह प्रमाणित होता है कि राजनीति में अपने पक्के दोस्त से भी किसी तरह की हमदर्दी की उम्मीद नहीं करनी चाहिए, यदि उनके लक्ष्य और गंतव्य बिल्कुल अलग-अलग हों। जो यथास्थिति बनाए रखना चाहते हैं वे अन्यायपूर्ण समाज-व्यवस्था के विरुद्ध उठती शक्तियों को कभी बर्दाश्त नहीं करेंगे। न सिर्फ सत्तासीनों के चक्र ने बल्कि समाजवादी पार्टी के टंटों ने आचार्यजी के समाज-परिवर्तन के प्रयत्नों को विफल कर दिया। इस तरह से भारतीय राजनीति में अपनी ऊँचाई के मेल में निर्माणात्मक भूमिका अदा करने के अवसर से उन्हें वंचित कर दिया गया।

आचार्यजी मार्क्सवादी थी किन्तु उनके राजनीतिक दृष्टिकोण में स्थित मानवीय सहृदयता उन्हें निष्ठुर नहीं बनने देती थी, ऐसा गुण जो भटकते सहकर्मियों को अनुशासित करने के लिए बहुत जरूरी है। परिणाम यह हुआ कि उनकी सहृदयता

उस लक्ष्यसिद्धि में ही बाधक बन गई, जिसका उन्होंने सपना देखा था, जिसके लिए काम किया और जिसके लिए प्राण दे दिए। विरोधाभासी आदर्शवादियों में, उनका दर्शन उनका कौशल दुर्लंघ्य था और भारतीय परिस्थितियों के लिए सर्वथा प्रासंगिक था। जो लोग न्याय, समानता और मानवीय सम्मान पर आधारित सामाजिक व्यवस्था के पक्ष में हैं उनके लिए आज भी वे सर्वोत्तम पथदर्शक (गाइड) हैं।

राष्ट्रीय आन्दोलन के महानतम और उत्कृष्टतम नेताओं में से एक थे आचार्य नरेन्द्र देव। जब हम उनकी शती का आयोजन कर रहे हैं, युवा पीढ़ी का यह पवित्र दायित्व है कि आचार्य नरेन्द्र देव ने जिन मूल्यों की शिक्षा दी और अपने जीवन में जिन पर आचरण किया उन्हें पुनर्जीवित और पुनर्सुसंबद्ध करें। यही एकमात्र रास्ता है जिससे हम समाज के शोषितों और पददलितों के लिए आशा और विश्वास का युग ला सकते हैं। आचार्यजी को हमारी यह उपयुक्ततम श्रद्धांजलि होगी।

(4 अक्तूबर, 1989)

चुनौतियाँ और अवसर

वर्षों तक लोगों को अपूरित वायदों पर जिन्दा रखा गया है। आशाएँ झूठी साबित हुई हैं। लोगों का न सिर्फ मोहभंग हुआ अपितु वे सरकार और सत्तासीन पार्टी से विमुख हो गए। शुक्र है, संसदीय संस्थाओं और परिवर्तन लाने के उनके अधिकार पर अभी भी उन्हें भरोसा है।

हाल के चुनावों का जनादेश प्रतिपक्ष के पक्ष में है किन्तु किसी एक पार्टी को स्पष्ट जनादेश नहीं मिला है। इस कारण परिस्थिति में कुछ बाध्यताएँ आ गई हैं। सबसे अधिक संख्यावाली पार्टी जनता दल को अपने दायित्व के निर्वाह के लिए भाजपा और वामपन्थियों के सहयोग पर निर्भर होना पड़ेगा। तथापि, कई कठिन मसलों पर उनके दृष्टिकोण विरोधाभासी हैं। इनके बीच मेल-मिलाप का काम अत्यन्त मुश्किल है।

नई सरकार के नेतृत्व को तुरन्त कई कठिन फैसले लेने होंगे। कई समस्या के तुरन्त समाधान की आवश्यकता है। लोगों की उम्मीदें ऊँची हैं जिससे सरकार की कठिनाइयाँ और बढ़ती ही हैं। सरकार को अपनी प्राथमिकता का निर्णय लेना होगा और अपने सहयोगियों के साथ आदान-प्रदान और मेल-मिलाप की प्रक्रिया प्रारम्भ करनी होगी। इसकी सफलता इसके सहयोगियों पर निर्भर करेगी, जिन्होंने बाहर से समर्थन देने की स्वीकृति दी है।

अल्पमत सरकार की दूसरी बड़ी समस्या संसद का सामना करने की है। समर्थन दलों ने नाजुक मौकों पर सहयोग करने का प्रस्ताव किया है। मुश्किल से सिर्फ सौ

सदस्यों की पूँजी, उसमें मंत्रियों को बाद दे दें, न सिर्फ विपक्ष बल्कि उनके भी जिन्होंने समर्थन का आश्वासन दिया है, आक्रमणों से निपटने के लिए असाधारण संसदीय कौशल की जरूरत पड़ेगी। इस स्थिति का सामना करने के लिए संसद के बाहर भी कुछ करना होगा, ताकि इन दलों को यह समझाया जा सके कि सरकार के अस्तित्व-मात्र के लिए भी उन्हें अधिक संयमी और होना होगा। इसका अर्थ है उनके बीच परस्पर विश्वास। दृष्टिकोण में सख्ती सिर्फ नुकसान ही करेगी।

ऐसी प्रक्रिया संसद-सदस्यों तक सीमित नहीं रह सकती। इन पार्टियों के कार्यकर्ताओं और बाहर के अन्य लोगों को भी साथ किया जाना चाहिए।

नेतृत्व के लिए स्पष्ट दृष्टि की आवश्यकता है ताकि समस्याओं की पहचान और मूल्यांकन कर सके और परस्पर सलाह-मशवरे से समाधान खोज सके। बहुधा सरकारें मुद्दों पर बहस और विमर्श से बचती हैं और परिस्थिति की गम्भीरता को कमतर दिखाना चाहती हैं। ऐसी प्रवृत्ति से शायद ही कोई परिणाम निकले। लोगों को विश्वास में लिया जाना चाहिए, क्योंकि तभी उनका स्वैच्छिक सहयोग माँगा जा सकता है।

आज की कुछ समस्याएँ भावात्मक प्रकृति की हैं। आहत भावनाओं और मामले के भावनात्मक मुद्दों को समझकर इन्हें सुलझाया जा सकता है। यदि इनका सामना केवल कानून-व्यवस्था की समस्या और राजनीतिक मुद्दों के रूप में किया गया तो प्रतिक्रिया न सिर्फ दुर्बल बल्कि नकारात्मक होगी। पंजाब, राम जन्मभूमि/बाबरी मस्जिद जैसी समस्याएँ इसी कोटि में आती हैं। धार्मिक नेता, सामाजिक कार्यकर्ता और धारणा-निर्माताओं को इस प्रक्रिया में भागीदार बनाना होगा ताकि समाधान मिलें। विगत पूर्वाग्रह और व्यक्तिगत पसन्दों और नापसन्दों को रास्ते में नहीं आना चाहिए। यह दृष्टिकोण तभी सम्भव है यदि नेतृत्व के पास धैर्य, सहनशीलता और विभिन्न दृष्टिकोणों को पचाने की क्षमता हो। इस परिपक्वता के बिना प्रक्रिया शुरू भी नहीं हो सकती है। आधे मन से की गई कोई भी पहल निष्फल सिद्ध होगी।

यदि आजादी के एकदम प्रारम्भ से नहीं तो कम-से-कम पिछले दो दशक पहले लोगों को उनकी बुनियादी समस्याओं से निजात दिलाने का आश्वासन दिया गया। 'सत्तर के दशक के' प्रारम्भ में गरीबी-उन्मूलन ही 'मंत्रम्' था।

अस्सी के दशक के प्रारम्भ में उपलब्धियों के एक दौर को प्रक्षेपित करने की कोशिश की गई। सरकारी आँकड़े और रिपोर्ट वास्तविकताओं को नहीं बदलते। प्यास, भूख, बढ़ती असमानता, बेरोजगारी और क्षेत्रीय असन्तुलन की समस्याएँ बढ़ती जा रही हैं। यदि इन पर ध्यान नहीं दिया गया और समाधान की कोशिश नहीं की गई और अविलम्ब नीतिगत परिवर्तन नहीं किए गए ताकि गलतियाँ सुधारी जा सकें, तो विनाशकारी स्थिति का सामना करने को हम विवश होंगे।

अर्थतंत्र और सामाजिक रिश्तों में ढाँचागत परिवर्तन समय की माँग है। जिन्होंने विकास के फलों का आनन्द लिया है वे इसे जल्दी से छोड़ेंगे नहीं। उनके पास प्रतिरोध

करने की शक्ति है, क्योंकि वे न केवल धारणा बनाने वाले वर्ग के हैं अपितु शासन-तंत्र को प्रभावित करने की क्षमता भी उनके पास है। इस समस्या के समाधान के लिए सरकार से दृढ़ता अपेक्षित है। किन्तु दृढ़ता के साथ सावधानी भी बरतनी होगी ताकि वह सत्तावादी या प्रतिरोधी न हो जाए।

समाज के सुविधाप्राप्त वर्ग को सरकार को यह स्पष्ट बता देना चाहिए कि विरल संसाधनों को आडम्बरी रहन-सहन के लिए उड़ाया नहीं जा सकता। यह न सिर्फ अनुचित है अपितु थोड़े समय बाद यह विनाशकारी सिद्ध होगा। पददलित लोग इसे ज्यादा दिनों तक बर्दाश्त करनेवाले नहीं हैं। इस अनुभूति के साथ सरकार को लोगों को यह समझाना चाहिए कि सादगी केवल नारा नहीं है, अपितु इसकी आर्थिक योजना का एक हिस्सा है। यदि अमीर लोग लोगों की गरीबी का साझा करने को तैयार नहीं हैं तो जन-समूह का सहयोग पाना असम्भव हो जाएगा। और उनके सहयोग के बिना किसी भी प्रकार का विकास या ढाँचागत परिवर्तन असम्भव होगा।

यदि समाज का हर तबका इस दृष्टिकोण से सहमति रखता है, केवल तभी हम मेहनतकश अवाम को प्रेरित कर सकते हैं और इससे हमें अपने संसाधनों पर निर्भर रहने की शक्ति मिलेगी। कोई बाहरी सहायता भारत को वर्तमान संकट से उबार नहीं सकती। अपने संसाधनों पर निर्भर रहना सीखना बेहतर है, बजाय इसके कि सुविधा से मिल जाने वाली विदेशी सहायता पर निर्भर रहा जाए।

मुद्रा-स्फीति, विदेशी ऋण, देशी उधार हमें घूर रहे हैं। अर्थतंत्र की इस सड़न पर अपने पर नियंत्रण रखकर ही काबू पा सकते हैं। आधुनिकीकरण और उदारीकरण जैसे लोक-लुभावन नारे आखिर में प्रत्युत्पादक साबित होंगे। यह सच है कि कोई भी राष्ट्र बाहरी सहायता और सहयोग की उपेक्षा नहीं कर सकता, किन्तु इसे सीमित रखा जाना चाहिए। प्रौद्योगिकी के अन्धाधुंध आयात के लिए आधुनिकीकरण की चाल नहीं चली जानी चाहिए।

भ्रष्टाचार एक और समस्या है जिसने लोगों के मन-मस्तिष्क को बेचैन कर रखा है। चुनाव-पूर्व दिनों में बहस का यह मूल विषय रहा है। इसे ऊँचे नारों से और व्यक्तिगत किस्म की घोषणाओं से दूर नहीं किया जा सकता। यह तंत्र की उपज है। यदि हमारे जीवन के विभिन्न क्षेत्रों में धनशक्ति-सम्पन्न लोग, निर्णय-प्रक्रिया को प्रभावित कर सकते हैं, तो भ्रष्टाचार का बढ़ना अवश्यंभावी है। बहुराष्ट्रीयों के प्रवेश पर रोक लगानी चाहिए। तीसरी दुनिया के देशों की समस्याओं को निश्चित रूप से बहुराष्ट्रीयों ने बढ़ाया है।

बेरोजगारी बढ़ती जा रही है किन्तु अपेक्षया अधिक जानकार और सचेत युवा पीढ़ी का आविर्भाव तुरन्त कदम उठाने की माँग करता है। इस चपल वर्ग को वायदे और आश्वासन चुप नहीं करा सकेंगे। वृहत कार्यक्रमों को हाथ में लेना चाहिए। भूमि एवं साक्षरता-सेना के विचार पर सोचना चाहिए। बेरोजगार युवा पुरुषों-स्त्रियों

को ऐसे कामों में लगाना चाहिए। सबों को यह समझ लेना चाहिए कि नौकरी का अर्थ केवल दपदप स्वच्छ पोशाकों वाला काम ही नहीं होता है। भारत जैसे अर्द्ध-विकसित देश में लोगों को कड़ी मेहनत करनी होगी। श्रम की मर्यादा को नया अर्थ ग्रहण करना चाहिए।

यह दुर्भाग्यपूर्ण है कि आजादी के चार दशकों के बाद भी लाखों गाँवों में पीने का पानी तक नहीं है। इस समस्या के समाधान में और देर नहीं की जा सकती। पेय जल कार्यक्रम के लिए विलासिता की उपभोक्ता सामग्रियों में कटौती करनी चाहिए। प्राथमिक स्वास्थ्य-सेवा और ऐसी अन्य समस्याओं के लिए भी यही सच है। जो लोग निर्णय-प्रक्रिया को नियंत्रित करते हैं उन्हें पीड़ित लोगों की गरीबी के दर्द और खीज को समझना चाहिए।

सरकार के सामने कठिन काम पड़े हैं; परिस्थिति चुनौतियों से भरी है, साथ ही उनके लिए अपनी योग्यता, क्षमता और प्रतिबद्धता को प्रदर्शित करने का अवसर भी है।

(4 अक्तूबर, 1989)

एक राष्ट्रीय शर्म

जबसे बोफोर्स का जिन्न, स्टॉकहोम से दूर, बोतल से बाहर आया है, राजीव गांधी की सरकार घिर गई है। बुराइयों और भ्रष्टाचार के आरोपों के उद्रेक, अशोभनीय विवादों की बात तो छोड़ ही दें, इसका पीछा कर रहे हैं और इसके पास कोई सन्तोषप्रद स्पष्टीकरण नहीं है। संसद—ज्यादा ठीक यह कहना होगा कि संसद में जितना कुछ बच गया है—ने जारी भूतहा परछाइयों के नीचे छोटी-सी बैठक की और सरकार के लिए और असुविधाजनक स्थिति पैदा कर दी, जो लगातार झूठ और अर्द्धसत्यों का सहारा लेकर बोफोर्स की ओर जाती राह को ढँकने के कठिन यत्न में लगा है।

स्वतंत्र भारत के इतिहास में ऐसी सरकार कभी नहीं हुई जिसने अपनी सारी साख और बड़े जनसमूह के बीच अपनी विश्वसनीयता खो दी और फिर भी जो सत्ता से चिपकी हुई है। शासन द्वारा संचालित इलेक्ट्रॉनिक मीडिया, प्रेस का एक हिस्सा और कांग्रेस(आई) के फर्माबरदार, निश्चय ही, भक्ति-भाव से बिना शर्महया या अपराधबोध के, प्रशंसा के गीत गा रहे हैं, ताकि अपना हित-साधन भी हो और आकाओं का भी भला हो। हाँ, जैसे-जैसे रहस्योद्घाटन होता जाता है, सरकार अपने तर्क बदलती रहती है। इनका सिद्धान्त-वाक्य वही मालूम पड़ता है—जब तक धूप निकली है, पुआल बना लो।

संसद के अन्दर और बाहर सारे तोड़े-मरोड़े, धीमे और गढ़े हुए स्पष्टीकरणों के बावजूद अब तक की सबसे बड़ी दलाली में सरकार की सहापराधिता के बारे में जनता आश्वस्त है। प्रधानमंत्री तक ने झूठ बोला है। ब्रिटेन में संसद में झूठ बोलने के लिए प्रोफ्यूमो को इस्तीफा देना पड़ा था। संयुक्त राष्ट्र में इसी और कुछ अन्य कारणों से निक्सन को सत्ताच्युत कर दिया गया था। किन्तु भारत में, जिसका सबसे बड़ा लोकतंत्र होने का दावा सही है, केन्द्र की सरकार नई परम्पराएँ खड़ी कर रही है, चाहे वह जितनी बुरी और अस्वास्थ्यकर हो, क्योंकि उसका मुखिया पुरानी परम्पराओं को तोड़ देने का पक्षधर है।

स्वीडिश नेशनल ऑडिट ब्यूरो की रिपोर्ट के 'गुप्त' अंशों को प्रकाशित करके 'हिन्दू' ने सरकार को पूरी तरह से नंगा कर दिया है, यदि यह अब तक आवृत्त थी तो। प्रकाशित अंश यह रहस्य खोलता है कि दिसम्बर 1986 में बोफोर्स ने आधिकारिक रूप से स्वीडिश नेशनल बैंक के समक्ष स्वीकार किया कि 'मुख्य लाभुक' (स्विट्जरलैंड में गुप्त रूप से पैसे लेनेवाली तीन प्रमुख कम्पनियों में से एक - स्वेंस्का इनकॉर्पोरेटेड के बाद) 'एक भारतीय था, जो दस से पन्द्रह साल पूर्व से बोफोर्स का दलाल है'। विन चड्ढा की ओर यह स्पष्ट संकेत है, जो विदेश-प्रवास के बाद आराम से स्वदेश लौट आया है, सरकार और उसकी एजेंसियों की कृपा (आगे की कहानी न छापने के लिए 'हिन्दू' पर दबाव डाला जाना एक अलग कहानी है)।

एस.एन.ए.बी. की रिपोर्ट भी यह बताती है कि तयशुदा कीमत में दलाली की रकम मात्र रु. 64 करोड़ (सेक 319 मिलियन) बल्कि रु. 155 करोड़ (सेक 770 मिलियन) है। रु. 64 करोड़ तो वह राशि है जो स्वीडिश रेडियो द्वारा भेद खोले जाने तक दी जा चुकी थी। (एक समय सरकार यह सोच रही थी कि बोफोर्स को रु. 64 करोड़ लौटाने को कहा जाए।)

बोफोर्स धोखाधडी से एक बार पुन: यह बात उजागर होती है कि कैसे एक व्यक्ति और उसकी मंडली के हित-साधन के लिए पूरे सरकारी तंत्र को छलयोजित किया जा सकता है। इस मामले में, जैसा वी.पी. सिंह कहते हैं, 'यह वास्तव में दुर्भाग्यपूर्ण है कि वरिष्ठ नौकरशाह, संयुक्त संसदीय समिति तथा स्वीडिश सरकार, सब एक हो गए तथा जान-बूझकर और बार-बार संसद एवं राष्ट्र को गुमराह किया।'

सिर्फ इतना ही नहीं, अब पी.ए.सी. अध्यक्ष पर दबाव डाला जा रहा है कि सी.ए.जी. की रिपोर्ट, जो पहले ही सरकार को बहुत असहज स्थिति में डाल चुकी है, पर विचारहीन करें।

उन्हें पद-त्याग का परामर्श देते हुए श्री सिंह और श्री मधु दंडवते ने कहा है कि 'हिन्दू' दस्तावेजों और सी.ए.जी. की रिपोर्ट ने, बोफोर्स सौदे में बिचौलिए को कमीशन दिए जाने से प्रधानमंत्री के इनकार के झूठ पर, कील ठोंक दी है। थल-सेना के पूर्व

अध्यक्ष, जेनरल सुन्दरजी ने 'इंडिया टुडे' को दिए साक्षात्कार में बोफोर्स सौदे में कमीशन के भुगतान की पुष्टि की है।

उसी दिन प्रतिरक्षा मंत्री और मुख्यमंत्री ने 20 अप्रैल, 1987 को, लोकसभा में मध्यस्थ होने और कमीशन के भुगतान की बात से इनकार किया। श्री दंडवते ने विशेषाधिकार-हनन का मामला दोनों के खिलाफ उठाने की अनुमति माँगी। किन्तु इस बार और आगे भी उनके प्रयत्न सफल नहीं हुए, क्योंकि आशानुकूल, अध्यक्ष ने अनुमति देने से इनकार कर दिया। किन्तु 18 जुलाई, 1989 के सी.ए.जी. की रिपोर्ट प्रस्तुत किए जाने के बाद उन्हें अध्यक्ष ने सूचना दी कि प्रतिरक्षा मंत्री और प्रधानमंत्री से जवाब-तलब किया जा रहा है। चूँकि इसके शीघ्र बाद 105 विपक्षी सदस्यों के साथ श्री दंडवते ने इस्तीफा दे दिया, सरकार के सौभाग्य से विशेषाधिकार-हनन सम्बन्धी जवाब-तलब किए जाने की नोटिसें निष्फल हो गईं।

संसदीय नियम और बारीकियाँ तभी काम करती हैं, जब कुछ मात्रा में उनके अनुपालन की सर्वानुमति हो। यदि एक ग्रुप या एक पार्टी, और उसमें भी बहुसंख्यक पार्टी, उनके उल्लंघन का और अपनी सदस्य-संख्या के बल पर संसद पर रोड-रॉलर चलाना चाहती है तो कोई सभ्य वाद-विवाद सम्भव नहीं है। के.डी. मालवीय, वी.के. कृष्णमेनन और टी.टी. कृष्णमाचारी जैसे नेताओं को यह श्रेय जाता है, जिन्होंने गलत कारनामों के संकेत-मात्र से अपने पद से इस्तीफा दे दिया। आज की हालत बिल्कुल जुदा है। वह उत्साह भोथरा हो गया है। दिमाग भ्रष्ट हो गया है। किसी भी तरीके से सत्ता और धन ही एकमात्र लक्ष्य प्रतीत होता है।

ताजा रहस्योद्घाटन पर सरकार की क्या प्रतिक्रिया है? फिर वही टाल-मटोल। इसने स्वीडिश राजदूत से कहा है कि वह एस.एन.ए.बी. रिपोर्ट के गुप्त अंशों की प्रामाणिकता के बारे में अपनी सरकार की पुष्टि हासिल करें। क्या इसका यह अर्थ है कि यदि स्वीडन की सरकार प्रकाशित रिपोर्ट की 'प्रामाणिकता की पुष्टि' कर देती है तो क्या राजीव गांधी इस्तीफा दे देंगे? यदि ऐसा होता है तो क्या लोकसभा-चुनाव के पहले नए कामचलाऊ प्रधानमंत्री होंगे? सम्भवत: यह राष्ट्रपति और उनकी शक्तियों पर बहुत अधिक दबाव होगा।

'वर्तमान प्रधानमंत्री एक राष्ट्रीय शर्म हैं। एक धूर्त संचालक आज शीर्ष पद पर काबिज है और उसकी मंडली और माफिआ सरकार को वश में किए हुए हैं', कहते हैं वी.पी. सिंह। वास्तव में कटु शब्द हैं ये। श्री गांधी अन्य सम्बन्धित लोग इस ढंग से काम करें जो हमारे लोकतंत्र को मैला न करें। समय का बड़ा महत्त्व है। आखिरकार कल तक हमने ऐसा बुरा नहीं किया था, सिवाय श्रीमती गांधी के इलाहाबाद उच्च-न्यायालय के फैसले के बावजूद इस्तीफा नहीं देने जैसे सुस्पष्ट उदाहरण के, जिसके बाद आपातकाल लागू होने जैसे काम हुए।

(19 अक्तूबर, 1989)

जनता की ओर

लोकसभा के नए 545 सदस्यों को चुनने के लिए इस महीने के आखिर में देश में चुनाव होने जा रहे हैं। चुनाव-कार्यक्रम की घोषणा के बाद इसके समय के सम्बन्ध में लगायी जा रही सारी अटकलें समाप्त हो गई हैं।

अब जनता के पास उस सरकार को बदलने का अवसर है, जिसने पिछले साढ़े चार वर्षों में इतने व्यवस्थित ढंग से लोकतांत्रिक संस्थाओं को बदनाम किया है और लोगों के साथ इतना तिरस्कारपूर्ण व्यवहार किया है कि वे इस भ्रष्ट शासन के भार से कराह रहे हैं। नौकरीपेशा लोगों का हाल ऐसा बदहाल कभी नहीं था, कीमतें उन्मत्त भाव से बढ़ रही हैं, बेरोजगारी सबसे ऊपरी मुकाम पर है और उद्योगों के घराने और शक्तिशाली होते जा रहे हैं।

पाँच वर्षों के राजीव-राज ने देश की एकता और अखंडता के लिए बढ़ती चुनौती देखी है। सारे समझौतों और वायदों के बावजूद पंजाब पूर्ववत जल रहा है। बेतुकी और अकारण हत्याओं का दौर जारी है। जम्मू और कश्मीर भी खास पीछे नहीं हैं। बोड़ो क्षेत्र में उकसायी गई हिंसा आसाम में अपना कर वसूल रही है। ऊँचे पदों पर भ्रष्टाचार तथा संसद में और संसद के बाहर प्रधानमंत्री के झूठ ने अविश्वसनीय रिकॉर्ड बनाया है।

सरकार साम्प्रदायिक कट्टरपन्थियों की दलाली कर रही है, जैसे शाहबानो प्रकरण में या राम जन्मभूमि/बाबरी मस्जिद मुद्दे पर, और देश लम्बे समय से एक ज्वालामुखी पर बैठा हुआ है। यह ज्वालामुखी देश के विभिन्न भागों में साम्प्रदायिक हिंसा के रूप में फूटा है। साम्प्रदायिक उन्माद ने गुजरात, मध्य प्रदेश, राजस्थान, महाराष्ट्र में अपना कर वसूला है; जातिवाद का गढ़ बिहार इसका ताजा शिकार है।

यह केवल एक भ्रष्ट अयोग्य और निर्दय सरकार को उखाड़ फेंकने का सवाल नहीं है। यह मानवाधिकार, स्वतंत्रता, मूल्यों और परम्पराओं के सम्मान का भी प्रश्न है और जनता के साथ न्याय करने की बात है। गौबेल या उन जैसे राजनीतिक दुस्साहसियों को यह देश बर्दाश्त नहीं करेगा। बोफोर्स, एच.डी.डब्लू. चीनी घोटाला आदि केवल कुछ ठठरियाँ हैं, जिन्हें दराज से बाहर निकलने को बाध्य किया गया है। सरकारी मीडिया पर कितने भी सुनियोजित प्रचार से सरकार की छवि पर लगे धब्बे नहीं छूटने वाले, हालाँकि उच्च-शक्ति प्रचार के आक्रमण से वास्तविक मुद्दों को बहा देने की कोशिश की जाएगी। समय की यह विडंबना है कि नमक और साबुन बेचनेवालों को सत्ताधारी पार्टी को बेचने के लिए भाड़े पर लगाया गया है। क्या मतदाता इतना भोला-भाला है ? शासक ऐसा ही सोचते हैं।

निश्चय ही कांग्रेस(आई) पंचायती राज की विफलता और नगरपालिका विधेयकों को मुख्य मुद्दों में से एक बनाएगी। इसने विपक्ष पर 'जनता के हाथ में सत्ता सौंपने' की योजना को ध्वस्त करने का आरोप लगाया है। यह और कुछ नहीं, तथ्यों का चतुर तोड़-मरोड़ है। विपक्ष उनकी व्यवस्थाओं में केवल कुछ में बदलाव की माँग कर रहा था, ताकि वे वास्तव में लोकतांत्रिक बन जाएँ। जनता दल ने एक वैकल्पिक मसौदा भी प्रस्तावित किया है।

वर्तमान सामाजिक-आर्थिक ढाँचे में सत्ता जनता के हाथों में नहीं जाएगी। यह सत्ता के कुछ दलालों के हाथों में जाएगी—पंचायतों में शहरी अमीर और नगरपालिकाओं में ग्रामीण माफिया और पैसों के बटुए, जैसा कि उत्तर प्रदेश के कुछ शहरों में देखने में आया है। वे राज्यों की स्वायत्तता का भी अतिक्रमण करेंगे, केन्द्र-राज्य में स्वस्थ सम्बन्ध बनाए रखने के प्रति श्रद्धा-भाव के बावजूद।

'जनता के हाथ में सत्ता' का नारा ही खोखला सुन पड़ता है, क्योंकि यह नारा वह पार्टी और सरकार उछाल रही है, जिसने सत्ता को अपने हाथों में दबोच रखा है। इसका सबसे ताजा प्रमाण वह प्रक्रिया है जिसके द्वारा कांग्रेस पार्टी की राज्य चुनाव समितियाँ बनायी गईं और फिर उन्हें आगामी चुनावों के लिए प्रत्याशियों के चयन के लिए राजीव गांधी को अधिकृत करने को कहा गया। ऐसे मामलों में उस पार्टी की घोषणाओं पर कैसे विश्वास किया जा सकता है जो अपनी राज्य-इकाइयों पर भरोसा नहीं करती और अपनी अन्दरूनी कार्यशैली को लोकतांत्रिक नहीं बनाती?

केन्द्र की मुद्रा को यह तथ्य और सन्देहास्पद बनाता है कि इन दो विधेयकों पर बहस के लिए इसने संसद-सत्र का आखिरी दिन चुना। क्या इसे पहले नहीं लाया जा सकता था? पुन:, यदि वे ऐसे ही महत्त्वपूर्ण थे और सरकार सचमुच विपक्ष का समर्थन चाहती थी, तो इसे सदन में बहस के पहले सेलेक्ट कमिटी के पास नहीं भेजा जाना चाहिए था? राजनीतिक इष्टसिद्धि के लिए सेलेक्ट कमिटी से काफी पहले छुटकारा ले लिया गया है।

विपक्ष को बड़ी जिम्मेदारी निबाहनी है। इसे इस प्रकार क्रियाशील होना चाहिए कि जनता में यह आश्वस्ति जगे कि यह कार्य-संस्कृति में विश्वास करता है और ये लोग साथ रहेंगे। यह अच्छी और स्थिर सरकार देने में समर्थ है, केवल विकल्प नहीं। इसे छोटे-मोटे मतभेद भूल जाने चाहिए और विरोधी का सामना संयुक्त रूप से तथा चतुराई से करना चाहिए।

प्रत्याशियों का चुनाव और चुनावी समझौते करना महत्त्वपूर्ण है। अभी तक विपक्ष ने सामान्यत: ठीक-ठाक प्रदर्शन किया है। कठिन चुनाव-प्रचार के दौरान और उसके बाद भी यही उत्साह इसका पथदर्शक होना चाहिए। विरोधी के पास पूरी ताकत है और संसाधन है। लेकिन जनता को इससे मतलब नहीं है। जनता पहले भी यह प्रदर्शित

कर चुकी है। वे फिर ऐसा कर सकते हैं और दिखा सकते हैं कि नमक-साबुन वाले, ये सारे गौबेल और घूसखोर, जो राष्ट्रवादी होने के एकाधिकार का दम भरते हैं, हर बार उन्हें बेवकूफ नहीं बना सकते।

(4 नवम्बर, 1989)

अब रामराज्य

नया नारा है रामराज्य। नवम्बर 3 को फैजाबाद की एक चुनावी सभा में राजीव गांधी ने यह वायदा किया। अयोध्या के करीब होने और साम्प्रदायिक जहर के तेजी से फैलते माहौल में बहुसंख्यकों को तुष्ट करने के लिए वे इससे बारीक नारा नहीं सोच पाए। दिल्ली और लखनऊ की पिछले कुछ दिनों की कवायदें यह स्पष्ट करती हैं, सरकार कठिन परिस्थितियों के बीच घिर गई है। अल्पसंख्यक मुस्लिम समुदाय को अलगाने का जोखिम यह नहीं उठा सकती, जो पहले से ही विमुख है। अयोध्या के मंदिर का 'शिलान्यास' 9 नवम्बर को शान्तिपूर्वक सम्पन्न हो गया किन्तु उससे उत्पन्न विवाद अभी दबा नहीं है। मुसलमानों का एक पक्ष सरकार और विश्व हिन्दू परिषद् के खिलाफ अदालत में अवमानना का मुकदमा दायर करना चाह रहा है।

अयोध्या में जो भी हो, अल्पसंख्यक समुदाय यह महसूस करने लगा है कि कांग्रेस(आई) के साथ उसका भविष्य सुरक्षित नहीं है। ऐसा खास करके भागलपुर और बिहार के अन्य शहरों के साम्प्रदायिक हत्याकांड और कांग्रेस(आई) शासित कुछ राज्यों में दंगों के बाद हुआ है। उत्तर प्रदेश, जिसका सर्वाधिक प्रतिनिधित्व लोकसभा में है, में उर्दू को अत्यन्त विलम्ब से, दूसरी सरकारी भाषा के रूप में मान्यता देकर जिन लाभों की उम्मीद इसने की थी वे बदायूँ और भागलपुर के बाद हवा हो गए।

कांग्रेस(आई) के लिए चुनावी राजनीति की धार बड़ी तेजी से इधर-उधर हो रही है। अभी कुछ महीने पहले तक युद्धघोष था 'जनता के हाथ में सत्ता'। बहुप्रचारित पंचायती राज और नगरपालिका विधेयकों के राज्यसभा में गिर जाने के बाद सरकार ने घोषणा की कि वह इन्हें चुनावी मुद्दा बनाएगी और विपक्ष पर यथास्थिति एवं सत्ता की दलाली को स्थायी बनाने का आरोप लगाएगी जिन्हें कुचल देने की कसम चार साल पहले राजीव गांधी ने खाई थी। यह नारा इतना खोखला लगता है, क्योंकि यह उस पार्टी की ओर से आ रहा है, पूरे 17 साल से सांगठनिक चुनाव नहीं कराये और इस योजनाबद्ध तरीके से राज्यों की स्वायत्तता को अपरदित किया, क्षय किया।

इसके पहले का नारा था '21वीं सदी में छलाँग'। शायद, कांग्रेस(आई) सोचती है कि ये दोनों नारे समानार्थी हैं और इन्हें बुद्धिमानी से सम्मिलित किया जा सकता

है। सत्ता के दलाल और 'बाबा लोग' आसानी से 'ऋषियों' के रूप में परिवर्तित हो जाएँगे और उन्हें 'कामधेनु' की भी आवश्यकता नहीं है। वे सरलता से योग एवं ध्यान की ओर मुड़ जाएँगे। यह और कुछ नहीं, कल्पना की उड़ान है, हताश और उलझे मस्तिष्क के भावोद्गार हैं, जो किसी भी कीमत पर सत्ता को अपने पास बनाए रखना चाहता है।

1971 के 'गरीबी हटाओ' से 'इक्कीसवीं सदी' और 'राम-राज्य' एक बड़ी छलाँग है। जमीन से जुड़े लोगों के लिए 1971 का नारा निरर्थक था। इसे कार्यरूप में उतारा गया या नहीं, यह और बात है। देश कठिन परिस्थिति का सामना कर रहा है। लोगों के लिए हवा-हवाई राम-राज्य के वायदे से अधिक महत्त्वपूर्ण हैं, दो जून की रोटी, रोजगार, ऊँचे पदों पर भ्रष्टाचार, साम्प्रदायिकता, लोगों के मन-मस्तिष्क में असुरक्षा का भाव जैसी समस्याएँ। राम-राज्य के लिए वे एक और सदी तक इन्तजार कर सकते हैं।

एकदम अभी आम जनता को जिस चीज की जरूरत है वह है सुरक्षा का भाव, सर पर छत और हर दिन कम-से-कम पेट-भर भोजन। भ्रामक गरीबी-रेखा, जो सुविधानुसार खिसकती रहती है, अब और बेवकूफ नहीं बना पाती। आँकड़े रोटी नहीं हैं। उनसे पेट रहीं भरता। फिर भी बहुत दिनों तक लोगों का पेट इन्हीं से भरा जाता रहा है।

सरकार अब पंजाब का उल्लेख करते हुए शरमाती है, जो वर्षों से सुलग रहा है। बरनाला-सरकार को इसलिए बर्खास्त किया गया कि आतंकवादियों द्वारा एक साल में 70 लोग मार डाले गए। भागलपुर में एक दिन में 220 से भी ज्यादा लोग मारे गए किन्तु एस.एन. सिंह आनन्दपूर्वक अपने पद पर आसीन हैं। शायद सत्तर बड़ा है 220 से। और उन निर्दोषों के बारे में क्या ख्याल है जो पंजाब में पुलिस की गोलियों से मारे गए? बोड़ो के नाम से आसाम में एक नए अग्निकांड की तैयारी हो रही है। महंत कहते हैं कि उन्हें कांग्रेस(आई) उकसा रही है। सिर्फ छह साल पहले आसाम रक्तस्नान से गुजरा है। किन्तु केन्द्र की प्राथमिकता थी चुनाव, जो बन्दूकों के साये में सम्पन्न तमाशा था। अधिकांश लोगों ने भागीदारी निभाई ही नहीं। यह तथ्य कि आसाम लोकसभा के लिए अपना प्रतिनिधि नहीं चुनने जा रहा, वहाँ की परिस्थिति के बारे में बहुत-कुछ कह जाता है।

केन्द्र और राज्यों के बीच तनाव गहराते जा रहे हैं। अभी की तरह राज्यों की स्वायत्तता को कभी मखौल नहीं बनाया गया था, उच्च शक्ति सम्पन्न आयोग की रिपोर्ट के बावजूद। राजीव गांधी सरकार की नीति है टकराव, मेल-मिलाप नहीं। यही कारण था कि लोकसभा के पूरे प्रतिपक्ष ने इस्तीफा दे दिया, ऐसा पहले कभी नहीं हुआ था। केन्द्र की कुदृष्टि अब तमिलनाडु पर है, जहाँ इस वर्ष के प्रारम्भ में डी.एम.के. सत्तासीन हुआ। जो आदमी 17 वर्षों तक धैर्यपूर्वक प्रतीक्षा करता रहा, उस करुणानिधि के सारे पेंच कसे जा रहे हैं।

21वीं सदी में छलाँग लगाने की उत्सुकता में राजीव गांधी ने सरकार और पार्टी को खेल की चीज बना दिया है, घरेलू नौकरानी! उन्होंने प्रशासन को अस्थिर कर दिया है। अपनी टीम को अन्तिम रूप देने में उन्होंने रिकॉर्ड बनाया। उन्होंने 64 मंत्रियों को बर्खास्त किया, 24 मुख्यमंत्रियों को, 16 कांग्रेस के महासचिवों को और अनगिनत अन्य कृपापात्रों को बदला। ग्लैडस्टोन भी, जिसने कहा था—'अच्छे प्रधानमंत्री को अच्छा कसाई होना पड़ता है'—भी फीका पड़ कर महत्त्वहीन हो जाता है।

आर्थिक क्षेत्र में भी रिकॉर्ड खास प्रभावशाली नहीं रहा है। बजटों में वर्गों पर ध्यान दिया गया, गरीबों पर नहीं। अपेक्षया धनी तबके और उद्योगों को सुविधाएँ दी गईं, बजट-घाटा और वाणिज्य-शेष ने नई गिरावट छू ली है। शिक्षा-नीति में गड़बड़-घोटाला है और वह विशिष्ट जनोन्मुखी है। यह युवाओं को भविष्य का सामना करने के योग्य बनाने में समर्थ होती नहीं दिखती। करोड़ों का अपव्यय करनेवाले फेस्टीवलों और उत्सवों की बाढ़-सी आ गई है। दूरदर्शन और इसके परामर्शदाताओं की कृपा से जवाहर नेहरू शती को भी 'तमाशा' बना दिया गया।

भारत 21वीं सदी में छलाँग लगाता है या नहीं, वायदे वाले रामराज्य की सुबह आती है या नहीं, राजीव गांधी ने इतिहास में एक ताखा आरक्षित कर लिया है। राजीव गांधी के मंत्रिमंडल के ही एक चीखने-चिल्लाने वाले सदस्य ने हाल में कहा कि उन्होंने बिना किसी उपलब्धि के शासन के पाँच साल पूरे कर लिये। चरण सिंह भी उस ऊँचे पद पर पहुँचे और एक साधारण-सा रिकॉर्ड बनाया। उन्होंने अपने 'जीवन-भर की साध' पूरी कर ली, छह महीने वे गद्दी पर रहे, परन्तु एक दिन के लिए भी संसद का सामना करने का कष्ट नहीं उठाया।

आज के आम लोगों को ऐसा राज्य चाहिए, जिसमें मानवीय संस्पर्श हो, जो न्याय को और उत्पादन के फल को सबों के बीच ईमानदार वितरण को सुनिश्चित करे।

(19 नवम्बर, 1989)

कश्मीर में निरुत्साह

पाकिस्तान में प्रशिक्षित आतंकवादियों की कैद से डॉ. रुबिया सईद की मुक्ति के बाद लोगों ने चैन की साँस ली है। श्रीनगर में पाँच दिनों तक चली बातचीत के दौरान विषादग्रस्त परिवार की पीड़ा के सभी सहभोक्ता रहे। कश्मीर लिबरेशन फ्रंट (के.एल.एफ.—कश्मीर मुक्ति मोर्चा) के पाँच परोक्षतः सुरक्षित आचरण वाले सक्रियतावादियों की जेल से रिहाई के रूप में छुड़ाई (निष्कृति-धन) देने पर ही उसे मुक्त किया गया है।

अपहर्ताओं द्वारा डॉ. रुबिया के अपहरण के निर्लज्ज कृत्य की पाकिस्तान में चारों ओर निन्दा की गई जहाँ मुस्लिम धर्मतत्त्वज्ञों ने इसे इस्लाम के सिद्धान्तों के प्रतिकूल बताया। किन्तु उसी समय के.एल.एफ. नेता, अमानुल्लाह खाँ इस्लामाबाद की ही सुरक्षा में धमकी-भरी घोषणाएँ कर रहे थे।

श्रीनगर के अधिकारियों के समक्ष नुकसान सह लेनेवाला यही एकमात्र विकल्प था। अपहर्ताओं ने साफ-साफ भयादोहन किया और, कश्मीर की स्थिति का लाभ लेते हुए सफल रहे। यह सन्तोष का विषय है कि डॉ. रुबिया सुरक्षित घर लौट आई, किन्तु अपहर्ताओं की माँग पर श्रीनगर के दंडवत करने पर कई भौंहें तन गईं, केन्द्र की सत्तारूढ़ पार्टी में भी। यह महसूस किया जा रहा है कि कश्मीर सरकार की क्रियाविधि से कथित युयुत्सुओं को, अन्य असामाजिक तत्त्वों को और सीमा-पार के उनके परामर्शदाताओं को प्रोत्साहन मिलेगा।

यह घृणित मामला समाप्त हो गया है किन्तु यह कई महत्त्वपूर्ण और उलझन से भरे मुद्दों को सामने ले आया है जिनका ठीक-ठीक मूल्यांकन श्रीनगर और दिल्ली में किया जाना चाहिए। उन्हें साथ मिलकर राज्य में कानून-व्यवस्था का कम-से-कम दिखावा तो सुनिश्चित करना चाहिए और ऐसी परिस्थिति पैदा करनी चाहिए जिसमें विनाशक, आतंकवादी और अन्य राष्ट्रविरोधी तत्त्व नहीं फूलेंगे-फलेंगे।

अब काफी दिनों से जम्मू-कश्मीर की परिस्थिति सन्तोषजनक से बहुत दूर रही है। प्रशासन श्लथ और लापरवाह रहा है। आरोप है कि राज्य के कुछ कर्मचारी राष्ट्रविरोधी तत्त्वों से मिले हुए हैं। खुफिया-तंत्र पिछले दिनों बार-बार विफल रहा है। बताते हैं कि आर.ए.डब्लू. (रॉ) को रुबैया कांड के बारे में कुछ जानकारी थी किन्तु उसने इसे सरकार तक पहुँचाना आवश्यक नहीं समझा। प्रायः हर दिन पूरी घाटी में भारत-विरोधी प्रदर्शन होते हैं और पाकिस्तानी झंडे अदंडित फहराये जाते हैं। अक्सर पुलिस और सरकारी मुलाजिम इन प्रदर्शनों में साथ हो लेते हैं और बर्बरता में, दुकानों और व्यावसायिक प्रतिष्ठानों की लूट में शामिल होते हैं, जैसा उस दिन हुआ जिस दिन अपहर्ताओं को छोड़ा गया।

जम्मू और कश्मीर सदा से संवेदनशील सीमावर्ती राज्य रहा है, जो शायद ही कभी परेशानियों से मुक्त हो। लेकिन 1986 में कांग्रेस(आई) के साथ नेशनल कॉन्फ्रेंस के साझेदारी के लिए तैयार होने के बाद से समस्याएँ बढ़ी हैं। डॉ. फारुक अब्दुल्ला लम्बे समय से स्थिति की गम्भीरता को कम करके आँक रहे हैं तथा विनाशकों और उन जैसे अन्यों की कारगुजारियों की रिपोर्टों को 'अतिरंजित' बताते हैं। जिस दिन अपहर्ताओं को जेल से छोड़ा गया उस दिन श्रीनगर में और राज्य के अन्य प्रमुख शहरों में जो हुआ वह सिर्फ एक उदाहरण है।

श्रीनगर से जारी एक रिपोर्ट में कहा गया है : 'जैसे ही यह स्पष्ट हो गया कि युयुत्सुओं को (13 दिसंबर को) मुक्त कर दिया गया है, शहर के हर ओर की सड़कों

पर नाचती-कूदती भीड़ उतर आई। बहुत देर तक ऐसा लगता रहा कि कश्मीर भारत का अंग नहीं रह गया है, क्योंकि पाकिस्तान और पाकिस्तानी कब्जेवाले कश्मीर के झंडे थामे ऊधमी भीड़ों को प्रसन्न मुद्रा में जुलूसों की शक्ल में झूमते हुए देखा जा सकता था। पुलिस बल का सड़कों पर कहीं भी नामोनिशान नहीं था, केन्द्र की पुलिस, चाहे राज्य की। भारत-विरोधी नारेबाजी में महिलाओं ने भी बड़ी संख्या में भाग लिया, जो पिछले दो दिनों से जारी है। बारामूला और अनंतनाग जैसे कश्मीर के अन्य शहरों में भी पाँच जंगणुओं की मुक्ति पर ऐसा ही उत्सव का माहौल था...।'

पाकिस्तानी और पाक-अधिकृत कश्मीर के झंडे लिए प्रदर्शनकारियों के कुछ दृश्य दूरदर्शन पर भी दिखाये गए। स्वायत्तता के नाम पर जो कुछ होने को है, सम्भवतः यह उसी का एक संकेत है।

आश्चर्य नहीं कि केन्द्रीय गृहमंत्री, मुफ्ती मुहम्मद सईद ने अपने गृहराज्य की स्थिति को 'पंजाब से बदतर' बताया। वे लगातार श्रीनगर के सम्पर्क में थे किन्तु उनका कहना था कि इस परिस्थिति से निपटना राज्य सरकार का काम है। केन्द्र को यदि कहा जाए तो वह केवल सहायता कर सकता है।

परेशान करनेवाली दूसरी चीज है पाकिस्तान सरकार का रुख, यद्यपि बेनजीर भुट्टो ने आश्वासन दिया है कि वे भारत को अस्थिर करने की जिया क़ी नीति पर नहीं चलेंगी और कश्मीर में या पंजाब में विनाशकों और आतंकवादियों की न मदद करेंगी, न उन्हें प्रोत्साहन देंगी। क्या पाकिस्तान यह सोचता है कि वह भारत को दबोच सकता है ? पर समय है जब भारत को अपनी बात कहनी चाहिए।

कश्मीर का राजनीतिक और प्रशासनिक तंत्र अत्यन्त निष्प्रभावी सिद्ध हुआ है। वहाँ एक प्रकार का शून्य है। साझेदार पार्टियों के (परस्पर) सांघातिक झगड़े अपनी जगह, लगता है, दोनों पार्टियों को फालिज मार गया है। कश्मीर में कांग्रेस(आई) का व्यापक जनाधार कभी नहीं रहा और मंत्रिमंडल में लालच-भरी सवारी करके अस्तित्व को बचाये रखने का इकलौता उपाय सोचा गया। नेशनल कॉन्फ्रेंस के पदधारियों ने इसे कभी पसन्द नहीं किया और मोहमुक्त तथा क्रियाहीन होकर सरकार को परिस्थिति का सामना करने के लिए अकेला छोड़ दिया। फारुक अब्दुल्ला ने 1986 में राजीव गांधी से समझौता किया, क्योंकि उन्होंने सोचा कि पद पर बने रहने की यह एकमात्र तरकीब है।

इसके साथ जुड़ा है प्रशासन के प्रति मुख्यमंत्री का लापरवाह-अक्खड़ अन्दाज। राज्य का शासन भ्रष्टाचार और भाई-भतीजावाद में आकंठ डूबी आत्मसेवी नौकरशाही चला रही है।

दिल्ली की नई सरकार के सामने कश्मीर और पंजाब की बड़ी चुनौतियाँ हैं।

जम्मू और कश्मीर की परिस्थिति नाजुक है और दक्षता किन्तु दृढ़ता से इसका संचालन करना होगा, पंजाब के लिए सर्वानुमति अपेक्षित है। प्रधानमंत्री विश्वनाथ

प्रताप सिंह ने कश्मीर में 'अविचारित कार्रवाई' का वर्णन किया है, जिसका प्रत्यक्ष अर्थ यह है कि न फारुक अब्दुल्ला को हाल-फिलहाल अपदस्थ किया जाएगा न राज्यपाल का शासन लगाया जाएगा। दोनों ही राज्यों की समस्याओं के समाधान के लिए 'उपयुक्त वातावरण में राष्ट्रीय प्रयत्न' की आवश्यकता है, जैसा कि प्रधानमंत्री कहते हैं।

स्पष्ट है कि केन्द्र को परिस्थिति को जानने और समझने के लिए कुछ समय चाहिए, कब्ल इसके कि कोई कार्रवाई की जाए। यह बात समझ में आती है लेकिन इससे यह सन्देश नहीं जाना चाहिए कि सरकार पैर घिसट रही है या नाक के बल लेट रही है। इसे साफ-सुथरी शुरुआत करनी चाहिए, पुरानी सरकारों से अलग हटकर, और अपने साथ सबों की शुभेच्छा लेकर चलना चाहिए।

(19 दिसम्बर, 1989)

यह कोई आसान काम नहीं है

विश्वनाथ प्रतापसिंह की प्रधानता वाली राष्ट्रीय मोर्चा सरकार ने लोकसभा में विश्वास-मत प्राप्त कर लिया है और इस तरह से निश्चित समय के भीतर संसदीय बाध्यता को पूरा कर दिया है। कांग्रेस(आई) ने जाने किन कारणों से मत-विभाजन पर बल नहीं दिया और ध्वनि-मत से प्रस्ताव पास हो गया।

यह आशानुरूप ही था, क्योंकि 88 सदस्यों वाली भाजपा और 52 की शक्ति वाले वाम मोर्चा ने 544 सदस्यों (आसाम को अभी भी अपने सदस्य चुनना है) वाले सदन में 141 सीटों की ताकतवाली अल्पमत सरकार को अपने समर्थन का वचन दिया। अकेली सबसे बड़ी पार्टी कांग्रेस(आई), जिसकी 193 सीटें हैं, ने विपक्ष में बैठने का फैसला किया है। यह इसकी 'उदारता' नहीं है अपितु मत-पेटियों के द्वारा अभिव्यक्त जनाकांक्षा के मेल में है।

किन्तु अपनी इस नई भूमिका में कांग्रेस(आई) कितना असहज महसूस कर रही है यह उसके भाषण में दिए तर्कों से स्पष्ट था। जैसे कि प्रधानमंत्री ने इसे रखा, कांग्रेस ने 'सरकार को नीचा दिखाने और खिल्ली उड़ाने के लिए सीमेंट से ज्यादा बालू का इस्तेमाल किया'; संकेत सीमेंट-घोटाले की ओर था जिसके प्रधान नायक स्वयं अन्तुले थे। प्रधानमंत्री का संबोधन अधिक तथ्यात्मक (वस्तुपरक) होता यदि वे थोड़े चारु होते और अपने तूणीर के कुछ ढेलों और वाणों को बचा लिया होता। सम्भवत: समय ही इन पार्टियों को थोड़ी और समझदारी देगा, जो आज स्वयं को नई स्थिति में पा रही हैं।

संसदीय बाध्यता पूरी हो चुकी, अब सरकार को अपने सम्मुख पड़े कामों में लग जाना चाहिए, लेकिन यह कोई आसान काम नहीं है। जब एकाश्मक गिर रहे हैं या दरक रहे हैं, जैसे कि पूर्वी यूरोप में, संसार के सबसे बड़े लोकतंत्र को चलाना पहाड़-जैसा काम है। इसके लिए पूरी सावधानी, चिन्ता और बुद्धिमत्ता की जरूरत पड़ेगी। राह फिसलन-भरी है और शत्रु अविश्वसनीय है। दोनों सदनों का गणित सत्ताधारी मोर्चे को राहत नहीं देता, जैसा कि पिछली सरकार के साथ था। यह ठीक है कि राजीव गांधी ने जो प्रचंड बहुमत भोगा वह इसकी अपनी करनी का फल था। भाजपा और वाम मोर्चा ने जिस किस्म का समर्थन दिया है, सरकार के लिए यह बहुत जरूरी है कि समझौते के बिन्दुओं पर बल दे, न कि अपने-अपने घोषणापत्रों के असहमति वाले बिन्दुओं पर। मेल-मिलाप और सद्भाव का रास्ता अपनाया जाना चाहिए, संघर्ष और मुकाबले का नहीं। हालाँकि कहना सरलतर है, करना कठिन।

राष्ट्रपति ने संसद के अपने संबोधन में, जो सरकार के उद्देश्य की घोषणा है, कहा है कि नई सरकार 'आर्थिक बराबरी तथा सामाजिक न्याय, संघवाद तथा विकेन्द्रीकरण, सांस्थानिक जिम्मेदारी और मानवाधिकार के सामाजिक आदर्शों पर आधारित शासन और विकास के वैकल्पिक मॉडल' को अपनाएगी। उन्होंने यह भी कहा कि सरकार राष्ट्र के समक्ष उपस्थित विभिन्न समस्याओं के समाधान के लिए राष्ट्रीय सहमति तथा सर्वानुमति बनाने की प्रक्रिया के प्रति प्रतिबद्ध है।

यह मोटी रूपरेखा है जिसके भीतर रहकर सरकार काम करना चाहती है। एक साफ-सुथरी और कार्यकुशल सरकार मुख्य प्राथमिकता है, जिसके कार्यान्वयन के लिए संसार की सारी प्रवीणता की जरूरत होगी, खास करके उस पृष्ठभूमि में जो देश ने हाल के दिनों में देखा है। संसद के इतिहास में कभी प्रधानमंत्री को अपने और अपने परिवार को निरपराध ठहराने के लिए वक्तव्य नहीं देना पड़ा है, जैसा बोफोर्स विवाद के परिणामस्वरूप करना पड़ा। सत्ता के अपने क्षयकारक तथा अपरिष्कारक प्रभाव हैं तथा सरकार को इनसे चौकन्ना रहना होगा।

राष्ट्रपति द्वारा घोषित 'कार्यसूची' में अधिक स्वतंत्र जन-भागीदारी, अलोकतांत्रिक कानूनों को रद्द करना या छोड़ देना, अपेक्षया साफ-सुथरी सार्वजनिक जिन्दगी, तथा अल्पमुखर ग्रामीण बहुसंख्यकों से बेहतर बरताव शामिल हैं। गाँवों के लिए पैकेज में सर्वाधिक महत्त्वपूर्ण हैं भूमि-सुधार और पेय जल उपलब्ध कराने के लिए समयबद्ध कार्यक्रम।

वायदों के बावजूद, पश्चिम बंगाल, त्रिपुरा तथा केरल की वाम मोर्चा सरकारों को छोड़कर कोई सरकार अब तक कुछ खास कर नहीं पायी है। यह शर्म की बात है कि आजादी के 42 साल बाद भी ग्रामीण आबादी को पीने के पानी की तलाश में दूरियाँ तय करनी पड़ती हैं और जमीन को जोतनेवाला उसका मालिक नहीं है। वे ऐसी तंगहाली में रहते चले आ रहे हैं जबकि चमचमाते महानगरों में अनेक किस्म

के राजा हैं जो बेईमानी से अर्जित अपनी सम्पत्ति को अनेक प्रकार से उड़ाते हुए असभ्य ढंग से इतराते हैं। इन समस्याओं से निजात पाने के लिए जिस बात की ज्यादा जरूरत है वह है निश्चय बजाय संसाधनों के, हालाँकि इनका भी महत्त्व है।

विश्वास-प्रस्ताव पर बहस के दौरान इस तथ्य को बार-बार उछाला गया कि वी.पी. सिंह अल्पमत सरकार के मुखिया हैं। चुनावी फैसला कांग्रेस(आई) के खिलाफ और परिवर्तन के पक्ष में था। अल्पमत सरकार न अलोकतांत्रिक है और न पाप है। लोकतांत्रिक जगत् में अल्पमत सरकारें रही हैं और वे कनकटी नहीं साबित हुई हैं। 'दाएँ और बाएँ के सहारे' का शब्दाडंबर अपनी जगह, यदि समय और राजनीति की अत्यावश्यकता उन्हें साथ ले आती है, चाहे बेहतर सरकार देने के सीमित प्रयोजन से ही सही, इसका स्वागत होना चाहिए, विशेषकर हाल के देश के अनुभव के आलोक में, जब सत्तासीन पार्टी के वह सारी बहुसंख्या थी, जिसका इसने कभी सपना देखा होगा। देश रसातल में चला गया होता यदि राजनीतिक ग्रुपों ने जिस कल्पनाशीलता का परिचय दिया, वह न दिया होता और कांग्रेस(आई) को सत्ता में वापसी की इजाजत दे दी होती। मार्क्सवादी समन्वय समिति के ए.के. राय ने इसे इस रूप में रखा कि परिस्थिति की वास्तविकता यह है कि केन्द्र की सरकार का विरोध करने का 'साहस किसी में नहीं है'।

जैसा हमने अपने 4 दिसम्बर के अंक में कहा 'नई सरकार के नेतृत्व को कई त्वरित और कठोर फैसले लेने हैं। कुछ समस्याएँ तुरन्त समाधान खोज रही हैं जनाकांक्षा बढ़ी हुई है जो सरकार की मुश्किलों को बढ़ाती ही है। इसको अपनी प्राथमिकताओं का निर्णय करना है और अपने सहयोगियों के साथ आदान-प्रदान और समझौते के भाव के जरिए मेल-मिलाप की प्रक्रिया विकसित करनी है। इसकी सफलता की गुंजाइश इसके सहयोगियों की अनुक्रिया पर निर्भर करेगी, जिन्होंने बाहर से समर्थन देने की स्वीकृति दी है।'

विधान-सभा चुनाव दृष्ट क्षितिज पर हैं। यदि सत्ताधारी मोर्चा और इसके सहयोगी, अपने हाल के अनुभवों से सबक लेते हुए, होशियारी से काम करते हैं, तो कोई वजह नहीं है कि राज्यों में ऐसा राजनीतिक तंत्र न उभरे जो केन्द्र की कोहनी की कोहनी को सहारा दे सके।

(4 जनवरी, 1990)

नेपाल के लोग लोकतंत्र की माँग कर रहे हैं

नेपाल में आजकल अप्रत्याशित नजारा है। लम्बे अन्तराल के बाद यहाँ लोकतंत्र पर बहस चल रही है। शासन-नियंत्रित मीडिया भी आधारभूत जन-स्वातंत्र्य और

मानवाधिकार, यथा अभिव्यक्ति (भाषणादि करने) और सभा की स्वतंत्रता के लिए शाही प्रतिबद्धता को रेखांकित कर रहा है।

ऐसा इसलिए है कि 18 जनवरी से प्रारम्भ होनेवाले त्रिदिवसीय सम्मेलन को प्रतिबंधित नेपाली कांग्रेस आयोजित करने जा रहा है ताकि हिमालयी राजधानी में लोकतंत्र को फिर से बहाल करने के सन्दर्भ में शान्तिपूर्ण अहिंसक आन्दोलन प्रारम्भ करने के लिए विचार-विमर्श किया जा सके। दूसरे ग्रुप तथा पार्टियाँ भी लोकतंत्र तथा बहुदलीय व्यवस्था को बहाल करने की माँग कर रही हैं।

राणाओं से 1951 में राजतंत्र की मुक्ति के समय से केवल एक बार नेपाल में लोकतांत्रिक ढंग से चुनी हुई संसद थी और प्रधानमंत्री थे। यह साठ के दशक के प्रारम्भ में था, जब स्वर्गीय बी.पी. कोइराला ने थोड़े समय के लिए नेपाली कांग्रेस सरकार की अध्यक्षता की। उनके निष्कासन के बाद से नेपाली कांग्रेस प्रतिबंधित है। अन्य राजनीतिक पार्टियों का भी ऐसा ही भाग्य है। उनके बहुत से सक्रियतावादी जेल के बाहर से अधिक अन्दर रहे हैं। राजा, एक ग्रुप के सामने दूसरे ग्रुप को भिड़ाते रहे हैं और सत्ता की बागडोर निहित स्वार्थ थामे हुए हैं।

अपनी शासन-व्यवस्था के सन्दर्भ में जिनका कोई दखल नहीं है, उन आम लोगों की जिन्दगी में दिखने लायक कोई परिवर्तन नहीं आया है। चढ़ाव-उतार के बावजूद राजधानी में नेपाली कांग्रेस मुख्य लोकतांत्रिक पार्टी रही है और लोकतंत्र की मशाल को जलाए रखा है। इसने स्पष्ट कर दिया है कि यह राजा के विरोध में नहीं है। जो यह चाहती है कि वह सिर्फ इतना है कि संयुक्त राष्ट्र की तरह बहुदलीय व्यवस्था वाली संवैधानिक राजशाही हो।

यूरोप की हाल की लोकतंत्रीकरण की प्रक्रिया ने, जहाँ लौह मुट्ठियों वाली कम्युनिस्ट सरकारें एक के बाद एक गिरती रही हैं, लोकतंत्री दिल-दिमाग वाले नेपालियों के मनोबल को और मजबूत किया है। क्रमिक शासन-प्रणालियों की मौकापरस्त नीतियों, जिनके कारण भारत-नेपाल रिश्तों में खटास आई, से ये अलग-थलग हैं।

नेपाल सरकार ने जनाक्रोश को भारत की ओर मोड़ने की हर सम्भव कोशिश की। भारत-नेपाल सम्बन्ध को सामान्य बनाने की प्रक्रिया का प्रारम्भ कर दिया गया है। विदेश मंत्री की भारत सरकार से बातचीत के लिए नई दिल्ली की यात्रा फलदायी रही है। जब दोनों पक्षों के अधिकारी विस्तृत बातचीत के लिए मिलेंगे, जिसके बाद मंत्री-स्तर की वार्ता होगी, तब एक भेदन की उम्मीद है। सदियों से भारत-नेपाल सम्बन्ध की जड़ें सांस्कृतिक और धार्मिक बन्धनों में जकड़ी हैं। 1950 की सन्धि ने राजनीतिक रिश्ते को केवल औपचारिक रूप दिया, जिससे शान्ति, मैत्री, आर्थिक सहयोग और पारस्परिक सुरक्षा सुनिश्चित हुई। नेपाल को साफ-साफ बताना चाहिए कि वह पुरानी सन्धि को बनाए रखना चाहता है, नए सिरे से बातचीत करना चाहता

है। दूसरे मुद्दों पर भी इसे अपना रवैया साफ करना चाहिए। चूँकि दोनों पक्षों ने सद्भाव की बहाली की ईमानदार इच्छा व्यक्त की है, कठिनाइयों को सुलझाने में कोई कठिनाई नहीं होनी चाहिए।

गत वर्ष 19 अप्रैल के अंक में इस विषय पर लिखते हुए हमने नेपाल के लोगों को सावधान करते हुए कहा था—'उन्हें नेपाल की प्रभुसत्ता के लिए कल्पित खतरे के सम्बन्ध में समूहों द्वारा उनमें दहशत पैदा करने के लिए फैलाए जा रहे उन्माद का शिकार नहीं बनना चाहिए...।'

'यह अदूरदर्शी खेल था। इस रवैये के लिए कोई तर्काधार नहीं हो सकता, सिवाय सत्ता की हेकड़ी या नेपाल के लोगों को उपलक्षित धमकी, कि वहाँ कार्यरत व्यवस्था दूसरे खेमों के सहयोग से ही जारी रह सकती है तथा लोकतंत्रीकरण की हर प्रक्रिया को कुचल देने की क्षमता और शक्ति इसमें है।'

स्वतंत्रता, मानवाधिकार और लोकतंत्र के लिए जनता की ललक की उपेक्षा नहीं की जा सकती। इसका सम्मान करना ही होगा। एकतंत्रीय विपथगमन के विपरीत लोकतंत्री सरकार सर्वोत्तम आश्वासन है। हम उस युग में नहीं रह रहे, जब राजा कोई गलती नहीं कर सकता था। पुराने और नए राजतंत्र सड़क किनारे लुढ़कते रहे हैं। उन्हें दीवार पर लिखी इबारत पढ़नी चाहिए। लोगों को बँधुआ बनाकर नहीं रखा जा सकता। यह सिर्फ समय की बात है। शुभस्य शीघ्रम्।

(19 जनवरी, 1990)

यह तमाशेबाजी बन्द कीजिए

दिल्ली में राष्ट्रीय सरकार के विचार ने ढेर सारे विवाद पैदा कर दिए हैं। एक राष्ट्रीय दैनिक में कल्पित कथा के प्रकाशन के बाद इसने जोर पकड़ा। सभी संबद्ध लोगों ने कथा के मूलाधार को ही नकारा। लगा कि बात खत्म हो गई। लेकिन नहीं, कुआलालम्पुर से वापसी में, हवाईजहाज में, प्रधानमंत्री की अच्छी तरह अभ्यास के बाद व्यक्त प्रतिक्रिया के बाद इसे प्रोत्साहन मिला।

प्रधानमंत्री की टिप्पणियों के तर्काधार और वांछनीयता को समझ पाना कठिन है। यदि ये वक्तव्य पहले दिन ही आए होते तो उन्हें समझा जा सकता था। ध्यातत्य यह है कि प्रधानमंत्री ने इसे उचित जाना कि जब सभी सम्बन्धित लोग खंडन कर चुके हैं तब भी यह विवाद चलता रहे। सिर्फ इतना ही नहीं। इस कहानी के पीछे जो विचार है उस पर 'विमर्श' के लिए उन्होंने तुरन्त सहमति दे दी। जैसा बताते हैं, दूसरी बार सोचकर, वे पूर्व प्रधानमंत्री के प्रति सद्भावना और दोस्ती व्यक्त करने की मुद्रा तक गए।

जिन्होंने गेंद उछाली थी उनके इरादों के विवरण में जाना उचित नहीं होगा। किन्तु विवाद को चलते रहने देने के पीछे प्रधानमंत्री मंशा का अनुमान लगाना मुश्किल है।

राष्ट्रीय सरकार की बात तभी सोची जा सकती है जब कोई राष्ट्रीय संकट हो। यह जानना बाकी है कि राष्ट्र पर ऐसा कौन-सा संकट आन पड़ा है जिस कारण ऐसी सरकार बहुत जरूरी हो गई है। राष्ट्र के समक्ष जो चुनौतियाँ हैं उनकी गम्भीरता के विषय में जानना बाकी है और यह कि क्या वे संशक्तिशील प्रयत्नों और संयुक्त कार्रवाई से सुलझाई जा सकती हैं। इस प्रयत्न में जो शक्तियाँ सहयोग करने को तैयार हैं उनके बारे में हमें स्पष्ट होना चाहिए। चुनौतियों तथा सर्वनिष्ठ दृष्टिवाली और साथ काम करने को तैयार राजनीतिक शक्तियों के उचित मूल्यांकन के बिना यह विचार निष्फल हो जाता है।

दुर्भाग्य से, जिन लोगों ने इस विवाद को उठाना राजनीतिक दृष्टि से समयोचित जाना उन्होंने अपने ही कदम के उलझाव को नहीं समझा है। सम्भवत: यह ध्यान बँटाने की कोशिश थी। उन्होंने यह कभी नहीं सोचा कि वे अपने कलंक लगाने के खेल में खुद घिर जाएँगे। देश कई गम्भीर समस्याओं से जूझ रहा है और उनपर तुरन्त ध्यान देने और उनके समाधान के लिए साहसिक पहल की जरूरत है। इन मुद्दों को टालने की कोशिश और बहानेबाजी से काम नहीं चलेगा।

राष्ट्रीय सरकार एक आपातकालीन व्यवस्था है। पार्टी-पद्धति से सामान्य काम-काज, जो संसदीय लोकतंत्र का शक्तिप्रद भाग है, स्थगित कर दिए जाने पर ही राष्ट्रीय सरकार का गठन हो सकता है। यदि पार्टी-तंत्र को आस्थगित रखना है, चाहे सीमित समय के लिए ही सही, तो इसके लिए ठोस कारण होने चाहिए। यह मानकर नहीं चलना चाहिए कि सारी राजनीतिक पार्टियाँ अपनी गतिविधियों को स्थगित रखने के लिए तैयार हो जाएँगी। जैसा है, सारा विचार ही अविचारित या कुविचारित लगता है और मालूम पड़ता है जैसे राजनीतिक स्वार्थ-साधन के लिए यह किसी एक व्यक्ति की अधपकी आक्रामकता है। जो परेशानी में हैं उन्हें इससे तुरन्त थोड़ी राहत मिल जा सकती है किन्तु आखिर में यह निश्चय ही बहुत महँगा पड़ेगा। सिर्फ प्रचार पाने के लिए ऐसी तमाशेबाजी में उलझना खतरनाक है। जिन्होंने इस विचार को उछाला उन्हें सार्वजनिक किया जाना चाहिए और अपने असली रंग में लोगों के सामने आने को बाध्य किया जाना चाहिए।

यह दुर्भाग्यपूर्ण है कि राजनीतिक छलयोजन के लिए मीडिया के एक हिस्से का दुरुपयोग किया जा रहा है। यह नई प्रवृत्ति है जहाँ एक मामला बनाया जाता है और एक नकली बहस शुरू की जाती है। यह सब पहले से योजनाबद्ध होता है और इसका उद्‌देश्य कुछ लोगों को बदनाम करना और कुछ व्यक्तियों की छवि को धूमिल करना होता है। यह बात उत्साहवर्द्धक है कि इस गन्दे खेल को किसी ने अपना नहीं

कहा है, सभी पार्टियों ने इसकी निन्दा की है और इस सनकी विचार, जो प्रकट रूप से लोगों की आँखों में धूल झोंकने के लिए है, को किसी का समर्थन प्राप्त नहीं है।

(19 जनवरी, 1990)

लोकतंत्र मजाक नहीं है

राष्ट्रपति वेंकटरमण ने राजनीतिक दलों और अन्य संबद्ध लोगों को लोकसभा चुनावों के समय नजर आए चुनावी कदाचार से परहेज करने और अपनी शिकायतों के निराकरण के लिए हिंसा का सहारा न लेने की समयोचित याद दिलाकर ठीक किया है।

जब कि भारतीय लोकतंत्र प्रौढ़ हो चुका है और लोगों ने अपने लोकतंत्री अधिकारों के इस्तेमाल में परिपक्वता का परिचय दिया है, तिकड़मबाजी, चुनाव-केन्द्र पर अधिकार कर लेना और अन्य अनियमितताएँ बदनुमा दाग छोड़ जाती हैं। एक सरकार को व्यवस्थित ढंग से चुनने की विशाल प्रक्रिया को बदनाम करने का बहाना ही वे उपलब्ध कराती हैं। यदि खेल को नियमों के मुताबिक नहीं खेला गया तो इसके अत्यन्त अनचाहे-अप्रीतिकर परिणाम होंगे, जैसा हाल ही में कई देशों में देखने में आया।

आठ राज्य विधान-सभाओं और केन्द्र-शासित पांडिचेरी के चुनाव 27 फरवरी के लिए निर्धारित हैं। इसमें 215 मिलियन लोग अपने मताधिकार का उपयोग करेंगे। पूर्व की तरह स्थानीय मुद्दे चर्चा में रहेंगे। संसदीय चुनावों में छाये रहने वाले अन्य मुद्दों से ये कम कड़वे नहीं हैं। अत्यन्त सावधानी बरतने की जरूरत है, ताकि मतभेद, चाहे वे जितने भी तीखे हों, किसी भी तरह से चुनावों को बिगाड़ न सकें। मतदाताओं को स्वतंत्र एवं निष्पक्ष होकर मताधिकार के प्रयोग का अवसर सुलभ कराया जाना चाहिए।

जैसा कि राष्ट्रपति जी ने कहा है, और ठीक ही कहा है कि चुनावों में सफलता या विफलता को युद्ध में जीत या हार जैसा नहीं समझकर, खेल-कूद की प्रतियोगिता में प्रदर्शन की तरह देखना चाहिए। 'प्रत्याशियों को यह निश्चित रूप से याद रखना चाहिए कि खेल को न्नियमानुसार खेलकर ही लोकतंत्र को कायम रखा जा सकता है। लोकतंत्र विधायी शासन है। यह विवेक का भी शासन है। सच पूछिए तो यह सहमति के द्वारा शासन है। इसलिए हर राष्ट्रीय मुद्दे पर हमें सहमति बनाने का प्रयत्न करना चाहिए।'

राष्ट्रपति जी ने पंजाब तथा जम्मू-कश्मीर की घटनाओं पर जनता की गहरी व्यथा की सही अभिव्यक्ति की है, जहाँ आतंकवाद 'सीमा-पार से प्रोत्साहन और सहायता पा रहे थे' और आशा व्यक्त की कि दोनों ही राज्यों की जनता व्यवस्था तथा राष्ट्रीय सुरक्षा बनाए रखने में दिल खोलकर सहयोग करेगी।

यह तथ्य कि यह प्रसंग पाकिस्तान के विदेश-मंत्री की यात्रा और प्रधानमंत्री बेनज़ीर भुट्टो के दुर्भाग्यपूर्ण वक्तव्य के बाद आया, परिस्थिति की गम्भीरता को और बढ़ा देता है। केन्द्र की जनता दल सरकार ने इन समस्याओं को सुलझाने के लिए कुछ पहल की है और जैसा कि राष्ट्रपतिजी ने कहा, 'कोई ऐसी उम्मीद नहीं है जो पूरी नहीं की जा सकती, कोई ऐसी चिन्ता नहीं है जो दूर नहीं की जा सकती, संवाद के जरिए।'

सभी राष्ट्रीय मसलों पर सहमति बनाने की चिन्ता का स्वागत ही होगा। पिछले दिनों में देश ने बहुत हिंसा देखी है। अनेक मूल्यवान ज़िन्दगियाँ खो दी गई हैं। पंजाब और कश्मीर के हालात सामान्य होते नहीं दिखते। आरक्षण-विरोधी हलचल का भी खतरा है। इस सब में लोकतांत्रिक भावना की कमी स्पष्टतः लक्षित होती है, जो लोगों को विभक्त रखती है और आपस में लड़ाती रहती है। आतंकवादी न तो जनता का प्रतिनिधित्व करते हैं न उन कारणों का जिनका प्रतिनिधित्व करने की आशा उनसे की जाती है।

राष्ट्रपतिजी ने सही संकेत किया है कि कानून-व्यवस्था शान्ति, सद्‌भाव और प्रगति को बनाए रखना सिर्फ सरकार की जिम्मेदारी नहीं है। इस सन्दर्भ में नागरिकों की जिम्मेदारी भी बराबर की है क्योंकि संविधान मूल अधिकारों के साथ मूल कर्तव्यों की भी बात करता है।

उनकी अन्य दो बड़ी चिन्ताएँ थीं सार्वजनिक खर्च में कठोर कटौती की आवश्यकता तथा आडम्बरपूर्ण निजी व्यय; एवं जनसंख्या में जारी वृद्धि। पहले को रेखांकित करने के लिए उन्होंने बताया कि पिछले दो दशकों में मध्य और निम्न मध्य वर्गों की बचत में बहुत क्षय हुआ है। 'आबादी का यह हिस्सा गूँगा है और चुपचाप सहता रहता है किन्तु समाज का यह सर्वाधिक विस्फोटक तत्त्व भी है'। और हमारे आस-पास इसके विस्फोटक चरित्र के हाल के प्रचुर प्रमाण हैं।

विभिन्न क्षेत्रों में देश ने जो प्रगति की है उस सबको जनसंख्या वृद्धि व्यर्थ करती रही है। गरीबी और बेरोजगारी की समस्याएँ जनसंख्या की बेतहाशा वृद्धि का कुपरिणाम हैं। जनता और सरकार, दोनों को ही परिवार-नियोजन कार्यक्रम की सम्पूर्ण सफलता के लिए आवश्यक प्रयत्न करने होंगे।

41वें गणतंत्र दिवस की पूर्वसंध्या को राष्ट्रपतिजी ने जिस बात पर बल दिया है वह है लोकतंत्र की विशेषता और सारांश की चिन्ता, जिसके लगातार मूल्य-निर्धारण और विकास की जरूरत है। यह व्यक्तियों-नागरिकों- की विशेषता पर भी निर्भर करता है, जिनसे समाज बनता है, राज्य बनता है।

ये हवाई बातें नहीं हैं। इन पर गम्भीरता से काम होना चाहिए अन्यथा लोकतंत्र मात्र एक ऐसी पद्धति बनकर रह जाएगा जो सत्ता के लिए प्रतियोगिता को चलाता है।

(4 फरवरी , 1990)

राज्यपालों का बदला जाना

13 राज्यों और एक केन्द्र-शासित क्षेत्र के राज्यपालों की हाल की नियुक्तियों में ढेर सारी अपेक्षाएँ शेष रह गईं विशेषकर इस दृष्टि से कि वी.पी. सिंह की सरकार ने सार्वजनिक जीवन में ऊँचे मानदंडों का विश्वास बार-बार दिलाया। जिस ढंग से इसने अपना यह काम किया है वह कांग्रेस (आई)-शासन के दिनों से खास अलग नहीं है। वर्षों से राज्यपाल का पद दूषित कर दिया गया है और ऐसे लोगों से भरा जाता है जो निर्लज्ज भाव से अपनी राजनीतिक निष्ठा हथेली पर लिये चलते हैं। कई मौकों पर तत्कालीन विपक्ष ने केन्द्र की तथा राज्यपालों की उनके अनाचरण तथा त्रुटियों के पापों के लिए आलोचना की। संक्षेप में यह कि जिन पर अनुचरों और अनुचरियों के रूप में काम करने पर केन्द्र द्वारा भरोसा किया जा सकता था उन्हें राजभवनों के लिए चुना गया। इन सबको मात देने वाली बात यह कि कइयों को पहले उपयुक्त क्षण में सक्रिय राजनीति में लौटने में कोई खेद नहीं था। इस कतार में अद्यतन हैं जगन्नाथ पहाड़िया और हरिदेव जोशी।

यह बात समझ में आती है कि केन्द्र की नई सरकार इन पदधारियों में से कुछ से जान छुड़ाना चाहती थी, किन्तु राज्यपालों के थोक में इस्तीफे माँगना ताकि जो रखे जाने लायक हों उन्हें फिर से रख लिया जाए और दूसरों की छुट्टी कर दी जाए, ने एक अपरिहार्य विवाद को जन्म दे दिया है।

फिर, सरकारिया आयोग की अनुशंसा के अनुसार नई नियुक्तियों के लिए पसन्द पर अधिकांश राज्य सरकारों से उचित एवं आवश्यक परामर्श नहीं लिया गया। कुछ मुख्यमंत्रियों ने सार्वजनिक रूप से कहा है कि उन्हें मात्र सूचना दी गई। राज्यपालों की नियुक्ति पर सरकारिया आयोग की रिपोर्ट का अनुमोदन तत्कालीन विपक्ष ने किया था। इस दृष्टि से देखें तो यह और भी बुरा है। केन्द्रीय गृहमंत्री ने रवायती तौर पर यह घोषणा कर दी थी कि जब भी केन्द्र की सरकार बदलती है तो सभी राज्यपालों को इस्तीफा दे देना चाहिए, इस बात के बावजूद कि, राष्ट्रपति के 'प्रसाद पर्यंत' उनकी नियुक्ति पाँच वर्षों के लिए होती है। केन्द्रीय गृहमंत्री का सिद्धांत 'रोग से बदतर दवा' का उदाहरण है। इससे रोग और गहराएगा। और ऐसा सर्वोच्च न्यायालय के निर्णय के बावजूद है कि राज्यपाल का पद संवैधानिक पद है, वे केन्द्र सरकार के मुलाजिम या उनके द्वारा नियुक्त किए गए नहीं हैं।

नवनियुक्तों पर फैसला लेने में इतना समय लगाकर केन्द्र ने भी आलोचकों, और शुभचिन्तकों को भी, मौका दे दिया। इससे, जिन्होंने इस्तीफा दिया था उन्हें जल्दी से भारयुक्त नहीं करने को लेकर, केन्द्र की आलोचना करने का काररण मिल गया। बेहतर तरीका यह होता कि केन्द्र, राज्य सरकारों से सलाह-मशवरा करके, नायिका तैयार रखता, उसी समय जब राज्यपालों को इस्तीफा देने को कहा गया।

यदि किसी कारणवश ऐसा नहीं किया जा सका तो मुख्य न्यायाधीशों को कहा जाता कि वे राज्यपालों को भारमुक्त कर दें।

अनुभव बतलाता है कि राज्यपाल का पद केवल आनुष्ठानिक या औपचारिक नहीं है। इसे पर्याप्त अधिकार प्रदान किया गया है, विशेषकर केन्द्र और राज्य-सम्बन्ध से जुड़ी कठिन परिस्थितियों के लिए। केन्द्र, चाहे जो पार्टी सत्ता में हो, ऐसे राज्यपालों की नियुक्ति नहीं करना चाहेगा जो इसके लिए सिर्फ समस्याएँ पैदा करेंगे और वृहत्तर अर्थ में, जो इसके प्रति सहानुभूति नहीं रखते। पिछले शासन ने जो किया, खास करके उन राज्यों में जहाँ कांग्रेस (आई) का शासन नहीं था, वह यह कि सिर्फ वैसे लोगों को पदस्थापित किया जो स्पष्टत: पक्षधर थे और सत्ताधारी दल के औजार के रूप में काम करने को एकदम तैयार थे। इस प्रक्रिया में उन्होंने अपने हित-साधन के लिए राजभवन से राजनीति की। ऐसे लोगों में से ही हैं कुमुदबेन जोशी, राम दुलारी सिन्हा, राम लाल, जी.डी. तपासे।

किस्तों में नियुक्तियाँ सिर्फ अयोग्यता दर्शाती हैं, जिसके साथ इस काम को अंजाम दिया गया। पहली फरवरी को 'पहली किस्त' आने के बाद 'दूसरी' को भी 'शीघ्र' ही आना था, किन्तु उसमें बहुत देर लगायी जा रही है और इससे उन लोगों को उलझन महसूस हो रही है जिनके इस्तीफे राष्ट्रपति के पास पड़े हैं।

जम्मू-कश्मीर के राज्यपाल के रूप में जगमोहन की नियुक्ति से जो परिस्थिति पैदा हुई है वह अलग किस्म की है। फारूक अब्दुल्ला ने न सिर्फ इसका विरोध किया बल्कि यह भी जाहिर किया कि यदि जगमोहन को उन पर थोपा गया तो वे इस्तीफा दे देंगे। जैसी आशा थी वैसा ही उन्होंने किया। जनता दल के बहुत से लोग अभी भी यह विश्वास करते हैं कि मुफ्ती सईद अपना राजनीतिक हिसाब फारूक से चुका रहे हैं। विडंबना यह कि ये वही जगमोहन हैं जिन्हें फारूक को अपदस्थ करने के लिए इन्दिरा गांधी ने श्रीनगर भेजा था। फारूक ने इस बार उन्हें यह विशेष अवसर नहीं दिया। आपातकाल और संजय गांधी के साथ जगमोहन के सम्बन्ध अभी भी भुलाए नहीं गए हैं। ऐसा नहीं है कि कोई अन्य उपयुक्त नाम सुझाए ही नहीं गए किन्तु केन्द्र ही जाने कि किन कारणों से केन्द्र ने जगमोहन को ही पसन्द किया। फिर से यह विडंबना कि ये वही फारूक हैं जिनकी सहायता केन्द्र माँग रहा है ताकि राज्य में सामान्य स्थिति बहाल हो।

जहाँ तक दूसरे नामों की पसन्द का सवाल है, जो हालात हैं उनमें सरकार ने सबसे बेहतर चुनाव किए हैं। नवनियुक्त लोग, इनमें वे भी शामिल हैं जो हाल तक सत्ताधारी पार्टी और उसके सहयोगियों से जुड़े थे, ऊँचे कद वाले और अनुभवी लोग हैं। नई सत्ताधारी पार्टी ने शासन के नए मानदंडों और बेहतर तरीकों की शपथ ली है, ऐसे में आशा की जाती है कि नए राज्यपाल केन्द्र की आँख और कान के रूप में काम करेंगे और अपने कर्त्तव्यों का इस प्रकार से निर्वहन करेंगे कि जिस ऊँचे संवैधानिक

पद पर वे हैं उसकी छवि को फिर से चमकाएँगे। जनता दल सरकार को अपने आलोचकों को फिर से यह कहने का मौका नहीं देना चाहिए कि : 'चीजें जितनी बदलती हैं उतनी ही वे पूर्ववत् रहती हैं।

(9 फरवरी, 1990)

बेनजीर की द्विविधा

शिमला समझौते की भावना के अनुसार कश्मीर समस्या को सुलझाने के लिए भारत के साथ बेनज़ीर के बातचीत के लिए तैयार होने का स्वागत होना चाहिए, हालाँकि यह विलम्बित फैसला हृदय-परिवर्तन का परिणाम नहीं है बल्कि वर्तमान परिस्थिति में उनके पास बचा हुआ एकमात्र विकल्प है।

यात्रा पर आए फ्रांस के राष्ट्रपति फ्रैंक़ों इस मित्तराँ के साथ इस्लामाबाद में 21 फरवरी को संयुक्त घोषणा में उन्होंने कहा कि इस 'बकाया विवाद' के अन्तरराष्ट्रीयकरण में उनकी रुचि नहीं है और वे इसे बातचीत से सुलझाने को तैयार हैं। किन्तु बातचीत के लिए उनकी रजामन्दी तभी कारगर हो सकती है जब पाकिस्तान भारत के घरेलू मामलों में दखल देना बन्द कर दे। सिर्फ तभी उनकी बातें विश्वास जगाएँगी।

पाकिस्तान हमेशा से युद्धकारी मुद्रा अख्तियार किए रहा है और भड़काऊ बयान देता रहा है। यह उच्छेदन और अस्थिरीकरण को संघटित करता रहा है तथा भारतीय सीमा में अपने एजेंटों की घुसपैठ कराता रहा है। हाल में ही इसने अपने सुरक्षा-बल के संरक्षण में बहुत सारे लोगों को बॉर्डर पार कराने का अभियान चलाया। इन सारे कामों में से कोई भी उसे उसके लक्ष्य के निकट नहीं ले गया है।

भारत हमेशा शिमला समझौते में अपना विश्वास व्यक्त करता रहा है और साथ ही यह भी साफ कर दिया है कि यदि कश्मीर ने बलपूर्वक कश्मीर को हड़पने की कोशिश की तो उसे माकूल जवाब दिया जाएगा। पाकिस्तान पहले ऐसी कोशिश कर चुका है और उसका जो परिणाम उसने भुगता वह इतिहास में दर्ज है। यह भी इतिहास है कि जब भी पाकिस्तान आन्तरिक संकट से घिर जाता है तो ध्यान बँटाने की तिकड़म के रूप में कश्मीर का भूत खड़ा कर देता है। ऐसा ही इस बार भी हुआ। सिन्ध में जातीय दंगे और नारी सत्ता-संघर्ष की स्थिति में चरमपन्थियों ने उसे पुराने हौआ को फिर से खड़ा करना सबसे अच्छा तरीक समझा।

दोनों ही महाशक्तियों, सोवियत संघ और संयुक्त राष्ट्र, की संयम बरतने की सलाह पर पाकिस्तान ने गिअर को उल्टी ओर बदला है। काश्मीर मामले को इतिहास की कोख से जन्मी हुई समस्या बताकर चीन ने पहली बार पाकिस्तान को शिमला

समझौते और पंचशील पर आधारित समाधान के लिए कोशिश करने की सलाह दी। मित्तराँ ने सार्वजनिक रूप से पक्षधर बनने से इनकार करते हुए, शिमला समझौते को 'दो पक्षों के बीच का अनुबन्ध' कहा, इसका प्रत्यक्ष अर्थ यह कि दोनों पक्षों को इसका सम्मान करना चाहिए। हिन्दू भारत के खिलाफ अपनी मुस्लिम बिरादरी का 'जेहाद' (धर्मयुद्ध) में साथ देने के इस्लामी देशों से पाकिस्तान की अपील पर 'उम्मा' ने कोई प्रतिक्रिया नहीं दिखाई है। बांग्लादेश, पी.एल.ओ. ने भी चुप्पी को ही विवेकपूर्ण माना। 'उम्मा' से मौखिक समर्थन या सहानुभूति भी नहीं मिल रही।

विश्व जनमत को यह विश्वास दिलाना कश्मीर के लिए कठिन सिद्ध हो रहा है कि भारत के मामलों में इस्लामाबाद की दखलन्दाजी के भारत के आरोप का कोई आधार नहीं है, हालाँकि कर्मकांड की तरह खंडन जारी किए जाते हैं। अपने आरोप पुष्टि में भारत ने पहाड़-भर प्रमाण प्रस्तुत किए हैं।

दुनिया की राजधानियों में अपने तर्कों पर कोई प्रतिक्रिया न होती देख, पाकिस्तान के पास इसके सिवा कोई विकल्प नहीं बचा है कि वह कहे कि कश्मीर मामले के अन्तरराष्ट्रीयकरण में उसकी कोई रुचि नहीं है और यह कि शिमला समझौते के आधार पर बातचीत के लिए वह तैयार है। इसके प्रति उसकी गहरी प्रतिबद्धता के कारण ऐसा नहीं है, यह बात उसके विशेष सुरक्षा सलाहकार इकबाल अखुंद के वक्तव्य से स्पष्ट है कि संयुक्त राष्ट्र की देखरेख में जनमत-संग्रह ही कश्मीर-समस्या का एकमात्र समाधान है।

युद्ध के नगाड़े पीट लेने और उद्धत राष्ट्रवादिता का आनन्द लूट लेने के बाद लगता है विवेकी परामर्श सफल हो रहे हैं। किन्तु पाकिस्तानी राजनीति के बाज हाथ पर हाथ रखकर बैठेंगे नहीं कि श्रीमती भुट्टो समझदारी का रास्ता चुनें।

अपने इरादों के प्रत्यक्ष संकेत के रूप में इस्लामाबाद को अब स्थिति को सामान्य बनाने के लिए कदम उठाने चाहिए। इसे सीमा पार की विनाशक गतिविधियों को निश्चित रूप से बन्द करना चाहिए और बातचीत के आवश्यक वातावरण तैयार करना चाहिए। पूर्व की तरह भारत ने फिर एक बार दोस्ती का हाथ बढ़ाया है, किन्तु दुर्भाग्य से, यह पाकिस्तान है जो इसे थामने में असफल रहा है। इस बीच भारत को अपनी सुरक्षा में कमी नहीं लानी चाहिए। इस्लामाबाद का दिल अभी भी विगत दुस्साहसिकताओं की अपकीर्ति के विद्वेष से भरा है।

दुनिया ने इन परिवर्तनों का स्वागत किया है, मूलतः अपने स्वार्थों के कारण। सतानेवाले कम्युनिस्ट, जो सर्वनाश की भविष्यवाणी करते हैं, अपनी ही बनायी हुई दुनिया में रहते हैं। उन्होंने 'मार्क्स' और उसके 'वाद' को कई बार दफनाया है ताकि मार्क्सवाद—हो सकता है नए पहनावे में—बार-बार पुनर्जीवित हो, जैसे वियतनाम, क्यूबा, मोजाम्बीक और कई अन्य अफ्रीकी देशों में हुआ। किसी विचारधारा या पद्धति के लिए एक किताब का नुसखा नहीं है।

ऐसे भारी परिवर्तनों के बीच कम्युनिस्ट संसार के बहुत थोड़े-से लोग ही अपनी पक्की लकीर को पकड़े हुए हैं, अलबानिया, उत्तरी कोरिया और चीन। माओत्से तुंग के चरणों के ठीक नीचे, बीजिंग के श्यानमन चौराहे पर पिछले जून में घंटा बजा। घोषणा-पत्रों और लाल किताबों को समय और जनाकांक्षाओं के साथ अपने को अनुकूलित करना चाहिए।

(4 मार्च, 1990)

स्वच्छ एवं स्थायी शासन सुनिश्चित कीजिए

केन्द्र में और अधिकांश राज्यों में गैर-कांग्रेस (आई) सरकारों के काबिज होने से आजादी के बाद पहली बार भारत का राजनीतिक नक्शा बहुत बदल गया है। कांग्रेस (आई), जिसने सत्ता के एकाधिकार का आनन्द उठाया, सिवाय 1967 और 1977 की छोटी-सी अवधि के, कहना चाहिए, अपनी औकात पर ला दी गई है। सारी बड़ी पार्टियाँ अब सत्ता में हैं, चाहे अकेली या साझेदारी में।

जहाँ कहीं कांग्रेस (आई) जनता के विश्वास को बचाये रख सकी है वहाँ ऐसा प्रत्याशियों की व्यक्तिगत और स्थानीय पार्टी-नेताओं की छवि के कारण सम्भव हुआ है। कथित हाई कमान केवल दर्शक बनकर सिमट गया है। राजीव गांधी के करिश्मे ने काम नहीं किया और अब यह भूतकाल की बात है। हालाँकि उन्होंने अपनी पार्टी के लिए प्रचार किया, किन्तु राज्यों के नेताओं ने उन्हें यथासम्भव दूर ही रखने की कोशिश की। कई राज्यों में पार्टी के पोस्टरों पर राज्य के नेताओं की बगल में उनकी तसवीर नहीं दिखी। ये समय के निशान हैं। यदि इसके कुछ प्रवक्ताओं पर विश्वास किया जाए तो इसके सही सबक सीखने के लक्षण अभी भी नहीं हैं।

राजनीतिक शक्तियों के नए सिरे से पंक्तिबद्ध होने की खबर हवा में है। नवम्बर 1989 में पिछले लोकसभा-चुनाव के बाद के विकास-क्रम का यह स्वाभाविक उप-परिणाम है। चूँकि कांग्रेस (आई) केन्द्र में और अधिकांश राज्यों में प्रमुख और प्रभावी पार्टी नहीं रह गई है, इस रिक्त को भरने के लिए अनेक राजनीतिक सम्मेलनों पर विचार किया जा रहा है।

जो राजनीतिक ध्रुवीकरण उभरा है, सत्तोन्मुखी कांग्रेस (आई) की केन्द्रीय शक्ति का अधिकांश जनता दल ने ले लिया है। दक्षिणपन्थियों और साम्प्रदायिक एवं 'हिन्दुत्व' पक्ष के समर्थक भाजपा के चारों ओर एकत्र हो गए हैं। 1977 में भाजपा (तब जन संघ) ने जनता पार्टी के गठन के लिए 'मध्य' मार्गियों से हाथ मिलाया। इस बार लोकसभा और विधान-सभाओं, दोनों के लिए यह समझौते और गठजोड़ करती गई है, जैसे महाराष्ट्र में शिवसेना के साथ। कुछ विश्लेषकों के अनुसार 'मध्य' मार्गी

शक्ति का दक्षिणपन्थी रुझान वाला धड़ा भी भाजपा के साथ हो गया है। वामपन्थी पार्टियाँ, जिन्होंने जनता दल से समझौता करके अपनी स्थिति सुधारी है, राजनीति को आमूल परितर्वनवादी बनाने में अधिक सक्रिय भूमिका निभा सकती हैं।

उभरते परिदृश्य में जो बात चिन्ता पैदा करती है, वह है संकीर्ण साम्प्रदायिक आधार पर लोगों का एकजुट होना, यह इतनी सावधानी से तैयार, पुष्पित-पल्लवित किए गए सेकुलर, साम्प्रदायिक-जातिगत पहचान से मुक्त सिद्धान्तों को नुकसान ही पहुँचाएगा। इस खतरे से हमें आँखें बन्द नहीं कर लेनी चाहिए, जबकि कांग्रेस और जनता दल के बीच अग्रता और 'मध्य' मार्गी शक्तियों का समर्थन पाने के लिए संघर्ष जारी है।

जबकि इस कवायद की जद में सारे 'अगर' और 'मगर' आएँगे, सर्वाधिक आवश्यक यह है कि पराजित कांग्रेस (आई)की भवितव्यता को भुलाया न जाए। अपने संचित पापों का फल उसने पा लिया है। यदि मतदाता, जो परिपक्व और बुद्धिमान हैं, कुछ महीनों में यह महसूस करने लगते हैं कि नए शासक पुरानों से किसी माने में बेहतर नहीं हैं, तो पहले उपलब्ध मौके पर ही अपनी राय बदलने में हिचकेंगे नहीं। अतएव नए शासकों को अपने गुटीय मतभेद अनिवार्यतः दूर करने चाहिए, अपने ही सहकर्मियों के ईमानदार मतभेदों या प्रेस के सामन्तों से मिली-भगत के लिए भी बदनाम करना बन्द करना चाहिए तथा अच्छी और साफ-सुथरी सरकार देने के लिए अपनी सारी ऊर्जा लगा देनी चाहिए। प्रेस के सामन्त कोई गुण की खान नहीं है और उन्हें अपने हितों को साधना है।

कोई वायदा, कोई प्रलोभन काम नहीं करेगा; क्या राजीव गांधी ने अपने शासन के आखिरी दिनों में धरती पर स्वर्ग उतार देने के वायदे के साथ जवाहर रोजगार योजना, इंदिरा गांधी महिला योजना, अनिकेतनों के लिए गृह-निर्माण-स्थलों की घोषणा नहीं की थी ? वे पछताये भी, हालाँकि बहुत देर से, कि विकास कार्यों के लिए उपलब्ध कराये गए एक रुपए में सिर्फ 15 पैसे ही वास्तव में जनता तक पहुँच पाते हैं। तथापि वे वैसे लोगों को खोज पाने और सजा देने में विफल रहे जिन्होंने कुत्सित व्यापार से तथा राजनीतिक संरक्षण में करोड़ों कमाये और बड़ी सम्पदा खड़ी थी।

जनता दल और भाजपा की भारी जीत के बाद स्थिति का यथार्थवादी आकलन करना चाहिए और केन्द्र में तथा राज्यों में और अधिक सहयोगात्मक रुख अपनाना चाहिए। गठजोड़ अनिवार्यतः बुरे नहीं होते। यह इस पर निर्भर करता है कि उसका क्या लाभ सहयोगी दल उठाते हैं। यूरोप में वे सफल हुए हैं किन्तु यहाँ स्वदेश में हमारे अनुभव प्रसन्नतादायी नहीं हैं। अद्यतन उदाहरण जम्मू-कश्मीर का है जहाँ संक्षिप्त अभिसार के बाद दोनों फरीक, नेशनल कॉन्फ्रेंस और कांग्रेस (आई) निकट आने के बजाय दूर होते गए। अपने शासकी की गलती का खामियाजा अब जनता भुगत रही है। केन्द्र का अनुभव भी ऐसा ही है जब मोरारजी देसाई और बाद में चरण सिंह के

नेतृत्व में गठबंधनों ने शासन किया। जिस परिस्थिति में आज हम हैं, केन्द्र में या राज्यों में एक भी लरजिश बहुत नुकसान पहुँचा सकती है। यह बात पहले ही समझ लेनी चाहिए।

कांग्रेस (आई) एक ऐसे सदमे से गुजर रही है जैसा इसने पहले कभी नहीं झेला था। पहले की स्थिति के विपरीत अब यह विवेकवान् और दृष्टिसम्पन्न नेताओं से रहित है। गुटबाजों, सत्ता के दलालों, स्वार्थ-साधकों और राजनीतिक कुपठों, जिन्होंने इस पर कब्जा कर लिया और इसे रसातल में पहुँचा दिया, की बन आएगी। पार्टी ऐसों से मुक्त हो पाती है या नहीं, यह देखने की बात होगी। इसे अपनी कार्यशैली को निश्चित रूप से बदलना चाहिए और चुनौतियों से भरी नई परिस्थिति का सामना करने में सक्षम नेतृत्व को चुनना चाहिए। पार्टी और इसके नेतृत्व को केन्द्र में और राज्यों में नुकसान पहुँचा चुकने के बाद भी, दक्षिणी राज्यों के सहयोग-समर्थन से, राजीव गांधी कुछ समय तक बने रह सकते हैं, किन्तु यह इन्हें दूर तक नहीं ले जाएगा।

कांग्रेस (आई) के नेतृत्व के लिए स्थिति और भी विकट हो सकती है यदि अभी चल रही विदेशी खातों की जाँच में कुछ सम्बन्धित नाम सामने आ जाते हैं।

भ्रष्टाचार अकेला ऐसा मुद्दा है जिसने कांग्रेस (आई) को सर्वाधिक नुकसान पहुँचाया है। जो पदों पर हैं उन्हें इसपर गम्भीरता से ध्यान देना चाहिए और सचेत रहना चाहिए कि वे इसके शिकार न हो जाएँ। उन्हें यह प्रमाणित करना चाहिए कि वे और ही मिट्टी के बने हैं। प्रलोभन अनेक हैं। उन्हें 1977 के अनुभव से भी कुछ सबक सीखना चाहिए। जयप्रकाश नारायण को स्वयं यह स्वीकार करना पड़ा था कि मोरारजी देसाई सरकार में जारी विशादमय काले कारनामों से उनका 'मोहभंग हो गया था'।

जिन्हें पद-भार सौंपे गए हैं उन्हें अब विकास और उन्नति के लिए समर्पित स्वच्छ एवं स्थायी सरकार सुनिश्चित करने के लिए अपनी सारी ऊर्जा लगा देनी चाहिए। लोगों को यह महसूस होना चाहिए कि उनके पास एक सरकार है जो वास्तव में कार्यशील और कार्यक्षम है।

(19 मार्च, 1990)

नामीबिया अब स्वतंत्र है

अनवरत संघर्ष के बाद नामीबिया ने दक्षिण अफ्रीकी औपनिवेशिक जुए से अपने को मुक्त कर लिया है और स्वतंत्र राष्ट्रों की शिष्टता में शामिल हो गया है। उपनिवेशन की समाप्ति एवं मुक्ति, की जो प्रक्रिया द्वितीय विश्वयुद्ध के बाद शुरू हुई थी वह लगभग पूरी हो गई है।

इस प्रक्रिया को तेज करने में भारत ने जो भूमिका अदा की उसपर यह उचित अभिमान कर सकता है। विंढौक के स्वतंत्रता समारोह में भाग लेने के लिए इसके पास खास कारण थे। यह दक्षिण अफ्रीका ही था जहाँ महात्मा गांधी ने औपनिवेशिक बर्बरताओं से लड़ने के लिए सत्यग्रह और सिविल नाफरमानी के शस्त्र का प्रयोग किया था और बाद में ब्रिटिश के खिलाफ हमारे अपने स्वतंत्रता आन्दोलन में सफलतापूर्वक इसका प्रयोग किया।

यह उचित था कि एक सर्वदलीय प्रतिनिधिमंडल के प्रधान के रूप में प्रधानमंत्री ने विंढौक समारोहों में भाग लेने का निर्णय लिया। तथापि, यह दुर्भाग्यपूर्ण था कि विपक्ष के नेता और कांग्रेस के अध्यक्ष ने इससे अलग रहना उचित समझा और एक कनीय कार्यकर्ता को नामित किया। श्री गांधी अलग से विंढौक गए। उनका तर्क यह था कि सैम नुजोमा का व्यक्तिगत आमंत्रण उन्हें मिला है। लुसाका से उन्होंने जाम्बिआ के राष्ट्रपति के साथ हो लेना उचित जाना, बजाय वी.पी. सिंह के साथ जाने के। यह सब तब जब प्रधानमंत्री ने राजीव गांधी से आग्रह किया था कि वे सरकारी विमान में उनके साथ चलें, जिसमें प्रतिनिधिमंडल के नेतागण जा रहे हैं। नाट्यकला के प्रति पूर्व प्रधानमंत्री के झुकाव और विदेश में देश के प्रतिनिधित्व जैसे मामलों में परम्पराएँ तोड़ने की प्रशंसा नहीं की जा सकती, खासकर जब हम द्विदलीय विदेशनीति का अनुपालन कर रहे हैं।

रंगभेद की समाप्ति, जो अब निश्चित है, के साथ दक्षिण अफ्रीका में एक नए युग का प्रारम्भ होने को है। इससे प्रिटोरिआ शासन और अग्रणी राज्यों के बीच के सम्बन्धों में सुधार होगा, जो सारी पीड़ाओं के बावजूद, नामीबिया की स्वतंत्रता और रंगभेद की समापि के अपने संकल्प में साथ जुड़े रहे हैं। अपने पूर्वाधिकारियों से उलट, राष्ट्रपति डी क्लार्क ने साहस और कूटनीतिज्ञता से काम किया है। ऐसा ही सैम नुजोमा ने भी किया, जो पुराने और पक्के संघर्षचेता और एक आवेगशील राजनेता हैं।

किन्तु डी क्लार्क या नुजोमा के लिए परेशानियाँ अभी समाप्त नहीं हुई हैं। शक्तिशाली गोरा अल्पसंख्यक समुदाय, जिसने दक्षिण अफ्रीका और नामीबिया में बसेरों पर शासन किया है, आर्थिक एवं राजनैतिक प्रधानता के लिए निश्चय ही अपनी शक्ति-भर संघर्ष करेगा। नुजोमा को, सीमा पार के काले भाइयों की तरह, नव स्वतंत्र राष्ट्र के संचालन का मुश्किल काम करना है क्योंकि प्रिटोरिआ शासन को, जिसके साथ इसका अर्थतंत्र इतने घनिष्ठ रूप से संबद्ध है, अलग नहीं कर सकता। नामीबिया के नियति पर आधारित अर्थतंत्र के विदेश-व्यापार के लगभग अस्सी प्रतिशत का संचालन वाल्भिस खाड़ी करती है, जो अभी भी प्रिटोरिआ शासन के अधिकार में है। दोनों पक्षों को इस समस्या के समाधान के लिए सारी बुद्धिमानी और कूटनीति की जरूरत पड़ेगी, हालाँकि कोई भी स्वतंत्र राष्ट्र अपनी धरती पर विदेशी दखल कभी भी बर्दाश्त नहीं करेगा, चाहे वह कितना भी छोटा हो।

नामीबिया की 1.5 मिलियन की कुल आबादी में 80,000 गोरे हैं और वहाँ के अर्थतंत्र पर इन्हीं का प्रभुत्व है। अबतक के शासकों का धन्यवाद, सारे उपनिवेशों के प्रमाण-चिह्न आर्थिक शोषण, साक्षरता की निम्न दर और निम्न जीवन-स्तर रहे हैं। नुजोमा ने बहुदलीय लोकतंत्र का वायदा किया है जो उनके लोगों को बेहतर जीवन जीने की सुविधा देने के काम को और भी मुश्किल बनाता है। इस विस्मयकारी विशाल कार्य को उन्हें शक्तिशाली गोरे अल्पसंख्यकों को अलग किए बिना करना होगा, अपने देश के भी और पड़ोसी दक्षिण अफ्रीका के भी। नुजोमा और एसडब्लूएपीओ (स्वापो) के उनके सहकर्मियों ने 'स्वापो' के प्रभुत्ववाली संविधान-सभा में उभयपक्षीय स्वीकृति से फैसले लेकर जिस राजनीतिक विदग्धता (कुशाग्र बुद्धि) का परिचय दिया है उससे यह आशा बँधती है कि सत्ताधारी दल कीलित नालवाली सवारी नहीं करेंगे और अल्पसंख्यकों की हितों की पर्याप्त रक्षा की जाएगी। नुजोमा ने गोरों को आश्वस्त किया है कि वे राष्ट्रीयकरण के 'मंत्रम्' का सहारा नहीं लेंगे। वे इस बारे में भी सचेत हैं कि उन्हें ऐसे प्रशासन के अनुभव और विशेषज्ञता की जरूरत पड़ेगी जो सर्वाधिक गोरा है।

अन्तर्राष्ट्रीय बिरादरी की चिन्ता का विषय अब जीवनक्षम अर्थतंत्र खड़ा करने और उनके लोगों को बेहतर जीवन-स्तर देने में नामीबिया की सहायता करना होना चाहिए। भारत आर्थिक बन्दिशें उठा भी चुका है और नामीबिया को आर्थिक और तकनीकी सहायता देने का संकल्प व्यक्त किया है तथा नामीबिया के साथ दूसरे देशों को लेकर दक्षिण अफ्रीका में रंगभेद की समाप्ति के लिए त्वरित कदम उठाने की बात कही है। आशा है कि संयुक्त राष्ट्र और अन्य अन्तर्राष्ट्रीय विकास एजेंसियाँ अपनी प्रतिक्रिया में उदारता बरतेंगी।

नए राष्ट्र के जन्म पर खुशियाँ मना लेना पर्याप्त नहीं है। इस समय आवश्यकता इस बात की है कि सदियों से गुलामी में रखे गए, नवजाग्रत लोगों के पूरे जन-समुदाय को उनके सँजोये सपनों को सच करने में मदद दें। मदद दें, ताकि वे आजादी की नई सरहदों की ओर एक-एक कदम आगे बढ़ें, आर्थिक और सामाजिक स्तर पर। क्योंकि इनके बिना राजनीतिक आजादी एक खोखला नारा भर रह जाएगा।

(4 अप्रैल, 1990)

राजा मान गए

काफी अड़ंगा लगाने के बाद नेपाल के राजा वीरेन्द्र राष्ट्रीय पंचायत (पार्टीरहित संसद) एवं इसके द्वारा निर्मित संस्थाओं को भंग करने की सार्वजनिक माँग को मान गए हैं और बहुदलीय लोकतंत्र का रास्ता साफ कर दिया है। नेपाली कांग्रेस को, जिसने

संयुक्त वाम मोर्चा (यूएलएफ-युनाइटेड लेफ्ट फ्रंट) की साझेदारी में फरवरी 18 को लोकतंत्र के पक्ष में आन्दोलन शुरू किया था, सरकार के गठन के लिए आमंत्रित किया गया है।

यह स्पष्टतः जनता की जीत है, विशेषकर युवा वर्ग की, जिन्होंने लक्ष्य का अनवरत पीछा किया, जबकि उनके नेता थरथरा रहे थे और समझौता करते दिख रहे थे। राजा जिस माँग को मानने के लिए बाध्य हुए हैं उसे स्वीकार कर गरिमावान् दिखते, यदि उन्होंने दीवार पर लिखी इबारत को समय से पढ़ लिया होता। इसकी जगह वे राजमहल के फर्माबरदार अधिकारियों के माध्यम से अधिकतम सत्ता बनाए रखने की छलयोजना करते रहे। यदि ऐसा नहीं था तो पंचायत को जीवित रखने का क्या अर्थ था जबकि 'दल-हीन' पद्धति को समाप्त करने के लिए वे तैयार हो गए थे। सख्त सिद्धान्तवादी (हार्डलाइनर) परिचमान सिंह को अपदस्थ करने की और उनकी जगह पर लोकेन्द्र बहादुर चाँद को नियुक्त करने की क्या जरूरत थी सिवाय व्यक्तिगत सत्ता को बनाए रखने और पूरी कवायद को एक प्रकार की प्रदर्शन कला (विन्डो ड्रेसिंग) के। लेकिन लोग सावधान थे। वे इन चालों में नहीं आए जैसाकि काठमांडू की गतिविधियों से प्रत्यक्ष है, जिससे यह स्पष्ट होता है कि वे अपनी माँगों पर समझौता नहीं करेंगे।

नेपाली कांग्रेस को अन्तरिम सरकार बनाने का आमंत्रण संकट के पलीते को नाकाम करने की एक युक्ति दिखता है ताकि राजा और उनकी मंडली को अधिकतम सम्भव सत्ता निचोड़ने के लिए कुछ और समय मिल जाए। वे अपने षड्यंत्र में नाकाम रहेंगे, क्योंकि जागरूक जनता ने खेल को समझ लिया है और जो उनका प्राप्य है उसे छीन लेने के लिए संकल्पबद्ध हैं। राजा और उनकी मंडली को यह समझना चाहिए कि 'राजा का दैवी अधिकार' पुराना है और सत्ता अब जनता की है, किसी एक व्यक्ति की नहीं, चाहे वह कितना भी ऊँचा हो, विष्णु का अवतार ही क्यों न हो।

यह महत्त्वहीन नहीं है कि नेपाली जनता के बेचैन युवावर्ग ने राजनीतिक दलों के स्थापित नेतृत्व पर प्रश्न उठाने शुरू कर दिए हैं, वह नेतृत्व जो अबतक समय की परीक्षा में खरे उतरते आए हैं। यद्यपि यह भूत है किन्तु यह मूल है, इसे नई पीढ़ी को अपने साथ ले चलना चाहिए। पिछले कुछ दिनों की घटनाएँ, विशेषकर प्रधानमंत्री का 'घेराव' और शाही नेपाल अकादमी के पास आन्दोलन स्पष्ट चेतावनी हैं और सभी सम्बन्धित लोगों को इसपर ध्यान देना ही चाहिए। यह इसलिए भी आवश्यक है क्योंकि ऐसी खुसपुस है कि उग्र परिवर्तनवादी नेतृत्व को छीन लेनेवाले हैं। इससे घड़ी की सुइयाँ पीछे चली जाएँगी। विभिन्न स्थापित पार्टियों में नेतृत्व के बदलाव का समय अभी नहीं आया है। चुनाव शीघ्र ही होंगे और वह समय होगा जब ऐसे परिवर्तनों के बारे में सोचा जाए। फिलवक्त एक लोकप्रिय सरकार को स्थापित करने का प्रश्न है, राजा की स्थिति की व्याख्या करने का प्रश्न, जो अब तक संविधान से

ऊपर रहे हैं—ऐसी स्थिति जो सिद्धान्तों से एकदम बेमेल है, ऐसा नया संविधान बनाने का प्रश्न है जो जनता के हाथों में सत्ता को सुनिश्चित करेगा। राजा अपनी जनता का दिल जीत सकते हैं और अपने विशेषाधिकारों को खूबसूरती के साथ बचाये रख सकते हैं, जनता की सर्वोच्चता और प्रभुसत्ता को स्वीकार करके।

विजय समय से एक दिन भी पहले नहीं मिली और तब तक नहीं मिली जब तक सैकड़ों युवाओं और युवतियों ने इसकी कीमत नहीं चुका दी। लोकतंत्र-समर्थक आन्दोलन के प्रारम्भ के बाद राज्य में जारी दमन में हताहतों की सूची अब तक उपलब्ध नहीं है। तथापि, मीडिया में क्रूरताओं के जो रक्तरंजित विवरण आए हैं उनसे सरकार की प्रतिष्ठा बढ़ती नहीं है, जो राजा और लोकतंत्र-समर्थक नेताओं, दोनों के लिए कठिन घड़ी में, जनता के हक में काम करने का दावा करती है। यदि ये असफल हो जाते हैं तो इतिहास इन्हें क्षमा नहीं करेगा। अपनी विजय की प्रारंभिक उत्तेजना में लोकतंत्र-समर्थक नेताओं को न तो आत्मसन्तुष्ट होना चाहिए न अपनी सतर्कता में कमी लानी चाहिए। संघर्ष तब तक जारी रहना चाहिए तब तक लक्ष्य मिल नहीं जाता।

जॉन स्टुअर्ट मिल की बातें याद आती हैं—'जनता को अपनी आजादी को बड़े लोगों के भी चरणों पर नहीं डालना चाहिए और उसकी उन शक्तियों पर विश्वास नहीं करना चाहिए जो उसे उनकी संस्थाओं से विमुख करने के लायक बनाती हैं।

नेपाल के साथ भारत के जो अन्तरंग सम्बन्ध हैं, भारत उनके लिए शुभकामनाएँ ही कर सकता है। लोकतंत्र के लिए उनके पहले संघर्ष में, जब उन्होंने राणा की सरकार को पलट दिया था, भारत की जनता उनके साथ खड़ी थी। नेपाल के अर्थतंत्र की मजबूती और उनके बेहतर जीवन के लिए भारत के लोग उनके साथ खड़े रहे हैं और अपनी शक्ति-भर सहायता की। जो लोग नेपाल के मामलों में दखलंदाजी का हौआ खड़ा करते हैं वे यह भूल जाते हैं कि आजादी और मानवाधिकार अविभाज्य हैं। इन अधिकारों के लिए हर संघर्ष करनेवाले के साथ भारत खड़ा रहा है, चाहे वह दक्षिण अफ्रीका हो, पश्चिम एशिया हो, पूर्वी यूरोप हो या कोई भी दूसरी जगह हो। संघर्षरत जनता के साथ एकप्राणता इसका निर्देशक सितारा रहा है।

(19 अप्रैल, 1990)

मंच की राजनीति

युवा कांग्रेसियों के वर्ग ने फोरम फॉर एक्शन (क्रियाशीलता के लिए मंच) का गठन किया है ताकि वे अपनी पार्टी को, अपने कार्यक्रमों और नीतियों को ऐसे बदलाव के लिए मना सके और उन पर दबाव बना सके जिससे पार्टी जनप्रिय बने। पिछले

लोकसभा और राज्यसभा चुनावों में पार्टी की घोर पराजय के बाद यह नितांत स्वाभाविक है कि पार्टी के लोगों के मन में इस स्थिति को लेकर चिन्ता हो। सत्ताधारी पार्टी होने के सुखाभास से अबतक मुक्त नहीं हो पाने के कारण यह बात समझ में आती है कि सामान्य जन नेतृत्व को उसके अनाचरण और त्रुटियों के लिए कोसें।

सी डब्लू सी (कांग्रेस की कार्यकारिणी समिति) के विचार-विनिमय में भाग लेनेवाले कुछ दिग्गजों को फिर भी बहुत ध्यानपूर्वक और आदर के साथ सुना गया। इन्दिरा गांधी के बाद की यह विरल घटना है; इन दिग्गजों ने राजीव गांधी को जो परामर्श दिया वह संक्षेप में यह कि उन्हें अपनी कार्यशैली बदलनी चाहिए और पार्टी-कार्यकर्ताओं को विश्वास में लेना चाहिए। 'चापलूसी' और 'गणेश-परिक्रमा' का युग समाप्त होना चाहिए। 'मंडली' और गोबर-गणेशों को, जिन्हें जबरन दखल करके अपने को, सामान्य कार्यकर्ता की कीमत पर सत्तासीन कर लिया था, को अनिवार्यत: उनकी उचित जगह पर बैठाना चाहिए। कमलापति त्रिपाठी जैसे दिग्गज ने भी 'खुशामद और चापलूसी की नई कांग्रेसी संस्कृति' की निन्दा करते हुए मंच (फोरम) के नेताओं से एक मीटिंग में कहा कि राजीव गांधी के पार्टी-अध्यक्ष बनने के बाद से कैसे उनकी आशाएँ मिथ्या सिद्ध हुई हैं। जीवन-भर पार्टी की सेवा करनेवाले त्रिपाठीजी बेहतर जानते होंगे। अपने ही पार्टी-जनों के द्वारा उन्हें सच बोलने के लिए गालियाँ दी गईं और बदनाम किया गया। वस्तुत: कुछ साल पहले, पार्टी-अध्यक्ष को लिखे उनके पत्र की 'चोरी' हो जाने के बाद नेतृत्व ने स्वयं उनपर जबानी हमले शुरू किए और उन्हें अलग-थलग करने की कोशिश की।

यह सब याद करने का कोई लाभ नहीं है, हालाँकि इतिहास को भुलाना नहीं चाहिए। आज जरूरत इस बात की है कि इतिहास से सही सबक सीखा जाए और भविष्य में उचित कदम उठाया जाए।

राजीव गांधी और उनकी पार्टी ने पार्टी-सहित 21वीं शताब्दी में जाने की बात कही थी। पिछली लोकसभा के दमघोंटू बहुमत के साथ—उनकी माँ की हत्या पर बहुत से लोगों ने उनके प्रति सहानुभूति व्यक्त की थी—उनकी सरकार बहुत कुछ उपलब्ध नहीं कर पायी। 'प्रचंड बहुमत' को बरबाद कर दिया गया। सत्ता-प्राप्ति के दो साल बाद वे और उनकी पार्टी अनेक प्रकार के गलत काम करती मिली, जिसमें ऊँचे पदों पर भ्रष्टाचार शामिल है। आखिरकार वह अन्तिम कील साबित हुई।

फोरम (मंच) के पीछे जो लोग हैं उनमें से कुछ पार्टी के इतिहास की जानकारी रखते हैं और समय-समय पर उन्होंने पार्टी की कार्यशैली में सुधार के लिए भरपूर कोशिश की है। वे चिह्नित लोग हो गए। किन्तु यह समझना वे भूल गए कि नेता के कान तक पहुँचना कितना मुश्किल है, जिसपर उन्होंने एकाधिकार कर लिया है, जो सीधे स्वर्ग से धरती पर उतरे हैं और जिन्होंने कभी सम्मान नहीं पाया। वस्तुत: आत्मसम्मान वाले आम जन उनसे नफरत करते थे। इसने जनता को दूर कर देने का

काम किया। इन तेज-तर्रार 'नवरत्नों' में से कुछ ने पुरानी कहानी की फ्रांस की रानी के जैसा बरताव किया, जिसने प्रदर्शन कर रही अपनी भूखी प्रजा को 'अगर उनके पास रोटी नहीं है तो पावरोटी खाने' को कहा था।

कांग्रेस में मंचों (फोरमों) को जो इतिहास रहा है, इस फोरम को भी चोरगढ़ों (फंदों) से बचना चाहिए। फोरम फॉर सोशलिस्ट एक्शन, जिंजर ग्रुप, सोशलिस्ट फोरम और इसी तरह के अन्य। बहुत से दिग्गज इनमें शामिल थे या इनके समर्थक थे। इनका उद्देश्य पार्टी को समाजवादी रास्ते पर चलने के लिए प्रभावित करना और दबाव बनाना था, मध्य से बाएँ बाजू की नीति। जब समाजवादी फोरम बहुत परेशान करने लगा तो इन्दिरा गांधी ने इसके मुकाबले के लिए कुछ दाएँ बाजू वालों से दूसरा फोरम (मंच) बनाने को कहा। स्व. ए.पी. शर्मा वाला नेहरू फोरम अस्तित्व में आया। प्रो. एन.जी. रंगा, सन्त बख़्श सिंह इसके प्रकाशपुंज थे। जब उन्होंने एक-दूसरे पर आक्रमण या एक-दूसरे की आलोचना शुरू कर दी और सत्ता के लिए छलयोजन भी प्रारम्भ कर दिया तो इन्दिरा गांधी ने दोनों फोरमों को अनिवार्य रूप से अपनी दुकान उठा लेने को कहा। इन्हें उनकी जरूरत नहीं थीं।

यदि नवगठित 'फोरम फॉर एक्शन' के लोग दृढ़ धारणा वाले पुरुष और महिलाएँ हैं और अपने सिद्धान्तों पर टिके रहने का साहस उनमें है तो उन्हें सावधानी के साथ कर्मिष्ठता निभानी चाहिए ताकि अपनी पार्टी की नीतियों और कार्यक्रमों में इच्छित बदलाव ला सकें। पार्टी को नया अध्यक्ष चाहिए या नहीं यह उनका सिरदर्द नहीं है। पार्टी-प्रवक्ता ने यह दावा किया है कि नेतृत्व-परिवर्तन की माँग किसी ने नहीं की, किन्तु जिन्होंने कांग्रेस वर्किंग कमेटी की बैठक में हिस्सा लिया उनमें से कुछ अकेले में यह कहते हैं कि यदि पार्टी को नया नेता मिले तो यह बेहतर होगा।

केन्द्र में तथा कुछ राज्यों में सत्ताधारी पार्टी के रूप में जनता दल के उभरने से राजनीतिक और सामाजिक शक्तियों के नए समीकरणों का प्रश्न सामने आ गया है। अनेक प्रकार के सम्मिलनों और क्रम-परिवर्तनों पर विचार-विमर्श चल रहा है। कम्युनिस्ट पार्टियाँ तक इस सम्बन्ध में बात कर रही हैं और नई राजनीतिक संस्कृति विकसित करना चाह रही हैं। अभी इस सम्बन्ध में निष्कर्ष निकालना जल्दबाजी होगी कि कांग्रेस (आई) और जनता दल पर इनका क्या प्रभाव या दुष्प्रभाव पड़ेगा भारतीय कम्युनिस्ट पार्टी (सीपीआई) ने सभी धर्म-निरपेक्ष गैर-साम्प्रदायिक शक्तियों को एक ही मंच पर लाने के लिए संघटित करने का निर्णय लिया है। यह लक्ष्य प्रशंसात्मक और परिमित है किन्तु इसमें कुछ और भी है। जो समय ही बताएगा।

तथापि, इस तथ्य को दुहराने का कोई फायदा नहीं है कि समय की जरूरतों को पूरा करने के लिए बेहतर राजनीतिक संस्कृति और पार्टी-तंत्र के सार्थक और सम्पूर्ण सुधार की जरूरत है।

(4 मई, 1990)

फिर मन्थन

कांग्रेस (आई) में कुछ आत्मनिरीक्षण चलता दिख रहा है। लक्ष्य है कार्य-शैली का मूल्यांकन करना, विचलनों को सुधारना, पार्टी में व्यवस्था लाना तथा जिस राजनीतिक मुख्य धारा से यह बुरी तरह से कट गई है उसमें पुनर्प्रवेश के लिए ताजा प्रयत्न करना। इस प्रक्रिया में यह फिक्सरों (निर्धारकों) और छलयोजकों, जिन्होंने उनकी जगह हड़प ली है, जो जीवन-भर पार्टी के लिए सेवारत रहे और कठिन समय में इसके साथ रहे, के चंगुल से मुक्त होने की कोशिश कर सकता है।

वर्षों से विचलन होते रहे हैं किन्तु इनमें से अधिक तब हुए जब राजीव गांधी कर्ता-धर्ता थे। गलतियों को महसूस करना और उन्हें सुधारना, स्वागत-योग्य चिह्न है। बहुधा पेड़ों को खोजने में जंगल ही खो जाते हैं। राजनीति में नाटकबाजी वाले करतब प्रधान हो गए हैं और तत्त्व की जगह शक्ल ने ले ली है। राष्ट्रीय एकता, राष्ट्रीय अखंडता और साम्प्रदायिक सद्भाव की जरूरत पर ध्यान आकर्षित करने के लिए महात्मा की राजघाट की पवित्र समाधि पर और देश के कई अन्य स्थानों में, 10 मई का, राजीव गांधी और उनके समर्थकों का दिन-भर का उपवास इसी का एक नमूना था। स्थान एवं तिथि का चयन-आजादी की पहली लड़ाई की 113वीं वर्षगाँठ, पूरी कवायद की अंगराग-नुमा सजावट की ही मुख्यता बताता है। किन्तु इसका स्वागत है कि पार्टी ने देश के सम्मुख खड़ी समस्याओं पर विचार करना उचित जाना। ऐसा ही है चुनावी अंकगणित से दूर रहना, जो इसकी समग्र सोच को इधर के वर्षों में प्रभावित करता रहा है। यह कहना अतिशयोक्ति नहीं होगी कि पार्टी, जिसका अतीत अत्यन्त प्राचीन है, क्रमशः घटकर चुनाव जीतनेवाली मशीन बनकर रह गई है।

इस सबसे अधिक महत्त्वपूर्ण है कांग्रेसी जनों का वामदलों और अन्य धर्म-निरपेक्ष तत्त्वों के साथ मिलकर एक सामान्य मंच बनाना ताकि उस साम्प्रदायिकता के खिलाफ मुहिम चलाई जा सके जिसने काफी दिनों अन्य सारे मुद्दों को दबा दिया है। बहुसंख्यक और अल्पसंख्यक, दोनों ही वर्गों के साम्प्रदायिक लोग आक्रामक रुख अख्तियार करते रहे हैं और लगभग विस्फोटक परिस्थिति बना दी है। कश्मीर, पंजाब, उत्तर-पूर्व में जो कुछ हो रहा है और श्रीलंका के तमिलों के सवाल पर तमिलनाडु में जो परेशानी खदबदा रही है, इन सबके कारण देश को अत्यन्त विकट परिस्थिति का सामना करना पड़ रहा है और इस कारण राष्ट्रीय एकता एवं धर्मनिरपेक्षता, जो हमारे लोकतंत्र का मूलाधार रहा है, की सुरक्षा के लिए पूरी ताकत लगाने की जरूरत है।

इस भागीरथ प्रयत्न से जुड़ी है राजनीतिक शक्तियों को पुनर्पंक्तिबद्ध करने की जरूरत। बड़ी राजनीतिक पार्टियों ने इस बारे में कहा है। वाम और अन्य

लोकतांत्रिक एवं कांग्रेस (आई) सहित सभी धर्मनिरपेक्ष शक्तियों का गैर-साम्प्रदायिक, धर्मनिरपेक्ष मंच पर एक साथ आना, चाहे सीमित उद्देश्य से ही सही, शुभ शकुन है। इस विचार को ठोस शक्ल देने के पहले अनेक बाधाओं को पार करना होगा। परिदृश्य अत्यन्त पेचीदा है। उदाहरणार्थ वाम और भाजपा दोनों, जो विहिप को उकसाती रही हैं, राष्ट्रीय मोर्चा सरकार को केन्द्र में महत्त्वपूर्ण समर्थन दे रही हैं और कांग्रेस (आई) के लिए उनके मन में कहीं भी प्यार नहीं है। कांग्रेस (आई) की वाम के साथ हाथ मिलाने की बात, जिसने इसकी आलोचना का कोई अवसर नहीं छोड़ा और लोकसभा चुनावों के दौर की उसकी मुद्रा भी अभी भूली नहीं है, जब इसने हिन्दू और मुसलिम दोनों ही मतदाताओं को रिझाने की कोशिश की, नतीजतन दोनों ही तबकों ने इसकी विश्वसनीयता पर सन्देह किया। इधर भी वाम, कांग्रेस (आई) का मुखर आलोचक रहा है, साम्प्रदायिकों के साथ इसके मेल-जोल रखने के कारण। सम्भवत: वामपंथियों ने अपने मन को समझा लिया है कि कांग्रेस (आई) मूलत: एक धर्म-निरपेक्ष संगठन है, अवसरवादी चुनावी विपथगमन के बावजूद।

ई एम एस नम्बूद्रिपद का शोध अधिक चक्करदार है, जिसमें वे भविष्यकथन करते हैं कि अगर कांग्रेस (आई) में बड़ा विभाजन नहीं होता है तब भी 'इसके नेतृत्व और पदधारियों के विचारधारा और राजनीति में, नई जगहें लेने की सम्भावना है'। ये 'नई जगहें' ऐसी होंगी जो उनके लिए, जनता दल-राष्ट्रीय मोर्चा के नेताओं और वामपन्थी दलों के साथ, 'एक संगठित लोकतांत्रिक धर्मनिरपेक्ष शक्ति में शामिल होने' को सम्भव बनाएँगी। ऐसा कहते हुए कि 'यह एक सच्चाई है जो धीरे-धीरे उभर रही है', ई एम एस आगे जोड़ते हैं कि ऐसी धर्मनिरपेक्ष लोकतांत्रिक शक्ति का उदय 'भाजपा के अन्दर के धर्मनिरपेक्ष तत्त्वों को अपनी स्थिति पर पुनर्विचार करने और अपने उन पार्टी-जनों से, जो हिन्दू राष्ट्र की वकालत कर रहे हैं, दूर होने के लिए बाध्य करेगी।'

बहुत लोग ईएमएस से सहमत नहीं भी हो सकते हैं कि ऐसी परिस्थिति बन रही है जब 'भाजपा के अन्दर के धर्मनिरपेक्ष तत्त्व' दक्षिणपन्थी विचारधारा को सीमांकित करने और अपने को उससे अलगाने की कोशिश करेंगे, किन्तु तब राजनीति में नई परिस्थितियाँ नए समाधान माँगती हैं।

इसके विपरीत भाजपा नेता एल.के. आडवाणी ने कहा है कि '1989-90 की घटनाओं ने प्रमाणित कर दिया है कि भारतीय राज्यव्यवस्था का द्विध्रुवीयकरण खतम है। स्पष्ट द्विदलीय व्यवस्था व्यवहार्य नहीं है। हम बहुदलीय राजनीति के लम्बे दौर में हैं', वे बल देकर कहते हैं कि 'अपनी ओर से भाजपा बहुदलीय राजनीति के इस दौर को भारतीय लोकतंत्र के लिए अत्यन्त स्फूर्तिदायक और शक्तिदायक बनाने की कोशिश करने के लिए संकल्पबद्ध है।'

जनता दल अपने ही घटकों के झगड़े में फँसा है। यह सत्ताधारी पार्टी होने के बोझ से दबा है, जो आसान काम नहीं है। इसके कई धडे, पार्टी जिस ढंग से चलाई जा रही है और जिस तरह से यह परिस्थिति का सामना कर रही है, मोहभंग का अनुभव कर रहे हैं। सत्ता की गरमाहट का आनंद लेते हुए भी यह वामपंथियों और भाजपा के साथ एकसाथ सहवास के कारण असहज है। लोग यह महसूस कर रहे हैं कि भारतीय राज्यव्यवस्था परिवर्तन के दौर से गुजर रही है। साठ के दशक के अन्तिम दिनों में जो महा-मन्थन शुरू हुआ था, कुछ समय तक जिसे अटकाया गया या जो रुका रहा, वह दोबारा शुरू हो गया है। कोई नहीं बता सकता कि यह 'मन्थन' कब समाप्त होगा, किन्तु यह समाप्त तो होगा ही।

कुल मिलाकर, राजनीतिक शक्तियों का पुनर्पंक्तिबद्ध होना अवश्यंभावी दिखता है। किन्तु इसे परिस्थिति का उत्तर खोजना चाहिए, विकृत राजनीति को स्थायी नहीं बनाना चाहिए। सवालों के आसान जवाब नहीं हैं। हमें आसान विकल्पों के पीछे नहीं भागना चाहिए। फिक्सरों (निर्धारकों), छलयोजकों, बाहुबलियों और माफिया के डॉनों (सरगनाओं) से राजनीति को अनिवार्यतः बचाया जाना चाहिए।

(19 मई, 1990)

जगमोहन की छुट्टी

श्रीनगर में मीरवायज मौलवी फारूक की नृशंस हत्या का केन्द्र पर बिजली-सा प्रभाव पड़ा जिसके परिणाम के रूप में दूसरी चीजों के अलावा राज्यपाल जगमोहन को हटाकर उनकी जगह सेवा-निवृत्त भाप्रसे अधिकारी गिरीश चन्द्र सक्सेना को ले आया गया है। हाल के हफ्तों में जगमोहन आक्रमणों के निशाना बन गए थे, क्योंकि प्रशासकीय कार्रवाई पर अतिरिक्त बल देने के लिए उनकी पहचान बन गई थी। उनके और जॉर्ज फर्नांडीज के बीच भी तनाव बन रहा था, जो कश्मीर मामलों के प्रभारी मंत्री हैं। यह अवश्य स्वीकार करना चाहिए कि अलगाववादियों और उग्रवादियों के संगठित विद्रोह-जैसी स्थिति के बावजूद राज्य सरकार के हुक्मनामे को चलाने में एक बार फिर कामयाब रहे। भाजपा के अलावा मुख्यधारा की सभी राजनीतिक पार्टियों द्वारा आवाज उठाए जाने के कारण जगमोहन के इस्तीफे की माँग को स्वीकार करने के अतिरिक्त सरकार के सामने कोई विकल्प नहीं था।

राज्यपाल के पद पर नियुक्ति के कुछ ही महीनों के भीतर जगमोहन का बदला जाना कश्मीर की मुख्य समस्या के गिरफ्त में केन्द्र के आने का एक संकेत हो सकता है, यथा, मामले से सम्बन्धित राजनीतिक दृष्टिकोण के साथ प्रशासनिक नियंत्रण को समस्वर बनाने की जरूरत तथा घाटी के अलग-थलग पड़े लोगों को भी साथ

करने की आवश्यकता। केन्द्र को अनिवार्यत: अविलंब राष्ट्रीय पार्टियों को विश्वास में लेकर सहमति बनानी चाहिए और राजीव गांधी के जमाने की तदर्थवाद की नीति से मुक्त हो जाना चाहिए, जिससे केन्द्र की विश्वसनीयता और प्रभुता को आँच ही आती है। सर्वदलीय परामर्श मंडल का विघटन बुद्धिमत्तापूर्ण कदम नहीं दिखता। यह कहना शायद गैरजरूरी है कि पिछली जनवरी में केन्द्र ने यदि जनता दल और कुछ अन्य दलों की सन्तुलित सलाह मानी होती तो परेशानी से बच जाता।

कश्मीर की घटनाओं से प्रोत्साहित होकर कांग्रेस (आई) ने पंजाब के राज्यपाल एन.के. मुखर्जी को बदलने की माँग की है। जगमोहन कांड से चिढ़ी हुई भाजपा ने इस माँग के साथ सुर मिलाने में देर नहीं की।

इधर कांग्रेस (आई) अपनी छवि धर्मनिरपेक्ष और राष्ट्रवादी ताकतों की बड़ी पैरोकार के रूप में बना रही है। भाजपा का कांग्रेस (आई) से हाथ मिलाना, चाहे मुखर्जी को वापस बुलाए जाने के सीमित उद्देश्य से ही सही, उसे थोड़ी असहज स्थिति में डालेगा, किन्तु तब राजनीति में साथ सोने की आश्चर्यजनक घटनाएँ होती हैं।

मीरवाइज की घटना और इसके बाद जो हुआ उससे उपद्रव के नए चक्र का प्रारम्भ होता है। रोजाना जिस तकलीफ को लोग झेल रहे हैं उसमें इस परिस्थिति ने इजाफा ही किया है। सामान्य वाणिज्य-व्यापार के स्थगन से इस बार सीजन में भी सैलानियों का आना नहीं हुआ है, यह सबसे बड़ी परेशानी है।

मीरवाइज की राजनीतिक प्रगति उतार-चढ़ाव वाली रही है और इधर उनकी बातों को सन्तुलित माना जाता था। वे उनमें से थे जो काश्मीरियों की धार्मिक और धर्म-निरपेक्ष पहचान बनाए रखने की वकालत करते थे। थोड़े समय को छोड़कर जब वे डॉ. फारूक अब्दुल्ला के संगी बन गए, मीरवाइज सत्ताधारियों से लड़ते रहे, चाहे राज्य में या केन्द्र में। उन्होंने अलगाववादियों के साथ अपनी पहचान नहीं बनायी, जिन्होंने ही शायद उन्हें अपना निशाना बनाया। पिछले चार महीनों में उनकी हत्या की यह दूसरी कोशिश थी। पिछली फरवरी में नागीन के अपने घर के सामने भीड़ ने उनपर आक्रमण किया था, जब वे जुमे की नमाज के लिए मसजिद जा रहे थे। अलगाववादियों ने अपने कायराना हमले से उस आवाज को खामोश कर दिया है जिसको वे घृणित खेल में सहायक होने की उम्मीद करते थे।

मीरवाइज की हत्या से जगमोहन का भी भंडाफोड़ हो गया, जो प्रत्यक्षत: सामान्य स्थिति के बहाल होने का, चाहे धीरे-धीरे सही, श्रेय लेना चाह रहे थे। मीरवाइज की बड़ी बेटी की गूढ़ टिप्पणी बहुत कुछ कह जाती है। रिपोर्ट के अनुसार, उसने कहा : 'राज्यपाल को विश्राम करने को कहिए। वे जो चाहते थे, उन्होंने पा लिया।'

यह महत्त्वपूर्ण है कि श्रीनगर में यह हत्या उस समय हुई जब संयुक्त राज्य का उच्चशक्ति प्रतिनिधिमंडल इस्लामाबाद और नई दिल्ली की यात्रा पर था, यह सुनिश्चित

करने को कि कश्मीर के मसले पर दोनों देशों में युद्ध न भड़क उठे, और बेनजीर भुट्टो कश्मीर समस्या के अन्तरराष्ट्रीयकरण के लिए इस्लामी देशों का समर्थन जुटाने में व्यस्त थीं। सम्भवत: यह नई हिंसा दुनिया को यह दिखाने के लिए हुई है कि कश्मीरी अवाम के साथ नई दिल्ली की बातचीत अब तर्कसंगत नहीं रही। यह और बड़ा कारण है कि नई दिल्ली और कश्मीर के राष्ट्रवादी तत्त्वों को सार्थक संवाद के लिए अपने प्रयत्न द्विगुणित करने चाहिए, जबकि कानून-व्यवस्था का तंत्र शरारत पर आमादा गैरकानूनी तत्त्वों से निपटेगा।

प्रधानमंत्री और सरकार को कलंकित और निन्दित करने के अपने उत्साह में राजीव गांधी, जो बुद्धिमानी से रहित वक्तव्य देते रहे हैं उनमें से कुछ का उल्लेख अप्रासंगिक नहीं होगा। साम्प्रदायिकता विरोधी हाल के राष्ट्रीय सम्मेलन में उन्होंने कहा कि अपनी अल्पमत सरकार को बचाने, अपनी कमजोरियाँ छिपाने और पार्टी की रक्षा के लिए वी.पी. सिंह देश को युद्ध की ओर ढकेल रहे हैं। एक और मुक्ता-मणि है : 'कश्मीर में काश्मीरियों को उसी तरह से अलग-थलग कर दिया गया है जैसे जेनरल टिक्का खाँ ने बाँग्लादेश में बाँगलादेशियों को किया था'। जिस समय पाकिस्तान अपने पक्षवाद के लिए विदेशी समर्थन जुटाने की कोशिश कर रहा है, राजीव गांधी के ये वक्तव्य भारत की एकता-अखंडता के विरोधियों को अच्छा अवसर उपलब्ध करा देंगे।

सरकार को गिराने की अपनी अतिरिक्त उतावली में वे भूल जाते हैं कि वे किस पक्ष की सहायता कर रहे हैं। कोई भी समझदार आदमी कश्मीर की घटनाओं की तुलना बाँग्लादेश से करने की बात सोच भी नहीं सकता। बाँग्लादेशी भी इस पर हँसेंगे। यह कोई गुप्त बात नहीं है कि वी.पी. सिंह ने बार-बार कहा कि पाकिस्तान के साथ समझ-बूझ बढ़ाने की दिशा में दो कदम चलेंगे, यदि पाकिस्तान एक कदम भी उठाता है। 'नानी याद आ जाएगी' वाले कुख्यात भाषण की तरह राजीव गांधी की उक्तियों को उनकी राजनीतिक लाभ लेने की इच्छा के सन्दर्भ में ही समझा जा सकता है। जगमोहन पर उनकी झल्लाहट, कि उन्होंने उप-प्रधानमंत्री को उस समय 'उचित सम्मान' नहीं दिया जब सर्वदलीय प्रतिनिधिमंडल कश्मीर के दौरे पर था, अभी भी स्मृति में ताजा है।

राजनीति को मात्र अवसरवादिता के स्तर पर नीचे नहीं गिरा देना चाहिए। यदि यह 'गद्दी' के लिए लड़ाई है, जो कांग्रेस (आई) के अस्तित्व के लिए बहुत जरूरी है, तब भी कुछ नियमनिष्ठता तो होनी ही चाहिए। सत्ता के अभाव को कांग्रेस (आई) तथा इसके नेताओं को विक्षिप्त नहीं बना देना चाहिए, हालाँकि वे घबराये हुए तो हैं ही, और यह बात समझ में आती है।

इसे सत्ता के बिना भी जीना सीखना चाहिए।

(4 जून, 1990)

भारत और नेपाल के रिश्तों में सुधार

भारत–नेपाल सम्बन्धों के विपथगमन को छाँट दिया गया है और पिछले महीने नेपाल के प्रधानमंत्री कृष्ण प्रसाद भट्टराई की नई दिल्ली की यात्रा के बाद से कई अर्थों में ये सम्बन्ध और भी बेहतर नौतल पर हैं। दोनों देशों के आपसी सम्बन्धों में गत दो वर्षों में काफी तनाव आ गया था, विशेष रूप से व्यापार एवं पार–गमन संधि की समाप्ति के बाद से।

दोनों, नई दिल्ली और काठमांडू, तीस वर्षों के बाद जहाँ अब लोकतांत्रिक व्यवस्था है, कि परस्पर सद्भाव और एक–दूसरे की जरूरतों–चिन्ताओं की समझ हो तो इन दो देशों के बीच, जो सदियों से विभिन्न प्रकार के सम्बन्धों से जुड़े हैं, कोई बड़ी समस्या आ ही नहीं सकती। दोनों प्रधानमंत्रियों द्वारा हस्ताक्षरित संयुक्त विज्ञप्ति ने 1987 से पहले से जारी व्यापार की और भी बेहतर शर्तों पर बहाली का रास्ता खोल दिया है। इस सन्दर्भ में जुलाई के प्रारम्भ तक प्रशासकीय व्यवस्थाओं को पूरा कर दिए जाने के बाद नेपाल के लोगों द्वारा झेली जा रही कठिनाइयाँ समाप्त हो जाएँगी और लगभग एक वर्ष से रुका, उपभोक्ता सामग्रियों का सीमा पार जाना फिर से शुरू हो जाएगा। दोनों देशों के बीच सामानों की आवाजाही के लिए सारे बॉर्डर प्वायंट्स खोल दिए जाएँगे।

धीरे–धीरे नए समझौते से द्विपक्षीय व्यापार की मात्रा बढ़ेगी और भारत के सहयोग से नेपाल के औद्योगिक विकास में सहूलियत होगी। भारतीय सामानों पर पक्षपातपूर्ण अतिरिक्त ड्यूटी (कर) हटाए जाने के मेल में नेपाल के निर्यातकों को भारत में नेपाल के सामान भेजने पर भी छूट दी जाएगी। भारतीय नागरिकों को नेपाल में वर्क परमिट स्कीम—जो बिलकुल अन्यायपूर्ण थी, जबकि चार मिलियन नेपाली भारत में रहते हुए भारतीय नागरिक का सारा सुख भोग रहे हैं—से छूट दे दी गई है। इस तथ्य का, कि भारत ने पैरेट व्यापार और पारगमन संधि की माँग नहीं की है, नेपाल में चौतरफा स्वागत होना चाहिए।

भारत–नेपाल सम्बन्धों में विपथन का एक बड़ा कारण नेपाल के चीन के साथ सम्बन्ध होने के कारण भारत की सुरक्षा को खतरा था। काठमांडू के चीन से हथियार खरीदने पर भारत ने जो सोचा उसे छिपाया नहीं। श्री भट्टराई ने भारत की चिन्ताओं को समझा और पर्याप्त आश्वासन दिए। चीन से हथियारों की दूसरी किस्त की खरीद के आस्थगन की चेष्टा ने नई दिल्ली वार्ता की बाधाओं को दूर करने में बड़ी सहायता पहुँचायी है। आगे, दोनों पक्षों के सन्दर्भ में संयुक्त विज्ञप्ति कहती है : 'उन्होंने सहमति व्यक्त की कि नेपाल और भारत एक–दूसरे की सुरक्षा के मामलों का पूरा सम्मान करेंगे। इस सन्दर्भ में दोनों में से कोई भी पक्ष दूसरे की सुरक्षा के लिए हानिकर गतिविधि को अपनी सीमा में चलाने की अनुमति नहीं देगा। ऐसे सुरक्षा सम्बन्धी मामलों में,

जो दोनों देशों की दृष्टि में उसकी सुरक्षा के लिए खतरा पैदा कर सकते हैं, आपसी समझौते पर पहुँचने के ख्याल से पहले विचार-विमर्श कर लेंगे।'

चीन को गलत संकेत न जाएँ और इसका गलत अर्थ न लगाया जाए इसलिए वी.पी. सिंह ने यह स्पष्ट किया कि भारत-नेपाली मैत्री को सकारात्मक अभिप्राय से देखा जाए, दोनों देशों के विशेष रिश्तों के आलोक में, किसी तीसरे देश की ओर लक्ष्य करके नहीं। उन्होंने भविष्य के उस समय की सम्भावना पर भी विचार किया, जब तीनों देश मिलकर अपनी समस्याओं पर विचार करेंगे। किसी भी तरह से नेपाल अपने राष्ट्रीय हितों, जिन्हें वह उचित समझता है, को जारी रखने के लिए निरुद्ध नहीं है।

पचास के दशक से काठमांडू ने चीन के साथ मैत्रीपूर्ण और व्यापक सम्बन्ध बनाए हैं। संयुक्त राष्ट्र में इसके मत भी दक्षिण एशिया के नाजुक मामलों में, जैसे नाभिकीय-मुक्त क्षेत्र का पाकिस्तानी प्रस्ताव, भिन्न रहे हैं। नई सरकार की भारत के प्रति गर्मजोशी की पूर्ण अभिव्यक्ति के साथ भट्टराई ने यह बात भी स्पष्ट कर दी है कि नई दिल्ली के साथ के समीकरण को किसी अन्य देश के साथ नेपाल की मित्रता के आड़े नहीं आने देंगे। इसमें भारत को कुछ भी गलत नहीं दिखता।

भट्टराई की यात्रा और संयुक्त घोषणापत्र ने, दोनों पक्षों के सद्भाव से, भारत तथा नेपाल के बीच आदर्श सम्बन्ध का रास्ता तैयार किया है। वस्तुतः दोनों देशों के सम्बन्धों के बीच तभी से तनाव आने लगा जब आज से तीस साल पहले नेपाल में लोकतंत्र को कतरकर हटा दिया गया। जब राजशाही लड़खड़ा रही है और सामंती व्यवस्था पर आक्रमण हो रहे हैं, कोई वजह नहीं है कि दोनों देशों के सम्बन्ध शीघ्र ही पूर्ववत्, बल्कि उससे भी गहरे तथा बेहतर न हों। इसी में दोनों देशों की जनता का भला है। भट्टराई और उनके सहयोगियों को अपना ध्यान अपने देश में लोकतंत्र को सुदृढ़ करने और अपनी जनता का जीवन-स्तर सुधारने के साथ अन्य बड़े कामों पर केन्द्रित करना चाहिए।

(4 ज़ुलाई, 1990)

हेगड़े के इस्तीफे का नाटक

सारे तमाशे के बाद रामकृष्ण हेगड़े ने योजना आयोग के उपाध्यक्ष-पद से इस्तीफा दे दिया है। उनके सामने दूसरा कोई रास्ता नहीं था। किन्तु 'मूल्य आधारित राजनीति' के अपने इतराने वाले कथन के मेल में उन्होंने शालीनता के साथ ऐसा नहीं किया।

कुलदीप सिंह आयोग पर अपना सारा गुस्सा निकालने के बाद, जिसने बंगलौर में संदिग्ध भूमि-सौदे के लिए उनपर अभ्यारोप लगाया है, वे कहते हैं कि उन्हें कुछ

मूल्यों से चिपके रहने के कारण 'क्रूस पर ठोंक दिया गया है' और वे जनता के समक्ष जाएँगे, जो 'आखिरी आदालत' है।

टेलीफोन टैपिंग प्रसंग में भी हेगड़े बेदाग नहीं निकले, जैसा कि कर्नाटक की विधानसभा की कार्यवाही से स्पष्ट है। बहस ने यह स्पष्ट प्रभाव छोड़ा कि हेगड़े वैसे भोले नहीं हैं जैसा वे दावा करते हैं। इसके पहले गौण विधि-निर्माण (सबॉर्डिनेट लेजिस्लेशन) की राज्यसभा समिति ने अपनी जाँच में यह पाया था कि मुख्यमंत्री की सहमति से टैपिंग हुई थी।

पिछले कुछ महीनों की घटनाएँ बताती हैं कि हेगड़े दरार में फँस गए हैं। उन्होंने मुख्यमंत्री-पद से 'नैतिकता' के आधार पर इस्तीफा दिया किन्तु टेलीफोन टैपिंग कांड में उन्होंने अपनी अन्तर्लिप्तता नहीं स्वीकारी। कहना चाहिए, राज्य-सभा समिति ने मामले को फिर से खोल दिया, किन्तु इसे सशक्त तरीके से आगे नहीं बढ़ाया गया। कुलदीप सिंह आयोग की रिपोर्ट के बाद भी वे 'मूल्य आधारित' राजनीतिज्ञ होने की अपनी चट्टानी छवि को बनाए रखना चाहते थे।

चतुराई काम कर गई क्योंकि उन्हें सरकार को रिपोर्ट पर 'निष्पक्ष विचार' करने और निर्णय लेने का अधिकार देने के लिए इस्तीफा देना था। वस्तुत: हेगड़े को रिपोर्ट की अन्तर्वस्तु का पता था। बाद में, प्रधानमंत्री के आग्रह पर, वे उस समय अपने पद पर बने रहने को तैयार हो गए। इसी बीच आयोग की रिपोर्ट एक अखबार को मालूम हो गई। यह अखबार वी.पी. सिंह के समर्थक के रूप में जाना जाता था। अपने पद से मुक्त किए जाने के आग्रह वाला दूसरा पत्र उन्होंने उसी दिन प्रधानमंत्री को लिखा। इस पर गौर किया जाना चाहिए कि जब प्रधानमंत्री ने हेगड़े पर अपने इस्तीफे पर दबाव न डालने को कहा तो उन्होंने आयोग की जाँच के निष्कर्ष को अस्वीकार नहीं किया। उन्होंने सिर्फ यह कहा कि रिपोर्ट, नियमानुसार, कार्मिक विभाग को सौंप दी गई है और राजनीतिक मामलों की मंत्रिमंडलीय समिति इस पर बाद में विचार करेगी।

यह प्रधानमंत्री और उनके सहायकों के अनिर्णय का सूचक था, जो नई बात नहीं है। इससे यह भी जाहिर हुआ कि मूल्याधारित राजनीति की कसमें जो लोग खाते हैं उनके दावे कितने खोखले हैं। हेगड़े से अपने इस्तीफे पर फिलवक्त दबाव न डालने का प्रधानमंत्री का आग्रह उतना सीधा नहीं था जितना ऊपर से दिखता है। इस्तीफा-प्रकरण से उनका जो नुकसान हुआ है उसके लिए हेगड़े स्वयं को और अपने कतिपय नजदीकी दोस्तों को धन्यवाद दें। यदि उन्होंने अपरिहार्य को ससम्मान स्वीकार लिया होता तो उनके लिए स्थिति दूसरी होती।

योजना आयोग के कुछ सदस्य भी इससे अलग किस्म के नहीं हैं, जितनी चेतना में उनके स्वामियों की आवाज पर ही सुगबुगाहट होती है। नीतियों पर परामर्श देने वाले, यथा, योजना आयोग के सदस्य, इसके पहले कभी भी इतने खुलकर राजनीति में ऊभ-चूभ करते नहीं दिखे। वे अपने कमरों में लौट गए हैं, जैसे कुछ हुआ ही न

हो। अपने शर्मनाक आचरण और कृत्यों से उन्होंने न सिर्फ आयोग को कलंकित किया है बल्कि यह भी दिखलाया है कि नीति-निर्माण में न्यस्त स्वार्थ वाले बाहरी लोगों के लिए यह वश्य है। ऊँची प्रोफाइल (पृष्ठभूमि/पार्श्विका) वाले विशेषण और सामाजिक कार्यकर्ता, चाहे वे जितने भी उत्कृष्ट हों, अपनी मर्जी से अनुशासन-भंग नहीं कर सकते। हम इसे पूर्वोदाहरण न बनने दें। ऐसी संस्थाओं में ऊँचे पदों पर काम करनेवाले लोगों को अपनी सीमा का ज्ञान अवश्य होना चाहिए। जिनकी राजनीति में अभिरुचि है उन्हें बाहर रहना चाहिए ताकि वे जैसे चाहें वैसे अपने आकाओं की सेवा कर सकें, विवेक के साथ या उसे गिरवी रखकर।

हमारे सामाजिक और राजनीतिक व्यवहार में नैतिकता एवं मूल्यों की कमी या गिरावट के बारे में बहुत कुछ कहा जा चुका है। राष्ट्रीय मोर्चा ने परिस्थिति में थोड़ा सुधार लाने की आशा जगायी थी। लेकिन तब यह अपने पूर्ववर्तिओं से अपने को अलग नहीं प्रमाणित कर रहा।

(19 जुलाई , 1990)

एक विरल अवसर

राष्ट्रीय मोर्चा सरकार ने अभी-अभी एक संकट को पार किया है, जो मूलत: जनता दल का था, क्योंकि यह मोर्चा का मुख्य घटक है। इसने पार्टी और सरकार की नींव ही हिला दी, किन्तु आखिरी घड़ी में युद्धरत गुटों ने जोड़जाड़ वाला समाधान निकाला और महाविनाश के कगार से लौट आए। यह अखिरी होगा ऐसा कहना कठिन है। संकेत ऐसे हैं कि यह जोड़जाड़ असहज शांति से अधिक नहीं है। तथापि प्रधानमंत्री यह महसूस करते हैं कि इस संकटावस्था के बाद पार्टी और सशक्त होकर सामने आई है।

एक सप्ताह तक जिस सौदेबाजी और कलह ने सरकार को असमंजस की स्थिति में रखा उसके पीछे कोई सिद्धान्त, कोई आदर्श, कोई गम्भीर मुद्‌दा नहीं था। यह सारा कुछ अपनी या दूसरे की स्थिति में सुधार के लिए व्यक्तिगत या गुटीय लाभ पाने के लिए था, पार्टी तथा सरकार में वर्चस्व कायम करने की मंशा और पदों की रोटी-मछली का बड़ा हिस्सा हड़पने की कोशिश। जो इसका भला चाहते हैं वे इसे जुगुप्साजनक और हताशाजनक पा रहे हैं, जो इसके जन्मजात विरोधी हैं वे इसकी दुर्दशा पर जश्न मना रहे हैं।

दुर्भाग्यपूर्ण यह है कि पार्टी को नुकसान पहुँचाने वाले वे ही लोग हैं जिन्होंने इसे पाला-पोसा और बड़ा किया। परिवर्तन का एक औजार सामने लाने के लिए जिन्होंने सारी सद्‌भावना और एक-दूसरे को समायोजित करने की क्षमता दिखाई वे ही इसे

नष्ट करने पर तुले हैं। मध्यवर्ती शक्तियों की यह पुरानी बीमारी है। 1979 की घटनाएँ अभी भी ताजा हैं। हर व्यक्ति को कुछ सबक सीखना चाहिए था और अपने आचरण में थोड़ा संयम दिखाना चाहिए था।

गुटबन्दी हमारी राजनीति के लिए नई नहीं है। लगभग हर राजनीतिक पार्टी और समूह (ग्रुप) इससे ग्रस्त है और, जब-तब, मतभेद सतह पर आ जाते हैं। जनता दल कोई अपवाद नहीं है, विशेषकर उन परिस्थितियों को ध्यान में रखते हुए जिसमें यह अस्तित्व में आया, और उन ग्रुपों का इतिहास और पृष्ठभूमि जो इसके साथ हुए। किन्तु गुटबाजी और मतभेद को, पार्टी और सरकार को दबा नहीं देना चाहिए, दृष्टि की एकरूपता को ध्यान में रखते हुए, जिसके कारण ये जुड़े। चुनावों के पहले जनता दल के घटकों ने कुछ मुद्‌दों पर साथ करने की सहमति दी थी। जनता की समस्याओं को सामने लाने के लिए सारे प्रयत्न किए जाने चाहिए थे और उनके समाधान के रास्ते तलाशने चाहिए थे। जनता दल का घोषणा-पत्र बहुत सावधानी और परिश्रम से तैयार किया गया है और एक निश्चित अवधि में कार्यान्वयन के लिए उसमें कार्यक्रम बनाए गए हैं। यदि यह लागू हो पाया तो पार्टी की बड़ी उपलब्धि होगी। किन्तु तब इसके लिए सकारात्मक सोच और कार्य की जरूरत है। कार्यों की अन्विति और सोद्‌देश्यता अत्यन्त आवश्यक है।

बहुत दिनों से सरकार राष्ट्रीय सहमति आधार पर काम करने की बात कहती रही है। इसके लिए सबसे पहले सत्ताधारी पार्टी में ही सहमति होनी चाहिए, जिसके आधार पर यह अन्यों से बात कर सकेगी। सहमति मुद्‌दों के गिर्द ही बनायी जा सकती है, ऐसी चीजों को लेकर नहीं जिनसे किसी व्यक्ति या ग्रुप या गुट का भाग्य प्रभावित होता है। इसका अर्थ यह हुआ कि उन्हें अनिवार्यत: क्षुद्र और सरकार तक ले जानेवाले विचारों से ऊपर उठना चाहिए और दूसरों से ज्यादा, इसके लिए आवश्यक वातावरण बनाना चाहिए; फिलवक्त ऐसा कोई वातावरण नहीं है और जो सरकार में हैं उनमें से कुछ इसकी जिम्मेवारी महसूस करनी चाहिए। सौदों और प्रतिकार की राजनीति से कोई लाभ नहीं होनेवाला। इसके विपरीत इससे सत्ताधारी पार्टी में ही अलगाव बढ़ेगा और मोहभंग होगा। हाल ही में ऐसा बहुत कुछ हम देख चुके हैं।

कुछ परेशानियाँ पार्टी के दोनों धड़ों और सहयोगियों के बीच सौहार्द-सम्पर्क की कमी के कारण भी हैं। सत्ताधारी दल के सदस्यों को भी शासन की प्रक्रिया में शामिल करने की जरूरत है। जो संसद में या विधान सभाओं में या संगठन में हैं उन्हें भी उतनी ही महत्त्वपूर्ण और सहयोगी भूमिका निभानी है। आखिर यह संगठन ही है जो तृणमूल तक पहुँचता है और सरकार के लिए सहयोग संघटित करता है तथा गतिविधियों की प्रतिक्रिया की नियमित जानकारी देता है। दूसरे शब्दों में, सांगठनिक धड़े को निश्चित रूप में आवश्यक महत्त्व दिया जाना चाहिए और जो सरकार में हैं उनके द्वारा विश्वास में लिया जाना चाहिए।

बहुत समय तक हम सरकार को पार्टी पर हावी देखते रहे हैं और इस तरह से दोनों के बीच की पतली विभाजक रेखा नष्ट होती गई है। दूसरे लोकतंत्रों में भी ऐसा हुआ है। चुनाव के बाद के बदले मौसम में इस प्रश्न पर विचार करने की जरूरत है, ताकि बिना किसी विवाद में फँसे, जालों को साफ किया जा सके। जनता दल के लिए यह और भी जरूरी है, क्योंकि प्रधानमंत्री की जगह पर इसके दबंग अध्यक्ष हैं, जो सरकार तथा संगठन, दोनों को चला रहे थे।

जनता दल को पहले अपना घर व्यवस्थित करना चाहिए और जनता से किए गए वायदों को पूरा करने के लिए साथ मिलकर काम करना चाहिए। आखिर जनता ने ही तो इसे सत्ता सौंपी। इसे जनादेश का अपव्यय नहीं करना चाहिए; पदधारियों को महत्त्वाकांक्षी लोगों की लगाम कसने में सकारात्मक भूमिका निभानी चाहिए, ताकि वे सौदेबाजी और मोल-तोल की राजनीति में न लग जाएँ, और जिन्होंने उन्हें वोट देकर सत्ता तक पहुँचाया उनके प्रति न्याय करना चाहिए। यह उनके और उनके सहयोगियों के लिए एक विरल अवसर है जिसे दूसरों को धुँधलाने की क्षुद्रताओं में जाया नहीं करना।

(4 अगस्त, 1990)

बेनजीर बर्खास्त

बेनजीर भुट्टो और चार प्रादेशिक मुख्यमंत्रियों की बर्खास्तगी, राष्ट्रीय और प्रादेशिक सभाओं का विघटन एक तरह से राज्य-विप्लव के रूप में आया है जिसकी चर्चा हवा में काफी समय से थी। चौंकानेवाली बात इसका समय है, क्योंकि राष्ट्रीय सभा (एसेम्बली) की बैठक कुछ ही दिनों में होनेवाली थी। रिपोर्टों के मुताबिक, पाकिस्तानी प्रेस के भी, बेनजीर सरकार की पकड़ बहुत कमजोर पड़ गई थी। विपक्ष उन पर बन्दूक ताने हुए था, सेना इनकी सत्ता द्वारा नुक्ता-चीनी को कतई बर्दाश्त करने के मूड में नहीं थी और सत्ताधारी पार्टी में ही गुटबन्दी चरम पर थी, बेनजीर सरकार तो लोकतांत्रिक प्रक्रिया से ही गिर जाती।

सच पूछिए तो, उन्नीस महीने पहले जिस दिन उन्होंने सत्ता सँभाली, बेनजीर सरकार के अस्तित्व पर अटकलें लगनी शुरू हो गईं। सर्वाधिक बड़ा और शक्तिशाली राज्य पंजाब इस्लामी जम्हूरी इत्तेहाद (आईजेआई) के हाथों में था, वह छोटी पार्टियों के समर्थन से सरकार गठित कर पायीं। इस कारण यह अत्यन्त सुभेद्य (बलनरेबुल) हो गई। इन सबके ऊपर, उसके हठधर्मी स्वभाव ने सेना को खिजा दिया तथा मुहाजिर कौमी महाज (एमक्यूएम) को अलग-थलग कर दिया, जो सिंध में अत्यन्त ताकतवर है, जहाँ आतंकवाद और सिंधी राष्ट्रवाद चढ़ान पर रहे हैं। प्रदेशों में विद्यमान परिस्थिति

में वह दबाव-दर-दबाव के कसते जाले में फँस गई और इसका परिणाम यह हुआ कि छलयोजन के मौके उसके लिए कम-से-कम पड़ते गए।

प्रेसिडेंट इसहाक खाँ ने कहा है कि उसने उसे भ्रष्टाचार, भाई-भतीजावाद और उसकी सरकार की अयोग्यता के कारण अपदस्थ किया है। यह दकियानूसी की इंतहा है जो थोड़ी भी विश्वसनीय नहीं लगती, खासकर के इसलिए कि पाकिस्तान का बिरला ही कोई राजनेता स्वच्छ छवि, ईमानदारी और न्यायनिष्ठा के लिए जाना जाता है। अधिकांश राजनेता धनी सामन्त वर्ग के हैं, जो पाकिस्तानी अर्थतंत्र के अधिकांश को वश में रखता है और सत्ता के सूत्रों को भी। यह विश्वास करना सम्भव नहीं है कि जिन्हें सत्ता सँभालने को कहा गया है वे किसी भी तरह से उनसे बेहतर हैं जिन्हें अपदस्थ किया गया है। पाकिस्तान के प्रेस ने हर शासन के बारे में काफी कहानियाँ छापीं, खासकर तब जब उसपर बंधन नहीं था।

धर्मोन्मत्तों और रूढ़िवादियों ने उनकी पाश्चात्य शिक्षा और पृष्ठभूमि के कारण उन्हें कभी पसन्द नहीं किया। औरत के ऊँचे पद को सँभालने पर उन्होंने फतवा भी जारी करवाया, क्योंकि यह गैर-इस्लामी है। पुरुष-स्त्री की समानता पर उनका विश्वास कभी नहीं रहा। हालाँकि, थोड़ी देर के लिए, लापरवाही के साथ ही सही, लोकतंत्र पर बात करना उन्हें भले ही सुविधाजनक लगता हो।

शरीयत विधेयक ने, जो इस्लामी कानून को सारे कानूनों और संविधान के ऊपर रखना चाहता है, रूढ़िवादियों को बड़ा अवसर दे दिया, क्योंकि अपनी धर्म-निरपेक्ष पृष्ठभूमि के कारण बेनजीर इसकी कुछ व्यवस्थाओं के विरुद्ध थीं। उन्होंने उस पर अपने देश की विचारधारा के बाहर कदम रखने का आरोप भी लगाया, इसका अर्थ चाहे जो हो।

नये चुनाव 24 अक्तूबर को होनेवाले हैं। सिंध के एक धनी जमींदार गुलाम मुस्तफा जटोई को कार्यकारी प्रधानमंत्री बनाया गया है। प्रदेशों में भी ऐसी ही नियुक्तियाँ की गई हैं। इन नवनियुक्तों को पसन्द किया जाना यह बताता है कि पाकिस्तान पीपुल्स पार्टी (पी पी पी) की विरोधी ताकतें संकट के दौर में सत्ता में रहेंगी। यह समझने के लिए बहुत दिमाग लगाने की जरूरत नहीं है कि किस प्रकार के चुनाव होंगे।

किसी भी तरह से आज बेनजीर की छवि वैसी नहीं है जैसे पिछले चुनावों के समय थी। उसके सामने पहाड़ जैसा काम है। उसके खिलाफ सारी प्रतिकूलताएँ आविष्कृत कर दी गई हैं। कार्यकारी प्रधानमंत्री ने यह घोषणा करने में देर नहीं लगायी है कि बर्खास्त सरकार के भ्रष्टाचार की जाँच के लिए विशेष न्यायाधिकरण का गठन होगा। यदि दोषी पाए गए तो पीपीपी के सदस्यों को चुनाव लड़ने के अयोग्य ठहरा दिया जाएगा। उन्होंने अन्य पार्टियों की बात नहीं कही है, जो अन्य राज्यों में सत्ता में थीं। ऐसा लगता है कि पूरी व्यवस्था, प्रेसिडेंट इसहाक खाँ सहित, इस बात पर तुली है कि पीपीपी फिर सत्ता में न आए और सम्भव हो तो नष्ट ही हो जाए।

इस दृष्टिकोण से प्रश्न यह है कि क्या पाकिस्तान में स्वच्छ और निष्पक्ष चुनाव होंगे? क्या सारी राजनीतिक पार्टियाँ और ग्रुप इसमें भाग ले सकेंगे? जैसे लक्षण हैं, यह सन्देह निर्मूल नहीं है कि पीपीपी को पीछे के रास्ते से बाहर कर दिया जाएगा और उन्हीं शक्तियों को फिर से वापस लाया जाएगा जिन्होंने जिया शासन से साँठ-गाँठ की थी और गुप्त रूप से उसे सहयोग दिया था।

अपने पड़ोसी देश की इन गतिविधियों से भारत का चिन्तित होना स्वाभाविक है, क्योंकि यह उसके साथ अपने रिश्ते बेहतर बनाने की कोशिश कर रहा है। यह दुर्भाग्यपूर्ण है कि वहाँ भारत को सतानेवालों की कमी नहीं है और हर शासन ने घरेलू परेशानियों से ध्यान बँटाने के लिए भारत को चुना है। हमने यह उम्मीद लगायी थी कि बेनजीर-शासन पुरानी परम्पराओं को तोड़ेगा और दोनों देशों के बीच रिश्तों के नवयुग की शुरुआत के लिए हाथ मिलाएगा। सारे आश्वासनों के बावजूद पंजाब और कश्मीर में पाकिस्तान की सहापराधिता जारी है। भारत अपनी सुरक्षा में ढील नहीं दे सकता। वस्तुतः इसे सरहद पर अधिक सावधान और चौकन्ना रहना होगा क्योंकि पाकिस्तानी शासकों की प्रवृत्तियों का हमें पता है।

(19 अगस्त, 1990)

दूसरा महाभारत नहीं

जबकि कश्मीर, पंजाब और आसाम अभी भी समाधान के लिए चीख रहे हैं और आर्थिक परिदृश्य बद से बदतर होता जा रहा है, विशेषकर इराक द्वारा कुवैत के समामेलन (ऐनेक्सेशन) के परिणामस्वरूप, राष्ट्रीय मोर्चा सरकार ने मंडल आयोग की रिपोर्ट को लागू करने की घोषणा करना उचित समझा है, जो सरकारी एवं शैक्षिक संस्थाओं सहित राज्य की निधिक संस्थाओं (स्टेट फंडेड बॉडीज) में नौकरियों में अन्य पिछड़े वर्गों (ओबीसी) को 27 प्रतिशत आरक्षण देता है।

यह समझना मुश्किल है कि सारी बातों को दरकिनार कर, सरकार ने यह समय इस घोषणा के लिए क्यों चुना है और वह भी बड़ी राजनीतिक पार्टियों, जिसमें इसके 'स्वाभाविक' और 'इतने स्वाभाविक नहीं' सहयोगी शामिल हैं, से मशवरा किए बिना। यह तब और भी आश्चर्यजनक है जब प्रधानमंत्री वी.पी. सिंह ने घोषित रूप से सहमति के आधार पर सरकार को चलाने की व्यग्रता व्यक्त की। एक प्रत्यक्ष कारण बड़े वर्ग में लोकप्रियता पाना है, क्योंकि वे और सरकार में उनके सहकर्मी कायल हैं कि यह उन्हें पिछड़ी जातियों के वोट बैंक में आसान प्रवेश देगा। पिछड़ी जातियों में साझा करने के लोभ का संवरण करना अत्यन्त कठिन था, विशेष रूप से सरकार से देवीलाल की बेदखली के बाद। हरियाणा के कुलपति (पितृकल्प) ने उनकी वफादारी पर बहुत

पहले से अधिकार जमा रखा था। आखिर अन्य पिछड़ी जातियाँ कुल आबादी का 52 प्रतिशत हैं। यदि ऐसा था तब भी सरकार को उस प्रतिक्षेप (बैकलैश) का अनुमान लगा लेना चाहिए था, जो उस वर्ग की ओर से उत्पन्न होगा जो गैर-ओबीसी हैं। यह कहकर इसे खारिज नहीं किया जा सकता, जैसा कहने का फैसला राम विलास पासवान ने किया, कि सामाजिक बदलाव की कोशिशों का हमेशा विरोध हुआ है उन्हें जानना चाहिए कि सामाजिक परिवर्तन केवल कानून से नहीं लाए जा सकते।

जैसी सम्भावना थी, देश के कुछ भाग, विशेषकर उत्तर में, अब जाति-युद्ध के शिकंजे में फँसे हैं। आरक्षणों की नीति के विरोधी विद्यार्थी और अन्य लोग सड़कों पर निकल आए हैं और सार्वजनिक और निजी सम्पत्ति को नष्ट कर रहे हैं या नुकसान पहुँचा रहे हैं, सड़कों की नाकेबन्दी कर रहे हैं और आगजनी में मग्न हो रहे हैं। सर्वाधिक जाति-सचेतन राज्य, बिहार सबसे बुरी तरह से आक्रान्त दिखता है। कुछ ऊँची जातियाँ इस राज्य में बहुत समय से प्रबल रही हैं। ऐसा लगता है जैसे मंडल-रिपोर्ट के समर्थकों और विरोधियों की शक्तियों के जमघट से यह शीघ्र ही बढ़कर पूरी तरह से जाति-युद्ध का रूप ले लेगा।

कानून-व्यवस्था पूर्णतः भंग हो जाए इसके पहले ही परिस्थिति को सामान्य बनाने की सारी कोशिशें पूरी मुस्तैदी से की जानी चाहिए। जो लोग आरक्षणों के खिलाफ आन्दोलन कर रहे हैं उन्हें यह समझना चाहिए कि हिंसा और विध्वंस उनके लक्ष्य को सिद्ध करने के सर्वोत्तम साधन नहीं हैं। आरक्षण-नीति के समर्थकों को भी ऐसा ही समझना चाहिए। उन्हें यह समझना चाहिए कि उनके तथाकथित 'अत्याचारी तानाशाह' किसी खास जाति के हैं यह उनकी गलती नहीं है। एक रास्ता यह हो सकता है कि रिपोर्ट पर कार्यवाही को थोड़ा संशोधित किया जाए, कम-से-कम जहाँ तक शैक्षणिक संस्थाओं और अकादमिक संस्थाओं का सम्बन्ध है। चूँकि वे रोजगार और पदोन्नति से सम्बद्ध हैं इसलिए इन अनुशंसाओं पर रोक से स्थिति सुधर सकती है। यदि रिपोर्ट पर संसद में बहस हुई होती और इसके लिए आवश्यक जमीन तैयार की गई होती तो स्थिति उतनी बुरी नहीं हुई होती जितनी अभी है। यह आश्चर्यजनक है कि ऐसी महत्त्वपूर्ण रिपोर्ट, जो दस साल तक कबूतरखानों में पड़ी रही, संसद के सामने नहीं लाई गई। पिछले शासनों ने अपने लिए स्थिति को सम्हाल लिया होता किन्तु देश के लिए नहीं। समस्या की जड़ में क्या है? गरीबी, पिछड़ापन। सामाजिक लाभ उन तक पहुँचे ही नहीं। तर्क यह दिया जाता है कि ऐसा सामाजिक अनुक्रम के कारण है, जिसने कुछ जातियों को निचला दर्जा दे रखा है। पिछड़ापन जाति के कारण है या गरीबी के, यह एक अकादमिक कवायद है और इस पर बहुत विमर्श हो चुका है। उच्चतम न्यायालय में 1979 के इलाहाबाद उच्च न्यायालय के फैसले को अनुमोदित किया कि 'बहुत हद तक, सामाजिक पिछड़ापन गरीबी का परिणाम है।' शीर्ष न्यायालय ने इसके साथ जोड़ा : 'नागरिकों के वे वर्ग जिनकी निर्धनता

शोचनीय हो, सामाजिक रूप से पिछड़े हो जाते हैं।' मंडल आयोग ने इससे असहमति जतायी और तर्क दिया कि पिछड़े वर्गों की गरीबी जाति-अनुक्रम के कारण है जो उनसे स्थायी तौर पर नौकर का काम कराती है और इस तरह से उन्हें सामाजिक रूप से पिछड़ा और गरीब बना दिया गया है।

वह बहुत अवसादपूर्ण दिन होगा यदि आरक्षण-नीति के चलते सम्पूर्ण जातीय युद्ध या गृहयुद्ध छिड़ जाए। इसको रोकने के लिए पूरी अक्लमंदी, बुद्धि-कौशल तथा भविष्य-दृष्टि की जरूरत होगी।

राम विलास पासवान और शरद यादव जैसे आरक्षण-समर्थक अपनी सफलता से पूर्णत: अभिभूत दिख रहे हैं। उन्होंने अपना सन्तुलन खो दिया है। वे खुलेआम अपने पदधारियों को उकसा रहे हैं कि वे सड़कों पर उतर आएँ तथा 'आरक्षण-विरोधियों का मुँहतोड़ जवाब दें'। पासवान तो लोकसभा में यह कहने की हद तक चले गए हैं कि '540 सदस्यों का यह सदन ही देश नहीं है।' यह अन्ध-जातिवादी भाषा है। ऐसी अभिव्यक्ति किसी को शोभा नहीं देती, मंत्री को तो और भी नहीं, जब तक कि वह 'इतना उद्दंड न हो जाए कि खुद को ही देश मानने लगे' जैसा कि एल.के. आडवाणी ने पलटकर उन्हें याद दिलाया।

इस सबके पीछे मूल बात यह है कि आबादी का एक बड़ा हिस्सा सामाजिक और आर्थिक लाभों से वंचित है और अभी भी गरीबी तथा सामाजिक पिछड़ेपन में घुल रहा है, देश की सारी तरक्की के बावजूद। दूसरी तरफ एक छोटे वर्ग ने उनका बहुत कुछ घेर रखा है जिससे एक तरह की रिक्ति पैदा हो गई है। जो छूटे हुए लोग हैं वे बराबरी का अवसर चाहते हैं और उनका यह ऋण समाज के पास है। सम्पूर्ण निर्धनता सहज है, किन्तु सापेक्ष (तुलनात्मक) निर्धनता नहीं। किन्तु तब ऐसा देश को कमजोर करके नहीं किया जाना चाहिए। आरक्षण और हर स्तर पर जाति के आधार पर पदोन्नयन कहीं देश को दोयम दर्जे का न बना दे, जैसी चेतावनी पचास के दशक के आखिरी दिनों में जवाहरलाल नेहरू ने दी थी। हमारे राष्ट्र-निर्माताओं ने जातिविहीन एवं वर्गविहीन समाज का सपना देखा था।

जरूरत है जाति और आर्थिक पिछड़ेपन पर आधारित संश्लेषण की। मंडल-रिपोर्ट ने भी इसके कुछ संकेत दिए हैं। पिछड़ों को वह सबकुछ दिलाना ही चाहिए जो उनका प्राप्य है, किन्तु दूसरों को इसलिए उपेक्षित नहीं छोड़ दिया जाना चाहिए कि वे खास जाति या सामाजिक स्तर के हैं।

सभी सम्बन्धित लोगों को, चाहे वे आरक्षण-नीति के समर्थक हों या विरोधी, आवश्यक रूप से संयम बरतना चाहिए। मंडल-रिपोर्ट को एक और महाभारत का कारण मत बनने दीजिए। देश को छिन्न-भिन्न करने के लिए धमकानेवाली बहुत समस्याएँ वैसे ही हैं। इनमें और इजाफा नहीं किया जाना चाहिए।

(4 सितम्बर, 1990)

निर्माणाधीन दुःखान्तिकी

हमारे डर सच साबित हुए हैं। हिंसा और आगजनी की एक लहर विभिन्न राज्यों में फैल रही है। अन्य पिछड़ी जातियों के लिए सरकारी और सार्वजनिक उपक्रमों में नौकरियों में 27 प्रतिशत आरक्षण के केन्द्र के फैसले के पक्ष और विपक्ष में बन्द और रैलियाँ (प्रदर्शन) रोज की बात हो गई हैं। बड़ी संख्या में नगरों और शहरों में सामान्य जन-जीवन विघटित हो गया है। स्कूल और कॉलेज बन्द कर दिए गए हैं और अपना गुस्सा निकालने के लिए युवजन सड़कों पर निकल आए हैं।

एक दुःखान्तिकी निर्माणाधीन है। यह अत्यन्त दुर्भाग्यपूर्ण होगा यदि यह फैसला खुल्लमखुल्ला जातीय युद्ध में बदल जाता है, मंडल आयोग की रिपोर्ट के समर्थक किसी भी तरह के समझौते के मूड में नहीं हैं और राष्ट्रीय मोर्चा के मंत्रिगण बेशर्मी से अपने समर्थकों को उकसा रहे हैं कि वे विरोधियों को सड़कों पर ही मुँहतोड़ जवाब दें। दोनों पक्ष जब अपने स्टैंड की सकारणता पर बराबर आश्वस्त हैं तो भवितव्य को समझना कठिन नहीं है।

जैसी उम्मीद थी, एकपक्षीय निर्णय पर सहमति बनाने के लिए सरकार द्वारा बुलाई गई सर्वदलीय बैठक की समाप्ति (घोर-) असफलता में हो गई है। कांग्रेस (आई) इस बैठक में यह आश्वासन पाने के बाद ही कि वह कोई भी मुद्दा उठा सकती है, शामिल होने को तैयार हुई, किन्तु बैठक में सरकार ने यह स्टैंड लिया कि वह आरक्षण के वास्तविक मामले में नहीं झुकेगी। यदि इरादा यह था तो सरकार के दूत ने वैसा आश्वासन दिया ही क्यों? सिर्फ इतना ही नहीं। बहस को समेटते हुए जब प्रधानमंत्री ने यह दावा किया कि सहमति है तो असहमति की जोरदार अभिव्यक्ति हुई और पार्टी-प्रतिनिधियों ने अपेक्षित दिशाओं में ही सार्वजनिक वक्तव्य दिए।

घोषणा करने के पहले बड़ी राजनीतिक पार्टियों से, सहयोगी दलों तक से, परामर्श न करके पहले ही मौके पर गलती करने के बाद सरकार अब प्रतिरक्षात्मक मुद्रा में दिख रही है, हालाँकि अभी भी सर उठाए हुए है। प्रधानमंत्री ने स्थिति को विस्फोटक होने से बचाने के लिए कई छूटों की घोषणा की है—राज्य अपनी आरक्षण नीति के सम्बन्ध में फैसला करने को स्वतंत्र है, केन्द्र के फैसले की जद में शैक्षणिक संस्थाएँ नहीं आएँगी, आर्थिक रूप से कमजोर वर्गों के लिए अलग से पाँच से दस प्रतिशत नौकरियाँ और इस साल के बाद ओबीसी आरक्षण का पुनरीक्षण।

सर्वदलीय बैठक से जो हासिल निकला वह सिर्फ यह कि पूरक मामलों पर सहमति बनी, जैसे रोजगार के अवसर बढ़ाना, युवजन से अपील करना कि वे 'अहिंसात्मक तरीके से विरोध करें' (इस शब्द-चयन पर ध्यान दीजिए); यह आधी चालाकी दिखाना है। सिद्धान्ततः इससे कोई विरोध नहीं है कि पिछड़ेपन की समाप्ति

के लिए आरक्षण की आवश्यकता है। इनमें जिस बात ने अलगाव पैदा किया है वह पिछड़ेपन के निर्धारण का आधार है। क्या इसका आधार जाति और सिर्फ जाति होना चाहिए। क्या अन्य सभी संबद्ध बातों की हमें पूर्ण उपेक्षा करनी चाहिए।

संसद और राजनीतिक दलों के भीतर और बाहर लोगों का बड़ा तबका है जो यह महसूस करता है कि ऐसा नहीं होना चाहिए। यदि यह तबका चुनावी गणित के ख्याल से छोटा हो किन्तु यह किसी भी तरह से अविवेकी और तर्कविरुद्ध या असंगत नहीं है। उन्हें तथा उनकी सन्ततियों को जिस भविष्य का सामना करना होगा उसको लेकर इनकी चिंता अकृत्रिम एवं निष्कपट है। नागरिकों के रूप में उनकी आवाज अवश्य सुनी जानी चाहिए। गरीबी और पिछड़ापन अपना शिकार जाति देखकर नहीं चुनते।

आरक्षण-समर्थक उल्लसित हैं और इस उल्लास के अतिरेक में उन्हें बदले की तर्क-भावना से निर्देशित नहीं होना चाहिए। मनु और उनकी स्मृति को वापस माँगने का कोई मतलब नहीं है। जाति एवं वर्ग-विहीन समतामूलक समाज के लिए देश संघर्ष करता रहा है। एक गलती को दूसरी गलती करके ठीक नहीं किया जा सकता। यदि मंडल-रिपोर्ट को यथावत् लागू किया गया तो यह उस क्षयमाण जाति-व्यवस्था को नवजीवन देगा, जो भारतीय समाज को छीजता रहा है।

एक रास्ता, जिसपर काफी हद तक सहमति दिखती है वह यह कि पिछड़ेपन के निर्धारण के लिए आर्थिक आधार को सामने रखा जाए। छूटों-सुविधाओं का लाभ सबसे पहले निर्धनों में से भी निर्धनतम को मिलना चाहिए, यदि सरकार सचमुच सरकारी नौकरियों में बराबरी का दिखावा करना चाहती है। स्व. कर्पूरी ठाकुर ने इसका प्रयोग किया और उन्हें कोई कठिनाई नहीं हुई। कर्पूरीजी के किसी भी दूसरे की तुलना में पिछड़ों का कमतर हिमायती होने का आरोप कोई नहीं लगा सकता।

सड़कों पर निपट लेने के लिए लोगों को उकसाने से तानाशाही की बू आती है। समय की माँग है विवेक और ठंडा दिमाग। उद्देश्य है गरीबी और सामाजिक-शैक्षिक-आर्थिक पिछड़ेपन के खिलाफ लड़ाई को जीतना। जाति-आधारित आरक्षण देने का उत्साह उनके हाथ में एक हथियार थमा देता है जो दलित वर्ग को समाज में उसका उचित हक और स्थान देने के विरोधी हैं।

(19 सितम्बर, 1990)

मीडिया (सूचना-तंत्र) के माध्यम से शासन

हाल में ही हवाईजहाज में मीडिया वालों से बातचीत के क्रम में प्रधानमंत्री वी.पी. सिंह ने कहा कि जनता दल विपक्ष में बैठने को तैयार है यदि राष्ट्रीय मोर्चा सरकार

से भाजपा अपना समर्थन वापस ले लेती है, किन्तु यह स्पष्ट किया कि समर्थन-वापसी से मध्यावधि चुनाव की स्थिति नहीं आने दी जाएगी।

इसके बाद उन्होंने सम्भावित राजनीतिक पुनर्पंक्तिबंधन पर विचार किया जो बाहरी समर्थन से कांग्रेस (आई) की सत्ता में वापसी करा सकती है। उन्होंने यह भी स्वीकार किया कि भाजपा नेताओं के उद्घोषणों से स्थिति में थोड़ी अनिश्चितता आई है।

ये विचार ऐसे समय में व्यक्त किए गए हैं जब हर आदमी मध्यावधि-चुनाव की सम्भावनाओं और राष्ट्रीय मोर्चा-सरकार के निष्पादन-प्रदर्शन, जिससे सहयोगी भाजपा और वामपन्थी दल भी प्रसन्न नहीं हैं, पर अटकलें लगा रहा था। आखिरकार भोपाल की भाजपा की (गुप्त)-सभा में जो शब्द उछले और इसके बाद राष्ट्रीय मोर्चा को समर्थन के पुनराश्वासन में सरकार की हाल की आलोचना हल्की नहीं हो जाती या एल.के. आडवाणी की चेतावनी संशोधित नहीं हो जाती कि इसके समर्थन को हर हाल में सुनिश्चित ही नहीं मान लिया जाना चाहिए। मूल मुद्दों पर अपनी स्थिति साफ किए बिना, भाजपा-प्रवक्ता ने जनता को सिर्फ यह आश्वासन देना चाहा है कि यह सरकार को तोड़ने पर आमादा नहीं है। अनेक बार भाजपा तथा वामपंथियों ने भी बल देकर कहा है कि ये जनता दल के आपसी मनमुटाव हैं, जिन्होंने सरकार को अधिक नुकसान पहुँचाया है, बनिस्पत सहयोगियों से इसके सम्बन्धों में उतार-चढ़ाव के।

जब सब लोग यह सोच रहे थे कि अनिश्चितता टल गई है, कम-से-कम फिलवक्त, तभी साम्प्रदायिक सद्भाव के लिए बनी समिति की अनुशंसाओं को सार्वजनिक करने के सरकारी निर्णय का विवाद सामने आ गया। समिति के सदस्य इससे स्तब्ध हैं, क्योंकि उन्होंने स्पष्ट निर्णय लिया था कि अनुशंसाओं को सार्वजनिक नहीं किया जाएगा और इन्हें सिर्फ मद्रास की राष्ट्रीय कार्यान्वयन समिति (एन.आई.सी.) की बैठक में भेजा जाएगा। सरकार का यह फैसला चाहे जान-बूझकर किया गया हो या नहीं, अधिकांश सम्बन्धित लोग महसूस करते हैं कि ऐसा भाजपा की निन्दा के लिए किया गया। जैसी उम्मीद थी, अटल बिहारी वाजपेयी ने, जिन्होंने समिति की बैठक की अध्यक्षता की, इस्तीफा दे दिया है और उनकी पार्टी ने 22 सितम्बर की मद्रास की एन.आई.सी. बैठक का बहिष्कार किया है। यह बात समझ में आती है कि भाजपा के पास कोई विकल्प नहीं था। समिति के उलट फैसले के बावजूद जिसने भी अनुशंसाओं को सार्वजनिक करने का निर्णय लिया उसने क्षुद्र राजनीति खेली है और एक बाजी जीतने का दाँव लगाया है, बिना यह महसूस किए कि यह पलटवार भी कर सकता है। सरकारी स्पष्टीकरणों और नकारों पर विश्वास नहीं जमता। यह क्षुद्र मानसिकता प्रदर्शित करके उन्होंने ऐसे मसले से बाहर निकलने का अवसर खो दिया है जो समाधान को चुनौती देता रहा है और देश

में साम्प्रदायिक तनाव को बढ़ाता रहा है। प्रधानमंत्री की छवि को चमकाने के और अन्यों की छवि धूमिल करने के अति उत्साह में इसने अपनी विश्वसनीयता को ही नुकसान पहुँचाया है।

जिस ढंग से सरकार काम करती रही है उससे वामपन्थी भी खुश नहीं हैं। जिन ज्योति बसु के लिए वी.पी. सिंह खास मित्रता का भाव प्रदर्शित करते हैं वे भी अपनी खीज को छिपा नहीं पाए हैं। हाँ, नम्बूद्रिपद का जरूर यह मानना है कि जो हाल है उसमें यह सर्वोत्तम है।

क्षुद्र राजनीति अपनी जगह, मीडिया को पटाकर शासन चलाने की प्रवत्ति इस सरकार में अत्यन्त प्रत्यक्ष है। एन.आई.सी. समिति के प्रस्ताव का सार्वजनिक किया जाना इस तरह का पहला उदाहरण नहीं है। ज्यादा दिन नहीं हुए जब हवाई जहाज में यात्रा के दौरान पत्रकारों से बातचीत करते हुए प्रधानमंत्री ने राष्ट्रीय सरकार का विचार उछाला था। इससे स्वयं पार्टी सकते में आ गई थी और महत्त्वपूर्ण मामलों में भी विश्वास में नहीं लिये जाने के कारण अपने को उपेक्षित-अपमानित महसूस कर रही थी। जनता दल के सांसदों ने अनेक बार सरकार के प्रदर्शन और कार्यशैली पर अपनी खीज व्यक्त की है, लेकिन परिणाम वही, ढाक के तीन पात।

इलेक्ट्रोनिक मीडिया के बारे में जितना कम कहा जाए उतना बेहतर। सारे व्रतधारणों और नेकनीयती के बावजूद यह घोर अन्धभक्ति एवं पक्षपात का उदाहरण बन गई है। मंडल-रिपोर्ट के फैसले पर प्रतिक्रियाओं का कवरेज (दिखाया जाना) अद्यतन है। महत्त्वपूर्ण नेताओं से पत्राचार की खबरें, सम्बन्धित व्यक्ति तक पत्र पहुँचाने के पहले ही, मीडिया में आ जाती हैं।

सरकार और इसकी कार्यशैली—अनेक उदाहरण हैं कि हर मंत्री अपनी भाषा बोलता है—में उन्नयन तथा सहयोगियों एवं अन्यों से रिश्तों में सुधार करने की कोशिशों की बजाय प्रधानमंत्री विपक्ष में बैठने की अपनी इच्छा जाहिर करते हैं और सम्भावित राजनीतिक तोड़-जोड़ की चर्चा करते हैं। तब इस सरकार में बचा क्या है?

राष्ट्रीय मोर्चा सरकार के बने रहने का एक ही सम्भावित उद्‌देश्य दिखता है, कांग्रेस (आई) को सत्ता में वापस न आने देना। यह एकदम नकारात्मक चीज है। ऐसे नकारात्मक आधार-वाक्यों पर सरकारें नहीं चल सकतीं।

(4 अक्तूबर, 1990)

देश को बचाइए

मंडल आयोग की रिपोर्ट की 13 अगस्त की अधिसूचना को लागू करने पर सर्वोच्च न्यायालय ने रोक लगा दी है, हालाँकि इसने कहा कि जातियों की पहचान का काम

चलता रहेगा। पंजाब में राष्ट्रपति-शासन को छह महीने के लिए और बढ़ाने वाला 75वाँ संविधान संशोधन विधेयक, दो-तिहाई बहुमत के अभाव में, लोकसभा में गिर गया क्योंकि विपक्षी कांग्रेस (आई) ने मत नहीं दिया।

इन घटनाओं ने मिल-जुलकर वी.पी. सिंह की राष्ट्रीय मोर्चा सरकार को धक्का पहुँचाया है। उन्होंने प्रधानमंत्री को स्पष्ट चेतावनी दे दी है कि यदि वे ऊँचे घोड़े पर बैठे रहने की जिद पर अड़े रहे और अपनी कार्यशैली में बदलाव नहीं लाए तो यह देश के लिए घातक सिद्ध हो सकता है। वी.पी. सिंह ने यदि कुछ स्पष्ट किया है तो यह कि वे अपने आलोचकों को उपकृत करेंगे, न आरक्षण-प्रकरण से बनी गहरी खाई की ओर देखेंगे। वस्तुतः, जनता दल के आरक्षण के हिमायती उत्साही लोगों की बातों पर भरोसा करें, तो देश को खून की पूर्णाहुति के लिए तैयार रहना चाहिए।

वी.पी. सिंह यह देखने से इनकार करते हैं कि उनकी नीतियों और कार्यों ने देश को विघटन के कगार पर ला दिया है, चाहे यह पंजाब हो, जम्मू-कश्मीर, आसाम हो या आरक्षण ही हो। देश को ऐसे नेतृत्व से बचाना जरूरी है जिसने इसको जोखिम में डाल दिया है।

दस महीनों में दूसरी बार उन्होंने पार्टी का विश्वास-मत पाने का जुगाड़ बैठा लिया है और, इस उम्मीद में कि पिछड़ी जातियों की नाराजगी मोल लेने का साहस कोई पार्टी नहीं करेगी, वे अपनी अनुचित नीतियों को लागू करने में दुगुने उत्साह से लग सकते हैं। वोट की राजनीति समझी जा सकती है, किन्तु बहुप्रतीक्षित सामाजिक बदलाव लाने के जोश में देश बँट जाए तो वह इतना मूल्यवान् नहीं है। देश की अखंडता और जनता की एकता को सर्वोच्च प्राथमिकता और महत्त्व दिया जाना चाहिए।

पंजाब विधेयक पद उनकी और उनकी सरकार की भद्द पिटी। जब से पंजाब में चुनाव का सवाल सामने आया, वी.पी. सिंह अपनी एकल छवि बनाने के काम में लगे हैं यह बात साफ हो गई। विपक्षी कांग्रेस (आई) ने बड़ी चतुराई से फैसले का सारा जिम्मा सरकार पर डाल दिया है। प्रदत्त वचन के विपरीत, विधेयक के लिए मत न देने पर यह अपने रुख पर कायम रहने की छवि बनाए रखने में कामयाब हुई है, दूसरी ओर की सारी चालबाजियों के बावजूद। ऊँची रूपरेखावाले संसदीय कार्यमंत्री पी. उपेन्द्र के द्वारा सदन के अयोग्य संचालन से किंकर्तव्यविमूढ़ता बढ़ गई। प्रधानमंत्री का जो मजाक बना वह विट्ठल गाडगिल की टिप्पणी में बहुत साफ है—'यदि उनके खिलाफ अविश्वास प्रस्ताव हो तब भी वी.पी. सिंह चाहेंगे कि हम उनके लिए वोट दें।'

प्रधानमंत्री उत्तेजित हो गए और कहा कि यदि विपक्ष देश पर चुनाव लादना चाहता है तो 'हम इसके लिए तैयार हैं', इससे बात और बिगड़ी। भावनात्मक या

आवेशपूर्ण बहादुरी की दृष्टि से यह ठीक हो सकता है किन्तु इससे राजनीतिक परिपक्वता या देश के प्रति चिन्ता नहीं लक्षित होती। भावुक वाग्मिता उन्हें बहुत दूर तक नहीं ले जाएगी। कुछ वरीय नेताओं के बीच-बचाव से स्थिति जल्दी ही सँभल गई और उसी आशय का नया विधेयक, 76वाँ संविधान संशोधन विधेयक, पारित हो गया है।

सर्वोच्च न्यायालय के फैसले और पंजाब विधेयक के पारित हो जाने से सरकार को अपनी नीतियों पर पुनर्विचार करने और नई शक्ल देने तथा उनके कार्यान्वयन के लिए साँस मिल गई है। आज जरूरत सहमति की है। चूँकि टकराव की राजनीति बहुत हो चुकी इसलिए आज इसकी और भी जरूरत है। आज केन्द्र में अल्पसंख्यक सरकार है, जिसे उन पंचमेल दाएँ-बाएँ दलों का समर्थन प्राप्त है जिनके अपने राजनीतिक परिदृश्य हैं। उनके अपने चुनाव-क्षेत्र हैं जिनकी चिंता उन्हें करनी है। सुख-बोध की लहर पर सवार होकर सत्ता सँभालते ही उन्होंने 'सहमति से शासन' और 'सामूहिक नेतृत्व' की बात की थी, किन्तु सत्ता के प्रलोभन ने उन्हें इसके चोरगढ़ों से बेपरवाह कर दिया।

देश को बाँटने वाले आरक्षण की नीति और अन्य बड़े मुद्दों पर सहमति बनाने के गम्भीर प्रयत्न किए जाने चाहिए। आरक्षण पर ही सरकार को, बिना किसी पूर्व शर्त के, आरक्षण के विरोधियों सहित सभी सम्बन्धित पक्षों से बातचीत करनी चाहिए। एक सरकारी नीति के खिलाफ पहली बार युवजन और विद्यार्थी इतने उग्र होकर खड़े हुए हैं। वे अपने को चोट खाया हुआ महसूस कर रहे हैं। उनके भयों और आशंकाओं को निर्मूल किया जाना चाहिए, यदि इसके लिए यहाँ-वहाँ कुछ ले-दे करनी पड़े तब भी।

पंजाब मुद्दे पर भी, स्वच्छ और निष्पक्ष चुनाव के लिए उपयुक्त वातावरण बनाना आसान नहीं होगा। हत्याकांड और मृत्यु की नृत्यलीला लंबे समय तक चलती रही है, जिसके परिणामस्वरूप जनभावना ही रूखड़ी और गँवारू हो गई है। लंबे समय से हम इसके इलाज के लिए राजनीतिक प्रक्रिया की बात करते रहे हैं, लेकिन कुछ भी किया नहीं है। आतंकवादियों के आगे समर्पण कर देने का तो प्रश्न ही नहीं है, किन्तु यदि चुनाव होता है तो हर सम्भव प्रयत्न करना चाहिए ताकि लोग अपने प्रतिनिधि का चुनाव भय या पक्षपात से मुक्त होकर कर सकें। पंजाब का दर्द देश का दर्द है।

इस बीच साम्प्रदायिक शक्तियाँ तनाव बढ़ा रही हैं। सोमनाथ से अयोध्या तक की रथयात्रा केन्द्रीय बिन्दु हो गई है। उत्तर प्रदेश के मुख्यमंत्री मुलायम सिंह ने धर्मनिरपेक्षता और विवेक की लड़ाई में अपना सबकुछ झोंक दिया है। केन्द्र को मूक दर्शक नहीं बना रहना चाहिए और विवेक के पक्ष में पहल करनी चाहिए।

(19 अक्तूबर, 1990)

वी.पी. सिंह गद्दी छोड़ो

वी.पी. सिंह के लिए चक्का एक पूरा फेरा लगा चुका है। भाजपा के समर्थन वापस ले लेने से राष्ट्रीय मोर्चा सरकार ने बहुमत खो दिया है। प्रतिष्ठाजनक राह से बहुत नीचे का रास्ता प्रधानमंत्री ने चुना है और राष्ट्रपति ने उन्हें 7 नवम्बर को विशेष रूप से आहूत लोकसभा की बैठक में अपना बहुमत साबित करने को कहा है। गणित के सारे तर्क उनके प्रतिकूल हैं। किन्तु उन्हें उम्मीद है कि 'अपनी टोपी से खरगोश निकाल देंगे'। गद्दी बचाने के निराशोन्मत्त प्रयत्न में जनता दल के अध्यक्ष एस.आर. बोम्मई ने नेतृत्व-परिवर्तन को नकार दिया है और संसद-सदस्यों से अपील की है कि वे अपने अन्त:करण की आवाज के अनुसार वोट दें। ऐसी अपील करते समय उन्हें इस तथ्य का एकदम विस्मरण हो गया कि यह न सिर्फ बेईमानी है बल्कि निर्नैतिक भी है और इसके परिणामस्वरूप गलती करनेवाले सदस्य दल-बदल विरोधी कानून के तहत अपनी सीट से भी हाथ धो बैठेंगे। स्पष्ट है कि यह अपील अपनी पार्टी के लिए नहीं, दूसरी पार्टी के सदस्यों से है। कांग्रेस (आई) और भाजपा दोनों ने ही, बिना समय गँवाये दो टूक जवाब देते हुए यह सुनिश्चित किया कि उनके नेता अपनी पार्टी-ह्विप के अनुसार मतदान करेंगे।

इस बीच जनता दल का एक हिस्सा नेतृत्व-परिवर्तन के लिए आन्दोलन-रत है, क्योंकि यह गहराई से अनुभव करता है कि वी.पी. सिंह के नेतृत्व में देश को संकट में डाल दिया गया है। उनकी नीतियों और कार्यशैली ने महाविनाशकारी स्थिति उत्पन्न कर दी है। उनकी पार्टी के ही ढेर सारे लोगों का विश्वास उनकी शासन-क्षमता से उठ गया है।

संकट बहुत बड़ा है। लपेटे में आए हुए मुद्दे बहुत गम्भीर हैं। किन्तु प्रधानमंत्री ने इसे केवल संख्या का खेल समझ लिया है, जो यह है नहीं। ग्यारह महीने तक, जितने दिन तक वे प्रधानमंत्री की कुर्सी पर रहे, एक भी समस्या—कश्मीर, पंजाब, आसाम, कीमतें, अर्थ-तंत्र—नहीं सुलझी। इसके अलावा जातिवाद और साम्प्रदायिकता को तीव्र गति मिली है। ये देश में विभेद पैदा कर रही हैं और समाज में अलगाव ला रही हैं। कई निरीह जानें चली गईं और अब उनके हृदय की करुणा जग रही है। उन्होंने सारे मूल्यों और उच्चादर्शों को विदा कर दिया है जिनका उच्चार करते वे थकते नहीं थे। उनकी प्रभुता का गम्भीर क्षरण हुआ है और उन्हें सत्ता में बने रहने का कोई नैतिक या आदर्शवादी अधिकार नहीं है।

नैतिकता और मूल्यों की बात करके, निश्चय ही, वी.पी. सिंह दुहरा खेल खेल रहे हैं। हरियाणा विधान-सभा में जिन्हें स्पष्ट बहुमत हासिल था और जो सर्वसम्मति से चुने हुए नेता थे, ऐसे ओम प्रकाश चौटाला को मेहल उप-चुनावों की दु:स्थिति के बाद इस्तीफा देने को बाध्य किया जा सकता है, तब वी.पी. सिंह के पद पर बने

रहने का क्या औचित्य है, खास करके तब जब उनकी पार्टी ही संघबद्ध होकर उनकी पीठ पर नहीं है? मानदंड को बदला क्यों जाए? जो हंस (गूज) के लिए ठीक है वह बुद्धू (गैंडर = हंस?) के लिए भी ठीक होना चाहिए।

ग्यारह महीनों तक भाजपा के साथ सहवास करने के बाद अब अचानक वी.पी. सिंह ने यह खोज की है कि यह साम्प्रदायिक है। सत्ता की राजनीति की आवश्यकताओं ने उन्हें चुँधा दिया। भाजपा को प्रीत करने के लिए अपने पार्टी-सहयोगियों को नाराज करने तक की हद तक वे गए, जैसा कि भाजपा नेताओं को विश्वास में लेकर और उत्तर प्रदेश के मुख्यमंत्री मुलायम सिंह को अँधेरे में रखकर, मन्दिर-मस्जिद विवाद अध्यादेश ले आए। यह मुलायम सिंह हैं जो अकेले अपने बूते पर राज्य में धर्मनिरपेक्षता की लड़ाई लड़ते रहे हैं। बाद में अध्यादेश को रद्द करना पड़ा। जब वी.पी. सिंह के सहयोगी मंडल उत्साही मंत्रियों ने खुलेआम पिछड़ों को उकसाया कि वे सड़कों पर निकल आएँ और जो आरक्षण-विरोधी हैं उनसे हिसाब साफ कर लें, तब राजा साहब ने अपनी कनिष्ठिका तक नहीं हिलाई। उनका आह्वान गृहयुद्ध के उकसावे से थोड़ा भी घटकर नहीं था। वे और भी उत्साह के साथ अपने खेल में लगे हैं।

वी.पी. सिंह ने मुकाबले की जगह सर्वसम्मति की राजनीति करने का वचन दिया था। उन्होंने सामूहिक नेतृत्व का संकल्प लिया था। जो हम आज देख रहे हैं वह इन सबका नकार है। अपनी पार्टी में ही वे हमेशा कुछ लोगों को दरकिनार करने और दूसरों को निष्प्रभावी करने का छलयोजन करते रहे हैं। वे सस्ती जनप्रियता में मुब्तिला हैं। वे अपनी पार्टी को अपने साथ ले चलने में अक्षम रहे हैं। सामूहिक नेतृत्व की बात तो जाने ही दीजिए। उनके अपने कुछ मंत्री उनकी नीतियों और कार्यशैली के विरुद्ध शिकायत कर रहे हैं।

वे स्वयं में मसीहा की छवि देखते हैं। जिन्होंने उन्हें इस छवि के साथ वर्षभर पहले देखा था उनका मोहभंग हो चुका है। वास्तविकता के ज्यादा करीब होने के लिए वी.पी. सिंह को हम उनकी ही उद्घोषणाओं से देखें। राजीव गांधी सरकार से इस्तीफा देने के बाद उन्होंने घोषणा की थी कि 'अपने अतिमहत्त्वाकांक्षी होने के झूठ पर वे कील ठोंक देंगे, मैं भविष्य में कभी सरकार में शामिल नहीं रहूँगा।' अभी, 1988 की जुलाई में ही उन्होंने कहा था कि 'यह राष्ट्रीय महाविपदा होगी यदि मैं प्रधानमंत्री बन जाता हूँ।'

वे अपने वचन पर कायम रहे हैं। देश महाविपदा के कगार पर ही है। यह उनके प्रति और आसक्ति नहीं दिखा सकता। इस समय उन्हें क्रियाशील होकर देश को बचाना चाहिए। ऐसा वे जनता दल की संसदीय समिति के नेता-पद से इस्तीफा देकर और इस तरह से 7 नवम्बर के पहले नया नेता चुनने में उसको सहायता देकर कर सकते हैं। चेहरा बचाने का यही रास्ता हो सकता है।

(4 नवम्बर, 1990)

वी.पी. सिंह बाहर, शेखर सत्तासीन

आखिरकार वी.पी. सिंह सरकार गिर गई है। यह पहला मौका है जब केन्द्र की किसी सरकार ने लोकसभा में विश्वास-मत प्राप्त नहीं किया। वस्तुत: सदन की लंबी चली बहस ने सरकार को और नंगा किया, जिसके नेता को चालबाजी और धोखे से चुना गया था। कभी किसी प्रधानमंत्री से यह नहीं कहा गया था कि उनकी सरकार हर मोर्चे पर असफल रही है, कि वे दल-बदल को बढ़ावा दे रहे थे, प्रलोभन दे रहे थे और 'राजा नंगा है।' सिर्फ इतना ही नहीं। दूसरी पार्टियों के सदस्यों को प्रलोभन देने का आरोप सदन में ही प्रमाणित हो गया जब दो सदस्यों ने प्रधानमंत्री से बातचीत का खुलासा किया। 7 नवम्बर को सदन की बैठक के दो दिन पहले संसदीय दल के 'दो फाड़' होने के ज्वलन्त तथ्य को प्रतिष्ठापूर्वक स्वीकार करने की बजाय उन्होंने जनता दल (समाजवादी) के नाम से नई पार्टी गठित करनेवालों में से केवल 25 लोगों को 'निष्कासित' करना पसन्द किया। अपना उल्लू सीधा करने के लिए उन्होंने अध्यक्ष के पद का भी दुरुपयोग किया। तथापि, चतुराई और छलयोजन, जो आखिरी क्षण तक चलता रहा, उनको और उनकी सरकार को बचा नहीं सका; राजनीति का एक काला अध्याय समाप्त हो गया है।

वी.पी. सिंह के इस्तीफे के कारण राष्ट्रपति एक नाजुक स्थिति से रू-ब-रू थे। पर्याप्त परामर्श और विचार-विमर्श करने के बाद उन्होंने एक फैसला लिया है। बाकी बातें छोड़ दें, सदन को भंग किए जाने से जो अस्तव्यस्तता बनती उससे इसने देश को बचा लिया है। यथार्थ भय व्यक्त किया गया था कि सामाजिक तनावों और साम्प्रदायिक विरोध से अधिभारित, विद्यमान वातावरण में स्वच्छ एवं निष्पक्ष चुनाव सम्भव नहीं होंगे। इस बात से अपने को सन्तुष्ट करने के बाद कि नया सम्मिलन, कांग्रेस (आई) द्वारा बाहर से समर्थित जनता दल, जीवनक्षम और स्थिर सरकार दे सकता है, राष्ट्रपति ने सरकार बनाने के लिए चन्द्रशेखर को आमंत्रित किया। उन्होंने और उनके उपप्रधान देवीलाल ने 10 नवम्बर को शपथ ली। पिछले कुछ महीनों की घटनाएँ चन्द्रशेखर द्वारा बार-बार दुहराई गई टिप्पणी, कि वे वी.पी. सिंह को अपने नेता के रूप में स्वीकार नहीं करते, हालाँकि वे उनकी पार्टी के (तत्कालीन) अध्यक्ष थे, के औचित्य को सिद्ध करने के लिए पर्याप्त हैं। भविष्य में राजनीति कौन-सी करवट लेगी इसे देख सकने की उनकी क्षमता का पता भी इससे चलता है।

चन्द्रशेखर को उत्तराधिकार में अत्यन्त कठिन परिस्थिति मिली है—राजनीतिक, आर्थिक और सामाजिक। पिछले शासन की हर क्षेत्र में विफलता इस तथ्य से बिंबित होती है कि साम्प्रदायिक तनाव देश के विभिन्न क्षेत्रों में शीर्ष पर पहुँच गया है, जातीयता का इस्तेमाल जनता को विभाजित करने के लिए किया गया है। जाति और धर्म के नाम पर अनेक कीमती जानें चली गई हैं। अर्थ-तंत्र बदहाल है और कीमतें आसमान छू रही हैं। विदेशी मुद्रा की स्थिति यह है कि कथित तौर पर रिजर्व बैंक ने अपने जमा

स्वर्ण में से कुछ बेचने का फैसला किया है। इन सबों के ऊपर हैं रक्तरंजित पंजाब, रोते कश्मीर और अशांत पूर्वोत्तर की समस्याएँ। ये और कई अन्य समस्याएँ त्वरित समाधान के लिए चीख रही हैं। राष्ट्रीय मोर्चा सरकार ने इन समस्याओं पर जो टाँके लगाए उससे समस्याएँ और उलझ गईं। वी.पी. सिंह और उनकी सरकार द्वारा दिखाये गए सारे बड़े-बड़े सपनों ने जनता की हताशा को बढ़ाने का ही काम किया है।

हालाँकि उन्हें अभी भी अपना बहुमत सिद्ध करना है और अपने मंत्रियों को चुनना है, चन्द्रशेखर ने अपनी प्राथमिकताओं को निर्धारित करना शुरू कर दिया है। वे उनमें से हैं जिन्होंने कभी 'राजनीतिक छुआछूत' में विश्वास नहीं किया और अपने प्रखरतम आलोचक से भी हाथ मिलाने को तैयार हैं। यह उनका कहना रहा है क्योंकि वे विचार-विमर्श और संवाद में विश्वास करते हैं, वे मानते हैं कि लेन-देन लोकतंत्र का सार है। लेकिन वे उनमें से नहीं हैं जो सिद्धान्तों से समझौता करते हैं, चाहे उन्हें अकेला ही क्यों न खड़ा होना पड़े। पंजाब इसका एक उदाहरण है। सर्वज्ञात फार्मूला के फेरीवाले कोई परिणाम नहीं दे पाए हैं।

आप्त-पुरुष नई अल्पसंख्यक सरकार पर पहले ही अपना मंतव्य दे चुके हैं, जिसने अभी-अभी सत्ता सँभाली है। लेकिन वे एक बात भूल जाते हैं। भारतीय राजनीति परिवर्तन के दौर से गुजर रही है जिसका प्रारम्भ 1967 में हुआ जब सत्ता से कांग्रेसी एकाधिकार राज्यों में समाप्त हुआ, और बाद में 1977 में केन्द्र में। उसके बाद जो कुछ हुआ वह हाल का इतिहास है और यह प्रक्रिया अभी पूरी नहीं हुई है। सरकार चलाने के लिए और राज्यों के मामले देखने के लिए नए प्रयोग करने होंगे। इस सबमें जिस बात पर समझौता नहीं किया जा सकता वह है देश की एकता-अखंडता और जनता का हित।

हमें विश्वास है कि एक बार नई सरकार प्रारंभिक घाल-मेल से पार पा लेती है तो यह सचमुच काम करनेवाली सरकार के रूप में अपने को प्रमाणित करेगी। उनके लिए शुभकामना व्यक्त करते समय जयप्रकाश नारायण को उद्धृत करने से बेहतर हम कुछ नहीं कर सकते। एक बार उन्होंने कहा था, 'चन्द्रशेखर ऐसे व्यक्ति हैं जिन्हें नियति ने एक दिन भारत के नव-निर्माताओं के बीच प्रतिष्ठित करने को गढ़ा है, जिस नव-निर्माण के लिए उन्होंने और उनके युवा सहकर्मियों ने इतने समय तक इतनी श्रम-साधना की है।

(19 नवम्बर, 1990)

नई टीम की सीमाएँ

चन्द्रशेखर के नेतृत्व वाला नया मंत्रिमंडल अब असंख्य बड़ी-छोटी समस्याओं का सामना कर रहा है, अत्यावश्यकता और तत्परता के भाव के साथ। इसने दाय के

रूप में अत्यन्त कठिन स्थिति पायी, साम्प्रदायिक और विभाजक शक्तियाँ देश को चीरकर टुकड़ों में बाँट देने के लिए धमकाती हुई, और गड़बड़-घोटाले में फँसी तार-तार आर्थिक स्थिति। लगभग सामान्य-सी स्थिति में भी किसी सरकार के पास सारे समाधान नहीं होते। स्पष्ट है कि परिणाम दिखे, इसमें थोड़ा समय लगेगा।

प्रधानमंत्री ने उपयुक्त प्रभाव डाला जब उन्होंने कहा कि उनकी सरकार का सबसे पहला काम होगा जन-विश्वास को बहाल करना और समाज के हर हिस्से का सहयोग लेना, विशेषकर धारणाएँ बनाने वालों का। किसी भी व्यक्ति की व्यक्तिगत पसन्द और आग्रह राष्ट्र की जरूरतों से महत्त्वपूर्ण नहीं हो सकते। उन्होंने समझदारी-भरी नई शुरुआत करने की अपील की है और उग्रता, आपसी आरोप-प्रत्यारोप तथा मन-मुटाव पर आधारित विगत को भूलकर सहमति के बिन्दु तलाशने और साथ काम करने का आग्रह किया है। जब देश कठिन परिस्थिति से जूझ रहा हो तो यह पहली आवश्यकता है। धारणा बनानेवालों को भी सक्रिय भूमिका निभानी चाहिए। वस्तुतः, समाज का कोई भी तबका मूक दर्शक नहीं बना रह सकता।

मंत्रिमंडल के स्वरूप को लेकर सही नीयत वाले आलोचकों ने भी प्रधानमंत्री की गलती देखी है। उन्होंने मुख्यतः दो बातें कही हैं। पहली, प्रधानमंत्री ने अपनी टीम बनाने में काफी लंबा समय लगाया। दूसरी, टीम में प्रतिभा और प्रतिनिधित्व की क्षमता की कमी है। सम्भवतः उस अपूर्व परिस्थिति को वे भूल जाते हैं जिसमें चन्द्रशेखर ने सरकार बनाने के दायित्व का निर्वाह करने की स्वीकृति दी। बल्कि यह अविवेकी कृत्य होता यदि वे लोक-सभा में विश्वास मत प्राप्त करने के पहले ही अपने मंत्रियों के नामों की घोषणा कर देते, खास करके तब जब स्थिति इतनी ढुलमुल थी और अभी भी वे छोटी-छोटी पार्टियों से अपनी सरकार के लिए समर्थन माँगते हुए बातचीत कर रहे थे। यह ठीक है कि मंत्री जितनी जल्दी अपना कार्य-भार सँभाल ले उतना अच्छा, किन्तु मंत्रियों की अनुपस्थिति में सरकारी काम-काज ठप नहीं हो जाता, क्योंकि आवश्यक निर्देश और अनुदेश देने के लिए प्रधानमंत्री का कार्यालय तो होता ही है।

दूसरे विषय में यह नहीं भूलना चाहिए, यह अल्पमत सरकार है जिसे कांग्रेस (आई) बाहर से समर्थन दे रही है। जनता दल (समाजवादी) के प्रायः अस्सी सांसद हैं। पहली खेप में मंत्रियों का चुनाव पार्टी-सदस्यों के बीच से करना था। अन्य सहयोगी दलों, और हो सकता है कि अन्य भी, से चुनाव तभी किया जा सकता है जब उनसे पूरी बातचीत हो गई हो। जैसी परिस्थिति थी उसमें प्रधानमंत्री को 'उसी हाल में नाल को खुरचना या जिसमें यह था।' चुनाव के प्रशस्त अवसर तभी उपलब्ध होते जब सहयोग कर रही पार्टियाँ भी सरकार में शामिल होने को तैयार हो जातीं। प्रधानमंत्री ने पहले ही यह संकेत दे दिया है कि अन्य दलों और ग्रुपों के राजनीतिक क्षमता वाले लोगों का वे स्वागत करेंगे, बशर्ते वे राजी हों।

'मुझको प्रसन्नता होगी यदि तात्त्विक मूल्यों वाले लोग—और अन्य पार्टियों में ऐसे कई लोग हैं—शासन-संचालन और पूरी व्यवस्था को बदलने में मुझसे सहयोग करें। मैं समझता हूँ कि खुलापन और विश्वास लाने का यह सर्वोत्तम तरीका होगा।' उन्होंने कहा।

'प्रतिभा' को संकुचित अर्थ में नहीं लेना चाहिए। वर्तमान सन्दर्भ में इसका अर्थ होगा जनता या एक टीम को संघटित करना, जिसके साथ मंत्रियों को काम करना है। अनुभव बतलाता है कि बहुत सारे 'प्रतिभावान' लोग अपनी दुनिया में रहते हैं और दूसरों के साथ मिलकर काम करना उनके लिए मुश्किल होता है। ये किसी को प्रेरित नहीं कर पाते। सबसे बुरा तो यह है कि कहावत वाले आयर के सैनिक की तरह, जो कहता था कि पूरी सेना का कदमताल उसके कदमताल से बेमेल है, पूरी टीम में हमेशा रोष देखते रहते हैं।

ये कुछ प्रत्यक्ष सीमाएँ हैं जिनके बीच रहकर प्रधानमंत्री को अपनी टीम चुननी है। यदि काम ठीक से चल निकला तो वे अपना जाल फैला सकते हैं। जैसा है, प्रधानमंत्री पहले ही कह चुके हैं वे शीघ्र ही अपनी टीम का विस्तार करेंगे। कोई प्रधानमंत्री अपने सिर पर इतना बोझ नहीं लादना चाहेगा जितना दायित्व चन्द्रशेखर ने ओढ़ लिया है। इस कारण वे दैनंदिन मंत्रिमंडलीय कार्यों में ही बँधे रह जाएँगे जबकि उन्हें सरकार के निष्पादन-प्रदर्शन पर नजर रखने और उसमें समन्वयन बनाए रखने के अधिक महत्त्वपूर्ण कर्तव्यों के लिए मुक्त होना चाहिए।

हम नई सरकार की सफलता की कामना करते हैं। तथापि, चेतावनी के कुछ शब्द हम जोड़ना चाहेंगे। आप्त-जन सरकार के जीवन को लेकर अपनी धारणा व्यक्त कर चुके हैं। जैसा कि हम अभी पिछले दिनों देख चुके हैं, यह केवल अंकगणित नहीं है जो सरकार के स्थायित्व को सुनिश्चित करता है। चन्द्रशेखर सरकार की दीर्घ आयु इसकी (कार्य-) क्षमता, प्रभावकारिता और निश्चिय ही, ईमानदारी पर निर्भर करेगी।

(4 दिसम्बर, 1990)

पंजाब में नई पहल

पंजाब में बहुत खून बहता रहा है। आकाशवाणी के चंडीगढ़ केन्द्र के निदेशक की वीभत्स हत्या के बढ़ते हिसाब में एक और का इजाफा है। इतने लंबे समय से राज्य में जारी मौत और विध्वंस के तांडव से राष्ट्र स्तब्ध है। यह ऐसे बिन्दु पर पहुँच गया है जहाँ लोग संवेदनशून्य हो गए हैं। सरकार के सारे उपायों के बावजूद, हत्यारों के हाथों में राज्य की बागडोर है। उन्होंने तथाकथित आचारसंहिता लादकर मीडिया

को भी आतंकित कर दिया है जिसकी सिर्फ निन्दा ही की जा सकती है। यह समय है जब सभी लोगों को एक साथ मिल-बैठकर समाधान खोजना चाहिए, जो किसी भी तरह से आसान काम नहीं है।

पाकिस्तान द्वारा लगातार उपद्रवी तत्त्वों को सहायता देने और राज्य को अस्थिर करने के प्रयत्नों के कारण पंजाब की स्थिति और उलझनपूर्ण तथा कठिन हो गई है। पंजाब और कश्मीर, दोनों ही राज्यों में इस काम में पाकिस्तान लंबे समय से लगा हुआ है—घुसपैठ करनेवालों को प्रशिक्षित करना, अस्त्र-शस्त्र मुहैया कराना, अपराधियों को शरण देना आदि-आदि। सारे दस्तावेजी प्रमाण दिखाये जाने के बावजूद समय-समय पर पाकिस्तानी नेताओं ने अपनी सहापराधिता से इनकार किया है। भारत में या बाहर के किसी भी व्यक्ति ने इन इनकारों को गम्भीरता से नहीं लिया है। यहाँ तक कि आम पाकिस्तानी भी उन पर विश्वास नहीं करते। उम्मीद यह की गई थी कि पाकिस्तान में जम्हूरियत की वापसी के साथ स्थितियाँ बदल सकती हैं और इसके नेता भारत के साथ अपने सम्बन्धों का निर्वाह अधिक सभ्य तरीके से कर सकते हैं। बेनजीर भुट्टो की तरह ही नवाज शरीफ ने हमारे नेताओं को दिए आश्वासनों की रक्षा नहीं की है। इस क्रम में सबसे ताजा है माले की सार्क (एस.ए.ए.आर.सी.—दक्षिण एशियाई और क्षेत्रीय सहयोग संगठन) बैठक में प्रधानमंत्री चन्द्रशेखर को दिया गया नवाज शरीफ का आश्वासन कि वे भारत के साथ दोस्ताना सम्बन्ध बनाना चाहते हैं। इस्लामाबाद लौटने के बाद उन्होंने कहा कि उनकी सरकार कश्मीर के अलगाववादियों को (स्पष्ट है कि पंजाब के आतंकवादियों को भी) समर्थन देना जारी रखेगी। माले के आश्वासन के सन्दर्भ में शरीफ के वक्तव्य पर चन्द्रशेखर ने आश्चर्य व्यक्त किया है और आशा जतायी है कि वे ऐसा कुछ नहीं करेंगे जो दोनों पड़ोसी देशों के हितों के प्रतिकूल हो।

यह समस्या का सिर्फ एक आयाम है जिसका समाधान दोनों देशों के बीच किया जाना है। दूसरे स्तर पर, सारी चुनौतीपूर्ण समस्याओं के सामने होने के बावजूद, प्रधानमंत्री ने पंजाब के मसले पर राजनीतिक दलों के नेताओं से विचार-विमर्श की पहल करने और उनकी एक औपचारिक बैठक बुलाने में जरा भी देर नहीं लगाई है।

पहले उपलब्ध अवसर पर ही प्रधानमंत्री ने यह स्पष्ट कर दिया कि पंजाब मसले के समाधान की उत्सुकता में वे किसी से भी बातचीत करने को तैयार हैं। पूर्व की तरह ही समस्या अकालियों में विभाजन की है। यह उनका जिम्मा है कि वे अपने मतभेद सुलझाएँ और जब बातचीत की मेज पर आएँ तो एक स्वर में बात करें। उन्हें यह अवसर चूकना नहीं चाहिए, क्योंकि विमर्श और संवाद किसी समस्या के समाधान का एकमात्र रास्ता है। जिनके भी मन में राष्ट्रहित की चिन्ता है उन्हें उस प्रक्रिया में सहायता पहुँचानी चाहिए जो सरकार ने शुरू की है।

पंजाब की जनता बहुत दिनों से बहुत कुछ झेलती आई है। बुरी-से-बुरी घड़ी में भी वे एकजुट होकर खड़े रहे हैं, चाहे वे जिस भी समुदाय के हों। छोटे-छोटे मतभेदों को उन्होंने अपनों को बाँट देने का मौका नहीं दिया है। हिन्दुओं और सिखों को जोड़ने वाले बंधन उनकी शक्ति हैं। उन्होंने कंधे-से-कंधा मिलाकर न सिर्फ पंजाब को बनाने में सहयोग किया है बल्कि देश के दूसरे भागों की अर्थव्यवस्था सुधारने में भी अपनी भागीदारी निभाई है। और सबसे महत्त्वपूर्ण, उन्होंने देश की सरहदों की रक्षा में वालंटियरों की भूमिका निभाई है। देश में और विदेश में अपनी साहसिकता और उद्यमशीलता की भावना के लिए भी नाम कमाया है।

राजनीतिक दलों के नेताओं को विचार-विमर्श के लिए आमंत्रित करके सरकार ने सही कदम उठाया है। इसमें सन्देह नहीं कि जिन्हें आमंत्रित किया गया है वे भी स्थिति के विस्फोट को बचाने और पंजाब में सामान्य जनजीवन बहाल करने के लिए उतने ही उत्सुक हैं। सिर्फ तभी चुनाव कराना और लोकप्रिय सरकार गठित करना सम्भव हो सकेगा। समय कम है क्योंकि राष्ट्रपति शासन की अवधि शीघ्र समाप्त होने को है।

(19 दिसंबर, 1990)

देश को सतत स्थिरता चाहिए

आजादी के बाद से देश ऐसे साम्प्रदायिक सत्यानाश से नहीं गुजरा था, जैसा अनुभव इसे इस महीने के शुरू में हुआ। शहर-दर-शहर, राज्य-दर-राज्य साम्प्रदायिकों और उनकी बदनीयतों के शिकार बनते गए। समाज-विरोधियों ने, हमेशा की तरह, एक भी मौका हाथ से जाने नहीं दिया। उत्तर प्रदेश, आंध्र, गुजरात में सर्वाधिक तबाही दिखती है। सैकड़ों लोग मृत्यु के ग्रास बन गए, कितनों की सम्पत्ति लूट ली गई। सार्वजनिक और निजी, करोड़ों की लागत की सम्पत्ति लुट गई या नष्ट हो गई। बहुत सारे लोगों के रोजी-रोजगार छिन गए और कितने ही गृहविहीन हो गए।

हर प्रभावित राज्य में अधिकारी, राजनीतिक और प्रशासकीय, गैरमुस्तैद, बल्कि लकवाग्रस्त-से पाए गए। कई दिनों तक साम्प्रदायिक और समाज-विरोधी लोग, जो कभी कोई मौका चूकते नहीं, सक्रिय रहे और अपना जघन्य खेल खेलते रहे। भयग्रस्त वातावरण और पुलिस की पाबन्दियों ने सामान्य जन-जीवन को भंग कर दिया। यद्यपि साम्प्रदायिक संघर्ष का उन्माद कुछ थमा है किन्तु परिस्थिति अभी भी सामान्य से बहुत दूर है।

अधिक चिन्ता की बात यह है कि कानून-व्यवस्था का तंत्र पंगु हो गया, यद्यपि इन दुर्भाग्यपूर्ण घटनाओं के घटने के बहुत पहले से हिंसा हवा में थी। वस्तुतः जिस

दिन गुजरात के सोमनाथ मन्दिर से भाजपा की रथयात्रा शुरू हुई उसी दिन से पूरा वातावरण विषाक्त हो गया था। जब तक रथ दिल्ली पहुँचा, भाजपा और इसके सहयोगियों या इसके रक्षितों, यथा विश्व हिन्दू परिषद्, बजरंग दल और ऐसे ही अन्य, द्वारा पर्याप्त साम्प्रदायिक जहर फैलाया जा चुका था। बिना इसकी चिन्ता किए कि देश को कौन-सा प्रतिफल भुगतना होगा, वे वोट-बैंक बनाने के अपने खेल में आगे बढ़ते गए। विचित्र बात यह कि जो लोग धर्म में राजनीति के घालमेल के लिए अकालियों की आलोचना करते थे वे स्वयं वही कर रहे थे। अपने राजनीतिक लाभ के लिए उन्होंने जनता की धार्मिक भावनाओं को उभारा।

पुलिस का पक्षपातपूर्ण व्यवहार भी अत्यन्त चिन्ताजनक है, क्योंकि कानून को लागू करनेवाले तंत्र का यह एक महत्त्वपूर्ण अंग है। जिस तरह का कृत्य इसने अनेक स्थानों में किया ऐसा पहली बार नहीं था। ऐसे पक्षपातपूर्ण व्यवहार ने अल्पसंख्यक समुदाय में भय और क्रोध के भाव को तीव्र करने-भर का काम किया। साम्प्रदायिक खाई को यह खतरे के बिन्दु तक बढ़ाने का काम कर सकता है, जो अन्ततः देश की एकता-अखंडता को प्रभावित करेगा। जिन पार्टियों को धर्मनिरपेक्ष समझा जाता है उनकी प्रतिक्रिया भी एकदम अपर्याप्त थी, कारण चाहे जो हो। एक बात तय है कि वे भी अपने चुनावी गणित से निर्देशित हुए। मध्य और वाम दलों को भाजपा, विहिप आदि जैसी साम्प्रदायिक शक्तियों से लड़ने की सामान्य रणनीति बनानी चाहिए, जो देश के धर्मनिरपेक्ष ढाँचे को नष्ट करने में लगे हैं। जब वे हिन्दुत्व की बात करते हैं और तोते की तरह 3000 मस्जिदों पर अपने दावे पर बल देते हैं तो उनके खेल की योजना स्पष्ट है। यह और कुछ नहीं, देश को बेतरतीब बना देना है।

साम्प्रदायिक शक्तियों द्वारा निर्मित नफरत और धर्मान्धता के ऐसे वातावरण में—और वे अपनी वीभत्स योजनाओं को छिपाते नहीं—कोई स्वच्छ एवं निष्पक्ष चुनाव सम्भव नहीं है।

जिस बात की तुरन्त जरूरत है वह है धर्मनिरपेक्ष और प्रगतिशील शक्तियों द्वारा उन्हें अलग-थलग और नंगा करने की कार्रवाई, जो हिन्दुत्व के नाम पर देश को बाँटने पर पड़े हैं। हिन्दुत्व को इसकी सहनशीलता तथा विशद् प्रभाव के लिए भी जाना जाता है, किन्तु इसके नए धर्मसंधी इसकी भ्रमपूर्ण व्याख्याएँ करके इसको नुकसान पहुँचा रहे हैं। स्पष्ट ही वे अपना माध्यम कच्ची रगों और युवा मस्तिष्कों को बना रहे हैं।

बिना समय गँवाये, धर्मनिरपेक्ष और प्रगतिशील शक्तियों को स्वयं को अनुप्राणित करना चाहिए और चुनौती का सामना करना चाहिए जैसा वे पहले कई अवसरों पर कर चुके हैं। उन्हें अपनी आवाज संसद के भीतर और बाहर उठानी चाहिए, क्योंकि यह हमारी जमीन का सबसे बड़ा सार्वजनिक मंच है। संसद को धर्मनिरपेक्षता के प्रति अपनी दृढ़ प्रतिबद्धता तथा उन आदर्शों, जिन पर यह खड़ी है, को सुस्पष्ट कार्ययोजना के द्वारा बार-बार बताने के लिए चन्द्रशेखर सरकार को पहल करनी

चाहिए। हाल की अशांति को ध्यान में रखकर संसद को इस मुद्दे पर बहस करनी चाहिए और जनता की स्पष्ट अगुआई करनी चाहिए। सम्भवत:, सरकार एन आई सी (राष्ट्रीय एकीकरण परिषद्) की बैठक भी बुला सकती है ताकि भाजपा को यह बताने का एक मौका दे सके कि वह देश की एकता के पक्ष में है या विखंडन के। यह दुर्भाग्यपूर्ण है कि परिषद् की मद्रास की पिछली बैठक के बहिष्कार के लिए भाजपा को बाध्य होना पड़ा, क्योंकि तत्कालीन सरकार ने जान-बूझकर सर्वानुमति से पूर्व में, राष्ट्रीय समस्वरता पर आयोजित बैठक में, पारित प्रस्ताव का रहस्योद्घाटन कर दिया था। अन्य दलों को भी हाल के संभ्रम, चाहे सुविचारित या अन्यथा, के सन्दर्भ में अपनी स्थिति स्पष्ट करने का मौका मिलेगा। क्षुद्र राजनीति को इससे बाहर रखना चाहिए, क्योंकि देश इसकी बड़ी कीमत चुका रहा है।

देश को स्थिरता और शान्ति की जरूरत है जिसके अभाव में देश के सम्मुख उपस्थित किसी भी समस्या को हल नहीं किया जा सकता। यह कोई पार्टी-मुद्दा नहीं है। हर नेता, हर पार्टी और ग्रुप को निश्चित रूप से एकजुट होना चाहिए। देश नहीं रहेगा तो कौन रह जाएगा?

(4 जनवरी, 1991)

गम्भीर रहस्योद्घाटन

7 जनवरी को प्रधानमंत्री ने संसद के दोनों सदनों को सूचित किया कि एलटीटीई (लिट्टे—लिबरेशन टाइगर्स ऑफ तमिल ईलम) के यू.एल.एफ.ए. (उल्फा—युनाइटेड लिबरेशन फोर्स ऑफ असम) तथा देश के अन्य आतंकवाद संगठनों के साथ सम्बन्धों के 'सदमा पहुँचानेवाले और परेशान करनेवाले प्रमाण' हैं।

लिट्टे की गतिविधियों की निन्दा करते हुए उन्होंने कहा कि तमिलनाडु सरकार का ध्यान भारत में लिट्टे की गतिविधियों की ओर खींचना आवश्यक है और केन्द्र इस पर मौन बैठा नहीं रह सकता।

उन्होंने यह रहयोद्घाटन भी किया कि तमिलनाडु सरकार से परिस्थिति को सुधारने के बार-बार के केन्द्र के आग्रह के बावजूद 'स्थिति सन्तोषजनक नहीं है।'

कांग्रेस (आई) सदस्यों के विचार से सहमत होते हुए, कि तीन तटीय जिलों में लिट्टे की गतिविधियों के कारण राज्य में कानून-व्यवस्था की स्थिति बिगड़ी है, उन्होंने कहा कि राज्य सरकार ने 'इसे गम्भीरता से नहीं लिया है'।

एक परवर्ती अवसर पर उन्होंने दोनों सदनों को आश्वस्त किया कि तमिलनाडु सरकार के प्रति उनके मन में कोई दुर्भावना नहीं है और उससे वे मुकाबला नहीं करना चाहते। किन्तु प्रधानमंत्री के रूप में, उन्होंने कहा, यह न सिर्फ उनका

अधिकार बल्कि कर्तव्य और दायित्व भी है कि यह संकेत करें कि फलाँ सरकार उचित ढंग से काम नहीं कर रही है। जिन्हें उनके इस कथन में राज्य सरकार के लिए धमकी दिख रही थी उन्हें आश्वस्त करते हुए उन्होंने कहा कि संविधान की धारा 356 (राष्ट्रपति शासन लगाना) का इस्तेमाल करने के पहले उनकी सरकार 'सौ बार' सोचेगी।

प्रधानमंत्री द्वारा किए गए रहस्योद्घाटन निश्चय ही चिंताजनक हैं। प्रधानमंत्री ने स्वयं यह बात बतायी, इससे इसकी गम्भीरता और बढ़ जाती है। एम. करुणानिधि के बार-बार के नकार के बावजूद आम विश्वास यही है कि वे श्रीलंका के तमिल लड़ाकों के प्रति सहानुभूतिशील रहे हैं और केन्द्र के कोंचने के बाद ही कार्रवाई में थोड़ी तेजी आई।

यह सुज्ञात है कि डीएमके (द्रमुक—द्रविड़ मुन्नेत्र कषगम) के विरोधी, कांग्रेस (आई) और सुश्री जयललिता कि ए.आई.ए.डी.एम.के. (अन्ना द्रमुक—आल इंडिया अन्ना द्रविड़ मुन्नेत्र कषगम) केन्द्र की कांग्रेस (आई) सरकार की सहायता से राज्य सरकार को गिराने की आशा लगा रहे थे। अन्ना द्रमुक फिर अपने खेल में लौट आई है, जब जनता दल (समाजवादी) सरकार का समर्थन कांग्रेस (आई) कर रही है। किन्तु मुद्दे के राजनीतिकरण के लिए इन सबका इस्तेमाल नहीं करना चाहिए। यह समस्या इतनी गम्भीर है कि राजनीति की साधारणता के साथ इसका घालमेल उचित नहीं है। स्पष्ट है कि अन्ना द्रमुक ने यह मुद्रा इसलिए अपनाई है क्योंकि लोकसभा में इसके दस सदस्यों की शक्ति इसके पीछे है। शायद इसे भरोसा है कि यह केन्द्र की बाँह मरोड़ देगी। बेहतर होगा यदि अपने को इससे विरत कर लें। प्रधानमंत्री ने स्वयं सार्वजनिक रूप से कहा है कि अल्पमत सरकार होने के बावजूद केवल कांग्रेस (आई) पर निर्भरता के कारण इस पर फैसले लेने के लिए दबाव नहीं डाला जा सकता। संसद में चन्द्रशेखर का वक्तव्य, कि द्रमुक सरकार के लिए उनके मन में कोई दुर्भावना नहीं है और वे राज्य सरकारों को धमकाने में विश्वास नहीं करते, से जो भी सन्देह हो वे छँट जाने चाहिए। छोटी-छोटी बातों से ऊपर उठकर, राजनीतिक या और तरह की, राष्ट्रीय एकता और अखंडता से सम्बन्धित मसलों पर सभी को सोचना चाहिए।

प्रधानमंत्री के द्वारा किया गया एक और रहस्योद्घाटन यह है कि तमिलनाडु सरकार से उन्होंने कोई खबर बाँटी थी, उसे तमिल लड़ाकों तक पहुँचा दिया गया है। पुनः यह एक गम्भीर बात है और राज्य सरकार की विश्वसनीयता को कम करता है। यदि राज्य सरकारें, अपने पार्टी के आग्रह से अलग क्योंकि वे संघीय संविधान के अन्तर्गत कार्यरत हैं, इस तरह का आचरण करती हैं जैसे केन्द्र के विश्वास को भंग करना या इसके उल्टे, तो इसमें अशोच्य परिस्थिति पैदा होगी, जो देश-हित को भी खतरे में डाल सकती है।

राजनीति बैर-भाव को हमारे मस्तिष्क को विकृत नहीं करना चाहिए। पार्टी हित और राष्ट्रीय हित में अन्तर करने की क्षमता इसमें अवश्य होनी चाहिए। जयललिता और कांग्रेस (आई) की महत्त्वाकांक्षाएँ जगजाहिर हैं किन्तु इन्हें तमिलनाडु या देश के दूसरे हिस्सों में परेशानी पैदा कर रहे बाह्य आतंकवादी संगठन के विरुद्ध संघर्ष में आड़े नहीं आना चाहिए। उपद्रव मचाते या देश को अस्थिर करते बाहरी लोगों को देश में कोई जगह नहीं दी जा सकती। और इसमें किसी पार्टी या राज्य के केन्द्र के साथ निकट सहयोग न करते हुए काम करने का सवाल ही नहीं उठता।

करुणानिधि ने स्वयं ही पीटने के लिए एक छड़ी विपक्षियों के हाथ में थमा दी है जिस ढंग से उन्होंने श्रीलंकाई तिमल लड़ाकों की लूटमार का सामना किया। एक समय तमिलनाडु में 31 छावनियाँ थीं जो वहाँ लड़ाकों को हथियार चलाने का प्रशिक्षण दे रही थीं, जैसा एक रिपोर्ट बताती है। करुणानिधि ने उनके अस्तित्व को नकार कर और श्रीलंका में आई.पी.के.एफ. द्वारा निभाई गई भूमिका की निन्दा करके अपनी सहानुभूति को अत्यन्त स्पष्ट कर दिया है।

अभी भी समय है और तमिलनाडु सरकार को सुधारात्मक कदम उठाने चाहिए। इसे प्रधानमंत्री के रहस्योद्घाटनों पर जनता को भी विश्वास में लेना चाहिए।

(19 जनवरी, 1991)

खाड़ी युद्ध बन्द होना ही चाहिए

17 जनवरी को फूट पड़ा खाड़ी युद्ध बहुत जानें ले चुका और तबाही मचा चुका। इसने भारत समेत कई विकासशील देशों के अर्थतंत्र को डगमगा दिया है। जबकि संयुक्त राज्य के नेतृत्व वाला सम्मिलन ईराक के सुप्रीमो सद्दाम हुसैन को घुटनों के बल झुका देने पर अड़ा है, सद्दाम के झुकने का कोई लक्षण नहीं है। सद्दाम हुसैन युद्ध के विस्तार और इसे लम्बा खींचने के लिए दृढ़ दिखते हैं। सम्मिलन के प्रवक्ता भी इसको स्वीकार करते हैं।

इजरायल पर मिसाइल-आक्रमणों से, अरब के लोगों के लिए जो लाल कपड़ा दिखाने जैसा है, इराक ने एक और मोर्चा खोल दिया है। अमेरिकी दबाव के कारण इसने प्रतिकार नहीं किया है। इससे संयुक्त राज्य को अरब के अपने मित्रों को 28 सदस्यीय सम्मिलन में रखने में सहायता मिली है। किन्तु यह स्थिति लम्बे समय तक नहीं बनी रह सकती। इजरायल पर और मिसाइलों की वर्षा होने पर इसकी सरकार पर प्रतिकार करने के लिए दबाव का बढ़ना स्वाभाविक है। एक बार ऐसा हो जाता है तो कोई भी अरब-सरकार इराक के खिलाफ आक्रमण में सहभागिता कायम रखने में अपने को असमर्थ पाएगी। अभी ही इसके कुछ चिह्न हैं। जब हमले

में ज़मीनी सेना शामिल हो जाएगी तो आकाश पर कब्जा करने के लिए हो रहे युद्ध में जो हम देख रहे हैं उससे कई गुना अधिक जान–माल की हानि होगी। इससे निश्चय ही संयुक्त राज्य के ख़िलाफ़ अरब और मुस्लिम आक्रोश बढ़ेगा। और तो और अमेरिकी जनमत—अभी ही संयुक्त राज्य में तथा अन्य देशों में विशाल युद्ध–विरोधी प्रदर्शन हो रहे हैं—युद्ध के सन्दर्भ में असुविधाजनक प्रश्न पूछने शुरू कर देगा। एक तरह से वियतनाम अपने को दुहरा सकता है।

जो हाल है, संयुक्त राज्य ने, स्पष्टत: सुरक्षा परिषद् के प्रस्ताव की ग़लत व्याख्या करते हुए और संयुक्त राष्ट्र का एक तरह से अपहरण करते हुए, खुद के लिए पुलिसमैन की झूठी भूमिका तय कर ली है। संयुक्त राज्य के नेतृत्व में अरब मरु क्षेत्र में जारी गतिविधि ने मानवता की आशाओं को धूमिल करने का काम किया है, जबकि शीत युद्ध का दौर बीत चुका है और सोवियत संघ तथा पूर्वी यूरोप में क्रान्तिकारी परिवर्तन हुए हैं। वस्तुत: जारी युद्ध ने बहुत हद तक सद्दाम हुसैन की कुवैत पर धावा बोलनेवाले आक्रान्ता की छवि को मिटा दिया है। इस मरुयुद्ध का परिणाम चाहे जो हो—आधुनिक हाई–टेक युद्ध में कोई विजेता होता ही नहीं—अस्थिरता के बीज खाड़ी में अच्छी तरह से बो दिए गए हैं जिससे शेखों और रजवाड़ों के राज्य हिल गए हैं। शासकों और शासितों के मध्य की रिक्ति बढ़ गई है, रूढ़िवादियों को प्रोत्साहन मिला है तथा अखिल–अरब आन्दोलन को अतिरिक्त गति। द्वितीय विश्वयुद्ध के बाद जिन्होंने ऐसी दुस्साहसिकताएँ देखी हैं उनके लिए यह कोई चौंकानेवाली बात नहीं है। ऐसा लगता है कि दुनिया ने इतिहास से कोई सबक नहीं सीखा है।

नॉन एलाइंड (गुट–निरपेक्ष) मूवमेंट (एनएएम—नैम) लगभग पंगु हो चुका है। वी.पी. सिंह की सरकार ने, जो अगस्त में कुवैत पर अधिकार किए जाते समय सत्ता में थी, कुछ खास नहीं किया। कुछ देर से ही सही, भारत ने नैम को संगठित एवं गतिशील बनाने की पहल की है ताकि खाड़ी संकट का जल्द समाधान निकल सके। विदेश मंत्रियों, विद्याचरण शुक्ल और बुदीमिर लोंकर में बातचीत के बाद बेलग्रेड में जारी संयुक्त विज्ञप्ति में कहा गया कि दोनों देश, नैम के अन्य सदस्यों तथा संयुक्त राष्ट्र के महासचिव से अन्त में बात करेंगे।

टालने की सारी कोशिशों के बावजूद युद्ध के फूट पड़ने पर 'गम्भीर चिन्ता' व्यक्त करने के अतिरिक्त विज्ञप्ति में विवरण नहीं दिए गए। कूटनीति के प्रयोग के क्रम में यह बात समझ में आती है किन्तु यहाँ तो समाधान के लिए कुवैत से इराक की सेना की वापसी ज़रूरी है तथा पैलेस्टाइन मसले को हल करने की प्रतिज्ञा आवश्यक है, क्योंकि यह लम्बे समय से इस क्षेत्र में संघर्ष का उत्प्रेरक रहा है। अरब–भूमि पर इजरायली दखल एक और मामला है।

संयुक्त राष्ट्र और इसके मुख्य कार्यपालक को इसकी छवि, जिस पर पहले ही बहुत आघात पहुँच चुका है, बचाने के लिए सारे कूटनीतिक कौशल की जरूरत पड़ेगी।

दुनिया को यह बात भी समझनी चाहिए कि अरब लोग बड़ी शिद्दत से यह महसूस करते हैं कि उनकी संपदा अमेरिका जा रही है और उसके माध्यम से थोड़ा हिस्सा इजरायल जा रहा है। अमेरिका के पीठ पर होने से इजरायल अरब लोगों को अपमानित करने और उन पर प्रभुत्व कायम करने का प्रयत्न करता रहा है।

इस संकट का समाधान मुश्किल है, इसमें सन्देह नहीं, खास करके इराक के अड़ियल रवैये और सम्मिलन की सुरक्षा परिषद् के प्रस्तावों के मूल और भावना के बाहर जाने की जानी हुई नीयत के कारण। संयुक्त राष्ट्र घोषणा-पत्र एक सदस्य देश द्वारा दूसरे सदस्य देश पर सशस्त्र कार्रवाई की मनाही करता है। अन्तरराष्ट्रीय बटमारों को भुगतान की अनुमति नहीं दी जानी चाहिए। कानून केवल छोटे देशों के लिए नहीं है। महाशक्तियों पर भी इसे समान रूप से लागू होना चाहिए। जिसकी लाठी उसकी भैंस वाले दिन वापस नहीं लाए जाने चाहिए।

मानवता शान्ति की गुहार लगा रही है। राष्ट्रपति बुश और राष्ट्रपति सद्दाम हुसैन को इसे व्यर्थ नहीं करना चाहिए, अन्यथा इतिहास उन्हें ऐसे लोगों के रूप में याद करेगा जो मानवता के लिए महाविनाश ले आए।

युद्ध बन्द होना ही चाहिए...और अविलम्ब।

(4 फरवरी, 1991)

तमिलनाडु के लिए आँसू

तमिलनाडु की द्रमुक सरकार को 30 जनवरी को केन्द्र ने भंग कर दिया और इस पर खूब छाती पीटी गई। जनता दल के प्रवक्ता चीखे—'यह स्वेच्छाचारिता है और संविधान के प्रावधानों का स्पष्ट दुरुपयोग है।' भाजपा नेता लालकृष्ण आडवाणी ने महसूस किया कि आखिरी उपाय के रूप में राष्ट्रपति शासन लगाना चाहिए और ऐसा करने से पहले राज्य सरकार को चेतावनी दी जानी चाहिए थी, हालाँकि वे निश्चित नहीं हैं कि ऐसी प्रक्रिया अपनाई गई या नहीं। उनके वरिष्ठ सहकर्मी अटलबिहारी वाजपेयी ने कहा कि कांग्रेस के समर्थन की कीमत चन्द्रशेखर सरकार ने चुका दी है। ईएमएस नम्बूद्रिपद को लगा कि ठीक वही किया है जिसे करने से सरकारिया आयोग ने मना किया था।

राष्ट्रीय मोर्चा, तमिलनाडु में द्रमुक जिसका प्रभावशाली सहयोगी है, ने एक दिन के बन्द का आह्वान किया जिसका खास प्रभाव तमिलनाडु में नहीं पड़ा।

आश्चर्य होता है कि प्रतिक्रिया व्यक्त करते समय इन राजनेताओं ने अपनी-अपनी पार्टी की निश्चित मुद्रा का अनुपालन किया या राज्य की हकीकतों को भी ध्यान में रखा। फैसले की घोषणा करते हुए केन्द्र के एक प्रवक्ता ने कहा कि लिट्टे

लड़ाकों की आधार-भूमि (बेस) के रूप में राज्य का इस्तेमाल हो रहा था और यदि समय से इस पर रोक न लगाई गई तो यह राज्य सरकार के प्रभाव को कम करेगा। पिछले कुछ महीनों में राज्य में घटी घटनाएँ चिन्ता में डालनेवाली थीं और लिट्टे की बेरोक गतिविधियों के कारण कानून-व्यवस्था की स्थिति बदतर हो जाती।

7 जनवरी को प्रधानमंत्री ने संसद के दोनों सदनों को सूचित किया था कि देश में उल्फा (यूएलएफए) तथा अन्य आतंकवादी संगठनों के साथ लिट्टे के सम्पर्कों की 'चिन्ताजनक और बेचैन करनेवाली' प्रामाणिक खबर है। लिट्टे की गतिविधियों की निन्दा करते हुए उन्होंने कहा था कि यह आवश्यक है कि भारत में लिट्टे की गतिविधियों की ओर राज्य सरकार का ध्यान आकृष्ट किया जाए और केन्द्र मौन दर्शक नहीं बना रह सकता। उन्होंने यह रहस्योद्घाटन भी किया था कि 'स्थिति सन्तोषजनक' नहीं है, केन्द्र द्वारा राज्य से स्थिति को सुधारने के बार-बार के आग्रह के बावजूद स्वयं प्रधानमंत्री द्वारा ही किया गया एक और रहस्योद्घाटन कि उन्होंने तमिलनाडु सरकार से कुछ सूचनाएँ बाँटी थीं, जो तमिल लड़ाकों तक पहुँचा दी गईं। जिन्होंने इसमें राज्य सरकार के लिए एक तरह की धमकी देखी थी उन्हें प्रधानमंत्री ने आश्वासन दिया था कि संविधान की धारा 356 को लागू करने के पहले वे 'सौ बार सोचेंगे।'

इस घटना-विकास पर ध्यान देने से विपक्ष की युक्तियाँ वास्तविक कम, कर्मकांड अधिक प्रतीत होती हैं। और कैसी तथा कितनी चेतावनी, यदि यह जरूरी था भी तो प्रधानमंत्री राज्य सरकार को देते, जितनी उन्होंने संसद में दी।

परिस्थिति पर राज्य के राज्यपाल द्वारा रिपोर्ट न भेजने की बात को तिल का ताड़ बनाया जा रहा है। सम्भव है कि केन्द्र को भेजी जा रही खुफ़िया रिपोर्टों की जानकारी उन्हें न हो। धारा 356 स्वयं इस स्थिति को स्पष्ट करती है जब वह कहती है—'किसी राज्य के राज्यपाल की रिपोर्ट मिलने पर या अन्यथा, राष्ट्रपति सन्तुष्ट हैं कि ऐसी परिस्थिति उत्पन्न हो गई है...।' आलोचकों का मानना क्या यह है कि राज्यपाल की रिपोर्ट के अभाव में राष्ट्रपति (अर्थात् केन्द्र सरकार) शक्तिहीन हैं ? इसे जाने दें। ऐसे असंख्य उदाहरण हैं जब राष्ट्रपति की अनुशंसा के लिए राज्यपालों की खबर ली गई।

संविधान के लागू होने के बाद से ही धारा 356 सर्वाधिक विवादास्पद धाराओं में से एक रही है। चूँकि सबसे लम्बे समय तक केन्द्र में कांग्रेस सत्ता में रही इसलिए उसने इसका सर्वाधिक इस्तेमाल किया। यदि यह महसूस किया जा रहा है कि इसके उपयोग से अधिक दुरुपयोग किया जा रहा है तो राजनीतिक दलों को सरकार को इस बात के लिए राजी करना चाहिए कि सरकारिया आयोग की अनुशंसाओं के आलोक में, या वैसे भी, और सुरक्षा के उपाय करें।

चुनाव होने में देर नहीं लगेगी। आश्चर्यजनक तेजी से अन्नाद्रमुक और कांग्रेस (आई) ने सीटों के बँटवारे पर समझौता कर लिया है।

दलीय घेरे के बाहर

234 विधान सभा सीटों में से अन्ना द्रमुक 168 सीटों पर लड़ेगी और कांग्रेस (आई) 66 पर। इसके बदले में, जब चुनाव होंगे, कांग्रेस (आई) लोकसभा की तमिलनाडु की दो-तिहाई सीटों पर लड़ेगी। यह स्पष्ट है कि सुश्री जयललिता, जो करिश्माई एमजीआर (एम.जी. रामचन्द्रन) की उत्तराधिकारी के रूप में उभरी हैं, सरकार बनाएँगी और वह भी सम्भवत: अपने बलबूते पर। वे यह इच्छा पाले बैठी हैं और नेपथ्य में काफी समय से खड़ी हैं। अन्नाद्रमुक और कांग्रेस (आई) दोनों ने ही 1989 के चुनावों से नसीहत ली है और अब हाथ मिलाने का निर्णय किया है।

(19 फरवरी, 1991)

पुनर्विचार की आवश्यकता

अवश्यंभावी घट चुका है। अत्यन्त अशिष्ट तरीके से विश्व-जनमत को दरकिनार करते हुए संयुक्त राज्य की अगुआई वाली बहुराष्ट्रीय शक्तियों ने इराक के खिलाफ आधुनिक इतिहास का सर्वाधिक रक्तपातपूर्ण जमीनी आक्रमण प्रारम्भ कर दिया है। शान्तिप्रेमी विश्व-बिरादरी की जिस बात ने सदमा पहुँचाया वह यह कि उन्होंने यह कदम गोर्बाचोव की शान्ति-योजना को खारिज करके, तीसरी दुनिया के राष्ट्रों की अपीलों को ठुकराकर और यहाँ तक कि अक्खड़ सद्दाम हुसैन के हृदय परिवर्तन के बावजूद उठाया। संयुक्त राज्य के इरादों को लेकर अब किसी को भ्रम में नहीं रहना चाहिए—इराक की तबाही और विघटन, इजराइल को ताकतवर बनाना और पश्चिम एशिया में धमकी भरा आधार बनाना। सचमुच यह अफसोसनाक है कि एक संयुक्त राष्ट्र जिसका खुद का अस्तित्व खतरे में है, जब महाशक्तियाँ अपने घृणित हितों के लिए इसे अपहृत कर लेती हैं—आँखों के आगे महाशक्तियों की नपी-तुली कसाईगिरी का मौन दर्शक बना रहने को सारा विश्व बाध्य है।

सोवियत राष्ट्राध्यक्ष मिखाइल गोर्बाचोव की शान्ति-योजना को यदि ठीक से पढ़ा समझा जाता तो इराक-कुवैत उलझन के सन्दर्भ में यह सर्वोत्तम था। इसमें ठोस समाधान था इराक की वापसी, जो कि हो रही है और उसके बाद इसके उचित सन्दर्भ में समस्या का फिर से समाधान। परंतु ऐसा नहीं हुआ है। सत्ता के लिए हेकड़ी, लोभ और विश्व-वर्चस्व बनाए रखने की बाध्यता जीत गई है।

सदमे अपनी जगह, विश्लेषक यह निश्चित रूप से जान गए होंगे कि पश्चिमी सम्मिलित शक्तियाँ एक युद्ध को अधूरा नहीं छोड़ देंगी। आसमानी वर्चस्व की जाँच कर लेने के बाद, अब वे जमीन पर खून का स्वाद लेना चाहते हैं। सच, 'हाई-टेक' (उच्च तकनीकी), सभ्यता की लूटमार करनेवाली प्रकृति को प्रदर्शित किया है।

यदि सोवियतों को इस तरह से अस्वीकृत कर दिया जाना था—एक शान्ति-योजना बनाने की तकलीफ उन्होंने उठाई ही क्यों। इस बारे में निश्चित हुआ जा सकता है कि वे इतने भोले-भाले नहीं हैं, अपनी पुरानी औपनिवेशिक हैसियत के बिना भी। पूर्वानुमान के लिए अभी बहुत जल्दबाजी होगी, किन्तु ऐसा लगता है कि शान्ति-व्यवस्था कायम करने की अपनी नई भूमिका से सोवियतों ने अरब लोगों का दिल जीत लिया है, जबकि और अधिक अल्पकालिक लाभ पाने की हड़बड़ी में पश्चिमी शक्तियाँ शायद यह देखेंगी कि मरुभूमि की तप्त बालुका-राशि उनकी आत्मा को झुलसा रही है, दिनों बाद जब अरब दुनिया याद करेगी कि कैसे उनकी प्राचीन सभ्यता को लीप-पोतकर बदशक्ल कर दिया गया है—आमूलचूल।

जब इराक ने कुवैत पर कब्जा जमा लेने का बेवकूफी भरा कदम उठाया था, उसने इस बात को नहीं समझा कि मध्य-पूर्व में दखलंदाजी के लिए पश्चिम को वह सुनहरा मौका दे रहा है, जिसका अन्तिम लक्ष्य अपना आधिपत्य जमाना है। पिछले आठ महीनों ने मध्य-पूर्व में सबसे बड़े सैनिक जमावड़े को देखा। इस क्षेत्र के पूरे इतिहास में पूर्व औपनिवेशिक शक्तियों ने इतनी विशाल शक्ति का प्रयोग कभी नहीं किया।

लगता है कि बहुराष्ट्रीय ताकतों ने आधुनिक साम्राज्यवाद के 'सनसनी फैलाने वाले मेमनों', यथा हेनरी किसिंजर और उनके भी पूर्व के जॉन फॉस्टर डलेस जैसे लोगों, जिनका मुख्य लक्ष्य हमेशा समाजवाद को रोकना और तीसरी दुनिया के देशों के विकास को अवरुद्ध करना रहा, के बताये रास्ते का ध्यान रखकर अपना काम अंजाम दिया है। ऐसा होना कोई प्रसन्नतादायी नहीं है और तीसरी दुनिया के देशों को अपनी सुरक्षा के प्रति चौकस रहना चाहिए। गहन पुनर्विचार की जरूरत है।

इजराइल गोश्त का अधिक-से-अधिक हिस्सा निकाल लेना चाहेगा, वे सद्दामों के पीछे पड़े ही हैं। एक बार यह उपलब्ध हो गया तो अरब राज्य, जिनमें से कुछ उल्लसित भाव से बहुराष्ट्रीय ताकतों के आक्रमण का साथ दे रहे हैं, अत्यन्त सन्तप्त होकर यह देखेंगे कि इजराइल कुछ समय बाद अरब क्षेत्र के बड़े भू-भाग पर इतमीनान से बैठा है—इराक, सीरिया, जॉर्डन और कौन जाने उत्तरी सऊदी अरब। जो कुछ त्रासद घटित हुआ वह है संयुक्त राज्य के खेल की योजना का पूरा होना—इराक की सम्पूर्ण तबाही। अब यह देखना बाकी है कि क्या गोर्बाचोव-योजना, हालाँकि जिसे इतने हल्के-फुल्के ढंग से पश्चिम ने खारिज कर दिया है, संयुक्त राष्ट्र को प्रेरित करती और क्रियाशील बनाती है। यह सम्भव नहीं दिखता, विशेषकर पिछले आठ महीनों में जो कुछ होता रहा है उसको देखते हुए—एक शक्ति-समूह के लिए घंटी-बोया (बेल-बॉय) की तरह काम करता राष्ट्र-संघ।

जब युद्धोन्माद जगता है, बहुत सारे सवाल पूछे जाते हैं। इस प्रश्न-सूची में पहला यह होता है कि युद्ध की समाप्ति के बाद अब मध्यपूर्व की प्रमुख ताकत कौन होगा। इसका उत्तर देना उतना आसान नहीं है, किंतु एक त्रि-आयामी शक्ति का ढाँचा उभर

सकता है—ताकतवर पश्चिमी सेना की उपस्थिति, सोवियत कूटनीतिक प्रभाव का विस्तार (उनके शान्ति-प्रयासों के कारण) और ताकतवर इस्लामी ईरान। ये सब सम्भव हैं, किन्तु अरब और ईरान भी एक जीवनक्षम ईरान चाहते हैं, अन्यथा तेल अबीब अड्डे का शासक बन बैठेगा। आशा यह की जाती है कि इजरायली युद्धस्थिति अन्ततः निराशोन्मत्त अरबों को एक कर देगी। इस युद्ध में भिड़कर सद्दाम ने संसार के सामने यह प्रमाणित किया है कि अरब लड़ सकते हैं और एक महाशक्ति की भी अवज्ञा कर सकते हैं। प्रेरक तत्त्व निश्चय ही एक नई अरब दुनिया बनाने में मदद करेंगे, विदेशी सेनाएँ वापिस जाएँगी और बादशाहत समाप्त होगी। यह समय है कि अरबों को अपना भविष्य गढ़ने का अवसर दिया जाए।

(4 मार्च , 1991)

अच्छा प्रदर्शन एवं निष्पादन

प्रधानमंत्री के इस्तीफे और आसन्न चुनावों ने एक बार फिर राजनीतिक परिदृश्य को सक्रिय कर दिया है। इस्तीफे का कारण, जो अब सर्वज्ञात है, कांग्रेस (आई) को बड़ी बुरी छवि देता है। यद्यपि जनता दल (समाजवादी) ने उनके साथ चलने की हर सम्भव कोशिश की, दूसरी तरफ के षड्यंत्र ने देश को पटरी पर लाने के चन्द्रशेखर की किसी भी कोशिश को पहले ही से अधिकृत कर लिया—चन्द्रशेखर ने इतने कम समय में देश की स्थिति सुधारने में अत्यन्त दक्षता का परिचय दिया था।

निगरानी-प्रसंग कांग्रेस (आई) के घृणित और चेचकरू (धब्बेदार) पक्ष को प्रत्यक्ष करता है। प्रधानमंत्री चन्द्रशेखर उदारता बरत रहे थे, जब उन्होंने कहा कि कांग्रेस पार्टी ने बचकाना आचरण किया है। वे इतना ही कुछ कहेंगे, ऐसी आशा उनके कद, परिपक्वता और ईमानदारी के कारण उनसे थी। आम आदमी के लिए, कांग्रेस (आई) का खेल 'हिन्दी फिल्मी खलनायकी' के अक्षम्य कृत्य के रूप में देखा जा रहा है।

कांग्रेस (आई) को जिस बात ने परेशान किया वह प्रधानमंत्री की बढ़ती हुई लोकप्रियता थी। राष्ट्र के इतिहास में पहली बार—लोग एक असली भारतीय नेता के बारे में बात कर रहे थे, जो देश को, इसकी समस्याओं को, जानता और समझता है। सच पूछिए तो यह थी वह बात जिसने कांग्रेस (आई) को बदजायका कर दिया। करिश्माती चन्द्रशेखर उनके 'ऐपल-कार्ट' (खेल-गाड़ी) को विपर्यस्त कर रहे थे।

दूसरी राजनीतिक पार्टियाँ भी ठीक ढंग से काम कर रही सरकार को परेशान करने के अपने प्रयत्नों से बाज नहीं आ रही थीं। जो कुछ वे भूल गए वह यह कि दिसम्बर 1989 से नवम्बर 1990 तक जब उन्हें अवसर दिया गया तो वे राष्ट्र को संकट के

कगार पर ले गए थे। मंडल-विरोधी आन्दोलन, मन्दिर-मस्जिद विवाद के उपद्रव ने वास्तव में देश की प्रगति पर ब्रेक लगा दिए थे। पर्याप्त खून बेरोक बह रहा था। चन्द्रशेखर आए और सामान्य स्थिति तेजी से लौट आई। पिछले चार महीनों ने कई दिशाओं में महत्त्वपूर्ण सुधार देखे। तनाव विसारित हो गया। चीजें इतनी संकटपूर्ण नहीं हुई होतीं—यदि, जब कांग्रेस 1989 में पराजित हो गई, देश का नेतृत्व उपयुक्त हाथों में सौंपा गया होता। 1989 में जनता दल सरकार के गठन के बाद कुछ महारथियों की गन्दी राजनीति में लिप्तता हमें रसातल में ले आई। चन्द्रशेखर ने प्रमाणित किया है कि यदि इच्छाशक्ति हो और मनोवृत्ति हो तो भारत जैसे बड़े देश को भी केवल चार महीनों में पटरी पर लाया जा सकता है।

जितना थोड़ा समय मिला उस हिसाब से प्रदर्शन-निष्पादन प्रभावशाली रहा। पंजाब के लड़ाके बातचीत के लिए मेज पर बैठने को तैयार थे। विदेश नीति में सरकार ने, पहले के भावनात्मक जाल बनाने के उलट, सहज एवं धैर्यवान् कुशलता दिखलाई। आर्थिक मोर्चे पर, बहुत कुछ नहीं कहा जा सकता, क्योंकि कोई ठोस परिणाम दीखने के लिए समय बहुत कम था। कुल मिलाकर देश फिर से साँस लेने लगा था।

विदेशी मीडिया ने भी इस पर ध्यान दिया और रेखांकित किया था। लन्दन का 'इंडिपेंडेंट' इस पर अत्यन्त स्पष्टवादी रहा है, 'श्री चन्द्रशेखर ने ऐसे समाधान निकालने के लिए, जिसका साहस, अधिक शक्तिशाली प्रधानमंत्री, एक और ऐसा प्रधानमंत्री जो लंबे समय तक पद पर बना रहता, फिर भी नहीं कर पाता, बहुतों की प्रशंसा पायी। उन्होंने पंजाब के सिख उग्रवादियों और कश्मीर के अलगाववादियों से मिलने का प्रस्ताव रखा। वे स्पष्ट थे।' निश्चय ही यह उस राजनीतिक पार्टी को रुचिकर नहीं लगा है जिसे यह मुगालता है कि देश पर राज्य करने के लिए 'विधाता ने उन्हें सिरजा' है।

यह हमारी लोकतांत्रिक व्यवस्था पर कलंक है कि कांग्रेस जैसी परम्परावादी पार्टी, जिसका इतिहास सौ साल पुराना है, इतने उजड्ड तरीके का बर्ताव करे। कांग्रेस का समर्थन पाते रहने के एवज में प्रधानमंत्री से कुछ शीर्ष नेताओं को अपदस्थ करने की आशा करना जरूरत से ज्यादा था। अब कांग्रेस (आई) घबराई हुई है, क्योंकि प्रधानमंत्री ने उन्हें उपकृत नहीं किया और देश के सर्वोत्तम हित में काम किया।

एक अलोकप्रिय, राजनीति में नए प्रवेशक (6 वर्ष), जो दुर्भाग्य से पाँच वर्षों तक प्रधानमंत्री रहा, की 'सनसनाते मेमने' की मानसिकता कांग्रेस को आगामी चुनाव में बुरी तरह से नीचे ला देगी।

आगामी चुनावों के परिणाम के सम्बन्ध में कोई भविष्यकथन मुश्किल है। तथापि, चन्द्रशेखर मतदाताओं का सामना, साहसी, ईमानदार और जमीनी नेता की कहीं बेहतर छवि के साथ कर सकेंगे। यह उन्हें कामचलाऊ जनादेश के साथ लौटा सकता है। इस पर प्रधानमंत्री ने भी हाल में एक प्रेस-साक्षात्कार में कहा, 'हमें 500 सीटों पर चुनाव लड़ने के लिए तैयार रहना चाहिए और हम लड़ेंगे यदि हमारे साथ कोई सहयोग

नहीं करता और हमारे साथ तालमेल के लिए विचार-विमर्श करता है।' यह नव विश्वास देश के लिए शुभ शकुन है, क्योंकि देश भविष्य के लिए चन्द्रशेखर की, प्रधानमंत्री के रूप में जरूरत महसूस करता है।

(19 मार्च, 1991)

सावधानी की जरूरत

पाकिस्तान में संयुक्त राज्य के राजदूत की कथित टिप्पणी कि कश्मीर भारत का विवादित हिस्सा है, को अत्यन्त चिन्ता के साथ देखना चाहिए। इस बहकावे में पड़े अपने यहाँ के आशावादियों को कि संयुक्त राज्य अमेरिका भारत के करीब आता जा रहा है, उक्त टिप्पणी से सावधान हो जाना चाहिए। इसके विपरीत, पश्चिम के तीसरी दुनिया के देशों से सम्बन्ध की तुलना में उनके बल देने की प्राथमिकताओं में निश्चित बदलाव है।

खाड़ी में साधारण-सी जीत का स्वाद चख लेने के बाद—जो इराक की गलत सैन्य योजना और इसके शीर्ष नेतृत्व के हठीले आचरण का परिणाम है—पश्चिम को खून का स्वाद लग गया है। वे नहीं चाहते कि भारत और इसके जैसे अन्य क्षेत्रीय शक्तिशाली देश उसके साम्राज्यवादी आधिपत्य को चुनौती दें। यह एक गम्भीर मामला है, जिस पर गुट-निरपेक्ष देशों को ध्यान देना चाहिए।

इसके अलावा, युद्ध-सामग्री के क्षेत्र के एक पश्चिमी बहुराष्ट्रीय निगम द्वारा कथित रूप से तैयार रूप-रेखा, कि यदि भारत पश्चिम-विरोधी हो जाए तो उसे कैसे निष्प्रभाव किया जाए, की जाँच-पड़ताल की जानी चाहिए और इसकी सारी शाखा-प्रशाखाओं सहित, अध्ययन करना चाहिए। यद्यपि संयुक्त राज्य सरकार ने ऐसी रिपोर्टों को सिरे से नकारा है, इस तथ्य की उपेक्षा नहीं की जा सकती कि एक बहुराष्ट्रीय (एम एन सी) कम्पनी ने एक तरह की योजना बनायी है। इसे भविष्यगामी शोध कहकर खारिज करने की बात भी थोड़े खारेपन के साथ ही सुननी चाहिए। पिछले 40 वर्षों में पश्चिम के ऐसे बहुत सारे शोध की परिणति तीसरी दुनिया के इस या उस देश के विध्वंस में हुई।

वियतनाम का उदाहरण देखिए। 1955 से 1965 तक, पश्चिम की शोध-संस्थाओं ने, सभी सरकार द्वारा प्रायोजित, वियतनाम पर महाकाय काम किया—देश, लोग, भू-दृश्य और प्रतिरक्षात्मक तैयारी। ये आँकड़े शस्त्र-निर्माताओं के गले मढ़ दिए गए, जिन्होंने आधुनिक युद्ध के कुछ सर्वाधिक मारक हाई-टेक (उच्च तकीकी वाले) हथियार बनाए, जैसे गर्मी खोजने वाले प्रक्षेपास्त्र (मिसाइल)। तकनीकी विवरणों में जाने की जरूरत नहीं है, सिर्फ इतना कहना पर्याप्त है कि 1945 के बाद से पश्चिम

के लिए युद्ध और तीसरी दुनिया के देशों को निष्प्रभाव करना, प्राथमिकता संख्या एक रहा है।

इसलिए हमारा सशंकित होना स्वाभाविक है। 42 दिनों के भीतर हमने इराक को विनष्ट होते देखा। एक विकसित, समृद्ध और सशक्त अरब शक्ति पर अनुपातहीन बम बरसाये गए और उसको 'अब्बासिद खलीफा' के युग में भेज दिया गया।

यह कि भारत या कि ईरान और चीन भी हिट-लिस्ट में हों तो क्या आश्चर्य। जमाने से चली आती साम्राज्यवादी इच्छा से दुनिया को अधीन रखने की मानसिकता उपजती है। यदि प्रथम और द्वितीय विश्वयुद्ध ने पुराने साम्राज्यवाद को दफन किया—कोरिया, वियतनाम, लातीनी अमेरिका—इसने साम्राज्यवाद को जन्म दिया—निष्ठुर, घातक और अत्यन्त विषैला।

यह अत्यन्त दुर्भाग्यपूर्ण है कि ऐसी कठिन घड़ी में गुट-निरपेक्ष आन्दोलन उदास पड़ा हो। यह एकदम निष्क्रिय हो गया है। अच्छे नेताओं और स्पष्ट दिशा से हीन, नैम (निर्गुट आन्दोलन) पुराने स्वाभिमानी संगठन का भूत-भर है। भविष्य सुरक्षित रहे इसलिए इसे पुनर्जीवित करने की आवश्यकता है।

एक और तथ्य, जिसने पश्चिम को हिम्मत दी है, वह है महाशक्ति के रूप में सोवियत संघ का लगभग कूटनीतिक निष्प्रभावन। जब तक मॉस्को ने दूसरे दिग्गज की भूमिका निभाई, इसने बराबरी की ताकत के रूप में काम किया। सारे विकासशील देशों में सख्त नाराजगी और हताशा है कि सोवियत संघ ने उन्हें नीचा दिखने की स्थिति में छोड़ दिया। सोवियत, घरेलू समस्याएँ जिसके मुँह में ठुँसी हैं, किंकर्तव्यता में जकड़ा है—करे कि न करे।

विकासशील देशों को इस समय सामूहिक रूप से अपने कूटनीतिक प्रयत्नों को द्विगुणित करना चाहिए—पश्चिम के खिलाफ एक ठोस राजनीतिक मोर्चा खड़ा करके तथा सोवियत संघ को फिर से सक्रिय करके, दोनों। अन्तरराष्ट्रीय शक्ति के खेल में शक्ति-सन्तुलन की आवश्यकता है। भारत को, जो नैम का प्रकाश-स्तम्भ है, इसे नवजीवन और नया अर्थ देना चाहिए तथा इसे महाशक्तियों के दबाव को झेलने की स्थायी इमारत के रूप में खड़ा करना चाहिए। जितनी जल्दी यह किया जाए उतना बेहतर।

(4 अप्रैल, 1991)

स्वागत-योग्य कदम

दस साल पुराने संघर्ष को सुलझाने के लिए पंजाब के उग्रवादियों की सरकार से बातचीत करने की कथित इच्छा का स्वागत जनसाधारण के हर वर्ग को करना चाहिए। इसका

श्रेय वर्तमान सरकार को जाता है कि वे उग्रतम उग्रवादियों को भी गपशप करने के लिए मेज तक आने के लिए प्रभावित करने में सफल हुए। सच पूछिए तो, इस महत्त्वपूर्ण भेदन से चन्द्रशेखर की सरकार ने एक वास्तविक राजनीतिक स्नूकर को फँसाया है।

इससे अधिक क्या होगा कि अधिकांश उग्रवादी ग्रुपों ने राष्ट्र की मुख्यधारा में भागीदारी निभाने की इच्छा व्यक्त की है। यह हृदय-परिवर्तन पंजाब की उलझन का शान्तिपूर्ण राजनीतिक समाधान निकालने की प्रधानमंत्री की निष्कपट अभिलाषा के कारण सम्भव हुआ है। दस साल के बेरोक रक्तपात और निष्फल समझौतों से जो नहीं पाया जा सका, वह छह महीनों में सम्भव कर दिया गया, क्योंकि वर्तमान नेतृत्व ने पंजाब को फिर से पटरी पर लाने में अपनी सारी शक्ति झोंक दी।

पंजाब में चुनावों की सम्भावना ने भी एक हद तक उग्रवादियों के दिमाग में कुछ समझदारी जगायी कि सरकार उन्हें एक विरल अवसर दे रही है कि वे अपना गुस्सा बन्दूक की गोलियों की बजाय चुनावी प्रक्रिया से उतार लें। यह महसूस करते हुए कि सरकार चुनावों का अवसर देकर पहली बार गेंद को उग्रवादियों के पाले में डाल रही है, उग्रवादियों ने विगत से भिन्न प्रकार की प्रतिक्रिया दिखाई।

किसी भी लोकतंत्र के काम में आनेवाला प्रबल हथियार है चुनावी प्रक्रिया। पंजाब में चुनावों की सम्भावना से पाकिस्तानी भी घबराये हुए हैं। निश्चय ही यह उनकी, सरहदी राज्य में गड़बड़ पैदा करके भारत को विघटित करने के अन्तिम लक्ष्य की, जमाने भर पुरानी घृणित चाल से उन्हें वंचित करता है। पाकिस्तान की इंटर सर्विसेज इंटेलिजेंस (आईएसआई), जो पाकिस्तान में आधारित बड़े उग्रवादी ग्रुपों का संचालन करती है, भी परेशान हाल सरहदी राज्य में चुनावों की सम्भावना से नाखुश है। कुछ राजनीतिक पार्टियाँ, जो विगत में पंजाब को उपद्रव-मुक्त करने में बुरी तरह असफल रहीं, संवाद कायम करने के वर्तमान कदम की आलोचना आनन-फानन करने में नहीं चूकी हैं। जो वे नहीं समझ पा रही हैं वह यह कि उनके शासन काल में किसी उग्रवादी ने कभी संवाद की इच्छा ही व्यक्त नहीं की। नफरत इतनी गहरी थी कि आज वे बातचीत करना चाहते हैं, और वह भी पारस्परिक शर्तों पर, इससे सारे आलोचकों की जबान बन्द हो जानी चाहिए। आज की कोई भी उग्रवादी इकाई एकान्तिक भेंट के लिए तैयार नहीं होती, यदि उसे दूसरे पक्ष के प्रयोजन की निष्कपटता के सन्दर्भ में निश्चय न हो।

निश्चित रूप से पाकिस्तान नहीं चाहता कि पाकिस्तान में चुनाव हों। उन्होंने उग्रवादी संगठनों को यह सुनिश्चित करने को कहा था कि शान्तिपूर्ण मतदान न होने पाए। यदि चुनाव सफल हो जाते हैं और उग्रवादी मुख्यधारा की ओर रुख बदल लेते हैं तो इससे पाकिस्तान का 'ऐपल कार्ट' (खेल-गाड़ी) उलट जाएगा। सिख उग्रवादियों और पाकिस्तान के आई एस आई के रिश्तों में दरार पड़ी है, यह इस बात से स्पष्ट है कि आतंकवादी ग्रुपों ने चुनावी प्रक्रिया को भंग नहीं करने का आश्वासन दिया है।

लेकिन तब सावधानी आवश्यक है, क्योंकि ऐसी रिपोर्टें भी हैं कि आई एस आई ने उग्रवादियों को आसानी से सरहद पार करने में मदद दी है।

पंजाब का खून बहुत दिनों से बह रहा है। लोकतांत्रिक प्रक्रिया को फिर से प्रारम्भ करने से सम्भव है कि यह विद्यमान कठिन स्थिति से बाहर निकल आए। आज की तारीख तक इसने सारे समाधानों की अवज्ञा की है। सूचनानुसार उग्रवादियों और सरकार के बीच विचार-विमर्श से पंजाब के शान्तिपूर्ण पुनरुज्जीवन की प्रक्रिया प्रारम्भ होनी चाहिए। पाँच नदियों की धरती को फिर भाँगड़ा की थिरकती धुनों से गूँजना चाहिए। सनकियों को यह बात दिमाग में रखनी चाहिए कि जैसे हालात आज हैं इससे बेहतर मौका और वातावरण सामान्य जनजीवन की वापसी के लिए नहीं मिलेगा।

(4 मई, 1991)

हिंसा रुकनी चाहिए?

बिहार में लालू यादव ऐंड कम्पनी द्वारा आतंक के राज्य को खुली छूट दे दिए जाने के बावजूद चुनाव कराने के सरकार के संकल्प से लोकतांत्रिक परम्पराओं को सँभालने की निष्कपट मंशा का पता चलता है। बिहार में जो कुछ होता रहा है उससे हर सही सोचवाले व्यक्ति को घबराहट महसूस होनी चाहिए। यह आश्चर्यजनक है कि कुछ बुद्धिजीवी, जिनकी सहानुभूतियाँ स्पष्टत: राजनीतिक हैं, बिहार में जो हो रहा है उसमें कुछ भी गलत नहीं देखते। लालू और उनके समुदाय द्वारा थोड़ा-थोड़ा करके बाँटे गए सामाजिक बराबरी के पीड़ानाशक से वे पूर्णत: मदोन्मत्त हैं।

हिंसा के लिए बिहार नया नहीं है। यह ऐसी बीमारी है जिसके उपचार की कोशिश कभी की ही नहीं गई। निर्बाध रक्तपात होने देने का यह चिरकालिक लोकाचार अपनी सर्वाधिक शारीरिक अभिव्यक्ति का अवसर किसी भी चुनाव के दौरान पाता है। 'लाठीधारियों' और 'ऊँची पगार वाले बन्दूकधारियों' की इस धरती पर इसी समय लाखों विषैले सिर ऊँचे उठ आते हैं। 1952 से बिहार के हर चुनाव में हिंसा खुल कर खेली है, किन्तु पिछले दो दशकों ने हिंसा के स्वरूप का कायापलट देखा है। आज पूर्ण निरंकुशता की स्थिति है जिसमें किसी व्यक्ति की जातीय भावना को परितृप्त करने के लिए या राजनीतिक बदला लेने के लिए सामूहिक हत्याएँ और हत्याकांड होते हैं। यह ध्यातव्य है कि चुनाव के 15 दिन पहले 75 लोगों की हत्या हो चुकी है।

लालू सरकार, यह अच्छी तरह से जानते हुए कि वे चुनावों में पूर्ण जनादेश नहीं पा सकते, किसी भी हद तक नीचे गिरकर चुनाव में गड़बड़ी करने और हिंसा का सहारा लेने पर अड़ी है, ताकि उसकी पार्टी की जीत सुनिश्चित हो। उनकी बाजी

केवल बिहार में लगी है, क्योंकि वे वहाँ शासन कर रहे हैं। पिछले 15 महीनों में बिहार सरकार ने राज्य-प्रशासन को पुराने दिनों के भूत बना देने की हद तक गिरा दिया। अपने समर्थकों को प्रशासन में ठूँसकर योग्य एवं कर्तव्यनिष्ठ कर्मचारियों-अधिकारियों को स्थानान्तरित कर और डरा-धमकाकर राज्य ने बदतरीन किस्म की धूर्तता देखी।

इस परिदृश्य में चुनावों की घोषणा हो गई है। लालुओं और विश्वनाथ प्रतापों के समक्ष इसने एक समस्या खड़ी कर दी है। यह महसूस करते हुए कि केवल बिहार में ही धोखेबाजी चल सकती है, वे उन्मत्त हो गए हैं—अफसरों के तबादले करना, दूसरी पार्टियों के प्रत्याशियों को धमकाना, एक प्रत्याशी को जिन्दा जला देने तक की कोशिश। बिहार में पिछले एक महीने की हिंसा ने सारे पुराने रिकॉर्ड ध्वस्त कर दिए हैं। इससे हर पार्टी अस्त-व्यस्त हो गई है। वे सभी चाहते हैं कि बिहार में चुनाव परिणाम को लेकर वे सशंकित हैं क्योंकि वे जानते हैं कि लालू और उनके अनुचर यह देखेंगे कि जनता दल विजयी होकर निकले। यदि बिहार में स्वच्छ एवं निष्पक्ष चुनाव हों तो जनता दल को सम्भवत: दस सीटें भी न मिलें। इस निराशावादी अनुभव ने किसी भी शर्त पर जीतने, लोकतंत्र की हत्या करके भी, का नशा लालू की रगों में उतार दिया है।

वर्तमान राज्य सरकार ने डॉ. जगन्नाथ मिश्र के करतबों को भी शर्मिंदा कर दिया है। डॉ. मिश्र ने भी बिहार पर ऐसे राज्य किया जैसे यह उनकी जागीर हो। किन्तु हिंसा के खेल में लालू अपने सभी आदरणीय पूर्वाधिकारियों से आगे निकल गए हैं। हमारी पद्धति पर यह अत्यन्त अवसादपूर्ण टिप्पणी है कि एक राज्य, वह भी चुनाव के दृष्टिकोण से अत्यन्त महत्त्वपूर्ण, एक अकेले व्यक्ति के द्वारा, उसके तथा उसकी पार्टी के घृणित षड्यंत्र के अनुकूलन एवं सिद्धि के लिए नष्ट कर दिया जाए। बिहार का खून बह रहा है और लालू जैसे लोग इसमें रंगरलियाँ मनाते हैं, जैसे 'रोम जल रहा था और नीरो बेला बजा रहा था'।

राजनीति सचमुच खतरनाक खेल हो गया है और कुछ लोग इसको हाथापाई करते हुए खेलते हैं। किन्तु अब इसमें एक नया और खतरनाक आयाम जोड़ दिया गया है—भीड़ को उकसाना, उत्तेजित करना। हमने इसका बहुत कुछ 'मंडल' के सम्मानित पक्षधरों में देखा, जिसके कुछ मंत्रियों ने वी.पी. राज में दलितों को सड़कों पर उतर आने के लिए उकसाया। यह सारी लोकतांत्रिक मर्यादाओं की अवज्ञा करना था। सही, भारत में सामाजिक न्याय लाना है—ऐसे देश में जहाँ शताब्दियों से शोषण और दमन के द्वारा गरीबों को सताया जाता रहा है। किन्तु इसका यह अर्थ नहीं है कि चुने हुए प्रतिनिधि कानून अपने हाथ में ले लें और लोगों को अपने भाई-बन्धुओं की जान लेने के लिए उकसाएँ। बिहार की अव्यवस्था से यह दृश्यलेख अब महत्त्वहीन और छोटा पड़ गया है।

पहली बार एक विशेष राज्य ध्यान का केन्द्रबिन्दु बन गया है—सिर्फ इसलिए कि एक मुख्यमंत्री और उसके स्वामी, जिन्होंने भीड़ को उत्तेजित करके एक साल तक देश पर शासन किया, चाहते हैं कि चीजें उनके मनोनुकूल चलें, धोखा देनेवाले और निमज्जक। चुनाव बिहार में अवश्य होने चाहिए, लोकतंत्र की यह माँग है, लेकिन लालू यादव और उनके जैसों को याद रखना चाहिए कि हिंसा से उन्हें कुछ भी हासिल नहीं होगा। यदि वे इतने मूर्ख हैं कि घुड़सवार गोपाल का खेल खेलना चाहते हैं तो इतिहास उन्हें कभी नहीं भुलाएगा या कभी क्षमा नहीं करेगा और जनता सड़ी ककड़ी की तरह उन्हें अस्वीकार कर देगी। समय आ गया है कि हिंसा को अलग किया जाए और वास्तविक समाजवादी शक्तियों को जगह पर पहुँचाया जाए।

(19 मई, 1991)

आनेवाले दिन कठिन होंगे

देश एक संकट से गुजर रहा है। पूर्व प्रधानमंत्री की पाशविक हत्या के कारण लोकसभा चुनावों को पहली बार बीच में रोक देना पड़ा। इससे भी ज्यादा, 10वीं लोकसभा के गठन के लिए जो चुनावी प्रक्रिया चल रही है उसने चुनाव-प्रचार के दौरान ऐसी हिंसा देखी जिसकी कोई नजीर नहीं है। यदि हम दूसरे कारणों पर ध्यान दें जैसे धार्मिक लहर, कुछ पार्टियों के महत्त्वहीन मुद्दे, चुनाव-प्रचार के दौरान कीचड़ उछालना, तो यह धारणा बनती है कि हम लोकतंत्री मन-मिजाज के लोग नहीं बल्कि असहिष्णु कट्टर लोगों का गट्ठर हैं।

बदतरीन किस्म की राजनीतिक धूर्त्तता और आतंकवाद की ताकतों के कारण अपनी सभ्यता, संस्कृति, सहिष्णुता, अहिंसा की अवधारणा पर हमारा अभिमान झूठा सिद्ध हुआ है। पक्के तौर पर कोई भी राजनीतिक पार्टी यह नहीं कह सकती कि उसने राज्यव्यवस्था के शनैः-शनैः क्षरण और हिंसा के पन्थ का सहायक बनने में योगदान नहीं किया है।

लोग या तो आतंकवादियों के हाथों मारे जाते हैं या अपनी राजनीतिक दृढ़ धारणा के कारण। सहिष्णुता, जो हमारी प्रजाति की विशिष्टता रही है, अब कहीं नहीं है। इसकी जगह बदतरीन किस्म की असहनशीलता है। मतभेद का अर्थ है, शारीरिक हिंसा। चुनावी हिंसा की बढ़ती घटनाएँ इसीलिए घट रही हैं कि हमारी सहिष्णुता का स्तर बिल्कुल नीचे चला गया है।

पहले किसी भी चुनाव ने चुनाव आयोग और विभिन्न पार्टियों तथा उनके प्रत्याशियों के बीच इस सीमा तक ऐसा अनवरत टनटन संघर्ष नहीं देखा था। यद्यपि चुनाव आयोग अपने कर्तव्य का पालन सर्वोत्तम सम्भव तरीके से करना चाह रहा है,

लेकिन ऐसा लगता है कि इसने कुछ फैसले जल्दबाजी में भी लिये हैं। इससे तंत्र और राजनीतिक पार्टियों के बीच की बढ़ती दूरी में और कटुता आ गई है।

मुख्य राजनीतिक पार्टियाँ समस्याओं से घिरी हुई हैं। कांग्रेस (आई), जो दूसरों की आलोचना करने में इतनी दक्ष है, आज नेतृत्व-संकट से अचेत है, जहाँ वरीय नेतागण, जो मुख्यत: राजनीति की पिछली बेंचों पर बैठनेवाले हैं, अपने निजी विवर्धन के लिए चाहते हैं कि वंशानुगत रीति बनी रहे। यह अफसोस की बात है कि एक राजनीतिक पार्टी, भारत की सबसे पुरानी, जिसकी जड़ें 106 वर्ष पहले तक पहुँचती हैं, पार्टी-अध्यक्षपद के लिए एक योग्य व्यक्ति को आसानी से नहीं खोज पाती, हालाँकि हर क्षेत्र के पक्के समर्थक पार्टी में भरे पड़े हैं। राजतंत्रीय प्रवृत्तियों के वे ऐसे अभ्यस्त हो गए हैं कि वैसी परिस्थिति, जैसी अभी है, चरम अस्तव्यस्तता लाती है। चापलूसी, गुट्ट के शासन, सत्ता के दुरुपयोग ने कांग्रेस (आई) से बड़ा कर वसूला है। यह सही समय है जब पार्टी लोकतांत्रिक मानक खड़ा करे, जैसा 1966 के पहले था, और नेतृत्व का ढाँचा बनाए जो इसे संकट की घड़ी में उबार सके।

दूसरी बात जो उन्हें बेचैन किए हुए है वह यह कि उन्हें पता चल गया है कि 1984 वाली सहानुभूति-लहर नदारद है। वे खीज गए हैं। जो थोड़ी-बहुत लहर पैदा हुई भी होगी वह राजीव गांधी की दुःखद मृत्यु के बाद सप्ताह भर तक नेताओं द्वारा एक अदद पार्टी-अध्यक्ष की तलाश से हवा हो गई।

यह अत्यन्त अवांछनीय और निर्दयतापूर्ण है कि दयनीय दुर्भाग्य की अपनी वर्तमान स्थिति के कांग्रेस (आई) दूसरों पर दोषारोपण करे। इसी से स्पष्ट हो जाता है कि वे कैसे बखेड़े में पड़े हैं—संगठन की दृष्टि से और मेधा की दृष्टि से भी। उनके पास अब ऐसा कोई नहीं बचा है, जो उनकी स्थायित्व की विशिष्ट शब्दावली का प्रदर्शन कर सके। माता-पिता के दबंग होने के कारण बच्चे के अवरुद्ध विकास का यह विलक्षण मामला है।

राम-नाम के जादू से इतराती भाजपा चकराई हुई है। इसलिए राम को छोड़कर वे स्थायित्व की ओर पलट गए हैं। राजनीतिक पार्टी का कैसा नायाब नमूना, भविष्य में देश पर शासन करने का दावा और दो महीने तक चुनाव-प्रचार करने के बावजूद अभी वे इसी उधेड़-बुन में हैं कि उनकी नीति क्या हो। जनता की धार्मिक भावनाओं को काम में लानेवाली एक दक्षिणपन्थी पार्टी से, अन्तिम विश्लेषण में, देश को लक्ष्य की ओर ले चलने की आशा नहीं की जा सकती।

जनता दल-वाम मोर्चा गठजोड़ की गति भी साँप-छछूँदर वाली है। लहर बनाने में असफल रहने के बाद वे पूर्णत: वोट-बैंकों पर निर्भर हैं। आज यह एकमात्र पार्टी है, जिसे जनता के विभिन्न चुने हुए हिस्सों का समर्थन प्राप्त है। किसी गठजोड़ की जनता के विभिन्न हिस्सों में इतनी अल्प पहुँच कोई सन्तोष नहीं जगाती, क्योंकि इस गठजोड़ को जनता की पार्टी होने का गुमान है। उनकी असफलता के पीछे

यह अप्रिय सत्य है कि जनाधार बनाने की बजाय उनके पास ऐसी पार्टी है जो केवल चुनाव लड़ने के लिए बनी है, वह भी संकीर्ण सिद्धान्तों के भीतर।

यह सब हमें कहाँ ले जाएगा। चुनाव कुछ सप्ताह पीछे ढकेल दिए जाने से लोग हतोत्साह हैं। उनकी रुचि समाप्त हो गई है। इस चुनाव का यह एक महत्त्वपूर्ण पक्ष है। पहले चरण में ही चुनाव-केन्द्रों पर मतदाताओं की संख्या बहुत कम रही। इसलिए लग ऐसा रहा है कि प्राय: 300 सीटों के अगले चरण में मतदाताओं की संख्या और क्षीण रहेगी, मानसून दस्तक दे रहा है और स्थगन तथा अन्य अप्रिय कारणों से चुनावों के प्रति लोगों का मोहभंग हो गया है।

समय की माँग है विवेक तथा मानसिक सन्तुलन, जो तभी सम्भव है, जब सभी पार्टियाँ देश, देशवासियों और उनकी समस्याओं के बारे में अधिकाधिक सोचें, बजाय प्रभाव के छोटे खाने तैयार करने के। हम उम्मीद करें कि आनेवाले महीनों में भारत में नवयुग आएगा, आशादीप्त और सुस्वस्थ।

(4 जून, 1991)

बिखराव

आज हमारा देश ताश की गड्डी के जैसा हो गया है, धीरे-धीरे बिखरता हुआ। दशकों से जिन शक्तियों ने इसे जोड़े रखा था वे मिटती जा रही हैं। पारम्परिक बारीकियों, दृढ़ताओं और सच्चाई-ईमानदारी का इस्पाती ढाँचा हिंसा की आँच में पिछल रहा है। यह (अंग्रेजी के उपन्यासकार चार्ल्स-) डीकेन्स के कथा-जगत् जैसी दुनिया है—उजाड़, संकटाधीन और हिंसक। विखंडित स्व से जिन उदात्त विचार-प्रक्रियाओं ने इस देश को बुना था उसकी जगह लोभ, भ्रष्टाचार और बदतरीन किस्म के पेटूपन ने ले ली है। यह एक फटा-चिरा, विनष्ट समाज है, जैसे बन्दूक की गोलियों से इसे छलनी कर दिया गया हो।

खून के छींटों वाली इस पच्चीकारी में, जहाँ राजनेता अति वाली शैतानी में आनन्द लूट रहे हैं, सैकड़ों निरीह-निर्दोष लोग हर दिन मारे जा रहे हैं। जम्मू-कश्मीर और पंजाब से आसाम, सुदूर दक्षिण और ऊपर उत्तरी भारत, समाज का एक विवर्ण-धुँधला दृश्य उपस्थित करता है, जिसने अपने बाँध-घाट खो दिए हैं। अब हम यह अभिमान नहीं कर सकते कि 'मेरे देश की धरती सोना उगले, उगले हीरे-मोती'। आज बन्दूकें हैं, बम हैं और 'रामपुरी' हैं, शालीनता, शिष्टाचार, विकास और लोकतंत्र का दशमांश मार देने की मुद्रा बनाए हुए।

अब हम गांधी, विवेकानन्द, नेहरू या भारत के किसी महापुरुष के रिक्थ के उत्तराधिकारी होने के गौरव का दावा नहीं कर सकते। आज हर गली-नुक्कड़, चौक-

चौराहे पर जो हम देखते हैं वह उन सब का पूर्ण नकार है, जिसके लिए हमारे श्रेण्य-श्रेष्ठ जन अड़े और खड़े रहे। सारी प्रजाति स्वत्वात्मक हो गई है—किसी भी कीमत पर नाम, दाम और दूसरे भौतिक लाभ अर्जित करने के लिए। निष्ठुर भोग की प्रवृत्ति ने हिंसा के पन्थ का परिपोषण किया है। शिकार हैं सारे—जन-समूह, और पूरा प्रशासनिक एवं संवैधानिक ढाँचा।

धनाढ्यों और शक्तिवानों को मदद करने में कानून फँसा है। काम निकालने के लिए दफ्तरशाही ढाँचे को ढहा दिया जाता है। लाभ उठाते हैं सत्ता के दलाल, भड़ुए, विरोधी मुद्रावाले और अपराधी। वे 'बादशाह' हैं, जो रक्षा-शुल्क पर जन-समूह को थामे हुए हैं। यह एक दुष्चक्र है, बल्कि एक भँवर है, जो अपनी अथाह गहराइयों में मानवता, सभ्य व्यवहार और शालीनता के मूल ढंग की अवधारणा को ही खींच रहा है।

इस परिस्थिति से आम आदमी निराश और कुंठित हो गया है। सब सह लेने का भाव है, एक तरह का भाग्यवाद, जो पहले नहीं था। वह उल्लास खो गया है। 'भारत को कोई नहीं चलाता, यह अपने तईं चलता है'—एक सामान्य टेक है, इसका अर्थ यह कि जब काम करनेवाला सारा ढाँचा ढह जाता है, देश लँगड़ाते हुए चलने की जुगत बैठा लेता है। यह कोई रुचिकर स्थिति नहीं है।

यह कारुणिक परिदृश्य केवल कुछ वर्षों में नहीं उभरा है, आजादी के बाद के चार दशकों में यह दृश्यलेख तैयार हुआ है। अध:पतन के इस मुकाम तक पहुँचने में हम कई चरणों और प्रयोगों से गुजरे। नेहरू-युग ने ही दो प्रतिकूल धाराओं को देखा—एक तरफ आदर्श और सिद्धान्त थे, जिनका विरोध नई-नई उभरती धनशक्ति की ताकतें कर रही थीं—जिन्होंने उन प्रारम्भिक वर्षों में लोभ और छीना-झपटी के दर्शन की शुरुआत की। नेहरू-युग के बाद हमने नई छाप (ब्रांड) वाले राजनेताओं को उभरते देखा—बेईमान, निर्नैतिक, विचारों और आदर्शों से रहित। इस नस्ल ने खुद को राष्ट्रीय तंत्र में ठोस तरीके से अन्त:स्थापित कर लिया, कैंसर की तरह। वास्तव में 1964 से 1977 तक एक पार्टी का शासन था जब समूचा राष्ट्र एकदलीय तानाशाही की गिरफ्त में था। 1975-77 का आपातकाल इस एकदलीय युग का 'हाई वाटर मार्क' (बाढ़ के पानी के चढ़ आने का उच्चतम निशान) था। रात भर में (अचानक) मूल्य बदल गए। सहिष्णुता ने असहिष्णुता के लिए राह छोड़ दी, शालीनता ने अशालीनता के लिए और शान्ति ने हिंसा के लिए। राजनीति में गुट्टों, माफियाओं, सत्ता के दलालों, भड़ुओं की चल निकली, वे राजनीति के छर्रे पिलाने लगे।

सचमुच हमारे लोकतंत्री अस्तित्व का सर्वाधिक काला अध्याय है आपातकाल। एक अकेले व्यक्ति, एक परिवार और वह पार्टी जो उसके अधीन थी, ने पूरे देश को बन्धक बना लिया, पूरे देश को, आमूलचूल। बदतरीन किस्म के जुल्म ढाये गए, केवल राजनीतिक विरोधियों पर नहीं, आम जनता पर भी। 1975 के आपातकाल ने दोनों को ही प्रतीकित किया, सत्ता की हेकड़ी और भय तथा हिंसा का पन्थ।

इस तरह से एक राजनीतिक पार्टी, जो लोकतंत्र में कभी विश्वास नहीं करती थी, द्वारा एक नई शक्ति को मुक्त, छुट्टा, छोड़ दिया गया। यह समय हमारे आधुनिक इतिहास में परिवर्तन/संक्रमण को भी चिह्नित करता है। पहला, लोकतांत्रिक प्रकार्य के प्रति बेदर्द उपेक्षा, जैसी कांग्रेस पार्टी ने दिखाई, ने 'अलोकतांत्रिक' नेताओं के भविष्य में उष्मायन (इन्क्यूबेशन) के लिए बीज छींटे। आज इन्हीं नेताओं के गुट्ट हैं। दूसरा, जिन लोगों ने आपात्काल में बन्द समाज के संत्रास को देखा, वे वास्तविक लोकतंत्र के लिए दुहाई देने लगे।

1977 के बाद गैर-कांग्रेस सरकारों के दो प्रयोग हमने किये। यह कहना गलत और भोलापन होगा कि वे सिरे से असफल हो गईं। यह कहा जा सकता है कि इस या उस कारण से वे चल नहीं पायीं ('क्लिक' नहीं कर सकीं)। इसका अर्थ यह नहीं निकाला जाना चाहिए कि केवल एक पार्टी को शासन करने का अधिकार है। 1977 तक कांग्रेस ने अविरत शासन किया और इन तीस वर्षों में उन्होंने तंत्र और ढाँचे को विषाक्त कर दिया, यहाँ तक कि चाह कर भी कोई समीचीन ढंग से देश पर शासन नहीं कर सकता। क्रमिक कांग्रेस-शासन के द्वारा (वि)खंडन और हिंसा का छिड़काव किया गया है। कोई भी दूसरा पतवार थामता है तो पाता है कि कांग्रेस के द्वारा इतने अध्यवसाय के साथ छितराये हुए फूट के बीज गले का दर्द बन जाते हैं।

यह समाज और जनसमूह को चाहिए कि सत्ता की हेकड़ी, भ्रष्टाचार, प्रभाव चलाने और विशिष्ट वर्गीयता की कांग्रेसी संस्कृति को खारिज करे। जब ऐसा होगा तब कोई भी सरकार शासन चला सकेगी। अतएव एक समाजवादी विकल्प समय की माँग है, जो ऐसी महान् आत्माओं से प्रेरणा ग्रहण कर सकता है, जैसे आचार्य नरेन्द्र देव। समाजवाद एक बार पुनः देश को गति देकर उद्धार की राह पर ले जा सकता है और जिस रसातल में यह चला गया है उससे उबार सकता है।

(19 जून, 1991)

फिर गुट्ट

जिस तरीके से नरसिम्हा राव ने अपने मंत्रिमंडल का गठन किया उससे यह लक्षित होता है कि वे कुख्यात गुट्ट के प्रभाव में थे, कब्ल इसके कि इसकी छलयोजक उँगलियों से चीजें सरक गईं।

मंत्रिमंडल के गठन को लेकर कांग्रेस का असन्तोष महाराष्ट्र के तथा कुछ अन्य राज्यों के संसद-सदस्यों की बड़ी संख्या तथा पूर्व मंत्रियों—जिन्हें कम महत्त्वपूर्ण मंत्रालय सौंपे गए हैं—के विरोध प्रकट करने से स्पष्ट है।

नई टीम 'नई बोतलों में वही पुरानी सड़ी शराब' है। यद्यपि मीडिया के शहंशाह अपने तथाकथित 'सम्मोहक सम्पादकीय' में गुट्ट के अस्तित्व से इनकार कर रहे हैं—यह बिल्कुल विद्यमान है और इसके कुछ सदस्य पूरे-पूरे काबीना मंत्री हैं। 106 साल पुराने इतिहास और लोकतंत्रीय विशेषताओं के समर्थक होने की अपनी शेखी के बावजूद कांग्रेस ने एक बार फिर प्रमाणित किया है कि यह कभी वास्तविक लोकतंत्री नहीं हो सकती।

शरद पवार यह निश्चित कर लेने के लिए आशावादी थे कि नई कांग्रेस एक लोकतांत्रिक हस्ती के रूप में उभरेगी। ऐसा नहीं हुआ, क्योंकि जो लोकतांत्रिक मूल्यों को थामे रखना अच्छा समझते हैं, उनसे शक्तिशाली ताकतों ने अभी समझौता नहीं किया है।

कांग्रेस संसदीय दल के नेता का चुनाव गुप्त मतदान द्वारा किए जाने के कदम पर गुट्ट और इसके अन्तरंग मित्रों ने त्योरी चढ़ायी, क्योंकि वे किसी लोकतांत्रिक प्रत्यय-पत्र की डींग नहीं मार सकते। महाराष्ट्र के एक वरिष्ठ कांग्रेसी राज्य-सभा-सदस्य ए.जी. कुलकर्णी कहते हैं कि 'हमारा गुप्त मतदान की माँग करना सिर्फ इस तथ्य की पुनर्पुष्टि के लिए था कि पार्टी के भीतर के लोकतंत्र की और अधिक अवहेलना नहीं की जा सकती'। अफसोस, कांग्रेस में अधिकारवादी शक्तियाँ इतनी ताकतवर हैं कि पार्टी के भीतर के लोकतंत्र की अवधारणा को हमेशा के लिए दफन कर दिया गया।

गुट्ट के कुछ लोगों ने पार्टी के अन्दरूनी लोकतंत्र की अवहेलना के लिए तथा नए सदस्यों को इस बारे में आश्वस्त करने के लिए अतिरिक्त श्रम किया कि गुप्त मतदान से झगड़ा बढ़ेगा जिससे पार्टी को नुकसान होगा।

मंत्रिमंडल भी अत्यन्त अप्रातिनिधिक है। प्रणब मुखर्जी भले कहें कि मंत्रियों की प्रातिनिधिकता के लिए सांसदों की संख्या कोई कसौटी नहीं है, किन्तु सामान्य ज्ञान बतलाता है कि वर्तमान राजनीतिक परिदृश्य में संख्याएँ बहुत महत्त्वपूर्ण भूमिका अदा करती हैं। अतएव महाराष्ट्र जैसे राज्यों के चिड़चिड़ा महसूस करने का कारण है, क्योंकि कांग्रेस के 20 प्रतिशत लोकसभा-सदस्य वहाँ के हैं।

पश्चिम बंगाल, जिसने पाँच सदस्यों की अदना-सी टीम भेजी है, दो मंत्रिपद पा गया है। जिन्हें शामिल किया गया है वे जाने हुए कम्युनिस्ट-विरोधी हैं, जो भविष्य में सरकार गिराने के खेल में महत्त्वपूर्ण भूमिका निभा सकते हैं।

मंत्रिमंडल की बनावट दिखलाती है कि कसौटी है चाटुकारिता। कुछ शक्तिशाली क्षेत्रीय नेताओं को बाहर रखा गया है। एक बार फिर मीडिया ने मंत्रिमंडल के गुणों के बखान की रंगरली की है। जो बात यह भूल जाता है, वह यह कि इसके पास लोग हैं जिन्होंने पहले असफलताओं को प्रमाणित किया था और इन लोगों के पास किसी प्रकार का कोई अनुभव नहीं है।

डॉ. मनमोहन सिंह को वित्तमंत्री बनाया जाना बहुत कुछ कहता है। ऐसे महत्त्वपूर्ण विभाग के लिए पार्टी किसी को योग्य नहीं पा सकी।

यदि सदन में कांग्रेस अपना बहुमत नहीं सिद्ध कर पाती है तो ये सारी कवायदें बेकार चली जाएँगी। ऐसा करने के लिए इसके पास एक महीने का समय है और हमें आनेवाले हफ्तों में बदतरीन किस्म की खरीद-फरोख्त देखने को मिलेगी। बड़े औद्योगिक घराने, 'लक्ष्मण-रेखा' पार करने के लिए आवश्यक समर्थन खरीदने में सहायता के लिए हाजिर हैं।

अन्तिम टिप्पणी के रूप में यह कहा जा सकता है कि चुनावों ने मतदाताओं की परिपक्वता प्रमाणित की है, जिन्होंने किसी अकेली पार्टी को बहुमत नहीं दिया। पूर्ण बहुमत और देश के मामलों तथा जनता के भाग्य पर अरुचिकर पकड़ का जमाना गया। वर्तमान सरकार ढह जा सकती है, यदि यह अलोकतांत्रिक तरीकों का सहारा लेती है और विशाल विपक्ष की अवहेलना करती है। सिर पर जब तलवार लटक रही हो तो अल्पमत सरकार को सावधानी से चलना चाहिए। जनता ने प्रमाणित कर दिया है कि उन्हें अनुदत्त नहीं समझा जाना चाहिए। इस चुनाव की, जो दुर्भाग्यवश हिंसा से चिह्नित रहा, यह सबसे बड़ी उपलब्धि है।

(4 जुलाई, 1991)

सु-सौभाग्य पी.व्ही. के साथ रहे

केन्द्र की पाँच अल्पमत सरकार में 'सर्वाधिक अनूठी', पी.व्ही. नरसिम्हा राव सरकार ने जैसे-तैसे, राम-राम करके, लोकसभा में विश्वास-मत प्राप्त कर लिया है। मतों का स्वरूप ऐसा था—241 पक्षों में, 111 विपक्ष में, 112 अनुपस्थित रहे। परहेजगारों में राष्ट्रीय मोर्चा, वामपन्थी पार्टियाँ और समाजवादी जनता पार्टी शामिल थीं।

तथ्य यह रह जाता है कि घुटन्ना सदन में—जिसमें 36 जगहें खाली हैं, दो राज्यों—पंजाब तथा जम्मू और कश्मीर से कोई प्रतिनिधि नहीं है—यह अल्पमत सरकार है। इससे भी बड़ी बात यह कि किसी भी पार्टी का 'प्रतिबद्ध' समर्थन इसके पास नहीं था जैसा कि पूर्व की अल्पमत सरकारों के पास था। व्ही.पी. सिंह और चन्द्रशेखर, दोनों के ही समय राष्ट्रपति ने विपक्षी पार्टियों के समर्थन का आश्वासन माँगा था। स्वयं प्रधानमंत्री और उनके दो वरीय मंत्रिमंडलीय सहयोगी किसी भी सदन के सदस्य नहीं हैं।

इन परिस्थितियों में विश्वास-मत प्राप्त कर लेने-भर से सरकार को यह आश्वासन नहीं मिल जाता कि उसकी राह हमवार रहेगी, खासकर के इसलिए भी कि बड़े विपक्षी गठजोड़ों में मतभेद हैं। इससे आनेवाले समय की कठिनाइयों का संकेत मिलता है।

जबकि यह सच है कि स्पष्ट जनादेश पाने के लिए इतनी जल्दी मतदाताओं के पास जाने के मूड में कोई पार्टी नहीं है लेकिन इतने से सरकार को आत्मसन्तुष्ट नहीं हो जाना चाहिए, जैसा कि इसके प्रवक्ता की टिप्पणियों से झलकता है।

पुरानी 'अंगूरी' के दिनों के मँजे हुए कांग्रेसी, व्यवहार में सौम्य और विचार में परिपक्व नरसिम्हा राव, अपने पूर्ववर्ती की तरह, मुकाबले की बजाय सर्वानुमति की जरूरत पर बल देते रहे हैं। ऐसा इसलिए है, और होना भी चाहिए, क्योंकि देश कठिन दौर से गुजर रहा है और शासन के जहाज को कोई एक अकेली पार्टी परिचालित नहीं कर सकती। प्रतिपक्ष भी इस बारे में सचेत है। किन्तु इसका यह अर्थ नहीं निकाला जाना चाहिए कि विरोध करने, विगोपन करने और, जरूरत होने पर, अपदस्थ करने के अपने धर्म को प्रतिपक्ष छोड़ देगा।

पिछले चार सप्ताहों से सरकार सत्ता पर काबिज है किन्तु इस दौरान इसने कोई खास भरोसा नहीं जगाया है। पंजाब के चुनावों को जिस बेहद निरंकुश तरीके से स्थगित किया गया, कानून-व्यवस्था की सामान्य स्थिति, उल्फा (यू.एल.एफ.ए.) के सक्रियतावादियों को राजक्षमा, रुपए की विनिमय दर के पुनर्समायोजन, जैसा कि मंगलभाषित के रूप में अवमूल्यन को कहते हैं, सहित अन्य वित्तीय उपायों के निर्णय महत्त्वपूर्ण हैं। यह कहीं अधिक अच्छा होता यदि ये फैसले विपक्ष के साथ उपयुक्त विचार-विमर्श के बाद लिये गए होते। जब चन्द्रशेखर-सरकार ने विदेशी विनिमय संकट से उबरने के लिए 20 टन सोना प्रतिभूत किया था तो कांग्रेस तथा अन्य दलों ने इसकी आलोचना की थी। परिस्थिति की वास्तविकताओं को समझते हुए, नरसिम्हा राव-सरकार को वही करना पड़ा। 'आप सबों से मैं शुद्ध और पवित्र हूँ' वाले रवैये से कुछ भी भला नहीं होने वाला! सर्वाधिक 'अनोखा' है, वित्तमंत्री द्वारा कांग्रेस पार्टी के घोषणा-पत्र का तिरस्कार करना जिसने पहले सौ दिनों में कीमतों को नीचे लाने और हर वर्ष नौकरियों के लिए दस लाख पद सृजित करने का वादा किया। वे अकादमिक विद्वान् हैं और वर्ल्ड बैंक से संबद्ध रहे हैं, वे घोषणा-पत्र के साथ वैसा व्यवहार नहीं कर सकते जैसा उन्होंने किया है, हालाँकि बाद में उन्होंने स्पष्टीकरण देने की कोशिश की है। उनका स्पष्टीकरण कितना तर्कसंगत था इसका पता, आर्थिक स्थिति के सुधार के लिए उठाए गए कदमों की व्याख्या के क्रम में एक मुख्यमंत्री से उन्होंने जो कुछ कहा, उससे चलता है। इन कठिन उपायों की सम्भावित राजनीतिक प्रतिक्रिया की ओर जब मुख्यमंत्री ने संकेत किया तो कथित रूप से डॉ. सिंह ने कहा, यह उनकी जिम्मेदारी नहीं है। सरकारी व्यवस्था में ऐसा कोई वित्तमंत्री या कोई भी ऐसा मंत्री नहीं हुआ है, जो ऐसा अनाप-शनाप बोलकर निकल जाए।

सनक-भरे सपने में भी किसी ने यह विश्वास नहीं किया है, कीमतें कभी भी गिरेंगी, 100 दिनों के अन्दर की बात तो जाने ही दीजिए। अगर कोई लक्षण है तो उनके और ऊपर चढ़ने के। आर्थिक सहायता (सब्सिडी) में आसन्न कटौती से

आवश्यक वस्तुओं और सेवाओं में चौतरफा मूल्यवृद्धि होगी। बजट की प्रस्तुति के बाद आम आदमी की तंगहाली का बढ़ना निश्चित है। सरकार फिर लोगों के सामने मितव्ययी बनने का तर्क रखेगी और हालात का सामना करने की अपील करेगी, जबकि इसके लिए और अवकाश नहीं है। गरीब जनता और मध्य वर्ग के लोग किसी तरह से जिन्दगी की गाड़ी खींच रहे हैं, जबकि शीर्ष के दस प्रतिशत लोग सम्पत्ति से गुलछर्रे उड़ाने और अपनी सम्पत्ति को फूहड़ ढंग से मौज-मस्ती में लुटाने के उपाय में लगे रहते हैं। यदि इस विषमता को समाप्त करना सम्भव नहीं भी हो पा रहा हो तो इसको कम करने के प्रयत्न तो किए ही जाने चाहिए। गरीबी बर्दाश्त हो जाती है सापेक्ष गरीबी नहीं।

कर्मकांडी नकार अपनी जगह, आई.एम.एफ. के आदेश पर अवमूल्यन किया गया है—इस आरोप का कोई सन्तोषजनक उत्तर अब तक नहीं दिया गया है। जबकि चन्द्रशेखर ने शिकायत की है कि आई.एम.एफ. की रिपोर्ट उनको नहीं दिखाई गई थी, वाशिंगटन में हमारे राजदूत आबिद हुसैन ने चुनाव के ठीक पहले टिप्पणी की : 'सारी संचिकाएँ तैयार हैं; केवल मंत्रियों का आना और हस्ताक्षर करना बाकी है'। यह इस बात का पर्याप्त संकेत है कि कर्ज माँगने की शर्त पर आई.एम.एफ. ने अपना नोट तैयार किया है।

9 जुलाई को राष्ट्र के नाम अपने प्रसारण में अवमूल्यन को उचित ठहराते हुए कहा—'ऐसा इसलिए किया गया, ताकि हम अधिक निर्यात कर सकें'। उन्होंने वस्त्रों और चमड़े की बनी वस्तुओं का उल्लेख किया, किन्तु इनका निर्यात नहीं किया जा सकता, इसलिए नहीं कि विदेशी बाजारों में इनकी कीमत बहुत ज्यादा है, अपितु संयुक्त राज्य अमेरिका में कोटा-नियंत्रणों के कारण।

उन्होंने यह दावा भी किया कि अवमूल्यन गैर-जरूरी वस्तुओं के आयात को हतोत्साहित करेगा। किन्तु विलासोपकरण के आयात पर लगभग सारे नियंत्रणों को समाप्त कर देने के निर्णय के परिणामस्वरूप भुगतान-सन्तुलन का संकट बना रहेगा।

पंजाब तथा जम्मू-कश्मीर अभी भी दुर्लंघ्य-दुःसाध्य प्रमाणित हो रहे हैं। पिछली सरकार ने संवाद की प्रक्रिया प्रारम्भ की थी, किन्तु इसका आकस्मिक अन्त हो गया। नई सरकार ने शान्तिपूर्ण समाधान की सम्भावनाएँ तलाशते हुए आतंकवाद और अलगाववाद के खिलाफ संघर्ष के फैसले की घोषणा की है। अपने संबोधन में राष्ट्रपति ने जन-भागीदारी और जनता तथा सरकार के बीच रिश्तों की मजबूती के लिए काम करने के निर्णय की घोषणा की है। यह निर्णय चाहे जितना प्रशंसनीय हो, वर्तमान परिस्थिति में यह अँधेरे में चलाया गया तीर प्रतीत होता है। इन समस्याओं के बने-बनाए किताबी समाधान नहीं हैं—ये सारी समस्याएँ पिछले कांग्रेस-शासनों की देन हैं—सरकार को इनके समाधान के लिए हाथ आजमाने का अवसर दिया जाना चाहिए।

जो बात भुलाई नहीं जा सकती वह यह कि सभय महत्त्वपूर्ण है। लम्बे समय से दोनों राज्यों के लोग भय में रह रहे हैं। उनकी पीड़ा का अन्त होना चाहिए। शरारत के व्यापारियों और उनके संरक्षकों को कुचलने के लिए, यदि आवश्यक हो तो, अधिक कठोर कदम उठाने में सरकार को हिचकना नहीं चाहिए।

इतना ही उलझनपूर्ण है मंदिर-मस्जिद मामला, ज्यादा दिन नहीं हुए, जिसने देश में महाविपदा ला दी थी। भाजपा में कुछ संतुलित स्वर भी सुनाई पड़ते हैं, जो वोट की त्वरित राजनीति में दब गए थे। ये स्वर अब सुने जा सकेंगे या नहीं यह विवादास्पद प्रश्न विश्व हिन्दू परिषद्, बजरंग दल और ऐसे अन्य संगठनों से है, जो अपने खूनी न्याय पर अड़े हैं। उत्तर प्रदेश के उन पार्टी-विधायकों को, जिन्होंने अपनी विजय की उत्तेजना में अयोध्या-यात्रा में नई आक्रामकता प्रदर्शित की, जो सलाह अटल बिहारी वाजपेयी ने दी उसके लिए उन्होंने प्रभूत प्रशंसा पायी है। राष्ट्रपति ने घोषणा की है कि मन्दिर-मस्जिद मुद्दे के सौहार्दपूर्ण समाधान के लिए हर सम्भव प्रयत्न करते हुए, सरकार एक विधेयक लाएगी कि पूजा—उपासना के सभी अन्य स्थानों में 15 अगस्त, 1947 की यथास्थिति बनाए रखी जाएगी। यदि एक निर्दलीय सदस्य के इसी उद्देश्य वाले बिल पर बहस कोई संकेतक है तो सरकारी विधेयक का रास्ता क्या सहज नहीं होगा। रूढ़िवादियों के खेमे के चरमपन्थी एक बार फिर, अव्यवस्था और साम्प्रदायिक घृणा फैलाने में लगे हैं।

आगे के काम आसान नहीं हैं। सु-सौभाग्य सरकार के साथ रहे। फैसले का समय अभी नहीं आया है।

(14 जुलाई, 1991)

1942 का उत्साह...

9 अगस्त, 1942 उस युग की याद ताजा कर देता है जो आज विस्मृत हो चला है। देशभक्ति की उमंग, जिसकी परिणति 'अंग्रेजो, भारत छोड़ो' के अन्तिमेत्थम हुई, 'करो या मरो' के आवेग और हर भारतीय हृदय में जलती आजादी की मशाल ने उपनिवेशवाद के विरुद्ध युद्ध के लिए देश को सूत्रबद्ध किया। अवज्ञा के उत्साह, आत्मोत्सर्ग के भाव, उस आततायी शासन में मानवीय प्रतिष्ठा के लिए लड़ने की दृढ़ इच्छाशक्ति ने भारतीय जन की शक्ति और क्षमता को अभिव्यक्त किया। पचपन साल बाद आज हम विभाजित हैं। एक ओर जाति, वर्ग और धर्म पर आधारित बढ़ती कट्टरता और जिन्दगी की मूलभूत जरूरतों को पूरा करने के हमारे वादे को निभा पाने की अयोग्यता के परिणामस्वरूप हताशा और उदासी छा गई है। आखिर हमसे कहाँ चूक हुई? लक्ष्यसिद्धि के लिए सम्पूर्ण बलिदान करने के बाद, सादा जीवन के

आदर्श, मितव्ययता, स्वदेशी और आत्मनिर्भरता का अनुपालन करने के बाद अब हम खुली बाँहों से बहुराष्ट्रीयों को आमंत्रित कर रहे हैं। 'भारत छोड़ो' आन्दोलन की आज क्या प्रासंगिकता है?

अपने देश की जनता के सामूहिक प्रयत्न से हमने आजादी पायी। उनके स्वैच्छिक सहयोग से हमने नए भारत के निर्माण का सपना सँजोया। हमारा अतीत अत्यन्त गौरवशाली है। हमारे लोग थोड़े में सन्तुष्ट हो लेते हैं। हर संकट की घड़ी में वे एकजुट होकर खड़े रहे हैं और चुनौतियों का सामना करने में अपनी पूरी शक्ति लगायी है, फिर आत्मविश्वास की यह कमी क्यों, विवादास्पद क्षेत्रों के सहयोग पर ऐसी सम्पूर्ण निर्भरता क्यों? ऐसे ही कुछ अहम सवालों का जवाब खोजने की कोशिश के क्रम में *यंग इंडियन* को पुनर्जीवित किया जा रहा है। यद्यपि इस पत्रिका का नियमित प्रकाशन आपातकाल के दिनों में रोक दिया गया था, विद्यमान राजनीतिक, सामाजिक और आर्थिक माहौल में लोगों तक पहुँचने की नई कोशिश की जरूरत है ताकि राजनीतिक पुनर्विचार, विश्लेषणात्मक विचार-विमर्श और विचारोत्तेजक मसलों को एक मंच मिल सके। इस ऐतिहासिक दिन में पत्रिका को पुनर्जीवित करने का विशेष महत्त्व है—स्वतंत्रता की भावना को विकसित करना और स्वतंत्रता-आन्दोलन के मूल्यों को आगे बढ़ाना।

1971 में *यंग इंडियन* का जन्म उन दिशाओं पर विचार करने को हुआ था, जिस ओर देश तब जा रहा था। सचमुच यह विडंबना ही है कि आज, पच्चीस साल बाद भी वह सब प्रासंगिक बना हुआ है जो हमने अपने कुछ प्रारम्भिक अग्रलेखों में कहा था। हमने टिप्पणी की थी कि 'पुराने को ध्वस्त करके ही नया समाज बनाया जा सकता है। जनता से किए गए वायदों के निर्वाह के लिए यह आवश्यक था कि विदेशी शासकों द्वारा देश को अपनी गिरफ्त में रखने के एकमात्र मकसद से, खड़ी की गई सारी संस्थाओं को अलविदा कह दिया जाता। परिस्थिति में आमूल परिवर्तन नहीं हुआ है। एकमात्र अन्तर यह है कि उन दिनों समाज के प्रबुद्ध वर्ग के लोग स्वतंत्रता-संग्राम के निर्धारित लक्ष्य से किसी भी प्रकार के विचलन के प्रति विरोध व्यक्त करने के अपने दायित्व के प्रति सचेत थे। आज ऐसा लगता है कि हमने वह भूमिका छोड़ दी है।

ग्रामीण भारत के सम्बन्ध में बातें करते हुए हमने कहा था कि 'ग्रामीण भारत का चेहरा बदल गया है किन्तु मूल सामाजिक ढाँचा नहीं। जमीन जोतने वाला शोषण और दमन तले पिस रहा है। हमारे गाँवों में बदतरीन किस्म की बँधुआ प्रथा है। सामाजिक-आर्थिक समस्याएँ और उलझा दी गई हैं। असमानताएँ बढ़ गई हैं और बढ़ते तनावों ने कानून-व्यवस्था की समस्या खड़ी कर दी है। कृषि की आधुनिक तकनीकें, हरित क्रान्ति, ऋण-सुविधाओं और अन्य विकासात्मक गतिविधियों का लाभ सिर्फ थोड़े-से लोगों को मिला है। बड़ी संख्या में लोग अभी भी धुर गरीबी

और भुखमरी के शिकार हैं।' यह वास्तव में हताशाजनक है कि, यद्यपि भारत की राष्ट्रीय आय पाँचगुना से भी ज्यादा बढ़ गई है और पिछले पचास वर्षों में प्रति व्यक्ति आय लगभग दोगुनी हो गई है, भारत की आबादी का बहुत बड़ा हिस्सा अभी भी गरीबी की मार झेल रहा है। विडंबना यह कि गरीबी की तीव्रता भी समाज में समरूप नहीं है और यह और भी चिन्ताजनक है।

राष्ट्र का लक्ष्य ऐसा समाज बनाना रहा है जहाँ आर्थिक शक्ति के केन्द्रण की अनुमति नहीं दी जाएगी। संविधान इस पर बल देता है और सरकारी घोषणाएँ इस पर जोर देती रही हैं। अन्तरराष्ट्रीय स्तर पर पूँजी से सम्पर्क साधने की हाल की प्रवृत्ति परिस्थिति की गम्भीरता को बढ़ाने वाली है। हमारे आर्थिक एवं सामाजिक जीवन पर निहित स्वार्थों का बहुत अधिक प्रभाव रहा है। परिणाम यह कि आज भारत की तसवीर ही बिगड़ गई है। और यह कोई नई प्रवृत्ति नहीं है। हमने पच्चीस साल पहले अपने सम्पादकीय में इसी ओर इशारा किया था, जब कहा था कि 'एक ओर ऐशो-इशरत, बरबादी और प्रत्यक्ष उपभोग का जीवन और दूसरी ओर ऐसा बच्चा जिसे जीने और बढ़ने के लिए एक शाम का खाना मयस्सर नहीं। झुग्गी-झोपड़ियों के सामने सारी सुविधाओं से सम्पन्न महलों-जैसी इमारतें खड़ी हैं, जिनमें इन महलों के निर्माता-कारोबारी लोग रहते हैं, जिनके लिए ये कामगार खटते हैं। ऐसी परिस्थिति में असन्तोष, अवसाद और विद्रोह के भावों का जगना स्वाभाविक है।' गांधीजी ने मितव्ययता के मूल्यों को विकसित किया था। किन्तु आँकड़े बताते हैं कि गरीब का हिस्सा घट रहा है, जबकि अमीर का हिस्सा बढ़ रहा है। इस तुलनात्मक गरीबी का अत्यन्त प्रतिकूल और गम्भीर प्रभाव-परिणाम होता है, इसे समझा ही जाना चाहिए।

लाखों लोग रोजगार की तलाश में दर-दर भटक रहे हैं। किन्तु रोजगार हैं कहाँ? क्या वर्तमान आर्थिक नीतियाँ रोजगार के अवसर उपलब्ध कराने में सक्षम हैं? सारी नीतियाँ बड़ी पूँजीवाले उद्योगों में विदेशी विनिवेश को आकर्षित करने की ओर उन्मुख हैं। इस तरह से, रोजगार के अधिक अवसर बनाने तथा श्रमाधारित उद्योगों को बढ़ावा देने की बजाय यह बेरोजगारी को और बढ़ाने में मददगार हो रहा है। क्षणिक राजनीतिक लाभ के लिए उत्तेजना जगा दी जाती है, राष्ट्र के भविष्य की कोई परवाह किए बगैर। इससे हमारी राष्ट्रीय एकता, अखंडता और धर्मनिरपेक्षता के आदर्शों के समक्ष खतरा पैदा हो जाता है।

कोई आसान-सा रास्ता नहीं है और यह कर्ता-धर्ता लोगों को अच्छी तरह से समझ लेना चाहिए। संसदीय लोकतंत्र जन-भागीदारी और उनके स्वैच्छिक सहयोग के बीच एक नाजुक पेंच पर झूलता रहता है। वे इस स्थिति को अब और बर्दाश्त नहीं कर सकते, जहाँ थोड़े-से विशिष्ट जन विकास के सारे फल भोगें और उन्हें जीवन की मूलभूत जरूरतों-भर सुविधाएँ भी उपलब्ध न हों। यदि वायदे भुला दिए जाते हैं और सपने चकनाचूर हो जाते हैं तो इसकी स्वाभाविक परिणति अराजक स्थिति

का उत्पन्न होना है। यह याद रखा जाना चाहिए कि राष्ट्र के पुनर्निर्माण का काम एक अकेले व्यक्ति या अकेले संगठन से सम्भव नहीं है। इसके लिए जनता का समग्रता में विश्वास अर्जित करना होगा और उनका सहयोग माँगना होगा। केवल तभी सच्चे अर्थों में स्वतंत्रता होगी। यदि हम ईमानदारी से राष्ट्रीयता के उत्साह को फिर से पकड़ने की कोशिश करें तो यह उन लाखों लोगों के प्रति उपयुक्त श्रद्धांजलि होगी जिन्होंने स्वतंत्रता की वेदी पर अन्तिम कुर्बानी दे दी।

जब कृतज्ञ राष्ट्र उन सबों के प्रति श्रद्धांजलि अर्पित कर रहा है जिन्होंने स्वतंत्रता-संघर्ष में अपना प्राणोत्सर्ग कर दिया और उन सभी स्वतंत्रता-सेनानियों के प्रति अपनी श्रद्धा और सम्मान व्यक्त कर रहा है जो सौभाग्य से अभी हमारे बीच मौजूद हैं, हम 'हर आँख के आँसू पोंछने' के कार्य को पूरा करने का संकल्प लें। इसके लिए नए समर्पण-भाव तथा आज की समाज-व्यवस्था में जो भी घृणास्पद, फूहड़ और दूषित है उसके प्रतिरोध में उठ खड़े होने की आवश्यकता है। स्वतंत्र राष्ट्र के रूप में हमारी प्रतिष्ठा और हमारे सम्मान में जो भी समझौते हो रहे हैं, उन्हें चुनौती देने के लिए जनता को, और विशेषकर युवजन को, साहस और दृढ़ता जुटानी होगी। आज या कल हमें जगना ही है। अभी ही क्यों नहीं?

(9 अगस्त, 1997)

50वीं वर्षगाँठ पर कुछ विचार-1

स्वतंत्र भारत की उम्र आधी शती की हो गई है। 50वीं वर्षगाँठ पर हमें विकास और सामाजिक परिवर्तन के लिए किए गए, अपने प्रयत्नों की सफलता और विफलता के क्षेत्रों की पहचान का प्रयत्न करना चाहिए। सच्ची वैज्ञानिक विधि से अतीत के अनुभवों के आकलन से हमें आनेवाले दिनों के लिए बेहतर दृष्टि विकसित करने में मदद मिलेगी।

कोई भी राष्ट्र जिसमें अपने प्रति, अपने अतीत और अपनी सांस्कृतिक विरासत के प्रति स्वाभिमान का भाव नहीं है, न तो कभी विकसित हो पाया है और न ही विश्व-बिरादरी में अपने लिए कोई जगह बना पाया है। अपने सम्मुख खड़ी चुनौतियों का सामना करने की क्षमता के प्रति हर राष्ट्र में आत्मविश्वास होना चाहिए। यदि कोई राष्ट्र पराश्रितता-लक्षण-समूह विकसित कर लेता है तो इससे उबर पाना अत्यन्त कठिन है। स्वतंत्र भारत में अमल में लाई जा रही सरकारी नीतियों के हम में से बहुत से लोग आलोचक रहे हैं। आने वाले वर्षों में भी हम यह भूमिका निभाते रहेंगे। किन्तु यह तथ्य है कि पिछले पचास वर्षों में हमारी उपलब्धियाँ कोई नगण्य नहीं रही हैं। हाँ, हम इससे बेहतर कर सकते थे, विभिन्न प्रकार की चुनौतियों का सामना करने

की क्षमता और संसाधन हमारे पास हैं। तथापि, इसके लिए हमें विशाल जन–सम्पदा, जो सौभाग्य से देश में है, के उपयोग के तरीके विकसित करने की जरूरत है।

जरूरत इस बात की है कि इसके लिए साथ मिल–बैठकर उचित उपचार और प्रासंगिक नीतिगत ढाँचा विकसित करें। निस्सन्देह यह उस तरीके के धुर विरोध में होगा जिसके दबावों में हमने बहुराष्ट्रीय कम्पनियों, देशी निहित स्वार्थी तत्त्वों तथा विदेशी प्रभावों के आगे घुटने टेक दिए हैं।

सामाजिक–आर्थिक विकास के लिए हमें स्थानीय संसाधन–उपलब्धता और भारतीय मेधा के पूर्ण–उपयोग को ध्यान में रखते हुए अपनी रणनीति विकसित करनी होगी।

विदेशी संस्कृति, मूल्य–प्रक्रियाओं और उपभोग के तरीकों की नकल करने की जरूरत भारत को नहीं है। उदाहरणार्थ, कार–निर्माता अन्तरराष्ट्रीय लॉबी की इच्छा के अनुकूल और उसके दबाव में आकर तमाम तरह की आयातित कारों पर भरोसा करने की जगह हमें सार्वजनिक यातायात–व्यवस्था विकसित करने को प्रमुखता देनी चाहिए थी। यदि भारत को आयात ही करना था तो इसे यात्री–बसों को मँगाना चाहिए था, जिससे बजाय थोड़े से लोगों के, जन–समुदाय को अच्छी, सक्षम, सुविधाजनक, आसान यात्रा के अवसर उपलब्ध होते। इससे पर्यावरण–प्रदूषण कम होता, जिसका लाभ पूरे समाज को मिलता और सीमित पेट्रोलियम संसाधन पर भी दबाव घटता।

हमें अपनी प्राथमिकताएँ निर्धारित करनी हैं तथा जन–समुदाय के लिए काम करना है, विशिष्ट जनों के लिए नहीं। आखिर आम जनता विदेशी मुद्रा के लिए क्यों प्रयत्नशील रहे और इसे क्यों कमाये जब इसका उपयोग मलाईदार परत के उपभोग की जरूरतों की पूर्ति के लिए किया जाना है। ये हैं वे प्रश्न जिन पर हमें सोचना चाहिए और उत्तर खोजना चाहिए।

भारतीय राष्ट्रीय जीवन में ऊँचे और महत्त्वपूर्ण पदों पर आसीन कुछ लोगों की प्रवृत्ति खुद की और देश की भर्त्सना करने की होती जा रही है। वे यह नहीं समझ पाते कि उनकी ऐसी टिप्पणियों का जनता के मनोबल पर कैसा प्रतिकूल प्रभाव पड़ेगा। कहा जाता है भारत भ्रष्टाचार में आकंठ लिप्त है और देश की सबसे बड़ी समस्या इस भ्रष्टाचार से निजात पाना है। सुनने में यह भी आता है कि कुछ लोगों को स्वयं को भारतीय कहने में शर्म महसूस होती है, क्योंकि भ्रष्टाचार ने पूरे देश को अपने लपेटे में ले लिया है। ऐसी बातें विचित्र और अटपटी प्रतीत होती हैं, विशेषकर इसलिए कि ये लोग उनमें से हैं जिन्हें देश के भविष्य के गिरवी रखे जाने पर कोई चिन्ता नहीं होती या इतने लम्बे समय के बाद भी देश की आधी से अधिक आबादी गरीबी–रेखा के नीचे बनी हुई है, इसकी चिन्ता उन्हें नहीं सताती।

बेईमान की वकालत किसी को नहीं करनी चाहिए। किसी भी व्यक्ति, बड़े या छोटे के प्रति पूर्वाग्रह–मुक्त होकर देश के कानून को कड़ाई से लागू किया जाना चाहिए।

तथापि, इसका यह अर्थ नहीं है कि प्रभुतासम्पन्न लोग बड़ी संख्या वाले ईमानदार भारतीयों का अपमान करें। क्या कोई कभी यह बता सकता है कि आबादी के बहुसंख्यकों पर, जो गरीबी-रेखा का जीवन जी रहे हैं या जो समाज के असंगठित अथवा ग्रामीण क्षेत्रों के हैं, भ्रष्ट का बिल्ला कैसे लगाया जा सकता है ? सम्भवत:, देश के शीर्ष आर्थिक, वाणिज्यिक या राजनीतिक जीवन से जुड़े ऐसे बहुत सारे लोग हैं जो भ्रष्टाचरण के दोषी हैं। शर्मिन्दा होने की बजाय यह सोचने की जरूरत है कि देश या देशवासी किस बात के लिए गौरव महसूस कर सकता है। भारत महान् देश रहा है और है; और महान् है इसकी जनता।

निश्चय ही देश का आर्थिक प्रदर्शन और सामाजिक विकास उम्मीद और इसकी क्षमता से बहुत कम रहा है। भारत के आकार और विभिन्नता को ध्यान में रखें तो यह विकास महत्त्वपूर्ण है। किसी भी तरह से यह छोटी उपलब्धि नहीं है कि इसने लोकतांत्रिक कार्य-कलाप और ढाँचे को सफलतापूर्वक बनाए रखा है, जबकि द्वितीय विश्व-युद्ध के बाद स्वतंत्र हुए अधिकांश देश अपने यहाँ लोकतंत्र को नहीं बचा पाए हैं। देश-विदेश जिस भौगोलिक परिवेश में स्थित है उसके आधार पर इसके महत्त्व का आकलन करना होगा। इसी प्रकार, हमारी योजना और कल्पना के अनुरूप सारे भारतीय राज्यों ने भूमि-सुधार लागू नहीं किया, लेकिन इस बात से इनकार नहीं किया जा सकता कि काफी हद तक इसने ग्रामीण सामन्ती व्यवस्था को समाप्त कर दिया है। शिक्षा-व्यवस्था के दायरे में बहुत सारे वर्गों और जातियों को लाने में सफल हुए हैं, जिन्होंने कभी कोई औपचारिक शिक्षा नहीं पायी, विधिवत् पहाड़ा-गिनती नहीं सीखी। अनुसूचित जाति और जनजाति के विद्यार्थियों की विश्वविद्यालयों में शिक्षा पाती संख्या हम सबों के लिए अभिमान की बात है। वस्तुत: शैक्षणिक संस्थाओं में आज दलितों की जितनी संख्या है उतनी 1947 में कुल स्नातकों की संख्या थी। सामाजिक जागृति आई है। विकास के प्रारम्भिक चरण में कुछ विसंगतियाँ होती हैं। वाजिब लक्ष्यों पर बल देने का तरीका विकृत हो सकता है और अनुपात से अधिक माँगें रखी जा सकती हैं। जबकि नारी-साक्षरता सभी राज्यों में समान स्तर तक नहीं पहुँच पायी है; तब भी यह अभिमान का विषय है कि केरल-जैसे राज्य में जो स्तर पा लिया गया है वह देश में सामाजिक बदलाव का आधार बन गया है।

भारत के विकास का एक कमजोर बिन्दु अपनी ताकत के प्रति विश्वास बनाए रखने में असफल रहना है। हमारी संस्कृति चार हजार सालों से भी ज्यादा पुरानी है। हम इस बात पर अभिमान कर सकते हैं कि विभिन्न सामाजिक और सांस्कृतिक विकासों के क्षेत्र में भारत अग्रणी रहा है। कला, संगीत, वास्तु, औषधि, गणित, दर्शन तथा कई अन्य क्षेत्रों में हमारी उपलब्धियाँ उल्लेख्य हैं। किन्तु अफसोस की बात यह है कि हम ऐसी कोई संस्था नहीं खड़ी कर पाए हैं, जहाँ इन क्षेत्रों में शोध किया जा सके। तथापि, अन्य देशों के विश्वविद्यालयों ने ऐसी संस्थाएँ खड़ी की हैं और

संसाधन जुटाए हैं ताकि भारत तथा इसकी विशाल विरासत को समझने में शोधकर्ताओं को समर्थ बना सकें।

राजनीतिक पार्टियाँ भी अपने शोध-केन्द्र नहीं बना सकी हैं, ताकि जनता की नब्ज टटोल सकें, उनकी समस्याओं और चिन्ताओं को जान सकें। हर पार्टी के पास एक ही किस्म के वायदों और प्रलोभनों का कार्यक्रम है। और वे उन्हें ही अपने चुनाव-घोषणा पत्र में परोस देते हैं और सत्ता की सीढ़ियाँ चढ़ते ही उन्हें भुला देते हैं।

यह प्रक्रिया राजनीतिज्ञों की अफसरशाही पर निर्भरता को बढ़ा देती है और तब सत्ता की कुंजी उनके हाथों में होती है। क्या हमारा तंत्र ऐसे झूठे वायदों पर टिका रह सकता है जो राजनीतिक संस्थाओं में जन-आस्था और विश्वास को डगमगा देते हैं?

आज, जब हम स्वतंत्रता की स्वर्णजयन्ती मना रहे हैं, आइए, हम पिछले पचास वर्षों में हमारे दिल-दिमाग पर छा गई धूल को झाड़-पोंछ दें। हम भारत की सही उमंग, इसके मूल्यों, इसके सद्भाव और सहयोग तथा शान्तिपूर्ण सह-अस्तित्व के सही भाव को फिर से खोज निकालें। उन जाने-अनजाने शहीदों, जिन्होंने अपने प्राणों का उत्सर्ग कर दिया, ताकि हम स्वतंत्र राष्ट्र में साँस ले सकें, के प्रति सिर्फ यही सच्ची श्रद्धांजलि हो सकती है।

(15 अगस्त, 1997)

जनता को बेवकूफ बनाना बन्द कीजिए!

सत्ता से जुड़े लोगों को राष्ट्र को बेवकूफ बनाना अविलम्ब बन्द करना चाहिए। लाल किले के प्राचीर से प्रधानमंत्री को यह कहते हुए सुनकर मुझको आघात-सा पहुँचा—'दस साल पहले इस देश ने पेट्रोल के आयात के लिए सोना गिरवी रखा था, आज हमारे पास तीन हजार करोड़ डॉलर हैं। यह हमारा मेहनत से कमाया हुआ पैसा है। हमारे व्यापारियों ने इसे कमाया है। हमारे उद्योगपतियों ने इसे कमाया है। हमारे निर्यातकों ने इसे कमाया है और इसका एक बड़ा हिस्सा उन लोगों से प्राप्त हुआ है, जो आर्थिक गतिविधियों पर पैनी नजर रखते हैं और तब विनिवेश करते हैं जब वे अपनी पूँजी को पूर्णतः सुरक्षित पाते हैं। एक महत्त्वपूर्ण सहयोग आप्रवासी भारतीयों से प्राप्त हुआ है।'

सत्य से परे और कोई बात नहीं हो सकती। पिछले दो प्रधानमंत्रियों ने जो कुछ कहा था उसे ही वे बल देकर दुहरा रहे थे। तथ्यों को तोड़-मरोड़ कर सत्य को छिपाने का यह सम्मिलित प्रयास है। अपनी आर्थिक नीति के निर्धारण में विचलन को सुधारने के फैसले लेने के हमारे अधिकारों के समर्पण, जो विदेशी आर्थिक ताकतों के हाथों में दे दी गई हैं, के औचित्य को सिद्ध करने की यह सचेत कोशिश है। विदेशी आर्थिक

शक्तियों पर निर्भर रहने की जो प्रवृत्ति दस साल पहले हमारे मन-मस्तिष्क में घर कर गई है उसे सही दिशा में उठाए गए साहसिक कदम के रूप में प्रस्तुत किया जा रहा है। यह दुर्भाग्यपूर्ण है कि आर्थिक विकृतियों और सामने खड़े विनाश के प्रारम्भिक चिह्नों के बारे में जान लेने के बावजूद सत्ताधारी लोग उन्हीं दाँव-पेंचों से चिपके हुए हैं, जो उन्हें वैश्विक आर्थिक ताकतों ने पढ़ायी हैं।

यह पूछना अनुचित नहीं होगा कि वर्तमान विदेशी मुद्रा अधिकोष 'हमारे व्यापारियों' द्वारा किए गए आयात के ऊपर निर्यात की अधिकता को दर्शाता है? तथ्य यह है कि पिछले दो दशकों में भारत ने वाणिज्यिक लाभ का अनुभव किसी एक वर्ण के लिए भी नहीं किया। अस्सी के दशक की वाणिज्यिक हानि ने देश को बड़े अन्तरराष्ट्रीय ऋण में ढकेल दिया। नब्बे के दशक की निर्यात की बढ़त को 1996 में बड़ा धक्का पहुँचा और चालू वर्ष में स्थिति और भी बिगड़ गई है। 1995-96 का व्यापार-घाटा रु. 16,300 करोड़ था और 1996-97 में यह रु. 20,000 करोड़ के आस-पास पहुँच गया। इस बात पर बल देना कि आज का विदेशी मुद्रा-भंडार हमारे व्यापारियों, उद्योगपतियों की गाढ़ी कमाई का नतीजा है, बिलकुल बेबुनियाद है। यह कहने में हम हिचक क्यों महसूस करें कि भारत में निर्यात को उच्च तकनीक वाली सामग्रियों से बढ़ावा नहीं मिलता, कृषि-उत्पाद, खनिज-संसाधनों, लघु उद्योगों द्वारा निर्मित सामग्रियों, हस्तकला से निर्मित वस्तुओं एवं अन्य पारम्परिक वस्तुओं तथा सेवाओं से मिलता है, जो निर्यात से प्राप्त कुल आय का तीन-चौथाई जुटाते हैं।

चूँकि वाणिज्यिक खाते का योग नकारात्मक रहा है, विदेशी विनिवेशों और ऋणों के रूप में पूँजी के खाते के अन्तरण के सन्दर्भ में विदेशी मुद्रा की वर्तमान सुविधाजनक स्थिति की व्याख्या की जा सकती है। 1994-95 में चालू खाते का घाटा रु. 10,000 करोड़ था और विदेशी पूँजी की आवक रु. 27,700 करोड़ थी। सकल पूँजी खाते की इस वृद्धि में विदेशी विनिवेश रु. 15,000 करोड़ था और रु. 9,500 करोड़ की राशि विदेशी सहायता, वाणिज्यिक उधार और अल्पकालिक ऋणों के रूप में थी। इस बात की जानकारी आम लोगों को नहीं है कि नई नीति के जमाने में भारत में आई हुई विदेशी पूँजी का लगभग दो-तिहाई पोर्टफोलियो के विनिवेश के कारण है। इस विनिवेश का बहुलांश, मुनाफा कमा रही कम्पनियों के तथा अर्थतंत्र के महत्त्वपूर्ण सेक्टरों में जो हैं उनके शेयर खरीदने में चला गया है। इसके लिए जो रास्ता दिया गया है वह है—विदेशी संस्थागत विनिवेशक (फॉरेन इंस्टीट्यूशनल इन्वेस्टर्स : एफआईआईज़)। यह सचमुच ही आघात पहुँचाने वाली बात है कि भारतीय स्टेट बैंक (एसबीआई), महानगर टेलीफोन निगम लि. (एमटीएनएल), भारत पेट्रोलियम कॉरपोरेशन (बीपीसीएल) और भारत हेव्ही इलेक्ट्रिकल्स लि. (बीएचईएल)—जैसी प्रतिष्ठाजनक सार्वजनिक क्षेत्र की कम्पनियों के शेयर विदेशियों

को बेचे जाने को उपलब्धि समझा जा रहा है। फेडरेशन ऑफ इंडियन इंडस्ट्रियलिस्ट्स (FIIs) की निजी क्षेत्र की पसन्द हैं : टेल्को (Telco), हिंडालको, ईस्ट इंडिया होटल्स, इंडियन टुबैको कम्पनी (ITC), बजाज ऑटो तथा एचडीएफसी (HDFC) आदि। तीसरी दुनिया में अपने निवेशों से ऊँचा मुनाफा कमाने के लिए एफआईआई (FIIs) जाने जाते हैं। भारत से मुनाफा और पूँजीगत लाभ के निहितार्थ इससे स्पष्ट हैं।

वाणिज्यिक ऋण, जो पूँजी-अन्तरण का एक और महत्त्वपूर्ण प्रकार हैं, अर्थतंत्र पर ऊँचे सूद का बोझ डालते हैं। ऋणग्रस्त राष्ट्रों पर ऋणदाता का बहुत प्रभाव रहता है। क्या इसका उल्लेख करने की जरूरत है कि विदेशी पैसों की आसान उपलब्धता ने अस्सी के दशक में संसाधनों के गैर-जिम्मेदार उपयोग को प्रोत्साहित किया, जब राजस्व-व्यय के लिए देश ने विदेशों से उधार लिया। आसान सुविधाजनक तरीका अपनाने के दुष्परिणामों को आसानी से समझा जा सकता है और इस प्रवृत्ति को पलटने की जरूरत को भी। मुश्किल फैसले अवश्यंभावी थे। ऐसा नहीं किया गया। जनता की आँखों में धूल झोंकी गई। आत्म-निर्भरता, मितव्ययता और स्वदेशी की नीति का मजाक उड़ाया गया। इसे राजनीतिक पाखंड करार दिया गया। सत्ता में जो थोड़े चुने-चुनाए लोग थे, उनके लिए तड़क-भड़कपूर्ण जीवन की हसरतें और दिखावटी जीवन-शैली के पश्चिमी तरीकों से स्पर्द्धा करने के अन्धे रास्ते नए प्रेरक बन गए। परिणामः विश्व बैंक और इंडियन मॉनीटरी फंड (आईएमएफ) भारत को उसके योजनाबद्ध विकास के रास्ते से भटकाने में सफल हो गए और आर्थिक नीति-निर्धारण के मामलों में देश ने अपनी प्रभुसत्ता खो दी। जन-समूह की आकांक्षाओं एवं जरूरतों की उपेक्षा की गई और विदेशी पूँजी को आकृष्ट करने तक ही सीमित रहा, हमारे राष्ट्रीय संसाधनों के उचित उपयोग की कोई परवाह किए बिना।

पत्राधान विनिवेश (पोर्टफोलियो इनवेस्टमेंट्स), जो निवेश के अन्तर्वाह (इनवेस्टमेंट इनफ्लोज) का बड़ा हिस्सा होता है, के सन्दर्भ में भारत से अचानक हाथ खींच लेने की सम्भावना ज्यादा रहती है। भारतीय स्टॉक एक्सचेंज के प्रभाव संचालन में एफआईआई विनिवेशों ने पहले ही खास एवं महत्त्वपूर्ण जगह बना ली है। 400 के लगभग एफआईआई की बड़ी और बढ़ती संख्या धोखे में डालने वाली है। भारतीय स्टॉक मार्केट में केवल गिने-चुने एफआईआई सक्रिय रूप से कारोबार करते हैं। सरकार की खुद की स्वीकृति के मुताबिक '60-65 प्रतिशत खरीद-बिक्री केवल 25 एफआईआई के खाते में गई है।' नीति-निर्धारक परिस्थिति की गम्भीरता को अभी तक नहीं समझ पा रहे हैं कि विदेशी वित्तीय संस्थाओं के छोटे-से समूह को भारत के निगणित अर्थतंत्र के क्षेत्र में शीर्ष स्थान पर लेने का अवसर दे दिया गया है।

भारतीय स्टॉक एक्सचेंजों में ढेर सारे उतार-चढ़ाव के साथ-साथ संसाधनों के उपयोग की देखरेख के अभाव और लम्बे समय से उनका उपयोग न किए जाने

के परिणामस्वरूप सामान्य निवेशकर्ता के मन में स्टॉक मार्केटों के प्रति वस्तुत: अविश्वास का भाव पैदा होना शुरू हो गया है। घोटालों की संख्या बढ़ी है और हर आने वाले दिन में नए घोटाले की भूमिका बन रही है।

विदेशी पूँजी से अधिक उत्पादन, उत्पादनशीलता और भारतीय औद्योगिक क्षेत्र में प्रतिस्पर्द्धा बढ़ने की उम्मीद लगायी गई थी। यहाँ भी देश को बड़ी निराशा का सामना करना पड़ा। विदेशी पूँजी के अन्तर्वाह (इनफ्लो) से कुल उत्पादन-क्षमता और सीधी नियुक्ति के अवसरों में कोई खास वृद्धि नहीं हुई है। विशाल विदेशी कम्पनियाँ भी नई नीति के दौरान शुद्ध लाभ की जगह, विदेशी मुद्रा में, शुद्ध नुकसान उठानेवाली बन गईं। ऐसा लगता है कि अब तक विदेशी निवेश का अन्तर्वाह बहुराष्ट्रीय कम्पनियों को भारत में कारोबार में मजबूत पकड़ बनाने में शक्ति देने की ओर निर्दिष्ट रहा है, ताकि स्थापित भारतीय व्यवसाय को खरीदा जा सके, अन्यथा जो कठिन प्रतिस्पर्द्धा सिद्ध होते, तथा पूरी उत्पादन-तकनीक को अन्तरित किए बिना पार्ट-पुर्जों को जोड़ने भर की दिशा में विदेशी निवेश के अन्तर्वाह का उपयोग हुआ है।

पत्राधान निवेशों से (पोर्टफोलियो इनवेस्टमेंट्स), जो विदेशी निवेश के अन्तर्वाह का बड़ा भाग है, त्वरित उत्पादन क्षमताओं में कोई वृद्धि नहीं होती। सम्भवत:, चूँकि पुराने उत्पादों के ब्रांड का आकर्षक नाम देकर—जैसे, नेस्ले का 'पोलो (मिंट)' और कैडबरी का 'गुगली' (टॉफियाँ) बेचा जा रहा है, यह विस्तृत धारणा बन गई है कि भारत की उत्पादन-क्षमताओं में वृद्धि हुई है। यह सन्तोष भ्रांतिमूलक है।

वैसे अग्रणी उद्योगों की सूची दिन-ब-दिन लम्बी होती जा रही है, जो प्रत्यक्ष या परोक्ष रूप में बहुराष्ट्रीय कम्पनियों के हाथों में चले गए हैं। पार्ले, क्वालिटी, टॉमको, लक्मे, किसान, मिल्कफूड, डीसीएम, एसआरएफ, निप्पन, डेंसो, ड्यूक ऐंड संस, मोटरोला, ब्लू स्टार, केल्विनेटर, महाराजा अन्तरराष्ट्रीय की कथा सबों को पता है। हाल के उदाहरणों के रूप में एबीएस उद्योगों और एसआरएफ फाइनेंस का उल्लेख किया जा सकता है। एक और अग्रणी उद्योग एशियन पेंट्स, जो अब तक बहुराष्ट्रीयों को कड़ी टक्कर देता रहा था, शीघ्र ही उसी जमात में शामिल हो सकता है। गुजरात गैस, कार्वी कंसल्टैंट्स तथा टाटा-आईबीएम संयुक्त उद्यम के बड़े भाग का भाग्य भी यही होने वाला है। भारतीय उद्यमी मोल-तोल की अपनी क्षमता खोते जा रहे हैं और बहुराष्ट्रीयों के उत्पादों की गुणवत्ता एवं उपयोगिता की बजाय, उनकी वित्तीय और विपणन की ताकत से वे मसले जा रहे हैं।

मूलधन (पूँजी) के ऋण को चालू खाते के घाटे के साथ मिला देने की वर्तमान प्रवृत्ति के कारण सुरक्षित जमा राशि की भ्रमात्मक तसवीर सामने आई है। आश्चर्य नहीं कि सत्ता के ऊँचे पदों पर आसीन लोग भारतीय निर्यातकर्ताओं के योगदान को महत्त्वपूर्ण मानने के भ्रम में पड़े हैं। विनिमय-दर के निर्धारण की कुंजी अब

विदेशी निगमों के हाथों में है। चूँकि पूँजी के अन्तर्वाह की प्रक्रिया से विनिमय-दर बहुत हद तक प्रभावित होती है, भारतीय निर्यात दुनिया में स्पर्द्धात्मक नहीं रह सकता। अल्पकालिक स्थिरता के कृत्रिम अनुभव के लिए भारत ने वास्तविक कमाई कुर्बान कर दी है। परिणाम यह है कि निर्यात में वृद्धि के लिए अभी से रुपए के अवमूल्यन की माँग का शोर उठने लगा है।

आश्चर्य की बात यह है कि विशाल मुद्रा-कोष का व्यवस्थागत प्रबन्धन भी सरकार के लिए समस्या है। दिए गए सुझावों में से दो मुख्य समाधान थे : 'मूल सामानों के उचित आयात, जिससे औद्योगिक विकास को बढ़ावा मिले, के लिए जमा राशि का इस्तेमाल' और 'विदेशों में भारतीय निवेशों को और आजादी देकर'। यदि कोष बनाने के पीछे विदेशों में निवेश का लक्ष्य था, तो यह कौन करेगा और भारतीय संयुक्त उपक्रमों का विदेशों में प्रदर्शन अब तक कैसा रहा है ? क्या यह कदम अपनी विकासात्मक आवश्यकताओं के लिए विदेशी मुद्रा जुटाने का विलोम नहीं है ? विदेशों में निवेश के बारे में सोचने से पहले इस बात पर सोचा जाना चाहिए कि देश की प्रचुर प्राकृतिक सम्पदा और मानव-संसाधन का सर्वोत्तम उपयोग कैसे हो। यह भी कि तथाकथित मूल वस्तुओं के आयात की संरचना कैसी है, जिनके लिए जमाराशि के उपयोग का अनुमान लगाया गया था ? उनको कहाँ लगाया जाएगा—उपभोक्ताओं के विलासोपकरणों के उत्पादन में ?

देश को तुरन्त बाहरी क्षेत्र और इसके दीर्घकालिक निहितार्थ के सन्दर्भ में सूचित करने की जरूरत है। अस्पष्ट वक्तव्य देने की बजाय, जनता को विश्वास में लेना चाहिए। यह भी जरूरी है कि भारत में बड़ी बहुराष्ट्रीय कम्पनियों और एफआईआई'ज के विकास की रूपरेखा का तटस्थ मूल्यांकन किया जाए, विशेषकर विदेशी विनिमय के खाते में उनकी लेन-देन।

यह दुर्भाग्यपूर्ण है कि ऊँचे पदों पर आसीन लोग भावनात्मक मुद्दों को उभार कर सीधे-सादे जनसमूह को भ्रमित करते हैं ताकि राजनीतिक लाभ लिये जा सकें। प्रधानमंत्री ने सोना गिरवी रखने की बात कही। जब जरूरत के समय इसका उपयोग किया जाता है तो सोना देश के लिए सम्पत्ति बन जाता है। यदि यह थोड़े से धनी-मनी लोगों के लॉकरों तक सीमित रहता है तो राष्ट्र के लिए इसकी कोई कीमत नहीं है। इसके प्रदर्शन से सामाजिक तनाव पैदा होते हैं। यह बेहतर है कि विपरीत परिस्थितियों में आप अपना सोना गिरवी रख दें और जब परिस्थिति सुधरे तो इसे वापस ले लें, बजाय इसके कि अपने भाग्य के निर्धारण का अधिकार ही हम दूसरों को दे दें। यह दुर्भाग्य ही है कि दो पूर्व प्रधानमंत्रियों ने भी सोना गिरवी रखने की बात कही थी। इससे सिर्फ उनकी सोच के स्तर और अर्थतंत्र के नियमों की उनकी समझ का पता चलता है।

(23 अगस्त, 1997)

50वीं वर्षगाँठ पर कुछ विचार-2

आजाद भारत की उम्र 50 वर्ष हो चुकी है। इसकी 50वीं वर्षगाँठ पर हमें अपने विकास और सामाजिक बदलाव के प्रयासों में मिली सफलताओं और असफलताओं को रेखांकित करना चाहिए। सही वैज्ञानिक नजरिए से पुराने अनुभवों का मूल्यांकन आने वाले वर्षों के लिए बेहतर दृष्टिकोण बनाने में सहायक हो सकता है।

अपने आप पर, अपने इतिहास पर और अपनी सांस्कृतिक विरासत पर गर्व न करने वाला कोई भी देश कभी भी प्रगति नहीं कर पाया है या दुनिया में अपना विशिष्ट स्थान बना पाया है। अगर किसी देश को परनिर्भरता का रोगाणु लग गया तो उससे मुक्ति बहुत मुश्किल है। हम में से अनेक लोग स्वतंत्र भारत की सरकारों की नीतियों के विरोधी रहे हैं। आने वाले वर्षों में भी हमें यह भूमिका निभाते रहना चाहिए। पर यह तथ्य है कि पिछले पचास वर्षों की हमारी उपलब्धियाँ भी कम नहीं रही हैं। हम इससे बेहतर प्रदर्शन कर सकते थे; हमारे पास हर तरह की चुनौतियों का सामना करने की क्षमता और साधन हैं। लेकिन इसके लिए हमें अपने उस विशाल मानव संसाधन का बेहतर और कारगर उपयोग करने का तरीका विकसित करना होगा जो इस देश के लिए एक अमूल्य सम्पदा है।

इसके लिए उपयुक्त नीतियों के निर्धारण और अभी की खामियों को दूर करने के लिए हमें साथ बैठ कर विचार-विमर्श करना होगा। निःसन्देह यह काम अभी चल रहे ढर्रे से एकदम अलग होगा, क्योंकि अभी तक हम कभी बहुराष्ट्रीय एजेंसियों तो कभी देशी निहित स्वार्थों, तो कभी विभिन्न दबाव समूहों के कहने पर फैसले करते-बदलते हैं।

हमें अपने सामाजिक-आर्थिक विकास की रणनीति विकसित करनी होगी, स्थानीय उपलब्ध संसाधनों के बारे में अपना नजरिया बदलना होगा और भारतीय प्रतिभा तथा कौशल का पूरा उपयोग करना होगा। भारत आँख मूँदकर पश्चिमी संस्कृति मूल्यों और उपभोग के तौर-तरीकों को अपनाए यह जरूरी नहीं है। जैसे तरह-तरह की कारों की पूरी बारात सड़क पर उतारने, जो आटोमोबाइल उद्योग की अन्तरराष्ट्रीय लाबी चाहती है, की जगह हमें सार्वजनिक परिवहन प्रणाली को प्राथमिकता देनी चाहिए थी। अगर हमें बाहर से कुछ मँगाना ही था तो कारों की जगह बसें मँगाते जिससे कि चुटकी भर लोगों को आराम मिलने की जगह आम लोगों का आवागमन आसान और आरामदेह बनता। इनमें तेल की खपत भी कम होती जिनके लिए हम विदेशों पर निर्भर हैं और प्रदूषण भी कम होता, जो पूरे समाज के लिए नुकसानदेह है।

हमें अपनी प्राथमिकताएँ तय करनी हैं और मुट्ठी भर अमीरों की जगह आम लोगों के लिए काम करना है। अगर आम लोगों के पसीने से कमाई गई विदेशी मुद्रा भी समाज के ऊपरी वर्ग के ऐशो-आराम की चीजों पर खर्च होगी तो लोग क्यों उसके

लिए जान लगाएँगे ? ये ऐसे सवाल हैं जिन पर हमें ध्यान देना होगा, जिन पर हमें विचार करना होगा।

भारत के राष्ट्रीय जीवन में ऊँचे और जिम्मेदार पदों पर बैठे कुछ लोगों में यह प्रवृत्ति बढ़ती जा रही है कि वे अपने कथनों का दुष्प्रभाव समझे बिना देश की और खुद की निन्दा करते जाते हैं। ऐसा करने से लोगों के मनोबल पर बहुत बुरा प्रभाव पड़ता है। यह कहा जाता है कि भारत एक भ्रष्ट देश है और हमारी सबसे बड़ी समस्या भ्रष्टाचार ही है। यह भी सुनने में आता है कि जिस तरह से भ्रष्टाचार ने पूरे देश को अपनी चपेट में लिया है उससे कुछ लोगों को खुद को भारतीय कहने में भी शर्म आ रही है। जिन्हें देश के भविष्य को बंधक बनाने वाली व्यवस्थाएँ लादे जाने से कोई परेशानी नहीं होती, आज भी देश की आधी से ज्यादा आबादी के गरीब रहने से जिनको कोई परेशानी नहीं होती, उन लोगों के मुँह से ऐसी बातें सुनना बहुत अजीब लगता है।

भ्रष्टाचार क्या है, कैसे खत्म होगा इस बारे में हर आदमी को अपने 'उच्च विचार' अपने तक रखने चाहिए। हाँ, बिना बड़े-छोटे का भेद किए, बिना किसी से पक्षपात किए कानून को जरूर सख्ती से लागू किया जाना चाहिए। लेकिन इसका मतलब यह नहीं है कि सत्ता में बैठे लोग भारतीयों के ईमानदार बहुमत को अपमानित करें। क्या कोई इस बात की व्याख्या कर सकता है कि गरीबी रेखा से नीचे रहने वाले, असंगठित क्षेत्र में काम करने वाले, ग्रामीण इलाकों में रहने वाले देश के बहुमत को किस हिसाब से भ्रष्टाचारी का तमगा दिया जा सकता है। सम्भवत: आज आर्थिक, राजनैतिक और व्यापार-उद्योग के शीर्ष पर बैठे काफी सारे लोग ऐसे हैं जो भ्रष्टाचार के दोषी हैं। उनके लिए कानून हैं। उनको लागू करने की बात है। और देश-समाज पर शर्मिन्दगी महसूस करने की जगह यह देखने की जरूरत है कि देश और इसका हर नागरिक किन बातों पर गर्व कर सकता है। भारत एक महान देश रहा है और है। यहाँ के लोगों पर भी यही बात लागू होती है।

निश्चित रूप से देश की आर्थिक और सामाजिक प्रगति उसकी क्षमताओं और उम्मीदों से कम हुई है। पर भारत जितना बड़ा है और जितनी विभिन्नताओं से भरा है, उस हिसाब से देखें तो काफी प्रगति हुई है। यह कोई कम बड़ी उपलब्धि नहीं है कि इसने सफलतापूर्वक लोकतंत्र को बनाए रखा है, मजबूत किया है, जबकि द्वितीय विश्व युद्ध के बाद आजाद हुए ज्यादा देशों में लोकतंत्र नहीं चल पाया। और इस बात के महत्त्व को हम तब अच्छी तरह जान सकेंगे जब हम इस भौगोलिक क्षेत्र के अन्य देशों को देखेंगे। इसी प्रकार भले ही आजादी की लड़ाई और संविधान की भावनाओं के अनुरूप सारे राज्यों ने भूमि सुधार नहीं लागू किया है पर इस बात से इनकार नहीं किया जा सकता कि हमने काफी हद तक सामन्ती ग्रामीण व्यवस्था को समाप्त कर दिया है। हम उन जातियों और वर्गों को भी शिक्षा के दायरे में लाने में सफल रहे हैं

जिनके यहाँ पढ़ने-लिखने का रिवाज ही नहीं था। आज हमारे विश्वविद्यालयों तक जितनी बड़ी संख्या में अनुसूचित जाति और जनजाति के लड़के-लड़कियाँ आ रहे हैं, वह हमारे लिए गर्व करने की चीज है। दरअसल आज विश्वविद्यालयों में जितने दलित लड़के-लड़कियाँ हैं, 1947 में पूरे स्नातकों की संख्या उतनी ही होगी। एक बड़ी सामाजिक जागृति आई है। विकास के शुरुआती दौर में कुछ विकृतियाँ जरूर आईं। सही उद्देश्यों की लड़ाई भी एकदम विकृत रूप ले लेती है। औरतों में साक्षरता की दर सभी राज्यों में समान नहीं है पर केरल जैसे राज्यों में यह जिस स्तर तक पहुँच गई है वह देश के लिए सामाजिक बदलाव का प्रेरणास्रोत बन गई है।

भारतीय विकास का एक सबसे कमजोर मुद्दा अपनी ताकत के बारे में ही विश्वास का न बन पाना है। हमारी संस्कृति चार हजार वर्षों से ज्यादा पुरानी है। हमें इस बात पर नाज हो सकता है कि सामाजिक और सांस्कृतिक विकास के अनेक क्षेत्रों में भारत अगुवा रहा है। कला, संगीत, वस्तुशिल्प, चिकित्सा, गणित, दर्शन और अनेक दूसरे क्षेत्र में हमारी उपलब्धियाँ उल्लेखनीय हैं। लेकिन दुख की बात तो यह है कि हम ऐसी कोई संस्था नहीं बना सके हैं जहाँ इन क्षेत्रों में अनुसंधान हो सके। लेकिन दूसरे देशों के विश्वविद्यालयों ने भारत की विशाल विरासत और परम्पराओं के अध्ययन और उनसे जुड़ी सामग्री जुटाने के लिए संस्थाएँ बनाई हैं।

राजनैतिक दलों ने भी लोगों के मिजाज को, उनकी समस्या और चिन्ताओं को जानने के लिए कोई अनुसन्धान शाखा नहीं बनाई है। केन्द्र और राज्यों की विधायिकाओं में बहस का स्तर गिरता जा रहा है। इससे यह भी पता चलता है कि राजनेता लोगों की वास्तविक समस्या को समझने में असफल हो रहे हैं और उन बातों को गम्भीरता से नहीं लेते। वादों और लुभावने नारों के मामले में सभी पार्टियाँ एक जैसी हो चुकी हैं। अपने-अपने चुनावी घोषणा पत्रों में वे ऐसे वायदों की झड़ी लगा देती हैं पर सता में आते ही उन सबको भुला देती हैं।

इस प्रक्रिया से निकले राजनेता नौकरशाहों पर ज्यादा निर्भर होते जा रहे हैं और ऐसे लोगों के सत्ता में आने पर असली सत्ता नौकरशाहों के हाथों में ही रहती है। राजनैतिक दलों और संस्थाओं के प्रति लोगों के दिन ब दिन उठते जा रहे विश्वास के बीच क्या हमारी व्यवस्था चलती रह पाएगी?

अब जबकि हम अपनी आजादी की स्वर्ण जयन्ती मना रहे हैं, आइए इन पचास वर्षों में हमारे मन और दिमाग पर जो गन्द जमी है, हम उसे पहले साफ कर लें। आइए पहले भारत की असली भावना को जानें, उसके मूल्यों को पहचानें, उसके मन की विशालता, करुणा, सहयोग और शान्ति की भावना को अपनाएँ। यही करके हम उन ज्ञात और अज्ञात शहीदों को सच्ची श्रद्धांजलि दे पाएँगे जिन्होंने हमें आजाद देश में साँस लेने लायक बनाने के लिए हँसते-हँसते अपने प्राणों की बलि दे दी।

(*यंग इंडियन,* अंक 2-3, अगस्त 23, 1997)

दलीय घेरे के बाहर

राजनीतिक पार्टियाँ और चुनावी खर्च

चुनाव सुधारों की बातें करते समय चुनावों पर होने वाले खर्च पर गम्भीर बहस स्वत: ही चल पड़ती है। इसके पीछे एक विचार यह भी है कि सरकारी कोष से चुनाव खर्च किया जाए। इसके लिए इस खर्च के औचित्य, प्रक्रिया और मात्रा को लेकर भी कुछ क्षेत्रों में बहसें चल रही हैं। टाटा सन्स ने अनेक बड़े औद्योगिक घरानों के साथ मिलकर, भारतीय राजनीतिक दलों को धन उपलब्ध कराने के लिए एक ट्रस्ट का गठन करने में पहल की है। इस फंड के आवंटन के नियम, फंड के प्रबन्धन और अन्य नियमों और कायदों को शायद टाटा बन्धुओं ने तय कर लिया है। ऐसा समझा जाता है कि इस ट्रस्ट में धन की प्रचुर मात्रा रखी गई है। टाटा घराना इस देश का प्रमुख औद्योगिक घराना है। अत: यह स्वाभाविक है कि देश के अन्य औद्योगिक घराने भी टाटा सन्स की तरह राष्ट्रीय राजनैतिक दलों को धन उपलब्ध कराने की दिशा में ऐसे ट्रस्टों का गठन करेंगे। ऐसा होने पर यह भी स्वाभाविक है कि विभिन्न राजनैतिक दलों में ऐसे ट्रस्टों से अधिक से अधिक धन प्राप्त करने की होड़ भी बढ़ेगी। इसके साथ औद्योगिक घराने अपने ट्रस्टों के बल पर अधिक-से-अधिक राजनैतिक संरक्षण भी चाहेंगे।

हमारे संविधान निर्माताओं को संविधान के राजनीति के लिए दिशा-निर्देश सिद्धान्त तय करते समय इसी प्रकार की आशंका भी थी ''कि विशेषकर राज्य जब नीति निर्धारण सिद्धान्त लागू करेगा तब आर्थिक व्यवस्था का क्रियान्वयन कहीं ऐसा न हो जिससे सम्पत्ति चन्द लोगों के पास ही सिमट कर रह जाए और उत्पादन के साधनों से आम आदमी वंचित हो जाएँ।'' इस आशंका के भी वास्तविक कारण हैं कि निजी व्यावसायिक हितों को साधने के लिए कहीं ऐसा न हो कि छोटे और कम महत्त्व वाले वर्गों और दलों के हितों की अनदेखी हो जाए।

कम्पनियों द्वारा राजनैतिक दलों को चन्दा दिए जाने का मुद्दा सबसे पहले 1957 में संसद में उठाया गया। उस समय श्री एम.सी. छागला ने इस ओर इशारा किया था कि यदि निजी निगमों द्वारा राजनैतिक दलों को चन्दा देने का रिवाज कायम किया गया तो इससे लोकतंत्र को धक्का लगेगा और लोकतंत्र की निर्मल सरिता मैली हो जाएगी। 1969 में राजनीतिक दलों द्वारा कम्पनियों से चन्दा लेने पर प्रतिबन्ध लगाया गया था, हालाँकि यह प्रतिबन्ध 1985 में उठा लिया गया। इसके अन्तर्गत कम्पनियाँ अपनी पसन्द की राजनीतिक पार्टियों को धन प्रदान करने की हैसियत से राजनीतिक दलों को चन्दा देती हैं, वहीं टाटा जैसा बड़ा घराना यह फैसला करके सबसे आगे आया है जिसने राजनीतिक दलों को एक फंड बनाकर चन्दा देने की नियमित पहल की है। घराना यह फंड अपनी विभिन्न कम्पनियों और व्यावसायिक हितैषियों से इकट्ठा करेगा। एक तरफ जहाँ विभिन्न कम्पनियों के निदेशकों को राजनीतिक दलों

को प्रभावित करने के लिए भ्रष्ट तरीके अपनाने के लिए भर्त्सना और जेल की हवा खानी पड़ी, वहीं दूसरी तरफ देश के एक प्रमुख घराने ने राजनैतिक व्यवस्था को चन्दा देने की 'खुल्लम-खुल्ला' पहल की है। यह एक साहसिक कदम है। इस प्रकार टाटा राजनीतिक क्षेत्रों में अपने हित में सबसे सशक्त बोली लगा रहे हैं। टाटा घराने के इस निर्णय के बहुत भयंकर परिणाम निकलेंगे।

राजनैतिक दलों को धन केवल चुनाव खर्च के लिए ही नहीं चाहिए। धन तो उन्हें अपने पार्टी कार्यालयों को चलाने के लिए भी चाहिए। अनेक पार्टी कार्यकर्ताओं के भरण-पोषण, यात्राओं, सभा-सम्मेलनों, गोष्ठियों, विभिन्न तार-टेलीफोन खर्च और राजनीतिक अभियानों के लिए भी दलों को धन की भारी आवश्यकता होती है। पार्टी नेताओं को पार्टी चलाने के लिए धन की हमेशा चिन्ता बनी रहती है। राजनीतिक दलों के पास सीमित आर्थिक साधनों के कारण स्थिति यह बनी हुई है कि कोई भी दल इस स्थिति में नहीं है कि राष्ट्रीय एवं अन्तरराष्ट्रीय घटनाओं पर वे व्यावसायिक विशेषज्ञों द्वारा अपनी नजर व समझ-बूझ विकसित कर सके। कोई भी ऐसा राजनैतिक दल देश में नहीं है जो अपने बलबूते पर कोई एक दैनिक अखबार भी निकाल सके। दूसरी तरफ, पिछले सालों में औद्योगिक घरानों ने प्रचार तंत्र को अपनी मुट्ठी में जकड़ लिया है। व्यावसायिक घरानों ने अपने प्रभाव से राजनैतिक दलों के प्रभावशाली नेताओं के माध्यम से राजनीतिक दलों को प्रभावित करने का काम भी तेजी से किया है।

यह आज के समय की माँग है कि इस पर गम्भीर चिन्तन किया जाए कि चुनावों में होने वाले खर्चों में कटौती किस प्रकार से की जाए। चुनाव आयोग ने इस दिशा में जो कदम उठाए हैं वे सभी प्रशंसनीय हैं। चुनाव आयोग एक ऐसी संस्था है जो केन्द्र और राज्य स्तर पर जनता के मौलिक अधिकारों की रक्षा करते हुए चुनाव में होने वाले खर्च के लिए किसी भी प्रकार से 'चुनाव कोष' का प्रबन्धन, नियमन और वितरण आदि कर सकती है। अगर चुनावों में राज्यकोष का प्रयोग होता है तो राज्य द्वारा स्थापित ऐसे किसी संगठन या संस्था को ही इस कोष के संचालन की जिम्मेवारी होनी चाहिए, जो इस धन के आवंटन और उपयोग करने की मात्रा तय करे। यदि चुनाव खर्च के बँटवारे का प्रश्न निजी व्यावसायिक हाथों में सौंप दिया जाएगा तो वह केवल कुछ संस्थानों के कुछ व्यक्तियों के अधिकार क्षेत्र में ही रहेगा जो कि अनेक कम्पनियों के भागीदार रहते हैं। चुनाव आयोग के प्रसंग में कम से कम सवाल तो उठाए जा सकते हैं, जबकि दूसरी स्थिति तो लाइलाज ही रहेगी।

अमेरिका के अनेक राज्यों में निजी कम्पनियों द्वारा राजनीतिक दलों को धन देने पर प्रतिबन्ध है। इसे वहाँ पर एक कानूनी अपराध माना जाता है। पूरी दुनिया में यह सर्वमान्य कि है हित साधने वाले संगठित वर्ग को लोकतांत्रिक प्रक्रिया से अलग रखना चाहिए। हमें भी राष्ट्रीय हित में ऐसा ही करना चाहिए। अनेक राष्ट्रीय

एवं अन्तरराष्ट्रीय व्यावसायिक एवं औद्योगिक संगठनों जैसे फिक्की, सी.आई.आई. और एसोचैम की भी इस विषय पर अपनी-अपनी अलग राय है, इसमें कोई सन्देह की बात नहीं है। अगर हम अपने पुराने अनुभवों पर जाएँ तो यह कहना सत्य नहीं होगा कि सत्ताधारी दल को ही राजनीतिक चन्दे के रूप में सबसे ज्यादा धन प्राप्त हुआ हो। हमें सम्बन्धित वर्गों को राजनीतिक दलों द्वारा धन प्राप्त करने के मुद्दे पर गम्भीरता से विचार करना चाहिए।

(*यंग इंडियन,* अंक 4, अगस्त 30, 1997)

आत्मचिन्तन की आवश्यकता

प्रत्येक राष्ट्र को आत्मनिरीक्षण की जरूरत है। भविष्य की चीजों को स्पष्ट देख सकने के लिए आत्ममन्थन ही एकमात्र रास्ता है। गत पचास वर्षों की उपलब्धियों और असफलताओं को प्रतिबिम्बित करने के लिए संसद का विशेष सत्र बुलाना और भविष्य के लिए कार्यसूची तैयार करना प्रशंसनीय प्रयास कहा जाएगा।

जनता का प्रतिनिधि होने और भाईचारा, समानता एवं स्वतंत्रता के प्रति ज्यादा जिम्मेदार होने के नाते सांसदों को क्षेत्रीयता, साम्प्रदायिकता, गुटबाजी और जातिवाद जैसी बुराइयों से ऊपर उठने की जरूरत है। छह दिन के विशेष सत्र के दौरान सांसदों ने राजनीतिक पार्टियों से ऊपर उठकर राष्ट्रीय हितों को महत्त्वपूर्ण माना है। हालाँकि कई सदस्यों ने इस अवसर का इस्तेमाल स्थानीय; क्षेत्रीय एवं व्यक्तिगत मुद्दे उठाने के लिए भी किया। सत्र के महत्त्व को समझने में एकरूपता नहीं थी। यह ऐसा मौका था जब पार्टी एवं वैचारिक मतभेदों से ऊपर उठकर राष्ट्रीय हित के मामलों पर ध्यान केन्द्रित किया जा सकता था।

मौजूदा राजनीतिक एवं सामाजिक व्यवस्था में तब्दीली करने की जरूरत पर जोर दिया गया। राजनीति के अपराधीकरण के मुद्दे का खाका तैयार नहीं हो पाया। इस मुद्दे का समाधान सिर्फ कानून बनाने से नहीं बल्कि स्वयं का सुधार करने से होगा। स्वयं को परिवर्तित करने से पहले परिवर्तन होने की गुंजाइश नहीं है। अपराधी पृष्ठभूमि के व्यक्तियों को टिकटें देने वाली राजनीतिक पार्टियों को सोचना चाहिए कि ऐसी पार्टियाँ संसद में कुछ सीटें प्राप्त कर लोकतंत्र की सर्वोच्च संस्था की प्रतिष्ठा गिरा रही हैं। इससे कुछ व्यक्तियों का हित सध सकता है किन्तु राष्ट्र को फायदा नहीं पहुँचेगा। राजनीतिक इच्छाशक्ति के बल पर ही चुनाव सुधार हो सकता है। चुनाव सुधार के सम्बन्ध में सिफारिशों और सुझावों की अभी तक कमी नहीं है लेकिन सिफारिशों के कार्यान्वयन में अभी तक दिलचस्पी नहीं ली गई है। भ्रष्टाचार का मुद्दा महत्त्वपूर्ण है और इसे नजरअन्दाज नहीं किया जा सकता। धन शक्ति ने सुरसा का

आकार पा लिया है। पैसा किसी भी व्यक्ति और किसी भी चीज को खरीद सकता है। तड़क-भड़क की जिदगी के फूहड़ दिखावे ने भ्रष्टाचार को और बढ़ावा दिया है।

जनता की आम जरूरतों को और प्राथमिकता देने की जरूरत है। अगर हम जनता को पीने का स्वच्छ पानी और दिन में एक जून की रोटी मयस्सर नहीं करा सकते, फिर उपलब्धियों के क्या मायने हैं। इसका यह अर्थ नहीं कि हमने विज्ञान और प्रौद्योगिकी में प्रगति नहीं की है। हमें मानवीय पहलू पर विचार करने की जरूरत है। हमें सोचना है कि क्या जनता की मेहनत फलीभूत हो रही है?

दूसरे स्वतंत्रता संघर्ष का बिगुल बजाया गया है लेकिन हमें ध्यान रखना चाहिए कि मौजूदा हालत बिलकुल भिन्न है। स्वतंत्रता संघर्ष के दौरान बूढ़े-जवान, महिला-पुरुष सभी अपना जीवन न्योछावर करने को तैयार थे सिर्फ नेता की पुकार का इन्तजार रहता था। आज जनता हताश हो गई और नेताओं की अब वह इज्जत नहीं रही। जनता की क्या हौसला-अफजायी होगी जब शीर्ष नेतृत्व अपने को असहाय कहेगा।

निश्चय ही दूसरे स्वतंत्रता संग्राम की जरूरत है। हमें खतरा देश के भीतर से नहीं है बल्कि उन नीतियों से है जो बाजार का बन्धक बनने के लिए विदेशियों का स्वागत करती हैं। इससे भविष्य के बारे में निर्णय लेने की स्वतंत्रता भी खतरे में पड़ जाएगी। कोई अन्य हमारे भाग्य का नियन्ता क्यों बने! इसके लिए जरूरी है कि व्यापक पैमाने पर जनता, विशेषकर युवा शरीक हों और जनता अपने व्यक्तिगत एवं पार्टी हितों से ऊपर उठे। आज महात्मा गांधी के बताए आत्मनिर्भरता के मूल्यों को पुनर्जीवित करने की जरूरत है तभी भविष्य की लड़ाई लड़ी और जीती जा सकती है।

(*यंग इंडियन*, अंक 5, सितम्बर 6, 1997)

शिक्षा के लिए नया अभिगम

निस्सन्देह भारत ने पिछले पचास वर्षों में औद्योगिक क्षमताओं को विकसित करने के मामले में प्रगति की है। तथापि मानव संसाधन-विकास के क्षेत्र में देश ने बिल्कुल नगण्य प्रदर्शन किया है, हालाँकि बार-बार जनशक्ति के रूप में वृहत्तम राष्ट्रीय संसाधन का लाभ उठाने पर बल देने की घोषणाएँ की जाती रहीं। मानव विकास की समस्या को वृहत्तर परिप्रेक्ष्य में सुलझाने की जरूरत है। साक्षरता और शिक्षा दो भिन्न चीजें हैं। मानव-विकास मात्र तकनीकी मामला नहीं है जिसे प्रशासन-तंत्र सुलझाएगा। शिक्षा का मूल ध्येय, वर्तमान परिवेश में उपलब्ध सम्भावनाओं के पूर्ण दोहन के लिए व्यक्तियों की क्षमता को बढ़ाना है। शिक्षा-व्यवस्था का उद्देश्य तकनीकी कौशल सिखाना, साथ ही सामाजिक संवेदनशीलता और वैज्ञानिक मिजाज को विकसित करना है। इस दृष्टिकोण से मानव-विकास एक सामाजिक और राजनीतिक मामला है, ऐसा

मामला नहीं जिसे प्रशासन-तंत्र को अधिक वित्तीय संसाधन मुहैया कराके सुलटा दिया जाए।

स्कूली शिक्षा के लिए निश्चित वर्षों की संख्या वाली वर्तमान व्यवस्था ने ज्ञान को जिन्स में बदल दिया है। अवधारणा यह है कि एक केन्द्रीकृत पाठचर्या के आधार पर, एक निश्चित स्थान पर, प्रतिदिन छह घंटे तक शिक्षण दिया जाए। यह बच्चों को ऐसे औजार, कौशल, तकनीक और सेवाएँ उपलब्ध कराने में सफल नहीं हो सका है, जिसका वे अपने जीवन में उत्पादक इस्तेमाल कर सकें।

परिणाम यह हुआ है कि ऐसे कौशल और औजार उपलब्ध कराने के नाम पर, जिनका इस्तेमाल अधिक सफलता के साथ नौकरियों में किया जा सके, गैर-मान्यताप्राप्त संस्थाएँ कुकुरमुत्तों की तरह उग आई हैं। ये नौजवानों को लूटती हैं क्योंकि ये निरंकुश हैं और सरकार या विश्वविद्यालय अनुदान आयोग द्वारा स्वीकृत शैक्षिक स्तर से रहित हैं तथा इन्हें रुपए कमाने वाली दुकानों के रूप में चलाया जा रहा है, शैक्षिक संस्थाओं की तरह नहीं।

इससे भी आगे, आजकल ऐसी निजी भारतीय संस्थाओं का नमूना देखने में आ रहा है जो विदेशी शैक्षिक संस्थाओं या विश्वविद्यालयों से गठजोड़ किए होने का दावा करती हैं और भारतीय विश्वविद्यालयों से बेहतर शिक्षा प्रदान करने का वादा करती हैं। विदेशी विश्वविद्यालय का ठप्पा इतना महत्त्वपूर्ण हो गया है कि युवा आसानी से बहकावे में आ जाते हैं और उस विश्वविद्यालय का लेबल लगवाने के लिए कोई भी कीमत देने को तैयार होते हैं, चाहे वह राशि उनकी सामर्थ्य के भीतर हो या न हो।

अच्छी संस्था के ठप्पे का प्रलोभन, या चारा, नीचे, प्राइमरी शालाओं तक पहुँच गया है। ग्रामीण क्षेत्रों तक में स्कूल, जो पहले अपनी मातृभाषा में शिक्षा देते थे, अब अपने शटर गिरा रहे हैं (कपाट बन्द कर रहे हैं) ताकि उन्हें अंग्रेजी माध्यम के सार्वजनिक विद्यालयों के रूप में फिर से खोलें और सरस्वती के मन्दिरों की जगह वे अर्थकर व्यापार बन गए हैं।

जाति-आधारित विभाजनों से विभिन्न खानों में बँटी सामाजिक व्यवस्था को शिक्षा के माध्यम से हटाने की जगह हमने सामाजिक न्याय के नाम पर जातिगत विभाजनों को मान देना शुरू कर दिया है और हमारे युवा विश्वविद्यालयों से बाँटने वाली प्रवृत्ति का रोग लेकर निकल रहे हैं।

शिक्षा-व्यवस्था और इसकी वस्तु को बदलने की जरूरत पर बल देनेवाली रिपोर्टें समय-समय पर आती रही हैं। अपनी सामाजिक, सांस्कृतिक, स्वाभाविक और व्यावसायिक जरूरतों के अनुसार अपने शैक्षिक कैलेंडर को बनाने में हम समर्थ नहीं हो सके हैं। भारत की मई तथा जून की गर्मी बर्दाश्त न कर पाने के कारण अंग्रेजों ने पूरे देश के लिए एक जैसा ढाँचा बना दिया और पूरे देश में गर्मी की छुट्टियाँ लागू कर दीं। बम्बई (मुम्बई) और केरल में स्कूल फिर तब खुलते हैं जब मॉनसून आ

जाता है। मॉनसून का केरल और बम्बई में जो रूप होता है, जब तेज वर्षा हो रही हो और बच्चे स्कूल में हों तो माताएँ साँस रोके अपने घर के दरवाजों पर बच्चों की प्रतीक्षा में खड़ी रहती हैं।

कोई भी किसान आपसे कहेगा कि उसके बच्चों को छुट्टियाँ तब दी जाती हैं जब खेतों-खलिहानों में कोई काम नहीं रहता। किन्तु जब खेतों में एक और सहारा देनेवाले हाथों की जरूरत होती है, परीक्षाएँ शुरू हो जाती हैं और स्कूल फिर से खुल जाते हैं। ग्रामीण क्षेत्रों में बच्चों के स्कूल की पढ़ाई बीच में ही छोड़ देने का सम्भवत: सबसे बड़ा इकलौता कारण इस तरह का शैक्षिक कैलेंडर है। ग्रामीण क्षेत्रों में बीच में ही पढ़ाई छोड़ देने वाले बहुलांश बच्चों के सन्दर्भ में हम समय-समय पर चिन्ता व्यक्त करते रहे हैं और अपनी जनसंख्या में जारी निरक्षरता के अनुपात पर हाय-तौबा मचाते रहे हैं किन्तु उन वास्तविक कारणों को समझने-जानने की कोई कोशिश हमने नहीं की है जिनकी वजह से ऐसे हालात पैदा हुए हैं।

इन पर अध्ययन हुए हैं, किन्तु दुर्भाग्य से, सारी समझदारी-भरी रिपोर्टें एक ही गंतव्य तक पहुँचती हैं, ताक पर। इस अंक में भारत की शिक्षा-नीति के विकास का विवरण है। तथ्य स्वयं ही सारी बातें कह जाते हैं।

भारतीय शिक्षा-व्यवस्था आज की जरूरतों के प्रति पूर्णत: संवेदनशून्य है। उदाहरणार्थ, दुनिया में हो रहे नए वैचारिक और तकनीकी विकास के मेल में अपने को ढालने की चिन्ता भारतीय शिक्षा-व्यवस्था ने कतई नहीं की।

जरूरत इस बात की है कि पुरानी अनुशंसाओं के आधार पर राष्ट्रीय नीति विकसित की जाए और जो भी इस महत्त्वपूर्ण राष्ट्रीय कार्य में योग दे सकते हैं उन सबों को इसमें लगाया जाए।

तुरन्त भी जरूरत यह है कि स्वयंसेवी एजेंसियों और शैक्षिक संस्थाओं की मदद से वैश्विक साक्षरता कार्यक्रम को लागू किया जाए। शिक्षित युवकों को प्रेरित कर, इस राष्ट्रीय प्रयत्न में शामिल करने की आवश्यकता है। उनके सहयोग से, हम राष्ट्रीय पुनर्निर्माण के लिए नई जागृति लाने में निश्चित रूप से प्रभूत सफलता प्राप्त कर सकते हैं।

(*यंग इंडियन,* अंक 6, 13 सितम्बर, 1997)

प्रसार भारती : स्वामी की आवाज से जनता की आवाज तक!

यदि सरकारी दावों पर विश्वास करें, प्रसार भारती, दूरदर्शन एवं आकाशवाणी में क्रान्तिकारी बदलाव ला देगी। उन्हें स्वायत्त निगमों में बदलकर सरकार आशा करती है कि सरकारी मीडिया 'स्वामी की आवाज' से 'जनता की आवाज' हो जाएगा।

किन्तु इस विधेयक में जिस तरह की स्वायत्तता का ध्यान रख गया है उससे विश्वसनीयता सुनिश्चित हो सकती है ? आकाशवाणी और दूरदर्शन विश्वसनीयता का आभास तक पाने में कभी सफल नहीं थे। सरकारी मीडिया का इस्तेमाल सत्तासीन दल और प्रभुतासम्पन्न लोगों के प्रचार तथा सरकारी दृष्टिकोण के औचित्य को सिद्ध करने के लिए किया जाता रहा था और अब भी किया जा रहा है। मंत्रियों तथा सत्ताधारी दल के अन्य अधिकारियों द्वारा समाचारों के प्रसारण में उनके नाम शामिल करने के लिए बराबर शोर मचाया जाता रहा है।

वह माध्यम जो व्यक्तियों को आगे बढ़ाने का औजार बन जाता है, कभी भी विश्वसनीय नहीं हो सकता। आशा की जाती है कि प्रसार भारती विधेयक में इसे बदला जाएगा। किन्तु कानून के जरिए विश्वसनीयता नहीं लाई जा सकती। इस मामले में, चूँकि भारत के प्रसारण-अधिकारियों का तंत्र सरकारी अधिकारियों का होगा, विश्वसनीयता दूर का सपना मालूम पड़ती है।

तथापि, सिर्फ एक निकाय बनाकर, जो प्रकट रूप से स्वायत्त है, सरकार अपने दायित्वों से किनाराकशी नहीं कर सकती। भारत में टेलीविजन का प्रारम्भ, घोषित तौर पर, जन-साक्षरता, परिवार-नियोजन एवं कल्याण-कार्यक्रमों को लोकप्रिय बनाने, विकास-प्रक्रिया में सामाजिक और आर्थिक मामलों को लोगों तक पहुँचाने, तकनीकी जानकारियाँ देने तथा पर्यावरण सम्बन्धी चिन्ता से लोगों को अवगत कराने, साथ ही जन-रंजन के लिए हुआ था। इसे विशेष रूप से देश के ग्रामीण एवं दूरस्थ क्षेत्रों में जन-जागृति की ओर अभिमुख होना था।

लेकिन चलते-चलाते नीति-परिवर्तन से प्राथमिकता बदल गई और वे उद्देश्य तुड़-मुड़ गए जिनके लिए ये संस्थाएँ स्थापित हुई थीं। मनोरंजन अधिक लाभकर हो गया और सामाजिक उद्देश्यों को पृष्ठभूमि में धकेल दिया गया। वाणिज्यिक मंडली की गाड़ी में सवारी के लिए कूद जाने की आपाधापी में, गरीबों के सामाजिक विकास, आर्थिक विकास, सूचना और शिक्षा का लक्ष्य और भी धूमिल हो गया, चकाचौंध में घिर गया।

टिकाऊ चमक-दमक वाले सामानों की माँग बढ़ाने का एक माध्यम बन गया टेलीविजन। आज भी ऐसी उपभोक्ता सामग्रियों के प्रचार ने, जो गरीबों की पहुँच से बहुत दूर हैं, सरकार के लिए खासा धन बटोरने का काम जारी रखा है, किन्तु किस कीमत पर ? ऐसे व्यापारीकरण की सामाजिक-आर्थिक शाखा-प्रशाखाओं ने जनता के बड़े हिस्से को अलगा दिया है, अपवर्तित कर दिया है।

अपने सामाजिक दायित्वों को पूरा करना सरकार के लिए जरूरी है। इसका यह अभिप्राय नहीं कि स्वायत्तता न दी जाए। किन्तु कठिन वास्तविकता यह है कि सरकार द्वारा नामित संस्था को वे सामाजिक दायित्व न तो सौंपे जा सकते हैं और न ही सौंपे जाने चाहिए, जिनका निर्वाह सरकार ही कर सकती है। भारत जैसे विकासशील देश

में सरकार अपनी जिम्मेदारियों का अधित्याग नहीं कर सकती और न, वृहत्तर जनहित में, सामान्य किस्म के दिशा–निर्देश देने के अपने अधिकार को अर्पित कर सकती है।

टेलीविजन अत्यन्त सशक्त उपकरण है। यह विचार बना सकता है और निर्णयों को प्रभावित कर सकता है। ईरान–इराक युद्ध के दौरान सीएनएन के द्वारा अमेरिकी दृष्टिकोण का कौशलपूर्वक प्रचार(ण) और हाल में राजकुमारी डायना की मृत्यु और दफन पर बीबीसी का प्रसारण टीव्ही द्वारा नियंत्रित शक्ति के निर्देशक हैं।

भारतीय आकाश को तकनीकी आक्रमण के संकट का सामना करना पड़ रहा है। विदेशी चैनल हमारी जीवन–शैली, हमारी सोच को प्रभावित और हमारी संस्कृति को विकृत कर रहे हैं और जब–तब हमारी संस्कृति के मूल प्रतिमानों के असली रूप को दिखला रहे हैं। इन चुनौतियों का सामना करने के लिए सरकार को स्वयं को अनुकूलित करना है। स्वायत्तता देने से तब तक कोई अन्तर नहीं आएगा जब तक वह इन खतरों से सावधान न हो और हमारे ऑडियो (श्रव्य माध्यम) और विजुअल (दृक्श्रव्य माध्यम) नई तकनीक से लैस न हो जाएँ, ताकि विदेशी मीडिया की प्रतियोगिता में ठहर सकें। अतएव इस निगम की बनावट बहुत महत्त्वपूर्ण होगी। भारत में योग्यता–क्षमता की कमी नहीं है। किन्तु राष्ट्रहित में इस सम्भावना का उपयोग नहीं किया गया है। एक बार सरकार क्षुद्र राजनीतिक और व्यक्तिगत सोच–विचार को किनारे करके व्यावसायिकता को प्रोत्साहित करे तो विश्वसनीयता की थोड़ी उम्मीद बन सकती है।

सरकार को सोचना होगा कि वह अपनी भूमिका को पुनर्परिभाषित करते हुए जनहित में सर्वाधिक काम कर सकती है। इसे मीडिया के आगे–पीछे (टैनडम में) काम करना चाहिए ताकि देश में पहले से ही व्याप्त सामाजिक–आर्थिक तनावों में और इजाफा न करें। क्षेत्रीय स्वायत्तता पर भी ध्यान दिया जाना चाहिए। क्षेत्रीय निकायों को राष्ट्रीय संस्था से सूत्रबद्ध करते हुए भी उन्हें कार्यक्रमों की प्रकृति और विषय–वस्तु के चुनाव में स्वायत्तता देनी चाहिए। फिर से, यहाँ भी निकायों में नामित व्यक्तियों को पेशावर होना चाहिए, अपने क्षेत्रों में जिनकी विशेषज्ञता सिद्ध हो। इन क्षेत्रीय निकायों द्वारा लिये गए फैसलों को न सिर्फ प्रशासन–प्राधिकार का समर्थन हो, बल्कि राज्य और राष्ट्रीय सरकारों का भी। सिर्फ तभी वे ऊर्जावान होकर दक्षता के साथ काम कर सकते हैं।

मीडिया शून्य में नहीं काम करता। वे जिस समाज के हिस्से हैं उसे प्रतिबिम्बित करते हैं। अतएव यदि सरकार सामाजिक विकास के लिए निर्देश उपलब्ध नहीं करा सकती और भयमुक्त व्यावसायिकता का माहौल नहीं बना सकती तो इसे स्वायत्तता और विश्वसनीयता की बात नहीं करनी चाहिए। क्षुद्र राजनीतिक विचारों का शिकार हुए बिना इसे पूरे दिल से समर्थन देना चाहिए।

(*यंग इंडियन,* अंक 7, 20 सितम्बर, 1997)

दलीय घेरे के बाहर

अशुभ प्रवृत्ति

हाल में शासन के क्रमश: तीन अंगों की भूमिकाएँ, विशेषत: कार्यपालिका और न्यायपालिका, जनहित याचिकाओं (पब्लिक इंटरेस्ट लिटिगेशंस—पीआईएल) की कार्यवाहियों और उद्घोषणाओं से चर्चा में उठ खड़ी हुई हैं। न्यायिक आसनों के कुछ विचार, टिप्पणियों ने न सिर्फ संवैधानिक औचित्य की उपेक्षा की, अपितु स्थापित और सर्वत्र स्वीकृत मानकों, कि जो केवल आरोपी थे वैसे व्यक्तियों पर टीका-टिप्पणी करने में आवश्यक संयम बरता जाए, तक का अतिक्रमण किया। संस्थाओं तक को नहीं बख्शा गया। क्षीण विरोधों पर ताने मारे गए और इस प्रवृत्ति में आवेष्टित आसन्न खतरों की ओर संकेत करने के प्रयत्न की निन्दा की गई। यह अफसोसनाक है कि यह सब ऊँचे आदर्शों एवं नेक इरादों से किया गया, जैसा कि इस जमीन के सबसे ऊँचे न्यायालय ने कहा। पीपुल्स यूनियन फॉर डेमोक्रेटिक राइट्स बनाम यूओआई, 1982(3) एससीसी 235 में सर्वोच्च न्यायालय ने जनहित-याचिका की अपनी अवधारणा को बताया था। इसने अपनी धारणा यों व्यक्त की :

> *"...जैसा कि हम सोचते हैं, जनहित-याचिका मूलत: आवेदक का एक सहयोगी या सहकारी प्रयत्न है ताकि शासन या सार्वजनिक प्राधिकार और न्यायालय संवैधानिक या कानूनी अधिकारों, समाज के असुरक्षित-भेद्य वर्गों को प्रदत्त हितों और विशेषाधिकारों का अनुपालन कर सकें तथा उन्हें सामाजिक न्याय उपलब्ध करा सकें। जिसके खिलाफ जनहित-याचिका दायर की गई है उस शासन और प्राधिकार को भी उनके संवैधानिक तथा न्यायिक मूल मानवाधिकारों, जो सामाजिक तथा आर्थिक दृष्टि से अलाभकर स्थिति में हैं, को सुनिश्चित करने में उतनी ही रुचि लेनी चाहिए जितनी न्यायालय में जनहित-याचिका लानेवाला ले रहा है। शासन या सार्वजनिक प्राधिकार, जिसे प्रतिवादी बनाकर जनहित-याचिका के व्यूह में लाया गया है, को वस्तुत: इसका स्वागत करना चाहिए क्योंकि यह एक गलती को, अथवा जिसका कल्याण शासन और सार्वजनिक प्राधिकार की चिन्ता का विषय है या होना चाहिए, समाज के उन गरीब और कमजोर तबकों के प्रति किए गए अन्याय को सुधारने का मौका देगा।"*

1991 में एक परवर्ती टिप्पणी में शीर्ष न्यायालय ने कहा कि :

> *'अनुच्छेद 32 के तहत सर्वोच्च न्यायालय के (न्याय-) अधिकार का आह्वान करनेवाले व्यक्ति को पीड़ित व्यक्ति के मूल अधिकारों की रक्षा के लिए ही न्यायालय के पास आना चाहिए, अपने व्यक्तिगत गुबार या शत्रुता के समर्थन के उद्देश्य से नहीं।'*

परन्तु समय के अन्तराल में मीडिया-प्रक्षेप(ण) से उत्साहित और एक प्रकार की प्रभुता के अतिरंजित भाव से प्रेरित होकर इन सुधारों की न सिर्फ उपेक्षा की गई अपितु बात यहाँ तक पहुँच गई कि लागू किए गए संवैधानिक औचित्य और सीमाओं को भुला दिया गया तथा सभी सिद्धान्तों को पार कर लिया गया।

पटना उच्च न्यायालय में किसी जनहित-याचिका की सुनवाई के दौरान एक बेंच ने निर्णय दिया कि संविधान की धारा 365 के तहत उच्च न्यायालय राष्ट्रपति शासन लगाने की अनुशंसा कर सकता है। इस दृष्टिकोण पर लोकसभा में सांसदों ने और राष्ट्रीय प्रेस ने कड़ी प्रतिक्रिया व्यक्त की।

राज्य की प्रभुसत्ता और संवैधानिक प्रभुसत्ता की जरा भी परवाह किए बिना, इसी राज्य की पुलिस-शाखा को मौखिक आदेश दिए गए कि एक खास व्यक्ति की गिरफ्तारी के कार्यान्वयन के लिए सेना को सहायतार्थ बुलाया जाए। ऐसी परिस्थिति में केन्द्र सरकार के पास जाने की भी जरूरत नहीं समझी गई।

अपराधों की तहकीकात के क्षेत्र में जनहित-याचिका पर विचार करने के ढंग और पद्धति से उत्पन्न एक और सम्बन्धित तथा उतना ही महत्त्वपूर्ण मामला है। 14 अगस्त, 1997 के अपने सम्पादकीय में 'हिन्दुस्तान टाइम्स' ने लिखा :

'पिछले कुछ वर्षों से विभिन्न न्यायालयों के न्यायाधीश (जज) मौखिक आदेश पारित करते रहे हैं जो शायद ही कभी उनके लिखित फैसलों का हिस्सा होते हैं। एक निर्जीव सरकार और अपनी संवैधानिक शक्ति का प्रयोग करना समाप्त कर चुकी संसद का धन्यवाद, तात्कालिक न्यायालयी आदेशों ने संवैधानिक अधिकार का महत्त्व उपार्जित कर लिया है और ऐसा महत्त्व उन्हें दिया जा रहा है। सिरे तक ले जाने से यह न्यायिक वैधता की जड़ खोद देगा। भारत की उच्चतर न्यायपालिका को अत्यन्त महत्त्व देकर एक संहिता विकसित करनी चाहिए जिससे यह मुकदमे की सुनवाई के दौरान जजों द्वारा संवैधानिक निहितार्थ के साथ मौखिक आदेश पारित करने पर रोक लगा सके। अदालती नियमों से कानून का मापदंड अत्यधिक भिन्न है।'

यह प्रवृत्ति अनर्थकर बिन्दु तक पहुँच गई है, जहाँ न्यायपालिका की न्यायनिष्ठा और विश्वसनीयता को ही गम्भीर धक्का पहुँचा है।

राजनीतिज्ञों, नौकरशाहों और समाज के लगभग सभी अन्य तबकों के मन में बैठ जाने के बाद, आपसी रुखाई एवं न्यायिक तंत्र के अपकार्य के कारणों की छँटनी एवं उन अनौचित्यों का भंडाफोड़ करने, जिनमें अनेक बन्धु जज मग्न हो गए हैं, की आग्रही इच्छा से हाल में ही कुछ टीका-टिप्पणी की गई है जिससे देश के सभी सही सोच वाले लोगों में न्यायसंगत क्रोध और गम्भीर चिन्ता का भाव उत्पन्न हो गया है। यह त्रासद है कि महत्त्वपूर्ण एवं प्रतिष्ठित व्यक्तियों को नीचा दिखाने के लिए अपने अधिकार-क्षेत्र से बाहर जाकर भी सारे कदम उठाने के बाद उनकी खुद की विश्वसनीयता को गम्भीर आघात पहुँचा है। राजस्थान उच्च न्यायालय की घटना इस

बात का निष्ठुर अनुस्मारक है कि यदि प्रभुत्व-सम्पन्न लोग, पवित्र इरादों से भी, संविधान द्वारा निर्धारित सीमाओं का अतिक्रमण करते हैं तो न केवल जनता को विषादग्रस्त करते हैं बल्कि वे उस तंत्र को ही नष्ट करते हैं जिसके कारण उन्हें यह प्रभुता प्राप्त है।

हमारा संसदीय लोकतंत्र नियंत्रणों एवं सन्तुलनों (चेक्स ऐंड बैलेंसेज) के तंत्र में काम करता है जिसमें शासन के विभिन्न अंगों को विशेष कार्य सौंपे गए हैं। शक्तियों के विभाजन के सिद्धान्त से ये अंग परस्पर शासित होते हैं। इसलिए यह आवश्यक हो गया है कि भविष्य में स्थैर्य के लिए सरकार और संसद अपनी जिम्मेदारियों के प्रति सचेत हों, अपनी आँखें खोलें। जाँचों तथा जाँच-पड़ताल को मॉनिटर (अनुश्रवण) करने के अधिकार एवं प्रभुत्व के मामले में प्रिवीकाउंसिल से लेकर उच्च न्यायालयों तक की विभिन्न अदालतों के विभिन्न निर्णयों में जो अन्य विवाद एवं विरोधाभास वर्तमान हैं उनको भी ध्यान में रखना चाहिए।

स्थापित नियमों, परम्पराओं और कर्तव्य एवं अधिकार को परिभाषित करने के लिए संविधान में प्रयुक्त शब्दों के कोशगत अर्थ तक को बदल देने वाले उच्चतम न्यायालय के कुछ निर्णयों के कारण कुछ अन्य मुद्दे भी उठाए गए हैं।

यदि न्यायिक निर्णयों से परिश्रमपूर्वक निर्मित जनमत, आक्रामक मीडिया प्रक्षेप(ण) तथा सरकार की क्षमता में जनता के मोहभंग और सांसदों में विद्यमान उदासीनता के कारण सरकार और संसद कोई दृष्टि निर्धारित करने में झिझकती है तो, सम्भवत:, ऐसे सभी मामलों में और इनसे सम्बन्धित विषयों पर राष्ट्रपति द्वारा सर्वोच्च न्यायालय को अभिदेश(न)-(रेफरेंस)-सुरक्षित कदम हो सकता है, ताकि न्यायपालिका उस महाविनाशकारी रास्ते से बचने के तरीके और उपाय सुझाए, जिस पर आज हम चल रहे हैं।

(27 सितम्बर, 1997)

वर्तमान सन्दर्भ में गांधी जी की प्रासंगिकता

भारत महान परम्पराओं की धरती रही है। पुरातन काल की इस सभ्यता में अनेक कमजोरियाँ और शक्तियाँ छिपी हुई हैं। औसतन भारतीय भगवान-भीरू और सामाजिक मान्यताओं का सम्मान करते हैं। यह भी सच है कि हमारे समाज में अन्धविश्वास, कुरीतियों और विसंगतियों का भी अपना स्थान रहा है। जो देश प्रगति की राह पर चलकर उज्ज्वल भविष्य को प्राप्त करना चाहते हैं, वे अपने देश की सभ्यता, संस्कृति और इतिहास से हमेशा सबक लेने की चेष्टा भी करते हैं, और इन सबके कुप्रभावों से अपने को बचाते हैं। गांधी जी ने इस बुनियादी सच को पहचान लिया था। सामान्यत: वे जब भी भारत की संस्कृति के बचाव में अपना तर्क रखते थे तब वे अपनी संस्कृति

में व्याप्त अन्धविश्वास और कुरीतियों को भी उजागर करते थे। वे इसकी परवाह नहीं करते थे कि ऐसा करने से उनकी लोकप्रियता को चुनौती दी जा सकती है। वे इन्सानों द्वारा बनाए गए भेदभाव का विरोध करते थे। वे इस समाज का पुनरुद्धार करने के लिए कृतसंकल्प थे।

हम प्रति वर्ष गांधी जयन्ती मनाते हैं। गांधी जयन्ती के समारोह, हालाँकि एक रस्म बनकर रह गए हैं और सरकार भी इस दिन केवल औपचारिकता ही निभाती है। देश में इस दिन छुट्टी होती है और शासक वर्ग के लोग राजघाट पर या अन्य स्थानों पर इकट्ठा होकर रेलवे लाइनों का या अन्य गांधी जयन्ती समारोहों का उद्‌घाटन करते रहते हैं। इस दिन तो गांधी को मानने वाले लोगों को खादी और ग्रामीण उद्योगों की बिक्री व प्रचार-प्रसार में जुटना चाहिए, उन्हें प्रभात फेरियाँ निकालनी चाहिए, गन्दी और हरिजन बस्तियों में सफाई अभियान चलाना चाहिए और छुआछूत का विरोध करना चाहिए। गांधी के 'श्रम में निष्ठा' के सिद्धान्त को बढ़ाना चाहिए। लेकिन इन सब कार्यों की तुलना में हम गांधी जी को याद करते हैं, केवल गांधीवाद को भुलाने के लिए।

केवल भारत ही एक ऐसा देश है जिस पर प्रकृति बड़ी दयालु है। संकट की घड़ी में यहाँ के लोग कठिन परिश्रम करके शुचिता और सादगी से रहकर जीवनयापन करते रहे हैं। भारत की सादगी की नींव यहाँ के सन्तों और ऋषि पुरुषों ने वैभवशाली दिनों में रखी थी, जब भारत एक संपन्न देश माना जाता था। भारतीय दर्शन ने अपनी गरीबी का कारण बताकर उपभोक्तावाद (भौतिकवाद) से परहेज रखने को नहीं कहा था। मनुष्य को धरती माता से, प्रकृति से और राष्ट्रीय सम्पदा से उतना ही ग्रहण करना चाहिए जितना कि बुनियादी जरूरतों के लिए आवश्यक हो। गांधी जी की मान्यता थी कि भारत के लोग सार्वजनिक हित में किसी भी प्रकार का त्याग करने के लिए सक्षम हैं, बशर्ते उन्हें इस त्याग करने की सही प्रकार से प्रेरणा दी जाए। वे भारतीयों की इस भावना की प्रशंसा भी करते थे कि वे अपने सम्मान की रक्षा करते हुए जीने की आकांक्षा रखते हैं और अपना भविष्य अपने हाथों से बनाना चाहते हैं। दुर्भाग्य से आज कुछ ऐसा (आभास) तेजी से बढ़ता हुआ दिखाई दे रहा है कि हम अपना व्यक्तिगत अथवा राष्ट्रीय भविष्य स्वतंत्र रूप से नहीं बना सकते और अपने भविष्य के लिए कोई स्वतंत्र निर्णय भी व्यक्तिगत या राष्ट्रीय स्तर पर नहीं ले सकते। हमारे देशवासियों ने राजनैतिक आजादी की लड़ाई इस लाचारी को बढ़ाने के लिए नहीं लड़ी थी। भारतवर्ष सदियों से दुनिया को भाई-चारे व करुणा का सन्देश देता रहा है। पड़ोसीपन की भावना हमारे देश में हमेशा ही प्रबल रही है। हमारे देश ने भाईचारे की भावना दुनिया के अन्य देशों में बिना किसी प्रकार की हिंसा के फैलाई है। इस बात का और क्या सबूत हो सकता है कि भारतीय दर्शन का मूलभूत सिद्धान्त यह है कि सत्य केवल सत्य है, इसे प्राप्त करने के मार्ग अनेक हो सकते हैं।

भारतीय दर्शन धार्मिक विभिन्नताओं पर जोर देता है। इसके साथ ही वह स्वतंत्रता और उन्नति के विचारों को पोषित करता है। भारत की भूमि पर सभी धर्मों का सम्मान है। गांधी जी का अहिंसा और धर्मनिरपेक्षता (सर्वधर्म समभाव) का आधार पुरातन भारतीय दर्शन ही है। इस कारण न्यायोचित तरीकों से जनता के सामूहिक प्रयासों द्वारा सुधार कार्यों को करने की क्षमता में गांधी जी की आस्था रही। गांधी जी कोई 'हिन्दू सन्त' नहीं थे जो वे सभी कुछ पाना चाहते हों जो कि भारत का अनुदारवादी (पौंगापन्थी) वर्ग इकट्ठा करता रहता था। उन्होंने जब हमारे समाज की असीम शक्ति का ध्यान अपनी ओर आकर्षित किया तब उनके समक्ष भारत के भविष्य की कल्पना थी। उनके पास आधुनिक भारत का एक सपना था जिसमें लोग आपस में प्रकृति के साथ मिलजुल कर रहते हों। उनका सपना इस महाद्वीप की सरहदों तक सीमित नहीं था। उन्होंने समाज में, दुनिया में निराशा, घृणा और वैमनस्य के बादल देख लिये थे। वे युद्ध की विभीषिका, हत्याओं व विनाश से इस दुनिया को बचाना चाहते थे। उन्होंने अथक प्रयास किया कि दुनिया को विनाश से कैसे बचाया जा सकता है, इसलिए वे दुनिया को अन्याय, दासता और अत्याचार से लड़ने के लिए अहिंसा का प्रयोग करने पर बल देते थे। उन्होंने अपनी अहिंसा की सूझबूझ से चर्चिल के विश्व साम्राज्य के सिद्धान्त को गलत सिद्ध किया। उन्होंने दुनिया में जहाँ भी, जात-पात, रंगभेद, धर्म के आधार पर भेदभाव देखा वहीं पर उन्होंने अहिंसक प्रतिकार किया। वे दक्षिण अफ्रीका में भी रंगभेद के विरोध में संघर्ष करते रहे। वहाँ वे भारतीयों द्वारा बसाए गाँव-गाँव में गए और छुआछूत को समाप्त कराने के काम में जुट गए। आज यह दुर्भाग्यपूर्ण है कि हम उनके इन बुनियादी सिद्धान्तों की शिक्षा को भुला बैठे। विशेषकर अपने आप को गांधीजी का अनुयायी कहने वालों ने ही उनकी शिक्षा को सबसे पहले भुला दिया। कुछ लोग गांधी की ईमानदारी एवं निष्ठा पर शक करने लगे थे; उनके सामाजिक बदलाव के प्रयासों पर, जो कि प्रताड़ित वर्गों के प्रति था। वे लोग अज्ञानी हैं, जो इस तरह की धारणाओं का इस्तेमाल अज्ञानी और प्रताड़ित लोगों को अपने पक्ष में लाने के लिए करना चाहते हैं और समझते हैं कि आज के माहौल में सामाजिक परिवर्तन लाने के लिए इस तरह वे राजनैतिक ताकत हासिल कर पाएँगे। लेकिन अपने इस प्रयास के बारे में वे गलतफहमी में हैं, क्योंकि वे उनकी शिक्षाओं के मूलमंत्र को समझने में नाकाम रहे हैं। गांधी का मानना था कि यदि कोई सामाजिक परिवर्तन लाना चाहता है तो उसे पहले स्वयं सदाचारी होना चाहिए और जहाँ भी अन्याय है उसके खिलाफ लड़ना चाहिए। समाज को बदलने से पहले व्यक्ति स्वयं को एवं अपने साथियों को बदले। ये तभी सम्भव है जब व्यक्ति अपने रहन-सहन एवं विचार में वास्तविक परिवर्तन लाता है। ये मात्र धार्मिक ग्रन्थों के अध्ययन एवं संतों की शिक्षाओं एवं लेखनी से नहीं आता।

व्यक्ति को लोगों एवं उनकी वास्तविक समस्याओं से पहचान बनानी चाहिए। गांधी ने अपनी शिक्षा पर अमल किया। ये उनका लँगोटी पहनना ही था, जिसने सबसे गरीब वर्ग से उनकी पहचान कराई। उन्होंने स्वयं गरीबी का अनुभव करना स्वीकार किया। काम की निष्ठा के प्रति उनका गहरा विश्वास था। ये इस बात से साबित होता है कि उन्होंने अपने अनुयायियों से पाखाना साफ करवाने तक का कार्य लिया जो कि भारतीय सामाजिक संरचना में सबसे निचले व्यक्ति का कार्य था। उन्होंने सादगी का जीवन जिया जो केवल दुनिया को दिखाने के लिए ही नहीं, बल्कि इन गरीबों का दिल जीतने के लिए था जिन्हें सुख-सुविधाएँ उपलब्ध नहीं थीं। ये एक तरीका था जिससे वे लाखों लोगों का विश्वास जीत सके और उन्हें मातृभूमि की स्वतंत्रता के लिए कुर्बानी देने के लिए प्रेरित कर सके। आज भी दुनिया गांधी की शिक्षाओं और सन्देशों में शान्तिपूर्ण एवं आनन्दित भविष्य की उम्मीद देखती है। गांधी की शिक्षाएँ आज भी प्रासंगिक हैं यदि मानव जाति बचना चाहती है और आपसी विनाश के रास्ते को छोड़ना चाहती है। जिस भूमि पर उन्होंने काम किया और लोगों का अनेक बुराइयों से उत्थान किया; आज वह फिर स्वयं को उसी गड्ढे में डुबो रही है।

राष्ट्रीय सम्मान एवं निष्ठा को बचाए रखने के लिए आत्मनिर्भरता एवं स्वदेशी मूल तत्त्व हैं। दूसरों पर निर्भरता स्वयं को प्रताड़ित करने का निश्चित रास्ता है। ये एक व्यक्ति के लिए भी उतना ही सच है जितना कि राष्ट्र के लिए। एक निर्भर राष्ट्र अपनी सम्प्रभुता, सम्मान एवं एकता से समझौता किए बगैर रह नहीं सकता।

अभी भी कोई देरी नहीं हुई कि हम सोचें गांधी ने हमें क्या सिखाया है। लोगों के सहयोग से इस कड़े रास्ते को अपनाकर भारत स्वयं को सामाजिक-अर्थिक विकास के रास्ते पर आगे बढ़ा सकता है और ये विकसित देशों एवं अन्य अन्तरराष्ट्रीय संस्थाओं के आगे भीख का कटोरा फैलाए बिना सम्भव है। आर्थिक रूप से विकसित देशों के साथ आडम्बरी उपयोग एवं गँवारू प्रतिस्पर्धा हमारे अन्दर और बाहर अन्तर्द्वंद्व के रूप में ही परिलक्षित होगी। प्रकृति में हरेक की आवश्यकताओं को पूरा करने की क्षमता है पर वो किसी के भी लालच को पूरा नहीं कर सकती। महात्मा का अपने इस सिद्धान्त पर यकीन था और उन्होंने उसे जीया भी। वो पहले भी प्रासंगिक थे, आज भी प्रासंगिक हैं और आने वाले भविष्य में भी प्रासंगिक रहेंगे। आइए, इस देश के ग्रामीण कारीगरों के प्रति उनके विश्वास पर दृष्टि डालें। गांधी जब ग्रामीण उद्योगों को बचाने की वकालत कर रहे थे तब वो हमें उत्पादन के मानवीय मुद्दों की ओर ले जा रहे थे। इसके अलावा सामाजिक और आर्थिक असमानताओं का हल निकालने का वही एक रास्ता था।

स्वतंत्रता की स्वर्ण जयन्ती उत्सवों में हम अपने को गांधी के आदर्शों के प्रति समर्पित करें और इस मौके को मात्र फूल चढ़ाने या लम्बे-चौड़े भाषणों के बीच न खो जाने दें।

(*यंग इंडियन*, अंक 9, अक्टूबर 4, 1997)

चुनौतियों का सामना करने में असफल

उत्पीड़ित भावनाएँ, बढ़ते असन्तोष और कलह की शक्ल ले लेती हैं और आखिरकार इसकी अभिव्यक्ति हिंसा के रूप में सामने आती है। हमारे देश के कुछ खास हिस्सों में इसकी स्पष्ट झलक मिलती है। यह नई बात नहीं है। देश के पूर्वी हिस्से में यह बीमारी चलती आ रही है। ऐसा लगता है कि धीरे-धीरे इस बीमारी ने सम्पूर्ण उत्तर-पूर्व क्षेत्र के साथ-साथ देश के कुछ अन्य इलाकों को भी अपनी चपेट में ले लिया है। यह परेशानी पैदा करने वाली हालत है। दुर्भाग्यवश, एक लम्बे अर्से से इस उबलते असन्तोष की कोई सुध नहीं ली गई। लोगों के असन्तोष के कारण और मूल की विधिवत जाँच नहीं की गई और ना ही इस दशा में लोगों की भावनाओं को शान्त करने के लिए कोई उपाय किया है। इन गलतियों पर रोने से कोई निष्कर्ष नहीं निकलेगा। आज हम लोग मुश्किल और चुनौतीपूर्ण हालात का सामना कर रहे हैं। हिंसा की वारदात और आतंकवाद की बढ़ती हुई गतिविधियों ने इस पूरे इलाके को अपनी चपेट में ले लिया है। यह तक कि बरसों से बहुत शान्त रहने वाले इलाकों को भी विरोधी कार्रवाइयों का सामना करना पड़ रहा है और राज्य सरकार लोगों में व्याप्त असुरक्षा और आतंक की भावना को दूर नहीं कर पा रही है।

कानून का पालन करने वालों में यह भावना घर कर गई है कि उन्हें अराजक तत्त्वों की दया के भरोसे छोड़ दिया गया है। इस स्थिति ने उनके अन्दर गहरा असन्तोष पैदा कर दिया है, नतीजतन अत्याचार और आतंक से बचने के लिए वे निराशाजनक उपायों का सहारा ले रहे हैं। प्रान्तीय प्रशासन इस स्थिति का सामना करने में इस कदर पंगु हो गया है कि वह कानून कायम करने और किसी भी विश्वासोत्पादक उपाय से भी लोगों का विश्वास जीत पाने में अक्षम हो गया है। यह एक दुखद सच्चाई है कि लोगों को अपनी सुरक्षा खुद करनी पड़ रही है। बरसों से इतिहास गवाह रहा है कि ऐसे अक्षम प्रशासन, बजाय समस्या का समाधान करने और हल ढूँढ़ने के निरीह लोगों को बलि का बकरा बनाकर मूल समस्या से ध्यान बँटाने का कम करते रहे हैं। आज हम बहुत ही दारुण स्थिति का सामना कर रहे हैं।

आसाम में टाटा टी कम्पनी वाली ताजातरीन घटना प्रान्त की निर्दयता और स्वयं की रक्षा के लिए संशयजनक उपायों का सहारा लेना और निरी असहायता को दर्शाती है। यह अदूरदर्शी काम हो सकता है। यदि कानून की निगाह से इसे देखा जाए तो इसे कतई न्यायसंगत नहीं कहा जा सकता। मगर इसे राज्य सरकार के खिलाफ लड़ाई के रूप में भी नहीं लिया जा सकता। अतिशय ताकत का इस्तेमाल कर स्वयं को बचाने की प्रभावशाली कोशिश एक विवाद बन गई है। मगर यह कोशिश छोटे व्यापारियों और दुकानदारों के लिए एक सर्वज्ञात और आम तरीका है, जिसका इस्तेमाल वे स्वयं को बचाने के लिए करते हैं। कोई यह विश्वास नहीं करने जा रहा है कि असम में और अन्य इलाकों में राज्य सरकार को इन गतिविधियों की कोई जानकारी नहीं थी।

अगर यही हालत जारी रही तो लोगों को आतंकवादियों के साथ सहभागिता करने और देशद्रोही गतिविधियों के लिए जिम्मेदार नहीं ठहराया जा सकता है। स्वयं की रक्षा इन्सान की भौतिक चाहत है। सरकार का पहला काम है लोगों की जान और माल की सुरक्षा करना। अगर सरकार इन प्राथमिक जिम्मेदारियों को पूरा करने में असफल रहती है तो यह लोगों में कानून की इज्जत करने और देशभक्ति का पाखंडी उपदेश झाड़ने का अधिकार खो देती है।

एक खास अखबार में इस मसले पर लगातार प्रचार हमारे लोक जीवन के लिए एक दूसरी त्रासद बात है। खोजी पत्रकारिता के नाम पर लोगों के निजी बातचीत के फोन टेप करने की हद तक जाना न सिर्फ अनैतिक है बल्कि सभ्य समाज के सभी आचारों के खिलाफ है। न सिर्फ पूरी दुनिया में बल्कि हमारे देश में भी समस्याएँ सुलझाई गई हैं। यह दुखद है कि मामले के दूसरे पहलू की तह में गए बगैर व्यक्ति विशेष को निशाना बनाया जा रहा है और एक व्यापारिक घराने के खिलाफ अभियान चलाया जा रहा है। विद्वज्जनों की गप इस मसले में एक नया आयाम जोड़ती है। यह भी कहा जा रहा है कि जो लोग इस घराने की उसके आदर्शों के लिए तारीफ करते अघाते नहीं थे, आज वही लोग इनके अन्दर हर सम्भव बुराई देखने में नहीं झिझक रहे हैं।

यह बहुत दुखद और दुर्भाग्यजनक है कि इस विवाद में सरकारी एजेंसियों का नाम भी घसीटा जा रहा है। केन्द्र सरकार और राज्य के सम्बन्ध बड़े विचित्र दिखते हैं, हालाँकि दोनों ही स्तर पर संयुक्त मोर्चा की सरकार जिम्मेवार है। उम्मीद करें कि इस विवाद को सन्देह का माहौल और प्रचंड दोषारोपण की गतिविधियों द्वारा अब और आगे नहीं बढ़ाया जाएगा।

कुछ खास परिस्थितियों में बड़े व्यापारिक घरानों की भूमिका पूरी दुनिया में सन्देहास्पद रही है। राष्ट्रीय सीमाओं से परे भी उनके सम्बन्ध शक्तिशाली आर्थिक हितों से रहे हैं। सिर्फ एक चौकस, सचेत, ईमानदार और दृढ़ प्रशासन ही राष्ट्रीय हितों का विश्वसनीय पहरेदार हो सकता है। मगर इसे निष्पक्ष, संवेदनशील, वस्तुगत और जनतंत्र के मौलिक सिद्धान्तों का पालन करना होगा। यह कोई बहुत बड़ी अपेक्षा नहीं है, बल्कि बिल्कुल हल्की जिम्मेदारी है जिसका वहन वह कर सकता है।

बहुत हो गया कीचड़ उछालने का काम। पूरा लोक जीवन अविश्वास, सन्देह और रुखाई के बादलों से घिर गया है। घृणा और द्वेष ने एकता के माहौल और आज की चुनौतियों का सामना करने की संगठित एवं ससंजक कोशिशों को खतरे में डाल दिया है। यह संकट का समय है। यह वही समय है, जब हम मौलिक समस्याओं पर अपने रुख में बदलाव के लिए फिर से पहल की कोशिश करें।

यह वेदना की एक अभिव्यक्ति है, इस उम्मीद के साथ, कि इसे उचित परिप्रेक्ष्य में लिया जाएगा।

(*यंग इंडियन,* अंक 10, अक्टूबर 11, 1997)

दलीय घेरे के बाहर

समय की माँग : जवाबदेह राजनीति

आदिम जमाने से वर्तमान समाज तक आदमी सीखने की प्रक्रिया से गुजरा है। अपने अस्तित्व के लिए उसे प्रकृति की सनक से संघर्ष करना पड़ा है। अपने परिवार की सुरक्षा और भरण-पोषण के लिए उसका अविरत प्रयत्न एक और संघर्ष था। ईर्ष्या, जलन और अनबन स्थिर तथ्य बन गए। हर दिन की परेशानियों और धमकियों के कारण उसने कुल-गोत्र की शरण गही, जिससे उसे एक हद तक सुरक्षा का बोध हुआ। किन्तु वह भी अपर्याप्त सिद्ध हुआ। आखिरकार अपनी सुरक्षा और समृद्धि के लिए उसने स्वयं को राज्य की शक्तिशाली संस्था के हवाले कर दिया। राज्य-संस्था की व्यवस्था की कला और विज्ञान है राजनीति। राज्य-शक्ति के गठन के विचार के पीछे असहायता और आपसी सहयोग के जुड़वाँ सहज बोध प्रबल थे। अकेले या सिर्फ एक छोटे से समूह का सदस्य बनकर निरापद भविष्य के लिए उसे आवश्यक विश्वास नहीं था, किन्तु राज्य की अधिक शक्तिशाली संस्था के साथ सहयोग करने से अब अधिक शान्तिपूर्ण अस्तित्व के लिए कुछ निश्चित आश्वासन था। राज्य-शासन में सहयोगात्मक भागीदारी के लिए प्रयास करते समय उसने इसके निग्रह-बल को पहचाना। वर्तमान स्थिति तक पहुँचने में एक पीड़ादायक और क्रमिक प्रक्रिया से गुजरना पड़ा। सरदारों या राजाओं की निरंकुश असीम शक्तियों से आज के लोकतांत्रिक राज्य तक का रास्ता दुष्कर था। किन्तु पूरी प्रक्रिया में लक्ष्य था राज्य की अवपीड़क शक्तियों को कम करना और जनता के इच्छुक सहयोग के क्षेत्र को विस्तृत करना। यह संघर्ष हमें राज्य की भागीदारी वाले लोकतांत्रिक कार्य-व्यापार की वर्तमान व्यवस्था तक ले आया है।

इस तंत्र को सँभालने और विकसित करने के लिए कुछ आवश्यक बातें दिमाग में रखनी जरूरी है। इस तंत्र के प्रचालन और सफलता के लिए जागरूक जन समूह और अनुकूल प्रतिनिधि मूलभूत आवश्यकताएँ हैं। यहीं राजनीतिक दलों की भूमिका आती है। उनके कर्तव्य और दायित्व दुनिया के हर हिस्से में समान हैं। उनसे जनता के सम्पर्क में रहने की आशा की जाती है। उन्हें उनकी समस्याओं की जानकारी लेनी चाहिए और उपचारात्मक उपायों से उन्हें दूर करने के लिए आवश्यक कदम उठाने चाहिए। उन्हें प्रशासकीय क्षेत्रों की सोच को लोगों की आशाओं और आकांक्षाओं को पूरा करने के लिए प्रभावित करना चाहिए।

इसके लिए जनता के लगातार सम्पर्क में बने रहने की जरूरत होती है। जनता और उनकी समस्याओं से तादात्म्य से जन-समस्याओं को सही परिप्रेक्ष्य में प्रक्षेपित करने की प्रेरणा मिलती है। भारत-जैसे देश में यह काम कठिन हो जाता है। लोग निरक्षर हैं। वे गरीब हैं। भारत-जैसे आकार वाले देश में, जिसकी इतनी बड़ी आबादी अनेक धर्मों को मानने वाली है, विभिन्न जातियों, पन्थों और (नृ)जातीय समूहों में

बँटी है, अलग-अलग भाषाएँ बोलती हैं, जिनकी सांस्कृतिक आकांक्षाएँ विविध हैं, मुद्दे पेचीदा हो जाते हैं। कुछ रूढ़ियों और अन्धविश्वासों से ग्रस्त अत्यन्त प्राचीन सभ्यता के कारण वे अपनी प्राथमिकताओं को समझने में समर्थ नहीं हैं और, मात्र हताशा में, जाति तथा धर्म की अपनी पुरानी पहचानों से चिपक जाते हैं।

आज के भारत में राजनीतिक दलों की भूमिका का विश्लेषण करने के पहले, यह बात अच्छी तरह से समझ लेनी चाहिए कि लोकतांत्रिक व्यवस्था तक का सफर आवेगात्मक प्रतिक्रिया से राष्ट्रीय दृष्टिकोण तक का सचेत संघर्ष था। आध्यात्मिक खोजों के क्षेत्र में भी हमारे द्रष्टा और सन्त राज्य की भूमिका पर बल देते रहे, ताकि नागरिकों का जीवन सुरक्षित, समृद्ध और प्रतिष्ठापूर्ण हो और अपनी पसन्द की आध्यात्मिक राह पर वे चलने को स्वतंत्र हों।

स्वतंत्रता-आन्दोलन के दौरान इन नीतिवचनों के आधार पर हमने भविष्य के राष्ट्र-निर्माताओं के लिए एक राह और गंतव्य पर विचार किया। उस आधार पर हमने अपने संविधान को अंगीकार किया। मानव-इतिहास के अनुभवों, अपने गौरवपूर्ण अतीत, स्वतंत्रता संग्राम के दौर की हमारी वचनबद्धताएँ और संविधान के नाम पर जो कसमें वे खाते हैं उनके आधार पर आज की राजनीतिक पार्टियों को आत्म-परीक्षा करनी होगी। उनका वास्तविक चरित्र तकनीकी औपचारिकताओं या पवित्र इरादों की अभिव्यक्ति से नहीं बल्कि जनता के बीच तथा लोकतंत्री व्यवस्था के विभिन्न मंचों पर उनके वास्वतिक प्रदर्शन से उद्‌घाटित होगा। विभिन्न राजनीतिक दलों के घोषणा-पत्रों पर विचार-विमर्श का कोई मतलब नहीं है। निर्णायक मुद्‌दों पर शायद ही उनमें कोई फर्क होता है किन्तु स्वीकृत मुद्‌दों पर भी कोई बातचीत नहीं होती, एक नीति और कार्यक्रम बनाने का कोई प्रयत्न नहीं किया जाता। ये वे मामले हैं जो जनता की मूलभूत आवश्यकताओं से सम्बन्धित हैं। सभी राजनीतिक दल जनता की तकलीफें दूर करने के लिए प्रतिबद्ध हैं, किन्तु भावात्मक मुद्‌दों पर आधारित मतभेद के कारण इस दिशा में सम्मिलित प्रयत्न असम्भव हो गया है। इस मुद्‌दे पर मिल-बैठकर सोचने के प्रस्ताव का भी उपहास किया जाता है। इसका मजाक उड़ाया जाता है। एक ओर जब इन मानवीय समस्याओं की उपेक्षा हो रही है, साम्प्रदायिक नारों के आधार पर लोगों को बाँटने के लिए काल्पनिक समस्याएँ खड़ी की जाती हैं। यदा-कदा झूठे वायदे करके लोगों की आँखों में धूल झोंकी जाती है, उसी राजनीतिक नेतृत्व द्वारा अपनायी गई नीतियों से सारत: उन वायदों को नकार दिया जाता है। विगत में ऐसा होता रहा है और आज भी यह प्रक्रिया जारी है। झूठी उम्मीदों के जगने और बाद में कुचले वायदों से जनता के मन में कड़वाहट जगती है। इसकी अभिव्यक्ति प्राय: पूरे देश में देखी जा सकती है। विदेशी पूँजी का अन्तर्वाह, और पदों का सृजन, औद्योगिक क्षेत्र में समृद्धि, ग्रामीण क्षेत्रों का आधुनिकीकरण, जहाँ समृद्धि की प्रभूत गुंजाइश हो, अधिकांश राजनीतिक दलों, चाहे वे सत्तापक्ष के हों या प्रतिपक्ष के, का सपना रहा है। जोर-

शोर का प्रचार जारी है, जबकि हमारे अपने उद्योग बन्द हो रहे हैं, नौकरियों के अवसर सिमटते जा रहे हैं, विदेशों से वास्तविक निवेश अभी आने शेष हैं, बेरोजगारी बढ़ रही है, ग्रामीण क्षेत्रों में असन्तोष बढ़ता जा रहा है, और इन सारी बीमारियों का एक ही कारण है, उदारीकरण की नीतियों का धीमा कार्यान्वयन। जो गांधीवादी आदर्शों के एकमात्र उत्तराधिकारी, आर्थिक साम्राज्यवाद के विरोधी और स्वदेशी के हाल के अनुयायी हैं, इस भोली उम्मीद में विरोधाभासी या अस्पष्ट वक्तव्य देते हैं कि लोग उनके तेज खेल को समझ नहीं पाएँगे। यह कारुणिक है। यह जनता के लिए अपमानजनक है। यह राष्ट्र के भविष्य से खेलना है। जब नियोजन के अवसर सिमट रहे हैं, राजनीतिक दलों से, समाज के अब तक उपेक्षित वर्गों के लिए, और आरक्षण का शोर मचा हुआ है। इससे बड़ा पाखंड और नहीं हो सकता। यह खेल खेलनेवाले राजनीतिक दल अल्पकालिक राजनीतिक अवसरवाद में मग्न हो रहे हैं, इसके वृहत्तर निहितार्थ की चिन्ता किए बिना।

यह अफसोसनाक है कि आक्रामक प्रचार से प्रभावित होकर, गूढ़ इरादों से दिए गए कुछ नारों से हम अनुकूलित हो जाते हैं। बहुत से अड़ोस-पड़ोस के मुद्दे पारदर्शिता की माँग करते हैं, सूचना का अधिकार, न्यायिक सक्रियता, नौकरशाही को अपराधी ठहराना (निन्दा करना), चारों तरफ फैला भ्रष्टाचार, और ऐसे कई अन्य मुद्दे जिनके पीछे कुछ तर्क हैं, यदि एक बिन्दु के बाद भी उठाए गए, और ऐसा तब और भी जब ये सरहद-पार से आ रहे हों, तो हमारे लोगों में इनमें निमग्न हो जाने का उत्साह भर देते हैं। यह हर दिन की कहानी है। अफसोस इस बात का है कि राजनीतिक दल और उनका नेतृत्व ऐसे कदमों के पीछे के अभिप्रेरण और प्रयोजन की तह तक जाने की चिन्ता भी नहीं करते। यह देखकर अवसाद जगता है कि हमारी राष्ट्रीय संस्थाएँ और राष्ट्रीय प्रतीक यहाँ और बाहर लोगों द्वारा निन्दित हो रहे हैं तथा राजनीति का विशिष्ट वर्ग इसका कोई विरोध नहीं कर रहा।

बड़ी संख्या में राजनीतिक दलों के उभरने पर चिन्तित होने की जरूरत नहीं है। लोकतांत्रिक प्रयोगों के जैसे दौर से हम गुजर रहे हैं, सम्भवतः यह उसमें अन्तर्भूत है। इस विकास की जड़ में जनाकांक्षाओं को पूरा कर पाने में राष्ट्रीय दलों की असफलता है। शायद यह अस्थायी प्रतिभास है। यह बात समझी जानी चाहिए कि क्षेत्रीय समस्याओं को राष्ट्रीय परिदृश्य के माध्यम से ही सुलझाया जा सकता है। पिछले चुनावों के परिणामों के कारण गठजोड़ की जिस परिस्थिति की बाध्यता आज पैदा हुई है उसका इस्तेमाल, एक खास बिन्दु के आगे, क्षेत्रीय भावनाओं को उभारने के लिए गोता-तख्ता के रूप में नहीं करना चाहिए। अन्त में यह प्रत्युत्पादी (अनप्रोडक्ट्रिव्ह) सिद्ध हो सकता है। यह सावधानी जरूरी है, और बढ़ती विभाजक प्रवृत्तियों के कारण अधिक महत्त्वपूर्ण। भविष्य में लाभ पाने की उम्मीद में राजनीतिक दल इस मुद्दे को या तो प्रोत्साहित करते हैं या इसकी उपेक्षा करते हैं।

चुनावों के दौरान या उसके बाद, सरकार के गठन के लिए, भिन्न दृष्टिकोणों वाली राजनीतिक पार्टियों का गठजोड़ समझ में आता है, यदि आधारभूत न्यूनतम कार्यक्रम और संसक्तिशीलता के पूर्ण आश्वासन तथा साझेदार पार्टियों के बीच आपसी समझ-बूझ के आधार पर इसे लागू किया गया हो। केन्द्र और कुछ राज्य सरकारों की हाल की घटनाएँ न तो उनके कार्य-संचालन की आशाजनक तसवीर सामने लाती हैं न भविष्य के लिए शुभ हैं।

सत्ता हथियाने की हड़बड़ी में राजनीतिक दलों को राष्ट्र की अखंडता और प्रतिष्ठा के मुद्दों पर समझौता नहीं करना चाहिए। किसी भी कीमत पर हमारी निर्णायक शक्तियों को घटाना नहीं चाहिए। जिन संस्थाओं को हमने बनाया, पाला-पोसा और समादर दिया उन्हें सत्ता-शीर्ष पर बैठे हमारे ही लोगों द्वारा बदनाम या उनका उपहास नहीं करना चाहिए। हमारे राजनीतिक दल यह समझें कि इतिहास-चक्र को उलटा घुमाकर संकुचित, जातिवादी और भावनात्मक मुद्दों से खेलने की आदिम प्रवृत्ति की ओर ले जाने का कोई भी प्रयत्न न सिर्फ विनाशकारी होगा अपितु हमारे गौरवपूर्ण अतीत का भी अपमान होगा। वर्तमान चुनौतियों का सामना करने की हमारी शक्ति को यह विकृत कर देगा और हमारे लोगों के लिए प्रसन्न भविष्य लाने तथा राष्ट्रों के सौहार्द में भारत को सम्मानजनक स्थान दिलाने के हमारे संकल्प को चकनाचूर कर देगा।

(18 अक्तूबर, 1997)

संसदीय लोकतंत्र दाँव पर

यदि संसदीय जनतंत्र की पूर्वापेक्षाओं की अवहेलना की जाती है तो इसकी गरिमा और प्रभामंडल दोनों ही लुट जाते हैं। यह सहनशील तर्क, अनुनय और मौलिक मुद्दों पर निहायत ही विपरीत विचारों के बीच सामंजस्य का एक रास्ता है। विरोधियों पर विजय के लिए लगातार बातचीत और विश्वास पैदा करने के लिए सतत् प्रयास ही जनतंत्र का सार है। किसी भी रूप में जबरदस्ती के तरीकों के प्रयोग विरोधात्मक हैं और ये शासन के संसदीय रूप के अनुकूल नहीं हो सकते। उत्तर प्रदेश विधानसभा में जो कुछ हुआ, वह एक अमंगलकारी राजनैतिक प्रणाली की चेतावनी देने वाला नतीजा है, जो इस प्रदेश में अमल में लाया जा रहा है। उन्मादी नारों और समर्थन पाने के लिए लोगों की भावनाओं को भड़काकर राजनैतिक माहौल को बिगाड़ा गया। इस दिशा में प्रतियोगितात्मक राजनीति इस प्रान्त को हेय समाप्ति तक ले आई है। हर प्रकार के कट्टरपन आपसी फूट और घृणा की ओर ले जाते हैं, जिसका परिणाम हिंसक प्रतिक्रियाएँ होती हैं। पिछले कुछ समय से प्रदेश में इस तरह की घटनाएँ घट रही हैं। अब यह विधायिका की सीमा में भी घुस गई हैं। कुछ दिन पहले ही विधानसभा में इस

तरह की घटनाएँ घटी थीं। हर राजनैतिक दल किसी न किसी समय इस तरह की घृणित कार्रवाइयों में सक्रिय भागीदार रहा। मुश्किल से ही इसका कोई अपवाद हो। समय ऐसे बिन्दु पर पहुँच चुका है जहाँ इस पीड़ादायी समस्या का हल ढूँढ़ने के लिए सच्चे आत्मपरीक्षण की जरूरत है।

विवादास्पद मुद्दों की व्यापकता में गए बगैर उस समस्या की तह में जाना चाहिए जिसने संसदीय जनतंत्र के रूप और ढाँचे को लगभग हिला दिया है। यह सबके लिए फौरी मसला होना चाहिए। इस प्रसंग में भारत सरकार की उदासीनता और बेदर्दी तथा राज्यपाल की भूमिका को समझ पाना मुश्किल है। भाजपा सरकार से बसपा की समर्थन वापसी के बाद की घटनाओं के सिलसिले का नतीजा घिनौने प्रसंग के रूप में सामने आया। इस घटना ने लगभग सभी को संलग्न कर लिया, यहाँ तक कि प्रान्तीय राजनीति से दूर का रिश्ता रखने वालों को भी। इस स्थिति से निबटने के लिए न्यायपूर्ण व्यवहार दिखाने का कोई मौका नहीं दिया गया। इससे पहले के एक मौके पर, जब सरकार के मुखिया मुलायम सिंह यादव थे तो उन्हें सदन में बहुमत सिद्ध करने की अनुमति नहीं दी गई थी। उस समय उनके द्वारा दी गई सभी दलीलें अनदेखी कर दी गईं। यह सरकार का एक अमर्यादित फैसला था, लेकिन इसका इस्तेमाल कल्याण सिंह की सरकार को गिराने के लिए मिसाल के रूप में किया जा सकता था। यह कम लज्जाजनक होता और इस तरह के फैसले के लिए यह सत्याभासी बचाव का एक रास्ता हो सकता था। मगर, कल्याण सिंह को सदन में बहुमत सिद्ध करने के लिए मात्र 48 घंटे की मोहलत देने का राज्यपाल का फैसला हास्यास्पद था। इस घटना ने राज्यपाल की निष्पक्षता पर सन्देह के लिए तर्कसंगत कारण मुहैया किए।

विश्वास मत के दौरान विधानसभा में पर्यवेक्षक भेजने के संदिग्ध फैसले ने इस स्थिति को और गम्भीर बना दिया। यह वस्तुत: विधानसभा अध्यक्ष के पद की अखंडता का अतिक्रमण था। सदन में बहुमत हासिल कर लेने के बाद सदन को भंग करने की अनुशंसा करना भारी भूल थी। राज्यपाल रिपोर्ट की अन्तर्वस्तु को कौन नहीं जानता, मगर केन्द्रीय सरकार द्वारा रिपोर्ट का अनुमोदन करना और सरकार गिराकर राष्ट्रपति शासन लागू करने के लिए उसे राष्ट्रपति के पास भेजना जनतांत्रिक व्यवहार के हर रूप की खिलाफत और संविधान की अवमानना थी। इस अतर्कसंगत फैसले और दिल्ली में सरकार की सहायक गतिविधियाँ किसी को समझ में नहीं आईं। जिसे भी संसदीय व्यवहार और कार्यप्रणाली की थोड़ी भी प्राथमिक जानकारी होगी वो इस तरह की पूर्ण पक्षपाती दुस्साहसिकता नहीं करेगा। इस पूरी कार्रवाई में जनतंत्र की मूल भावना को पूरी तरह से नकार दिया गया। इस अपमानजनक स्थिति से देश को बचाने के लिए राष्ट्रपति द्वारा की गई पहल के लिए राष्ट्र उनका कृतज्ञ रहेगा। इस अनुशंसा के लिए आग्रह नहीं करने के कैबिनेट के आखिरी फैसले ने इसकी इज्जत घटाई है। इस स्थिति ने राज्यपाल के पद को संदिग्ध स्थिति में डाल दिया है। उन्हें

मात्र थोड़ा सुकून मिल सकता है कि इस अमर्यादित घटना में वह अकेले नहीं बल्कि पूरा-केन्द्रीय कैबिनेट उसके साथ शामिल था।

विभिन्न राजनैतिक दलों से दलबदल, सदन में धींगामस्ती, हिंसा के नजारे, दलबदलू सदस्यों के समूह को मान्यता देने में अध्यक्ष की भूमिका, इस घटना की न्यायिक जाँच कराने के आदेश और राजनैतिक नेताओं की बयानबाजी पीड़ाजनक और भयप्रद स्थिति का एक साथ बयान करती है। सिद्धान्तनिष्ठ राजनीति की बातें और दिखावे के सभी दावों की पोल खुल गई है। इस दुखांत नाटक में ऐसा कोई नहीं है जो खुद पर गौरव करे। हर किसी के चेहरे पर गन्दे धब्बे हैं। सच्चे और न्यायसंगत उद्देश्यों के लिए लड़ने के भारी-भरकम और साहसिक दावे खोखले हो चुके हैं। भ्रष्ट राजनैतिक दाँवपेंच के गन्दे धब्बे सफलता के दावों पर भी लगे हुए हैं। अवसरवादी राजनीति और अपवित्र राजनैतिक गठजोड़ की बातें हवा में उड़ रही हैं। प्रक्रिया की मूलभूत समस्याओं को हल करने के लिए आपसी विश्वास और समझ की प्रक्रिया की पहल करने और पाक-साफ दिखने की जरूरत है। घृणा के युग को सबके लिए सम्मान और समन्वय में बदला जाना है। अब यह भारी समस्या के रूप में सामने आ खड़ा हुआ है। मगर किसी तरह किसी को एक शुरुआत करनी होगी।

(*यंग इंडियन,* अंक 12, 25 अक्टूबर, 1997)

नैतिक विघटन

फिलवक्त भारत के सम्मुख दो गम्भीर समस्याएँ हैं। देश की एकता को चुनौती दी जा रही है। समाज में नैतिक मूल्यों का क्षरण हो गया है। राजनेता की छवि गम्भीर रूप से प्रभावित हुई है। जनता पर राजनेता का प्रभाव घट रहा है और इससे समस्या और उलझती है। जन-समूह को कैसे प्रेरित करें और उनमें आत्म-विश्वास का भाव भरें, यह एक गम्भीर समस्या है जिस पर हम सबों को तुरन्त ध्यान देना चाहिए। भारत नई सुबह की उम्मीद तभी कर सकता है जब लोगों में अपने भविष्य के प्रति विश्वास हो। इसके लिए नैतिक मूल्यों को शक्तिसम्पन्न बनाने की आवश्यकता होगी। सिर्फ दुर्बल (अभि)शासन के कारण ही राष्ट्र की विघटनकारी शक्तियाँ अपने अशुभ सिर ऊपर उठा रही हैं। वे अपना सिर उठाती हैं और शासन दुर्बल तथा पंगु हो जाता है। राष्ट्र इस चक्रवात में फँसा है। लोगों का विश्वास हिल गया है। किसी भी लोकतांत्रिक संस्था में उन्हें आशा की किरण नहीं दिखती।

भारत की अपंनी परम्परा है। परस्पर सहयोग और समाज के लिए उत्सर्ग का भाव इसकी महान् परम्परा के अंग रहे हैं। किन्तु अब यह पुरानी बात हो गई है। इसे प्रायः भुला दिया गया है। धार्मिक, साम्प्रदायिक और क्षेत्रीय भावों को भड़काकर, जगाकर राजनीतिक समर्थन जुटाने की प्यास उभार पर है।

यह मुड़कर केन्द्रापसारी प्रवृत्तियों को प्रोत्साहित कर रही है। यह सब सहानुभूति के नाम पर हो रहा है। किसी प्रेरक नैतिक आदर्श की अनुपस्थिति में लोगों को ऐसे जातिवादी नारों की ओर खींचा जा सकता है, खींचा जा रहा है। सत्ता हथियाने के लिए लोगों का समर्थन पाने और हर हाल में इसे बचाये रखने के लिए राजनीतिक दल जनता की भावनाओं को भड़काने का प्रयत्न कर रहे हैं। ऐसे तरीके राजनीतिक आदर्श बन गए हैं। इसके पक्ष में सिद्धान्त गढ़े जा रहे हैं। आकर्षक नारों के आवरण में इस आदर्श के प्रचार में कोई झिझक नहीं महसूस की जा रही।

दूसरी तरफ, विकेन्द्रीकरण और क्षेत्रीय स्वायत्तता के नाम पर अपसारी प्रवृत्तियों को बढ़ावा दिया जा रहा है। इन समस्याओं के समाधान में केन्द्र सरकार स्पष्टत: अक्षम सिद्ध हो रही है। लोकतांत्रिक ढाँचा दबाव में है। विभिन्न लोकतांत्रिक संस्थाएँ एक-दूसरे की पूरक होने की जगह प्रतिद्वन्द्वी बन रही हैं। दूसरी संस्थाओं की कीमत पर अपनी गतिविधियों के क्षेत्र-विस्तार के प्रयत्न में वे दूसरों के क्षेत्राधिकार में कदम रखने की कोशिश कर रही हैं। जो बीमारी घर कर गई है उसे दूर करने के लिए कोई भी निर्णायक कदम उठाने में सरकार और विधायिकाएँ असमर्थ दिख रही हैं। भिन्न बोधवाले राजनीतिक दलों के गठजोड़ से बनी सरकार के लिए यह अस्वाभाविक नहीं है। किन्तु आपसी सहयोग की जगह मनमुटाव आत्मघाती हो सकता है। मुख्य घटकों को एक-दूसरे की आलोचना तक सीमित रखकर, और सत्ता में सहभागिता के दौरान जनता के बीच जाकर परस्पर आरोप-प्रत्यारोप लगाने से बचने को कहकर, सरकार चलाना शायद वैसा कठिन न हो। जनता के बीच आरोपों की सौदेबाजी सरकार की साख को बट्टा लगाएगी।

ऐसी परिस्थितियों में स्वदेश के उन महापुरुषों की याद आना स्वाभाविक है, जिन्होंने न सिर्फ हमें नैतिक मूल्यों और एकता की स्थापना का निर्देश दिया है अपितु अपने सुकृत्यों से आदर्श उदाहरण सामने रखे हैं। इकतीस अक्तूबर आचार्य नरेन्द्र देव और सरदार पटेल का जन्मदिन है। बुद्ध के करुणा के सन्देश को आचार्य ने अनुनादित किया। अपने आचरण से उन्होंने राजनीतिक क्षेत्र में और विधान-सभाओं में व्यवहार का नया आदर्श प्रक्षेपित किया। ऐसा लगता है कि हमने उस आदर्श को दृष्टिपथ से ओझल हो जाने दिया है। आचार्य नरेन्द्र देव ने लोकतंत्र के लिए नई सीख दी। देश की राजधानी में और अन्य राज्यों में जो पीड़ादायी और निन्दनीय घटनाएँ घट रही हैं उनसे यदि हमें देश को बचाना है तो हमें उनके बताये रास्ते पर चलना होगा।

विभिन्न छोटे-बड़े राजाओं के राज्यों को भारतीय संघ में मिलाकर सरदार पटेल ने एकता का ढाँचा बुना। एक नई कोशिश से उन्होंने राजमहिषियों को लोकतंत्र के बाड़े में खींचा और इस तरह से देश के एकीकरण का शानदार काम अंजाम दिया। भारत, जो वर्तमान की समस्याओं से घिरा है, इन महान् लोगों को सदैव याद करेगा। उच्चादर्शों से प्रेरित सरदार पटेल का भव्य व्यक्तित्व देश की एकता के लिए लंगर के जैसा है।

राष्ट्रीय एकता और राजनीति में ईमानदारी, हमारे आज के जनजीवन की ये जुड़वाँ अनिवार्यताएँ हैं। आचार्य नरेन्द्र देव और सरदार पटेल का जन्मदिन हमारे लिए, इन आदर्शों के प्रति प्रतिबद्धता की शपथ लेने का अवसर है। यह हमें प्रशासन को चलाने की नई शक्ति देगा और हमारे लोकतंत्र को इच्छित दिशा देने के लिए प्रेरित करेगा।

(1 नवम्बर, 1997)

दल-बदल की अपवित्र राजनीति

जब भारत के राष्ट्रपति ने उत्तर प्रदेश में संवैधानिक न्याय की विडम्बना को रोकने के अपने विवेकाधिकार का प्रयोग किया, यह उम्मीद की गई थी कि सारी राजनीतिक पार्टियाँ इससे सबक लेंगी। कम-से-कम यह आशा तो लगायी ही गई थी कि लोकतंत्र की बारीक बनावट को क्षति पहुँचाने वाला कोई काम अब और नहीं करेंगे। दुर्भाग्य से, यह इच्छाजनित विश्वास-भर था।

उत्तर प्रदेश राज्य विधायिका में अंग-भंग के बाद की राजनीतिक गतिविधियों ने वस्तुत: भानुमति का पिटारा खोल दिया है। दलबदलुओं के समर्थन से राज्य में भाजपा की सरकार बनाने में सफलता से ढीठ बनकर, पार्टी-नेतृत्व ने नई दिल्ली में अपनी सरकार बनाने के लिए कांग्रेस तथा अन्य दलों के सदस्यों के नाम खुला आमंत्रण जारी किया है। यह विचार एक तर्क के सहारे बेचा जा रहा है कि इससे केन्द्र में स्थायित्व आ जाएगा। खुली बेशर्मी के साथ भाजपा नेतृत्व ने अब स्वीकार कर लिया है कि इसकी मूल्य-आधारित राजनीति में अब बदलाव लाया जा रहा है, ताकि यह सत्ता में आ सके। इसने लोकतंत्र और शिष्ट सामाजिक आचरण के सारे मानकों का मजाक बना दिया है। यह प्रसंग और भी कुरुचिपूर्ण बन गया है कि पार्टी के छुटभैयों द्वारा नहीं, ये वक्तव्य इसके वरिष्ठ नेतृत्व द्वारा दिए जा रहे हैं।

अपनी खुद की राजनीतिक विचारधारा के लिए भाजपा को कभी नहीं जाना जाता था, न ही इसकी कोई स्पष्ट और स्थायी आर्थिक मुद्रा थी। इसकी सामाजिक विषय-वस्तु हिन्दूवाद के धार्मिक सिद्धान्तों में अन्त:स्थापित थी। भाजपा के अवलम्ब राष्ट्रीय स्वयंसेवक संघ ने हमेशा अच्छे व्यक्तिगत आचरण, अभिगम की सत्यता और समाज के बड़े-बूढ़ों के लिए सम्मान का भाव मन में बैठाने की शिक्षा दी है। इसका बल चरित्र-निर्माण और सौम्य-शिष्ट-संस्कृत व्यवहार पर था। तथापि अब दूसरी पार्टियों के सदस्यों को दलबदल के लिए प्रोत्साहित कर और उन्हें पुरस्कारों से नवाजने की प्रतिज्ञा कर उनके अपहरण को बढ़ावा देकर नेतृत्व उस सब को अनकिया करने पर आमादा है।

यह स्पष्ट है कि उत्तर प्रदेश में महा-विशाल मंत्रिमंडल का गठन करके भाजपा ने देश, इसके तंत्र और खुद को जो अपूरणीय क्षति पहुँचायी है उसे उसने अब तक

महसूस नहीं किया है। दलबदलुओं को पुरस्कृत कर जिस मंत्रिपरिषद् का गठन किया गया है उसके प्रति आदर और सम्मान का भाव किसी में कैसे हो सकता है।

अब दूसरी पार्टियों के सदस्यों को पार्टी के समर्थन के लिए आमंत्रण उस पूर्व-प्रयत्न को भी प्रश्नों के घेरे में ला खड़ा करता है जब इसने केन्द्र में अल्पजीवी सरकार बनायी थी। मनोनीत प्रधानमंत्री ने भारत के राष्ट्रपति को आश्वस्त किया था कि वे लोकसभा के सदन में अपना बहुमत सिद्ध करेंगे। यह स्पष्ट है कि अपना बहुमत जुटाने के लिए पार्टी, छोटी पार्टियों के अपहरण की आशा में थी। यह फलीभूत नहीं हुआ। अतएव अब इसने अपनी योजना बदल दी है और व्यक्तियों को दलबदलकर अपनी सरकार बनाने के लिए प्रोत्साहित करना प्रारम्भ किया है।

यह समझ के पूर्णत: परे है कि कैसे एक राजनीतिक दिग्गज, जो अपनी कूटनीति एवं नैतिक आचरण के लिए समादृत है, कैसे मत के चेहरे को बदल देना चाहता है, बिना ऐसे कृत्य के दूरगामी निहितार्थ को समझे। जब वे तेरह दिनों के छोटे-से समय के लिए प्रधानमंत्री बने, उन्होंने बल देकर कहा था कि अपनी सरकार बचाने के लिए आवश्यक बहुमत की संख्या जुटाने की खातिर दल-बदल कराने को वे पाप समझते हैं। किन्तु अब, एक वर्ष बाद, दलबदलुओं का स्वागत करने में उन्हें कोई अनुताप नहीं है।

भाजपा-अध्यक्ष एक कदम और आगे चले गए हैं। चूँकि उनकी छवि कट्टर की है, उनके वक्तव्यों से कोई बहुत आश्चर्य नहीं होता। उन्होंने यह बात जाहिर कर दी है कि केन्द्र में मिली-जुली सरकार बनाने के लिए वे कांग्रेस पार्टी को छोड़कर आनेवालों के प्रस्ताव पर विचार करेंगे। अब तक वे इस बात पर कायम थे कि सरकार बनाने के लिए दुबारा प्रयास नहीं करेंगे। अब दलबदलुओं के लिए अपनी पार्टी का दरवाजा खोलने को यह कहकर उचित ठहराया है कि राजनीतिक स्थिति सहसा बदल गई है। कांग्रेस में दशहत से परिस्थिति का बदलाव उचित नहीं ठहरता। कांग्रेसियों ने अपनी हताशा को समय-समय पर अभिव्यक्त किया है। कभी-कभी कुछ लोगों के प्रस्थान में इसकी झलक मिली है। विगत का इतिहास बतलाता है कि जहाज के पंछी की तरह अपनी पार्टी के भीतर फिर लौट आते हैं।

नैतिकता के महा-पुरोहितों ने नीति-शास्त्र के व्याज से राष्ट्रीय मोर्चा सरकार को गिरा दिया। मूल्यों के प्रति लगाव के उनके अविराम दावे ने तीखा मोड़ ले लिया, जब उन्होंने मौन रहकर कारसेवकों को बाबरी मसजिद ढहाते हुए देखा। नैतिक स्तर तब और भी सीधे-नीचे उतर गया जब सन्देहास्पद पृष्ठभूमि वाले अनेक दलबदलुओं को उत्तर प्रदेश की नई सरकार में प्रवेश करा दिया गया।

दल-बदल विरोधी कानून में संशोधनों का भाजपाई विरोध पार्टी के सिद्धान्तहीन आधार का एक और उदाहरण है। तथापि, इसने उत्तर प्रदेश में जो कुछ किया उसको देखते हुए यह अप्रत्याशित नहीं था। इस कठिन समय में, जब पार्टी केन्द्र में सत्ता में आने का सुनहरा अवसर देख रही है, वे कानून में बचाव के रास्तों के बने रहने के

अनिच्छुक नहीं होंगे। सरकार को दी गई चेतावनी, कि संशोधन जल्दबाजी में न लाए जाएँ, निश्चय ही यथास्थिति बनाए रखने की उनकी इच्छा का प्रतिबिम्बन है।

सत्ता की बागडोर थामने के लिए राजनीतिक पार्टियाँ जिस निचले स्तर तक गिर गई हैं वह विद्यमान राजनीतिक आचरण पर अफसोसनाक टीका है। नैतिक मूल्यों का नियमित क्षरण और नैतिक मानदंडों में गिरावट ने राजनीति को सर्वोत्कृष्ट सिंहासन के लिए युद्ध में कोटिच्युत कर दिया है। धनबल और बाहुबल को बढ़ती दी गई है और सिद्धान्त तथा विचारधारा को खिड़की से बाहर फेंक दिया गया है।

संसदीय लोकतंत्र में जनता का स्तर पहले से ही अवनति की ओर था। तथापि, ऐसे राजनीतिक आचरण से उनका और भी मोहभंग होगा।

आजादी के इस पचासवें वर्ष में राष्ट्र को अपना सिर शर्म से झुका लेने के बहुत से कारण उपलब्ध कराये गए हैं। जिन्हें नेतृत्व करने के लिए चुना गया है, ऐसे लोग यदि ऐसे उदाहरण सामने रखते हैं, आगामी पीढ़ी के लिए हम किस किस्म का रिक्थ छोड़ जाएँगे? यदि उनका आचरण इतना दूषित है तो उनसे क्या उम्मीद की जा सकती है?

आज हमारे पास महात्मा गांधी, सरदार पटेल, आचार्य नरेन्द्र देव और नेताजी सुभाष चन्द्र बोस की भूमिकाओं के प्रतिमान हैं। उनके आदर्श हमारा पथ निर्देशित करते हैं। किन्तु यदि सत्ता हथियाने के लिए हम क्षुद्र विचारों वाले और अनैतिक तरीकों का सहारा लेते हैं तो भविष्य के लिए हम कौन-सा स्तर सुनिश्चित करेंगे। औपनिवेशिक सत्ता और छोटे महाराजाओं के भ्रष्ट आचरणों—जो केवल व्यक्तिगत सत्ता-मोह से संचालित होते थे और जिन्हें देशवासियों की कोई चिन्ता नहीं थी—के खिलाफ युद्ध छेड़कर करोड़ों भारतवासियों ने जो चरम बलिदान किया था उन्हें ऐसे आचरण निश्चित रूप से व्यर्थ कर देंगे। जन-जीवन में मूल्यों के अध:पतन के लिए इतिहास हमें कभी क्षमा नहीं करेगा।

(8 नवम्बर, 1997)

राष्ट्रीय शोकांतिकाओं का राजनीतिकरण

राजनीति की शख्सियतों की हत्या के उदाहरणों से इतिहास भरा पड़ा है। पूर्व में अब्राहम लिंकन (1865) और जॉन एफ. केनेडी (1963) हुए। अपेक्षया हाल के उदाहरण स्वीडन के ओलोक पाल्मे और मिस्र के अनवर सादात थे। अपने यहाँ महत्त्वपूर्ण हत्याओं में राजीव गांधी के अतिरिक्त, महात्मा गांधी और श्रीमती इन्दिरा गांधी का मारा जाना है। सबसे हाल में मारे जानेवाली महत्त्वपूर्ण राजनीतिक हस्ती बेअन्त सिंह हैं। इनमें से हर हत्या एक शोकांतिका थी और राजीव की हत्या कोई अपवाद नहीं है।

राजीव की हत्या के कारणों की जाँच भारत के वर्तमान मुख्य न्यायाधीश जस्टिस वर्मा जैसे महत्त्वपूर्ण व्यक्ति की अध्यक्षता वाली जाँच-समिति ने की। उन्होंने अपनी

रिपोर्ट लगभग एक वर्ष में दी। नरसिम्हा राव के नेतृत्व वाली कांग्रेस सरकार ने अपनी बुद्धिमानी में वर्मा-रिपोर्ट को दरकिनार करके जस्टिस जैन के नेतृत्व में दूसरी जाँच बहाल कर दी। 1992 में कभी श्री जैन ने अपना काम शुरू किया और पाँच साल बाद अभी वे अपनी पड़ताल पूरी नहीं कर पाए हैं। समझा जाता है कि उन्होंने एक अन्तरिम रिपोर्ट दे दी है। न्यायमूर्ति जैन ने जो कार्य प्रारम्भ किया है उसे पूरा करने के लिए कितने अतिरिक्त वर्ष चाहिए इसके कोई निश्चित संकेत अभी तक नहीं हैं। अन्तरिम रिपोर्ट के अंशों को 'इंडिया टुडे' ने प्रकाशित किया है। जैन-आयोग की रिपोर्ट की खबर को और विश्वसनीय बनाने के लिए 'इंडिया टुडे' ने एक तसवीर भी छापी है जिसमें प्रभु चावला और न्यायमूर्ति जैन दिख रहे हैं। भारतीय पत्रकारिता के इतिहास में सम्भवतः पहली बार ऐसा किया गया है। इसके अलावा यह तथ्य है कि आयोग की रपट की प्रकाशित टिप्पणियों का न्यायमूर्ति जैन या किसी अन्य सत्ताधारी ने खंडन नहीं किया है।

प्रेस ने जैसी सूचना दी है, अन्तरिम रिपोर्ट इस निष्कर्ष पर पहुँची है कि राजीव गांधी को प्रदान की गई सुरक्षा अपर्याप्त थी। यह सिद्ध करने के लिए कि सुरक्षा नहीं किए जा सकने के कारण राजीव मारे गए, क्या हमें इतनी लम्बी जाँच की जरूरत है ? वास्तविक मुद्दा सुरक्षा की अपर्याप्तता नहीं है बल्कि यह विवाद है कि राजीव की उत्तरवर्ती सरकारें पर्याप्त सुरक्षा व्यवस्थाएँ और स्पेश प्रोटेक्शन ग्रुप (एसपीजी) का घेरा उपलब्ध कराने के लिए जरूरी एहतियात नहीं बरत रही थीं। जब राजीव गांधी प्रधानमंत्री थे तब एसपीजी की संस्था खड़ी करने का कानून बना था। समझा जाता है कि कानून के प्रारूप में एक समय यह भी शामिल किया गया था कि पूर्व प्रधानमंत्रियों को भी एसपीजी का सुरक्षा-घेरा उपलब्ध कराया जाए। राजीव गांधी की सरकार ने यह प्रस्ताव ठुकरा दिया था। दोनों में से कोई भी उत्तरवर्ती सरकार (वी.पी. सिंह की या चन्द्रशेखर की) पर्याप्त कानूनी आधार के बिना पूर्व प्रधानमंत्रियों को यह घेरा उपलब्ध नहीं करा सकती थी। यह पूछना प्रासंगिक होगा कि कभी भी कांग्रेस या राजीव गांधी के कार्यालय ने उन्हें अपर्याप्त सुरक्षा उपलब्ध कराये जाने की शिकायत की थी ? सम्भवतः स्वयं यह सोचना जरूरी है कि उपलब्ध कराया गया सुरक्षा-घेरा पर्याप्त था या नहीं। लेकिन सुरक्षा-घेरा की पर्याप्तता-अपर्याप्तता का फैसला कोई कैसे करे ? राजीव गांधी के साथ पुलिस के जो कर्मचारी मारे गए उनकी संख्या के निश्चित आधार पर इस बारे में सोचा जा सकता है—कम-से-कम नौ पुलिसकर्मी, जिनमें आरक्षी अधीक्षक (एसपी) और चार आरक्षी निरीक्षक (पुलिस इंस्पेक्टर) शामिल हैं, इस दुर्घटना में मारे गये और आरची उप महा निरीक्षक (डीआईजी) समेत कई अन्य घायल हुए। यदि इतने आदमियों की सुरक्षा पर्याप्त थी तब यह पूछने की जरूरत है कि क्या उन लोगों को सौ आदमियों के मरने से सन्तोष होता जो राजीव गांधी की उपलब्ध कराई गई पुलिस-सुरक्षा की अपर्याप्तता का सवाल उठाते हैं। यह अफसोस की बात है कि मनुष्य का जीवन समान है, चाहे वह वीआईपी (अति महत्त्वपूर्ण व्यक्ति) की

हो या सरल निम्नस्तरीय सिपाही (कांस्टेबल) की हो। जीवित बच गई पत्नियों, बच्चों और अन्य सदस्यों को यह क्षति समान रूप में जीवन-भर का जख्म दे जाती है, जैसे विशिष्ट जनों के परिवार वालों को उसी प्रकार से किसी अन्य को।

वह तथ्य जिस पर अभी तक सवाल नहीं उठाया गया है, यह है कि क्या जाने-माने कांग्रेसी, और कांग्रेस के द्वारा ही लाए गए, तमिलनाडु के तत्कालीन राज्यपाल ने, उस समय राज्य जिनके अधिकार में था, इस आशय का कोई पत्र लिखा था कि मेट्रो शहरों (महानगरों) के बाहर, और वह भी अपराह्न वेला में, सभाएँ करने का परमार्श देना उचित नहीं होगा। क्या यह पत्र राजीव तक पहुँचा ? क्या यह भी सत्य नहीं था कि तत्कालीन प्रधानमंत्री ने राजीव को थोड़ा सावधान रहने और सुरक्षाकर्मियों का परामर्श मानने की सलाह दी थी ?

अपनी लोकप्रियता के प्रति उचित भरोसे के कारण राजीव यह अनुमान नहीं लगा सके कि बिना किसी तामझाम के वे जनता में घुल-मिल जाएँ तो उनकी जान का खतरा है। यह समझने की जरूरत है कि लोकप्रियता का सुख भोग रहे लोग सुरक्षा को गम्भीरता से नहीं लेते। तथापि, राजीव गांधी के मामले में यह एक विचित्र स्थिति थी जब एक राजनेता की हत्या के लिए पहली बार मानव-बम का इस्तेमाल किया गया। इसमें कोई सन्देह नहीं कि भारतीय सशस्त्र सैनिकों को श्रीलंका भेजने की व्यवस्था से एलटीटीई (तमिल मुक्तिवाहिनी) खुश नहीं रहा है। यह अफवाह चारों ओर फैलाई गई कि एलटीटीई-नेतृत्व के कुछ लोग राजीव-सरकार के उच्चाधिकारियों और नेतृत्व के सम्पर्क में थे। क्या श्रीलंका की समस्या को सुलझाने के प्रयत्न में भारत के द्वारा निभाई गई भूमिका के पूरे ब्योरे में जाने की जरूरत है ? यह कोई छिपी बात नहीं है कि श्रीलंका में भारत की भूमिका को लेकर तमिल स्पष्ट और मुखर विरोध कर रहे थे। ऐसी परिस्थिति में यदि राजीव गांधी की जान लेने के लिए संगठित प्रयत्न हो रहे थे, तो किसी को आश्चर्य नहीं होगा। यह षड्यंत्र के रूप में अंकुरित हो सकता है। क्या हमें इस सन्दर्भ में स्पष्ट उत्तर मिलेगा ?

आज के जन-जीवन का पीड़ादायक तथ्य यह है कि मीडिया अविराम अभियोजन में संलग्न दिख रहा है जो पत्रकारों के नेतृत्व में या विशेष न्यायाधीशों द्वारा उत्पीड़न से कम नहीं है। महीनों तक मिथ्यापवाद का अभियान अविच्छिन्न रहा है। क्या हम वह मामला नहीं जानते जब एक पूर्व मंत्री को लगभग देशद्रोही ही करार दे दिया गया था और कई दिनों तक बुद्धिजीवियों, मीडिया और अन्यों के द्वारा उनका पीछा किया जा रहा था। भारत के सर्वोच्च न्यायालय द्वारा उन्हें निर्दोष बता दिए जाने के बावजूद उन लोगों के मुख से पश्चात्ताप या अफसोस का एक शब्द भी नहीं निकला, जिन्होंने पहले उनकी घेराबन्दी की थी। यह किसी व्यक्ति का प्रश्न नहीं है, असल शोकांतिका यह है कि जो लोग ऐसी परिस्थितियों के शिकार हैं उनके बचाव का कोई उपाय कानून के पास नहीं है। ऐसा लगता है कि कोई भी व्यक्ति अभियोग लगा सकता है और

यदि सरकार का सहयोग प्राप्त हो तो, जिस पर अभियोग लगाया गया है उसे जेल भेज दिया जा सकता है, उपयुक्त कानूनी अधिकार से या बिना अधिकार के। उसे, उसके परिवार और मित्रों को, उसके निर्दोष सिद्ध हो जाने के बावजूद, सताया जा सकता है, और इस मामले में किसी प्रकार की क्षतिपूर्ति पाने का सुधारात्मक उपाय भी उसके पास नहीं होता।

अधिकांश अखबारों ने अति विशिष्ट लोगों को अतिरिक्त सुरक्षा-घेरा मुहैया कराये जाने के लम्बे और आलोचनात्मक विवरण प्रकाशित किए। वीआईपी (अति विशिष्ट जनों) को एसपीजी घेरा उपलब्ध कराने में देश को जिस जनशक्ति और परिणामस्वरूप आर्थिक बोझ का वहन करना पड़ता है वह भी आलोचना का विषय रहा है। इस कारण ऐसी परिस्थिति पैदा हुई कि दो पूर्व प्रधानमंत्रियों को सरकार के पास बार-बार लिखना पड़ा कि उनका एसपीजी-घेरा दूसरे प्रकार की सुरक्षा से बदल दिया जाए। तथापि, हम ऐसे बन्धन में हैं कि ईश्वर न करे, यदि ऐसी माँगों को मानकर सरकार एसपीजी-घेरा वापस ले ले और राष्ट्र तथा लोग किसी सम्भाव्यता में फँस जाएँ, तो आसमान फट पड़ेगा और हर आदमी सरकार और देश की सुरक्षा-व्यवस्था में दोष देखने लगेगा। हमारे बोध और व्यवहार ऐसे मुकाम पर पहुँच गए हैं कि ऐसी हर घटना में षड्यंत्र देखने लगते हैं, मानो ऐसी त्रासद दुर्घटनाओं में षड्यंत्र की कल्पना सारी व्याख्याओं से सरलतम है। समझदारी से भरी और तर्कपूर्ण व्याख्याओं के लिए समय की और दिमाग दौड़ाने की जरूरत होती है। शीर्ष के कुछ लोग ऐसा दिखावा करते हैं कि वे सारी मानसिक दक्षता से सम्पन्न हैं और सत्यान्वेषण की इच्छा रखते हैं। निन्दा करना आसान है, सत्यान्वेषण कठिन।

(*यंग इंडियन*, अंक 15, 15 नवम्बर, 1997)

मौन दर्शक, किन्तु कब तक?

ऐसा लगता है कि हम ऐसे बिन्दु पर पहुँच गए हैं जहाँ से लौटना सम्भव नहीं है। समस्याओं ने खतरनाक अनुपात पा लिया है। ये हमारी करनी का ही फल हैं। निन्दा-अभियान में शामिल होने की उतावली-भरी कोशिश, एक व्यक्ति को उछालने का खेल और सामाजिक व्यवहार में स्थापित मानदंडों की खुली अवहेलना ने मिलकर ऐसी परिस्थिति बना दी है, जहाँ इस खेल के खिलाड़ी डरावनी स्थिति में पहुँच गए हैं, जिसके लिए वे स्वयं ही जिम्मेवार हैं। अपने कार्य-कलाप और आचरण से उन्होंने इसे बनाया। हमारे जनजीवन के हर क्षेत्र में प्राय: यही परिदृश्य दृश्यमान है। हम जिस नीति पर चल रहे हैं उसके पंगु कर देनेवाले प्रभाव का सामना अर्थतंत्र कर रहा है। राजनीतिक घटनाएँ सिर्फ एक संकेतक हैं कि इस प्रवृत्ति से देश बेलगाम हो जाएगा। परस्पर विध्वंस के खेल में शासन के विभिन्न अंग प्रतिस्पर्द्धा करते दीख रहे हैं।

लोकतांत्रिक राज्य-व्यवस्था अत्यन्त दबाव में है। जातिवादी सोच और धर्मांध आचरण के कारण सहयोग के भाव का तेजी से क्षय कर रहे हैं। यह (अभि)शासन के लिए सामूहिक चिन्तन और संसक्तिशील कार्य-व्यापार को असम्भव बना रहा है, हालाँकि जिस समय में हम जी रहे हैं और जिसमें रहकर समाज के सम्मुख उपस्थित चुनौतियों का सामना करना है उसमें यह अत्यावश्यक है।

इस परिस्थिति में आम आदमी ने सारी दिलचस्पी छोड़ दी है और मौन दर्शक बन गया है। स्थिर समाज के स्थायी मानदंड, शताब्दियों से जिनका अभिमान भारत को रहा है, चकनाचूर हो रहे हैं। गाँव का सामूहिक जीवन अतीत का ढोंग-भर रह गया है। भारत के शहरी विशिष्ट जनों को दिखाने का जो रोग काफी पहले ही लग गया था, गाँवों के अपेक्षया खुशहाल घरों के लोगों को उसी जीवन-शैली के हवस के रोगाणुओं ने पकड़ लिया है। इसने वंचित तबकों में बढ़ती जागरूकता को प्रबल कर दिया है, जिसके परिणामस्वरूप सामाजिक तनाव पैदा हो रहे हैं और समाज कठिन तनाव में है। अनबन, संघर्ष और बढ़ती हिंसा की घटनाएँ अब रोजमर्रा की आम बात हो गई हैं।

त्रासद यह है कि इस गहराते संकट को लेकर विवेकवान लोगों में भी कोई चिन्ता का भाव नहीं है। राज्य-तंत्र से जुड़े लोगों के कार्य-व्यवहार पर जबानी क्रोध उतारकर वे सन्तुष्ट हैं। तंत्र में दखल देकर उसे प्रभावित करने और सुधारने का कोई प्रयास नहीं है। अभी कुछ ही साल पहले तक नौकरशाही पर सारा गुस्सा उतारा जाता था। कठिनाइयों के बढ़ने के साथ ही अब राजनेता और संसदीय संस्थाएँ निशाना बन गई हैं। यह कोई नहीं सोच रहा कि यदि ये संस्थाएँ बदनाम हो गईं तो सुधारात्मक कदम उठाने की सम्भावना भी लगभग असम्भव हो जाएगी। सारी उम्मीदें न्यायिक तंत्र पर टिकी थीं। किन्तु तंत्र के अन्य अंगों की बेलगाम निन्दा की आग में कोयला झोंकने के बाद, न्यायपालिका भी अब उसी भवितव्यता का सामना कर रही है।

यह बहुआयामी संकट राष्ट्र के सम्मुख गम्भीर चुनौती है। इस परिस्थिति का सिर्फ एक ही जवाब था—संगठित, संकल्पित पहल। यह समय जन-प्रतिनिधियों से साहसिक पहल की माँग कर रहा है। स्वतंत्रता की स्वर्ण-जयन्ती के आयोजन-क्रम में बुलाए गए विशेष सत्र के समापन के समय संसद-सदस्यों ने एक पवित्र शपथ ली थी। किन्तु संसद में, जो हो रहा है वह न सिर्फ सारी उम्मीदों पर पानी फेरनेवाला है बल्कि कार्य-संस्कृति में अचानक सीधे नीचे उतरने का संकेतक है। सदन के प्रतिष्ठापूर्ण कार्य-संचालन के लिए जो कुछ सोचा गया था उसे हवा में उड़ा दिया गया है। परवर्ती घटनाएँ—एक अर्ध-न्यायिक संस्था की टिप्पणी और निष्कर्ष तथा परिस्थिति को बिगाड़ने में उनका योगदान—अफसोसनाक है। लोकसभा-अध्यक्ष द्वारा इतने अध्यवसाय से परिरक्षित सन्तुलन एवं संयम को सुविचारित प्रस्फोटन से अप्रभावी बना दिया गया है। सदन की कार्यवाही ठप है। ऐसे परिवेश में कोई भी सार्थक बहस असम्भव है।

लोकतंत्र के उच्चतम मंच का उपयोग नारेबाजी और परस्पर खुलेआम अप्रमाणित किन्तु गम्भीर आरोप-प्रत्यारोप के लिए किया जा रहा है। विवेक की आवाज को खामोश करा दिया गया है। वरिष्ठ लोगों को मौन दर्शकों की भूमिका में कोटिच्युत कर दिया गया है। इसकी शाखा-प्रशाखाएँ गम्भीर और त्रासद हो सकती हैं। राष्ट्रपति की विवेकपूर्ण सलाह और अध्यक्ष द्वारा साहसिक एवं प्रभावी पहल से शायद कुछ मदद मिले। यह उम्मीद ही की जा सकती है कि पार्टियों के नेता सहयोग करेंगे ताकि शोकांतिका की शक्ल लेने के पहले यह संकट टल जाए।

(22 नवम्बर, 1997)

राजनीतिक चालबाजियों से परे

समृद्ध परम्पराओं वाला भारत, अपनी स्वतंत्रता की स्वर्णजयन्ती मनाते समय, राजनीति में ऐसी परिस्थिति का सामना कर रहा है जब आज ग्यारहवीं लोकसभा के अस्तित्व को ही खतरा है। विद्यमान सन्दर्भ में पार्टियों का कोई भी गठजोड़ स्थायी सरकार देने का वादा नहीं करता तो देश को लोकसभा के लिए मध्यावधि चुनावों की कसरत करनी होगी। यह त्रासद है कि विकास के लिए एक सुस्पष्ट सामाजिक-आर्थिक कार्यक्रम (एजेंडा) हमारी राज्य-व्यवस्था का बिसरा हुआ अध्याय है। पूरी सम्भावना है कि लोकसभा के लिए अगले मध्यावधि चुनाव भी अनिश्चित राजनीतिक स्थिति ही छोड़ देंगे और बुद्धिहीन राजनीतिक युक्तियाँ राष्ट्र को और भी गहरी कठिनाई में निमज्जित कर देंगी।

तीसरी दुनिया के अधिकांश देश अपने रोग से ग्रस्त हैं। अभी कुछ ही महीने पहले जिन देशों को एशियाई शेर कहकर प्रशंसित किया गया था और हमें बताया गया था कि अपने अर्थतंत्र के उदारीकरण में हम उनके उदाहरणों का सोत्साह अनुकरण करें, वे आज बद्तरीन आर्थिक संकट का सामना कर रहे हैं और दिवालियापन की सम्भावनाएँ उनके सिर पर मँडरा रही हैं। इन सारे घटना-विकासों से हम आँख मूँदे हुए लगते हैं।

हमारे पड़ोस में कार्यपालिका और न्यायपालिका एक-दूसरे को विनष्ट करने के गन्दे खेल में मसरूफ हैं और परिस्थिति खतरनाक परिणामों से भरी है, नवजात संसदीय लोकतंत्र को समाप्त कर देने की हद तक। ऐसे लक्षणों के हम दर्शक हैं और प्रारम्भिक दौर में सुधारात्मक उपाय की कोई इच्छा हमारे मन में नहीं है।

भारत को वैंकूवर में मुँह की खानी पड़ी जिससे इसके नियति-व्यापार को धक्का पहुँचा। अमेरिकी डॉलर की तुलना में रुपए की कीमत नीचे गिरी है। ऐसे बड़े मुद्दे, जो हमारे समक्ष हैं, उनकी चिन्ता छोड़, हम एक-दूसरे को छलयोजन से नीचा दिखाने के राजनीतिक खेल में लगे हैं।

जबकि कुछ शक्तियाँ विकासशील देशों को अनिश्चय और अस्थिरता की स्थिति में बनाये रखने की योजना तैयार करने में लगी हैं, इस अमंगलकारी खेल को बेकार करने के लिए पर्याप्त प्रतिक्रिया नहीं हुई। हम सब यह भूल गए लगते हैं कि मई 1991 में जब सारी राजनीतिक पार्टियाँ चुनावी दंगल में व्यस्त थीं, ब्रेटन 35 की संस्थाओं के प्रायोजन में लोगों का एक समूह, हमारी पीठ-पीछे, भारतीय अर्थतंत्र के वैश्वीकरण की (अन्तिम) रूप-रेखा (ब्लू प्रिंट) तैयार कर रहा था। नई सरकार के मन में यह डर बैठाकर कि जब तक इसे स्वीकार नहीं किया जाता भारतीय अर्थतंत्र रुद्ध और अलग-थलग पड़ा रहेगा, वे उसे कायल करने में सफल हो गए। जब देश राजनीतिक अनिश्चय, संशय और अस्थिरता के मौसम में निमज्जित है तब ऐसे अन्तरराष्ट्रीय दबावों और उसका सहयोग कर रहे शक्तिशाली राष्ट्रीय निहित स्वार्थों का सामना नहीं किया जा सकता।

यह स्मरणीय है कि सत्ता में आने (1991) के एक महीने के भीतर सरकार ने भारतीय अर्थतंत्र को मुद्रा-अवमूल्यन की दो खुराक पिलायी। अवमूल्यन के तुरन्त बाद आईएमएफ (अन्तरराष्ट्रीय मुद्रा कोष) और वर्ल्ड बैंक जैसी बहुपक्षी संस्थाओं द्वारा प्रस्तुत किए गए 'स्ट्रक्चरल ऐडजस्टमेंट प्रोग्राम' (संरचनात्मक समंजन कार्यक्रम) को लागू करने का निर्णय लिया गया।

1996 में कांग्रेस की विदाई के बाद की क्रमिक सरकारों ने, वामपन्थी पार्टियाँ जिनमें मुख्य घटक थीं, कांग्रेस के द्वारा स्वीकृत कार्यक्रमों और नीतियों में अपना पूरा विश्वास व्यक्त किया, हालाँकि यह हैरत में डालने वाली बात है। वही नीतियाँ जारी रही हैं। निजीकरण, व्यापार और विदेशी निवेशों में सीमा-शुल्क तथा गैर-सीमा-शुल्क की बाधाओं को नीचे लाना, इजारेदारी और आर्थिक शक्ति के केन्द्रीकरण से सम्बन्धित प्रशासकीय नियमों में कमी तथा वित्तीय एवं आर्थिक ढाँचे के पुनर्गठन को सरकार की कार्यसूची में ऊपर रखा गया। दोनों ही सरकारें उपभोक्ता सामग्रियों के मुक्त अन्तर्वाह को रोक पाने में असमर्थ रहीं, नतीजन ऐसी सामग्रियों के उत्पादन की देशी क्षमता को क्षति पहुँची। सरकारों ने निष्ठापूर्वक उदारीकरण को एकमुश्त लागू किया तथा सभी प्रकार से भारतीय अर्थतंत्र के भूमंडलीकरण का निशाना बनाया। उदारीकरण की नीतियों के औचित्य के रूप में कई तरह की छूटें दी गईं। इन नीतियों के परिणाम दिखने शुरू हो गए हैं।

जिस समय नई नीतियों को अंगीकृत किया गया, डॉलर से रुपए की परिवर्तन-दर रु. 17.75 प्रति डॉलर थी। आज यह रु. 38=60 प्रति डॉलर है। भारत में नियति और विकास की प्रतिस्पर्धात्मक क्षमताओं के सन्दर्भ में पूर्वानुमान पूर्णत: अनुचित सिद्ध हुए हैं, बिन्दु-चिह्नित पंक्तियों पर हमारे हस्ताक्षर करने के बावजूद इन सारे वर्षों में चालू खाते का शेष साल के भीतर रहा है। रुपए की कीमत में आधे से भी कम की कमी भारत को उतनी विदेशी मुद्रा अर्जित करने में सहायक नहीं हो पायी है जितनी यह आयातों पर खर्च करता है।

शुक्र है, व्यक्तियों के निजी अन्तरण में वृद्धि हुई है। नीति-निर्माताओं ने इस तथ्य को नहीं समझा कि निर्यात तभी सम्भव हो सकते हैं जब अर्थतंत्र में और उन वस्तुओं में जिनकी जरूरत विकसित अर्थतंत्र को होती है, वास्तविक बचत हो।

उत्तर-उदारीकरण के दौर में स्थापित नई औद्योगिक क्षमताएँ मुख्यत: उन क्षेत्रों में हैं जिनमें विकसित अर्थतंत्र पहले से ही बचत में हैं। उदाहरणार्थ, भारत, जापान, जर्मनी या संयुक्त राज्य प्रतिस्पर्धा में उतरकर कारों का निर्यात नहीं कर सकता, चाहे यह दर्जनों किस्म की कारों का निर्माण शुरू कर दे तब भी। कोई भी बाहरी देश या निजी निगम भारत में ऐसे अड्डे स्थापित करने में सहायता नहीं देगा जो उनकी घरेलू व्यवस्था से प्रतिद्वंद्विता करेगा। भारत से सिर्फ उन्हीं उत्पादनों का निर्यात हो सकता है जिनमें अधिक श्रम लगा हो। अतएव आश्चर्य नहीं कि लघु उद्योग ही भारत के असली और महत्त्वपूर्ण निर्यातक हैं। यह बड़ी और आधुनिक औद्योगिक इकाइयों के ठीक विपरीत है, जो देश के सीमित विदेशी मुद्रा संसाधनों पर शुद्ध बोझ हैं।

यह पूर्वानुमान कि नई नीतियों की घोषणा से विदेशी निवेश में बड़ा अन्तर्वाह होगा और वह भी भारतीय अर्थतंत्र के संरचना-क्षेत्र में, एक और बड़ी भूल साबित हुआ है। जो लोग उदारीकरण का पैकेज आगे बढ़ाने के जिम्मेदार थे उन लोगों के द्वारा अब यह स्वीकार किया जा रहा है कि यह गलत पूर्वानुमान था कि निजी क्षेत्र या विदेशी निगम भारत को विद्युत्-शक्ति का अड्डा (बेस) बनाने में मदद कर सकते थे या संरचनात्मक क्षमताओं की कमी से उत्पन्न समस्याओं में से किसी का समाधान कर सकते थे। यह विचित्र है कि इन नीतियों के लिए जिम्मेवार लोग अब डर रहे हैं कि उन्हें बलि का बकरा बनाया जाएगा। तथापि, वे एक ही साँस में यह भी कह रहे हैं कि ये नीतियाँ इसलिए पूर्णत: फलदायी नहीं हुईं, क्योंकि इन्हें कार्यान्वित करने की गति वह नहीं थी जो होनी चाहिए थी।

आधिकारिक प्रवक्ता यह दावा करते थक नहीं रहे कि अवमूल्यन पर अंकुश लाकर आर्थिक स्थिरता लाई गई है। हालाँकि रुटीनी ढंग से बढ़ते महँगाई भत्ते से उनके ये दावे मेल नहीं खाते। यदि अवमूल्यन नहीं था तो संगठित श्रमिकों को बार-बार महँगाई भत्ता देने का क्या स्पष्टीकरण हो सकता है?

ये वे मुद्दे हैं जिन पर हमें प्रमुखता से ध्यान देना चाहिए था। बजाय इसके हम बेकार की कसरत में लगे रहे। विगत के सबक हम भूल गए हैं। जब राजनीतिक अनिश्चय लम्बे समय तक बना रहता है, जिस दौर से देश को अब गुजरना होगा, तो अन्तर्राष्ट्रीय शक्तियों को हमारी बाँह मरोड़ने और जो वे चाहते हैं उसे मानने के लिए विवश करने का खुला मैदान मिल जाता है। क्या हम यही चाहते थे? सत्ता के लिए इससे भी ज्यादा बुद्धिहीन कसरत हो सकती है क्या?

(29 नवम्बर, 1997)

राष्ट्र व्यक्ति से ऊपर हैं

हम तेजी से बदलती राजनीतिक और आर्थिक गतिविधियाँ देख रहे हैं। लोकसभा को भंग किया जाना उन घटनाओं की परिणति है जो छह साल पहले राजीव गांधी की हत्या की जाँच के लिए गठित अर्ध-न्यायिक, एक व्यक्ति वाले आयोग की रिपोर्ट के बाद शुरू हुईं। रिपोर्ट में कई अप्रमाणित दस्तावेज और दावे हैं जो आलोचनात्मक (विवेचनात्मक) छान-बीन में नहीं टिकेंगे। इससे कोई कार्य नहीं सधनेवाला, न ही रिपोर्ट की हर पेज का विश्लेषण करना सम्भव है। फिर भी, कुछ दावे इस बात के स्पष्ट संकेतक हैं कि रिपोर्ट से उनका हित सध रहा है, जो देश में अस्थिरता पैदा करने के लिए बेचैन हैं और दुनिया में सामान्य रूप से तथा पड़ोसी देशों में विशेष रूप से देश की छवि धूमिल करना चाहते हैं।

(1) कोई भी व्यक्ति, जिसका दिमाग दुरुस्त हो, उस विचार को स्वीकार नहीं कर सकता, जो बताने की कोशिश की गई है, कि किसी राज्य के सारे निवासी या किसी पूरे समुदाय को षड्यंत्रकारी कहा जा सकता है, या वे प्रत्यक्ष अथवा अप्रत्यक्ष रूप से हत्या में शामिल थे। (2) वैसे अप्रमाणित दस्तावेजों को, जो भारत को आतंकवादी देश के रूप में चित्रित करते हैं, शामिल करना पूर्णत: गैर-जिम्मेदाराना है। आश्चर्य नहीं कि अमित्र राष्ट्रों ने जैन आयोग की रिपोर्ट का इस्तेमाल भारत को बदनाम करने के लिए किया है। सबसे बुरा एक भारतीय जाँच एजेंसी की छुट-पुट रिपोर्ट को शामिल करना है, जो सुनी-सुनायी बातों पर आधारित है, जिसमें नेपाल की महारानी की सहभागिता का संकेत है। भारत के सर्वाधिक मित्रतापूर्ण पड़ोसी राष्ट्र पर संशय की छाया डालना पूर्णत: बेतुका है। अर्धसत्यों का अविश्वसनीय गट्ठर पहले ही बहुत नुकसान पहुँचा चुका है। (3) रिपोर्ट का सही समय और जिस तरह यह रहस्योद्घाटित हुआ वह हम सबों की चिन्ता का विषय होना चाहिए। भारत के प्रशासकीय नेतृत्व, राजनीतिक पार्टियों और सत्ता में बैठे लोगों पर यह अफसोसनाक टिप्पणी है कि रिपोर्ट में अन्तर्निहित दावों का सशक्त खंडन जारी करने से वे चूक गए, जिनका इस्तेमाल बाद में भारत को अन्तरराष्ट्रीय मंच पर बदनाम करने और मित्रों के बीच पच्चड़ लगाने के लिए किया गया। राष्ट्रीय हितों की रक्षा करने में सरकार विशेष रूप से असफल रही। यह अफसोस की बात है कि लोगों को अपमानजनक टिप्पणियों की जानकारी एक साप्ताहिक पत्रिका के कॉलमों से मिली, बजाय इसके कि इसे पहले ही विश्वास में लिया जाता।

तथापि, और भी अधिक दु:खदायी तथ्य यह है कि इस बात का कोई संकेत नहीं है कि इन घटनाओं से हमारे नेतृत्व ने कोई नसीहत ली है। यदि एक-सदस्यीय अर्धन्यायिक प्राधिकार को इतना महत्त्व दिया जाता है तो देश को प्रायश्चित करना पड़ सकता है और समाज को यह भयादोहन की राजनीति के लिए सुभेद्य बना सकता है। यह वह सबक है जिसे भविष्य में याद रखना होगा।

रिपोर्ट ने भयादोहन की राजनीति की आग सुलगायी और अन्ततः मध्यावधि चुनाव में ढकेल दिया। वे यह भूल गए कि वे एक व्यक्ति को राष्ट्र के ऊपर रख रहे हैं। न राष्ट्र और न ही इस गन्दे नाटक के मुख्य खिलाड़ी मतदाताओं का सामना करने को तैयार थे। देश को ऐसे मुकाम तक ले जाकर जहाँ से लौटना मुश्किल है, कोई समाधान खोजने और परिस्थिति से उबरने की उनकी निराशोन्मत्त कोशिशों ने स्पष्टतः यह दिखलाया कि उन्होंने बिना दिमाग लगाए या राजनीतिक दृष्टि से ऐसे अपरिपक्व काम के आखिरी अंजाम पर विचार किए बिना कदम उठाए थे।

लोकसभा के अगले चुनाव होने तक ही प्रभारी (कामचलाऊ/केयरटेकर) सरकार पद पर बनी रह सकती है। धुँधलके वाला यह समय खतरे से भरा है, क्योंकि इस दौरान अन्तरराष्ट्रीय दबाव के बढ़ने की सम्भावना है। यद्यपि संविधान कामचलाऊ सरकार की अवधारणा के विस्तार में नहीं जाता, वर्तमान सरकार कोई महत्त्वपूर्ण नीतिगत निर्णय नहीं ले सकेगी। ऐसे समय जब एशियाई शेरों के अर्थतंत्र के ढह जाने से वैश्विक आर्थिक स्थिति अधिकाधिक भंगुर (कमजोर) होती जा रही है; भारत को दृढ़ता से टिके रहना होगा।

वैश्विक ढाँचे में शीर्ष खिलाड़ी बनने के प्रयत्न में आर्थिक उदारीकरण की नीतियाँ अपनाकर 'एशियाई शेरों' (एशियन टाइगर्स) के महत्त्वपूर्ण सफलता पाने को लेकर भारत को लम्बे समय तक बार-बार उपदेश पिलाए जाते रहे हैं। आर्थिक एवं प्रशासनिक नीतियों का आईएमएफ-वर्ल्ड बैंक पैकेज (एकमुश्त) तीसरी दुनिया के अधिकांश देशों को बेचा गया। दक्षिण कोरिया, ताइवान, इंडोनेशिया, मलयेशिया, हांगकांग, सिंगापुर और थाइलैंड जैसे देश, जो बाद में एशियाई टाइगर कहलाए, मुद्राकोष (फंड)-बैंक नीति के पैकेज को अपनाने वालों में सबसे पहले थे। वैश्वीकरण की ओर उन्मुख नीतियों को अपनाने पर अमेरिकी नेतृत्व में औद्योगिक शक्तिसम्पन्न देशों का आर्थिक सहयोग और कई तरह की व्यापारिक सुविधाएँ थीं। पिछले कुछ सप्ताहों ने शक्तिशाली 'एशियन टाइगरों' के ढहने की शुरुआत देखी है। उनकी मुद्राओं की प्रबलता तेजी से नीचे गिरी है; औद्योगिक जड़ता आ गई है और कई परेशान करनेवाली प्रवृत्तियाँ दिख रही हैं। भारत, हालाँकि एशियन टाइगर्स क्लब का सदस्य नहीं है, किन्तु उतार के सफर के प्रारम्भ का अनुभव करने लगा है। इसका एक स्पष्ट संकेत यह है कि 1991 के मुकाबले रुपए की कीमत आधी से भी कम रह गई है। उदारीकरण के पैकेज का धन्यवाद, कुछ ही वर्षों के भीतर भारत ने योजनाएँ छोड़ दी हैं, अपने कर्ज बढ़ा लिये हैं और शिक्षा, स्वास्थ्य तथा सामाजिक क्षेत्र के अन्य महत्त्वपूर्ण भागों में खर्च में कटौती करने को बाध्य हुआ है।

एशियन टाइगर्स ने अपनी गलती स्वीकार कर ली है। हालाँकि भारत में हम अब भी बालू में सिर गाड़े हुए हैं। अगले साठ दिन देश के भविष्य के लिए कठिन होंगे। जिनसे राह दिखाने की उम्मीद थी वे लोग सत्ता की क्षुद्र लड़ाइयों में मशगूल

हैं। नया जनादेश देश को और भी अधिक राजनीतिक अनिश्चय और उलझन में डाल सकता है। अब भी समय है कि नेतागण नींद से जगें और स्वहित से ऊपर देश-हित को रखें।

(6 दिसबर, 1997)

स्व-विनाश के खेल

जैसे व्यक्ति प्रसन्नता एवं अवसाद के क्षणों से गुजरते हैं, राष्ट्र भी उदासी और प्रसन्नता के समय का सामना करते हैं। यह दशा एक राष्ट्र की समृद्धि या निर्धनता से नहीं, अपितु जनता को अनुप्राणित करने वाली इच्छाशक्ति या घटते आत्मविश्वास से जुड़ी है, विशेष रूप से जीवन के विभिन्न क्षेत्रों के नेतृत्व के। औपनिवेशिक युग में, राष्ट्र की प्रतिष्ठा और सम्मान की रक्षा के लिए भारतीय जन उत्साह, आशा और उत्सर्ग-भाव से भरे थे। नए भविष्य के निर्माण के लिए आवश्यक संयम और दायित्व के साथ मिल-जुलकर काम करने की उमंग थी। सत्ता की सारी कुंजियाँ विदेशी शासकों के हाथों में थीं, फिर भी भारत की जनता के पास खुशहाल भविष्य की दृष्टि, आशा और भरोसा था।

पचास साल बाद, जब हम भारत की आजादी की स्वर्णजयन्ती मना रहे हैं, हमारे क्षितिज पर अवसाद और उदासी की छाया मँडरा रही है। शासन के विभिन्न अंग, राजनीतिक संगठन और सम्बन्धित महत्त्वपूर्ण लोग स्व-विनाश के खेल में एक-दूसरे को पछाड़ने की पागल दौड़ में लगे दिखते हैं। पिछले कुछ सप्ताहों में देश ने जिम्मेवार कोनों से अविरत अशोभनीय कृत्य देखे और इस अनियंत्रित एवं गैर-जिम्मेदार व्यवहार, जिसने एक सरकार को गिरा दिया और जिसकी परिणति लोक-सभा के भंग किए जाने में हुई, के लिए बड़ी कीमत चुकानी पड़ी। हालाँकि यह प्रवृत्ति काफी समय से प्रत्यक्ष थी, पिछले दिनों इसमें बेइंतहा तेजी आ गई। उत्तर प्रदेश की घटनाओं से प्रक्रिया का प्रारम्भ हुआ। इसके पहले राजनीति में खरीद-बिक्री कभी भी इतनी प्रत्यक्ष और पूर्णतः अदंडित नहीं रही थी, जैसी एक बड़ी राजनीतिक पार्टी, जो सैद्धान्तिक राजनीति की गति सुनिश्चित करने और नैतिक मूल्यों की रक्षा करने का दावा करती थी, के कथनों और कृत्यों में दिखी। दल-बदल को प्रोत्साहित करने, सरकार बनाने और हर दल-बदलू को पुरस्कृत करने की प्रक्रिया, जिसके परिणामस्वरूप मंत्रिमंडल में मंत्रियों की संख्या सर्वाधिक हो गई, जो वरीय प्रशासकों के लिए आरक्षित कार्यालयों का दखल करने के लिए परस्पर लड़ते रहे। इन सबने संसदीय इतिहास के वर्ष-वृत्तान्त में ऐसा रिकॉर्ड बनाया, जिसे तोड़ना कठिन है। सदन की कार्यवाही में हुड़दंग, एक-दूसरे पर बेरोकटोक आक्रमण का नजारा, गन्दे विशेषणों का प्रयोग और अध्यक्ष के पद को बदनाम करना पीड़ादायी दृश्य थे, और जिनमें संसदीय संस्थाओं के लिए

थोड़ा भी आदर है, उन सबों को इसने शर्मसार किया। अध्यक्ष के फैसले भी भर्त्सना से मुक्त नहीं थे और न्यायपालिका के दखल से मामले को सुलझाया जाना है।

उत्तर प्रदेश राज्य विधान-सभा में त्रासद दृश्यों के तुरन्त बाद, लोक-सभा में भी इससे मिलती-जुलती स्थिति से साबका पड़ा। एक अर्ध-न्यायिक आयोग की गैर-प्रामाणिक और अनियमित (कैजुअल) टिप्पणियों पर आधारित रिपोर्ट पर कांग्रेस पार्टी ने सदन की कार्यवाही चलना असम्भव कर दिया। सदन को अनिश्चित काल तक के लिए स्थगित करने के अतिरिक्त कोई विकल्प अध्यक्ष के पास नहीं बचा। ऐसा पहले कभी नहीं हुआ है। इस गन्दे खेल में लिप्त पार्टी ने एक राष्ट्रीय त्रासदी से लाभ उठाकर भावनाओं को भड़काने का काम किया, अपने ही नेता की स्मृति की पवित्रता की खास चिन्ता किए बिना। यह अफसोस की बात है कि रिपोर्ट की प्रकृति को इसमें की कई अनियमित टिप्पणियों के दूरगामी निहितार्थ को ठीक से समझने का समय और धैर्य किसी के पास नहीं था। रिपोर्ट में की गई कई गैर-जिम्मेदाराना टिप्पणियों पर ज्यादातर लोगों का ध्यान जा रहा है। रिपोर्ट में ऐसे सवाल उठाए गए हैं, जिनका उत्तर जिम्मेवार कोनों से आना चाहिए। यह गम्भीर मामला है जिसे किनारे नहीं किया जा सकता। कुछ खास वर्गीकृत दस्तावेज रिपोर्ट में कैसे शामिल किए गए जब उन्हें इस निश्चित समझ या समझौते के साथ आयोग को दिखाया गया था कि ये रिपोर्ट का हिस्सा नहीं होंगे? सरकार ने ऐसे दस्तावेजों के शामिल किए जाने के वांछनीयता पर दिमाग क्यों नहीं लगाया, जो आज राष्ट्र को परेशान कर रहे हैं। कुछ टिप्पणियों की अन्तरराष्ट्रीय शाखा-प्रशाखाएँ हैं। हमारे सामने ऐसी परिस्थिति उत्पन्न हो गई है, जिससे अपने को हम आसानी से छुड़ा नहीं सकेंगे।

अब यह कहा जा रहा है कि रिपोर्ट के साथ नत्थी कुछ दस्तावेजों के तथ्यों को आयोग के जाँच-निष्कर्ष के रूप में नहीं लिया जाना चाहिए। अब तर्क दे रहे हैं कि उपलब्ध प्रमाणों पर आधारित, आयोग की कुछ टिप्पणियाँ भी उसका अन्तिम दृष्टिकोण नहीं हैं। तब अन्तरिम रिपोर्ट को जारी करने की जल्दबाजी, प्रेरणा और उद्देश्य क्या था? रिपोर्ट प्रेस को क्यों और किसके द्वारा लीक की गई?

पिछली सरकारों के कुछ फैसले हमारे महत्त्वपूर्ण समाचार-दैनिकों के पृष्ठों पर सुर्खियों में प्रकाशित किए जा रहे हैं। ऐसे नाजुक और संवेदनशील मामलों से निपटते समय क्या हमने सारी अनुपात-बुद्धि खो दी है? इस परिस्थिति के लिए जिम्मेवार लोग क्या थोड़ी देर ठहरकर, राष्ट्र को इतना नुकसान पहुँचाने और अपने नेताओं की स्मृति को अपवित्र करने का अवसर देने की कीमत पर, राजनीतिक लाभ लेने के अपने कृत्य पर अन्तर्मंथन करेंगे? मित्रों और खुशामदियों के बीच बड़ी क्षीण रेखा है। मित्र पूँजी हैं, खुशामदी निश्चित रूप से बोझ प्रमाणित होते हैं। आत्महित को आगे बढ़ाने के लिए कुछ अति उत्साही लोगों ने इस त्रासदी को भावनात्मक मुद्दा बना दिया।

समय आ गया है जब न्यायपालिका के सर्वोच्च को दखल देना चाहिए और कुछ न्यायकर्मियों की उक्तियों और प्रासंगिक विचारों पर लगाम लगानी चाहिए। दी गई उन्मुक्ति का इस्तेमाल पूरे राष्ट्र को दुर्दशाग्रस्त करने में नहीं किया जाना चाहिए, जो अन्त में बेसम्हाल हो जाए। यदि कार्यपालिका भीरु और अपने उचित कर्तव्यों पर जोर देने में असमर्थ है, तो क्या न्यायपालिका को सारी इन्द्रियगोचर सीमाओं के पार जाने की छूट है ? शीर्ष न्यायिक अधिकारी से यह उम्मीद करना क्या बहुत ज्यादा है कि वह तथाकथित न्यायिक सक्रियता को नियंत्रित करे और रोके ?

भारतीय वायु-सेना में हम बढ़ते असन्तोष की अपूर्व स्थिति देख रहे हैं। वह सेना जो अपने समर्पण, कौशल और बलिदानों के लिए सर्वाधिक प्रतिष्ठाप्राप्त है, अब वेतनमान में विसंगतियों से हुए प्रत्यक्ष अन्याय के कारण विभाजित है। औपचारिक मंचों से समंजन खोजने की जगह, कुछ ने मितवत् मीडिया, जो राष्ट्र की सशस्त्र सेनाओं के असन्तोष को हवा देने को तैयार था, में प्रचार की तड़क-भड़क के प्रयत्न का फैसला लिया है। यह एक ऐसा क्षेत्र है जहाँ मीडिया को भी संयम दिखाना चाहिए था, क्योंकि मुद्दा आर्थिक माँगों का नहीं, दीर्घकालिक हितों का है।

राजनीतिक हुड़दंग में हर व्यक्ति इतना मशगूल है कि जो आर्थिक गिरावट आई है उस पर कोई ध्यान ही नहीं दिया जा रहा है। जिस बजट के स्वप्निल या स्वर्णिम होने के बड़े दावे किए जा रहे थे वह आर्थिक विकास को गति देने, निर्यात बढ़ाने, सार्वजनिक घाटे, विदेशी ऋण या भारत की राष्ट्रीय और अन्तरराष्ट्रीय देनदारियों में कमी लाने में असफल हो गया। औद्योगिक उत्पादन में गिरावट और रुपए में तेजी से आई कमी सरकार के लिए गम्भीर चिन्ता का विषय नहीं प्रतीत होते। विदेशी संस्थागत निवेशकों (FIIS) के यन्त्रीकरण के परिणामस्वरूप स्टॉक मार्केट प्राय: ढह गए हैं। विद्यमान आर्थिक संकट के दूरगामी परिणाम भयावह हैं। किन्तु लोगों और राष्ट्र के समक्ष राजनीतिक शक्ति और व्यक्तिगत महत्त्वाकांक्षाएँ आर्थिक मुद्दों से ज्यादा चिन्ता का विषय प्रतीत होती हैं।

अकादमिक जगत् द्वारा प्रदर्शित जड़ता को देखना सचमुच पीड़ादायी है। आत्म-ध्वंस के खेल में एक-दूसरे को मात देने में राजनेता व्यस्त हैं। प्रासंगिक टिप्पणियाँ करने और कार्यपालिका को बदनाम करने में न्यायपालिका अत्यन्त सक्रिय है। इस राष्ट्र के साथ वे क्या कर रहे हैं इसकी चिन्ता किए बिना मीडिया आत्म-ध्वंस के खेल में रंगरलिया मना रहा है। ऐसे समय में उम्मीद यह थी कि अकादमिक जगत् स्थिति का सामना करते हुए उन भद्दे खेलों पर विराम लगाएगा, जो राष्ट्र को क्षरण की ओर ले जा रहे हैं। आम आदमी यह आशा लगाए था कि ध्वंस की स्व-आरोपित प्रक्रिया के खिलाफ वे एक स्वर में बोलेंगे। दुर्भाग्य से वे गूँगे दर्शक प्रतीत हो रहे हैं। इस परिस्थिति को वे कब तक देखते रहेंगे, मानो समाज को शक्ल देने में और तंत्र के गलतियाँ कर रहे क्षेत्रों को विकासात्मक गति देने की उनकी कोई भूमिका ही नहीं है ?

बढ़ती हुई सड़न को रोकने में जो मदद कर सकते हैं उनके साथ साझा करने के लिए ये सिर्फ कुछ पीड़ादायी विचार हैं। इसे इसी भाव से लिया जाना चाहिए। हम उम्मीद करें कि जाग्रत तबके वर्तमान संकट को पार करने में योगदान करेंगे और सकारात्मक सोच एवं सम्मिलित उद्योग से परिस्थिति से उबरने और नवयुग लाने में सहयोग करेंगे, बहुत देर हो जाए इसके पहले।

(13 दिसम्बर, 1997)

चुनाव-1998 : राजनीतिक कार्यक्रम लापता

लोकसभा के लिए देश में एक और चुनाव होने जा रहे हैं। चुनाव-पूर्व के दिनों की स्थिति ऐसी उलझी हुई पहले कभी नहीं थी। भटके हुए राजनेता, असहाय निर्णायक और स्तब्ध मतदाता एक दर्दनाक तसवीर प्रस्तुत करते हैं। सामने किसी मुद्दे के अभाव में, राजनीतिक पार्टियाँ और ग्रुप चुनाव के आधार के लिए अँधेरे में टटोल रहे हैं, ताकि जनता के सामने जा सकें। इस असमय चुनाव का औचित्य सिद्ध करने के लिए किसी सत्याभासी तर्काधार के अभाव में, उनके सारे प्रयत्न नए गठजोड़ों की बेचैन खोज तक सीमित हैं, ताकि जातिवादी नारों और काल्पनिक वोट-बैंक के गणित पर आधारित उच्चाशाएँ जगाकर मतदाताओं को अपने पक्ष में ला सकें। वे उस पुराने अनुभव की पूर्णतः उपेक्षा करते हैं कि जब स्थिति कठिन हो तो भारतीय मतदाता ने हमेशा राजनीतिक नेतृत्व के उम्मीदों से कहीं अधिक परिपक्वता दिखाई है। यदि राजनीतिक हलके में यह खब्ती स्वभाव बना रहता है और उनके सिद्धान्तहीन व्यवस्थापकों से जनमत प्रमाणित होता है तो हम अपूर्व संकट में पड़ सकते हैं। ऐसी परिस्थिति में ऐसा लगता है कि चुनाव पश्चात् संसदीय संस्थाओं के सम्मुख अत्यन्त उलझी और कठिन समस्याएँ होंगी।

निस्सन्देह, प्रतिनिधियों के नए समूह को चुनने का अवसर चुनाव उपलब्ध कराएँगे। किन्तु चुनाव के समय का सार उस अवसर में है जो चुनाव से सम्बन्धित प्रक्रियाएँ राजनीतिक दलों, नेतृत्वों, कार्यकर्ताओं और मतदाताओं को प्रश्न करने के लिए उपलब्ध कराती हैं कि प्रत्याशी किसलिए चुनाव में खड़े हैं ? वे किस विचारधारा के पोषक हैं ? देश, राज्य और चुनाव-क्षेत्र की सेवा में प्रत्याशियों का प्रदर्शन कैसा रहा है ?

प्रत्याशियों को जिस निकाय के लिए चुना जाना है उसके अनुसार मुद्दों की प्रकृति में अन्तर आएगा। संसद के लिए मुद्दों को मुख्यतः देश और समग्र समाज से सम्बन्धित होना होगा। संसदीय चुनावों को स्थानीय समस्याओं, आबादी के एक हिस्से के हितों या खास क्षेत्रों के मामलों की कील पर नहीं टाँगा जा सकता। सचमुच यह बात अफसोसनाक है कि कुछ राजनीतिक पार्टियों में राष्ट्रीय चरित्र का बनने की महत्त्वाकांक्षा

नहीं है। उनके वोट-बैंक की पहचान धर्म, जाति या अन्य क्षुद्र मानकों से होती है। ये राजनीतिक पार्टियाँ अपनी ताकत पर कभी भी बहुमत हासिल नहीं कर सकतीं। बहुमत वाले संगठन में बने रहने के लिए वे चुनाव-पूर्व और पश्चात् सहबन्धता तलाशते हैं। उनका राजनीतिक कौशल वैसे किसी के भी साथ जुड़ जाना है, जो उन्हें सीटों के बँटवारे में, महत्त्वपूर्ण एवं शक्तिशाली पदों पर और मंत्रिमंडल में बेहतर हिस्सा देता है। ऐसा सिद्धान्तहीन संवाद और जोड़-तोड़ पर हम विस्तृत रिपोर्टें पढ़ते हैं। यह शोकांतिका-जैसा ही है कि हम राष्ट्रीय राजनीतिक पार्टियों को ढहते हुए और स्वहित-चिन्ता में लगे, सारे ऐतिहासिक और स्थानिक सन्दर्भों से कटे बौने नेताओं को उनकी जगह लेते देख रहे हैं। राजनीतिक दृश्य की ये प्रवृत्तियाँ अपरिहार्य हैं, यदि राजनीतिक पार्टियों और उनके नेतृत्व द्वारा प्रदर्शित एकमात्र चिन्ता राजसत्ता हथियाने की है।

एक राष्ट्रीय मामला जिसपर तुरन्त ध्यान दिया जाना चाहिए, 1991-95 में कांग्रेस सरकार द्वारा अपनाए गए उदारीकरण की नीति का पैकेज है जिसे परवर्ती संयुक्त मोर्चा सरकार ने भी जारी रखा। यद्यपि कांग्रेस और संयुक्त मोर्चा के सहयोगी साझेदारों के बीच सैद्धान्तिक दावों में बड़ा अन्तर है, दोनों ही सरकारों ने वर्ल्ड बैंक और बहुपक्षी निकायों के नीति-निर्धारण की शपथ-शरण ली। आश्चर्यजनक यह है कि प्रतिपक्षी पार्टियों को भी उन नीतियों पर कोई टिप्पणी नहीं करनी है, जिन्होंने देश को अनेक मुश्किलों में ढकेल दिया।

नियोजन के अवसर, क्षेत्रीय असन्तुलन, विभिन्न संस्तरों के उपभोग-स्तरों में बढ़ता अन्तर और शिक्षा, स्वास्थ्य एवं अन्य सामाजिक क्षेत्रों के सार्वजनिक व्यय में तीखी गिरावट की आर्थिक नीतियों के निहितार्थ पर विचार-विमर्श करना संकटपूर्ण है। स्कूली शिक्षा और स्वास्थ्य-सेवा को निजी क्षेत्र में संरक्षण देना और पोषण करना सार्वजनिक नीति बन गया दिखता है। स्कूल-फीस की वृद्धि और कुछ राज्य-समर्थित संस्थानों में अस्पताल की दरों में बढ़ोतरी किसी घोटाले से कम नहीं है। कम भाग्यशाली भारतीयों और अल्पविकसित क्षेत्रों तथा राज्यों के प्रति अपनी सीधी जिम्मेवारी को क्या राष्ट्रीय सरकार छोड़ सकती है ?

यह सच है कि जिन वर्गों के लिए कर-दायित्व एक स्तर तक कम किया गया था उसे किसी सामाजिक या आर्थिक तर्क से उचित नहीं ठहराया जा सकता, पिछला बजट 'स्वप्निल' और 'जादुई' बजट था। किन्तु उन करोड़ों की उम्मीदों और सपनों का क्या होता है जो यह उम्मीद लगाए थे कि 'उनकी' राष्ट्रीय सरकार उन्हें आधारभूत एवं अल्पतम जीवन-स्तर तो सुलभ कराएगी ही। घटाए गए केन्द्रीय राजस्व से, आयों, आयातों और विलासोपकरणों के औद्योगिक उत्पादन पर कर कम करने के सीधे और अवश्यंभावी परिणामस्वरूप, सार्वजनिक व्यवस्थाओं को धन मुहैया करना और खड़ा करना—चाहे ये सामाजिक सेवाएँ हों, सड़कें हों, परिवहन, बिजली या राष्ट्रीय आधारभूत संरचना का कोई अन्य हिस्सा हो—सम्भव है ही नहीं।

अतएव मुद्दों और समस्याओं पर राष्ट्रीय सन्दर्भ में विचार-विमर्श की जरूरत है। हर राजनीतिक पार्टी का भारतीय जनता के प्रति यह दायित्व है कि वे बताएँ कि उनके वैचारिक आधार क्या हैं, वे करना क्या चाहते हैं ? यदि वे सत्ता में आ जाते हैं तो देश पर शासन करते समय वे किन चिन्ताओं से प्रेरित होंगे ? ऐसे ही प्रश्नों का जवाब उनसे भी चाहिए जो शायद प्रतिपक्ष में बैठें। लोकतांत्रिक व्यवस्था में प्रतिपक्ष की भी उतनी ही महत्त्वपूर्ण भूमिका होती है। किन्तु प्रतिपक्ष को इस बारे में स्पष्ट होना चाहिए कि वे किसलिए आन्दोलन करेंगे और जो सत्ता में होंगे उनका जीना वे किन मुद्दों पर दुश्वार कर देंगे ?

राष्ट्र के समक्ष उपस्थित मूल सामाजिक-आर्थिक मसलों का तटस्थ मूल्यांकन करने में यदि राजनीतिक पार्टियाँ चूकती हैं तो खतरा यह है कि हमें राजनीति का दूषित किया जाना और सत्ता-प्रतिष्ठानों में स्वहितचिन्तकों और बेईमानों को काबिज देखना पड़ सकता है। इस रास्ते से बचा जा सकता है और बचना चाहिए। उन शहीदों और स्वतंत्रता-सेनानियों के प्रति, जिन्होंने हमें आजाद भारत और लोकतांत्रिक व्यवस्था दी, इसके लिए हम ऋणी हैं।

(20 दिसम्बर, 1997)

निराशा से आशा तक

वर्ष 1997 शीघ्र ही इतिहास के पन्नों में सिमट जाने को है। वर्ष की तमाम यादों के साथ हमें नए साल में बेहतर कल के लिए आगे देखना है। भविष्य में आशा और विश्वास से संघर्ष करने और सपनों को सच करने के लिए काम करने की शक्ति एवं दृढ़ता प्राप्त होती है। विगत अनुभवों के तटस्थ मूल्यांकन से भविष्य के कार्यक्रम के लिए आधार प्राप्त होता है।

हमारे जनजीवन के प्रायः हर क्षेत्र में परेशान करने वाली स्थितियाँ रही हैं। इस वर्ष में भ्रष्टाचार के मामलों का उजागर होना हर दिन की बात हो गई थी। विभिन्न मामलों में न्यायपालिका के प्रासंगिक विचारों और मीडिया में प्रेरित प्रक्षेपण ने न सिर्फ सम्बन्धित व्यक्तियों की छवि बिगाड़ी बल्कि इसने समग्रता में पूरे देश की छवि पर नितान्त प्रतिकूल प्रभाव डाला। इसका प्रचुर हतोत्साहजनक प्रभाव पड़ा। वर्ष भर के अनुभव का अफसोसनाक पहलू अपूर्ण रहा और भ्रष्टाचार को लेकर अर्थहीन वाद-विवाद होते रहे। अधिकांश आरोप न्यायालय में सारहीन सिद्ध हुए, किन्तु कुछ राजनीतिक व्यक्तित्वों के खिलाफ पूरी सोची-समझी मुहिम परिश्रमपूर्वक चलाई जाती रही है, ऐसा लगता है। इसके परिणामस्वरूप दूषित वातावरण का निर्माण हुआ। पूरी

तरह से अनिर्णय से भरी और अप्रभावी केन्द्र सरकार ने दबाव में बने वातावरण को बदतर बनाने में अपना योगदान दिया।

ऐसी परिस्थिति में गठबन्धन सरकार बनाने से बचने का कोई रास्ता नहीं था, किन्तु सरकारों पर तालमेल करनेवाले विभिन्न ग्रुपों और सहायक पार्टियों का जिस तरह का खींच-तान वाला दबाव था उसने उनकी स्थिति हास्यास्पद बना दी। इसकी इतिश्री सरकार के गिरने और अर्ध-न्यायिक आयोग की टिप्पणियों के आधार पर लोकसभा को भंग किए जाने में हुई, आयोग ने न तो न्यायिक मानकों का और न ही अन्तरिम रिपोर्ट में गैर-जरूरी टिप्पणियों के विभिन्न निहितार्थों का ध्यान रखा। इस तथ्य पर कोई ध्यान नहीं दिया गया कि अन्तरिम रिपोर्ट में खास एजेंसियों की तुनक और अप्रमाणित रिपोर्टों को शामिल करने से भिन्न-देशों के साथ सम्बन्धों में कड़वाहट आएगी और राष्ट्रों के सौहार्द के समक्ष भारत की स्थिति ऐसी हो जाएगी कि अपनी सफाई में वह कुछ नहीं कह सकेगा।

भारतीय संसदीय तंत्र, जो लगभग आधी शती से अविच्छिन्न है, सांसदों के ही आचार-व्यवहार से बुरी तरह से हिल गया। मुकाबले का वातावरण जान-बूझकर बनाया गया। आपसी अनबन, एक-दूसरे के प्रति खुलेआम आरोप-प्रत्यारोप लगाना, राजनीतिक अस्पृश्यता की चर्चा, समाज के उपेक्षित वर्गों की भावनाओं को भड़काना, साम्प्रदायिक जातीय कट्टरता को हवा देना, विधान-सभाओं में नारे लगाना, कार्यवाही में विघ्न डालना, हुल्लड़बाजी करके सदन को स्थगित किए जाने के लिए बाध्य करना, हिंसा में मशगूल होना और विधायकों को पीटना तथा आचरण के सारे मानकों को हवा में उड़ा देना इस वर्ष संसदीय कार्यवाही के लक्षण बन गए। भारतीय संसद ने ऐसा नजारा पहले कभी नहीं देखा था।

इस सबके बीच आश्वस्तिकर चीज एक ही थी—लोकसभाध्यक्ष की सहनशीलता, धैर्य और सदैव मुस्कुराता चेहरा। किन्तु आखिरकार उन्हें भी सदन को और अधिक अनादर से बचाने के लिए अनिश्चितकाल तक के लिए स्थगित करने के अभूतपूर्व कदम का सहारा लेना पड़ा। सदन में वर्ष का यह सर्वाधिक पीड़ादायी अनुभव था।

यह वर्ष त्रासद घटनाओं से भरा था। रेल एवं सड़क-दुर्घटनाओं, प्राकृतिक विपदाओं ने कई जानें ले लीं। राजधानी के एक सिनेमा-घर में भयंकर रूप से आग लग जाने से घटी शोकांतिका सबों की स्मृति में खुदी रह जाएगी। नन्हे-मासूम बच्चों का, स्कूल जाते समय, बस-दुर्घटना में मारा जाना सर्वाधिक बुरा था।

आर्थिक मोर्चे पर अनिश्चय चिन्ता का विषय बना रहा है। सबसे दुर्भाग्यपूर्ण पहलू अर्थतंत्र को चला रहे सत्ताधारी लोगों की निर्दयता है। बदतरीन हादसे भी उन्हें नए ढंग से सोचने और समय से उचित सुधारात्मक उपाय करने के लिए झकझोर नहीं पाते। हम ऐसी स्थिति की ओर बढ़ रहे हैं जिसे सँभालना मुश्किल होगा। इस

प्रवृत्ति के समर्थक और गति देनेवाले सम्भवत: यह सोचते हैं कि जो नुकसान होगा उसका सामना उन्हें नहीं करना पड़ेगा, क्योंकि वे दृश्य से ओझल होंगे!

विखंडन प्रवृत्तियाँ, बाँटने वाली शक्तियों का उदय, हिंसा का बिगड़ता पन्थ, निर्धन तबकों पर बढ़ता दमन और देश के कुछ भागों में आतंकवादी गतिविधियों की एक और लहर के संकेत गम्भीर चिन्ता के कारण बने हुए हैं। जहानाबाद का हत्याकांड हिंसा के उभरते-बढ़ते पन्थ का रोगसूचक था। इन सबसे हमारे सिर शर्म से झुक जाने चाहिए।

उदासी और हताशा के इस वातावरण में, वर्ष की कड़वी यादें जब बनी हुई हैं, आशा और विश्वास का संकेत भारतीय जनता की योग्यता और क्षमता में है, जो चुनौतियों का सामना करने के लिए हमेशा उठ खड़े हुए हैं। विगत के अनुभव ने उनकी क्षमता का पर्याप्त प्रमाण दिया है। राष्ट्र के सम्मुख जो चुनौतियाँ हैं उनका सामना करने के लिए उठ खड़े होने में भविष्य में भी भारतीय जन चूकेंगे नहीं। कठिन परिस्थितियों में हमारे लोग अत्यन्त सकारात्मक और संकल्पबद्ध तरीके से प्रतिक्रिया व्यक्त करते हैं। जातिगत नारों से उनकी भावनाओं को भड़काने की सारी कोशिशें अब तक कोई अनुकूल प्रतिक्रिया पाने में असफल रही हैं, क्योंकि लोग जानते हैं कि वे स्वभाव से जातिवादी हैं। लोगों के पास चुपचाप निरीक्षण करने की अकल्पनीय क्षमता और धैर्य है। वे तब तक प्रतिक्रिया नहीं करते जब तक उनके लिए स्वयं को अभिव्यक्त करने का समय नहीं आ जाता। एक बार फैसला लेने की घड़ी आई तो वे दृढ़ता और निश्चयात्मकता के साथ अभिव्यक्ति करते हैं। ऐसा विगत में हुआ है, ऐसा फिर होगा। आज की उनकी चुप्पी को उन सभी चीजों की स्वीकृति के रूप में नहीं लेना चाहिए, जो पदासीन लोगों द्वारा राष्ट्रीय एवं सार्वजनिक जीवन के विभिन्न स्थानों पर दायित्वों के अधित्याग और बुद्धिहीन काररवाइयों से घटीं।

आँकड़ों को इतराकर दिखाना, प्रचार-अभियान चलाना और भावोत्तेजक मुद्दों को उठाना—इन सबों का क्षणिक प्रभाव होता है, वह भी एक छोटे-से हिस्से में। मूल आवश्यकताओं की अपनी आवश्यकताओं से जूझते जन-समूह अलग-अलग तरीके से प्रतिक्रिया करते हैं। यह सम्भव है कि कुछ जातीय विचारों की धारा में बह जाएँ, किन्तु उनका सामूहिक और निष्कर्षात्मक फैसला निश्चित रूप से सकारात्मक और रचनात्मक होगा। भारतीयों की युवतर पीढ़ी को राष्ट्रीय मामलों में भागीदारी से वंचित रखा गया है। और तब भी उनकी उत्सर्ग-क्षमता और समर्पण तथा प्रतिबद्धता के साथ काम करने की सामर्थ्य, कभी-कभी अनुचित भी, उम्मीद का खजाना है और भविष्य के लिए आश्वस्तिकर है। खलबली, अनिश्चय और अव्यवस्था तक का एक समय हो सकता है, किन्तु विवेक, करुणा, एकता और समझदारी की शक्तियों की अन्तिम सफलता प्रबल वर्गों द्वारा सन्दिग्ध तरीके अपनाकर समाज को वश में करने के दुष्ट प्रयत्नों के खिलाफ संघर्ष से आएगी। इतिहास हमें बतलाता है कि यह युवा पीढ़ी है जो ऐसी कोशिशों के खिलाफ हमेशा लड़ती आई है।

हम उम्मीद करें कि 'एशियन टाइगर्स' जिस आर्थिक संकट से गुजर रहे हैं उससे हम नसीहत लेंगे। हमसे कहा जा रहा है कि हम उनके उदाहरणों का सोत्साह अनुकरण करें और अपने अर्थतंत्र का पेट विदेशियों के लिए पूरा-पूरा खोल दें। अन्तरराष्ट्रीय आर्थिक संस्थाओं के दबाव में नीति के जिस ढाँचे को उन्होंने स्वीकार किया था उसमें उनका ढेर हो जाना अन्तर्निहित था। अब जब वह अवश्यंभावी विफलता प्रत्यक्ष हो गई है और उनके सूत्र में विश्वास को डगमग कर दिया है, हम उम्मीद करते हैं कि अधिकार सम्पन्न लोग खतरों को महसूस करेंगे और उस लकीर पर चलने से परहेज करेंगे जो हमारे लिए खींची जा रही है।

भारत की योग्यता इसकी विशाल जनशक्ति में है, जिसका लाभ नहीं लिया गया है; इसके कौशल, इसके धैर्य, अध्यवसाय और विशाल जन-समूह की ठेकेदारी में है। धन पैदा करने के लिए इसका उपयोग उत्साह के साथ किया जाना चाहिए था। यह धन गरीबी हटाने, नियोजन के आधार को फैलाने, आर्थिक और सामाजिक गैर-बराबरी को कम करने में हमारी सहायता करता। अब जब उलझन सुलझती जा रही है, यह बात समझ में आएगी कि भारत की असली ताकत गाँवों में है, जैसा कि महात्मा गांधी ने कितनी बार कहा था। जब पंजाब अतिवाद से विदीर्ण था तब भी राज्य के किसानों ने कृषि-उत्पादन में किसी तरह की गिरावट नहीं आने दी। जब वे अपने चारों ओर हिंसा का सामना कर रहे थे और उनके प्राणों पर संकट था तब भी उन्होंने अन्न उपजाकर शेष भारत का पेट भरा।

हम उम्मीद करें कि नया साल लोगों में नई जागृति लाएगा, विशेषकर युवा पीढ़ी में, ताकि वे समता, न्याय, भाईचारा, मनुष्य-जाति के लिए समृद्धि के सुनिश्चित लक्ष्य की ओर प्रयाण करेंगे।

(27 दिसम्बर, 1997)

परमाणु परीक्षण किस कीमत पर?

सही सोच वाला हर व्यक्ति परमाणु-बम की राजनीति का विरोध करेगा। इसका मुख्य कारण यह है कि ऐसी राजनीति निर्दोष व्यक्तियों की जिंदगी के साथ खिलवाड़ करती है। इसका परिणाम मानवता का विनाश ही है। महात्मा गांधी ने चेतावनी दी थी कि पुरुषों, स्त्रियों और बच्चों के सम्पूर्ण विनाश के लिए अणु बम का इस्तेमाल विज्ञान पैशाचिक उपयोग है। इसीलिए भारत ने बारम्बार यह कहा कि परमाणु बनाने या न बनाने का निर्णय करने का अधिकार खुद उसे है, लेकिन हमारे इरादों के बारे में कभी शक नहीं था। परमाणु विज्ञान का इस्तेमाल देश की ऊर्जा की जरूरतों को पूरा करने के लिए किया जाना था।

परन्तु भाजपा सरकार ने इस माह के प्रारम्भ में परमाणु परीक्षणों का जो फैसला लिया वह एक अहम फैसला था। इसके स्पष्ट संकेत नहीं हैं कि इस बात का कोई आकलन किया गया कि दुनिया के और देशों में इसकी कैसी तीखी प्रतिक्रिया होगी। अब जबकि पाकिस्तान ने भी इसी रास्ते पर चलते हुए परमाणु-परीक्षण किए तो एक नई सफाई दी जा रही है। यह कहा जा रहा है कि भारत को पता था कि पाकिस्तान परमाणु आयुध विकसित कर रहा है और परीक्षणों की तैयारी कर रहा है। अगर ऐसा ही था तो फिर परमाणु-परीक्षणों के थोड़े समय बाद पुन: ऐसा परीक्षण न करने की एकतरफा घोषणा का क्या औचित्य था? यह समझ में आने लायक बात नहीं है और सरकार को चाहिए कि वह देश को इसकी जानकारी दे।

अब जबकि अन्तरराष्ट्रीय समुदाय ने प्रतिबन्धों की घोषणा कर दी है तो यह कहा जा रहा है कि भारत इन दंडात्मक प्रतिबन्धों से निपटने में सक्षम है। यह भी कहा जा रहा है कि प्रतिबन्धों के कारण देश में 'स्वदेशी' का विकास होगा। यह परस्पर विरोधी बात है। एक तरफ तो उदारीकरण और वैश्वीकरण के प्रति प्रतिबद्धता जाहिर की जा रही है और दूसरी तरफ स्वदेशी का ढिंढोरा पीटा जा रहा है। लेकिन अगर हम स्वदेशी की तरफ बढ़ेंगे भी तो स्वेच्छा से नहीं मजबूरी से ही। जो विवशता की भावना से ग्रसित रहते हैं वे जनता को सही दिशा में नहीं ले जा सकते, क्योंकि उनकी प्रतिक्रिया घबड़ाहट से परिचालित होती है।

जो लोग प्रतिबन्धों की चुनौती से निपटने में सक्षम होने का दावा करते हैं वे भूल जाते हैं कि लगभग 12 अरब डालर के कर्ज का बोझ लेकर इन अन्तरराष्ट्रीय एजेंसियों और विश्व समुदाय से लड़ना आसान नहीं है। जाहिर है कि कर्ज का यह बोझ किन्हीं व्यक्तियों के व्यक्तिगत खातों से अदा नहीं किया जाएगा। इस कर्ज का बोझ अन्ततोगत्वा देश की उस गरीब जनता पर पड़ेगा जो अपना खून-पसीना एक कर के भी दो वक्त का भोजन नहीं जुटा पाती। किसी भी सरकार को यह अधिकार नहीं है कि वह अपने राजनीतिक लाभ या व्यक्तिगत महिमामंडन के लिए जनता से इतनी ऊँची कीमत अदा करने के लिए कहें।

प्रतिबन्धों के साये में, स्वदेशी की भावना को जागृत करना एक तरह से सरकार की दुर्बल मानसिकता को दर्शाता है। राष्ट्रीय नीति के रूप में स्वदेशी को आत्मसात करने का अपना एक तर्क होता है, जो विदेशी हित को ध्यान में रखकर लिए गए निर्णयों से बिल्कुल भिन्न होता है। स्वदेशी तथा स्वावलम्बन प्राप्त करने के लिए हमें अपने ऊपर तथा अपने लोगों के ऊपर विश्वास करना होता है और साथ ही राष्ट्रीय सम्पत्तियों पर नियंत्रण करना होता है। इन संसाधनों के इस्तेमाल के लिए पूर्व में ही सही दिशा निर्धारित करने तथा जनता के साथ परस्पर सहयोग से दीर्घकालीन योजना तैयार करके हम कठिन समय का सामना आत्मसम्मान, गौरव तथा प्रतिष्ठा से कर सकते हैं।

देश के समक्ष जो चुनौतियाँ प्रकट हुई हैं, उनका सामना साफ दृष्टि, प्रभावी निर्णय और कड़े प्रयासों के जरिए आम जनता को प्रोत्साहित करके किया जा सकता है। आज समय की माँग यह है कि वैसे गैर-जरूरी खर्च जो विशेषकर विदेशी आवश्यकताओं, विनियम को सीधा प्रभावित करते हैं, को सन्तुलित किया जाए। इससे हम एक साथ कई योजनाओं को लागू कर सकते हैं। किसी भी संकट का सामना जनता को आत्म-संयमी बनाए बिना नहीं किया जा सकता। जबकि बढ़ती उपभोक्तावाद और आडम्बरपूर्ण जीवन प्रणाली के कारण यह सम्भव नहीं जान पड़ता। अत: इस संकट का सामना करने के लिए नई दिशा देने की दृढ़ इच्छाशक्ति के साथ ही निश्चित नीतियों की आवश्यकता है, ताकि राष्ट्रीय व निजी स्तर पर बचत को बढ़ाया जा सके और—गैर-जरूरी खर्च पर काबू पाया जा सके। आडम्बरपूर्ण जीवन शैली को प्रोत्साहित करने की नीतियाँ लागू करके आम जनता का समर्थन प्राप्त करने की उम्मीद नहीं की जा सकती।

हालाँकि बजट में कुछ अच्छे प्रयास भी किए गए हैं जिनका स्वागत किया जाना चाहिए। स्कूल जाने वाले सभी बच्चों तथा लड़कियों को कॉलेज तक की मुफ्त शिक्षा दिए जाने का निर्णय एक सही कदम है। उम्मीद है कि यह एक पवित्र मनोकामना बनकर ही नहीं रह जाएगा, जैसा कि इस सम्बन्ध में संविधान के नीतिनिर्देशक तत्त्व के अन्तर्गत प्रावधान किया गया है। लेकिन ये छोटे-छोटे विभूषण बजट को एक उद्देश्यपूर्ण दिशा देने में पूरी तरह नाकाम रहे हैं। इस नीति को सफलतापूर्वक लागू करने के लिए आवश्यक है कि हम पहले पूरी शिक्षा व्यवस्था में आमूल परिवर्तन करें तथा बच्चों को अच्छी व उद्देश्यपूर्ण शिक्षा उपलब्ध कराने के लिए उनके बीच कोई अन्तर नहीं करें। आर्थिक विकास को एक नई दिशा देने, सामाजिक न्याय तथा अपने लोगों को खुशहाल भविष्य देने के रास्ते में हमें कई कठिनाइयों का सामना करना पड़ेगा।

आशा है कि हम उस दलदल में नहीं फँसेंगे जिसे हम भविष्य की समस्याओं को समझे बिना और सम्भावित भीषण परिणाम को जाने बगैर बना रहे हैं।

(*यंग इंडियन*, अंक 33, जून 6, 1998)

हमारे सामने चुनौतियाँ

हमने आजादी के पचास साल पूरे कर लिए हैं और अब हम इसकी स्वर्ण जयन्ती मना रहे हैं। अब समय आ गया है कि हम पुरानी गौरव-गाथाओं का गीत बन्द कर देश के सामने जो दिक्कतें हैं, उन पर विचार करें। अब हमें भविष्य की ओर देखने की जरूरत है। लोक-लुभावन राजनीति से चुनावों में सफलता मिल जाती है। परन्तु

प्राय: ऐसा होता है कि सत्ता में आने से ही वे मूल समस्याएँ अपने आप हल नहीं हो जातीं, जिनका सामना हमें करना पड़ता है।

भारत के परमाणु-शक्ति सम्पन्न होने से देश में एक उल्लास का माहौल बना। नतीजतन जो ज्यादा गम्भीर मसले थे वे दरकिनार हो गए। स्थिति पहले से ही गम्भीर थी। बढ़ती हुई जनसंख्या तथा गाँव से शहरों की ओर लोगों के भागने से वह और भी गम्भीर हो गई है। इस पर गम्भीर विचार कर इस प्रवृत्ति को रोकने का उपाय करने की जरूरत है। बड़ी संख्या में गाँवों के पढ़े-लिखे बेकार नौजवानों के शहरों में आने से शहरों में गम्भीर सामाजिक-आर्थिक तनाव पैदा हो रहे हैं। शहरों की आबादी बेतहाशा बढ़ रही है और उसके कारण गन्दी बस्तियों की तादाद भी बढ़ रही है। यद्यपि यह समस्या नई नहीं है फिर भी हम अभी तक न तो इस भगदड़ को रोकने और न उन लोगों को फिर से बसाने की ही कोई व्यवस्था कर पाए हैं—जो गाँव से शहर में आ गए हैं। आज जरूरत इस बात की है कि गाँव में अधिक से अधिक रोजगार पैदा किए जाएँ ताकि बेहतर जिन्दगी की तलाश में लोग शहरों की तरफ न भागें।

लेकिन इसके लिए साधन इकट्ठा करना होगा। पिछले वर्षों में लोक-लुभावन नीतियाँ अपनाने के कारण हमारे पास विकास के लिए बहुत कम सम्पत्ति बची है। साधनों की कमी के कारण हम जनता की गरीबी, स्वास्थ्य और शिक्षा जैसी समस्याओं का हल नहीं कर सके और न ही गरीबी-अमीरी की खाई को पाट सके, आज पचास सालों के बाद भी जनता का एक बड़ा हिस्सा स्वास्थ्य, मकान, भोजन और शिक्षा जैसी मूलभूत सुविधाओं से वंचित है।

युवक किसी भी देश का भविष्य हैं। आज युवाओं में निराशा ब्याप्त है। जो सुलगता हुआ असन्तोष है, उसका सबसे बड़ा कारण बेरोजगारी है। ऐसे सुधारों की जरूरत है जो युवाओं को न केवल अपने पैरों पर खड़े होने लायक सार्थक शिक्षा देकर बेहतर जीवन-स्तर उपलब्ध करा सके, बल्कि राष्ट्रीय सम्पत्ति को भी बढ़ाने में योगदान कर सके। व्यावसायिक शिक्षा एक ऐसा क्षेत्र है—जिसकी काफी उपेक्षा हुई है। इस बात का एहसास होना चाहिए कि केवल सैद्धान्तिक-शास्त्रीय शिक्षा सबका भला नहीं कर सकती। युवा जिसका इस्तेमाल कर सकें, उन्हें ऐसी शिक्षा देकर उनकी प्रतिभा का भरपूर उपयोग किया जाना जरूरी है।

हमारे पास अकूत प्राकृतिक सम्पदा और श्रम-शक्ति है। लेकिन इनके सही इस्तेमाल के लिए कोई कदम नहीं उठाया जाता। एक ओर लाखों पढ़े-लिखे बेरोजगार नौजवान हैं, दूसरी ओर बिना पढ़ी-लिखी बड़ी जनसंख्या है। एक राष्ट्रीय कार्यक्रम में जुट जाने के लिए कोई भी युवाओं का आह्वान नहीं करता। और भी ऐसे क्षेत्र हैं जिन पर हमें तत्काल ध्यान देने की आवश्यकता है। लेकिन अन्तरराष्ट्रीय दबावों ने हमारे अपने ही आदर्शों से हमें दूर कर दिया है। हम ऐसे रास्ते पर चल पड़े हैं जिससे देश में गैर-बराबरी ही बढ़ने वाली है। ऐसी स्थिति विकास और अभिवृद्धि में सहायक नहीं हो सकती।

'यंग इंडियन' ऐसे मुद्दों को राष्ट्र के सामने रखना चाहता है। अब समय आ गया है कि हम साथ मिलकर दूरगामी हल तलाश करें। भविष्य की चुनौतियों का सामना करने के लिए हमें अपने राजनीतिक मतभेदों को भुलाना होगा। अगर हम एक-दूसरे पर दोषारोपण करते रहे तो इतिहास हमें कभी क्षमा नहीं करेगा। आइये हम एक नई शुरुआत करें। हम आपको दावत देते हैं कि आप ऐसे विचार और प्रस्ताव हमें भेजें जिससे एक ऐसी राष्ट्रीय बहस शुरू की जा सके जो उन समस्याओं के समाधान का मार्ग प्रशस्त कर सके, जो आदमी को परेशान किए हुए हैं।

(*यंग इंडियन,* अंक 39, जून 18, 1998)

खतरनाक कदम

ऐसा लगता है कि अपने बिखराव को रोकने के लिए केन्द्र में सत्तासीन गठबन्धन को ऐसे कदम उठाने में कोई हिचक नहीं है जो संविधान की व्यवस्थाओं को तोड़ते हैं। यह कोई छिपा हुआ रहस्य नहीं है कि सत्तारूढ़ गठबन्धन के कुछ भागीदार अपने-अपने राज्य की चुनी हुई सरकार को भंग कराना चाहते हैं। बिहार के मामले में प्रधानमंत्री अपने ही बुने जाल में फँस गए हैं। पिछले लोकसभा चुनावों के दौरान उन्होंने लोगों को आश्वस्त किया था कि अगर भाजपा और उसके सहयोगी दल सत्ता में आए तो बिहार सरकार बरखास्त कर दी जाएगी। स्वभावत: समता पार्टी अब इस पर जोर दे रही है। सविधान की धारा 356 के प्रयोग पर अपने पुराने रुख के कारण गृहमंत्रालय आखिरी कदम उठाने में हिचकिचा रहा है। लेकिन गृहमंत्रालय धारा 356 के प्रयोग का आधार तैयार करने के लिए दिन-रात एक किए हुए है। बिहार और बंगाल में कानून और व्यवस्था की स्थिति का जायजा लेने के लिए केन्द्रीय दल भेजना एक ऐसा कदम है जो अच्छे शासन के मानदंडों पर कहीं से भी खरा नहीं उतरता। इसके पूर्व जब तमिलनाडु में इसी तरह का केन्द्रीय दल भेजा गया था तो उसका नतीजा भी सिफर ही रहा। क्योंकि, उस समय जो अधिकारी तमिलनाडु भेजे गए थे उन्हें तमिलनाडु सरकार को 'क्लीनचिट' देने के कारण अपमानजनक ढंग से दूसरी जगह भेज दिया गया था। इसलिए गृहमंत्री सोचते हैं कि जो अधिकारी बिहार और बंगाल भेजे जा रहे हैं वे वैसी गलती नहीं करेंगे। इस समय केन्द्रीय दलों को भेजने का औचित्य सिद्ध करने के लिए संविधान की धारा 355 और 360 की नई व्याख्या की जा रही है। लेकिन यह समझ से परे है कि जो विषय पूरे तौर से राज्य के अधिकारों के अन्तर्गत है, उसमें केन्द्रीय सरकार कैसे दखल दे सकती है। केन्द्रीय सरकार के एक जिम्मेदार मंत्री ने अपने राज्य में आर्थिक आपातकाल लगाने की वकालत की है। संभवत: वे समझते हैं कि इस प्रकार पिछले दरवाजे से वे राज्य की नौकरशाही को नियंत्रित कर सकेंगे। यह उनकी खामख्याली है।

जहाँ तक कानून-व्यवस्था का प्रश्न है बहुत से राज्यों में उसकी स्थिति सन्तोषजनक नहीं है। भाजपा शासित एक राज्य की राजधानी के वरिष्ठ पुलिस अधीक्षक ने राजधानी के लोगों के लिए एक लिखित हिदायत जारी की है कि वे अपहरण और हत्या से बचने के लिए शहर में कौन-कौन से एहतियात बरतें। जब राज्य की राजधानी में यह स्थिति है तो राज्य के दूरदराज के इलाकों में कैसी स्थिति होगी, इसकी कल्पना की जा सकती है। जो लोग शीशे के घरों में रहते हैं, उन्हें दूसरों पर पत्थर नहीं फेंकना चाहिए।

इस समय कई राज्यों में सामाजिक और साम्प्रदायिक ताकतों के क्रिया-कलापों के कारण उथल-पुथल मची हुई है। यह भी कहा जा रहा है कि कुछ विदेशी ताकतें इसका फायदा उठाने की कोशिश कर रही हैं। अत्याधुनिक हत्यारों की सुलभ उपलब्धता भी एक समस्या है। संविधान की धारा 355 के अन्तर्गत केन्द्र का यह कर्त्तव्य है कि वह आन्तरिक उपद्रवों से राज्य की रक्षा करे लेकिन इस कर्त्तव्य का राज्य की चुनी हुई सरकारों को बरखास्त करने का आधार नहीं बनाया जाना चाहिए।

हमें यह नहीं भूलना चाहिए कि संविधान ने राज्यों को काफी स्वायत्तता दे रखी है। संविधान के भाग 18 में वर्णित आपातकालीन व्यवस्थाएँ विशेष परिस्थितियों के लिए हैं। उनका इस्तेमाल किसी दल विशेष के स्वार्थों की पूर्ति के लिए नहीं किया जाना चाहिए। हम सरकार को आगाह करना चाहते हैं कि बिहार, पश्चिम बंगाल या तमिलनाडु में धारा 356 का इस्तेमाल एक खतरनाक कदम होगा और सम्बन्धित राज्यों की जनता इसे चुपचाप बरदाश्त नहीं करेगी। पश्चिम बंगाल में केन्द्रीय दल को जो झिड़की मिली है वह हवा का रुख बताती है। समय रहते भारत सरकार को इसे समझना चाहिए।

(*यंग इंडियन*, अंक 36, जून 20, 1998)

समय की माँग

पोखरण में हुए दूसरे विस्फोट के बाद काफी कुछ घटित हुआ है। प्रारम्भ में जो उल्लास था वह धीरे-धीरे घटता गया। राष्ट्रीय सुरक्षा के लिए पड़ोसी देशों से जिस खतरे की कल्पना की गई थी वह किसी भी प्रकार कम नहीं हुई है। बल्कि यह बढ़ती गई है। पाकिस्तान ने जिस तरह जवाबी विस्फोट किया और औद्धत्य का जैसा प्रदर्शन किया तथा जैसे बेसिर-पैर के दावे किए उससे कनफुकवा प्रचार के उस दावे की कलई खुल गई, जो पाकिस्तानी क्षमता के बारे में किया जा रहा था। अपनी जनता के दूरगामी हितों को नजरअन्दाज कर हम दोनों देशों ने एक-दूसरे को नुकसान पहुँचाने और पैशाचिक कृत्य करने में होड़ लगा ली है। पाकिस्तान में जो उन्माद पैदा हुआ उसने

वहाँ की सरकार को विवश कर दिया। हमने जनता की भावनाओं को उभारने का उपक्रम किया और पाकिस्तान के लोगों ने उसको अन्जाम तक पहुँचाने का काम किया। लेकिन ऐसा लगता है कि वही अन्त नहीं था। राजनेताओं, वैज्ञानिकों और तकनालाजी से सम्बन्धित लोगों ने दोनों ही देशों में दावा किया कि परमाणु शस्त्रीकरण का काम न केवल प्रारम्भ किया गया है बल्कि उसे पूरा कर लिया गया है। अगर यह दावा सही है तो सारी स्थिति में इससे एक नया आयाम जुड़ गया है और हम लोग धीरे-धीरे ऐसे मुकाम की ओर बढ़ रहे हैं जहाँ से लौटना आसान न होगा। यह एक खतरनाक स्थिति की ओर संकेत करता है, जिसके परिणाम विनाशकारी भी हो सकते हैं।

ऐसा लगता है कि दोनों देशों की सरकारों ने अपनी बद्धमूल धारणाओं और संत्रासजनित कदमों, जो पिछले पचास वर्षों के परस्पर अविश्वास से प्रेरित थे और जिसके कारण इस देश का बँटवारा हुआ था, से उत्पन्न स्थिति के गम्भीर परिणामों को हृदयंगम नहीं किया। करुणा, शान्ति, अहिंसा और मानव-बन्धुत्व की हमारी एक गौरवमयी परम्परा रही है। हम एक सम्पन्न समृद्ध धरोहर के वारिस हैं। विदेशी प्रभाव और उनके हस्तक्षेप ने इस धरोहर को दूषित किया। हमें इसकी एक महँगी कीमत चुकानी पड़ी। गुलामी के दिनों में हमें जिस दमन, शोषण और अत्याचार के दौर से गुजरना पड़ा वह हमारी याददाश्त में अभी ताजा है। परन्तु आज के सत्ताधारी अपने कदमों के स्वाभाविक परिणामों की ओर से बेखबर हैं।

हमारी सरकार का नेतृत्व करने वालों को इस बात का एहसास भी नहीं है कि अपने अविवेकी कदम से उन्होंने विश्व समुदाय में हमें अलग-थलग कर दिया है। उन्हें अभी इस वास्तविकता को समझना है कि पिछले दो दशकों में अपने सारे प्रयासों के बावजूद पाकिस्तान-कश्मीर मुद्दे का अन्तरराष्ट्रीयकरण नहीं कर सका। किसी भी राष्ट्र ने इतने दिनों तीसरे पक्ष की मध्यस्थता का प्रस्ताव नहीं किया। आज स्थिति यह है कि ऐसा प्रस्ताव कई तरफ से आ रहा और शक्तिशाली देश इसके लिए अब दबाव भी डाल रहे हैं।

हमने बिना सोचे-विचारे ऐसी दिशा में कदम बढ़ाया कि हमें उन राष्ट्रों के समवेत प्रहारों का सामना करना पड़ रहा है, जो हमारी स्थिति के बारे में कभी एकमत नहीं थे। इसे परिस्थितियों का व्यंग्य ही कहा जाएगा कि एक ऐसी पार्टी जो राष्ट्रीय मुद्दों पर आम सहमति की बात कर रही थी। उसने विदेश नीति और परमाणु विकल्प के प्रश्न पर सारे देश को बाँट दिया।

हमारे शासकों में इस कदम के आर्थिक, राजनीतिक और सामाजिक परिणामों के बारे में न माफ करने लायक जो काम-ख्याली दिखाई है और जिस तरह जनता को अन्धकार में रखा है, उसके कारण आर्थिक मोर्चे पर स्थिति बिगड़ने से लोगों का बुरी तरह मोह भंग होगा। परिणामस्वरूप निराशा की भावना पैदा होगी, इसकी सम्भावना से इनकार नहीं किया जा सकता। शेयर बाजार में जिस तरह उतार-चढ़ाव

आ रहे हैं, रुपए की कीमत जिस तरह गिर रही है, निवेश का वातावरण जिस तरह बिगड़ रहा है, महँगाई जिस रफ्तार से बढ़ रही है, और इसी के साथ उपभोक्तावादी संस्कृति तथा विदेशी सामानों के लिए बढ़ती लालसा, सारी स्थिति को और भी जटिल बना देगी।

लेकिन ऐसा नहीं लगता कि इसके बारे में कोई जागरूकता या चिन्ता हो। जनता को यह भी नहीं बताया जा रहा है कि वे किसी भी परिस्थिति के लिए तैयार रहें, मितव्ययिता बरतें और किसी भी परिस्थिति का सामना करने के लिए तैयार हों। गो कि यह नहीं कहा जा सकता कि ये सारे परिणाम सीधे-सीधे पोखरण विस्फोटों से ही जुड़े हुए हैं परन्तु आने वाले दिनों में ये ज्यादा विस्फोटक साबित हो सकते हैं क्योंकि हमारा सरकारी काम-काज देखने वाले जाने या अनजाने राष्ट्र को एक खूनी संघर्ष की ओर धकेल रहे हैं।

यह सन्तोष का विषय है कि कुछ देशों से यह आश्वासन मिल रहा है कि वे सम्भावित खतरे का मुकाबला करने के लिए जरूरी हथियार मुहैया कराएँगे। हमें यह भी ध्यान रखना होगा कि कहीं इतिहास हमें इस बात का मुजरिम न ठहराए कि हमने इस महाद्वीप को केन्द्र बनाकर शीत-युद्ध का दौर शुरू किया। कुछ आर्थिक सत्ता-सम्पन्न देशों ने भारत के विरुद्ध आर्थिक प्रतिबन्ध लगाने की धमकी दी है। हमारे कुछ सदाशय दोस्तों ने हमें याद दिलाया है कि हम महात्मा गांधी और पं. जवाहरलाल नेहरू की उस धरोहर के वारिस हैं जो उन लोगों ने सारी दुनिया को सौंपी थी। उन्हें आश्वस्त रहना चाहिए कि भारतीय जनता आज भी अहिंसा, शान्ति और मानव बन्धुत्व के उन्हीं सिद्धान्तों को मानती है। वह सारे राष्ट्रों, जातियों और धर्मों के सम्मान और समानता के लिए बराबर प्रयत्न करती रहेगी। लेकिन उन्हें इस बात का भी एहसास होना चाहिए कि अपने उत्पीड़क कदमों के द्वारा वे किसी भी तरह इस देश की जनता की मदद नहीं कर रहे हैं। साथ ही वे सरकार के किसी कदम को सारे देश की जनता का कदम समझने की गलती कर रहे हैं।

परन्तु इस देश की जनता ऐसे दबावों के आगे घुटने टेकने वाली नहीं है, क्योंकि वह जानती है कि आर्थिक रूप से शक्तिशाली देशों के ऐसे कार्यों के पीछे न ही कोई नैतिक शक्ति है न वे एक शान्तिपूर्ण और न्याय विश्व व्यवस्था से प्रेरित होकर यह कार्य कर रहे हैं। इन देशों के दोमुँहेपन ने ही दूसरे राष्ट्रों को प्रोत्साहित किया कि वे व्यापक नरसंहार के इन हथियारों को प्राप्त करने के पैशाचिक मार्ग पर चलें। अब समय आ गया है कि वे इस बात की अनुभूति करें कि परमाणु हथियारों का जखीरा इकट्ठा करना और दूसरों को उपदेश देना, यह साथ-साथ नहीं हो सकता। आज समय की माँग है कि सम्पूर्ण परमाणु निशस्त्रीकरण के लिए प्रयास किए जाएँ, न कि आर्थिक रूप से सबल राष्ट्र धमकियाँ देने का रुख अख्तियार करे।

(*यंग इंडियन*, अंक 38, जुलाई 11, 1998)

हिम्मत से बोलिए

ऐसा लगता है कि हमारे देश के नेता उन खतरनाक प्रवृत्तियों से बिल्कुल बेखबर हैं, जो हाल के कुछ वर्षों से दिखाई दे रही हैं। ये प्रवृत्तियाँ हमारे सार्वजनिक जीवन पर असर डालेंगी और पिछले पचास वर्षों में हमने जो कुछ हासिल किया है उसे नेस्तनाबूद कर देंगी। लगता है कि भारतीय प्रजातंत्र के जो मुख्य अंग हैं वे एक खतरनाक रास्ते पर आगे बढ़ने के लिए एक-दूसरे से होड़ ले रहे हैं।

हाल ही में न्यायालय ने एक फैसला दिया कि संसद और राज्यों के विधानमंडलों के सदस्य 'जनसेवक' माने जाएँगे। संविधान में इस बात की व्यवस्था है कि एक 'जनसेवक' पर मुकदमा चलाने के लिए उसको नियुक्त करने वाले अधिकारी की अनुमति आवश्यक है। अब प्रश्न यह उठता है कि सांसदों और विधानमंडलों के सदस्यों को नियुक्त करने वाले अधिकारी कौन हैं ? जाहिर है कि वे किसी के द्वारा नियुक्त नहीं किए गए हैं, बल्कि जनता द्वारा चुने गए हैं। यह सवाल विभिन्न मंचों पर उठाया गया। इस पर यह फैसला दिया गया कि सम्बन्धित सदनों के जो अध्यक्ष हैं वे अपने सदस्यों पर मुकदमा चलाने की अनुमति दे सकते हैं। संविधान में ऐसी कोई व्यवस्था नहीं है। पीठासीन अधिकारियों की अधिकार सीमा पहले से व्याख्यायित है। सदन के अन्दर कार्यवाही संचालित करने और वाद-विवाद को सुचारु रूप से चलाने की पूरी शक्ति उन्हें दी गई है। पीठासीन अधिकारी सदन और सदस्यों के विशेषाधिकारों का संरक्षक है। लेकिन सदन के बाहर की किसी घटना के लिए सांसदों पर मुकदमा चलाने की अनुमति देने का अधिकार उसे कैसे दिया जा सकता है ? दूसरा सवाल यह है कि एक संवैधानिक व्यवस्था को अदालत के फैसले से कैसे बदला जा सकता है ? न्यायालय का मुख्य काम संविधान और कानून की व्याख्या करना है।

एक-दूसरे फैसले के द्वारा न्यायालय ने कार्यपालिका को अपने ऐसे सदस्यों के विरुद्ध अनुशासनात्मक कार्यवाही करने के प्राथमिक कर्तव्य से ही वंचित कर दिया, जिन्होंने गम्भीर किस्म का गलत काम किया हो। गलत और गैर-कानूनी काम करने वाले अधिकारियों के खिलाफ दंडात्मक कार्यवाही करने की कार्यपालिका की शक्ति को पंगु कर दिया गया। सी.बी.आई. के एक अधिकारी ने एक राज्य के मुख्यमंत्री को गिरफ्तार करने के लिए बिना किसी सक्षम अधिकारी की अनुमति के सेना बुलाने जैसा गम्भीर अनधिकृत और गैर-कानूनी काम किया। उसके इस कृत्य की जाँच की गई और जाँच में वह दोषी पाया गया। इससे पहले कि कार्यपालिका उस अधिकारी को उसके गैर-कानूनी काम के लिए दंडित करती न्यायपालिका ने एक निषेधाज्ञा जारी कर दी।

इसके बावजूद कि उसकी शक्ति को पंगु कर दिया गया, कार्यपालिका ने अपनी शक्तियों को पुनः प्राप्त करने के लिए पुनर्विचार याचिका भी नहीं दाखिल की। सम्भवतः ऐसा कोई कदम इसलिए नहीं उठाया गया क्योंकि जिस राजनेता से सम्बन्धित

यह मामला था वह एक दूसरे दल का था। जो सत्ता में रहते हुए भ्रष्टाचार करने के दोषी हों, ऐसे राजनीतिकों को दंडित करने के लिए अगर कोई सुस्पष्ट तंत्र बनाने की कोशिश हो तो वह स्वागत योग्य है। लेकिन शासन चलाने के मामले में अगर सिर्फ अपनी पार्टी को फायदा पहुँचाने का ही नजरिया हो तो क्या इसे उचित ठहराया जा सकता है ? खराब नजरें हमेशा खतरनाक होती हैं। आज अगर ऐसा किसी एक पार्टी के सदस्य के साथ हो रहा है, तो कल यह किसी दूसरी पार्टी के सदस्य के साथ हो सकता है। अगर कोई नजीर बन जाती है तो वह पूरी व्यवस्था पर असर डालेगी।

राजनीतिक लोग कोई सही दृष्टिकोण अपनाने और सही सकारात्मक प्रतिक्रिया प्रकट करने में आशंकाग्रस्त हैं। कानूनविद कानून, संविधान और नियमों की सही व्याख्या करने के बजाय एक या दूसरे पक्ष में बँटे हुए है। जो लोग सत्ता की कुर्सियों पर बैठते हैं, उनकी जनता और राष्ट्र के प्रति कुछ जिम्मेदारियाँ होती हैं। भयवश वे इन जिम्मेदारियों से मुँह नहीं मोड़ सकते और न उन्हें मुँह मोड़ना चाहिए। आज व्यवस्था में जो विकृतियाँ आ रही हैं उसके लिए व्यवस्था के किसी एक अंग को जिम्मेदार नहीं ठहराया जा सकता है। अन्याय सहने वाले और अन्याय करने वाले दोनों ही समान रूप से जिम्मेदार हैं। निर्णय लेने का समय आ गया है। अगर कानून बनाने वालों और बड़े-बड़े कानूनविदों की प्रतिक्रिया हिचकिचाहट और आतंकित अनिश्चय की होगी तो व्यवस्था को ध्वस्त करने के जिम्मेदार वही होंगे और इतिहास इसके लिए उन्हें क्षमा नहीं करेगा।

(*यंग इंडियन*, अंक 41, 1 अगस्त, 1998)

आत्ममन्थन का वक्त

देश में कानून-व्यवस्था की स्थिति में तेजी से गिरावट आती जा रही है। इस विषम संकट के उत्पन्न हो जाने से चारों ओर चिन्ता व्याप्त है। इस समस्या से निबटने के कारगर तरीके ढूँढ़ने से पहले यह समझने की जरूरत है कि बढ़ते अपराधों के पीछे कौन-कौन से मूल कारण काम कर रहे हैं। अक्सर ऐसा होता है कि हमें हिंसा और तोड़फोड़ की बढ़ रही घटनाओं के पीछे कोई विदेशी हाथ नजर आ जाता है। अगर ऐसा है भी तो यह राजकीय जिम्मेदारी है कि वह अपने नागरिकों में अमन-चैन का माहौल बनाए रखे। असल में बढ़ रहे अपराधों का सबसे बड़ा कारण समाज में बढ़ रहा सामाजिक-आर्थिक तनाव है। यह तनाव गरीबी और अमीरी के बीच की बढ़ती खाई की वजह से उत्पन्न होता है। अगर किसी पढ़े-लिखे नौजवान को लाख प्रयत्न के बावजूद कोई रोजगार नहीं मिलता तो इसमें कुछ भी अचरज नहीं कि उसकी ऊर्जा विध्वंसक गतिविधियों में खप जाती है। चाहे कोई भी, कैसा भी समाज हो लोगों के

बीच बढ़ती असमानता और अमीरों द्वारा अपने पैसे का भौंडा प्रदर्शन असन्तोष को ही जन्म देता है।

सामाजिक-आर्थिक तनावों से पैदा इस विषम परिस्थिति को और गम्भीर बनाने में हमारे यहाँ दृश्य-श्रव्य के लोकप्रिय जनमाध्यम भी आग में घी का काम कर रहे हैं। इन माध्यमों द्वारा वैभव और विलासपूर्ण जीवनशैली का अबाध प्रदर्शन आम जनता में हीनता और महत्त्वाकांक्षा का बीज बोता है। भारतीय परम्पराओं की खिल्ली उड़ाने वाले टेलीविजन धारावाहिक और 'सोप ओपेरा' जैसे कार्यक्रम लोगों पर नकारात्मक प्रभाव उत्पन्न करते हैं। शहरों की चमक-दमक भरी जीवन-शैली और गाँवों में रोजी-रोटी का मयस्सर न होना ग्रामीणों के तीव्र पलायन का कारण बन रहा है। पढ़ा-लिखा परन्तु रोजगार से वंचित एक कुंठित युवा अपने को, अपराधियों के हाथों का मोहरा बनने से रोकने में, असमर्थ पाता है। रोजी की तलाश में वह हर डगर पर चलने को तैयार हो जाता है। जब स्थिति इतनी व्यापक और भयावह हो तो इस पर नियंत्रण करना भी एक दुष्कर कार्य होता है। इस सम्बन्ध में किसी भी एक सरकार पर दोषारोपण करना कोई बुद्धिमानी का काम नहीं। सच तो यह है कि अलग-अलग पैमाने पर ही सही लेकिन इस समस्या से सभी राज्य जूझ रहे हैं।

पिछले कई सालों में भारतीय मीडिया ने मिलकर एक ऐसे 'एंग्रीयंगमैन' संस्कृति को जन्म दिया है जिसे कानून तोड़ने में मजा आता है। इस 'एंग्रीयंगमैन' को हमेशा भ्रष्ट राजनीतिज्ञों, अधिकारियों और पुलिस से लड़ता हुआ दिखाया जाता है। सारी व्यवस्था को पूरी तरह भ्रष्ट दिखाने वाली इस संस्कृति के फलने-फूलने में रोज-रोज हो रहे तमाम घोटालों, आपसी राजनीतिक लड़ाई और सार्वजनिक जीवन में नित बदल रही आस्था और विचारों का भी कम बड़ा योगदान नहीं है। लोगों की समस्याओं के प्रति असंवेदनशील और अदूरदर्शितापूर्ण रवैया भी स्थिति को गम्भीर बनाता है। नेताओं और अधिकारियों का ऐसा उदासीन रवैया लोगों को अपनी समस्या अपने ही ढंग से सुलझाने को बाध्य करता है। चूँकि आम हो चले जनआन्दोलन और प्रदर्शन भी अपनी पुरानी धार खो चुके हैं। अधिकारी भी इनकी पूरी तरह अनदेखी कर देते हैं। फिर कोई अचरज की बात नहीं कि उपेक्षा-बोध से ग्रस्त ये लोग हिंसक तरीके से अपने गुस्से का इजहार करते हैं। बहुत-सी भ्रमित संस्थाएँ तो लोगों के इसी गुस्से की आग में अपनी रोटियाँ सेंकती हैं।

सभी क्षेत्रों में ऐसे नापाक इरादे वाले लोगों की घुसपैठ हो गई है जिन्होंने सारी व्यवस्था को ही बन्धक बना रखा है और अपनी मनमानी करने में लगे हैं। इस तरह का हिंसक आचरण भी कम आपराधिक नहीं होता और यह समाज को भीतर-ही-भीतर खोखला कर देता है। लोगों के बीच अधिकारियों की विश्वसनीयता के अभाव का मूल कारण उनकी कथनी और करनी के बीच व्याप्त भारी असमानता है। जनता यह जान चुकी है कि लोक-लुभावन नारों से उनका पेट नहीं भरने वाला और अब इस लोकतांत्रिक व्यवस्था से ही उनका विश्वास पूरी तरह उठ चुका है।

सभ्यता के शुरुआत से ही मानव अपनी सामर्थ्य के अनुसार जीवनयापन करता आया है। अगर गरीबी सर्वव्यापी हो तो इससे सामाजिक तनाव नहीं उत्पन्न होता। सच्चाई तो यह है कि दुख और अभाव लोगों को निकट लाता है। लेकिन एक तरफ जब पाषाण हृदय को भी पिघला देने वाली दारुण गरीबी और दूसरी ओर धन-दौलत का अश्लील प्रदर्शन हो तो न केवल समाज दो टुकड़ों में बँट जाता है बल्कि उसके सीमित संसाधनों का दुरुपयोग भी होता है। विकसित सभ्यताओं के अनुभव से पता चलता है कि अमीर हमेशा गरीबों की जरूरत से बेखबर रहे हैं। गरीबों का शोषण करना उनकी नजरों में कुछ असामान्य नहीं है।

किसी बाहरी व्यक्ति पर दोष मढ़ देने से गिरती कानून-व्यवस्था को नहीं रोका जा सकता। ऐसा करने से वह व्यक्ति जो किसी मजबूरी में अपराध करने को विवश है, समाज से और भी कट जाएगा। बिना ठोस सबूत के किसी को अपराधी बताने का अधिकार किसी को भी नहीं मिला है। पहले तो यहाँ के युवा किसी विदेशी इशारे पर नहीं नाचते थे। बल्कि इतिहास साक्षी है कि जब भी मातृभूमि को उनकी जरूरत पड़ी है उन्होंने अपना सब कुछ न्योछावर किया है।

इस विकट समस्या को समझने और इसके समाधान का सही तरीका अपनाने के लिए यह जरूरी है कि हम पहले आत्ममन्थन की प्रक्रिया से गुजरें। राष्ट्र को भी राज्यों की भूमिका और जिम्मेदारी को समझना होगा। पुलिस अत्याचार के रूप में हो रहा राजकीय दमन भी हिंसा और अपराध को बढ़ावा देता है। कारागारों में भी जहाँ सजायाफ्ता और विचाराधीन कैदियों को एक साथ रखा जाता है इससे अपराधियों की नई फसल पैदा होती है। बढ़ते अपराधों को सिर्फ कानून-व्यवस्था की स्थिति से जोड़ना एक भूल होगी क्योंकि ये एक ऐसा बैरोमीटर है जो हमारी सामाजिक-आर्थिक मोर्चे पर प्राप्त विफलता को दर्शाता है। यह वाकई एक गम्भीर समस्या है जिस पर हमारे नेतृत्व को गम्भीरतापूर्वक विचार करना चाहिए। एक-दूसरे पर आरोप-प्रत्यारोप लगाने से अपराधों को कम नहीं किया जा सकता बल्कि व्यवस्था की विश्वसनीयता ही खतरे में पड़ जाएगी।

(*यंग इंडियन*, अंक 42, अगस्त 8, 1998)

नियोजन को अलविदा

हर युग में मानव सभ्यता को अपने समय की चुनौतियों का सामना करना पड़ता है, लेकिन व्यवस्था से उपजी समस्याओं के समाधान के लिए नए विचार भी जन्म लेते रहते हैं। इन नए विचारों से एक नई स्फूर्ति और जागृति उत्पन्न होती है। स्वतंत्रता आन्दोलन का नेतृत्व कर रहे हमारे नेता देशभक्ति की भावना से ओत-प्रोत थे और

व्यापक विकास के माध्यम से देशवासियों में आत्मसम्मान और समानता की भावना लाने को कृतसंकल्प थे। लगभग नदारद आर्थिक गतिविधियाँ, आय, शिक्षा, स्वास्थ्य, सामाजिक चेतना और रहन–सहन के स्तर में व्याप्त क्षेत्रीय और अन्तरवैयक्तिक असमानता की वजह से यह अनिवार्य हो गया कि जनता की आकांक्षा को पूरा क़रने के लिए हम उपलब्ध संसाधनों का महत्तम उपयोग करें। उस वक्त के हालात को देखते हुए 'बाजार अर्थव्यवस्था' के सबसे कट्टर अनुयायी के लिए भी यह आसान नहीं था कि वह सामाजिक–आर्थिक विकास के लिए नई सरकार द्वारा इरादतन शुरू किए गए व्यापक योजना कार्यक्रमों पर प्रश्नचिह्न लगा सके। योजनाओं के कार्यान्वयन के लिए राज्यों की सहभागिता और एक व्यापक नियामक ढाँचे की आवश्यकता थी। राष्ट्रीय विकास कार्यक्रमों के प्रारम्भ होने पर सभी ने इसका स्वागत किया और अपना यथेष्ट सहयोग भी दिया। राजनैतिक स्वतंत्रता पाने के बाद के दिनों में योजना की अवधारणा और कार्यान्वयन को काफी महत्त्व भी दिया गया। भारत ही नहीं बल्कि तीसरी दुनिया के दूसरे देशों ने भी यही रास्ता अख्तियार किया।

नियोजन की स्वीकार्यता में यह निहित था कि सार्वजनिक क्षेत्र में आधारभूत उद्योगों की स्थापना की जाए और नए निवेशों के नियंत्रण के उपाय इस प्रकार किए जाएँ ताकि न श्रम का दुरुपयोग हो और न संसाधन के नियोजन का। नियोजन को अंगीकार करने के पीछे की सोच भी जगजाहिर है।

हाल के कुछ वर्षों में 'विकास सम्बन्धी दर्शन' में एक बड़ा बदलाव आया है। हालाँकि योजना से सम्बन्धित गतिविधियों की कोई प्रत्यक्ष निन्दा तो नहीं हो रही लेकिन योजना प्रणाली में आ रहा ह्रास किसी की नजरों से छिपा भी नहीं है। किसी भी राजनीतिक दल ने योजना बनाने की आवश्यकता या इसकी अवधारणा का खुले में कभी भी विरोध नहीं किया है। लेकिन हरेक दल उन नीतियों को भी अपना लेने को तैयार है जो किसी भी सार्थक राष्ट्रीय योजनाओं की अपेक्षाओं के प्रतिकूल है, और अब तो यह एक रिवाज सा बन गया है कि देश की हर आर्थिक समस्या का कारण सामाजिक–आर्थिक विकास के लिए प्रारम्भ की गई योजनाओं को ही बताया जाता है। यह एक विडम्बना ही है कि योजनाओं के कार्यान्वयन और ढाँचे को सबसे अधिक कांग्रेस पार्टी ने ही आघात पहुँचाया है, जिसे इन प्रक्रियाओं को शुरू करने का श्रेय हासिल है।

कांग्रेस जैसी राष्ट्रीय स्तर की पार्टियाँ अब भी यह दावा करती हैं कि वे स्वतंत्रता संघर्ष काल की परम्पराओं और विरासतों से जुड़ी हुई हैं और ढाँचागत विकास के नेहरू मॉडल से दूर नहीं हटी हैं। परन्तु राजधानी के संसद मार्ग स्थित योजना भवन में चल रहा योजना आयोग का दफ्तर मात्र एक ऐतिहासिक धरोहर बनकर रह गया है। योजनाओं को एक राष्ट्रीय नजरिया और दिशा देने की वजह से हासिल गौरव, सम्मान और सार्थकता यह कब का खो चुका है। योजना आयोग के कार्यकलापों से

हरेक क्षेत्र की जानी-मानी हस्तियाँ जुड़ी होती थीं। अब यह आलम है कि इसकी बैठकों में सभी सदस्य एक साथ शिरकत करना भी जरूरी नहीं समझते। पंचवर्षीय योजनाओं के कागज तो अब भी तैयार किए जाते हैं, लेकिन इन गम्भीर मुद्दों पर किसी भी राष्ट्रीय मंच पर यहाँ तक कि संसद में भी चर्चा या वाद-विवाद नहीं होता। योजना कार्यक्रमों पर अन्तिम मोहर लगाने वाली राष्ट्रीय विकास परिषद् जैसी सर्वोच्च संस्था की पिछले कई वर्षों से बैठक तक नहीं हुई है।

अभी भी बहुत से लोग हैं जिनकी भारत में योजनाओं के भविष्य और सामयिकता में पूरी आस्था है। पिछले दो दशकों में हुए विकास कार्यों ने बहुत से सवाल खड़े किए हैं। इन प्रश्नों का सामना ईमानदारी से करने की जरूरत है। इस बात को भी समझने की आवश्यकता है कि उदारीकरण की नीतियों को अपनाने का सीधा अर्थ संगठित विकास के दर्शन से हमेशा के लिए दूर होना है। नियोजित उद्देश्यों को प्राप्त करने के लिए जो कुछ भी बनाया गया था, वह नष्ट किया जा रहा है। राष्ट्रीय प्राथमिकता की अवधारणा को अपमानजनक ढंग से देश की कार्यसूची से निकाल दिया गया है। यहाँ तक कि एकाधिकार विरोधी कानून, एम.आर.टी.पी.ए. जैसे आवश्यक और आधारभूत कानूनों को वापस ले लिए जाने से एक ही सन्देश जाता है कि अब देश की अर्थव्यवस्था पर राष्ट्रीय और अन्तरराष्ट्रीय एकाधिकारवादियों का कब्जा होगा। फेरा कानूनों में तीव्र बदलाव और उसकी जगह पर नए फेमा कानून के आ जाने से पहले ही से विदेशी मुद्रा की कमी के संकट का सामना कर रही अर्थव्यवस्था पर और भी दबाव बढ़ गया है। देश को विदेशी व्यापार के लिए खोल देने और आयात करों में कमी कर देने से आयात और निर्यात के बीच की खाई और भी चौड़ी होती जा रही है।

जब देश आर्थिक संकटों से जूझ रहा हो तो इस बात का क्या औचित्य है कि हम अपनी नियामक व्यवस्थाओं को निष्प्रभावी बना दें? इस मुद्दे पर एक गम्भीर राष्ट्रीय बहस की जरूरत है।

(*यंग इंडियन*, अंक 43, अगस्त 15, 1998)

स्वाधीनता संघर्ष की भावना को पुनर्जीवित करें

यह हम भारतीयों की संकल्प शक्ति ही थी जिसने हमें विदेशी दासता से मुक्ति दिलाई। इरादा यह था कि इस जागृति के द्वारा हम एक ऐसी सामाजिक व्यवस्था की स्थापना के लिए संघर्षरत हों, जिसमें 'अभाव' का नामोनिशान भी न हो। देशवासियों का सम्मान तभी बहाल किया जा सकता था जब लोग बुनियादी जरूरतों की चिन्ता से मुक्त हो। हालाँकि यह लक्ष्य आसान नहीं था। लेकिन, गांधी ने हर दिल में 'करो या मरो' की

जो भावना पैदा की उसकी बदौलत पूरा देश एक होकर इस मुश्किल डगर पर चल पड़ा। लोगों की तमन्ना होती थी कि उनमें 'अवज्ञा' करने का जीवट, त्याग की भावना और मानव सम्मान के लिए संघर्ष करने की क्षमता पैदा हों। लेकिन, जिस ऊर्जा और उत्साह ने हमें आजादी के लिए प्रेरित किया, आज पचास साल बाद यह मन्द होता जा रहा है।

आजादी ने लोगों को सत्ता और शक्ति के साथ उत्तरदायित्व भी दिया। लेकिन, हम अपनी जिम्मेदारियों को निभाने में नाकाम रहे हैं। जो लक्ष्य हमने तय किए थे, उन तक पहुँचने में हम विफल रहे।

स्वाधीनता संघर्ष का लक्ष्य सिर्फ राजनीतिक आजादी नहीं था बल्कि, इस आजादी के जरिए देश के माथे पर लगी गरीबी, सामाजिक विषमता और अशिक्षा के कलंक को मिटाना था।

एक नए समाज के निर्माण के लिए जरूरी है कि हमारे उद्देश्य और दृष्टिकोण बिल्कुल स्पष्ट हों और हममें अप्रासंगिक हो चुकी परम्पराओं और विचारों को दरकिनार करने का साहस हो। पुरानी पड़ चुकी संस्थाओं और रीतिरिवाजों द्वारा लगातार मजबूत की जा रही वे परम्पराएँ जिनके मकड़जाल में हम फँसे हैं और जिनका हमारी समस्याओं से कोई वास्ता नहीं, हमारे लक्ष्य की राह में बाधा बनकर खड़ी हैं। आजादी के समय समाज, और चल रहे आन्दोलन को सही राह दिखाने का कार्य प्रबुद्ध वर्ग ने बड़े ही जीवट के साथ किया था। लेकिन आज इस तथ्य के बावजूद कि देश तरह-तरह की चुनौतियों का सामना कर रहा है। देश के बुद्धिजीवी, शिक्षाविद् और सार्वजनिक जीवन से जुड़े लोग जो राष्ट्र को नई दिशा दे सकते हैं, अपने उत्तरदायित्व से विमुख होकर बैठे हैं।

वे लोगों के जीवन-मूल्यों में आ रहे ह्रास को मूक-दर्शक बनकर देख रहे हैं। महँगाई में हो रही लगातार वृद्धि ने कमजोर तबके के लोगों की कमर ही तोड़ दी है। लेकिन देश के बुद्धिजीवी वर्ग को इन बातों से कोई सरोकार ही नहीं। न कोई विरोध में आवाज उठाता है, ना कोई गरीबों को अपना अधिकार माँगने के लिए प्रेरित करता है। सामाजिक मूल्यों और नैतिकता में आ रही गिरावट को देखकर आम जन का भी मोहभंग हो चुका है और उनकी आँखों पर पड़ा पर्दा हट चुका है। वहीं देश का प्रबुद्धजन इन बातों से बेखबर है।

जहाँ भारत ने लोकतांत्रिक परम्पराओं का सफलतापूर्वक पालन किया है, वहीं हमारी सामाजिक और आर्थिक प्रगति उम्मीद और जरूरतों से काफी पीछे रही है। कुछ विकास सम्बन्धी नीतियाँ लोकतांत्रिक व्यवस्थाओं को बनाए रखने के लिए जरूरी होती हैं। अत: लोकतंत्र को मजबूत रखने के लिए यह जरूरी है कि हम ग्रामीण क्षेत्रों में जमींदारी प्रथा का पूरी तरह उन्मूलन कर भूमि सुधार कार्यक्रम लागू करें और अस्पृश्यता का सम्पूर्ण निवारण करें।

पिछड़ी जातियों और वर्गों में शिक्षा के प्रचार-प्रसार ने एक नई चेतना जाग्रत की है। यह एक दोहरी प्रक्रिया है—साक्षरता लोकतंत्र को मजबूत करती है और लोकतंत्र तभी टिकाऊ होगा जब लोग साक्षर होंगे।

वर्तमान हालात में महिला साक्षरता को उच्च प्राथमिकता देने की सख्त आवश्यकता है। इस दिशा में केरल ने एक अनुकरणीय मिसाल कायम की है। शिक्षित महिलाएँ अपने दायरे से कहीं आगे जाकर सामाजिक परिवर्तन में बड़ी भूमिका निभाती रही हैं।

शिक्षा के प्रसार से रोजगार की माँग भी बढ़ जाती है। क्या हमारी वर्तमान आर्थिक नीतियाँ रोजगार के नए अवसर पैदा करने में समर्थ हैं? हम अपनी शक्ति, पूँजी आधारित उद्योगों के लिए नए विदेशी निवेश आकर्षित करने में ही जाया कर रहे हैं। रोजगार के नए अवसर पैदा करना तो दूर रहा, देश में आई बहुत सी बहुराष्ट्रीय कम्पनियों ने तो रोजगार पाने की सम्भावना और कम कर दी है। इन कार्रवाइयों से लोगों में हताशा ही बढ़ी है।

हमने खुद को एक मकड़जाल में फँसा लिया है। इससे बच निकलना भी आसान नहीं है। आम जनता इस अन्याय को कभी नहीं सहन करेगी कि समाज के मुट्ठी भर लोग विकास की तमाम सुविधाओं का उपभोग करें और दूसरी ओर देश की बहुसंख्यक आबादी बुनियादी जरूरतों के लिए भी तरसती रहे। लोगों को उनकी स्वेच्छा से इन विकास कार्यक्रमों में सम्मिलित करना होगा। स्वाधीनता आन्दोलन के नेताओं द्वारा लोगों में पैदा किया गया आत्मविश्वास, आज के नेताओं की नित बदलती नीतियों और व्यवहार से, डगमगाने लगा है। उदारीकरण के आगमन ने हमारी अपनी प्रतिभा और क्षमता पर भी प्रश्नचिह्न लगा दिया है।

खुले आयात की नीति और नियामक संस्थाओं को निष्प्रभावी बनाने की हमारी नीतियों का गम्भीर परिणाम निकल सकता है। इसी नजरिए का परिणाम है—भारत के कर्णधारों की यह सोच कि देश की तरक्की सिर्फ विदेशी तकनीक की मदद से की जा सकती है और पश्चिम की उपभोगवादी संस्कृति की नकल करके ही हम प्रगति कर सकते हैं। जो कुछ भी 'भारतीय' है वह अप्रासंगिक है। विश्व व्यवस्था में एक कनिष्ठ सहयोगी की भूमिका निभाना काफी है। आत्मनिर्भरता प्राप्त करना भारत का उद्देश्य आखिर भला क्यों हो?

उदारीकरण के नाम पर इस तरह की नीतियों का पालन अपनी क्षमताओं और संसाधनों को नष्ट करने के समान है। हमें यह विश्वास करना सिखाया जा रहा है कि बहुराष्ट्रीय कम्पनियों से ही देश की तरक्की सम्भव है।

कभी आत्मनिर्भरता प्राप्त करना हमारा सबसे बड़ा उद्देश्य हुआ करता था, लेकिन आज हम बाँहें फैलाए विदेशी कम्पनियों का स्वागत कर रहे हैं। आत्मनिर्भरता की अवस्था से हम उस अवस्था की ओर बढ़ रहे हैं जब हम देश के सामाजिक-आर्थिक विकास के लिए भी दूसरों पर निर्भर रहेंगे।

इस 15 अगस्त को आजादी की बलिवेदी पर जान न्योछावर करने वालों को श्रद्धांजलि देते वक्त हम यह भी शपथ लें कि हम देशप्रेम की उसी पुरानी भावना को फिर से जागृत करेंगे। और, अपने सारे जाति, वर्ण सम्बन्धी तुच्छ पूर्वाग्रहों से मुक्त होकर, राष्ट्र की मान-मर्यादा के सम्मुख उपस्थित चुनौतियों का सामना करेंगे।

(*यंग इंडियन*, अंक 44, अगस्त 22, 1998)

महाशक्ति के प्रभुत्व का विरोध करें

विकासशील और अल्पविकसित राष्ट्रों के समक्ष उपस्थित समस्याओं के हल और उन विषयों पर आपसी विचार विमर्श की आवश्यकता के मद्देनजर गुटनिरपेक्ष राष्ट्रों के आन्दोलन का जन्म हुआ। बड़ी राजनीतिक विभूतियों ने, जिन्होंने किसी भी शक्ति के आधिपत्य को स्वीकार करने या उनका अनुसरण करने से इनकार कर दिया था, मिलकर गुटनिरपेक्ष आन्दोलन की नींव रखी। जब विश्व की दो महाशक्तियाँ पूरे विश्व पर अपना प्रभुत्व स्थापित करने में लगी थीं, इस आन्दोलन ने एक उपयोगी भूमिका निभाई।

पूरे विश्व में केवल एक देश के विश्व शक्ति के रूप में उदय से, जो राजनीतिक व आर्थिक मसलों पर अपना हुक्म चलाना चाहता है, अब इस बात की जरूरत और बढ़ गई है कि गुटनिरपेक्ष आन्दोलन को और मजबूत किया जाए और सदस्य देशों द्वारा गरीबी, शिक्षा और स्वास्थ्य सेवाओं से सम्बन्धित समस्याओं का समाधान ढूँढ़ा जाए। सिर्फ गुटनिरपेक्ष आन्दोलन के पास ही वह शक्ति है जो एक राष्ट्र द्वारा प्रभुत्व जमाने और शान्ति का पहरेदार बनने की कोशिश को, जैसा कि हाल ही में अमरीकी प्रशासन ने दिखाने की कोशिश की, नाकाम कर सके। अमरीका द्वारा दो देशों के विरुद्ध की गई बदले की कार्रवाई और फिर रूस को भारत के साथ सैनिक सहयोग रोक देने की सलाह देना अमरीका की प्रभुत्ववादी मानसिकता को ही दर्शाता है। अमरीका यह विश्वास करता है कि उसे जैसा भी ठीक लगे वैसा करने तथा अपने हितों की रक्षा के लिए भारत-रूस रक्षा सहयोग की समाप्ति की माँग करने का अधिकार है। अमरीका ने, खुद के कई देशों के साथ चल रहे सैनिक सहयोग और भारतीय उपमहाद्वीप के देशों में हथियारों की आपूर्ति पर एक शब्द भी कहना उचित नहीं समझा।

अमरीकी प्रशासन ने अपने लिए जिन शक्तियों को सुरक्षित कर लिया है वह विशुद्ध रूप से ब्लैक-मेल है। एक महाशक्ति द्वारा इस प्रकार का व्यवहार करना कतई उचित नहीं है, खासतौर से जबकि पूरी शक्ति थोड़े से लोगों के हाथों में केन्द्रित हो। अमरीका का यह सोचना कि रसातल में जा चुकी रूसी अर्थव्यवस्था को संकट से निकालने में मदद का आश्वासन दिए बिना ही वह रूस को अपने दबाव में ले लेगा, आश्चर्यजनक रूप से उसकी अपरिपक्वता को दर्शाता है। रूस ने न केवल दबाव में

आने से और भारत के साथ रक्षा सहयोग को तोड़ लेने से इनकार कर दिया बल्कि रूसी राष्ट्रपति ने अपने मेहमान का ध्यान अमरीका द्वारा दूसरे देशों के साथ जारी सैनिक सहयोग और हथियारों की आपूर्ति की ओर आकृष्ट कराया।

इस बात की अफवाह फैलाई जा रही है कि उपमहाद्वीप के दो देशों के मध्य एक और युद्ध अवश्यंभावी है और उपमहाद्वीप के दोनों देशों को हथियारों की होड़ से बचने की सलाह दी जा रही है। यह भी आशंका जतायी जा रही है कि हाल की गतिविधियों को देखते हुए दक्षिण एशिया की शान्ति के लिए भी खतरा उत्पन्न हो गया है। जहाँ एक तरफ भारत पर अनुचित तरीके से दबाव डालने का प्रयास किया जा रहा है, वहीं पाकिस्तान द्वारा भारत में आतंकवादियों के भेजने पर या धार्मिक कट्टरता बढ़ाने की नीतियों पर, रोक लगाने का कोई प्रयास नहीं किया जा रहा है।

दूसरे देशों को की जा रही हथियारों की आपूर्ति भी अनवरत जारी है। आतंकवाद के विरुद्ध अमरीका की सक्रियता और चिन्ता तभी मुखर होती है जब उसके अपने नागरिक और हित आतंकवाद का निशाना बनते हैं। अफ्रीका और एशिया में की गई बदले की कार्रवाई भी यही दर्शाती है। इस सन्दर्भ में भारतीय प्रधानमंत्री द्वारा अमरीकी कार्रवाई का समर्थन सचमुच दुर्भाग्यपूर्ण था और इस कदम से यही संकेत गया कि भारत ने महाशक्ति के आधिपत्य को स्वीकार कर लिया है।

इस तरह के खतरनाक रवैये को देखते हुए गुटनिरपेक्ष आन्दोलन से यह आशा की जाती थी कि वह ऐसे रास्ते तलाश करेगा जिससे शक्तिशाली राष्ट्र विकासशील देशों का ध्यान गरीबी, विषमता और असमानता समाप्त करने के प्रयासों से हटा न सकें। अगर गुटनिरपेक्ष आन्दोलन की सही भावना को समझा गया होता तो एक महाशक्ति द्वारा विश्व की समस्या पर पाखंडपूर्ण नीति चलाए जाने के विरुद्ध एक सुसंगत मार्ग निकाला जा सकता था।

(*यंग इंडियन*, अंक 47, सितम्बर 12, 1998)

क्षेत्रीय सहयोग को मजबूत करें

पिछले कुछ दिनों से भारत बहुत से मोर्चों पर तमाम तरह के संकटों से घिरा हुआ है। राजनीतिक, आर्थिक और सामाजिक क्षेत्रों में आ रही अनिर्णय की समस्या, उदासीनता और बढ़ती खतरनाक प्रवृत्तियाँ राज्य व्यवस्था के ताने-बाने के लिए गम्भीर खतरा पैदा कर रही हैं। आज हमारे चारों ओर जैसा राष्ट्रीय और अन्तरराष्ट्रीय वातावरण बन चुका है, वक्त की माँग है कि हम पहले से अधिक गम्भीर और सामंजस्यपूर्ण प्रयास द्वारा समस्या का निदान ढूँढ़ें।

सुरक्षा और अन्तरवर्गीय सामंजस्य, आर्थिक नीति की दिशा और इसके तत्त्व एवं विघटनकारी शक्तियों पर नियंत्रण जैसे महत्त्वपूर्ण मुद्दों पर राष्ट्रीय सहमति न बन

पाने के कारण हमारी राजनीतिक व्यवस्था गम्भीर दबाव में है। आन्तरिक संकटों के अलावा पड़ोस तथा दूर के देशों में बन रहा माहौल किसी भी हालत में आश्वस्त करने वाला नहीं कहा जा सकता। देश की दशा इतनी जटिल और स्थिति इतनी अनिश्चित हो गई है कि जब तक हम व्यापक परिप्रेक्ष्य में समस्याओं को तेजी से नहीं सुलझाएँगे खुद को समस्याओं के दलदल से नहीं निकाल सकेंगे।

हम अनुभव कर रहे हैं कि कट्टरपन्थी और अतिवादी शक्तियाँ तेजी से बढ़ती हुई आज हमारी चौखट तक आ पहुँची हैं और देश व क्षेत्रीय एकता के लिए खतरा बन गई हैं। देश और खासकर दक्षिण और दक्षिणपूर्व एशिया के आर्थिक असन्तुलन ने भी समस्या को और उलझा दिया है। समस्याओं पर विजय पाने के लिए हमें पड़ोसियों के साथ सम्बन्ध सुधारने की ओर सकारात्मक कदम उठाने पड़ेंगे, तभी हम गरीबी की समस्या और विघटनकारी शक्तियों पर न केवल नियंत्रण कर सकेंगे बल्कि उन्हें जड़ से भी उखाड़ फेंकेंगे।

विभिन्न मुद्दों और सहयोग के क्षेत्र में विस्तार पर समझौते के लिए सकारात्मक प्रयास करना होगा, तभी क्षेत्र में बन रहे विरोध और टकराव के वातावरण की जगह पर शान्ति, सुरक्षा, भाईचारा और समृद्धि को बढ़ावा देने वाला वातावरण कायम हो पाएगा। राजनीतिक, आर्थिक और सामाजिक सन्तुलन को भंग करने वाली शक्तियों से मुक्त एक निरन्तर कायम रहने वाली स्वावलम्बी व्यवस्था को बनाने का हमारे लिए यही एकमात्र रास्ता है। एशियाई राष्ट्र समुदाय की एक महत्त्वपूर्ण इकाई होने के नाते भारत को इस दिशा में पहले पहल करनी होगी।

हम यह अवश्य याद रखें कि विभिन्न राष्ट्रों के बीच हमें एक ऐसी अवस्था में रहना और काम करना है जो एक-दूसरे की पूरक हो, न कि हानि पहुँचाने वाली। वैसे भी ऐसी कार्रवाइयों के लिए अन्तरराष्ट्रीय व्यवस्था में कोई स्थान नहीं रह गया है। हमें एकजुट होकर राष्ट्रीय अर्थव्यवस्था और समाज के अस्तित्व के समक्ष संकटों का समाधान ढूँढ़ने के लिए जोरदार प्रयास करना होगा। इसीलिए यह काफी महत्त्व रखता है कि हम इस दिशा में पहल करें।

आज के वातावरण और अवस्था को देखते हुए यह एक कठिन प्रक्रिया हो सकती है। लेकिन अगर क्षेत्रीय और अन्तरक्षेत्रीय शान्ति, सुरक्षा और विकास के लिए प्रतिबद्धता हो तो अतिवादियों और सामाजिक-राजनीतिक व्यवस्था को ध्वस्त करने वाली विघटनकारी शक्तियों पर विजय प्राप्त करना असम्भव नहीं होगा। तभी हम दूसरे राष्ट्रों के सम्मुख तय किए गए लक्ष्य तक पहुँच पाएँगे।

ऐसी कार्रवाई की सख्त आवश्यकता है और इसमें किसी भी किस्म की देरी इस क्षेत्र के लिए खतरनाक साबित हो सकती है। और ऐसी लापरवाही हमारे लिए भी महँगी ही साबित होगी।

(*यंग इंडियन,* अंक 48, 19 सितम्बर, 1998)

दलीय घेरे के बाहर

निजी हित की परिधि से बाहर निकलें

विश्व के बदलते राजनीतिक, आर्थिक व सैन्य समीकरण में केवल योग्यतम देश ही अपना वजूद कायम रख सकते हैं। यही आज की सच्चाई है। लेकिन हमारे क्षेत्र में अभी तक कोई चेतना नहीं आई है। दक्षिण एशियाई देशों के मध्य काफी दिनों से तनाव का माहौल बना हुआ है। जहाँ आवश्यकता इस बात की है कि हम ताकतवर देशों के खतरों का सामना कन्धे से कन्धा मिलाकर करें, हम आपस में ही अनावश्यक विवाद खड़ा करने में लगे हैं। वक्त का तकाजा है कि हम सर्वश्रेष्ठ होने की अपनी दिशाहीन मानसिकता का त्याग कर दें अन्यथा, भारत विश्व विकास के सन्दर्भ में धीरे-धीरे महत्त्वहीन हो जाएगा। इसलिए पुराने वैमनस्य को उभारने की बजाय, प्राथमिकता यह होनी चाहिए कि हम अपने एशियाई पड़ोसियों के साथ अपनी एकरूपता को पहचानें। भारत और चीन दो ऐसे देश हैं, जिनका बहुत से मुद्दों पर न केवल साझा दृष्टिकोण है, बल्कि दोनों ही देश एक जैसी समस्याओं का सामना भी कर रहे हैं। दोनों ही देशों की आर्थिक विकास और आत्मनिर्भरता के क्षेत्र में उपलब्धि सन्तोषजनक रही है। दोनों ही देशों ने महाशक्तियों के दबावों का सफलतापूर्वक सामना किया है। इनकी आर्थिक व्यवस्था भी एशियाई टाइगर देशों की तरह टूट कर चूर नहीं हुई, जिनकी शुरुआत तो काफी धमाकेदार रही लेकिन अन्त उतना ही कमजोर रहा।

बढ़ती हुई आबादी दोनों ही देशों के लिए चिन्ता का विषय है। चीन भी आबादी में हो रही तीव्र वृद्धि से आगे बढ़ने में असमर्थ महसूस कर रहा है। हालाँकि इस दिशा में उसने कुछ उल्लेखनीय कदम उठाए हैं। लेकिन सबसे महत्त्व की बात यह है कि दोनों ही देश दक्षिण-दक्षिण सहयोग में विश्वास रखते हैं। एक नई शुरुआत के लिए इतना आधार काफी है। वास्तव में एक उच्च पदस्थ चीनी अधिकारी ने तो दोनों ही देशों के सम्बन्धों को और मजबूत करने की आवश्यकता जतायी है। एक महाशक्ति द्वारा इस क्षेत्र में और पूरे विश्व में अपना दबदबा कायम करने के प्रयास से चीनी भी उतना ही चिन्तित हैं। इसलिए एक भावी सहयोगी से मित्रता रखने के अवसर को हमें नहीं गँवाना चाहिए। इसके लिए एक नया ढाँचा भी बनाना होगा, जो पुराने विवादों का निवारण करेगा। भारत को इसके लिए पहल करनी होगी। चीन को यह बताना होगा कि दोनों ही देशों के लिए यह फायदेमन्द रहेगा। एक-दूसरे के अनुभवों से हम काफी लाभ उठा सकते हैं। साथ-ही-साथ बहुत-सी चीजों का हम आपस में आदान-प्रदान भी कर सकते हैं।

यह तभी सम्भव हो सकता है जब दोनों ही देश अपने पूर्वाग्रहों से निजात पा लें। चीन के द्वारा हमारी कुछ माँगों को स्वीकार कर लिए जाने की अवश्य प्रशंसा की जानी चाहिए। उनके सकारात्मक रवैये के जवाब में हमें भी उन शर्तों को, जिन्हें

चीन अनुचित मानता है, हटा लेना चाहिए। परस्पर सहयोग के ऐसे ही वातावरण में सच्ची मित्रता और घनिष्ठ सहयोग कायम रह सकता है।

लेकिन एक परस्पर लाभदायी सम्बन्ध कायम करने का हमारा यह प्रयास सिर्फ चीन तक ही सीमित नहीं रहना चाहिए। हमारे पड़ोस के अन्य देश चाहे पाकिस्तान, श्रीलंका, बांग्लादेश, नेपाल, माले या भूटान हों सभी का समान रूप से ख्याल रखा जाना चाहिए। ये देश भौगोलिक-आर्थिक रूप से भारत से छोटे हो सकते हैं, लेकिन इन देशों ने भी कई उल्लेखनीय सफलताएँ अर्जित की हैं। बृहद् मानवशक्ति का देश में होना हमारे लिए सबसे अनुकूल कारक है। आर्थिक और तकनीकी रूप से समृद्ध देशों की तुलना में हम सभी इस मामले में बेहतर स्थिति में हैं। जिसे अब तक कमजोरी माना गया है उसे हम संसाधन में तबदील कर सकते हैं, बशर्ते हम अपने संसाधनों, जानकारी और तकनीकी क्षमता का सही उपयोग कर सकें। भारत को अन्तरराष्ट्रीय रंगमंच पर अपनी भूमिका बरकरार रखनी है और इसके लिए हमें पड़ोसियों के साथ सौहार्द के वातावरण में अपनी क्षमता का सम्पूर्ण दोहन करना होगा। यह कोई असम्भव कार्य नहीं है। राजनीतिक इच्छाशक्ति और सच्चे समर्पण के द्वारा यह लक्ष्य हासिल किया जा सकता है।

(*यंग इंडियन,* अंक 49, सितम्बर 26, 1998)

एक दुर्भाग्यपूर्ण मोड़

बिहार का मौजूदा राजनीतिक घटनाक्रम हमारी राजनीति में संवेदनशील मुद्दों से निपटने के हमारे रवैये और तौर-तरीकों में गिरावट का सबूत है। यह स्थिति ऐसे में और भी गम्भीर हो जाती है जब उसका सरोकार उच्च पदों पर आसीन हस्तियों से हो। इसमें कोई शक नहीं कि बिहार की स्थिति पिछले कुछ अर्से से चिन्ता का विषय रही है। विभिन्न हलकों से चेतावनियों के अलग-अलग स्वर भी सुनायी दिए। राज्य प्रशासन वित्तीय संकट को सँभाल पाने में सक्षम नहीं था और यह स्थिति गम्भीर रूप ले रही थी। कानून और व्यवस्था की स्थिति भी सन्तोषजनक नहीं थी। प्रशासन का कामकाज प्रायः ठप-सा नजर आ रहा था। राजनीतिक खेमों में परस्पर अविश्वास, एक-दूसरे पर कीचड़ उछालना और तनातनी पूरे जोरों पर थी। पर इतना भी सच है कि किसी एक गुट या पार्टी को इसके लिए दोषी नहीं ठहराया जा सकता। राज्य को इस स्थिति में धकेलने में हर किसी ने अपना योगदान दिया। इस बीच राबड़ी सरकार की बर्खास्तगी की माँग भी रोजमर्रा का काम बन गई थी। यह सारा खेल-तमाशा सत्तारूढ़ वर्ग और विपक्षी दलों दोनों की ही सक्रिय हिस्सेदारी से चलता रहा है। यह चिन्तनीय स्थिति के गम्भीर संकट में परिणत होने की त्रासद मिसाल है। भारत सरकार का राबड़ी सरकार

को बर्खास्त कर विधानसभा को निलम्बन की हालत में रखने का निर्णय अपने आप में संदिग्ध कदम है। इसके साथ ही सत्तारूढ़ पार्टी में फूट डालने की बातें चल रही थीं और वैकल्पिक सरकार के गठन के प्रयास भी थे। इससे खुलेआम खरीद-फरोख्त के नापाक इरादे बेनकाब दिखाई दे रहे थे।

सबसे दुर्भाग्यपूर्ण स्थिति तब सामने आई जब राज्यपाल ने सार्वजनिक बयानबाजी शुरू कर दी, जिसकी परिणति प्रधानमंत्री के इस हैरतंगेज बयान में हुई कि अगर राज्य सरकार को बहुमत का समर्थन प्राप्त भी हो तब भी उसे बर्खास्त करने का निर्णय प्रभावित नहीं होगा। इतने ऊँचे पद पर बैठे व्यक्ति से राज्य से जुड़े ऐसे नाजुक मामले पर संयम बरतने की अपेक्षा थी। इन बयानों से सरकार के असल इरादों का पर्दाफाश हो गया था।

इतना कठोर कदम उठाने के लिए राष्ट्रपति को क्या कारण सरकार ने गिनाए, इसकी किसी को जानकारी नहीं है। अगर कानून और व्यवस्था में गिरावट वित्तीय संकट और प्रशासन के खिलाफ न्यायपालिका की टिप्पणियों जैसी आम दलीलें ही इस सिफारिश का आधार बतायी गई हैं तो यह कौन नहीं जानता कि यह हाल का घटनाक्रम नहीं है और न ही ऐसा सिर्फ बिहार में हो रहा है। कई और राज्यों की भी ऐसी ही हालत है। कुछ महीने पहले ही उत्तर प्रदेश में ऐसी नौबत पेश आई थी। राष्ट्रपति के हस्तक्षेप से सारा नजारा बदल गया। फिर उच्चतम न्यायालय ने विधानसभा में दो मुख्यमंत्रियों के बीच शक्ति परीक्षण कराने का निर्णय देकर विचित्र स्थिति पैदा कर दी। यह अपने आप में अनूठा लेकिन भारत के संसदीय इतिहास का सबसे दुर्भाग्यपूर्ण अध्याय था। जो पार्टी जोर-शोर से आवाज उठाया करती थी कि सरकार के बहुमत का फैसला सदन के पटल पर होना चाहिए, आज उसी ने बीस घंटे पहले सदन में अपना बहुमत साबित कर चुकी सरकार की बर्खास्तगी की सिफारिश कर पूरी स्थिति ही बदल डाली है। संविधान की मोटी-मोटी जानकारी रखने वाला हर व्यक्ति जानता है कि ऐसी सूरत में राष्ट्रपति के सामने विकल्प अधिक नहीं होते। लेकिन लोगों को इतनी उम्मीद जरूर है कि वह सरकार को अधिक जिम्मेदारी से काम लेने और संयम बरतने की सलाह अवश्य देंगे। नतीजा कुछ भी हो लेकिन केन्द्रीय मंत्रिमंडल के निर्णय को जायज नहीं ठहराया जा सकता और इस बात से भी इंकार नहीं किया जा सकता कि इस फैसले से पहले से ही विपत्तिग्रस्त राज्य में कानून और व्यवस्था बिगड़ेगी और सामाजिक तनाव बढ़ेगा।

'यंग इंडियन' का यह अंक जब आपके हाथ में होगा तो शायद राष्ट्रपति अपना फैसला और पूरी उम्मीद है सही फैसला सुना चुके होंगे। मुद्दा यह नहीं है कि वह फैसला क्या होगा। सवाल तो हमारे सार्वजनिक व्यवहार और शासन की मर्यादाओं का है। इस प्रश्न का हमारी राष्ट्रीय राजनीति के परिप्रेक्ष्य में दीर्घकालिक महत्त्व है और लोकतांत्रिक प्रणाली की साख भी इस पर टिकी है।

(*यंग इंडियन*, अंक 50, 3 अक्टूबर, 1998)

गांधी को परखना होगा

बापू ने एक नई राह बतायी। निस्सन्देह वे अद्वितीय समाज निर्माता के साथ ही बीसवीं सदी के एक महान् दार्शनिक भी थे। जब तक मानवता उस आदर्श समाज के लक्ष्य को प्राप्त नहीं कर लेती तब तक वे प्रेरणास्रोत बने रहेंगे। मानव मर्यादा, समता, करुणा, शान्ति व अहिंसा पर आधारित समाज की कल्पना गांधी जी का आदर्श था। गांधी जी ने जहाँ मनुष्य में नैतिकता और चरित्र के गुणों को महत्त्व दिया वहीं समाज में व्याप्त दमन, शोषण और मानव मर्यादा की विरोधी प्रवृत्तियों के विरुद्ध संघर्ष करने पर भी बल दिया। उनकी आजादी की लड़ाई के ये प्रमुख अंग थे। उन्होंने स्वतंत्रता आन्दोलन को एक नई शक्ति दी और आजादी की कल्पना को एक व्यापक स्वरूप दिया। उन्होंने समाज के साधारण जन से आत्मीयता स्थापित की और उन्हें सामाजिक और राजनीतिक संघर्ष के लिए संगठित किया। उनके आह्वान पर लोग महलों और झोंपड़ियों से इस संघर्ष में शामिल होने के लिए निकल पड़े। उनकी अनुपम क्षमता थी। उच्च वर्ग की सामन्ती परम्परा की अहम्मन्यता से प्रभावित लोग और समाज के न्यूनतम स्तर पर बेबसी में जिन्दगी बिताने वाले लोगों को उन्होंने समान रूप से प्रभावित किया और उन्हें आजादी की लड़ाई के मैदान में एक ही आदर्श के लिए संघर्ष में सम्मिलित कर दिखाया। देश के हर कोने में उन्होंने अत्यन्त साधारण लोगों को भी इस संघर्ष में नेतृत्व करने की क्षमता प्रदान की। उनकी आवाज में एक जादू भरी शक्ति थी और भारत के कोने-कोने में वे विभिन्न वर्गों के लोगों को एक सामाजिक परिवर्तन का एक सशक्त हथियार बनाने में सफल रहे। वह हर साधारण व्यक्ति जो उनके सम्पर्क में आया आजादी की लड़ाई में उनके सन्देश को घर-घर पहुँचाने में एक महत्त्वपूर्ण भूमिका निभाने में समर्थ हो गया।

अहिंसा के आदर्श में उनकी दृढ़ आस्था थी। उसे उन्होंने निभाया, पर आजादी की लड़ाई में आवश्यकता के अनुरूप उन्होंने 'करो या मरो' का नारा भी दिया। सम्पत्ति पर आधिपत्य रखने वाले लोगों द्वारा समाज में उत्पन्न की गई खाई के प्रति वे पूरी तरह जागरूक थे, इसीलिए जहाँ उन्होंने ट्रस्टीशिप की बात कही वहीं श्रमिक वर्ग द्वारा अपने अधिकारों के लिए किए गए संघर्ष का भी समर्थन किया। गांधी जी ने यह विचार रखा कि आर्थिक समता अहिंसा पर आधारित आजादी की प्रमुख पूँजी है। जब तक धनी वर्ग और भूख से तड़पते लोगों के बीच गहरी खाई बनी रहेगी तब तक अहिंसक सरकार की कल्पना स्पष्टत: असम्भव है। नई दिल्ली के महलों और दुख-दर्द से पीड़ित गन्दी बस्तियाँ जहाँ श्रमिक वर्ग के लोग रहते हैं, आजाद भारत में एक दिन भी बनी नहीं रह सकेंगी, क्योंकि आजादी के बाद निर्धन और धनवान समान अधिकार प्राप्त कर लेंगे। जब तक धनवान स्वेच्छा से अपनी सम्पत्ति को गरीबों के बीच सबके हित में मिलकर बाँटने को तैयार नहीं होंगे, एक खूनी क्रान्ति निश्चित है।

पचास वर्षों की आजादी के बाद हम गरीब और अमीर के बीच निरन्तर बढ़ती खाई को देख रहे हैं। महलों और गन्दी बस्तियों के बीच बढ़ते अन्तर को हम देश के हर हिस्से में प्रतिदिन देख रहे हैं। आर्थिक विषमता बढ़ रही है और भयानक स्वरूप लेती जा रही है। गांधी जी द्वारा दी गई चेतावनी हमारा शासक वर्ग और सुविधा प्राप्त वर्ग पूरी तरह भुला बैठे हैं। हिंसा की घटनाओं की निन्दा हिंसा के कारणों को मिटाने के लिए उठाए गए कदम के बिना, एक ऐसा कदम है जिसकी असफलता स्वयं में निहित है। जब तक विषमता बनी रहेगी सामाजिक तनाव बना रहेगा और शान्त अहिंसक समाज की स्थापना के लिए संकट भी एक वास्तविकता रहेगी। इस खाई को पाटे बिना एक शान्तिपूर्ण नवनिर्माण सम्भव नहीं। यह एक विडम्बना है कि हम गांधी जी के अहिंसा के सिद्धान्त की दुहाई देते हैं पर उनके आर्थिक और सामाजिक समता के आधार पर समाज निर्माण के सन्देश को भुला बैठे हैं। सत्ता प्राप्त लोग समाज में व्याप्त माहौल को बाहरी पर्दे से ढकने का प्रयास कर रहे हैं। जब तक लोग भूख और बेबसी से पीड़ित रहेंगे एक शान्त और सुव्यवस्थित समाज की कल्पना असम्भव है। भारत क़ी आज की इस स्थिति के बारे में उन सभी लोगों को गम्भीरता से सोचना होगा जो गांधी जी के सपनों का भारत बनाना चाहते हैं और उनके पदचिह्नों पर चलने में आस्था रखते हैं। गांधी जी केवल राजनीतिक नेता नहीं थे। वे एक समाजद्रष्टा थे, जिन्होंने एक नई दृष्टि और कार्यपद्धति का सन्देश दिया। उन्होंने अपने व्यवहार से हमें एक नई सीख दी कि राष्ट्रनिर्माण के कार्य में लगे सहयोगियों के सद्गुणों को परखना चाहिए और उन्हें इसके विकास के लिए प्रोत्साहित करना चाहिए। यही उनकी विशेषता थी जिसके द्वारा वे अनेक लोगों का जीवन सुधारने में सफल रहे।

दुर्भाग्यवश आज राजनीति में नया मोड़ आया है और हम अपने सहकर्मियों की कमजोरियों को देखने में लगे रहते हैं। यह प्रवृत्ति गांधी जी के दर्शन और क्रिया प्रणाली से मेल नहीं खाती। इससे अविश्वास पैदा होता है और एक-दूसरे के प्रति अनास्था का माहौल बन जाता है। इससे विसंगति पैदा होती है। इससे आपसी होड़ में किसी को सफलता प्राप्त करने में सहायता मिलने की भ्रान्ति हो सकती है, किन्तु राष्ट्रनिर्माण के कार्य में इससे सहायता नहीं प्राप्त होगी। गांधी जी ने केवल उच्च नैतिकता का सन्देश नहीं दिया बल्कि उसे अपने स्वयं के जीवन में अंगीकार किया और उससे दूसरों को भी अनुप्राणित किया।

गांधी जी ने उच्च वर्ग के मान्य सामाजिक मर्यादा के प्रतीकों को अमान्य और निरर्थक सिद्ध करने में सफलता प्राप्त की। वैभव और दिखावे की जीवन पद्धति को छोड़ उन्होंने सादगी की जिन्दगी अपनायी और इस प्रकार निर्धन वर्ग में एक आत्मविश्वास और मर्यादा की भावना पैदा की। उन्होंने स्वतंत्रता और नई सामाजिक व्यवस्था के प्रति उनमें आस्था जगायी। इस प्रकार वे इस अभियान में हर कुर्बानी करने

के लिए तत्पर हुए और गांधी जी को उनका पूर्ण स्वैच्छिक सहयोग मिला। अत्यन्त कठिन परिस्थितियों में भी उन्होंने साथ दिया। हमें बापू को इस परिवेश में परखना होगा तभी हम वह शक्ति प्राप्त कर सकेंगे जिससे अशुभ शक्तियों को पराजित कर हम शुभ और कल्याणकारी शक्तियों को विजयी बनाने में सफल हो सकें। यही बापू के प्रति सही और सच्ची श्रद्धांजलि होगी।

(*यंग इंडियन,* अंक 51, 10 अक्टूबर, 1998)

अपनी कार्यसूची का निर्धारण स्वयं करें

वर्तमान आर्थिक स्थिति अस्सी के दशक के प्रारम्भ से बनी सरकारों द्वारा अपनाई गई नीतियों का सीधा प्रतिफल है। पिछले डेढ़ दशक में देश की अपनी कार्यसूची निर्धारण क्षमता को कम करने का गोचर प्रयास हुआ है। परिणामस्वरूप, आसमान छूती कीमतों, गिरते निवेश, घटते उत्पादन और निर्यात के साये में, सरकार अन्धेरे में राह तलाश रही है। बाहरी सलाह पर पूरी तरह आश्रित होना तथा उसके धीमे क्रियान्वयन ने वर्तमान नीति निर्धारकों को ऐसे मौन दर्शकों के रूप में चित्रित किया है जो सुधारवादी उपाय खोजने की कोई पहल नहीं करना चाहते हैं। इसी वर्ष मार्च माह में सत्ता पर काबिज होने वाली वर्तमान सरकार उस स्वदेशी पथ को छोड़कर, जिसकी वकालत उसके सभी प्रमुख घटक दल चुनावों तक कर रहे थे, उसी पथ का अनुसरण कर रही है जिसे पूर्ववर्ती सरकारों ने निर्धारित किया था।

हमें दक्षिण–पूर्व एशियाई देशों से सबक लेना होगा जिनकी अर्थव्यवस्थाएँ ताश के पत्तों की तरह बिखर गईं। उनका अनुभव हमें आवश्यक सामाजिक, राजनैतिक और आर्थिक ढाँचा तैयार किए बगैर अनियंत्रित भूमंडलीकरण की खामियों को दर्शाता है। इस मोड़ पर, जब भूमंडलीय आर्थिक ढाँचा तेजी से दुर्बल होता जा रहा है, भारत को अपना पथ स्वयं निर्धारित करना चाहिए। दुर्भाग्यवश, यह विचार शासकों के मस्तिष्क से बहुत दूर है।

गरीबी की निरपेक्ष सीमा लोगों को उतना प्रभावित नहीं करती जितना कि सापेक्ष सीमा। मुद्रास्फीति सबसे अधिक गरीब को प्रभावित करती है, जिसकी गरीबी तब और बढ़ जाती है जब भोजन, जो कि कुल व्यय का प्रमुख हिस्सा होता है, महँगा हो जाता है। इस प्रकार की स्थिति में भी आम आदमी पर पड़ते हुए प्रभाव एवं तकलीफों के प्रति सरकारी महकमों में बेरुखी है। इतना ही नहीं, स्थिति में सुधार के प्रयासों को दरकिनार कर इन मुद्दों को दबाने और ऊटपटाँग तर्कों को खोजने की कोशिश की जा रही है। सरकार में शामिल एक जिम्मेदार व्यक्ति का यह बयान, कि प्याज की बढ़ती कीमतें चिन्ता का विषय नहीं है क्योंकि इसका सेवन धनाढ्य वर्ग करता

है, न केवल उदासीनता प्रदर्शित करता है बल्कि एक गम्भीर त्रुटि को भी दिखाता है। यह सच्चाइयों से अनभिज्ञता का द्योतक है जैसे कि यह तथ्य कि देश के तीस करोड़ से अधिक गरीब रोज रोटी, नमक और प्याज से अधिक भोजन नहीं कर पाते। इसके अलावा ऐसा व्यवहार कालाबाजारियों, जमाखोरों और असामाजिक तत्त्वों को बढ़ावा देता है।

यह एक विडम्बना है कि ऐसी क्षमताओं का लगातार विकास किया जा रहा है जो विलासी उपभोक्ता वस्तुओं, जिनमें भारी मात्रा में आयातित सामग्री होती है, का निर्माण कर सकें तथा जिनकी माँग को 'कंज्यूमर फाइनेन्स' की मदद से बढ़ाया जाता है। यह तथ्य कि इन निवेशों का गरीबों से कोई सरोकार नहीं है, भुला दिया जाता है। ऐसे निवेश ने, जिसकी अगुवाई बहुराष्ट्रीय कम्पनियाँ कर रही हैं, भारत की निर्यात क्षमता बढ़ाने में कोई योगदान नहीं दिया है।

गरीब की जरूरतों के प्रति बढ़ती हुई अमीर वर्ग की असंवेदनशीलता और नीति निर्धारकों की हर मर्ज की दवा के लिए बाजार पर आश्रित होने की प्रवृत्ति चिन्ताजनक है। अगर सुधारवादी कदम तुरन्त नहीं उठाए गए तो देश और उसकी राजव्यवस्था को घातक परिणाम भोगने होंगे। दक्षिण-पूर्व एशियाई देशों में हुई उलट-पलट के बाद अन्तरराष्ट्रीय संस्थाओं द्वारा अपनी नीतियों को बदलना इस बात का स्पष्ट प्रमाण है कि एक देश को अपनी कार्यसूची का निर्धारण बिना विदेशी संस्थाओं के दबाव में आए, स्वयं करना चाहिए।

देश आज उस मुकाम पर पहुँच चुका है जहाँ उचित परिप्रेक्ष्य वाले चिन्तनशील एवं जागृत नागरिकों को सम्मिलित प्रयास करना होगा। उन्हें अपनी कारगर आवाज शासकीय तंत्र में व्याप्त उदासीनता और निर्दयता के खिलाफ उठानी चाहिए।

(*यंग इंडियन*, अंक 52, अक्टूबर 17, 1998)

कल्याणकारी अर्थशास्त्र की वापसी

इस दशक के शुरुआत में कम्युनिस्ट देशों पर आई विपदा के कारण वहाँ की जनता को अत्यन्त दुख-तकलीफों का सामना करना पड़ा। अधिकांश विकासशील देश कम्युनिस्ट देशों में सफलतापूर्वक प्राप्त किए गए समाजार्थिक परिवर्तन तथा विज्ञान के क्षेत्र में किए गए शानदार प्रदर्शन से बहुत प्रभावित थे। ऐसे तंत्र, जो मुक्त बाजार प्रणाली का विकल्प प्रस्तुत कर रहा था, के अचानक बिखरने से विकासशील देशों के आत्मविश्वास को गहरा धक्का लगा।

इस पृष्ठभूमि में, कई विकासशील देशों ने दिशा-निर्देश एवं सहायता के लिए शक्तिशाली, धनाढ्य पश्चिमी देशों का दरवाजा खटखटाया। पूर्वी एशियाई देशों को

'एशियाई टाइगर' की उपाधि दिलवा चुके इन औद्योगिक देशों एवं बहुपक्षीय संस्थाओं ने मुक्त बाजार मॉडल की जमकर वकालत की। सर्वोत्तम सलाह यह दी गई कि सारा सरकारी नियंत्रण हटा दिया जाए, चाहे वह विदेशी पूँजी निवेश, विदेश व्यापार या निम्न तकनीक में हो। ऐसे उपाय सुझाए गए जिससे उत्पादों का एकाधिकार हो तथा आर्थिक एवं राजनैतिक शक्तियों की गिने-चुने वर्ग में संकेन्द्रण की प्रक्रिया को बल मिले। संक्षेप में, 1991 में भारत के नीतिगत ढाँचे में व्यापक परिवर्तन लाए गए। अगर यह सत्य भी है कि इस नीति परिवर्तन, जिसे 'उदारीकरण पैकेज' का नाम दिया जाता है, का सुझाव आई.एम.एफ. तथा विश्व बैंक ने दिया था, तो भी भारतीय सरकार, कांग्रेस पार्टी तथा उसका नेतृत्व, जो उस समय सत्ता में था, के पास ऐसी नीतियों को मानने से इनकार करने का अधिकार था जिनका अर्थ देश में नियोजन का स्थगन हो।

'उदारीकरण पैकेज' को अपनाने के पश्चात् भारतीय जनसंख्या का वही वर्ग सर्वाधिक पीड़ित हुआ है जिसने कभी भारतीय राजनीतिक स्वतंत्रता के संघर्ष में भाग लिया था। उदारीकरण के साथ ही स्वास्थ्य, शिक्षा एवं अन्य सेवाओं का, जो भारतीय अर्थव्यवस्था के सामाजिक क्षेत्र में आती हैं, निजीकरण प्रारम्भ हो गया। भारतीय राष्ट्र अपने उस अधिकार और साथ ही जिम्मेदारी का आत्मसमर्पण करने लगा जिसके अन्तर्गत वह उन करोड़ों गरीबों के लिए कल्याणकारी कार्यक्रम का निर्माण एवं क्रियान्वयन कर सकता था। अगर किसी क्षेत्र में कोई विद्यालय नहीं है तो वहाँ के किसी भी निवासी पर असाक्षर होने का आरोप नहीं लग सकता है, वह इसलिए असाक्षर है क्योंकि समाज उसे विद्यालय जैसी बुनियादी आवश्यकता उपलब्ध नहीं करा पाया है। स्वास्थ्य सेवाओं की अनुपस्थिति का परिणाम शिशु मृत्युदर में वृद्धि एवं भयंकर विकृतियाँ हैं जिससे लाखों बच्चे अपने परिजनों एवं समाज पर बोझ बने हैं। अगर यह तंत्र बुनियादी आवश्यकताओं के प्रति संवेदनशील होता तो भारतीय समाज की स्थिति कुछ और ही होती।

अब समय आ गया है कि समझदारी की आवाज को सुना जाय, जिससे अन्धाधुंध उदारीकरण से हुए नुकसान को रोका जा सके। शोषितों के कल्याण तथा उसमें सरकार की क्रियाशील एवं सीधी भूमिका की वकालत करने के लिए प्रोफेसर अमर्त्य सेन को नोबेल पुरस्कार के लिए चुने जाने पर उन सभी को खुशी होगी जिनके दिल में गरीबों के प्रति हमदर्दी है तथा जो उनकी समस्याओं को राष्ट्र की प्राथमिकता मानते हों। यह नोबल पुरस्कार न केवल एक व्यक्ति के लिए है बल्कि, एक संकल्पना के लिए भी है। प्रतिकूल अन्तरराष्ट्रीय प्रचार के बीच दृढ़निश्चयता से अपने विचारों की वकालत करने पर हम उन्हें बधाई देते हैं।

(*यंग इंडियन,* अंक 1-2, अक्टूबर 24-31, 1998)

आचार्य और सरदार की प्रासंगिकता

31 अक्तूबर आचार्य नरेन्द्रदेव और सरदार वल्लभ भाई पटेल का जन्मदिन है। यह दिन ऐसा है जबकि हमें आत्मनिरीक्षण करना चाहिए। यह आवश्यक है कि हम आज के सन्दर्भ में उनके विचारों की प्रासंगिकता को समझें। आचार्य जी एक ऐसे दार्शनिक थे जिन्होंने सामाजिक परिवर्तन की प्रक्रिया को समझने की दृष्टि दी। सरदार ने छः सौ से अधिक देशी रियासतों को भारतीय गणराज्य में सम्मिलित कराने का करिश्मा कर दिखाया। थोड़े ही समय पहले स्वतंत्र हुए राष्ट्र के लिए यह कोई आसान काम नहीं था, परन्तु सरदार पटेल ने इसे खूबसूरती, दूरदृष्टि और दृढ़ता से अंजाम दिया। उन्हें भारत के लौहपुरुष की जो उपाधि दी गई है उसमें कुछ भी आश्चर्य करने की बात नहीं है।

लेकिन आचार्य जी और सरदार पटेल ने जो अवधारणाएँ प्रस्तुत कीं, आज उन पर चारों ओर से हमला हो रहा है। आज बहुत से लोग ऐसे हैं जो सोवियत रूस के विखंडन को इस बात का सबूत मानते हैं कि पूँजीवादी व्यवस्था बेहतर है। वे यह भूल जाते हैं कि समाजवाद की अवधारणा और उस पर अमल इन हालात से उपजे थे जिन्हें स्वयं पूँजीवाद ने पैदा किया था। सोवियत खेमा इसलिए नहीं ढह गया कि समाजवादी सामाजिक-आर्थिक विकास की अवधारणा में कोई अन्तर्निहित खामी थी। अब यह साफ हो गया है कि समाजवादी देशों में बहुत-सी खूबियाँ थीं। उनकी राजनीतिक व्यवस्था में जो खामियाँ थीं उन्हीं की वजह से उनका पतन हुआ। उन देशों में आन्तरिक जनतंत्र नहीं था। राजनीतिक सत्ता का केन्द्रीकरण थोड़े से लोगों के हाथों में था और इस कारण विरोध की आवाज उठने की कोई गुंजाइश नहीं थी। फलस्वरूप इन देशों की व्यवस्था तानाशाही में तब्दील हो गई। इसी कारण आचार्य जी की जनतांत्रिक समाजवाद की वकालत आज विशेषरूप से प्रासंगिक है। अगर हम अपनी व्यवस्था इस तरह की भी बनाते हैं जिसमें कि विरोध के सभी स्वरों को आदर के साथ सुना जाय तो हमें गम्भीर खतरों का सामना करना पड़ेगा।

अनेक बहुआयामी संगठनों द्वारा पेश किए जाने वाले नुस्खों में जो अन्तर्निहित संन्यास है तथा धार्मिक वर्चस्व का जो प्रयास किया जा रहा है उससे भारत की एकता और अखंडता को खतरा पैदा हो गया है। भारत जैसे बहुधर्मी देश में अगर किसी एक धर्म पर आधारित आदर्शों को बढ़ावा देने का प्रयास किया गया तो हमारे सामाजिक ताने-बाने पर खतरनाक दबाव पड़ेगा। हमारे देश की बहुविध समृद्ध सांस्कृतिक परम्पराएँ हैं तथा इसकी एक धर्मनिरपेक्ष जीवन-शैली है।

उदारीकरण का जो रास्ता देश ने अपनाया है उससे भी कुछ खतरे पैदा हो गए हैं। बाजार की शक्तियों पर निर्भरता से निश्चित रूप से निजी एकाधिकार को बढ़ावा मिलेगा और आर्थिक सत्ता थोड़े से व्यक्तियों के हाथों में सिमट जाएगी।

एक ऐसी अर्थव्यवस्था में जिसमें सम्पत्ति, आय तथा उपभोग की घोर असमानता है, पूरी तौर से बाजार की शक्तियों पर निर्भरता की बात सोचना न केवल खतरनाक है बल्कि एक दमनात्मक समाज की स्थापना को निमंत्रण देना है। राष्ट्रीय महत्त्व के मामलों में नियंत्रण और सीधे दखल देने का जो अधिकार है उससे सरकार दस्तबरदार नहीं हो सकती।

पश्चिमी देश मानवाधिकारों के उल्लंघन पर उपदेश देते हैं, लेकिन जो करोड़ों लोग जिन्दगी की बुनियादी सहूलियतों से महरूम हैं उनके बारे में उनकी जुबान नहीं खुलती। बाजार आधारित अर्थव्यवस्था धनी और शक्ति सम्पन्न लोगों के लिए तो ठीक है लेकिन जो लोग पीने के साफ पानी, न्यूनतम आवश्यक खुराक, बुनियादी स्वास्थ्य सुविधाओं और शिक्षा से वंचित हैं उनके लिए यह कतई ठीक नहीं है।

आचार्य नरेन्द्रदेव और सरदार पटेल दोनों ही का सपना था कि भारत एक सुसंगठित राष्ट्र के रूप में विकसित हो न कि एक ऐसे राष्ट्र के रूप में कि जिसकी राजनीतिक और सामाजिक एकता को बराबर खतरा बना रहे। उन्होंने जो बुद्धिमत्तापूर्ण बातें कही हैं उनको याद रखना देश के हित में है।

(*यंग इंडियन,* अंक 3, नवम्बर 7, 1998)

मूल्यवृद्धि और सरकार

सरकार की विश्वसनीयता में कमी बाजारी दावपेंच को जन्म देती है और वस्तुओं की बनावटी कमी को सरल बना देती है। सरकार तथा उसकी नेतृत्व की क्षमता पर से जनता का विश्वास उठने लगता है तो इससे घबराहट की भावना जन्म लेती है। पिछले कुछ हफ्तों में अनेक आवश्यक वस्तुओं की कीमतों में हुई अभूतपूर्व वृद्धि से आम जनता की तकलीफों के निवारण के प्रति सरकार की इच्छाशक्ति पर संदेह पैदा हुआ है।

इधर प्याज के मूल्यों में असाधारण वृद्धि हुई है और इस वृद्धि का कारण इसके उत्पादन में हुई कमी से किसी भी अनुपात में मेल नहीं खाता। इस असामान्य उछाल का कारण न तो उत्पादन में कमी है और ना ही अनियोजित प्याज-निर्यात। यह पूर्णत: जमाखोरों तथा थोक बाजारियों की कलाबाजी का नमूना है जिसमें वे देश के कुछ भागों में हुई बेमौसम वर्षा का लाभ उठाने में सफल रहे हैं। सरकार ने जमाखोरों के पास से प्याज को निकालने के लिए कोई कार्रवाई नहीं की। उसने न तो प्याज निर्यात पर समय से रोक लगायी और न ही नियोजित ढंग से प्याज का आयात किया। इतना ही नहीं दिल्ली सरकार ने दिल्ली उच्च न्यायालय में प्रस्तुत

किए गए अपने शपथ-पत्र में इस बात पर बल दिया है कि संकट के लिए व्यापारी वर्ग कतई जिम्मेदार नहीं है। हालाँकि उत्तर प्रदेश सरकार ने जब कार्रवाई करने का निश्चय किया तो वह बाजार में आवश्यक वस्तुओं तथा सब्जियों को उपलब्ध कराने में सफल रही।

हाल ही में हमने देश के कुछ राज्यों में नमक का अभाव तथा अत्यधिक ऊँचे मूल्यों पर उसे बिकते देखा। इसका कारण अफवाह बताया गया। इस प्रकार की अफवाहें कहाँ से जन्म लेती हैं, यह पता लगाना कठिन है, किन्तु इनसे लाभ उठाने वाले व्यक्तियों को पहचानना मुश्किल नहीं है। बिहार सरकार ने जिसके नेतृत्व को मीडिया ने निरक्षर महिला की संज्ञा दी, अपना प्रशासनिक कौशल दिखाया और व्यापारियों से उपभोक्ताओं को अधिक वसूला पैसा वापिस करने पर बाध्य कर दिया। इस सरकार ने कानून का कारगर इस्तेमाल किया जबकि अधिक साक्षर नेतृत्व वाले नेताओं की सरकार ऐसा नहीं कर पायी।

यह बात स्वीकार की जानी चाहिए कि वर्तमान संकट का सामना अकेले सरकार नहीं कर सकती। सरकारी उपाय तभी सफल हो सकते हैं जब जनता भी सहयोग करे और मूल्यवृद्धि से उत्पन्न स्थिति से घबराकर कोई कदम नहीं उठाए। बाजार की स्थिति से घबराकर अन्धाधुन्ध खरीदारी से स्थिति और बिगड़ती है, ऐसे समय में मुनाफाखोरों की बन आती है। जिन वस्तुओं के उत्पादन और आपूर्ति में कमी हो उनकी खरीद में जनता अगर धैर्य से काम ले तो आज जैसी स्थिति पैदा नहीं होगी। अगर सरकार कमजोर तथा किंकर्तव्यविमूढ़ हो तो समझदार व्यक्तियों को आगे आना चाहिए। मूल्यवृद्धि की इन घटनाओं से यह स्पष्ट है कि जनता का सरकार की शासकीय क्षमता से विश्वास उठ चुका है। ये आतंकित प्रतिक्रियाएँ रुग्णता की द्योतक हैं।

लोगों में यह धारणा काफी फैली हुई है कि व्यापारी वर्ग को सत्तारूढ़ दल का समर्थन तथा संरक्षण प्राप्त है। इस धारणा ने व्यापारी समुदाय के हौसले बढ़ा दिए हैं। अपने समर्थकों को कोई सजा नहीं देना चाहता पर क्या ऐसी विषम स्थिति में भी ऐसे लोगों को सजा देने में संकोच किया जाएगा। यह प्रश्न आज भी अनुत्तरित है।

(*यंग इंडियन,* अंक 4, नवम्बर 14, 1998)

मर्यादा का पालन आवश्यक

लोकतंत्र के सफल संचालन के लिए कुछ निश्चित मर्यादाएँ हैं जिनका पालन विशेषरूप से उन लोगों के लिए आवश्यक है जो सामाजिक और राजनीतिक दृष्टि से उच्च पदों

पर आसीन हैं। लोकतांत्रिक समाज की एक बुनियादी मर्यादा यह है कि उसमें सभ्य व्यवहार हो। दूसरी, राजनीतिक व्यवस्थाओं से अलग लोकतांत्रिक व्यवस्था में यह मान के चला जाता है कि जो लोग सत्ता में हैं वे असहमति और विपक्ष की आवाज को सुनेंगे। जो लोग अल्पमत या विपक्ष में हैं वे सत्ता में बैठे लोगों की तरह ही जनता की समस्याओं से चिन्तित हैं। सत्ता में बैठे लोगों का दायित्व है कि वे विपक्ष को अपने साथ लेकर चलें। यह तभी सम्भव है जब सभी सम्बन्धित लोग अपने सार्वजनिक वक्तव्यों में संयम बरतेंगे और दुर्भावना का परिचय नहीं देंगे। मतभेदों की अभिव्यक्ति मर्यादित ढंग से होनी चाहिए। उच्चस्थ राजनीतिक नेतृत्व द्वारा सार्वजनिक रूप से अनुत्तरदायी तथा अमर्यादित भाषा की अभिव्यक्ति उचित नहीं ठहराई जा सकती।

किसी राज्य में प्रधानमंत्री का आगमन महत्त्वपूर्ण हुआ करता है। इस अवसर का तकाजा होता है कि सम्बन्धित राज्य के मुख्यमंत्री, मंत्रिमंडल के सदस्य तथा वहाँ की सरकार का प्रशासनिक तंत्र अपने यहाँ आए अतिथि के साथ शिष्टाचार का निर्वाह करे, लेकिन अतिथि से भी यह अपेक्षा की जाती है कि वह आतिथेय को माफिया द्वारा संचालित राज्य का प्रमुख घोषित नहीं करे। विशिष्ट अतिथि के आगमन का अवसर ऐसा मौका नहीं हुआ करता जब यह बताया जाय कि वहाँ माफिया का शासन है या नहीं। विशिष्ट व्यक्ति द्वारा इस प्रकार की अभिव्यक्ति की घटना से सार्वजनिक जीवन की उन मर्यादाओं पर ही कुठाराघात होता है, जिनका पालन मर्यादित लोकतांत्रिक व्यवहार के लिए आवश्यक है। प्रधानमंत्री की पटना यात्रा के दौरान उनके द्वारा वहाँ की महिला मुख्यमंत्री की उपस्थिति में दिए गए वक्तव्य से प्रधानमंत्री की गरिमा नहीं बढ़ी है। उनके वक्तव्य के उत्तर में मुख्यमंत्री की प्रतिक्रिया स्वाभाविक हो सकती है, किन्तु इससे बचा जाना चाहिए था।

लोकतंत्र को चलाने का दायित्व केवल सत्ता में बैठी पार्टी का ही नहीं है। विपक्ष की भी उतनी ही जिम्मेदारी है। आलोचना करने से पहले तथ्यों का पता लगाने के साथ इस बात को भी परख लिया जाना चाहिए कि सत्ता को नियंत्रित करने वालों की वास्तविक कठिनाइयाँ क्या हैं।

लोकतांत्रिक व्यवस्था में प्रेस की महत्त्वपूर्ण भूमिका है। इसके लिए जरूरी है कि समाचार देने और सम्पादकीय नीतियों में निष्पक्षता के साथ तथ्यों को भी ध्यान में रखा जाय। इधर यह देखा जा रहा है कि निष्पक्ष तथा ईमानदार पत्रकारिता के नियमों को नजरअन्दाज कर असत्य बातों के आधार पर नियोजित ढंग से लोगों को व्यक्तिगत रूप से बदनाम करने के प्रयास हो रहे हैं। प्रेस का दायित्व है कि वह नागरिकों को तथ्यों की जानकारी देकर उनके ऊपर चर्चा चलाने में मदद करे। लेकिन अगर कोई पत्रकार नीचे स्तर पर उतरकर व्यक्तिगत लाभ के लिए ओछे राजनीतिक दाँव-पेच में पड़ता है तो इससे पूरे प्रेस की विश्वसनीयता ही घटती है। ऐसे पत्रकारों को अदालत तक घसीटना इस बीमारी का इलाज नहीं है। मर्यादित आचरण, कानून तथा

न्यायपालिका के माध्यम से नहीं लाया जा सकता। इस प्रकार का आचरण तो पत्रकारिता के पेशे से ही शुरू किया जाना चाहिए। मीडिया के वरिष्ठ सदस्यों को चाहिए कि वह इस समस्या पर विचार करें और इसके हल का रास्ता बताएँ।

(*यंग इंडियन,* अंक 5, नवम्बर 21, 1998)

निन्दनीय रुख

अमरीका द्वारा इराक को पिछले सात वर्ष में दूसरी बार दी गई हमले की धमकी से क्षेत्र में तनाव व्याप्त है और यह शान्तिप्रिय लोगों के लिए बड़ी चिन्ता का विषय है। अमरीकी प्रशासन द्वारा इस क्षेत्र में सेनाओं की तैनाती और रेड एलर्ट के उसके निर्देशों से पूरी दुनिया में चिन्ता है। अमरीकी कार्रवाई से युद्ध की जो मनोभावना पैदा हुई है उससे पहले से ही चला आ रहा तनाव और बढ़ा है।

इराक के विरुद्ध अमरीका के नेतृत्व में पश्चिमी देशों की सेवाओं के 1990 के हमले के बाद से ही इराकी जनता को कठिनाइयों का सामना करना पड़ रहा है। सात वर्ष पूर्व कुवैत पर कब्जे के उसके प्रयास के विरोध में यह हमला किया गया था और इसके बाद ही इराक के विरुद्ध आर्थिक प्रतिबन्ध लगा दिए गए थे। इससे इराकी जनता की कठिनाइयाँ काफी अधिक बढ़ गईं।

इराकी जनता को खाद्यान्नों, दवाइयों तथा अन्य आवश्यक वस्तुओं की कमी का सामना करना पड़ रहा है। इस परेशानी के सबसे अधिक शिकार बच्चे हो रहे हैं जो दवाइयों तथा चिकित्सा सुविधा के अभाव में असमय दम तोड़ रहे हैं। यह स्थिति इस क्षेत्र में तनाव के चलते है। लेकिन दुनिया में किसी भी देश को यह नहीं समझ लेना चाहिए कि वह अकेले ही अन्तरराष्ट्रीय पुलिस की भूमिका निभाएगा और जहाँ चाहे हस्तक्षेप करेगा। एक देश द्वारा कहीं भी मनचाहा हस्तक्षेप करने की मनोवृत्ति बना लेना खतरनाक बात है।

इन घटनाक्रमों में सबसे अधिक चिन्ताजनक संकेत अमरीकी राष्ट्रपति की टिप्पणियों से मिलता है। जिनके अनुसार वह इराक में परिवर्तन चाहते हैं। वह यहाँ तक कहते हैं कि वह इराक में अपनी पसन्द की सरकार चाहते हैं और सद्दाम हुसैन की सरकार को एक दिन भी बर्दाश्त नहीं करेंगे। यह दुखद रुख एक ऐसे देश का है जो उदार लोकतंत्रवादी होने का दावा करता है। इराक की जनता किस प्रकार की सरकार और किस नेता को चाहती है, यह उसका अधिकार है और अन्तरराष्ट्रीय जनमत को उसके इस अधिकार को स्वीकार करना चाहिए।

विश्व के अन्य क्षेत्रों में ऐसी परिस्थितियाँ पैदा हुई हैं जहाँ बाहरी हस्तक्षेप से स्थिति सुधरी और वहाँ के लोगों के जनतांत्रिक अधिकार बहाल हुए हैं। लेकिन, किसी

भी देश को किसी अन्य देश में हस्तक्षेप कर अपनी पसन्द का नेता थोपने और वहाँ के लोगों को उनके अधिकार से वंचित करने का कोई हक नहीं है।

यह एकमात्र ऐसा क्षेत्र नहीं है जहाँ अमरीका अपना प्रभुत्व जमाना चाहता है, आर्थिक वैश्वीकरण की योजना भी इस हथकंडे का एक अंग है। ये प्रयास तीसरी दुनिया के देशों पर, जो अपने आर्थिक विकास के लिए उनके ऊपर निर्भर हैं, अपना प्रभाव जमाने के लिए किए जा रहे हैं। कई दशकों से तीसरी दुनिया के देशों ने आपसी सहयोग तथा विकास के लिए अन्तरराष्ट्रीय मंच तथा संस्थाएँ बनायी हैं लेकिन वर्षों से यह ठप पड़े हैं। ऐसी स्थिति में अब तीसरी दुनिया के देशों को अपने अधिकारों तथा अपनी स्वतंत्रता के लिए खड़ा होना चाहिए। तभी वह एक राष्ट्र की धौंसपट्टी का मुकाबला कर सकेंगे।

(*यंग इंडियन*, अंक 3, नवम्बर 28, 1998)

पहले अपना घर सँभालिये

देश के बीमा क्षेत्र को विदेशी निवेश के लिए खोलने के केन्द्रीय मंत्रिमंडल के हाल के निर्णय का मुख्य उद्देश्य दुनिया को यह दिखाना है कि वर्तमान सरकार ढाँचागत सामंजस्य कार्यक्रम के मामले में पिछली सरकार की नीतियों का ही अनुसरण कर रही है। बीमा क्षेत्र को विदेशी पूँजी के लिए खोलने के फैसले का व्यापक निहितार्थ हो सकता है।

सरकार के इस फैसले से भारतीय जनता पार्टी का दोहरा चरित्र ही उजागर हुआ है। वैसे इस पार्टी ने भारत के भविष्य के बारे में आर्थिक सोच रखने का कभी दावा नहीं किया। सत्तारूढ़ गठबन्धन का नेतृत्व करने वाली पार्टी सामाजिक तथा सांस्कृतिक क्षेत्र में राष्ट्रीयता को ही बढ़ावा देना चाहती है, लेकिन आर्थिक क्षेत्र में वह विदेशी बनना चाहती है। उसके आर्थिक नीति सम्बन्धी फैसले भारत को बहुराष्ट्रीय कम्पनियों और उनकी पूँजी पर और अधिक निर्भर बना देंगे। वह जो रवैया अपना रही है वह देश की जनता के हित में नहीं है।

यह याद रखने की बात है कि भारतीय जनता पार्टी ने बीमा व्यवसाय में विदेशी पूँजी को अनुमति देने के पिछली सरकार के फैसले का कड़ा विरोध किया था। तब से आज तक स्थिति में परिवर्तन नहीं हुआ है। फिर इस पार्टी की सरकार ने अपना रुख क्यों बदल लिया?

वर्तमान नीति निर्धारकों ने उन कारणों पर ध्यान नहीं दिया जिनके चलते 1956 में तत्कालीन सरकार ने बीमा क्षेत्र का राष्ट्रीयकरण किया था। यह राष्ट्रीयकरण इस उद्देश्य से किया गया था कि उन लोगों को जिन्हें अपने कारखानों, व्यावसायिक

धन्धों, अपने घर तथा जीवन के लिए अधिक सुरक्षा तथा गारंटी की आवश्यकता है, उन्हें बीमा की सुविधा दी जा सके। छोटी बीमा कम्पनियाँ यह काम करने में असमर्थ थीं। जिन लोगों ने बीमा करा रखा था उनके साथ धोखाधड़ी की जा रही थी। इन परिस्थितियों में सरकार ने अपने ऊपर जिम्मेदारी ली और बीमा व्यवसाय का राष्ट्रीयकरण किया। यह याद रखने की बात है कि बीमा कम्पनियों और बैंकों के राष्ट्रीयकरण का अभियान स्वतंत्रता आन्दोलन के समय से ही चलाया जा रहा था।

यह बात स्वीकार करनी होगी कि बीमा क्षेत्र के राष्ट्रीयकरण से सार्वजनिक क्षेत्र का एकाधिकार बढ़ गया। इससे बीमा क्षेत्र में न केवल नौकरशाही हावी हुई बल्कि यह क्षेत्र लोगों की कठिनाइयों के प्रति असंवेदनशील हो गया। आम बीमा को कई छोटी कम्पनियों में बाँटा गया। किन्तु उनके बीच कोई प्रतिस्पर्धा नहीं रही और उन्होंने एक सरकारी विभाग के रूप में काम करना शुरू कर दिया। इनके अन्दर न तो प्रभावी ढंग से सेवा प्रदान करने की इच्छाशक्ति रह गई और न ही कार्यकुशलता। इसके चलते सरकार से हस्तक्षेप की माँग की जाने लगी। निराश होकर लोगों ने बीमा व्यवसाय को निजी क्षेत्र के लिए खोलने की माँग शुरू कर दी।

भारतीय बीमा कम्पनियों विशेषकर आम बीमा क्षेत्र के प्रबन्ध के ढाँचे को पुनर्गठित करने की जरूरत है ताकि उनके काम में सुधार आ सके और वह बीमा धारकों के प्रति संवेदनशील हो सकें। इस क्षेत्र में कार्यकुशलता और बीमा धारकों के प्रति जवाबदेही की आवश्यकता है ताकि इसे सरकारी विभाग के रूप में न चलाकर एक उद्यम के रूप में चलाया जा सके।

इस क्षेत्र में विदेशी पूँजी निवेश से बहुत से प्रश्न उठ खड़े हुए हैं जिन पर गम्भीरता के साथ विचार की आवश्यकता है। बीमा क्षेत्र को निजी क्षेत्र तथा विदेशी पूँजी के लिए खोलने से पूर्व हमें इस क्षेत्र में हुए अपने पुराने अनुभवों पर विचार करना और इसके कामकाज में सुधार लाना होगा।

(*यंग इंडियन,* अंक 4, दिसम्बर 5, 1998)

जवाबदेही की माँग बढ़ी

राजनीति केवल चुनावी प्रबन्ध नहीं है बल्कि इससे कहीं अधिक है। यह एक ऐसा माध्यम है जिसके द्वारा मुद्दे उठाए जा सकते हैं और उनके ऊपर चर्चा करा कर जनता को शिक्षित किया जा सकता है। नीतियों का निर्धारण करने वाले इसके माध्यम से देश तथा जनता के समक्ष आसन्न समस्याओं के बारे में मतदाताओं को बता सकते हैं। देश की राजनीति से विकास की प्रक्रिया तथा उसकी गति का निर्धारण होता है। ऐसी स्थिति में चुनावी प्रक्रिया के दौरान जनता की समस्याओं और उसकी चिन्ताओं

का हावी रहना स्वाभाविक है। हाल में हुए चार राज्यों की विधानसभाओं के चुनाव को कुछ लोगों ने लघु आम चुनाव तथा राष्ट्रीय राजनीति की दिशा निर्धारित करने वाला बताया। किन्तु यह चुनाव प्याज के मूल्य जैसे सतही मुद्दे पर लड़ा गया। हो सकता है कि गरीबों के जीवन के लिए आवश्यक वस्तु प्याज का मुद्दा कीमतों की असाधारण वृद्धि के मुद्दे का संकेत रहा हो। लेकिन कीमतों की वृद्धि और अर्थव्यवस्था के वैश्वीकरण के बीच के सम्बन्धों और सामाजिक आर्थिक नियोजन को छोड़ने की नीति के बारे में बताने की कोशिश नहीं की गई।

कुछ प्रत्याशियों तथा नेताओं द्वारा प्याज के मुद्दे को महत्त्व देने और उसे मुख्य चुनावी मुद्दा बनाने के लिए उसकी मालाएँ पहनकर चुनावी रैलियों में उतरना हास्यास्पद था। जो लोग देश का नेतृत्व करने और भारत के भविष्य को प्रभावित करने की इच्छा रखते हैं उनसे और अधिक जिम्मेदारी के साथ व्यवहार किए जाने की आशा की जाती है।

यह दुर्भाग्य की बात है कि दो प्रमुख राजनीतिक दलों के चुनाव प्रचार का अभियान चलाने वालों ने चुनाव प्रचार को सतही स्तर पर ला दिया और ऐसी भाषा का इस्तेमाल किया जो केवल सड़कों के झगड़ों में सुनी जाती है। लोकतांत्रिक ढाँचे में राजनीतिक नेताओं को अपने व्यवहार में कुछ बुनियादी मर्यादाओं का पालन करना होगा। लोकतंत्र में चुनाव नेताओं तथा कार्यकर्ताओं के लिए एक ऐसा अवसर प्रदान करता है जिसमें वह अपने विरोधियों के विचारों को समझ सकते हैं और प्रचार अभियान के दौरान नीचे के स्तर पर अपने सम्पर्क से अपनी धारणाओं की परख कर सकते हैं। केवल नकारात्मक चुनाव प्रचार से न तो जनता को शिक्षित किया जा सकता है और न ही लोकतांत्रिक प्रक्रिया को मर्यादा प्रदान की जा सकती है। चुनाव प्रचार में लगे विभिन्न पार्टियों के प्रमुख प्रचारकों से मर्यादित व्यवहार की आशा की जाती है, जो पिछले महीने के चुनाव में देखने को नहीं मिला।

चुनाव परिणाम से साफ है कि जनता की आकांक्षाएँ काफी बढ़ गई हैं। जो लोग अपने चुनावी वादे और जनता की विकास की आकांक्षाओं को पूरा नहीं करते उन्हें वह चुनाव में दंडित करने से नहीं चूकती। मतदाताओं की जवाबदेही की माँग केवल राज्य और केन्द्र सरकारों तक सीमित नहीं रह गई है। साक्षरता और संचार के साधनों के प्रसार से लोग अब केवल अपनी व्यक्तिगत तथा स्थानीय समस्याओं की ही चर्चा नहीं करते, बड़ी संख्या में लोग अब राज्य और केन्द्रीय स्तर की चर्चाओं में भाग ले रहे हैं। विधानसभाओं के भी चुनाव के लिए मतदान को अब केवल स्थानीय मुद्दे ही प्रभावित नहीं कर रहे हैं। भारतीय मतदाता अब राष्ट्रीय और राज्य स्तरीय दोनों मुद्दों की जानकारी रखने लगे हैं। हाल के चुनाव से यही सन्देश मिलता है कि जनता का विश्वास बनाए रखने के लिए सत्तारूढ़ पार्टियों और निर्वाचित

प्रतिनिधियों को काम करके दिखाना होगा। केवलद वायदों को दुहराते रहने से काम नहीं चलेगा। नेता यह भरोसा करके नहीं चल सकते कि जनता हमेशा उनका साथ देती रहेगी।

(*यंग इंडियन,* अंक 5, दिसम्बर 12, 1998)

संसद की गरिमा की रक्षा का सवाल

संसद की गरिमा की रक्षा के प्रति जो सतही दृष्टिकोण अपनाया गया है वह विस्मयकारी है। पिछली लोकसभा के अध्यक्ष ने संसद सदस्यों को दी गई कुछ सुविधाओं को समाप्त कर दिया था, वर्तमान लोकसभा के अध्यक्ष ने उन सुविधाओं को फिर से बहाल कर दिया। लोकसभा अध्यक्ष के इस निर्णय को एक राज्य के उच्च न्यायालय ने स्थगित कर दिया था। सरकार ने इस मामले में चुप्पी साधना ही उचित समझा। जब यह मामला लोकसभा में उठाया गया तो संसदीय कार्य मंत्री ने कहा कि सरकार सम्बन्धित अदालत से तथ्यों की जानकारी हासिल करके सरकार को सूचित करेगी। दिलचस्प बात यह है कि सम्बन्धित विभागों को अदालत का कोई स्थगन आदेश नहीं मिला था। लोकसभा को इसकी जानकारी समाचार माध्यमों से ही प्राप्त हुई थी।

भारत के संविधान में राज्य के तीन प्रमुख अंगों विधायिका, कार्यपालिका और न्यायपालिका के अलग-अलग क्षेत्रों का निर्धारण किया गया है। तीनों ही अंगों को बिना एक-दूसरे के क्षेत्र में दखल दिए हुए अपनी निर्धारित जिम्मेदारी को पूरा करना है। कार्यपालिका द्वारा यदि कोई ज्यादती की जाती है तो उसके निराकरण का काम न्यायपालिका करती है। असलियत यह है कि राज्य के इन तीनों ही अंगों से यह अपेक्षा की जाती है कि वे एक दूसरे पर नियंत्रणकारी प्रभाव डालें। यदि ये तीनों अंग अपने-अपने कर्त्तव्यों की भूमिका की गरिमा कायम रखते हैं तो संविधान को लागू करने में एक सन्तुलन बनाए रखने में मदद मिलती है। परन्तु आज जैसी स्थिति है वह संविधान की इस मूल भावना की अभिव्यक्ति नहीं करती। इसका कारण राज्य के अलग-अलग अंगों द्वारा सतही दृष्टिकोण अपनाना और उनकी घोषणा तथा उनका कार्यकलाप है। अगर यह मामला सदन में उठाया गया था तो इसे अध्यक्ष के ऊपर छोड़ दिया जाना चाहिए था, ताकि वे अपनी समझ से सही समय पर अपना फैसला लेते। मंत्री द्वारा इस मामले में दखल देने से पूरे मामले ने एक अनावश्यक मोड़ ले लिया।

संविधान तीनों अंगों की शक्तियों और उनकी जिम्मेदारी का स्पष्ट निर्धारण करता है। राज्य के एक अंग को दूसरे अंग का आदर करना चाहिए और उसके लिए जो कार्यक्षेत्र निर्धारित किए गए हैं, उसके अन्तर्गत ही कार्य करना चाहिए। अगर एक अंग दूसरे को नीचा दिखाने की कोशिश करता है तो पूरा ढाँचा ही ध्वस्त हो जाएगा।

न्यायपालिका को यह अधिकार है कि यदि संसद कोई ऐसा कानून बनाती है जो संविधान द्वारा निर्धारित सीमा के बाहर जाता है तो न्यायपालिका को अधिकार है कि वह उसे रद्द कर दे। इसी के साथ संसद को भी यह अधिकार है कि वह आवश्यक संशोधन करे और अदालत के फैसले को बदल दे। इस तरह तीन अंग बिना एक-दूसरे को कमजोर किए या एक-दूसरे की गरिमा को नुकसान पहुँचाए अपने-अपने क्षेत्रों में कार्य कर सकते हैं। अगर विधायिका और न्यायपालिका एक-दूसरे से ऐसा टकराव मोल लेते हैं जो कि टाला जा सकता है तो इससे पूरी जनतांत्रिक व्यवस्था भी टूट जाएगी।

जनतांत्रिक व्यवस्था में कायदे-कानून महत्त्वपूर्ण होते हैं। परन्तु साथ ही कुछ ऐसी परम्पराएँ भी होती हैं जिनको बराबर का महत्त्व दिया जाना चाहिए। राज्य के सभी अंगों को इन परम्पराओं का पालन करना चाहिए। ऐसी स्वस्थ परम्पराओं के उल्लंघन के परिणाम खतरनाक हो सकते हैं। राज्य के अलग-अलग अंगों के जो मुखिया हैं उन्हें एक-दूसरे के क्षेत्र में दखलन्दाजी करने के पूर्व इस पर गम्भीरतापूर्वक विचार करना चाहिए।

(*यंग इंडियन,* अंक 5, दिसम्बर 19, 1998)

सरकार का अदूरदर्शी फैसला

इंडियन एयर लाइन्स और एयर इंडिया का विलय कर एक कम्पनी बनाने के नागरिक उड्डयन मंत्रालय के अदूरदर्शी फैसले से उन सबकी आँखें खुल जानी चाहिएँ जो अर्थव्यवस्था के हर क्षेत्र में उदारीकरण और देशी तथा विदेशी कम्पनियों के प्रवेश के पक्षधर रहे हैं। मंत्रालय के इस फैसले से पिछले कुछ वर्षों से सरकार द्वारा अपनायी गई नीतियों के बारे में कई बुनियादी सवाल उठ खड़े हुए हैं।

पिछले कुछ वर्षों से देश को बताया जा रहा था कि सरकार ने सार्वजनिक क्षेत्र के उन उद्योगों में, जो ठीक ढंग से काम नहीं कर रहे हैं और अधिक प्रतिस्पर्धा लाने के लिए आर्थिक सुधार कार्यक्रम शुरू किया है। बार-बार यह दलील दी-जाती रही है कि सार्वजनिक क्षेत्र के अधिकतर उद्योगों के घाटे में चलने के कारण वे सफेद हाथी हो चुके हैं और वह अर्थव्यवस्था की जड़ें खोखली कर रहे हैं। इस क्षेत्र की बीमार इकाइयों को सुधारने के लिए इन्हें स्वायत्तता देने, इनके शेयर बेचने और इनके आपस में विलय के सुझाव दिए जाते रहे हैं।

सरकार ने नागरिक उड्डयन क्षेत्र की कार्यकुशलता सुधारने और यात्रियों को बेहतर सेवा प्रदान करने के लिए ही उसे निजी कम्पनियों के लिए खोला था। सरकार के एकाधिकार वाले उड्डयन क्षेत्र से विशेषकर आंतरिक उड़ान को जब कम्पनियों

के लिए खोला गया तब यही दलील दी गई थी, किन्तु किसी ने इस बात पर विचार करने की जरूरत नहीं समझी कि हाल तक विश्व की सर्वश्रेष्ठ विमान सेवाओं में गिनी जाने वाली इंडियन एयर लाइन्स और एयर इंडिया में क्या खराबी आ गई थी। अब विनिवेश बोर्ड यह कहने लगा है कि एयर इंडिया दुनिया की सब से खराब एयर लाइन है, बोर्ड का अनुमान है कि इसे ठीक करने के लिए दो हजार करोड़ रुपए के निवेश की जरूरत होगी। इसके अलावा इसके प्रबन्ध को भी पेशे पर आधारित बनाना होगा और उसे इस विमान सेवा को चलाने के लिए पूरी स्वतंत्रता प्रदान करनी होगी।

इन सब बातों से यह सवाल उठता है कि नागरिक उड्डयन मंत्रालय ने इसमें सुधार के लिए तुरन्त कदम क्यों नहीं उठाए। नागरिक उड्डयन मंत्री ने अपनी सर्वोच्चता दिखाने का फैसला किया और दोनों भारतीय विमान सेवाओं में परिवर्तन तथा उनके शेयरों के बेचने के प्रस्ताव की मंजूरी की घोषणा कर दी। क्या शेयरों के स्वामित्व में परिवर्तन लाकर और सरकारी शेयर घटाकर इन दोनों एयर लाइनों का संकट दूर किया जा सकता है ? कुछ विशेषज्ञों ने सुझाव दिया है कि दोनों एयरलाइनों के कर्मचारियों की संख्या घटाकर स्थिति को सँभाला जा सकता है। ऐसी स्थिति में केवल शेयर बेचना ही समस्या का हल नहीं हो सकता। अगर सार्वजनिक क्षेत्र के उद्यमों को उनके राजनीतिक कर्णधारों की पहल पर ही चलाया जाता है तो केवल सार्वजनिक या निजी क्षेत्र से और धन लगाकर इनके वर्तमान के वित्तीय संकट को हल नहीं किया जा सकता।

सरकार सार्वजनिक क्षेत्र के उद्यमों को राजनीतिक कठिनाइयों के कारण बड़े पैमाने पर बन्द करने की स्थिति में नहीं है। ऐसी स्थिति में इन उद्यमों तथा जनता की जरूरतों को ध्यान में रखकर इनमें व्यापक सुधार के लिए कदम उठाना ही श्रेयस्कर होगा।

(*यंग इंडियन*, अंक 6, दिसम्बर 26, 1998)

शताब्दी का आखिरी वर्ष

हम बीसवीं सदी के आखिरी वर्ष में हैं और ठीक साल भर बाद इस शताब्दी की अनेक उपलब्धियों और नई आशाओं तथा चुनौतियों के साथ 21वीं सदी में प्रवेश करेंगे। बीसवीं शताब्दी में मानव ने अनेक वैज्ञानिक तथा तकनीकी उपलब्धियाँ हासिल कीं और अपने जीवन के ढंग को बेहतर बनाया। इन्सान ने आकाश पर अपना आधिपत्य कायम किया और पहली बार उसके पैर चाँद पर उतरे। अब वह मंगल ग्रह तक पहुँचने के निकट है। संचार प्रणाली में भी बड़ी क्रान्ति आई और दुनिया के विभिन्न देशों के लोग एक-दूसरे के निकट पहुँचे। लेकिन इसी शताब्दी में इन्सान ने उसी विज्ञान

तथा प्रौद्योगिकी की सहायता से अपने सामूहिक संहार के अस्त्र भी बनाए। इन्सान ने अन्तरिक्ष की लम्बी दूरियाँ तय कीं, किन्तु उसने अपने पड़ोसियों के बीच खाइयाँ बढ़ायीं। इन खाइयों को पाटना भी एक समस्या है और इनके चलते अनेक क्षेत्रों में खतरनाक स्थिति पैदा हुई है जिसमें लम्बी दूरी पर बैठकर भी घातक अस्त्रों से एक-दूसरे पर प्रहार किए जा सकते हैं। मानव समाज ने इस प्रकार के अन्तरविरोध हर क्षेत्र में अकसर देखे हैं।

इतिहास की पुनरावृत्ति होती है। यह पुनरावृत्ति इस शताब्दी विशेषकर पिछले वर्ष में अक्सर देखने को मिली। वर्गगत प्रभुत्व जमाने के लिए कई सशस्त्र संघर्ष हुए। अब इसी प्रकार का प्रयास एक शक्ति का प्रभुत्व जमाने के लिए किया जा रहा है। इस शताब्दी ने रूस तथा अन्य यूरोपीय देशों में साम्यवाद के प्रयोग और उसकी विफलता को देखा। इस शताब्दी ने रंगभेद तथा फासीवाद के उत्थान और पतन के साथ अधिनायकवाद तथा औपनिवेशिक शासन से दुनिया के देशों को मुक्त होते देखा। इस शताब्दी ने अगर बर्लिन की दीवार को बनते, टूटते और दो देशों को एक होते देखा तो उसने सोवियत संघ के बिखराव को भी देखा। दुनिया में अब एक महाशक्ति के रह जाने से उसने सब अधिकार अपने पास ले लिए हैं और अगर वह कहीं शान्ति की भूमिका निभा रहा है तो दूसरी जगह किसी अन्य क्षेत्र में शान्ति तथा सद्‌भाव के नाम पर स्वतंत्र देशों पर मिसाइलें और बम गिरा रहा है।

गुजरती शताब्दी की सबसे बड़ी विडम्बना यह रही कि उसने शान्ति के दूत महात्मा गांधी को एक धार्मिक उन्मादी द्वारा गोलियों का शिकार होते देखा। इस शताब्दी में मानवता को सबसे बड़ा शान्ति और अहिंसा का उपहार उसी महात्मा गांधी से मिला जिसे धार्मिक उन्मादी ने अपना निशाना बनाया। महात्मा गांधी ने लोगों को अहिंसा के माध्यम से अपनी स्वतंत्रता के लिए संघर्ष करने की प्रेरणा दी। लेकिन अहिंसा की उनकी प्रेरणा गम्भीरता के साथ स्वीकार नहीं की गई और भारत में ही इंदिरा गांधी तथा राजीव गांधी की हत्याएँ की गईं। दोनों प्रधानमंत्रियों की हत्याएँ हमारे लोकतंत्र के उन दिनों की याद दिलाती हैं जब हम अशान्ति के दौर से गुजर रहे थे। शताब्दी के आधे भाग ने पूरी दुनिया में आतंकवाद, धार्मिक उन्माद तथा साम्प्रदायिकता को उमड़ते देखा। दुनिया न केवल शान्ति, अहिंसा बल्कि आर्थिक क्षेत्र में भी महात्मा गांधी के सन्देश को भूल गई और अब आर्थिक उदारीकरण के आधार पर अविकसित देशों की अर्थव्यवस्था को विकसित करने और समता पर आधारित समाज बनाने की बात शुरू हो गई है। लेकिन यह केवल एक बहाना है और इस उदारीकरण के माध्यम से विकसित देश विकासशील देशों के बाजार और उनकी अर्थव्यवस्था पर अपना आधिपत्य जमाना चाहते हैं।

दुनिया ने कुछ एशियाई देशों की अर्थव्यवस्था को ऊपर उठते देखा और उन्हें एशियाई टाइगर का नाम दिया। लेकिन अब इन एशियाई देशों को उदारवाद की नीतियों

के चलते कठिनाइयों का सामना करना पड़ रहा है। पूर्वी एशिया के देशों की अर्थव्यवस्था के इस संकट की तुलना अब अमरीका की 1929 की आर्थिक मन्दी से की जा रही है। दूसरी तरफ यूरोपीय संघ अब एक मुद्रा का चलन करने जा रहा है जिससे न केवल यूरोप बल्कि पूरी दुनिया की आर्थिक व्यवस्था में सुधार की आशा की जा रही है।

नई शताब्दी में प्रवेश के साथ दुनिया के सभी देश आपस में शान्ति तथा सद्‌भाव चाहते हैं ताकि वह इन्सान के लिए उत्पन्न सभी कठिनाइयों को दूर कर सकें। नई शताब्दी में प्रवेश से पहले अभी हमारे लिए कुछ समय बचा है जिसमें हम दुनिया को बेहतर बनाने के बारे में सोच-विचार कर संकल्प ले सकते हैं। यह संकल्प एक ऐसी दुनिया का होगा जहाँ गरीबी और अज्ञानता नहीं होगी। दुनिया में सामाजिक विकास के बिना वास्तविक प्रगति नहीं हो सकती। अब हम न तो गरीब और निरक्षर लोगों की उपेक्षा कर सकते हैं और न ही विषमता से पीड़ित लोगों को देख सकते हैं। लाखों-करोड़ों लोग आज भी निरक्षर हैं जो भोजन, आवास तथा स्वास्थ्य की समस्या से जूझ रहे हैं। विकसित देश अपने संसाधनों को गरीब देशों को विकसित करने की जगह विनाश की तकनीकी तैयार करने में खर्च कर रहे हैं। समय हाथ से निकल रहा है। जब तक उत्तरदायी पदों पर बैठे लोग सामाजिक विकास की प्राथमिकता पर ध्यान नहीं देते, सामाजिक तथा आर्थिक विकास का समय हमारे हाथ से निकल जाएगा। अब दुनिया के नेतृत्व का दावा करने वालों पर अधिक जिम्मेदारियाँ आ गई हैं। नए वर्ष में हमें ऐसा संकल्प लेना चाहिए जिससे अगली शताब्दी में हम दुनिया को समता, स्वतंत्रता तथा मर्यादा पर आधारित बना सकें।

(*यंग इंडियन*, अंक 7, जनवरी 2, 1999)

नौ सेना अध्यक्ष को पदच्युत किया जाना दुर्भाग्यपूर्ण

नौ सेना अध्यक्ष को उनके पद से हटाया जाना एक दुखद घटना है। स्वतंत्र भारत के इतिहास में ऐसा पहले कभी नहीं हुआ था। इस प्रकार की गम्भीर कार्रवाई किए जाने के कुछ ही घंटे पहले नौसेनाध्यक्ष ने सशस्त्र सेना की संयुक्त स्टाफ कमेटी के प्रमुख का पद सँभाला था। लेकिन सरकार के सामने इस कार्रवाई के अलावा कोई और विकल्प नहीं बचा था। रक्षा सेनाओं के ऊपर राजनीतिक अधिकारियों की प्रमुखता लोकतांत्रिक व्यवस्था की एक सुस्थापित परम्परा है। अगर यह सिद्धान्त गौण कर दिया जाता है तो सरकार के पास बहुत कम अधिकार रह जाएँगे।

नौसेना अध्यक्ष द्वारा उपनौसेना अध्यक्ष की नियुक्ति के सरकारी आदेश को क्रियान्वित करने से इनकार किया जाना एक बेमिसाल घटना है। नौसेना प्रमुख ने अगर

इस आधार पर आपत्ति की होती कि मंत्रिमंडलीय समिति ने अपना फैसला करते समय नौसेना कानून की व्यवस्थाओं का पालन नहीं किया तो अधिक अच्छा होता। उनकी राय में मंत्रिमंडलीय समिति द्वारा नौसेना में किसी वरिष्ठ अधिकारी की नियुक्ति में उनकी सिफारिश की जानी जरूरी थी। लेकिन उनके द्वारा इसे अवज्ञा का रूप दे दिया जाना गलत है और इसे किसी भी दृष्टि से उचित नहीं ठहराया जा सकता। जिस व्यक्ति की पदोन्नति की गई उसके बारे में यह कहकर विवाद उठाना कि वह इस पद के योग्य नहीं है अत्यन्त निन्दनीय है। सशस्त्र सेनाओं के भीतर इस प्रकार की घटना से इस अनुशासित संगठन की बुनियाद ही नष्ट हो जाती है। सरकार को शुरू में ही इस घटना के प्रति गम्भीर रुख अपनाना चाहिए था।

प्रशासनिक तथा रक्षा अधिकारियों के परस्पर विरोधी बयानों से और अधिक भ्रम पैदा हुआ है जिसे एक जिम्मेदार तथा अत्यन्त संवेदनशील विभाग की मर्यादा के अनुरूप नहीं माना जा सकता। जब रक्षा सेनाओं के एक अंग के उच्चस्थ अधिकारियों के बीच विवाद खड़ा होता है और वह एक-दूसरे के ऊपर आरोप लगाने लगते हैं तब सरकार को तुरन्त स्वयं हस्तक्षेप कर विवाद को हल कर देना चाहिए। यह दुर्भाग्य की बात है कि इस मामले में ऐसा कोई प्रयास नहीं किया गया। सरकार का यह दावा कि उसने इसके सभी परिणामों पर गम्भीरता के साथ विचार कर लिया था, समझ से परे है।

आशा करनी चाहिए कि हमारी नौसेना की यह दु:खद घटना पहली तथा आखिरी घटना होगी और भविष्य में इसकी पुनरावृत्ति नहीं होगी। इस प्रकार की घटनाएँ देश के लिए शुभ नहीं हैं। अत्यन्त उत्तरदायी पदों पर नियुक्त व्यक्तियों के बीच सार्वजनिक विवाद का न केवल हमारी राजनीतिक व्यवस्था बल्कि हमारे राष्ट्र के ताने-बाने पर भी प्रतिकूल असर पड़ता है।

(*यंग इंडियन*, अंक 8, जनवरी 9, 1999)

सरकार ने स्वस्थ परम्पराएँ तोड़ीं

संविधान में संसद या विधान मंडलों का अधिवेशन नहीं होने पर आवश्यकता पड़ने पर अध्यादेश जारी करने की व्यवस्था है, किन्तु इस व्यवस्था का उपयोग आपात स्थिति आने पर ही न्यायोचित ढंग से किया जाना चाहिए। किन्तु सरकार ने हाल में इस मामले में स्वस्थ तथा सुस्थापित परम्पराओं को तोड़ा है। किसी विधेयक को विभिन्न कारणों से विधायिका की मंजूरी नहीं मिलने पर उसे अध्यादेश के जरिए लागू करना न केवल स्थापित परम्पराओं बल्कि संविधान की भावना के भी विरुद्ध है। यह कदम राजनीतिक दृष्टि से भी अनैतिक है। यह विधायिका की मर्यादा के विरुद्ध है और इससे उसका महत्त्व घटता है।

कांग्रेस के संशोधनों के साथ राज्यसभा द्वारा पेटेन्ट विधेयक को पारित कर दिए जाने के बावजूद सरकार ने इसके लिए अध्यादेश जारी किया। मतभेदों के बावजूद सरकार ने कांग्रेस के सीमित सहयोग से राज्य सभा में सफलता प्राप्त कर ली। सरकार तथा मुख्य विपक्षी दल के बीच सहमति थी और सरकार के लिए इसे लोकसभा में भी पेश कर पारित करा लेने में कठिनाई नहीं थी। किन्तु सरकार ने संसद के शीतकालीन अधिवेशन के अन्तिम दिन भी इसे निचले सदन में पेश नहीं किया।

स्पष्टत: इसका कारण यह था कि पेटेंट विधेयक को लेकर सत्तारूढ़ पार्टी में ही मतभेद थे और सरकार जो काम विधायिका के माध्यम से नहीं कर सकी उसे उसने अध्यादेश के माध्यम से किया। सरकार ने इतनी जल्दबाजी क्यों की, यह बात समझ में नहीं आई। वह संसद के बजट अधिवेशन का, जो अगले महीने होने वाला है, इन्तजार कर सकती थी। इस विधेयक को पारित कराने के लिए विश्व व्यापार संगठन ने जो समय सीमा निर्धारित की है वह भी अभी समाप्त नहीं हो रही थी।

प्रसार भारती के लिए अध्यादेश जारी करने की सरकार की कार्रवाई भी समझ में नहीं आई। ऐसी कोई आपात स्थिति नहीं थी जिसमें इस अध्यादेश को जारी करना आवश्यक हो गया था। इस अध्यादेश को जारी करने के पीछे कारण यह प्रतीत होता है कि आकाशवाणी तथा दूरदर्शन की स्वायत्तता में कटौती करने से सम्बन्धित विधेयक को पारित कराने के लिए संसद में बहुमत जुटा लेने के प्रति सरकार आश्वस्त नहीं थी। सत्तारूढ़ पार्टी ने विपक्ष में रहने पर सरकार द्वारा नियंत्रित इन मीडिया संगठनों की स्वायत्तता के लिए बड़ी ऊँची आवाज उठायी थी, लेकिन अब उसने अनुभव कर लिया है कि इन्हें स्वायत्तता देना खतरे से खाली नहीं है। लेकिन इसके चलते सरकार संसद के महत्त्व को घटाए यह ठीक नहीं है।

इससे भी अधिक आश्चर्यजनक बात मत्रिमंडल द्वारा शहरी भूमि सीमा कानून को समाप्त करने के अध्यादेश को दी गई मंजूरी है, जबकि कुछ राज्य केन्द्र सरकार के इस कदम का विरोध कर चुके हैं। प्रेस की खबरों के अनुसार यह अध्यादेश अभी प्रधानमंत्री कार्यालय में है और इसे राष्ट्रपति के पास नहीं भेजा गया है। इस कानून को समाप्त करने के गम्भीर परिणाम हो सकते हैं। सरकार इसमें निर्धारित प्रक्रिया का भी उल्लंघन कर रही है जिससे उसके उद्‌देश्य के बारे में ही सन्देह पैदा होता है।

इससे न केवल शासन चलाने में सरकार की विफलता उजागर होती है, बल्कि संसद की मर्यादा तथा उसके महत्त्व को बनाए रखने के उसके दावे भी खोखले सिद्ध होते हैं। अगर सरकार विधायिका के महत्त्व को इसी प्रकार घटाती रही तो वह दिन दूर नहीं जब पचास वर्ष पूर्व स्थापित संसदीय प्रणाली से लोगों का विश्वास उठना शुरू हो जाएगा।

(*यंग इंडियन,* अंक 9, जनवरी 16, 1999)

बहस नहीं, सद्भाव की जरूरत

धार्मिक भावनाओं को एक बार जब उभार दिया जाता है तब वह संवेदनशील मसला बन जाता है और अगर उसे राजनीति से जोड़ दिया गया तो वह खतरनाक रूप ले लेता है। गुजरात की हाल की घटनाओं से अनिष्ट के ही संकेत मिलते हैं। इस समय यह आवश्यक है कि हिंसा की इन घटनाओं के शिकार लोगों की आहत भावनाओं पर मरहम-पट्टी की जाय और उन्हें सुरक्षा की गारंटी दी जाए। गुजरात की स्थिति अभी सामान्य नहीं हुई है, अत: ऐसे माहौल में धर्मान्तरण के बारे में चर्चा चलाने के आह्वान से लोगों में चिन्ता तथा अविश्वास की भावना ही फैलेगी। आदिवासी लोगों में अपने जीवन तथा सम्पत्ति की सुरक्षा के बारे में उत्पन्न चिन्ता को दूर करने के लिए राज्य सरकार की ओर से पर्याप्त कदम नहीं उठाए गए, जिससे वहाँ अनिश्चितता की भावना बढ़ी। केन्द्र और राज्य सरकारों द्वारा हिंसा की घटनाओं की निन्दा कर देने मात्र से न तो इन घटनाओं के दोषी लोगों पर असर पड़ सकता है और न ही इससे वह अपना रास्ता बदल सकते हैं।

प्रत्येक व्यक्ति का यह मौलिक अधिकार है कि वह अपनी पसन्द के अनुसार अपने धर्म का पालन और उसका प्रचार-प्रसार करे। यही हमारे संविधान का बुनियादी सिद्धान्त है और हर प्रकार की आस्था वाले लोगों के प्रति हमारा आश्वासन है। अगर इस सिद्धान्त का किसी भी प्रकार की जोर-जबर्दस्ती के द्वारा उल्लंघन किया जाता है तो यह सहन नहीं किया जा सकता। ऐसी परिस्थिति में राष्ट्रीय बहस चलाने के किसी भी प्रयास से समस्या और जटिल होगी और गलती करने वालों को अपनी कार्रवाई को न्यायोचित ठहराने का बहाना मिल जाएगा। समाज के सम्पन्न वर्ग के व्यवहार के चलते डांग जिले के आदिवासियों को अमर्यादित जीवन बिताना पड़ा और उन्हें यातनाएँ सहनी पड़ीं। जमीन, जायदाद के उनके अधिकार को समाज के अधिक सम्पन्न लोगों ने छीना।

ईसाई मिशनरियाँ वहाँ पिछले 90 वर्षों से काम कर रही हैं, अत: अब कुछ उत्साही धार्मिक लोगों का यह एहसास कि इससे उनके धर्म को खतरा पैदा हो गया है, समझ से परे है। इस एहसास के चलते उन्होंने जो भी कार्रवाई की उससे उनके उस धर्म की गरिमा नहीं बढ़ती, जिसके पालन का वह दावा करते हैं। डांग के घने जंगलों में रहने वाले आदिवासियों को सरकार ने जमीन का अधिकार दे रखा है और उनके इस अधिकार के चलते ही समाज के उन वर्गों में जो अधिक शक्ति सम्पन्न हैं, उनके प्रति विरोध की भावना पैदा हुई है।

इस समय जरूरत धर्मांतरण पर बहस चलाने की नहीं है बल्कि इस क्षेत्र में ऐसा वातावरण पैदा करने की है जिससे यहाँ के लोगों में आपसी सद्भाव का वातावरण पैदा हो सके। इस लक्ष्य की प्राप्ति के लिए यह आवश्यक है कि इस आदिवासी

क्षेत्र के लोगों में विश्वास की भावना पैदा की जाय। सरकार को इस क्षेत्र के लोगों के सामाजिक तथा आर्थिक पिछड़ेपन को दूर करने के लिए कुछ दीर्घकालीन कदम उठाने चाहिए और समाज के पीड़ित वर्ग का मर्यादित जीवन सुनिश्चित करना चाहिए।

यह दुर्भाग्य की बात है कि इस दुखद घटना के बारे में कुछ विदेशी मिशनों ने अनावश्यक दिलचस्पी ली और इसे बढ़ा-चढ़ाकर पेश करने का प्रयास किया है। कोई भी व्यक्ति इस तथ्य से इन्कार नहीं कर सकता कि यह घटना दुर्भाग्यपूर्ण थी, अतः सभी क्षेत्रों से इसकी निन्दा होनी चाहिए। लेकिन साथ ही हमें यह भी याद रखा जाना चाहिए कि भारतीय जनमत में स्वयं इतनी शक्ति है कि वह धार्मिक विश्वासों के आधार पर अपने ही नागरिकों के बीच भेदभाव किए जाने के किसी भी प्रयास के विरुद्ध अपनी आवाज को सशक्त ढंग से उठा सके। ऐसे मामलों में बाहर का कोई भी हस्तक्षेप नुकसानदेह सिद्ध हो सकता है और इससे शरारती तत्त्वों को पूरे मामले को गलत मोड़ देने का मौका मिल सकता है।

(*यंग इंडियन*, अंक 10, जनवरी 23, 1999)

आर्थिक सुधारों के साढ़े सात साल

आर्थिक उदारीकरण की प्रक्रिया शुरू हुए साढ़े सात साल हो चुके हैं। यह प्रक्रिया ताबड़तोड़ इसलिए नहीं शुरू की गई थी कि हमने अपने स्तर पर आर्थिक स्थिति का या पिछली आर्थिक नीतियों का कोई पारदर्शी आकलन नहीं किया था, बल्कि यह इसलिए शुरू की गई थी कि बहुद्देशीय वित्तीय संस्थानों ने इसी तरह की शर्तें लगाई थीं। अर्थव्यवस्था को उदार बनाने के लिए हमने व्यापार, टेक्नॉलोजी और निवेश के क्षेत्रों में व्यापक नीतिगत परिवर्तन किए। तटकरों को काफी कम किया गया। हमारे उद्योगों की जरूरतों को ध्यान में रखकर नहीं बल्कि जिन दूसरे देशों से हम व्यापार कर रहे हैं उनके निर्देशों के मुताबिक हम मात्रात्मक पाबन्दियों को हटा रहे हैं और ऐसी टेक्नॉलोजी, जो बिल्कुल साधारण किस्म की है, उसके भी आयात की अनुमति हमने दे दी है। ऐसे क्षेत्र जिनमें विदेशी निवेश की कोई जरूरत नहीं है उनमें भी हमने विदेशी निवेश को इजाजत दे दी है। एकीकरण की प्रक्रिया के एक हिस्से के रूप में तथा अपने विदेशी स्रोत को ठीक-ठाक करने के लिए पूँजी बाजार को भी विदेशियों के लिए खोल दिया गया है। इस प्रक्रिया में हमने इस बात को बिल्कुल नजरअन्दाज कर दिया कि इससे हमारी अर्थव्यवस्था को किन खतरों का सामना करना पड़ सकता है।

जहाँ तक उदारीकरण के परिणामों का सवाल है उनकी रुझान चिन्तनीय है। विकास की दर से सम्बन्धित आँकड़े बताते हैं कि उदारीकरण के बाद अर्थव्यवस्था

की स्थिति असन्तोषजनक रही है। अगर अर्थव्यवस्था के अलग-अलग क्षेत्रों का जायजा लें तो तस्वीर और भी चिन्तनीय दिखाई देती है। औद्योगिक क्षेत्र में विकास नकारात्मक रहा है और इस वर्ष तो स्थिति सबसे खराब रही। सिवाय इसके कि पूँजीगत तथा तात्कालिक सामानों में मामूली बढ़ोतरी हुई, बाकी सभी औद्योगिक समूहों को नुकसान हुआ। बड़े पैमाने पर विदेशी निवेश की उम्मीद की गई थी। लेकिन वैसा नहीं हुआ। यद्यपि विदेशी निवेश बहुत कम हुआ लेकिन उसने हमारे बाजार के ढाँचे नहीं उल्टे, देशी निवेशकों का विश्वास डगमगा गया।

आर्थिक सुधारों के लागू होने के बाद रुपए की कीमत बराबर गिर रही है। इससे हमारे निर्यात को भी लाभ नहीं हुआ है। व्यापार घाटा निरन्तर बढ़ रहा है और इससे विदेशी मुद्राभंडार पर बराबर दबाव बढ़ रहा है। विदेशी मुद्रा अर्जित करने की हमारी सामर्थ्य में वास्तविक बढ़ोतरी नहीं हुई। जिस विदेशी मुद्राभंडार का ढिंढोरा पीटा जा रहा है उसमें कर्ज और ऐसी मुद्रा का बड़ा हिस्सा है जो किसी भी समय निकलकर बाहर जा सकता है।

वित्तीय स्थिति पिछले तीन वर्षों से भारी दबाव में है। सामाजिक क्षेत्रों की लगातार उपेक्षा हो रही है। बजट के जो आँकड़े इन क्षेत्रों के लिए दिखाए जाते हैं वे वास्तविक इरादों को जाहिर करने के बजाय आँख में धूल झोंकनेवाले होते हैं। सार्वजनिक क्षेत्रों का मनोबल आज जितना गिरा हुआ है उतना कभी नहीं गिरा था। सार्वजनिक क्षेत्र के उद्यमों में निवेश बजटीय घाटे को पूरा करने के लिए किया जा रहा है। दुर्भाग्यवश विनिवेश इस तरह किया जा रहा है जैसे यह खुद में एक उद्‌देश्य हो। इस पूरी प्रक्रिया में यह कहीं भी नहीं परिलक्षित हो रहा है कि इससे राष्ट्रीय परिसम्पत्ति बढ़ाने का कोई प्रयास किया जा रहा है।

कृषि क्षेत्र में सरकारी निवेश में एक लम्बे अर्से से जो ठहराव का रुझान है, वह बहुत ही चिन्तनीय है। ऐसा लगता है कि लगातार अच्छे मानसून के कारण हम गफलत में पड़ गए हैं। खाद्यान्नों और खाद्य-सुरक्षा को छोड़कर हम नकदी फसलों और निर्यात पर अधिक जोर दे रहे हैं। जहाँ तक कीमतों का सवाल है, यहाँ तक कि थोक मूल्य सूचकांक धीरे-धीरे दहाई की संख्या पार कर रहा है। कीमतों की रुझान लम्बे समय तक इस्तेमाल में रहने लायक उपभोक्ता सामानों के हक में दिखाई देती है। जहाँ तक रोजमर्रा की इस्तेमाल की चीजें जैसे कि दाल, चावल, गेहूँ, सब्जी वगैरह है, इनकी कीमतें कहीं ज्यादा बढ़ी हैं। इससे सामान्य उपभोक्ता आहत होता है।

एक दूसरा खतरनाक परिणाम आर्थिक सुधारों का यह हुआ है कि असमानता बढ़ी है। आर्थिक सुधार के हिमायती यह मानकर चलते हैं कि विकास के साथ रोजगार अपने आप बढ़ेंगे। परन्तु ऐसा है नहीं। अस्सी के दशक में विकास दर ऊँची थी परन्तु बेरोजगारों की जो फौज पहले से चली आ रही थी उस पर इस बढ़ी विकास दर का कोई असर नहीं हुआ।

आर्थिक सुधारों का सवाल बहुत महत्त्वपूर्ण है। उसे केवल अर्थशास्त्रियों के भरोसे नहीं छोड़ा जा सकता। अब समय आ गया है कि प्रबुद्ध नागरिक और राजनेता एक साथ आकर जनता को यह बताएँ कि तथाकथित आर्थिक सुधारों के निहितार्थ क्या हैं। अन्ततोगत्वा अपने भविष्य के बारे में फैसला करने का अधिकार जनता को ही है।

(*यंग इंडियन,* अंक 11, जनवरी 30, 1999)

हिंसा और घृणा की शक्तियों को पराजित करें

राष्ट्र ने महात्मा गांधी की 51वीं पुण्यतिथि पर उन्हें अपनी विनम्र श्रद्धांजलियाँ अर्पित कीं। इस अवसर ने हमें इस बात के लिए प्रेरित किया कि हम देश के विभिन्न भागों में हो रही हिंसा की घटनाओं को देखते हुए आत्मनिरीक्षण करें और इस शताब्दी में एक नया रास्ता दिखाने के लिए अपना सर्वोच्च बलिदान करने वाले व्यक्तित्व की ओर देखें ताकि आज के घटनाक्रमों पर गम्भीरता के साथ विचार किया जा सके।

धर्म के नाम पर भावनाओं को उभारने का कुत्सित अभियान और लोगों को जघन्यतम अपराध करने के लिए उन्हें उकसाने का प्रयास उन सभी शिक्षाओं के खिलाफ है जो बापू ने हमें दीं और सिखाईं। एक बार जब धार्मिक भावनाएँ उभार दी जाती हैं तो वह संवेदनशील रूप ले लेती हैं। अगर इनसे राजनीति जुड़ गई तो इसका स्वरूप खतरनाक हो जाया करता है। इसका दुखद परिणाम हमें हाल में उड़ीसा में देखने को मिला, जहाँ दो निर्दोष बच्चों सहित तीन व्यक्तियों को जीवित जला दिया गया। हिन्दू या विश्व का कोई भी धर्म किसी को भी इस प्रकार के जघन्य अपराध की इजाजत नहीं देता। यह हमारी परम्परा और विरासत के विरुद्ध है। इससे उस विश्वास या धर्म की गरिमा नहीं बढ़ती जो सहिष्णुता और करुणा का पाठ पढ़ाता है।

इससे भी अधिक दुर्भाग्य की बात कुछ राजनीतिक क्षेत्रों द्वारा उन संगठनों को, जिनके विरुद्ध इस अपराध में शामिल होने का आरोप है, सदाशयता और निर्लिप्तता का प्रमाणपत्र देने का है। गहराई में जाकर दुर्घटना की जाँच कराने की बजाय किसी संगठन को उसकी निर्लिप्तता का प्रमाणपत्र देना निन्दनीय है और इससे बुराई की शक्तियों को ही प्रोत्साहन मिलता है। इस प्रकार की मानवीय दुर्घटनाओं की जाँच पक्षपात रहित होकर निष्पक्षता के साथ कराई जानी चाहिए। इस प्रकार की घटनाएँ देश में दुबारा नहीं हों, इसके लिए हर सम्भव प्रयास किया जाना चाहिए। इस घटना से पूरे देश का सर शर्म से झुक गया है। अत: यह देखना चाहिए कि इसकी पुनरावृत्ति नहीं हो। लेकिन यह काम ढुलमुल मस्तिष्क से नहीं हो सकता। इसके लिए संकल्पबद्ध होकर कार्रवाई करनी होगी। हिचकिचाहट या ढुलमुल नीति से इस प्रकार का अपराध

करने वाली शक्तियों को प्रोत्साहन ही मिलेगा। लेकिन अब इसे सहन नहीं किया जा सकता। इसे सहन करने का अर्थ होगा सुसभ्य समाज का नष्ट होना, जिसकी इजाजत इस देश की जनता कभी नहीं देगी।

गांधीजी ने हमें अहिंसा की शिक्षा दी। उन्होंने शोषण दमन, और मानवीय मर्यादा के विरुद्ध आचरण का विरोध करना सिखाया। अब समय आ गया है जब लोग इस प्रकार की प्रवृत्तियों के विरुद्ध खड़े हों। कुछ गुमराह लोगों को लोकतंत्र के उस ढाँचे तथा तानेबाने को नष्ट करने की इजाजत नहीं दी जा सकती जो गांधी जी के विचारों और इस देश की पुरानी गौरवशाली परम्पराओं के आधार पर तैयार की गई है। घृणा, हिंसा तथा संघर्ष की शक्तियों को, जिनके चलते इस प्रकार की जघन्य घटनाएँ हो रही हैं, पराजित करना ही राष्ट्रपिता की स्मृति को सच्ची श्रद्धांजलि होगी।

(*यंग इंडियन*, अंक 12, 6 फरवरी, 1999)

उपमहाद्वीप में परिवर्तन के संकेत

भारत के साथ सम्बन्ध सुधारने के लिए अतीत को भूलकर नई शुरुआत करने का पाकिस्तान के प्रधानमंत्री नवाज शरीफ का फैसला परिवर्तन का संकेत है। यह न केवल एक सकारात्मक कदम है बल्कि इससे नई शताब्दी के प्रारम्भ से पूर्व दोनों देशों के बीच आपसी समझ तथा सहयोग की दिशा में नए युग की शुरुआत हो सकती है। दुर्भाग्य से भारत तथा पाकिस्तान दोनों ने ही बराबर एक-दूसरे को विरोध की दृष्टि से देखा है। अतीत को भूलकर भविष्य के लिए नए सिरे से सोचने की आवश्यकता बहुत बार अनुभव की गई, किन्तु दुख की बात है कि हम पुराने पूर्वाग्रहों से ऊपर नहीं उठ सके। नवाज शरीफ द्वारा कश्मीर के बारे में की गई पहल स्वागत योग्य घटनाक्रम है। भारत बहुत लम्बे समय से कहता रहा है कि यह समस्या इतनी अधिक संवेदनशील है कि इसके हल के लिए तीसरे पक्ष को शामिल नहीं किया जा सकता। अब पाकिस्तान के प्रधानमंत्री ने भी इसी प्रकार की भावना व्यक्त की है। अत: दोनों देशों को नया दृष्टिकोण अपनाना चाहिए और बिना किसी मध्यस्थ के न केवल कश्मीर बल्कि अन्य समस्याओं को भी यथाशीघ्र हल करना चाहिए। अब इसकी शुरुआत हो गई है और अगर यह समस्या हल कर ली जाती है तो भारत की आधी समस्याएँ हल हो जाएँगी।

इन समस्याओं के हल के बाद भारत तथा पाकिस्तान दोनों ही अपनी पूरी शक्ति आर्थिक विकास पर लगा सकेंगे। आपसी अविश्वास के चलते दोनों देशों ने रक्षा के ऊपर बहुत अधिक धन खर्च किया, जिसका लाभ दुनिया के विकसित देशों के

हथियारों के सौदागरों ने उठाया। इससे दोनों देशों के हथियार निर्माताओं की तिजोरियाँ भरीं। दोनों देशों के बीच तनाव कम होने से रक्षा पर बर्बाद की जाने वाली रकम लोगों के कल्याण और विकास पर खर्च की जा सकेगी। इससे न केवल हमारे बहुमूल्य संसाधन बचेंगे बल्कि भारी मात्रा में मानवशक्ति भी बचेगी जो इस क्षेत्र के लिए बहुमूल्य परिसम्पत्ति सिद्ध होगी। सेना आधुनिक राज्य का आवश्यक अंग है, लेकिन उससे बड़े पैमाने पर आर्थिक विकास में मदद नहीं मिल सकती। उसका काम राष्ट्र की सुरक्षा का हुआ करता है, लेकिन इस काम के चलते भी गरीब देशों के सीमित संसाधनों पर काफी अधिक भार पड़ता है।

पाकिस्तान के प्रधानमंत्री अगर अपने विचारों को आगे बढ़ाते हैं और भारत भी उसी भावना से प्रतिउत्तर देता है तो दोनों देश अपने समाज का बहुत भला कर सकेंगे। जब तक भारत तथा पाकिस्तान के बीच संघर्ष जारी रहेगा हम एक-दूसरे से अपने लिए खतरे की आशंका का अनुभव करते रहेंगे और अपने बहुमूल्य संसाधनों को अपनी रक्षा के ऊपर बर्बाद करते रहेंगे।

भारत तथा पाकिस्तान को अपनी गरीबी, बेरोजगारी, बीमारी एवं अशिक्षा को दूर करने तथा अन्य समस्याओं के हल के लिए मिलकर काम करना होगा, ताकि उपमहाद्वीप में हम नए भविष्य की ओर आशा, उमंग और खुशी के साथ आगे बढ़ सकें। भारत को एक प्रमुख भागीदार के नाते मेल-मिलाप तथा समझौते की प्रक्रिया को आगे बढ़ाने के लिए सकारात्मक पहल करनी होगी। इस दिशा में पाकिस्तान के प्रधानमंत्री की प्रतिक्रिया बहुत अनुकूल है। नवाज शरीफ के पूर्व के शासन काल में भी दोनों देशों के बीच बेहतर सम्बन्ध की आशाएँ पैदा हुई थीं। माले के दक्षेस शिखर सम्मेलन के समय हमारी बातचीत से दोनों देशों के सम्बन्धों को सामान्य बनाने की शुरुआत की आशा बँधी थी, लेकिन दुर्भाग्य से इस दिशा में बहुत आगे नहीं बढ़ा जा सका। किन्तु अब नई पहल की गई है, अतः हमें खुले दिल से इसका प्रतिउत्तर देना चाहिए। अटल जी की ओर से जो रुख दिखाया गया है उससे संकेत मिलता है कि दोनों पक्ष सद्भाव की भावना और आपसी बातचीत से समस्याओं के हल की आवश्यकता अनुभव कर रहे हैं। हमें आशा करनी चाहिए कि यह प्रयास सफल होगा और इस क्षेत्र में स्थायी शान्ति तथा समृद्धि आ सकेगी।

(*यंग इंडियन*, अंक 13, फरवरी 13, 1999)

बजट : नीतिगत पहल अपेक्षित

संसद का बजट सत्र 22 फरवरी से शुरू हो रहा है और सबका ध्यान अब धीरे-धीरे आज से एक पखवारे के बाद पेश किए जाने वाले 1999-2000 के आम बजट की

ओर आकृष्ट हो रहा है। विकासशील देशों की आर्थिक अनिवार्यताएँ ऐसी होती हैं जिसमें साहसिक कदम उठाने होते हैं। अर्थव्यवस्था में ढाँचागत परिवर्तन आवश्यक हैं किन्तु वह अन्तरराष्ट्रीय एजेन्सियों द्वारा लादी जाने वाली शर्तों के आधार पर नहीं होने चाहिए। यह समायोजन हमारी जनसंख्या के बहुसंख्यक लोगों की जरूरतों के आधार पर होना चाहिए क्योंकि इन लोगों को मुक्त बाजार की अर्थव्यवस्था से कोई खास लाभ नहीं होने वाला है।

इस प्रकार का ढाँचागत परिवर्तन लाने की सरकार की क्षमता संसाधन जुटाने और उसके उपयोग की उसकी योग्यता पर निर्भर करती है। दुर्भाग्य से पिछले कई वर्षों से शुल्कों तथा करों में कटौती से सकल घरेलू उत्पाद में कर राजस्व का हिस्सा लगभग जड़वत स्थिति में है। सामाजिक क्षेत्र के लिए निर्धारित रकम में बढ़ोतरी जरूर हो रही है, किन्तु इससे राज्य की वास्तविक प्रतिबद्धता का संकेत नहीं मिल पा रहा है।

वित्तीय घाटे और राज सहायता (सब्सिडी) कम करने की बातें काफी अधिक हो रही हैं लेकिन इस तथ्य को स्वीकार नहीं किया जा रहा है कि अगर राज्य अपने कर राजस्व में कमी करता है तो इसे भी उन लोगों को सब्सिडी देना ही माना जा सकता है जो आवश्यक वस्तुओं को खरीदने की क्षमता रखते हैं। करों के आधार को व्यापक बनाने का प्रयास किया जा रहा है, किन्तु प्रत्यक्ष और अप्रत्यक्ष करों में दी जाने वाली रियायतें और करों की प्रभावी दरें काफी नीचे आ गई हैं, जिन्हें उचित नहीं कहा जा सकता। निगम क्षेत्र का ही उदाहरण लीजिये। उसकी अधिसूचित कर दर 40 प्रतिशत है, लेकिन वह अदायगी बहुत कम दर से करता है। शून्य कर की दर वाली कम्पनियों का मामला भी अब पहले जैसा नहीं है और उनकी प्रभावी दर अधिसूचित दर का आधा है। छोटी कम्पनियाँ बड़ी कम्पनियों से कहीं अधिक दर से कर अदा करती हैं।

हमारे लिए अधिक संसाधन जुटाने के अलावा और कोई चारा नहीं है। बजट घाटे को लेकर होने वाली चिन्ता स्वाभाविक है, लेकिन बजट घाटे को भी संसाधनों को बेहतर ढंग से जुटा कर पूरा किया जा सकता है। सार्वजनिक उपक्रमों के शेयरों को बेचकर बजट घाटे को पूरा करने का प्रयास अल्पकालिक प्रयास है। इसका वास्तविक हल अधिक संसाधन जुटाने और उसे सही ढंग से खर्च करने में है।

देश में आर्थिक उदारीकरण को लागू किए जाने के बाद जो धारणाएँ बन गई हैं उन पर विचार किया जाना आवश्यक है। हमने विदेशी निजी पूँजी के निवेश और उसके आधार पर अपनी विकास दर बढ़ाने पर अधिक भरोसा किया है, किन्तु यह मृग मरीचिका ही सिद्ध हुआ है। हमने जितना विदेशी निवेश स्वीकृत किया वास्तविक आमद तथा निवेश उसकी तुलना में बहुत कम हुआ। यह निवेश भी हमने अपनी विदेशी निवेश नीति में परिवर्तन और अपने औद्योगिक विनियमन ढाँचे को वस्तुतः समाप्त करके कराया। अधिकतर विदेशी निवेश उपभोक्ता वस्तुओं के क्षेत्र

में हुआ। इस निवेश के चलते अतिरिक्त उत्पादन क्षमता तथा रोजगार के अतिरिक्त अवसरों की जो आशा की गई थी अब उसके बारे में सन्देह व्यक्त किया जा रहा है। अब आधारभूत ढाँचा के क्षेत्र में विदेशी निवेश पर भरोसा करने के बारे में भी सन्देह होने लगा है। इंडोनेशिया का विद्युत क्षेत्र इसका ज्वलंत उदाहरण है। न तो विदेशी निवेश और न ही उदार आयात व्यवस्था से भारत की निर्यात क्षमता को बढ़ाने में मदद मिली है। इससे केवल उपभोक्तावादी संस्कृति को ही बढ़ावा मिला है।

अगर करोड़ों देशवासियों से किए गए वादों को पूरा करना है तो देशी प्रयासों को सुदृढ़ करने और राज्य द्वारा अपनी प्रभावी भूमिका निभाने के अलावा कोई और चारा नहीं है। हमें आशा करनी चाहिए कि इस अवसर का लाभ उठाकर सरकार संसाधन बढ़ाने और कृषि तथा सामाजिक क्षेत्र में प्राथमिकता के आधार पर उसका न्यायोचित ढंग से उपयोग करने की नई नीतिगत पहल शुरू करेगी।

(*यंग इंडियन,* अंक 14, फरवरी 20, 1999)

मुद्राकोष पर निर्भरता

रिजर्व बैंक की मुद्रा और वित्त सम्बन्धी 1997–98 की ताजी रिपोर्ट चौंकाने वाली है। इससे यह बात उजागर हुई है कि हमारी सरकार के वित्तीय प्रबन्धक अन्तरराष्ट्रीय मुद्राकोष पर किस कदर निर्भर हो चुके हैं। रिजर्व बैंक और केन्द्रीय वित्त मंत्रालय अगर मुद्रा कोष से वित्तीय मामलों में उसके विचारों के बारे में जानकारी प्राप्त करते हैं तो इसमें कोई हर्ज नहीं है। लेकिन अगर वह इन विचारों को अपने विश्वास और दर्शन का रूप दे देते हैं तो मामला गम्भीर बन जाता है। भारत में वित्तीय सुधार के बारे में यही बात उजागर हुई है। रिजर्व बैंक के पास पर्याप्त संख्या में योग्य अधिकारी हैं। किन्तु फिर भी वह वित्तीय सुधार के बारे में अपनी नीति नहीं तैयार कर सके हैं। रिजर्व बैंक ने इस मामले में देश के अर्थशास्त्रियों की भी राय लेने की जरूरत नहीं समझी। रिजर्व बैंक की रिपोर्ट के सार्वजनिक वित्त सम्बन्धी अध्याय से यह बात सामने आई है कि हम अन्तरराष्ट्रीय मुद्राकोष पर किस कदर निर्भर हैं। वित्तीय सुधार सम्बन्धी अध्याय और सरकार द्वारा हाल में उठाए गए कदमों से यही तथ्य उजागर होता है। मुद्राकोष के चार दस्तावेजों में वित्तीय सुधार तथा विकासोन्मुख वित्तीय सामंजस्य की व्याख्या करते समय सरकारी हस्तक्षेप और पूर्ण स्वतंत्रता के बीच सन्तुलन का सुझाव दिया गया है। दस्तावेज में सुझाव दिया गया है कि सरकारी हस्तक्षेप जितना ही कम होगा विकास, निजी निवेश और कीमतों में सन्तुलन की उतनी ही अधिक गुंजाइश होगी। दस्तावेज में सरकार द्वारा लिये जानेवाले कर्ज में कमी लाने के लिए सरकारी

खर्चे और निवेश में कमी लाने की बात कही गई है। इससे निजी क्षेत्र को कम ब्याज पर ऋण लेने में सहायता मिलेगी और विकास का प्रयास आगे बढ़ाया जा सकेगा। अन्य विकल्पों में कर की दरों को बढ़ाने का सुझाव दिया गया है। लेकिन इससे विकास अवरुद्ध होगा।

इन मामलों में दूसरे देशों के अनुभवों से निश्चित रूप से कुछ सीखा जा सकता है। लेकिन इसके साथ ही यह बात भी ध्यान में रखी जानी चाहिए कि एक देश की परिस्थिति दूसरे देश से भिन्न हुआ करती है। लोगों की मनोवृत्ति, काम करने की उनकी क्षमता, योग्यता तथा विशेषज्ञता भी भिन्न-भिन्न हुआ करती है। ऐसी परिस्थिति में अन्तरराष्ट्रीय मुद्राकोष के सुधारों के सुझाव और उसकी योजनाएँ सफल नहीं हो पाती हैं। इन योजनाओं से बहुत से देशों को आर्थिक संकट का सामना करना पड़ गया है। दक्षिण एशिया के कुछ देशों का उदाहरण हमारे सामने है। अब पश्चिमी देशों ने भी अन्तरराष्ट्रीय मुद्रा कोष की इन योजनाओं को समुद्र में डुबो देने की सलाह देनी शुरू कर दी है, क्योंकि इनसे उनकी अर्थव्यवस्था को सुधारा नहीं जा सकता।

अन्तरराष्ट्रीय मुद्राकोष और उसके अनुषंगी संगठन सब्सिडी और शिक्षा, स्वास्थ्य तथा पर्यावरण जैसे सामाजिक क्षेत्र में सरकारी खर्च में कमी लाने के पक्ष में है। लेकिन उन्होंने विकसित देशों में सब्सिडी समाप्त करने का सुझाव नहीं दिया है। करों की दरें कम रखने के उनके सुझाव से प्रत्येक देश में केवल सम्पन्न व्यक्ति ही लाभान्वित होंगे। मुद्राकोष की इन योजनाओं से गरीब देशों की समस्याओं के हल की जगह उनमें सामाजिक और आर्थिक विषमता ही बढ़ी है।

भारत सहित अन्य देशों में ऐसे बहुत से लोग मिल जाएँगे जो अन्तरराष्ट्रीय मुद्राकोष से प्रभावित हैं। वे उसकी आर्थिक सोच और विचार से प्रेरणा लेते और उसके अनुसार अमल का प्रयास करते हैं, चाहे इसका उनकी अर्थव्यवस्था के लिए प्रतिकूल परिणाम क्यों न हो। भारत 1991 से ही अन्तरराष्ट्रीय मुद्राकोष तथा विश्व बैंक की योजनाओं पर अमल कर रहा है, किन्तु सात वर्ष बाद इसका क्या परिणाम निकला है और हम कहाँ खड़े हैं, यह सोचने की बात है।

एशियाई टाइगरों (दक्षिण-पूर्व एशिया के देशों) की ध्वस्त अर्थव्यवस्था इस बात का प्रमाण है कि उधार लिए गए विचारों से किसी देश की अर्थव्यवस्था को उबारा नहीं जा सकता। जिन लोगों को देश के वित्तीय प्रबन्ध की जिम्मेदारी सौंपी गई है वह सैद्धान्तिक, सांस्कृतिक और बौद्धिक रूप से दिवालिया हो चुके हैं। वह उधार लिए गए अपने विचारों से ही काम चलाएँ, इससे अधिक उनसे उम्मीद नहीं की जा सकती। खतरा इस बात का है कि वे भारत को पतन के गर्त में पहुँचा देंगे। राजनीतिक नेतृत्व को स्थिति की गम्भीरता को समझना चाहिए और इसमें सुधार के लिए आवश्यक कदम उठाने चाहिए।

(*यंग इंडियन*, अंक 15, फरवरी 27, 1999)

गुलिस्तां में कलियाँ तरसती रहीं...

अर्थशास्त्र कविता नहीं है। इसमें ऐसी कल्पना के लिए कोई स्थान नहीं हो सकता जो वास्तविकता से मेल नहीं खाती हो। यह ऐसे तथ्यों और आँकड़ों पर आधारित होना चाहिए जिससे इस बात का संकेत मिल सके कि अर्थव्यवस्था किस दिशा में जा रही है। इसके आधार पर देश को अपने आर्थिक तथा सामाजिक विकास और उसमें सुधार के लिए आवश्यक उपाय करने चाहिए। वित्तमंत्री द्वारा पेश केन्द्र सरकार के इस शताब्दी के अन्तिम बजट की शुरुआत अच्छी दिशा में हुई और उसमें कृषि तथा ग्रामीण विकास के बारे में कई प्रस्ताव रखे गए, लेकिन बजट के दूसरे भाग में जो प्रत्यक्ष तथा अप्रत्यक्ष करों से सम्बन्धित है सरकार की जिम्मेदारियों को कम कर दिया गया है। बजट का पहला भाग उसके दूसरे भाग से मेल नहीं खाता। बजट से न तो सरकार की बुनियादी सोच का पता चलता है और न ही विकास को आगे बढ़ाने के ठोस प्रस्ताव का संकेत मिलता है। सरकार ने अपनी कई राजनीतिक गलतियों को सुधारने का अवसर खो दिया है।

निगम करों में बढ़ोतरी स्वागत योग्य है, क्योंकि अब समय आ गया है जब समृद्ध लोगों के समाज को कुछ वापस देना चाहिए। ऐसा लगता है कि सरकार ने अन्तरराष्ट्रीय मुद्राकोष द्वारा दिए गए सुझावों को स्वीकार कर लिया है, लेकिन उसने इसके परिणामों पर गम्भीरता के साथ विचार नहीं किया है। अन्तरराष्ट्रीय मुद्राकोष ने करों की दरों को बढ़ाने की सलाह इस चेतावनी के साथ दी थी कि इससे विकास दर रुक सकती है। ऐसा लगता है कि इस सुझाव को स्वीकार करते समय सरकार ने जनता के प्रति अपनी जिम्मेदारियों को कम करने का निश्चय कर लिया है। सरकार की यह जिम्मेदारी होती है कि वह अधिक सम्पन्न लोगों की तुलना में साधनहीन लोगों के हितों की रक्षा करे और सामाजिक तथा आर्थिक विषमता को दूर करने के लिए समृद्ध लोगों से धन लेकर उसे गरीबों के ऊपर खर्च करे। लेकिन इस प्रकार के हस्तक्षेप की सरकार की जिम्मेदारी को कम करने का प्रयास भारत जैसे देश में न तो न्यायोचित होगा और न ही इससे विकास की चुनौतियों का सामना किया जा सकेगा। कोई भी इस बात की उपेक्षा नहीं कर सकता कि हमारी जनसंख्या का बहुसंख्यक भाग खाना, कपड़ा और आवास की बुनियादी सुविधाओं से भी वंचित है। ऐसी परिस्थिति में सरकार की जिम्मेदारियों को कम करने से लोगों में निराशा बढ़ेगी, जिसका प्रतिकूल असर हमारे लोकतांत्रिक समाज के ढाँचे पर पड़ेगा।

जनता की जरूरतों से सम्बन्धित कार्यक्रमों का नाम बदल देने मात्र से बजट भाषण में दिए गए विचारों के प्रति लोग आश्वस्त नहीं हो सकेंगे। वास्तविकता सामने आने पर सरकार के असली रुख का पता चल जाता है और इससे लोगों में निराशा की भावना पैदा होती है। ऐसी परिस्थितियों में सरकार की महत्त्वपूर्ण भूमिका हुआ

करती है और वह केवल मूकदर्शक का काम नहीं कर सकती। अन्तरराष्ट्रीय वित्तीय संस्थाओं की सलाह भी ऐसे मामलों में बहुत अधिक सहायक नहीं होती। समाज में बढ़ती विषमता के कारण गरीबों की आहत भावनाओं को ठीक करने की व्यवस्था किए बिना विकास की ऊँची दर की लालच में समृद्ध वर्ग की ओर अधिक सहायता घातक सिद्ध हो सकती है।

वित्तमंत्री ने अपने बजट भाषण में सरकार की नीतियों को बताने की बजाय हिन्दी की कविताओं का उद्धरण देकर अपनी भावनाओं को व्यक्त करने का प्रयास किया है, लेकिन उन्हें उर्दू के एक शायर के इस शेर की याद दिलाना यहाँ अप्रासंगिक नहीं होगा कि—

गुलिस्तां में कलियाँ तरसती रहीं
समन्दर में पानी बरसता रहा।

(*यंग इंडियन,* अंक 16-17, मार्च 6-13, 1999)

संचार दरों में वृद्धि अनुचित

सूचना तथा संचार क्रान्ति के इस युग में टेलीफोन विनियमन प्राधिकरण के लिए अपनी दरों में वृद्धि करना गलत था और सरकार ने इसे रोककर दूरदर्शी कदम उठाया है। पूरी दुनिया में यह माना जाने लगा है कि फाइबर आप्टिक टेक्नालॉजी से टेलीफोन लाइनों के रखरखाव की लागत बहुत कम हो गई है और एक ही प्रकार के केबल से तेज गति से पूरी दक्षता के साथ बहुत से काम लिए जा सकते हैं। इससे डाटा तथा ग्राफिक भेजने और आपसी बातचीत की लागत बहुत कम हो गई है। इलेक्ट्रॉनिक उपकरणों के मूल्यों में भी कमी आई है और पूरी दुनिया में टेलीफोन शुल्क की दरें घटी हैं। लेकिन उन देशों में जहाँ डाक तथा तार विभाग पर सरकार का एकाधिकार है और इसका संचालन अधिकारी कर रहे हैं, संचार के क्षेत्र में तकनीकी प्रगति के महत्त्व को समझा नहीं गया है।

टेलीफोन संचार का एक माध्यम है और न केवल लम्बी दूरी के व्यक्तिगत सम्पर्क बल्कि व्यापार, उत्पादन, सूचना के आदान-प्रदान और आर्थिक गतिविधियों को बढ़ावा देने में उसका महत्त्व बढ़ गया है। संचार सुविधाओं से उत्पादन के क्षेत्र में कितनी कार्यकुशलता लाई जा सकती है, यह बात कहने की नहीं है। शहरी जीवन का तो यह आवश्यक अंग बन चुका है, जिसके चलते अनावश्यक भागदौड़ से बचा जा सकता है और समय की भी बचत हो सकती है। इसके चलते व्यावसायिक प्रतिष्ठान उपनगरों में अपना कार्यालय खोलकर शहरों की भीड़भाड़ से बचते हैं।

टेलीफोन के बढ़ते उपयोग को देखते हुए इसे सरकारी राजस्व बढ़ाने का आसान

माध्यम नहीं बनाया जाना चाहिए। एक बार तो यह सोचा जा रहा था कि महानगरीय क्षेत्रों में टेलीफोन व्यवस्था विकेन्द्रित कर दी जाय और स्थानीय काल के पैसे नहीं लिए जाएँ। लेकिन यह योजना रद्द कर दी गई। ऐसा क्यों किया गया यह पता नहीं है।

पूरी दुनिया कम्प्यूटर की ओर बढ़ रही है और उसका तेजी के साथ विस्तार हो रहा है। इंटरनेट व्यवस्था अब कल्पना की बात नहीं रह गई है। सरकार को इसके बारे में अपने रुख को बदलना चाहिए और इस नई संचार सुविधा का उपयोग करना चाहिए। इंटरनेट टेलीफोन अब वास्तविकता है और इस क्षेत्र में टेक्नॉलोजी की प्रगति को प्रशासकीय फैसलों से नहीं रोका जा सकता। इंटरनेट के उपयोग से टेलीफोन की दरें घट गई हैं। ऐसी स्थिति में सामान्य लोगों को आधुनिक टेक्नॉलोजी से वंचित क्यों किया जाए।

संचार व्यवस्था का लक्ष्य हर घर तक पहुँचना होना चाहिए और लोगों से हर कॉल का पैसा लेने की जगह केवल थोड़ी रकम मासिक किराये के रूप में ली जानी चाहिए। इस क्षेत्र में हमारी दृष्टि थोड़े वित्तीय लाभ की जगह पूरे समाज को लाभ पहुँचाना होना चाहिए। हमें व्यापक संचार प्रणाली के लिए काम करना चाहिए, जो सस्ती हो और आसानी से हर गाँव तथा हर शहर तक पहुँच सके। अगर हमारी संचार प्रणाली अकुशल बनी रही तो इस बात का खतरा रहेगा कि कहीं बहुत जल्दी इसे अन्तरराष्ट्रीय एकाधिकार को सौंपने की दलील न दी जाने लगे। अब जबकि सरकार ने संचार विनियमन प्राधिकरण की टेलीफोन दरें बढ़ाने की सिफारिशों पर अमल रोक दी है, यह आशा की जानी चाहिए कि वह इस प्राधिकरण को यह सुनिश्चित करने का भी निर्देश देगी कि टेलीफोन हफ्तों तक ठप न रहें। टेलीफोन बिल बढ़ाकर भेजे जाएँ और सामान्य उपभोक्ता को 'लाइन मैन' की दया पर नहीं छोड़ा जाए। हमें यह भी आशा करनी चाहिए कि सार्वजनिक उपयोग की इस सेवा में काम करने वाले कर्मचारी उपभोक्ताओं की आकांक्षाओं की कसौटी पर खरे उतरेंगे।

(*यंग इंडियन*, अंक 18, मार्च 20, 1999)

एक आत्मघाती होड़

पिछले कुछ महीनों की घटनाओं से संकेत मिलता है कि हमने खतरनाक रास्ता अपना लिया है। इससे हम धीरे-धीरे संकट की ओर बढ़ रहे हैं। चाहे पेटेंट जैसे विधेयकों को जल्दबाजी में पास कराने का मामला हो अथवा परमाणु विस्फोट या तात्कालिक राजनीतिक लाभ के लिए संविधान की व्यवस्थाओं की व्याख्या का मामला, इन सबसे परस्पर विरोधी तथा भ्रमपूर्ण संकेत गए हैं और प्रभावी तथा कुशल प्रशासन की व्यवस्था

का आधार ही हिल गया है। दुर्भाग्य से देश को इस स्थिति में लाने के लिए कई महत्त्वपूर्ण संस्थाएँ उत्तरदायी हैं।

इन विषयों पर विभिन्न राजनीतिक दलों, सत्ता के महत्त्वपूर्ण अंगों तथा प्रमुख व्यक्तियों ने जो रुख अपनाया है उससे और अधिक अव्यवस्था पैदा हुई है। इन सबने देश हित का ख्याल किए बिना पक्षपातपूर्ण रवैया अपनाया है। हम केवल विरोध के लिए विरोध का रास्ता अपना रहे हैं, चाहे इससे हमारी राजनीतिक व्यवस्था की विश्वसनीयता को ही आघात क्यों न पहुँचे।

बिहार का घिनौना नाटक और रक्षा मंत्रालय के दुर्भाग्यपूर्ण विवाद ने किसी भी माने में सम्बन्धित संस्थाओं या किसी भी व्यक्ति की प्रतिष्ठा में कोई वृद्धि नहीं की है और न ही उन संस्थाओं के सम्मान और गरिमा को बढ़ाया है।

यह सब केवल इसलिए हुआ क्योंकि इनके निहितार्थ और परिणामों को बिना सोचे-समझे पूर्वाग्रहों तथा जल्दबाजी में ये फैसले लिए गए। अगर राजनीतिज्ञ अपने प्रतिद्वंद्वियों के विरुद्ध कुछ सस्ते राजनीतिक लाभ प्राप्त करने के लिए प्रतिस्पर्द्धी क्रियाकलापों में लगते हैं तथा एक-दूसरे के विरुद्ध दोषारोपण करते हैं तो जनता के मस्तिष्क पर इसका बहुत ही नुकसानदेह असर पड़ेगा।

ऐसा लगता है कि हमने संवेदनशील मामलों से निपटने के बारे में अपना सन्तुलन खो दिया है। अगर नेता ही अनुत्तरदायी व्यवहार करने लगेंगे तो इससे युवकों को गलत सन्देश जाएगा। इससे जनता का भी विश्वास घटेगा और निराशा का वातावरण पैदा होगा। ऐसी परिस्थिति में अराजकता बढ़ने का खतरा बना रहेगा।

एक तरफ जहाँ हमें इन घातक प्रवृत्तियों पर नजर रखनी होगी वहीं देश की आर्थिक स्थिति पर भी ध्यान देना होगा। सामाजिक विकास के बिना आर्थिक प्रगति नहीं हो सकती। अगर लोगों को गलत दिशा में जाने से रोकना है तो हमें उनके हितों को सर्वोच्च प्राथमिकता देनी होगी। आर्थिक अशान्ति की कई खतरनाक प्रतिक्रियाएँ हो सकती हैं। इस समय जरूरत इस बात की है कि हम व्यक्तिगत शिकायतों को परे रखें और दलीय तथा जातीय सीमाओं से ऊपर उठकर मिल-जुलकर देश के हित को आगे बढ़ाएँ।

(*यंग इंडियन*, अंक 19, 27 मार्च, 1999)

एक दुर्भाग्यपूर्ण घटना

तमिलनाडु विधानसभा की दुर्भाग्यपूर्ण घटना से संसदीय संस्थाओं को गहरा आघात पहुँचा है। इस घटना से संसदीय राजनीति के इतिहास के औंधे मुँह गिरने की शुरुआत हुई है। यह कोई अकेली घटना नहीं है बल्कि आए दिन होने वाली घटनाओं की एक कड़ी है।

जनता के चुने प्रतिनिधियों का अशोभनीय व्यवहार राजनीतिक मर्यादा और राजनीति के सिद्धान्तों के विरुद्ध है। तमिलनाडु के विधायक द्वारा मंत्री पर हमले की घटना से सही दिशा में सोचने तथा लोकतांत्रिक मूल्यों में आस्था रखने वाले सभी लोगों को आघात पहुँचा है। विधानसभा के अध्यक्ष द्वारा मामले को पहले सदन के समक्ष रखने की सामान्य प्रक्रिया की उपेक्षा कर सम्बन्धित विधायक की गिरफ्तारी का आदेश देना जल्दबाजी में उठाया गया कदम था। उच्च न्यायालय ने इस मामले के व्यापक निहितार्थ पर ध्यान दिए बिना ही विधायक की रिहाई का आदेश देकर न्यायपालिका के अधिकार को दिखाने का प्रयास किया। इसके बाद विधानसभा की प्रतिक्रिया और अध्यक्ष के आदेश से विवाद उठ खड़ा हुआ है, जो विधायिका तथा न्यायपालिका के बीच टकराव का रूप ले सकता है।

मामला विधायिका के अधिकार क्षेत्र का था और सदन के अध्यक्ष इस पर सक्रिय रूप से विचार कर रहे थे। ऐसी स्थिति में न्यायपालिका को संयम से काम लेना चाहिए था। सदन के भीतर अनुशासन बनाए रखने का पूर्ण अधिकार उसके अध्यक्ष का है। अध्यक्ष के अधिकार को चुनौती देना विधायिका और न्यायपालिका के सौहार्दपूर्ण सम्बन्धों की दृष्टि से अच्छा नहीं कहा जा सकता। इससे सम्बन्धित संस्थाओं की गरिमा में वृद्धि नहीं हो सकती। इस मामले में न्यायपालिका को प्रतीक्षा करनी चाहिए थी और इसे विधायिका के निर्णय पर ही छोड़ देना चाहिए था। इस विवाद से अहंकार को बढ़ावा मिल सकता है और राज्य की दो महत्त्वपूर्ण संस्थाओं के सम्बन्धों और एक-दूसरे के प्रति आदर की भावना को आघात पहुँच सकता है। अन्तत: इसका असर देश के राजनीतिक ढाँचे की विश्वसनीयता पर पड़ सकता है और विशेष रूप से राजनीतिज्ञों की प्रतिष्ठा नीचे गिर सकती है।

कुछ महीने पूर्व उत्तर प्रदेश के विधायकों के अमर्यादित व्यवहार से सबक लिया जाना चाहिए था। राजनीति में आ रही यह गिरावट पिछले कई महीनों से विशेष रूप से देखने को मिल रही है। दुर्भाग्य से जिम्मेदार क्षेत्रों में इस ओर ध्यान नहीं दिया जा रहा है और स्थिति दुखद हो रही है। सार्वजनिक जीवन में बढ़ती असहिष्णुता, एक-दूसरे पर आरोप-प्रत्यारोप और कीचड़ उछालने से हमारे लोकतांत्रिक ढाँचे के लिए खतरा पैदा हो गया है। सार्वजनिक हित के मुद्दों पर सहमति बनाने और लोगों की तकलीफें दूर करने के बजाय हम संकीर्ण उद्देश्य से काम ले रहे हैं और अपने राजनीतिक लाभ तथा संकुचित हित के लिए सत्ता के केन्द्रों पर नियंत्रण के प्रयास में लगे हुए हैं। इस प्रकार का व्यवहार एक खतरनाक प्रवृत्ति का संकेत है जिसका असर न केवल लोकतांत्रिक संस्थाओं की विश्वसनीयता पर पड़ सकता है बल्कि इससे फासीवादी प्रवृत्तियों का रास्ता साफ हो सकता है।

(*यंग इंडियन,* अंक 20, अप्रैल 3, 1999)

शक्ति का अभिमान

शेष विश्व खासकर तीसरी दुनिया पर अपनी कार्यसूची थोपने के मकसद से वाशिंगटन औद्योगिक पश्चिमी राष्ट्रों का नेतृत्व कर रहा है। अन्य राष्ट्रों के लोगों पर अपने विचार थोपने की इसकी दो काँटेदार नीतियों से इसकी आर्थिक शक्ति और सामरिक सामर्थ्य का दर्प स्पष्ट है। आत्म-निर्भरता के लिए संघर्ष कर रहे राष्ट्रों के निमित्त घोषित तथाकथित आर्थिक स्वतंत्रताओं की गठरी उनके अपने हित साधन हेतु थी, ताकि अपने औद्योगिक पश्चिमी राष्ट्रों में निर्मित वस्तुओं व उपस्करों के लिए गरीब राष्ट्रों को बाजार बनाया जा सके। जब किसी राष्ट्र ने अपनी अर्थव्यवस्था के सुधार के लिए अपनी परम्पराओं, संस्कृति व जरूरतों के आधार पर कोई अन्य रास्ता अपनाना चाहा तो वाशिंगटन ने इसे अवज्ञा माना और उसका दम घोंटने के लिए दोहरा मापदंड अपनाने से कोई गुरेज न किया। कई वर्षों पहले कोरिया में जो हुआ वह इस अभियान की शुरुआत थी। उन्होंने समर्पण करने से इनकार किया और एक बहुत बड़ी कीमत चुका कर प्रतिरोध किया। हालाँकि इस ने उन्हें वियतनाम में समान प्रयास करने से विचलित न किया। स्वाभिमानी लोगों के प्रति यह आक्रमण बहुत दुखदायी रहा है और हमारे हाल के इतिहास में एक त्रासद अध्याय है।

इराक सर्वाधिक ताजा दृष्टांत है। कुछ वर्षों पूर्व इराक द्वारा की गई गलती का बहाना बना कर आज भी उसकी जनता को सजा दी जा रही है। कड़े कदम उठाने की आड़ में वे अपना आक्रमण सतत् व क्रमिक रूप से बढ़ाते जा रहे हैं, जिससे वहाँ की जनता पर त्रासदी और दुखों का अकथ्य पहाड़ टूट पड़ा है। यह कहा जा रहा है कि इसी बहाने वे अपने उन्नत शस्त्रों व अपनी क्षमता की परीक्षा ले रहे हैं। इराक की जनता की तकलीफों व दुखों से सन्तप्त विश्व जनमत व मानवीय आदर्शों की अनदेखी कर वह सद्दाम शासन को उखाड़ फेंकने की मुहिम में जुटे हैं। यदि जनता शान्ति से रहना चाहती है तो उन्हें सैनिक शक्तियों की तानाशाही के आगे समर्पण करना होगा। कमजोर राष्ट्रों पर प्रजातंत्र की यह नई धारणा थोपी जा रही है। सर्वशक्तिमानों के आर्थिक हितों की पूर्ति के लिए बने आक्रामक स्वरूपों को सिर झुका कर स्वीकारने के लिए सरकारों को बाध्य किया जा रहा है।

अब वे बालकन की कलहग्रस्त जमीन पर अपना वर्चस्व कायम करने की मुहिम में हैं। रूसियों को शान्ति सन्देश स्थापित करने की अनुमति देने की जगह नाटो के सदस्य देश बेलग्रेड और अन्य क्षेत्रों में बमबारी में जुटे हैं। विश्व भर के शान्तिपसन्द लोगों की अपील के बावजूद हवाई हमले निर्विरोध जारी हैं।

नगरीय आबादी व शरणार्थियों को भी नहीं बख्शा गया है। इस बर्बरतापूर्ण कार्रवाई का एकमात्र संगत तर्क आक्रामक शक्तियों का शक और उनके मानस पर अंकित आक्रमण है, जो सर्वत्र सरबियाई निशानेबाज देखते हैं। बिना किसी संघर्ष के निदान

का रास्ता उन का मकसद हल नहीं कर सकता, क्योंकि वे जनता को भयभीत करने में लगे हैं ताकि शक्तिसम्पन्नों के समक्ष घुटने टेकने के लिए अन्य लोगों को उदाहरण दे सकें। माफिया डानों की तर्ज पर अन्तरराष्ट्रीय आतंकवाद की एक नई शैली थोपी जा रही है।

दूसरी नीति में, ब्रेटेन वुड जुड़वें अपना आर्थिक फार्मूला दूसरे राष्ट्रों के गले में उड़ेलने को बाध्य कर रहे हैं। जब एशियाई देशों ने उनका फार्मूला स्वीकार कर लिया और आर्थिक विकास पाया तो उन्हें एशियाई शेर कहा गया। तीसरी दुनिया के अन्य देशों को उनका अनुकरण करने को कहा गया ताकि वे भी त्वरित आर्थिक प्रगति हासिल कर सकें। किन्तु उन्होंने तब अधिक चिन्ता नहीं जताई जब इन एशियाई शेरों की अर्थव्यवस्था बिखरने लगी। आज उनमें से प्रत्येक आर्थिक विपदा के जाल में है। यहाँ तक कि कुछ पश्चिमी अर्थशास्त्रियों ने यह दृष्टिकोण पेश किया है कि वॉल स्ट्रीट का फार्मूला तीसरी दुनिया की तंगहाल अर्थव्यवस्था की सारी परेशानियों का निदान नहीं है।

लोगों की बुद्धिमत्ता व उनकी तत्पर सहभागिता के उत्साह पर निदान निर्भर करता है, ताकि उन की परम्पराओं, प्रतिभा, क्षमता और जरूरतों के आधार पर तरीके अपनाए जा सकें। प्रत्येक राष्ट्र अपने आर्थिक विकास के लिए राह बनाता है। दूसरों का अनुसरण कर या किसी दिए गए ढाँचे का पालन कर कोई केवल दूरगामी समस्याओं को ही बुलावा देता है।

यू एस और उसके अटलांटिक गठजोड़ ने जो अनाधिकारपूर्ण भूमिका अपनायी है वह संयुक्त राष्ट्र से अनुमोदित नहीं है। इराक के खिलाफ जिहाद में उन्होंने संयुक्त राष्ट्र का बैनर अपने मकसद के लिए प्रयोग किया। अब उन्होंने संयुक्त राष्ट्र को हाशिए में डाल कोसोवो में आक्रमण के लिए नाटो का प्रयोग किया। संयुक्त राष्ट्र संघ के महासचिव कोफी अन्नान यह स्वीकारते हुए दुखी थे कि युगोस्लाविया में शान्ति स्थापित करने के लिए किए गए इस दंडात्मक कार्रवाई के निर्णय पर वाशिंगटन ने उनसे न तो सलाह की और न ही विचार-विमर्श किया। यह संयुक्त राष्ट्र को नगण्य मानने का नग्न सत्य है। यह उस की नीतियों और सिद्धान्तों का अतिक्रमण है। यह नई आक्रामक कार्रवाई संयुक्त राष्ट्र के आधारभूत सिद्धान्तों के प्रतिकूल है और शान्तिमय विश्व के स्थापन की मानवीय इच्छा का अतिक्रमण है। एक ओर लोगों को गोलियों से भून डालना और दूसरी जगह लोगों को भुखमरी के कगार पर ढकेलना मानवीयता की निशानी नहीं है।

इस लीक का विरोध होना चाहिए। इस दिशा में तीसरी दुनिया को एक संयुक्त व एकमत पहल करनी होगी। शेष विश्व पर उनके अनाधिकार और आक्रामक वर्चस्व के खिलाफ उन्हें अपनी आवाज उठानी चाहिए। वर्चस्व व विनाश की शक्तियों के ऊपर सांख्यिकीय वरीयता कायम होनी चाहिए। जरूरत है कि इन स्वयंभू आक्रामकों

को यह याद दिलाई जाए कि विकसित व अधिक सभ्य लोगों का हजार साल का राज आधी शताब्दी पूर्व ही चूर-चूर हो गया है। दूसरा कोई स्वप्न भी चूर-चूर ही होगा। किन्तु शेष विश्व को चुपचाप सहने नहीं देना चाहिए। उन्हें ऐसे सम्प्रभुता के दिवास्वप्न के खिलाफ अपनी आवाज उठानी चाहिए।

(*यंग इंडियन,* अंक 21, अप्रैल 10, 1999)

अनिश्चितता का अन्त आवश्यक

वर्तमान साझा सरकार का स्वरूप और उसके राजनीतिक सहयोगियों का जिस प्रकार का चरित्र है उसके चलते उसे कुछ अन्तरविरोधों का सामना करना पड़ रहा है। इस सरकार का अस्तित्व बनाए रखने के लिए शुरू से ही इसके नेतृत्व ने सिद्धान्तहीन समझौते किए और अब यह नाटक चरमोत्कर्ष पर पहुँच गया है तथा सरकार के लिए खतरा वास्तविक लगने लगा है। इन परिस्थितियों में अब शाश्वत संकट की अनिश्चितता का अन्त होना चाहिए। यह सरकार जितना जल्द चली जाए उतना ही अच्छा होगा और देश की राजनीतिक व्यवस्था का कम से कम नुकसान होगा। लेकिन जिस मुद्‌दे को लेकर सरकार के अस्तित्व के लिए खतरा पैदा हुआ है, वह संसदीय लोकतंत्र की व्यवस्था को गम्भीर क्षति पहुँचा सकता है।

इस सरकार का जो विकल्प उभर रहा है वह दुर्भाग्य से अपनी शक्ति अपने राजनीतिक विरोधियों को बदनाम करने में लगा रहा है। लगता है उसकी उन वास्तविक मुद्‌दों के प्रति, जिनका सीधा असर लोकतांत्रिक कार्यप्रणाली पर पड़ सकता है, कोई खास दिलचस्पी नहीं है। यही नहीं उसे जनता की समस्याओं के प्रति भी चिन्ता नहीं है। दूसरी तरफ सरकार की रणनीति अपनी साल भर की उन उपलब्धियों का बखान करने की है जो न तो तथ्यों की कसौटी पर खरी उतरती हैं और न ही जिनसे आने वाली चुनौतियों का सामना किया जा सकता है।

सरकार की उपलब्धियों का बखान करते समय विदेशी पूँजी निवेश और देश की अर्थव्यवस्था में सुधार की बातें की गई हैं, लेकिन औद्योगिक तथा अन्य क्षेत्रों में संदिग्ध अन्तरराष्ट्रीय पूँजी निवेश के बारे में कोई चिन्ता नहीं व्यक्त की गई है। इस मामले में लोगों की आशंकाओं का निराकरण करने के बजाय सत्ता में बैठे लोगों ने केवल राजनीति की है और अपने अहंकार को प्रदर्शित करने का खेल खेला है। सरकार ने आर्थिक तथा विदेशी मामलों में अपने एक वर्ष के शासन की उपलब्धियों का बखान करने में केवल इस बात का परिचय दिया है कि उसमें न तो दूरदृष्टि है और न ही समस्याओं पर व्यापक दृष्टि से विचार करने की क्षमता। सरकार हर मोर्चे पर विफल रही है। अत: ऐसी स्थिति में यह बात समझ में नहीं आती कि उसने इन

समारोहों का आयोजन क्यों किया। भारत दुनिया में अलग-थलग पड़ गया है और सरकार ने विश्व व्यापार संगठन के आगे घुटने टेक दिए हैं। इस बात को कोई कैसे नजरअन्दाज कर सकता है।

अमरीका द्वारा दुनिया में चौधरी की भूमिका निभाने के प्रयास का विरोध हमने दबी आवाज में किया। सैनिक तथा आर्थिक दृष्टि से शक्तिशाली देशों ने यह दिखा दिया है कि उन्हें किसी देश की सम्प्रभुता के उल्लंघन और अन्तरराष्ट्रीय कानूनों को रौंदने में कोई कठिनाई नहीं है। भारत को इस मामले में अपनी नैतिक आवाज उठानी चाहिए थी और दबाव का सामना करना चाहिए था।

दुर्भाग्य से सभी राजनीतिक पार्टियाँ सत्ता हड़पने की तैयारी में हैं और उनकी अधिक दिलचस्पी अपनी संख्या बढ़ाने की है। जब सत्तारूढ़ गुट अपनी सत्ता को बनाए रखने के लिए कोई भी कीमत चुकाने को तैयार हो तब दूसरे गुट भी सत्ता तक पहुँचने के लिए हर प्रकार के लोगों को अपने साथ लाने और अपनी संख्या बढ़ाने का प्रयास करेंगे। लेकिन इस प्रकार के राजनीतिक गठबन्धनों से देश को कोई उपलब्धि हासिल होने वाली नहीं है। सरकार बनाने में अंकगणित की महत्त्वपूर्ण भूमिका हो सकती है लेकिन इससे आज की चुनौतियों का सामना करने के लिए न तो जनता का सहयोग प्राप्त किया जा सकता है और न ही आर्थिक विकास की समस्या हल हो सकती है। सरकार अपना अस्तित्व बचा सकती है किन्तु वह देश में स्थिरता नहीं ला सकती। देश में स्थिरता लाने के लिए आवश्यक है कि जनता की बुनियादी समस्याएँ हल की जाएँ। बुनियादी समस्याओं के हल के लिए विश्वसनीय विकल्प बने, उसके लिए घटिया जोड़-तोड़ तथा ओछी राजनीति को छोड़ा जाए। इसके लिए हमें अपने आपको जनसेवा के प्रति समर्पित करना होगा।

(*यंग इंडियन*, अंक 22, अप्रैल 17, 1999)

संसदीय इतिहास की बेमिसाल स्थिति

एक वोट से केन्द्रीय सरकार की पराजय से हमारे संसदीय इतिहास में बेमिसाल स्थिति पैदा हो गई है। यह स्थिति अगर छोटे राज्यों में पैदा होती है तो बात समझ में आ सकती हैं किन्तु यही अगर लोकसभा में पैदा होती है तो उसके गम्भीर परिणाम हो सकते है। यह कोई अचानक घटी घटना न होकर हमारी राजनीतिक व्यवस्था पर हो रहे आघात का परिणाम है। राजनीतिक चर्चाएँ और विवाद छोटी बातों तथा क्षेत्रीय और जातीय आकांक्षाओं को लेकर हो रहे हैं। भावनात्मक मुद्दों और धार्मिक भावनाओं को उभारना इस प्रक्रिया का मुख्य अंग बन चुका है। इस प्रक्रिया में राजनीतिक मर्यादा और सामाजिक मान्यताओं को तिलांजलि दे दी गई है। सत्ता का

खेल धीरे-धीरे हमारे राजनीतिक व्यवहार में प्रवेश कर रहा है, जिसका प्रदर्शन पिछले कुछ दिनों में हुआ है। इससे हमारी संसदीय प्रणाली की मर्यादा को क्षति पहुँची है। इस प्रक्रिया में हमारे लोकतांत्रिक ढाँचे की संस्थाओं को जो क्षति पहुँची है उसके लिए राजनीतिक पार्टियाँ तथा उससे सम्बद्ध लोग जिम्मेदार हैं।

अन्तरविरोधों से युक्त हताश शक्तियों का एक गठजोड़ तेरह महीने तक सत्ता में रहा। यह स्वाभाविक था कि वह अपनी जगह पर अधिक समय तक नहीं टिक सके, लेकिन जिस ढंग से उसकी विदाई हुई उससे हमारी संसदीय व्यवस्था की कार्यप्रणाली की गरिमा में किसी प्रकार की वृद्धि नहीं हुई। धर्मनिरपेक्षता के ढाँचे की रक्षा के लिए संघर्ष के दावे के पीछे व्यक्तिगत महत्त्वाकांक्षा को पूरा करने और एक-दूसरे से बदला चुका कर राजनीतिक सत्ता को हथियाने की भावना काम कर रही थी। इससे कहीं यह नहीं लगा कि हमारा उद्देश्य देश में आई कमियों को दूर करना और चुनौतियों का सामना करना है। लोकसभा में जो चर्चा हुई इससे यही बातें सामने आईं।

कुछ व्यक्तियों की व्यक्तिगत महत्त्वाकांक्षाएँ तथा पसन्द और नापसन्द खुलकर सामने आईं और अब लगता है कि इन्हीं से भविष्य के घटनाक्रमों का निर्धारण होने वाला है। देश की जनता की वास्तविक समस्याओं पर कोई चर्चा नहीं हुई। भारतीय राजनीति का यह बहुत ही दुखद चरण है जिसमें जनता की वास्तविक चिन्ताओं को पीछे छोड़ दिया गया है और राजनीतिक क्षेत्र के कुछ खिलाड़ी अपनी व्यक्तिगत आकांक्षाओं की पूर्ति के एजेंडे को पूरा करने में लगे हुए हैं।

ऐसा लगता है कि धर्मनिरपेक्षता तथा गैर-धर्मनिरपेक्षता के मुद्दे को उभारकर धार्मिक कट्टरपन्थियों के लिए ऐसा आधार तैयार किया जा रहा है जिसमें वह भावनात्मक सवालों पर लोगों की भावनाओं को उभार सकें। आज के युग में धर्म को सभी लोगों को एकत्र करने का आधार नहीं बनाया जा सकता। इसे दुनिया के विभिन्न देशों में देखा जा चुका है। लेकिन फिर भी लोगों का समर्थन प्राप्त करने के लिए धार्मिक भावनाएँ उभारी जा रही हैं। इसी प्रकार की स्थिति भारत में भी पैदा हो सकती है, क्योंकि यहाँ भी धार्मिक तथा जातीय गुट अपना अस्तित्व दिखाने की कोशिश कर रहे हैं। हमने राजनीतिक दृष्टि से इसके निहितार्थ पर विचार नहीं किया है। यह आश्चर्यजनक बात है कि हमने इस बारे में अपने हाल के अनुभवों से कोई सीख नहीं ली।

सत्ता हथियाने के खेल में हमने सरकार गिरा दी लेकिन यह नहीं सोचा कि इसका परिणाम क्या होगा। अब वैकल्पिक सरकार बनाने को लेकर पूरी तरह भ्रम की स्थिति है और यह केवल अदूरदर्शिता तथा अनिर्णय का नाटक सिद्ध हो रहा है। वैकल्पिक सरकार के लिए समर्थन देने और न देने को लेकर अनिश्चितता की स्थिति है और चुनाव का भय हमारी पूरी राजनीतिक सोच को प्रभावित कर रहा है। इस स्थिति से

निकलने में कहीं से कोई मदद नहीं मिल रही है। इस संकटपूर्ण स्थिति का तथ्यपरक आकलन करने से यही पता चलेगा कि कोई वैकल्पिक व्यवस्था तैयार करने का प्रयास मृगमरीचिका ही सिद्ध हो रहा है।

इस घटनाक्रम के नायकों ने भारतीय राजनीति को एक ऐसे रंगमंच में बदल दिया है जहाँ नेतागण अपनी शक्ति का उपयोग मिलजुल कर घृणा तथा विद्वेष के वातावरण को दूर कर लोगों में विश्वास की भावना पैदा करने और विघटनकारी शक्तियों के विरुद्ध संघर्ष के लिए उन्हें तैयार करने के बजाय आपसी संघर्ष में ही लगे हुए हैं।

(*यंग इंडियन*, अंक 23-24, मई 1, 1999)

स्थिरता का नारा मात्र छलावा

एक दूसरे की विरोधी दिखाई देने वाली पार्टियाँ वास्तव में कितनी समान होती हैं यह आज की राजनीतिक स्थिति में स्पष्ट दिखाई देता है। भंग लोकसभा में संख्या की दृष्टि से दो सबसे बड़ी पार्टियाँ भारतीय जनता पार्टी और कांग्रेस (आई) बाह्य रूप से एक-दूसरे की प्रबल विरोधी दिखाई देती हैं। लेकिन अगर पिछली कांग्रेस सरकार और हाल ही में लोकसभा में विश्वास प्रस्ताव पर हारी भाजपा नीत गठबन्धन की सरकार के क्रियाकलापों को देखें तो मालूम होगा कि इन पार्टियों की सरकारों के द्वारा उठाए गए कदम एक-दूसरे के समान दृष्टिकोण को प्रकट करते हैं। अब लोकसभा भंग हो गई है और नए चुनाव सामने हैं, इस स्थिति में दोनों पार्टियाँ एक ही नारे को उछालकर फिर सरकार में आना चाहती हैं—'हमें वोट दो, हम स्थिर सरकार देंगे'— दोनों पक्षों से यही आवाज उठ रही है। ऐसा लगता है जैसे स्थिर सरकार अपने आप में कोई ऐसा गुण है जिस पर ही किसी सरकार के गुण और क्षमता का आकलन होता है। कोई भी सरकार अपना कार्यकाल पूरा करे यह एक अच्छी बात है, लेकिन उस कार्यकाल में वह क्या करती है यह उससे भी अधिक महत्त्वपूर्ण है।

1977 तक कम से कम केन्द्र में स्थिर सरकारों का दौर रहा। बाद में 1980, 1984 और फिर 1991 में एकदलीय बहुमत वाली सरकारें रही हैं। 1975 में स्थिरता के नाम पर ही देश को आपातकाल के दौर से गुजरना पड़ा। पूर्ण बहुमत होते हुए भी सरकार की ओर से यह कहा जाता रहा कि विदेशी शक्ति के इशारे पर सरकार को अस्थिर किया जा रहा है। यह भारतीय प्रजातंत्र का सबसे संकटपूर्ण अध्याय था। 1984 और 1991 की स्थिर सरकारों ने देश को आर्थिक गुलामी और कर्ज के बोझ तले दबा दिया। भाजपा नीत गठबन्धन की सरकार के 13 महीने के कार्यकाल में सभी संवैधानिक संस्थानों का लगातार अवमूल्यन किया गया। येन-केन-प्रकारेण सत्ता में बने रहने के लिए पूरे शासनतंत्र का खुला दुरुपयोग इस दौर की एक आम

बात हो गई थी। अगर यह सरकार इसी तरह चार साल तक और रहती तो आर्थिक उदारीकरण के नाम पर अगले दो वर्षों में देश पूरी तौर से पश्चिमी उपभोक्तावाद की जकड़बन्दी में फँस जाता।

क्योंकि लोकसभा का नया चुनाव सामने है इसलिए मतदाता को यह जानने का अधिकार है कि जो पार्टियाँ उसका मत चाहती हैं वे सत्ता में आने के बाद क्या करेंगी। जो पार्टी गलत–सही तरीके से केवल सत्ता में बने रहने को ही अपनी उपलब्धि समझती है और जनता को इस उपलब्धि के नाम पर अपनी ओर खींचना चाहती है, उससे किनारा करना ही श्रेयस्कर है।

स्थिरता का अर्थ अगर वर्तमान अन्यायपूर्ण सामाजिक और आर्थिक ढाँचे को बनाए रखना है तो यह बेमानी है। एक ऐसे समाज में जहाँ अधिसंख्यक लोग जिन्दगी की बुनियादी सुविधाओं से भी महरूम हों और मुट्ठी-भर लोग ऐशो-आराम की जिन्दगी बसर करते हों वहाँ राजनीतिक स्थिरता दिवास्वप्न है। सदियों से शोषित तबके संगठित होकर अपना अधिकार माँग रहे हैं। क्षेत्रीय आकांक्षाएँ बेचैनी पैदा कर रही हैं। इन सबका चुनावों में प्रतिबिम्बित होना स्वाभाविक है। अगर सरकारें जनता की बुनियादी समस्याओं को हल करने में अपनी दिलचस्पी नहीं दिखाएँगी तो प्रबल बहुमत होते हुए भी वे स्थिर नहीं रह सकतीं। अगर बहुत दूर न जाएँ तो 1971 और 1984 के आम चुनावों में बनी सरकारें इसका उदाहरण हैं। भूख, अशिक्षा, शुद्ध पेयजल और बेरोजगारी जैसे सवाल आज जनमानस को उद्वेलित कर रहे हैं। दलित और आदिवासी एक सम्मानपूर्ण जीवन के लिए छटपटा रहे हैं। बेहतर यही होगा कि दल और सरकारें इस कसौटी पर कसी जाएँ कि जनता की बुनियादी समस्याओं को हल करने की दिशा में वे किस सीमा तक बढ़ी हैं—न कि इस बात पर कि उन्होंने कितने दिनों तक राज किया।

(*यंग इंडियन*, अंक 25, मई 8, 1999)

देश की लोकतांत्रिक व्यवस्था दाँव पर

लगभग पाँच दशक तक संसदीय लोकतंत्र के सफल संचालन के बाद हमें जटिल स्थिति का सामना करना पड़ रहा है। संविधान द्वारा संस्थापित संस्थाओं का अवमूल्यन हो रहा है और आज तक बनी परम्पराओं तथा नियमों का उल्लंघन किया जा रहा है। आपसी सहमति तथा एक-दूसरे के विचारों के प्रति आदर की भावना समाप्त हो रही है। इन सबके चलते हमारी पूरी व्यवस्था तनाव की स्थिति में है। इसका सबसे बड़ा कारण महत्त्वपूर्ण मुद्दों पर राजनीतिक दलों और स्वयं सांसदों द्वारा अपनाया गया अवसरवादी रवैया है। इन सबके चलते राजसत्ता के अधिकारों में कमी आई है जिसका

प्रतिकूल असर राज्य के सभी अंगों के कामकाज पर पड़ रहा है। जनमत पर भी इसका बुरा असर पड़ा है और हम खतरे की स्थिति में हैं।

प्रमुख राजनीतिक दलों के बीच जनता के जीवन से जुड़े मुद्दों पर सहमति के बावजूद कुछ भावनात्मक मुद्दों को लेकर संघर्ष हो रहा है। एक-दूसरे पर प्रहार के तेवर तीखे हो रहे हैं। संसदीय लोकतंत्र का सारतत्त्व आपसी चर्चा हुआ करती है, किन्तु अब यह केवल औपचारिकता रह गई है। गम्भीर समस्याओं पर शायद ही कभी कोई चर्चा होती है और अगर कभी इस प्रकार की चर्चा आवश्यक हुई तो इसमें केवल कार्यपालिका और यहाँ तक कि संसद की भी आलोचना ही होती है। इन संस्थाओं की मर्यादा ही अब दाँव पर लग गई है। यह प्रवृत्ति तेजी के साथ फैल रही है। स्थिति अब यहाँ तक पहुँच गई है कि भारतीय उद्योग तथा वाणिज्य मंडल परिसंघ के पदाधिकारी न केवल सुझाव दे रहे हैं बल्कि कार्यपालिका को अर्थव्यवस्था को बचाने के लिए कुछ नीतिगत कदम उठाने के निर्देश भी दे रहे हैं। लोकसभा का अस्तित्व नहीं रहने पर अध्यादेश जारी किए जाने के कदम को संसदीय परम्पराओं और मर्यादाओं के विरुद्ध माना जाता रहा है। लेकिन वाणिज्य तथा उद्योग मंडल संघ के अनुसार सरकार का एक ही काम सारी बातों की उपेक्षा कर निगम क्षेत्र को खुली छूट देना है। उनके अनुसार श्रम कानूनों में परिवर्तन होना चाहिए और उनके लाभ के लिए वित्तीय संस्थाओं के कार्य में भी बदलाव लाया जाना चाहिए। उनकी दृष्टि में इन सबका हल केवल यही है कि उन्हें खुली छूट दी जाए।

कामचलाऊ सरकार को लेकर हाल में शुरू विवाद भी अब गम्भीर रूप ले चुका है। जो लोग सत्ता में हैं वह सन्देहात्मक बातें कह रहे हैं। जिस सरकार ने नवनियुक्त राजदूतों तथा राज्यपालों को केवल इस कारण हटाया था कि उनकी नियुक्ति कामचलाऊ सरकार ने की थी, अब वही लोग कह रहे हैं कि कामचलाऊ सरकार जैसी कोई चीज नहीं है। राजनीतिक दलों की आन्तरिक कार्यप्रणाली के बारे में कुछ न कहना ही बेहतर है। राजनीतिक दलों के भीतर किसी बात पर चर्चा को अब समय की बर्बादी माना जा रहा है और हर काम के लिए एक ही व्यक्ति को अधिकृत कर देना पार्टी के हित की दृष्टि से उपयुक्त माना जा रहा है। ऐसी परिस्थिति में किसी सार्थक विचार-विमर्श या सही दिशा में निर्णय की आशा कैसे की जा सकती है। यह बीमारी फैल रही है और इससे राजनीतिक दलों के काम-काज पर बुरा असर पड़ रहा है। इसकी तार्किक परिणति विधायिकाओं की चर्चाओं में भी देखने को मिल रही है। यह अमर्यादित प्रवृत्ति इलेक्ट्रॉनिक मीडिया से भी उजागर हो रही है।

एक-दूसरे के विरुद्ध आरोप, प्रत्यारोप तथा एक-दूसरे की भद्दी आलोचना, बिना प्रमाण के भ्रष्टाचार के आरोप लगाना, राष्ट्रीय हित के संवेदनशील मुद्दों को भी गैर-जिम्मेदाराना ढंग से उछालना और सदन के भीतर भी अहंकार के साथ अवसरवादी ढंग से अपना रुख बदल लेना भारत की संसदीय प्रणाली के कामकाज

की कहानी बन गई है। इससे बाहरी लोगों को हमारी व्यवस्था की भर्त्सना का अवसर मिल रहा है। संसदीय विशेषाधिकारों की अब कोई वैधता नहीं रह गई है। न्यायपालिका सरकार की आलोचना तथा उसे हास्यास्पद ठहराने के कार्य को अपना राष्ट्रीय दायित्व समझ रही है। अगर संसदीय प्रणाली को बनाए रखना है तो संविधान की चाहे जो व्याख्या हो, हमें स्थापित परम्पराओं का पालन करना ही पड़ेगा। यह केवल कुछ उदाहरण हैं जिनसे पता चलता है कि संसदीय लोकतंत्र की हमारी प्रणाली में कितनी कमजोरी आ गई है। अगर तुरन्त सुधारात्मक कदम नहीं उठाए गए तो खतरा वास्तविकता का रूप ले सकता है। इन परिस्थितियों में उन क्षेत्रों से जो लोकतंत्र के अभिरक्षक माने जाते हैं, लोकतंत्र की रक्षा की कम ही आशा की जाती है। क्या देश की जनता छोटी-मोटी बातों से ऊपर उठकर इस ओर ध्यान देगी, क्योंकि अब केवल उसी से आशा रह गई है।

(*यंग इंडियन,* अंक 26, मई 15, 1999)

अमर्यादित चुनाव प्रचार का खतरा

देश में मध्यावधि चुनाव होने जा रहे हैं। चुनाव की यह स्थिति जिस ढंग से पैदा हुई उसकी कल्पना किसी को भी नहीं थी। सत्तारूढ़ गठबन्धन में शुरू से ही तनाव था और यह उसका दिन-प्रतिदिन का क्रम बन गया था। पिछले कुछ महीनों में यह और बढ़ गया था और सत्ताधारी गठबन्धन इस स्थिति को नियंत्रित नहीं कर पाया। संकट मूलत: सत्तारूढ़ गठबन्धन के भीतर से शुरू हुआ और विभाजित तथा संज्ञाशून्य विपक्ष इसका कोई विकल्प नहीं दे सका।

सत्ता कैसे अपने पास रखी जाए और कैसे प्राप्त की जाए इसका घटिया नाटक सत्तापक्ष और विपक्ष में कुछ व्यक्तियों को केन्द्र बनाकर चलता रहा। ऐसे नाजुक समय में भी यही हमारा लक्ष्य बन गया। इसका दूरगामी असर क्या होगा किसी ने इसकी चिन्ता नहीं की। अब इसके लिए किसी को दोष देने का कोई अर्थ नहीं है, लेकिन सबसे चिन्ताजनक बात राजनीतिक क्षेत्रों में चल रही यह फुसफुसाहट है कि अस्थिरता पैदा करने के इस खेल में विदेशी हाथ था। इस फुसफुसाहट की शुरुआत सत्तारूढ़ खेमे से हुई और इस कारणवश मामला अधिक गम्भीर बन गया। लेकिन यह दुख और आश्चर्य की बात रही कि सरकार ने प्रभावपूर्ण ढंग से इसका प्रतिकार नहीं किया। इससे पता चलता है कि हम अस्थिरता की शक्तियों से अपने अस्तित्व की रक्षा करने में भी पूरी तरह असहाय स्थिति में पहुँच गए हैं। अगर यह केवल अपने पक्ष में सहानुभूति पैदा करने का बहाना मात्र था तो इससे अधिक खतरनाक बात और कोई नहीं हो सकती। लेकिन प्राप्त संकेतों से ऐसा लगता है कि सत्तारूढ़ खेमे का सन्देह

पूरी तरह निराधार नहीं था। लेकिन अगर सरकार को थोड़ा भी सन्देह था तो उसने इसके विरुद्ध कार्रवाई क्यों नहीं की।

लोकसभा के मध्यावधि चुनाव के लिए चुनाव प्रचार की शुरुआत अभी नहीं हुई है, लेकिन देश की दो प्रमुख राजनीतिक पार्टियाँ अभी से जिस ढंग से एक-दूसरे पर आरोप-प्रत्यारोप लगा रही हैं उससे किसी को भी इस बात में सन्देह नहीं रह गया है कि प्रचार और उस दौरान चर्चा का स्तर बहुत मर्यादित नहीं होगा। इसके लिए किसी एक राजनीतिक दल या गुट को दोषी नहीं ठहराया जा सकता। इस मामले में सभी राजनीतिक दलों का एक जैसा व्यवहार हो गया है जो हमारे लिए गम्भीर चिन्ता का विषय है। इस चुनौती का सामना देश के सभी नागरिकों को, जिन्हें भविष्य की चिन्ता है, साहस तथा संकल्प के साथ करना पड़ेगा। अगर हमारे लोकतंत्र का आधार ही हिल गया तो आज हम जिन मुद्दों को लेकर विभिन्न स्तरों पर चर्चा कर रहे हैं उनसे कोई लाभ नहीं होगा।

(*यंग इंडियन*, अंक 27, मई 22, 1999)

राजधानी में प्रायोजित उन्माद

सामान्यतया राजनीतिक पार्टियों के आन्तरिक विवाद सम्बन्धित पार्टियों के सदस्यों के लिए ही चिन्ता का विषय होते हैं। परन्तु जब किसी पार्टी के आन्तरिक विवाद के दौरान ऐसे मुद्दे उभरते हैं जो देश की मौलिक राजनीतिक व्यवस्था को प्रभावित करते हैं तो स्वभावत: वह विवाद सम्बन्धित पार्टी से इतर लोगों की भी चिन्ता और चिन्तन का विषय बन जाता है। आज कांग्रेस जिस संकट से जूझ रही है वह बहुआयामी है और इसी कारण उसका विश्लेषण और उसकी व्याख्या अनेक कोणों से की जा सकती है। किसी भी जनतांत्रिक पार्टी में राष्ट्रहित के महत्त्वपूर्ण प्रश्नों को उठाना और उस पर वाद-विवाद कर किसी निष्कर्ष पर पहुँचना एक सामान्य जनतांत्रिक प्रक्रिया है। इसे दुर्भाग्यपूर्ण ही कहा जाएगा कि देश का एक प्रमुख राजनीतिक दल एक करिश्माई नेता की तलाश में राजनीतिक दलों की इस सामान्य प्रक्रिया को तिलांजलि देकर सारी राजनीति को एक व्यक्ति विशेष के इर्द-गिर्द केन्द्रित करना चाहता है। ऐसा नहीं है कि यह प्रवृत्ति कोई एकाएक उभर आई हो। पिछले दो-ढाई दशकों में इस प्रवृत्ति को न केवल उभारा गया बल्कि सम्पूर्ण प्रचार-माध्यमों का इस्तेमाल कर उसको चरम बिन्दु पर पहुँचाने का प्रयास किया गया। 'अमुक व्यक्ति ही भारत है' जैसे नारे इसी प्रवृत्ति की उपज थे।

यह एक दुतरफा प्रक्रिया है। एक तरफ सम्बन्धित नेता ऐसे नारों द्वारा 'फ्यूहरर' बनकर सारी राजनीतिक सत्ता—चाहे वह दल की हो या सरकार की—अपने हाथों

में केन्द्रित करना चाहता है और दूसरी तरफ नीचे की श्रेणी के चतुर, चालाक और धूर्त नेता 'फ्यूहरर' के अहंकार की अग्नि में चाटुकारिता की आहुति देते रहते हैं। अमूर्त्त जनता के नाम पर यह खेल तब तक चलता रहता है जब तक नेता सत्ता में रहता है या उसके द्वारा सत्ता हासिल करने की उम्मीद बनी रहती है। परन्तु एक बार सत्ता से हटने और दुबारा सत्ता हासिल करने की उम्मीद टूटते ही फूटे हुए गुब्बारे की तरह तथाकथित करिश्माई नेता धरती पर आ जाता है और चाटुकारों की जमात सुबह के तारे की तरह गायब हो जाती है। 1977 के आम चुनाव के बाद तत्कालीन कांग्रेस नेताओं ने एक-एक करके कांग्रेस को जिस तरह छोड़ा था, लगता है उससे वर्तमान कांग्रेस ने कोई सबक नहीं सीखा है। राजधानी में प्रायोजित उन्माद के जो दृश्य आजकल देखने को मिल रहे हैं, यह अत्यन्त दुर्भाग्यपूर्ण और निन्दनीय हैं।

आम-चुनाव कुछ महीने ही दूर हैं। चाहिए तो यह था कि पार्टियाँ जनता से जुड़े बुनियादी सवालों पर अपना पक्ष जनता के सामने रखतीं और उनकी कारगुजारियों की रोशनी में जनता अपनी राय बनाती। लेकिन ठीक इसका उल्टा दिखाई दे रहा है। नीतियों और कार्यक्रमों को दरकिनार कर व्यक्तियों के इर्द-गिर्द ही राजनीति को परिचालित करने का प्रयास वर्तमान सत्ताधारी गठबन्धन और प्रमुख विपक्षी दल द्वारा किया जा रहा है। ऐसी राजनीति का सबसे धारदार हथियार चरित्र-हनन होता है। इसमें कोई सन्देह नहीं कि आने वाले दिनों में देश के दोनों बड़े दल सारी मर्यादाओं को लाँघ कर इस हथियार का इस्तेमाल करेंगे।

कांग्रेस ने लम्बे अरसे तक आजादी की लड़ाई के दिनों में, और बाद में भी, सही मायनों में भारत की विविधता को प्रतिबिम्बित किया है। अपनी गिरी हुई दशा में भी उस विविधता की जो कुछ झलक उसमें बची हुई थी, उसे नष्ट करने की जिम्मेदारी भी कांग्रेस पर ही होगी। आज की परिस्थिति में सभी दलों को यह समझना होगा कि अगर वे अपने दल को आजादी की लड़ाई के दौरान पल्लवित और पुष्पित आदर्शों तथा देश के संविधान की मौलिक स्थापनाओं की भावना के विपरीत चलाना चाहेंगे तो उन्हें बारम्बार ऐसे संकटों से गुजरना पड़ेगा जिनसे आज कांग्रेस गुजर रही है। ऐसा सम्भव नहीं है कि भारतीय संविधान लिखने और बोलने की आजादी दे और पार्टियाँ अपने सदस्यों के मुँह पर पट्टी बाँधें। यों भी भारत की माटी में ही कुछ ऐसा है कि जब भी कोई व्यक्ति यह अहंकार पालता है कि उसे चुनौती देने वाला कोई नहीं है तभी कोई प्रह्लाद की तरह सामने खड़ा होकर उसके अहंकार को तोड़ देता है।

पिछले 50 वर्षों में अनेक उतार-चढ़ावों के बावजूद भारतीय जनमानस ने प्रजातंत्र और धर्मनिरपेक्षता के आदर्शों को आत्मसात कर लिया है। तानाशाही और कट्टरपन्थ इस देश के मिजाज के खिलाफ हैं। भारतीय जनता पार्टी ने कुछ हद तक इस तथ्य को समझ लिया है। इसी कारण वह अपने पुराने चुनाव घोषणा-पत्र को रद्दी की टोकरी में फेंककर नया कलेवर धारण करना चाहती है। कांग्रेस के लिए यही उचित

होगा कि वह 'व्यक्ति पूजा' से अलग हटकर अपने को एक प्रजातांत्रिक पार्टी के रूप में ढालने का प्रयास करे।

शासन के उच्च पदों पर केवल देश की धरती से जुड़े लोग ही चुने जाएँ, यह सारे विश्व में स्वीकृत मान्यता है। उपनिवेशवाद से जुड़े देशों में ही इसका अपवाद मिलेगा, अन्य सभी जगह या तो संविधान में इसका प्राविधान है या राष्ट्रीय गौरव से जुड़ी हुई मान्यता है, जिसको जनमत ने स्वीकार किया है। ऐसे अहम सवाल को उठाने वाले वरिष्ठ नेताओं के साथ जो व्यवहार आज हो रहा है वह उस जेहनियत को जाहिर करता है जिसे किसी भी प्रकार प्रजातांत्रिक प्रणाली में अपनाना एक ऐसा कदम है जो अराजकता, घृणा, द्वेष और अन्ततोगत्वा अधिनायकवादी राह की ओर संकेत करता है। समय रहते यदि इसके विरोध में जनतांत्रिक शक्तियाँ एक नहीं हुईं तो इसका परिणाम भयावह हो सकता है।

(*यंग इंडियन*, अंक 28, मई 29, 1999)

कारगिल में दृढ़ता और संयम की जरूरत

कुछ लोग अपने आप द्वारा पाले गए भ्रम के शिकार हो जाया करते हैं। यही हालत हमारे आज के नीति-निर्धारकों की भी है। उन्होंने जमीनी हक़ीकतों और पेचीदी अन्तरराष्ट्रीय स्थिति को नजरअन्दाज कर यह सोचा था कि एक परमाणु बम फोड़ देने से वह पड़ोसियों से निपटने के मामले में मजबूत स्थिति में पहुँच जाएँगे। वर्तमान सरकार के हमारे एक मंत्री ने तो पाकिस्तान को यह चुनौती दे डाली थी कि वह, भारत के साथ लड़ाई के लिए स्थान और समय का चुनाव कर ले। पाकिस्तान ने जब चगाई में परमाणु बम का विस्फोट कर दिया तो हम गलटी खा गए। इसकी परिणति लाहौर बस यात्रा में हुई और देश को यह विश्वास दिलाया जाने लगा कि प्रधानमंत्री इतिहास बना रहे हैं लेकिन यह भ्रम बहुत थोड़े दिन चला। प्रधानमंत्री तथा उनकी पार्टी जिस समय खुशियाँ मनाने में व्यस्त थे, उसी समय पाकिस्तानी सेना कारगिल में बड़े पैमाने पर घुसपैठ कराने की तैयारी कर रही थी। हम इतने बेफिक्र हो चुके थे कि हमारे गुप्तचर भी इसे नहीं भाँप सके और इसके चलते आज हमें गम्भीर स्थिति का सामना करना पड़ रहा है। भारतीय क्षेत्र में इतनी बड़ी संख्या में लोग कैसे आ गए और इस ओर हमारा ध्यान क्यों नहीं गया, इस प्रश्न का जवाब आज तक नहीं मिला।

यह दुर्भाग्य की बात है कि शुरू में सत्तारूढ़ पार्टी और सरकार ने सीमा पर पैदा हो रही खतरनाक स्थिति को हल्के-फुल्के ढंग से लेने का प्रयास किया। जो भी व्यक्ति इस क्षेत्र की कठिन भौगोलिक स्थिति से परिचित है, वह स्थल सेना और वायु सेना द्वारा घुसपैठियों को निकालने के लिए समय सीमा निर्धारित करने की बात नहीं कर

सकता। संकट के शुरुआती दिनों में रक्षा मंत्रालय, सेना के मुख्यालय तथा प्रधानमंत्री कार्यालय के बीच समन्वय न होना ठीक नहीं था। इसकी पुनरावृत्ति से बचा जाना चाहिए।

हम एक बड़े राष्ट्र हैं, हमारी सशस्त्र सेनाएँ सीमापार की किसी भी चुनौती का सामना करने में सक्षम हैं। पाकिस्तानी हथकंडे का जवाब घबराकर नहीं दिया जाना चाहिए, बल्कि स्थिति का सामना दृढ़ता और संयम के साथ किया जाना चाहिए। हमारी ओर से ऐसा कोई काम नहीं होना चाहिए जिससे पूर्ण स्तर का युद्ध शुरू हो जाए। हमें पाकिस्तान के शासकों को यह समझाना चाहिए कि आज के युग में युद्ध से किसी समस्या का हल नहीं निकाला जा सकता। युद्ध के वातावरण से दोनों देशों की जनता का अहित होगा।

अतीत में देश की सुरक्षा को जब कभी खतरा पैदा हुआ, पूरा राष्ट्र एक व्यक्ति की तरह खड़ा हो गया। आज भी देश उन बहादुर जवानों के साथ है जो भारी कठिनाइयों के बावजूद अपने दायित्व का निर्वाह कर रहे हैं। देश की सुरक्षा में जिन अधिकारियों और जवानों ने वीरगति प्राप्त की है, हम उनकी स्मृति को प्रणाम करते हैं।

हमारी सशस्त्र सेना जहाँ घुसपैठियों को खदेड़ने के काम में लगी है वहीं सरकार को चाहिए कि वह देश के भीतर की स्थिति पर नजर रखे। यह कोई छुपी बात नहीं है कि ऐसी स्थिति का लाभ जमाखोर, कालाबाजारिए और सट्टेबाज उठाने लगते हैं। उनसे सख्ती से निपटा जाना चाहिए।

हमें इस बात को नजरअन्दाज नहीं करना चाहिए कि इस कार्रवाई के पीछे पाकिस्तान का मुख्य उद्देश्य कश्मीर मुद्दे को अन्तरराष्ट्रीय रंग देना है। इस प्रयास का मुकाबला राजनयिक अभियान से किया जाना चाहिए। आशा करनी चाहिए कि सरकार संकट का सामना करने में जहाँ कहीं जरूरत होगी विपक्षी नेताओं का सहयोग बिना किसी संकोच के लेगी, क्योंकि देश की सुरक्षा सर्वोपरि है। कारगिल में भारतीय कार्रवाई का लक्ष्य घुसपैठियों को निकाल बाहर करने के अतिरिक्त पूरे देश को यह बताना होना चाहिए कि हम स्थिति से निपटने में पूरी परिपक्वता और संयम का परिचय दे रहे हैं।

(*यंग इंडियन*, अंक 29, जून 5, 1999)

जम्मू कश्मीर सीमा पर गम्भीर स्थिति

हम गम्भीर स्थिति का सामना कर रहे हैं। जम्मू कश्मीर की सीमा पर अशान्ति है। यह केवल घुसपैठ नहीं है बल्कि युद्ध जैसी स्थिति है। सभी संकेतों के अनुसार यह इस क्षेत्र को अशान्त रखने की सुविचारित योजना है। ऐसा लगता है कि अस्थिरता

पैदा करने वाली शक्तियों के गन्दे इरादे के बारे में क्षेत्र के लोगों की समझ और शान्ति तथा मैत्री के बढ़ते वातावरण के कारण बुराई तथा खून-खराबी की इन शक्तियों ने इस क्षेत्र में तनाव बनाए रखने का निश्चय किया। इनका अन्तिम इरादा इसे तनाव का एक और क्षेत्र बना देने का है, ताकि अगर सम्भव हो तो विदेशी हस्तक्षेप का अवसर मिल जाए। दुर्भाग्य से हाल की घटनाओं से यह बात देखने को मिली है कि इस प्रकार के घटिया नाटक से हस्तक्षेप का आसान बहाना मिल जाता है। इस बात को ध्यान में रखने पर हम पाएँगे कि हमारे सुरक्षा के वातावरण में नाजुक तथा खतरनाक स्थिति पैदा हो गई है।

यह समय एक-दूसरे को दोषी ठहराने का नहीं है। इस समय उसे पूरे देश को एक रखकर संकल्पबद्ध कार्रवाई के लिए तैयार करने की जरूरत है। संकट के इस समय में हमें त्वरित कार्रवाई और अपनी अभिव्यक्ति में अधिकतम संयम की भी जरूरत है, लेकिन यह दुर्भाग्य की बात है कि कुछ जिम्मेदार लोगों के सार्वजनिक वक्तव्यों में यह बात देखने को नहीं मिल रही है। संकट का सामना करने में अगर कहीं कोई चूक होती है तो उसकी उपेक्षा नहीं की जानी चाहिए, किन्तु इसे एक मुद्दा बनाकर सार्वजनिक विवाद खड़ा करना राष्ट्रहित में नहीं है। सत्ता में बैठे कुछ लोगों में अधिकतम प्रचार के लिए इलेक्ट्रॉनिक मीडिया के उपयोग की बीमारी पैदा हो गई है। इस परिस्थिति में अनावश्यक वक्तव्यों से और अधिक भ्रम पैदा हो रहा है। कुछ जिम्मेदार लोगों के परस्पर विरोधी रवैये से सरकारी वक्तव्यों की प्रामाणिकता पर भी सन्देह पैदा होने लगा है। विपक्ष को इसे राजनीतिक लाभ के लिए सार्वजनिक विवाद का विषय नहीं बनाना चाहिए था। अच्छा होता कि ऐसे प्रश्नों को आपसी विचार-विमर्श से हल कर लिया जाता। राजनीतिज्ञों के लिए अब कम बोलने और अधिक विचार-विमर्श करने का समय आ गया है, ताकि हम किसी बड़ी दुर्घटना से बचकर कोई सार्थक निर्णय कर सकें। इसकी शुरुआत हमें स्वयं करनी चाहिए और विवेक की यह आवाज अगर पड़ोसी तक पहुँच सके तो ऐसा व्यवहार शुरू होना चाहिए जिससे संकट सुलझ सके। इस प्रकार के इरादे की अभिव्यक्ति की गई है किन्तु बाद में जो वक्तव्य दिए गए हैं उनसे उनकी इस इच्छा की पुष्टि नहीं होती।

हमें अच्छाई की आशा करनी चाहिए किन्तु बुरी से बुरी स्थिति के लिए भी तैयार रहना चाहिए। समय कठिन है। दुनिया की आज जो हालत है उसे देखते हुए उन क्षेत्रों से, जो शान्ति और मैत्री के लिए चिन्ता व्यक्त किया करते हैं, बहुत अधिक विवेक-सम्मत प्रयास की उम्मीद नहीं की जा सकती। यह वास्तविक दुर्भाग्य है। दुर्भाग्य से हम ऐसी स्थिति में पहुँच गए हैं जहाँ न कोई जीत सकता है और न पराजित हो सकता है। सम्भावित विनाश से अपने आपको निकालने के लिए हमें दीर्घकालीन परमाणु अप्रसार तथा उसके निहितार्थ के बारे में साफ दृष्टि अपनानी होगी। अगर हमने संकुचित दृष्टि से काम लिया तो हमें इसकी कीमत चुकानी होगी। इस उपमहाद्वीप

की जनता के व्यापक हित में यह आवश्यक है कि हम मेल-मिलाप और समझौते का रास्ता अपनाएँ।

(*यंग इंडियन*, अंक 30, जून 12, 1999)

नेतृत्व समय की कसौटी पर खरा उतरे

देश को आज एक साथ दो युद्ध देखने को मिल रहे हैं। एक युद्ध तो वह है जिसे हमारे बहादुर जवान देश की सीमाओं की रक्षा के लिए लड़ रहे हैं और दूसरा वह जिसे प्रमुख राजनीतिक पार्टियाँ तथा उनके नेता आने वाले चुनाव को ध्यान में रखकर आरोप-प्रत्यारोप लगाकर एक-दूसरे से आगे बढ़ने के लिए लड़ रहे हैं। लेकिन देश के सामान्य नागरिक तथा सीमाओं पर अपना बलिदान देने वाले जवानों के परिवार के सदस्य संकट की इस घड़ी में एकता तथा आत्मनियंत्रण का परिचय देकर सर्वोत्कृष्ट उदाहरण प्रस्तुत कर रहे हैं। यह स्वाभाविक है कि वह इस प्रकार के संयम तथा आत्म-नियंत्रण की अपेक्षा अपने नेताओं से भी करें। देश के नेतृत्व की परीक्षा संकट के समय में ही होती है और अगर नेतृत्व इसमें विफल होता है तो इसकी क्षति राष्ट्र को उठानी पड़ती है।

यह देखकर दुख होता है कि राजनीतिक दलों के नेता इस प्रकार की गम्भीर स्थिति में भी घटिया दर्जे के नाटक का प्रदर्शन कर रहे हैं, जबकि उनसे परिपक्व व्यवहार की अपेक्षा की जाती है। आम चुनाव बहुत दूर नहीं है और इस चुनाव के समय में राजनीतिक पार्टियों को आरोप-प्रत्यारोप लगाने तथा एक-दूसरे से सवाल-जवाब पूछने का पर्याप्त अवसर मिल जाएगा। तब तक उनसे अपेक्षा की जाती है कि वह एक आवाज में बोलकर लोगों का मनोबल ऊँचा रखें। यह कहने की जरूरत नहीं है कि इस परिस्थिति में सत्तारूढ़ दल तथा उसके गठबन्धन में शामिल पार्टियों की विशेष जिम्मेदारी हो जाती है। अगर आज की स्थिति से सत्तारूढ़ गठबन्धन ही राजनीतिक लाभ उठाने लगेगा तो दूसरी पार्टियाँ इस मामले में उससे पीछे नहीं रहेंगी और एक दुश्चक्र शुरू हो जाएगा।

हमें यह बात नहीं भूलनी चाहिए कि आज की दुनिया में कोई भी युद्ध एक सीमित क्षेत्र का मामला बनकर नहीं रह जाता। अपना प्रभुत्व जमाने वाली महत्त्वाकांक्षी शक्तियाँ थोड़ा भी बहाना मिलने पर ऐसे विवादों में हस्तक्षेप करने से पीछे नहीं रहती। यह सौभाग्य की बात है कि वर्तमान संघर्ष में आमतौर पर पूरी दुनिया ने हमारे रुख का समर्थन किया है, लेकिन हम सभी जानते हैं कि विभिन्न देशों की विदेश नीतियाँ केवल नैतिकता और मानवतावादी धारणाओं के आधार पर नहीं चला करतीं। विभिन्न देशों के निजी स्वार्थ उनकी विदेशनीति को सर्वाधिक प्रभावित करते हैं। ग्रुप आठ के देशों के एक विदेश मंत्री का यह वक्तव्य कि वह कारगिल संकट के मूक दर्शक

नहीं रह सकते, साफ दिशा में संकेत दे देता है। युगोस्लाविया में उन्होंने जो कुछ किया उसे भुलाया नहीं जा सकता। लेकिन हमें अपना धैर्य नहीं छोड़ना चाहिए। अगर संघर्ष लम्बे समय तक चलता है तो उसमें राष्ट्र की आन्तरिक शक्ति ही काम आएगी और इसमें राजनीतिक पार्टियों की भूमिका का भी महत्त्व बढ़ जाएगा। हम राजनीतिक दलों के नेताओं से अपील करना चाहेंगे कि चाहे वह सत्तापक्ष में हों या विपक्ष में, संकट का एहसास करें और उसके अनुसार अपना आचरण करें। चुनाव टालने और आपातकालीन स्थिति लागू करने जैसे काल्पनिक सवालों को उठाकर विवाद खड़ा करना ठीक नहीं है। इससे निरर्थक बहस शुरू होने के अलावा किसी को कोई लाभ नहीं होगा।

कोई भी देश अपने पड़ोसियों से स्थायी शत्रुता नहीं रख सकता। यूरोपीय देशों ने कई शताब्दियों के युद्ध के बाद इसे अनुभव कर लिया है और इसी अनुभव का परिणाम यूरोपीय संसद तथा यूरो मुद्रा का चलन है। देर-सबेर भारतीय उपमहाद्वीप के देशों को भी इसे अनुभव करना होगा, क्योंकि हम सब एक ही परिवार के अंग हैं। अपनी सीमाओं की रक्षा अपनी पूरी ताकत से करने के साथ ही हमें अपने दीर्घकालीन लक्ष्य का भी ध्यान रखना होगा। निरर्थक तलवार भाँजते रहने से हम किसी नतीजे पर नहीं पहुँच पाएँगे।

यह दुखद बात है कि आज का राजनीतिक नेतृत्व इस वास्तविकता को पूरी तरह अनुभव नहीं कर रहा है। इस ऐतिहासिक तथ्य को वह जितना जल्दी समझ ले उतना ही अच्छा होगा। हम इससे अपनी समस्याओं को सही परिप्रेक्ष्य में समझ सकेंगे और इस उपमहाद्वीप की समृद्धि, शान्ति तथा सद्भाव के लिए अपना योगदान दे सकेंगे।

इस सन्दर्भ में हमारे विदेशमंत्री की चीन यात्रा स्वागत योग्य कदम है। आशा करनी चाहिए कि इससे क्षेत्र में आपसी सहयोग के नए युग की शुरुआत हो सकेगी और हम अपने प्राचीन दार्शनिकों, सन्तों तथा सूफियों की अवधारणा के अनुरूप पूरी मानवता के लिए शान्तिपूर्ण समाज के निर्माण की दिशा में अपनी सार्थक भूमिका निभा सकेंगे।

(*यंग इंडियन,* अंक 32, जून 26, 1999)

कारगिल का संघर्ष गम्भीर रूप ले सकता है

कारगिल का संघर्ष गम्भीर रूप ले सकता है। दोनों तरफ के बयान आग में घी डालने का काम कर रहे हैं। यह दुर्भाग्य की बात है कि दोनों पक्ष के लोगों में इस बात का बहुत कम एहसास है कि स्थिति के और बिगड़ने का व्यापक असर हो सकता है।

खबर है कि पाकिस्तान के प्रधानमंत्री नवाज शरीफ ने भारत को सीमा पर कई कारगिल पैदा कर देने की चेतावनी दी है। इससे सम्भव है पाकिस्तान में ऐसे लोगों

को बढ़ावा मिला हो जो बराबर भारत के विरुद्ध कड़ी भाषा के इस्तेमाल से खुश होते हैं। लेकिन नवाज शरीफ से यह आशा की जाती है कि वह विनम्र शब्दावली का प्रयोग करेंगे। यह सबको पता है कि पाकिस्तान की अपनी आन्तरिक समस्याएँ हैं। यदि वहाँ के लोगों का ध्यान बुनियादी समस्याओं से हटाकर भारत के साथ सशस्त्र संघर्ष की ओर मोड़ा जाता है तो यह बहुत बुरा जुआ होगा। अगर वह यह समझते हैं कि वह भारत को धमकी दे लेंगे तो उन्हें 1971 की घटनाओं को याद करना चाहिए, जिनकी पुनरावृत्ति हो सकती है।

भारत का कोई भी जिम्मेदार तथा समझदार व्यक्ति यह नहीं चाहेगा कि 1971 की घटनाओं की पुनरावृत्ति हो। लेकिन इस देश में भी चरमपन्थी विचार हैं। बहुत से लोग ऐसे हैं जो चाहते हैं कि पाकिस्तान को सबक सिखाया जाए। यह दुःख की बात है कि भारत में ऐसी भी आवाज उठ रही है कि पाकिस्तान को सबक सिखाने के लिए जरूरी हो तो परमाणु अस्त्र के इस्तेमाल में भी संकोच नहीं किया जाना चाहिए। इसी प्रकार की प्रतिक्रिया पाकिस्तान में भी हो सकती है। इस तरह की मनोभावना का नवाज शरीफ पर असर होना दुर्भाग्य की बात है। ऐसे लोग यह नहीं समझते कि इस प्रकार की बातों के घातक परिणाम हो सकते हैं। इस परिस्थिति में तनाव का वातावरण बढ़ रहा है। दोनों देशों के लिए, जो अपने लोगों की बुनियादी जरूरतें नहीं पूरी कर सकते हैं, परमाणु अस्त्र सम्पन्न बनने की रणनीति अदूरदर्शी तथा जोखिम से भरी थी। उस समय दोनों देशों में बताया गया था कि परमाणु अस्त्र प्रतिरोधक सिद्ध होंगे और उपमहाद्वीप में युद्ध की आशंका कम हो जाएगी। लेकिन एक वर्ष नहीं बीता कि हम उपमहाद्वीप में परमाणु अस्त्रों के टकराव की बात सुन रहे हैं। इस क्षेत्र में इस प्रकार के इरादों से, जिसकी अभिव्यक्ति जिम्मेदार लोग भी कर रहे हैं, बहुत आसानी से अत्यन्त गम्भीर स्थिति पैदा की जा सकती है। एक-दूसरे के प्रति आशंका और सन्देह से स्थिति और बिगड़ गई है।

दोनों देशों के राजनीतिक नेतृत्व को, समाज के उन वर्गों में, जो एक-दूसरे के प्रति कड़े शब्दों के इस्तेमाल और चुनौती देने को बहादुरी समझते हैं, विश्वास की झूठी भावना पैदा करने के उद्देश्य से फैसला लेते समय अधिक परिपक्वता का परिचय देना चाहिए था। परमाणु शक्ति सम्पन्न राष्ट्र बन जाने के बाद दोनों देशों के राजनीतिक नेतृत्व के लिए यह जरूरी था कि वह अधिक संयमित भाषा का प्रयोग करते और एक-दूसरे को समझने तथा दोनों तरफ की जनता की भावनाओं का सम्मान करने के लिए और सभी उपाय ढूँढ़ते। पाकिस्तान द्वारा नियंत्रण रेखा का अतिक्रमण समझ से परे है। शुरुआती समय में उन्होंने घुसपैठियों को अपनी स्वतंत्रता के लिए लड़ने वाला मुजाहिदीन बताने की झूठी कोशिश की, लेकिन बाद में उन्हें खुलकर आना और यह स्वीकार करना पड़ा कि लड़ने वाले पाकिस्तान की सेना के नियमित सैनिक हैं। इस देश का जनमानस अपना धैर्य खो रहा है। इससे यह माँग बढ़ रही है कि सेना

को और अधिक स्वतंत्रता दी जानी चाहिए ताकि वह अपनी रणनीति के अनुसार स्थिति से निपट सके और आक्रमण को विफल कर सके।

ऐसा लगता है कि अब वह दिन दूर नहीं है जबकि भारत सरकार के पास बहुत कम विकल्प रह जाएँगे और इसका परिणाम पूर्ण स्तर का युद्ध हो जाएगा। यह दोनों देशों के लिए घातक होगा। सौभाग्य से अन्तरराष्ट्रीय जगत में पाकिस्तान के रुख की व्यापक निन्दा की गई है और उसके ऊपर अपने सैनिकों को वापस लेने का दबाव बढ़ रहा है। हमें आशा करनी चाहिए कि पाकिस्तान का नेतृत्व बिना अधिक समय गँवाए इस बात का एहसास करेगा कि निरर्थक दुस्साहस उसके लिए बहुत महँगा साबित हो सकता है। इससे उपमहाद्वीप ऐसे दुर्भाग्यपूर्ण संघर्ष में फँसेगा जिससे आर्थिक विकास में बाधा आएगी और लोगों की आकांक्षाओं को पूरा करने का बुनियादी काम पीछे छूट जाएगा। आशा करनी चाहिए कि स्थिति सामान्य होगी और पाकिस्तान विनाशकारी रास्ता छोड़कर आपसी बातचीत के लिए उपयुक्त वातावरण पैदा करेगा।

(*यंग इंडियन,* अंक 33, जुलाई 3, 1999)

राज्यसभा का अधिवेशन

राज्यसभा का अधिवेशन बुलाने की माँग को लेकर जो विवाद उत्पन्न हुआ है उससे न तो सत्तारूढ़ दल को कोई नेकनामी मिली है और न विपक्ष को। जो पार्टियाँ राज्यसभा का अधिवेशन बुलाने की माँग कर रही हैं उनके पास इसके लिए तर्क है। किसी भी परिपक्व गणतंत्र में युद्ध या युद्ध जैसी स्थिति पर विधायिका द्वारा वाद-विवाद करने के अनेक उदाहरण हैं। विधायिका के प्रति कार्यकारिणी के उत्तरदायित्व की मूल धारणा का तकाजा है कि इस तरह की बहस की जाए। अनेक ऐसे देश हैं जिन्होंने अपने संविधान में ही ऐसी व्यवस्था की है कि बिना विधायिका की अनुमति के राजनीतिक कार्य-परिषद अपने आप किसी दूसरे देश से युद्ध की घोषणा नहीं कर सकती। स्वभावत: जब ऐसी अनुमति देने का प्रश्न सर्वोच्च विधायिका के समक्ष उपस्थित होता है तो किसी विशेष नीति या रणनीति के गुण-दोषों का विचार करने का मौका जनप्रतिनिधियों को मिलता है। अभी हाल ही में संयुक्त राष्ट्र अमरीका की कांग्रेस ने कोसोवो में पैदल सैनिक भेजने के लिए राष्ट्रपति के प्रस्ताव को नामंजूर कर दिया था। परन्तु अमरीकी कांग्रेस में इस मसले पर जो बहस हुई और जो फैसला लिया गया वह विशुद्ध राष्ट्रीय हित को ध्यान में रखकर ही लिया गया था। इस प्रकार के और उदाहरण भी दिए जा सकते हैं।

लेकिन हम अपने देश में दूसरा ही दृश्य देख रहे हैं। लोकसभा के लिए होने वाले आम चुनावों की निकटता के कारण राजनीतिक दल कारगिल की वर्तमान विषम स्थिति

का राजनीतिक लाभ उठाने के लोभ का संवरण नहीं कर पा रहे हैं। हो सकता है राज्यसभा का अधिवेशन बुलाया जाए अथवा न बुलाया जाए। परन्तु स्पर्धी दल जनसंचार माध्यमों के द्वारा वाक्युद्ध लड़ रहे हैं। एक ओर 'राष्ट्रीय एकता' और 'जवानों के लिए सम्पूर्ण समर्थन' का समवेत् स्वर सुनाई दे रहा है तो दूसरी ओर विभिन्न पार्टियों के प्रवक्ता और उनके नेता एक-दूसरे के विरुद्ध दोषारोपण कर रहे हैं। ऐसे में सामान्य नागरिक किंकर्तव्यविमूढ़ हो जाता है।

यह सब लोग मानते हैं कि राष्ट्रीय सुरक्षा का मामला बहुत संवेदनशील है और इसे अंजाम देने के लिए बहुत सूझ-बूझ के साथ कदम उठाना पड़ता है। परन्तु राष्ट्रीय सुरक्षा अकेले सत्तारूढ़ दल की चिन्ता का ही विषय नहीं है। सत्ताधारी गठबन्धन का यह कर्त्तव्य है कि वह विपक्ष के प्रमुख नेताओं के साथ राष्ट्रीय सुरक्षा के मसले पर गम्भीर विचार-विमर्श करे और उन्हें राष्ट्रीय सुरक्षा की चिन्ता में सहभागी बनाए। विपक्ष से यह अपेक्षा की जाती है कि वह ऐसे संवेदनशील मसले पर संयम का परिचय दे। धीरे-धीरे यह धारणा बन रही है कि प्रधानमंत्री कारगिल की वर्तमान स्थिति के बारे में विपक्ष को विश्वास में नहीं लेना चाहते और जो सूचनाएँ विपक्ष को दी जानी चाहिए उन्हें भी नहीं देते। इतना ती नहीं सत्तारूढ़ दल के कुछ प्रमुख नेता देशभक्ति पर भी अपना एकाधिकार जताने की कोशिश कर रहे हैं। ऐसा लगता है कि सत्तारूढ़ दल का पूरा प्रचारतंत्र इसी उद्देश्य से काम कर रहा है। राज्यसभा का अधिवेशन बुलाने की माँग को भी ये नेता देशभक्ति की भावना के विरुद्ध बता रहे हैं। राज्यसभा का अधिवेशन बुलाने के पक्ष और विपक्ष में तर्क दिए जा सकते हैं। लेकिन इसे देशभक्ति के विरुद्ध बताना अहंकार की चरम सीमा है। इस तरह के बयानों से बचने की आवश्यकता है।

कई बार हमने इस बात के लिए आगाह किया है कि भारत और पाकिस्तान के मसले में किसी तीसरे पक्ष की दखलन्दाजी के प्रति हमें सावधान रहने की आवश्यकता है। कारगिल के मामले पर अमरीका की बढ़ती हुई दिलचस्पी मन में शंका पैदा करती है। अपनी सीमा से एक-एक घुसपैठिये को खदेड़ देने का जो राष्ट्रीय संकल्प है उससे हमें डिगना नहीं है। हमें यह भी समझना चाहिए कि ऐसे मामलों में कूटनीति की अपनी एक सीमा है। देर-सबेर पाकिस्तान को यह अहसास होगा कि भारत और पाकिस्तान के बीच जो मसले हैं वे केवल द्विपक्षीय हैं और यह समझदारी होने पर ही ये हल किए जा सकते हैं। इसमें तीसरे पक्ष की कोई भूमिका नहीं है। राज्यसभा का अधिवेशन राष्ट्रीय संकल्प को प्रकट करने और पाकिस्तान को एक सही सन्देश देने का जरिया बन सकता है। बशर्ते उसके पहले सरकार और विपक्ष के बीच जो संवादहीनता है उसे समाप्त किया जा सके। अन्यथा इससे केवल व्यर्थ का वाद-विवाद ही बढ़ेगा, जो मौके की नजाकत को देखते हुए कतई ठीक नहीं होगा।

(*यंग इंडियन*, अंक 34, जुलाई 10, 1999)

बाहरी शक्तियों का हस्तक्षेप खतरनाक

कारगिल संघर्ष चिन्ताजनक मोड़ ले रहा है। यह एक ऐसी स्थिति में पहुँच गया है जहाँ इसमें बाहरी ताकतों ने दिलचस्पी लेनी शुरू कर दी है। दुर्भाग्य से ऐसा लगता है कि दो पड़ोसी देश ऐसे राष्ट्रों की चालबाजियों के शिकार हो रहे हैं जो सारी दुनिया में अपना प्रभुत्व जमाकर शान्ति स्थापक की भूमिका अदा करना चाहते हैं। यह नितान्त गर्हित है। ऐसा इस कारण सम्भव हो सका क्योंकि इस उपमहाद्वीप में हमारा रवैया ढुलमुल रहा।

प्रारम्भ में पारमाणविक विस्फोटों के लिए एक अन्धी दौड़ शुरू हुई लेकिन तुरन्त ही उलटकर शान्ति के लिए पहल भी शुरू हो गई। इससे यही लगता है कि किसी सार्थक दिशा में कोई परिपक्व सोच नहीं थी। सरसरी तौर पर देखने से ही यह समझ में आता है कि यह उपमहाद्वीप के लोगों को भरमाने की कलाबाजी थी। लेकिन जल्द ही इसका पर्दाफाश हो गया और आज हम चिन्ताजनक स्थिति का सामना कर रहे हैं।

इस स्थिति के चलते शुरू से ही संयम बरतने पर जोर दिया गया था लेकिन दूसरी तरफ से उत्तेजनात्मक वक्तव्य और आक्रामक रवैया देखने को मिला। हमारी ओर से इसका माकूल जवाब नहीं दिया गया। दूसरे पक्ष से वाक्‌युद्ध की शुरुआत हो गई। इससे कोई लाभ नहीं निकल सकता था। ऐसी आशंका है कि कुछ क्षेत्रों की ओर से पाकिस्तान से वास्तविक नियंत्रण रेखा के इस पार से अपने सैनिकों और घुसपैठियों को वापस लेने की अपील और शिमला समझौते तथा लाहौर घोषणा के अन्तर्गत भारत तथा पाकिस्तान के बीच द्विपक्षीय बातचीत शुरू करने की वांछनीयता पर जोर देने से कुछ लोग अनावश्यक रूप से खामख्याली के शिकार होंगे।

इस अपील पर पाकिस्तान में बहुत अनुकूल प्रतिक्रिया नहीं हुई है। कोई नहीं जानता कि वाशिंगटन में क्या समझौता हुआ लेकिन इससे लोगों के मन में यह सन्देह पैदा हो रहा है कि इससे कश्मीर मामले में तीसरे पक्ष के हस्तक्षेप का दरवाजा खुल गया है। यह पिछले कई दशक का अनुभव है कि कुछ शक्तियों ने दक्षिण एशिया में अपना पैर जमाने का लगातार प्रयास किया। अब वर्तमान स्थिति से लाभ उठाकर एक ऐसा प्रयास किया जा रहा है जिसे पाकिस्तान सहजता के साथ स्वीकार कर ले और भारत के लिए उसका प्रतिरोध करना कठिन हो जाए।

वर्तमान घटनाक्रम से यही संकेत मिलता है। लोगों को सतर्क रहना चाहिए और इस प्रकार के किसी भी प्रयास का विरोध कर उसे चुनौती देनी चाहिए। शान्ति वांछनीय है और इसे प्राप्त किया जाना चाहिए लेकिन इस मामले में हमें अपनी सम्प्रभुता और उस सैद्धान्तिक रुख पर, जिसे हमने शुरू से अपनाया है, कोई समझौता नहीं करना चाहिए।

(यंग इंडियन, अंक 35, जुलाई 17, 1999)

जनता को विश्वास में लिया जाए

कारगिल के मोर्चे पर तोपें शान्त कर दी गई हैं लेकिन कुछ बेचैनी पैदा करने वाले सवाल हैं जिनका उत्तर मिलना अभी शेष है। लड़ाई के दौरान ये सवाल नहीं पूछे गए। लेकिन अब इन्हें विभिन्न क्षेत्रों से पूछा जा रहा है। इन असुविधाजनक सवालों के मामले में सरकार हीला-हवाली का रवैया अपना रही है। देश को कारगिल जैसी स्थिति का सामना क्यों करना पड़ा, इसके कारणों का पता लगाने के लिए एक आयोग नियुक्त करने का प्रस्ताव है। कारगिल की घटना कुछ विफलताओं का तुरन्त उत्तर चाहती है जिनके बारे में कोई बहानेबाजी नहीं चल सकती। लड़ाई के दौरान इन सवालों को उठाना उपयुक्त नहीं था, लेकिन अब समय आ गया है, जबकि इस मामले में गुप्तचर व्यवस्था की आपराधिक विफलता के बारे में जनता को विश्वास में लिया जाए। अगर यह व्यवस्था सचमुच विफल रही तो इसके जिम्मेदार लोगों के विरुद्ध क्यों नहीं कार्रवाई की गई। यहाँ किसी के ऊपर दोषारोपण नहीं किया जा रहा है किन्तु यह साफ है कि सीमा की सुरक्षा के जिम्मेदार लोगों ने अपने दायित्व का निर्वाह नहीं किया। सरकार भी अपने बुनियादी दायित्व के निर्वाह में विफल रही।

स्थिति की गम्भीरता पर उच्च स्तर पर ध्यान दिया जाना चाहिए था, लेकिन इस सम्बन्ध में कोई कार्रवाई क्यों नहीं की गई और अब आयोग की नियुक्ति जैसी बात पर क्यों विचार किया जा रहा है। क्या यह समझा जाए कि इतनी गम्भीर स्थिति पर अपनी आत्मघाती विफलता के बारे में सरकार आज भी अँधेरे में है ? शान्ति कायम हो गई लेकिन किस कीमत पर ? यह केवल घुसपैठ नहीं थी बल्कि आक्रमण था। लोग हमारे क्षेत्र पर कब्जा करने आए थे। उन्होंने हमारे क्षेत्र में सात किलोमीटर भीतर तक अपनी किलाबन्दी कर ली और 140 किलोमीटर में फैली पहाड़ियों पर कब्जा कर लिया। उन्होंने हमारे जवानों के साथ हर प्रकार की पाशविकता की। हमारे बहादुर जवानों तथा सैनिक अधिकारियों ने अपनी भूमि की रक्षा के लिए अपना सर्वोच्च बलिदान किया। देश के इन बहादुर सपूतों को श्रद्धांजलि अर्पित करते समय हम इनके परिवार के सदस्यों पर पड़े वज्रपात को नहीं भूल सकते। लोग जानना चाहेंगे कि इस प्रकार की स्थिति कैसे पैदा हो गई ? सरकार इसके बारे में कैसे अनभिज्ञ रह गई तथा जवानों को ऐसा बलिदान देना पड़ा जिसे बचाया जा सकता था।

रक्षामंत्री शुरू में घुसपैठियों को वापसी का सुरक्षित रास्ता देने पर विचार की बात करते रहे। उस समय इसे हास्यास्पद मानकर ठुकरा दिया गया लेकिन अब इसी को क्रियान्वित किया जा रहा है। चाहे जो भी दावा किया जाए। वास्तविक रूप में यह युद्ध-विराम और घुसपैठियों को वापसी का सुरक्षित रास्ता देना है। इस प्रकार का गर्हित खेल क्यों खेला जा रहा है ?

कश्मीर के मामले में तीसरे पक्ष के हस्तक्षेप के बारे में कुछ न कहना ही बेहतर है। हम बराबर इसका खंडन करते रहे हैं लेकिन फिर भी इसी ओर भागते रहे हैं। अब आशा करनी चाहिए कि हम निकट भविष्य में भी तीसरे पक्ष के हस्तक्षेप को स्वीकार नहीं करने की बात पर कायम रहेंगे। पाकिस्तान तीसरे पक्ष के हस्तक्षेप की माँग करता रहा है और अब इसमें सफलता का न केवल दावा कर रहा है बल्कि इसे अपनी उपलब्धि बताकर इस पर गर्व भी कर रहा है। लेकिन यह दुख की बात है कि वह इस प्रकार के हस्तक्षेप के दूरगामी परिणाम को नहीं समझ पा रहा है। इस उपमहाद्वीप को विदेशी शक्तियों के खेल का अखाड़ा बनाने का कोई भी प्रयास निश्चित रूप से घातक सिद्ध होगा। पाकिस्तान को उसकी दुस्साहसिक कार्रवाई की विफलता के बाद इस प्रकार के खतरनाक खेल से बचने की सलाह दी जानी चाहिए, अन्यथा उसे और अधिक कीमत चुकानी पड़ सकती है।

देश के भीतर सत्ता के भूखे बैठे लोगों से कारगिल को चुनावी मुद्दा नहीं बनाने की अपेक्षा करना बड़ी बात होगी। लेकिन फिर भी यह एक राष्ट्रीय विपदा है और बहादुर जवानों के शौर्य तथा सर्वोच्च बलिदान को देखते हुए इसे बड़ी विनाशकारी दुर्घटना का रूप नहीं दिया जाना चाहिए। कृतज्ञ राष्ट्र आने वाले कल की कठिनाइयों का एक होकर सामना करके ही इन जवानों की स्मृति को अपनी सच्ची श्रद्धांजलि अर्पित कर सकता है।

(*यंग इंडियन*, अंक 36, जुलाई 24, 1999)

राष्ट्र संकट में है, पूरी ताकत से उसकी रक्षा कीजिए

मानव सभ्यता के विकास की प्रक्रिया में ही राज्य जैसी संस्था की परिकल्पना की गई। इन्सान ने अपनी समस्याओं को हल करने और चुनौतियों का सामना करने के प्रयास के दौरान यह अनुभव किया कि वह अकेले जीवन की सभी समस्याओं को हल नहीं कर सकता। इस अनुभव ने ही दूसरों से सहयोग की भावना को जन्म दिया। सहयोग की इस भावना ने परिवार, कुनबे और अन्तत: राज्य के अधिकार को जन्म दिया। इस प्रकार राज्य इन्सान की दो भावनाओं की अभिव्यक्ति मानी गई। इनमें से एक उसकी असहाय स्थिति की भावना और दूसरी सहयोग की। असहाय स्थिति की शुरुआती भावना अधिक बलवती हुई और इन्सान ने अपने कुछ अधिकारों को राज्य को सौंप दिया ताकि वह शान्ति के साथ व्यवस्थित जीवन बिता सके।

राज्य आगे चलकर दमन का माध्यम बन गया और शहंशाहों, स्वेच्छाचारियों तथा तानाशाहों का उदय हुआ। सभ्यता के विकास के साथ राज्य के मामलों में सहयोग की भावना की मुख्य भूमिका होने लगी और लोकतंत्र का विचार बढ़ने लगा। लोकतंत्र

की भावना के उत्तरोत्तर विकास तथा मानवाधिकारों और नागरिक स्वतंत्रता की बढ़ती माँग के बावजूद बीसवीं शताब्दी के अन्तिम दिनों में राजनीतिक क्षेत्र में ऐसे लोग पैदा हो गए जो सारी शक्ति अपने आप में केन्द्रित करना चाहते हैं। यह स्थिति दुर्भाग्यपूर्ण है। ऐसे लोग संघर्ष, टकराव तथा दमन से मुक्त विश्व के निर्माण के नारे के नाम पर मानवता को अपने अधीन करना चाहते हैं। यही सारी दुनिया में चल रहा है। यही प्रवृत्ति अधिकांश देशों के राजनीतिक क्षेत्र में भी व्याप्त है।

भारत मानवीय व्यवहार के उच्च सिद्धान्तों के लिए प्रसिद्ध था किन्तु दुर्भाग्य की बात है कि अब यहाँ लोकतांत्रिक व्यवस्था को नष्ट करने के लिए हर प्रकार के खेल खेले जा रहे हैं। दुनिया के पहले गणराज्य का उदय भारत में हुआ। हम इस बात का दावा करते और इससे अपने आपको गौरवान्वित अनुभव करते हैं। हजारों वर्ष पहले हमारे सन्तों ने समस्त मानवता को एक परिवार जैसा समझने का सन्देश दिया। इसी भूमि से सत्य, अहिंसा और करुणा का सन्देश गया। इसी देश में महात्मा गांधी ने न केवल इन सिद्धान्तों का पालन किया बल्कि यह सिद्ध किया कि इनमें समाज को बदलने और उसे वांछित दिशा में ले जाने की पूरी शक्ति है। लेकिन भारत की राजनीतिक व्यवस्था में आज जो कुछ हो रहा है उससे लगता है कि हमने इतिहास की अपनी गौरवशाली परम्परा और विरासत को खो दिया है। पाँच दशक की घटनाओं से लगता है कि सब कुछ खतम हो रहा है। राज्य को चलाने में कुछ विशेष परिस्थितियों में कुछ कदम उठाने पड़ सकते हैं। किन्तु सामान्य परिस्थितियों में इन्हें न्यायोचित नहीं ठहराया जा सकता। मानवता के प्रति अन्याय, दमन तथा अधिनायकवाद के विरुद्ध संघर्ष में यह सिद्धान्त प्रतिपादित किया गया था कि साध्य की पवित्रता साधन का औचित्य निर्धारण करती हैं। इन परिस्थितियों में भले ही इसका सीमित औचित्य रहा हो किन्तु सामान्य परिस्थितियों और एक जनतांत्रिक व्यवस्था में यह सिद्धान्त बिल्कुल अवांछनीय है। आज लोगों की भावनाओं को उभारने और उससे लाभ उठाने की प्रवृत्ति सर्वत्र व्याप्त है। इस प्रवृत्ति के चलते हम तथ्यात्मकता को भूल जाते, सत्य की उपेक्षा कर देते और लोगों की भावनाओं को उभारने वाले नारों को गढ़ना शुरू कर देते हैं। यह खतरनाक खेल हैं। इससे किसी को थोड़े समय के लिए राजनीतिक सफलता मिल सकती है, किन्तु इससे अन्त में पूरे राष्ट्र को भारी क्षति उठानी पड़ सकती है।

यह खेल चाहे समाजवाद के नाम पर खेला जाय, धर्मनिरपेक्षता, धार्मिक कट्टरता, वर्गगत या नस्ली अस्तित्व के नाम पर इससे तनाव का बढ़ना निश्चित है। इससे समाज में और अधिक टूटन आएगी और राजनीतिक दृष्टि से इसे सँभालना कठिन हो जाएगा। इसका सबसे बुरा परिणाम यह होगा कि हम अनजाने बिखराव का बीज बोएँगे। भारत को किसी बाहरी शक्ति से उतनी क्षति नहीं होगी जितनी कि आपसी सद्भाव तथा सहयोग को सुदृढ़ करने में अपनी विफलता से। देश को

आपसी सद्भाव तथा सहयोग की आज पहले से कहीं अधिक जरूरत है। जवाहर लाल नेहरू के शब्दों में कहा जा सकता है कि "राष्ट्र संकट में है अत: पूरी ताकत से उसकी रक्षा कीजिए।"

(*यंग इंडियन,* अंक 37, 31 जुलाई, 1999)

क्षेत्रीय असन्तुलन से देश में विस्फोटक स्थिति

आजादी के पचास वर्षों के बाद देश में एक खतरनाक विभाजन होता दिखाई दे रहा है, लेकिन यह विभाजन साम्प्रदायिक आधार पर न होकर उतना ही तीव्र वैभव और दरिद्रता के बीच हो रहा है। एक भारत जो अल्पमत में है, दुनिया के विकसित देशों से होड़ लेने के लिए कमर कसे हुए है और दूसरी ओर हमारे देश की बहुसंख्या गरीबी और बेबसी के गर्त में डूब रही है। देश में जो विपन्न हैं, एक अँधेरे कोने में ढकेले जा रहे हैं, जबकि देश का एक छोटा-सा भाग दूसरों की कीमत पर विकास की रोशनी में उभारा जा रहा है।

दिल्ली इस असन्तुलन की न केवल जन्मदात्री है बल्कि वह इसका लाभ भी उठा रही है। दिल्ली में प्रति व्यक्ति आय 19,779 रुपए है और अगर इसके आसपास के गरीब इलाकों को इससे अलग कर दिया जाए तो यह आँकड़ा और भी ऊपर चला जाएगा। बिहार में प्रतिव्यक्ति आय 3,835 रुपया है। अगर विकास सूचकांक के और कारकों, मसलन साक्षरता, बिजली के उपभोग, टेलीफोन लाइनों और अस्पताल सम्बन्धी सुविधा को दृष्टि में रखकर देखा जाए तो बिहार की हालत दिल्ली से सात गुना बुरी है। यह ऐसा विभेद है जो अभूतपूर्व टकराव के रूप में फूट सकता है।

देश में उत्तर प्रदेश दूसरा सबसे गरीब और सबसे कम विकसित राज्य है। यद्यपि बिहार के मुकाबले में इसकी प्रतिव्यक्ति आय करीब दो गुनी (6,733 रुपए) है, फिर भी विकास सूचकांक में जहाँ दिल्ली 100 पर है, वहीं उत्तर प्रदेश 14 पर है। देश के सबसे गरीब 7 राज्य—बिहार, उत्तर प्रदेश, असम, मध्य प्रदेश, उड़ीसा, जम्मू-कश्मीर और त्रिपुरा हैं। अकेले दिल्ली इनसे छह से सात गुना अधिक समृद्ध है। राजस्थान, मणिपुर व मेघालय इन गरीब राज्यों से थोड़ी ही अच्छी हालत में हैं। आन्ध्र प्रदेश और पश्चिम बंगाल को इस सूचकांक में 20 और 21 अंक मिलते हैं और ये दिल्ली से पाँच गुना बुरी हालत में हैं।

गंगा और यमुना के आसपास का भूभाग हरिद्वार से लेकर हुगली तक एक विस्फोटक स्थिति से गुजर रहा है। उत्तर प्रदेश, बिहार, मध्य प्रदेश, आंध्र प्रदेश, पश्चिम बंगाल, उड़ीसा, राजस्थान और पूर्वोत्तर भारत ऐसा क्षेत्र है जिसमें देश की 70 प्रतिशत से अधिक जनसंख्या निवास करती है और यही क्षेत्र देश के सबसे गरीब इलाकों में

हैं। जो समृद्ध भारत समझा जाता है उसमें भी आपस में असन्तुलन है। राज्य विकास सूचकांक में महाराष्ट्र के 52 अंक हैं, जबकि दिल्ली के 100 अंक हैं। इसमें यह भी ध्यान रखने की जरूरत है कि महाराष्ट्र को प्राप्त इस अंक में मुम्बई की दौलत भी शामिल है। महाराष्ट्र के इस सूचकांक से जो तस्वीर उभरती है उसके मुकाबले ग्रामीण महाराष्ट्र बहुत ही विपन्न है। सीधे विदेशी निवेश (एफ.डी.आई.) की जो सरकारी नीति है उसके कारण विदेशी निवेश पश्चिम और दक्षिण के राज्यों में हो रहे हैं। इससे पश्चिम तथा दक्षिण के राज्यों तथा उत्तरी और पूर्वी राज्यों के बीच जो असमानता है वह और भी बढ़ेगी। जरूरत इस बात की है कि देश के आर्थिक नियोजन को इस तरह पुनर्योजित किया जाए ताकि इस खाई को पाटा जा सके। चाहे सरकार किसी भी दल की रही हो, केन्द्र की सरकार का हर फैसला इस खाई को और बढ़ाने वाला साबित हुआ है। भारत सरकार के लिए दिल्ली की सीमा से शुरू होकर अरब सागर और बंगाल की खाड़ी के बीच बंगाल से लेकर आंध्र तक फैली हुई मानवीय त्रासदी के मुकाबले स्टॉक एक्सचेंज का महत्त्व ज्यादा है। गांगेय क्षेत्र के संकट या त्रासदी से बाहर निकलने का सिर्फ एक रास्ता है कि लोगों के हाथ में शक्ति दी जाए, उन्हें शिक्षित किया जाए, नई दृष्टि दी जाए और उस क्षेत्र में अधिकाधिक निवेश किया जाए। जरूरत इस बात की है कि भारत का वह हिस्सा जिसे भुला दिया गया। उसे सम्पन्न हिस्सों के बराबर खड़ा करने के लिए सरकार दखल दे। किसी भी जनतांत्रिक सरकार का, जो सभी नागरिकों की समानता का दावा करती है, यह पहला कर्त्तव्य है। ऐसा नहीं हो सकता कि आप सिद्धान्त में समानता की बात करें और व्यवहार में असमानता बढ़ाएँ। यह भी नहीं हो सकता कि संविधान में आप समानता की व्यवस्था करें और बाजार में खुले शोषण की छूट दें।

सरकार को चाहिए कि वह 'विपन्न भारत' के लिए सामाजिक सेवाओं और उसके जीवन स्तर को उठाने के लिए खुद निवेश करे तथा दूसरों को निवेश करने के लिए मजबूर करे। शिक्षा और टेक्नॉलोजी ही ऐसी सीढ़ियाँ हैं जो राष्ट्र के भीतर पिछड़े हुए तबकों को ऊपर ले जा सकती हैं। इसमें टेक्नालोजी शिक्षा के पहले नहीं आ सकती। असमानता का सीधा परीक्षण इस बात से ही किया जा सकता है कि इस बात का पता लगाया जाए कि साफ्टवेयर क्षेत्र में गांगेय क्षेत्र, राजस्थान, उड़ीसा, मध्यप्रदेश और पूर्वोत्तर के कितने युवक काम कर रहे हैं। केवल इस बात से ही आप इस तथ्य को आसानी से समझ सकते हैं कि हमारे देश के जो विकसित क्षेत्र हैं उनके और इन राज्यों के बीच कितनी असमानता है। पश्चिम बंगाल इसका एकमात्र अपवाद है, क्योंकि वहाँ शिक्षा के क्षेत्र में काफी निवेश हुआ है। नग्न सत्य तो यह है कि शिक्षा और स्वास्थ्य जैसे क्षेत्रों में संस्थागत खर्च बढ़ने की बजाय घटा है। देश के गरीब हिस्सों पर दोहरी मार पड़ रही है, क्योंकि वहाँ एक ओर तो साधनों की कमी है और दूसरी ओर राजनीतिक प्रबन्धन भी ठीक नहीं है।

विपन्न लोगों की पहचान बहुत आसानी से की जा सकती है। दलित, पिछड़े, अल्पसंख्यक और जनजातीय लोग इसके दायरे में आते हैं। गरीबी के साथ एक निराशा का भाव भी उन्हें घेरे हुए है। उन्हें ऐसा लगता है कि देश उनके साथ एकसमान नागरिक के रूप में व्यवहार करने की इच्छा नहीं रखता। उनके भीतर गुस्से का एक लावा भीतर ही भीतर उबल रहा है और अगर समय रहते कोई उपाय नहीं किया गया तो यह किसी भी क्षण फूट सकता है। जैसे साठ और सत्तर के दशक में नक्सलवादी आन्दोलन ने सामाजिक शान्ति को खतरे में डाल दिया था वैसी ही स्थिति बड़े पैमाने पर पैदा हो सकती है। यह सम्भव है कि भारत आज तीस वर्ष पहले के मुकाबले अधिक सम्पन्न हुआ हो, लेकिन उसी के साथ यह भी सत्य है कि आज हमारा राष्ट्र अधिक खतरों से घिरा हुआ है। बहुत तेजी से हम एक ऐसे राष्ट्र बन रहे हैं जिसमें सामाजिक संवेदनशीलता का अभाव है। आज देश में जो विभाजन दिखाई दे रहा है उसमें एक ओर वह जनसंख्या के विभिन्न वर्गों के बीच है और दूसरी ओर जहाँ तक भौगोलिक स्थिति का सवाल है वह बिल्कुल सीधी रेखा में है। जो भौगोलिक विभाजन है वह कुछ उसी तरह की भावनाओं को उभार सकता है जैसा कि हमने साठ के दशक के भाषाई आन्दोलन के दौरान देखा था, जबकि दक्षिण और उत्तर एक-दूसरे के विरुद्ध खड़े दिखाई दे रहे थे। एक महान पीढ़ी के नेताओं ने अपनी बुद्धिमत्ता से देश के भीतर किसी तरह जनतांत्रिक एकता स्थापित की, परन्तु ऐसा लगता है कि आज जिस बुद्धिमत्ता की आवश्यकता उस संकट को टालने के लिए जरूरी है, जो सम्भवत: आजादी के बाद का सबसे भयंकर खतरा हो सकता है, उसका अभाव दिखाई दे रहा है। इस वक्त जरूरत इस बात की है कि उत्तरी और पूर्वी राज्यों में आधारभूत ढाँचे को विकसित करने के लिए अधिकाधिक निवेश किया जाए, ताकि देश के ये हिस्से भी दूसरे विकसित हिस्सों के साथ विकास कर सकें।

(*यंग इंडियन*, अंक 15, फरवरी 26, 2000)

खाद्य उत्पादों का आयात देश के लिए घातक

हमारे देश की स्वतंत्रता के अवसर पर विदेशी शासकों ने भविष्यवाणी की थी कि हम लोग अपने देश को सँभाल नहीं पाएँगे और विनाश की स्थिति पैदा हो जाएगी। उनकी यह आशंका दो कारणों से थी, एक तो यह कि उनके अनुसार भारत विखंडित हो जाएगा और दूसरा यह, कि उसकी आबादी का बड़ा भाग भुखमरी का शिकार हो जाएगा तथा लोग भूख से मरने लगेंगे। लेकिन उन दिनों के नेताओं ने इस कार्य को चुनौती के रूप में लिया और जनता के सहयोग से देश के मामलों को सँभालने का काम शुरू किया। इन नेताओं के भीतर आत्मविश्वास की भावना थी और जनता

के सम्मान तथा उसकी मर्यादा के प्रति उनकी अटूट आस्था थी। देश के विनाश की भविष्यवाणी करने वाले विदेशी शासक गलत साबित हुए और उनका पर्दाफाश हो गया।

स्वतंत्रता के बाद हमें विदेशी शासकों द्वारा पैदा की गई अनेक कठिनाइयों का सामना करना पड़ा, लेकिन हमने अपनी आन्तरिक शक्ति तथा उत्साह से यह सिद्ध कर दिया कि हमारे अन्दर अपनी समस्याओं को हल कर लेने की पूरी क्षमता है। उस समय स्थिति जटिल थी और हमारे सामने अनेक कठिनाइयाँ थीं। लेकिन हमने न केवल इस संकट का सामना किया बल्कि दुनिया को दिखा दिया कि हम अपनी लोकतांत्रिक संस्थाओं के माध्यम से अपनी समस्याओं को हल कर सकते हैं।

हमारे देश में लोकतांत्रिक संस्थाएँ कायम की गईं और उन्हें न केवल सुदृढ़ किया गया बल्कि उनकी मर्यादा को कायम रखा गया। हमारे लोगों ने कठिन परिस्थितियों में भी अपने लिए समृद्धि का रास्ता चुना और देश में भुखमरी की चर्चा अतीत की बात हो गई। हमारे कृषि वैज्ञानिकों तथा किसानों ने देश को खाद्यान्नों के मामले में आत्मनिर्भर बनाया और हम गर्व के साथ अपनी हरित क्रान्ति की सफलता की बात करने लगे जो स्वाभाविक था। लेकिन आज स्थिति क्या है ? विश्व व्यापार संगठन की शर्तों को स्वीकार कर हम अपने यहाँ कृषि उत्पादों के आयात की अनुमति दे रहे हैं। प्रसंस्करित खाद्य पदार्थों का यह आयात हमारी आबादी के आधुनिक लोगों के स्वाद के लिए किया जा रहा है। इसके अलावा कच्चे माल तथा अन्य उत्पादों का भी आयात किया जा रहा है। यह आयात अपनी जरूरतों को पूरा करने के लिए नहीं, बल्कि विश्व व्यापार संगठन की शर्तों की पूर्ति के लिए किया जा रहा है। इसका असर यह होगा कि हमारे उत्पादन में कमी आएगी और कृषि क्षेत्र में रोजगार के अवसर घटेंगे तथा किसानों का नुकसान होगा।

इन सब बातों से हमारे लोगों का संकल्प तथा उनकी इच्छा में गिरावट आ रही है जो पूरे देश के लिए खतरनाक बात है। भारत जैसा बड़ा देश अपने खाद्य पदार्थों की जरूरतों की पूर्ति के लिए दूसरे देशों पर निर्भर नहीं रह सकता। यह सोच बिल्कुल विकृत है कि आयात से हमें पर्याप्त खाद्यान्न मिल जायगा। अगर वह मिलता भी है तो क्या हमारी आबादी के गरीब तबकों के लोग उसे खरीद सकेंगे ? वैसे ही हमारे देश में धनी और निर्धन व्यक्तियों के बीच विषमता न केवल बढ़ रही है, बल्कि वह खतरनाक रूप ले चुकी है। अगर लोग भूख के शिकार हुए तो उनके धैर्य की परीक्षा नहीं की जा सकेगी और उन्हें अपनी वैज्ञानिक उपलब्धियों और देश की सैनिक शक्ति से शान्त नहीं किया जा सकेगा। इस बारे में अगर किसी प्रकार का भ्रम पाला जाता है तो वह घातक सिद्ध होगा।

हमारे देश की हरितक्रान्ति के सूत्रधार कृषि वैज्ञानिक डॉक्टर स्वामीनाथन ने हाल में इस बारे में हमें चेतावनी दी है। क्या हम उनकी चेतावनी को गम्भीरता के

साथ लेंगे ? खाद्य सुरक्षा का मामला हमारी राष्ट्रीय सम्प्रभुता से जुड़ा हुआ है। आप पोखरण का विस्फोट और अपनी जनता को भूखा रखने का काम साथ साथ-नहीं चला सकते।

(*यंग इंडियन*, अंक 17, मार्च 11, 2000)

राष्ट्र के प्रति हम सबकी जिम्मेदारी

देश का वर्तमान संकट दिन-प्रतिदिन गहरा होता जा रहा है। पिछले पाँच दशक में जो भी लोकतांत्रिक संस्थाएँ स्थापित की गई थीं उन्हें खंडित किया जा रहा है। स्वतंत्रता आन्दोलन के आदर्शों की, जिन्हें हमारे संविधान में शामिल किया गया था, धज्जियाँ उड़ाई जा रही हैं।

जनता ने राष्ट्र को जो संविधान प्रदान किया था उसमें उनकी भावनाओं और आकांक्षाओं का प्रतिनिधित्व था। यह केवल उस समय के विधि विशेषज्ञों के बौद्धिक प्रयास की उपज नहीं होकर देश की जनता के उज्ज्वल भविष्य की आशाओं का प्रतिनिधित्व करने वाला दस्तावेज था। परन्तु यह दुर्भाग्य की बात है कि अब संविधान के नीति-निदेशक सिद्धान्तों का क्रियान्वयन नहीं किए जाने के कारणों का पता नहीं लगाकर संसद में बिना औपचारिक विचार-विमर्श के पूरे संविधान की समीक्षा का प्रयास किया जा रहा है।

इससे भी अधिक गम्भीर बात यह है कि यह प्रयास केवल कार्यपालिका के एक आदेश के द्वारा किया जा रहा है और सत्ता में बैठे लोग इसे साधारण बात मानकर चल रहे हैं। लेकिन इसके गहरे निहितार्थ हैं, जिससे संविधान के पीछे जो सिद्धान्त थे वे और पीछे छूट जाते हैं।

नौकरशाही संसदीय लोकतंत्र के कामकाज का एक आवश्यक अंग है। चुनाव के बाद पार्टियाँ सत्ता में आ सकती हैं और उससे बाहर भी जा सकती हैं। लेकिन अपनी सब कमियों और सरकारों के बदलने के बाद नीतियों में परिवर्तन के बावजूद वह प्रशासन को स्थिरता प्रदान करती हैं। नौकरशाही को राजनीतिक रंग देने के हाल के प्रयास के पीछे गर्हित उद्देश्य था। यह प्रसन्नता की बात है कि वर्तमान सरकार के कुछ सहयोगी दलों ने इस उद्देश्य को समझा और संकट टल गया, लेकिन चूँकि सरकार का लक्ष्य एक संकीर्ण प्रणाली की स्थापना है, इसलिए यह नहीं समझना चाहिए कि इस खेल का अन्त हो गया है।

देश की आर्थिक स्थिति में सुधार के दावे के बावजूद निर्धनता के स्तर से नीचे का जीवन बिताने वालों की हालत गम्भीर है। कृषि उत्पादन अपनी जगह पर स्थिर है। खाद्य सुरक्षा खतरे में पड़ी प्रतीत होती है। छोटे तथा मझोले किस्म के उद्योग प्रतिदिन

बन्द हो रहे हैं। इसके परिणामस्वरूप बेरोजगारों की संख्या में बढ़ोतरी हो रही है। बेसहारा लोगों के बीच निराशा की भावना बढ़ रही है।

देश का सुरक्षा वातावरण तेजी के साथ बिगड़ रहा है। गरीब तथा धनी लोगों के बीच का अन्तर बढ़ रहा है और क्षेत्रीय असन्तुलन से देश की एकता तथा अखंडता के लिए खतरा पैदा हो रहा है। देश के विभिन्न भागों में हिंसा की बढ़ती घटनाओं, हमारी सीमाओं के घटनाक्रम और पड़ोसियों के साथ बिगड़ते सम्बन्ध हमारे लिए चिन्ता के कारण बन रहे हैं।

इन मुद्दों पर गम्भीरता के साथ विचार के लिए संसद उपयुक्त मंच है, लेकिन दुर्भाग्य से वह ठप है और वहाँ कोई काम-काज नहीं हो रहा है। सभी राजनीतिक दलों और लोगों की इस देश के प्रति जिम्मेदारी है। हमें आशा है कि जनता के द्वारा चुने प्रतिनिधि इस जिम्मेदारी का एहसास करेंगे और उसके द्वारा व्यक्त विश्वास के प्रति अपना दायित्व निभाएँगे।

(*यंग इंडियन*, अंक 18, मार्च 18, 2000)

एक सम्मानपूर्ण व्यवहार अपेक्षित

अमरीकी राष्ट्रपति ने उस इलाके की यात्रा करीब-करीब पूरी कर ली है जिसे उन्होंने खुद 'दुनिया की सबसे खतरनाक जगह' बताया था। उनके आकलन की अहमियत और उनकी यात्रा का जो असर पड़ा है उस पर गम्भीर चिन्तन की जरूरत है। हमारे देश में आतिथ्य सत्कार और मेहमानों के प्रति शिष्टाचार की परम्परा रही है, इसलिए राष्ट्रपति क्लिंटन की यात्रा में गर्मजोशी, शालीनता और शिष्टाचार होना ही चाहिए था, लेकिन इसी के साथ संयम, मर्यादा और स्वाभिमान की भावना भी आवश्यक थी, जो एक राष्ट्र के जीवन में अलग ही महत्त्व रखती है। जिस तरह पूरी सरकार और प्रचार माध्यमों ने एक अपरिपक्व व्यवहार का भाव दिखाया उससे ये सोचकर आश्चर्य होता है कि क्या हम एक महान राष्ट्र के अनुरूप कभी आचरण कर सकेंगे। हमारे सांसदों तथा आमंत्रित अतिथियों ने संसद के केन्द्रीय कक्ष में संयम और शालीनता की सभी मर्यादाओं को तोड़ते हुए बिल्कुल बचकाना व्यवहार किया। इसी तरह देश के उद्योगों की प्रमुख संस्था सी.आई.आई. ने चेल्सिया क्लिंटन के स्वागत में एक पूरे पृष्ठ का विज्ञापन छापा जिसमें उन्हें इस बात के लिए धन्यवाद दिया था कि वह अपने पिता को साथ ले आई है। हमारे विदेशमंत्री जिस तरह अगवानी करके चेल्सिया को होली खेलने के लिए जोधपुर ले गये, वह ऐसे मामलों में उनके ज्ञात व्यवहार के अनुरूप ही था। अगर इसका वस्तुपरक आकलन किया जाए तो यही

तथ्य सामने आएगा कि कोई भी स्वाभिमानी राष्ट्र इस तरह का व्यवहार नहीं कर सकता। लेकिन यह होली का मौसम था।

यह बात जोर-शोर से कही गई कि हमारे आदर्श समान हैं। यह सही है कि शासन-व्यवस्था के कुछ मामलों में भारत और अमरीका में समानता है, परन्तु प्रजातांत्रिक विश्व की हमारी जो कल्पना है वह कई महत्त्वपूर्ण मामलों में संयुक्त राष्ट्र से बिल्कुल भिन्न है। हमारी कल्पना केवल यह नहीं है कि राष्ट्रों में व्यक्तियों के बीच समानता हो, बल्कि हम ऐसे विश्व की कल्पना करते हैं जिसमें राष्ट्रों में आपस में समानता हो। हमारे लिए यह कहना मुश्किल है कि हमारी दृष्टि समान नहीं है। हम जिस विश्व की कल्पना करते हैं उसमें कुछ राष्ट्रों को अपने आप यह अधिकार ले लेने का हक नहीं है कि वे जहाँ भी चाहें बिना राष्ट्र संघ की सहमति के दूसरों के मामले में दखलन्दाजी करते फिरें। हो सकता है कि राष्ट्रसंघ में कुछ खामियाँ हों। इराक ने जब कुवैत पर जबरिया कब्जा किया तो भारत उसके विरुद्ध था और हमारी सरकार ने अपनी स्थिति को बहुत सफाई से रखा था। परन्तु जिस तरह प्रतिबन्धों के नाम पर इराक में छोटे-छोटे बच्चे दवा और खाद्य पदार्थों के अभाव में मारे जा रहे हैं, हम कभी भी उसका समर्थन नहीं कर सकते। मानवीय मूल्यों की हमारी व्यवस्था बिल्कुल अलग तरह की है और इसी कारण अन्तरराष्ट्रीय मामलों में हमारा दृष्टिकोण भी भिन्न है।

जहाँ एक ओर हमारी सरकार और प्रचार माध्यम—खासतौर पर अंग्रेजी मीडिया इस यात्रा से सम्बन्धित छोटी-छोटी बातों को उछाल रहे थे, उसके मुकाबले अमरीका के अखबारों में इसके लिए बहुत कम जगह दी गई। जाहिर है कि या तो वे हमें इतना महत्त्वपूर्ण नहीं समझते हैं कि इधर ज्यादा ध्यान दें या उनके लिए यह इलाका इस दुनिया की सबसे खतरनाक जगह नहीं थी जिससे कि वे इधर अधिक ध्यान देते। तो फिर इस यात्रा का महत्त्व क्या है ?

राष्ट्रपति क्लिंटन ने कश्मीर में सिखों के सामूहिक नरसंहार पर अपना आक्रोश जाहिर किया। लेकिन इसका बहुत अधिक अर्थ निकालने का कोई औचित्य नहीं है। यह एक ऐसी मानवीय त्रासदी थी जो बेकसूर लोगों पर ढाई गई थी। कोई भी इस पर चुप नहीं रह सकता था। हमें यह देखना चाहिए कि पाकिस्तान के फौजी शासकों को सीमापार से चलाए जाने वाले आतंकवाद पर कितनी सख्ती से और कैसा सन्देश दिया जाता है। इस भू-भाग के लिए संयुक्त राष्ट्र अमरीका का अपना एजेंडा है। हमें यह समझना होगा कि हमारा एजेंडा क्या है और इस सारे परिप्रेक्ष्य में एक महत्त्वपूर्ण भूमिका अदा कर सकें ऐसी हमारी दृष्टि होनी चाहिए।

अमरीका हमारे मामलों में एक सक्रिय भूमिका अदा करना चाहता है और राष्ट्रपति क्लिंटन ने इसे छिपाने की कोशिश भी नहीं की है। संसद के दोनों सदनों को सम्बोधित करते हुए जब उन्होंने यह कहा कि अमरीका की कूटनीति के कारण ही पाकिस्तान

ने कारगिल की ऊँचाइयों से अपनी फौजों को पीछे हटाया तो जाहिर था कि वे अमरीका की शक्ति और उस शक्ति का इस्तेमाल करने की उसकी इच्छा को पूरी नग्नता के साथ जाहिर कर रहे थे। यह बहुत दुर्भाग्यपूर्ण है। ऐसा लगता है कि हमारी सरकार ने अमरीकी प्रभुत्व वाली एक दुनिया के सिद्धान्त को स्वीकार कर लिया है। यह बात भी महत्त्वपूर्ण है।

एक ऐसे समय में, जबकि सरकार दयनीय ढंग से व्यवहार कर रही थी तो भारत के राष्ट्रपति ने विश्व के बारे में हमारे दृष्टिकोण, हमारे मूल्यों और हमारे उन राष्ट्रीय हितों, जो शीतयुद्ध से नहीं बल्कि हमारे विश्वासों से उपजे थे, को साफगोई से प्रस्तुत कर हमारे स्वाभिमान की रक्षा की। परन्तु अब जिस तरह हमारे राष्ट्रपति के शब्दों में इस तरह के अर्थ ढूंढ़े जा रहे हैं कि वे बिना बारी के बोले और उन्होंने बहुध्रुवीय वैश्विक-व्यवस्था की ओर लौटने का इशारा किया तथा अमरीका की ओर से जो यह सुझाव आया था कि भारतीय उपमहाद्वीप दुनिया की सबसे खतरनाक जगह है, उसे मानने से इन्कार कर दिया, यही जाहिर करता है कि हमारी शासक-मंडली उन मूल्यों को पूरी तौर से भूल चुकी है जिन्हें हमने पिछले दशकों में स्थापित किया था। यह मूल्य थे कि विश्व को करुणा पर आधारित विश्व-शान्ति, मानवीय गरिमा तथा सभी राष्ट्रों के बीच ऐसी समानता जिसमें वे अपनी सम्प्रभुता, सम्मान, परम्परा और स्वाभिमान को अक्षुण्ण रख सकें। केवल इसी आदर्श को सामने रखकर हम एक स्वतंत्र और समानता पर आधारित विश्व-समाज के उद्देश्य तक पहुँच सकते हैं।

(*यंग इंडियन*, अंक 20, अप्रैल 1, 2000)

आर्थिक सुधारों का दौर और वास्तविक चुनौतियाँ

भारत को राजनीतिक स्वतंत्रता प्राप्त करने के बाद हमने अपने लिए कुछ बुनियादी लक्ष्य निर्धारित किए थे। इन राष्ट्रीय लक्ष्यों में तीव्र गति से आर्थिक विकास, आत्म-निर्भरता, 14 वर्ष से कम आयु के सभी बच्चों के लिए अनिवार्य शिक्षा, आय, सम्पत्ति तथा उपभोग की विषमता को कम करना, प्राथमिक चिकित्सा की सेवाएँ उपलब्ध कराना और सन्तुलित अन्तर-क्षेत्रीय विकास शामिल थे। इन लक्ष्यों को प्राप्त करने के लिए हमने नियोजन का रास्ता अपनाया और केन्द्र तथा राज्य सरकारों ने अपनी प्राथमिकताएँ निर्धारित कीं। हमने बहुत से क्षेत्रों में प्रगति की लेकिन यह बात सत्य है कि कई अन्य क्षेत्रों में हमारी उपलब्धियाँ आशा के अनुरूप नहीं रहीं।

नब्बे के दशक के शुरू में हमें बताया गया कि हमारे लिए नियोजित विकास के रास्ते को छोड़ने और भारतीय अर्थव्यवस्था तथा समाज को विकसित औद्योगिक

देशों से जोड़ने की जरूरत है। इस नई सोच के पीछे तर्क यह था कि भारत की आर्थिक समस्याएँ विदेशी पूँजी और सलाह से हल कर ली जाएँगी। यह भी बताया गया कि बहुराष्ट्रीय कम्पनियाँ नई तकनीक लाएँगी जिससे रोजगार के अवसर बढ़ेंगे और सभी क्षेत्रों में उच्च-उत्पादकता का नया कीर्तिमान स्थापित किया जाएगा, जिससे देश में समृद्धि आएगी। इसके लिए वांछित आर्थिक वातावरण बनाने के उद्देश्य से एकाधिकार विरोधी भारतीय कानून को खत्म कर दिया गया, आयात शुल्क में कटौती की गई, मुक्त अन्तरराष्ट्रीय व्यापार की बाधाएँ दूर की गईं, लघु उद्योगों को दिया गया संरक्षण समाप्त कर दिया गया और खाद्यान्न तथा उर्वरक पर दी जाने वाली राज-सहायता में कमी की गई। इन फैसलों को पिछले 10 वर्षों में काफी तेजी के साथ लागू किया गया।

इसका परिणाम क्या हुआ ? क्या आर्थिक नीतियों में किए गए इस प्रकार के परिवर्तनों से हमें अपने निर्धारित लक्ष्य की ओर आगे बढ़ने में सहायता मिलेगी ? नब्बे के दशक में इसके पहले के दशक की तुलना में हमारी राष्ट्रीय आय के विकास दर में कोई वृद्धि नहीं हुई। 1991-99 में कृषि क्षेत्र की विकास दर 1981-90 की 4.04 प्रतिशत की तुलना में केवल आधी रही। नब्बे के दशक में औद्योगिक विकास दर 5.8 प्रतिशत थी, जबकि इसके पहले के दशक में यह दर 7.7 प्रतिशत थी। विद्युत उत्पादन और उसकी क्षमता में भी गिरावट आई तथा रोजगार की स्थिति बिगड़ी। अस्सी के दशक की तुलना में नब्बे के दशक में भारत के आयात में दुगुनी वृद्धि हो गई। बाहर से जो थोड़ा-बहुत विदेशी निवेश हुआ उससे क्षेत्रीय विषमताएँ और बढ़ीं। इससे समाज के उन वर्गों में, जो पहले से ही बुनियादी सुविधाओं से वंचित थे, और अधिक निराशा आई, जिसके चलते हिंसा की घटनाएँ बढ़ीं। तथाकथित आर्थिक सुधारों से गरीबी दूर करने में कोई सहायता नहीं मिली और सबसे निर्धन व्यक्तियों की हालत में भी कोई सुधार नहीं हो सका। सभी बुनियादी क्षेत्रों में अर्थव्यवस्था की विफलता की स्वीकारोक्ति के बावजूद दलील यह दी जा रही है कि हमें आर्थिक सुधारों के दूसरे चरण को शुरू करना चाहिए। इस प्रकार की बातों से नया उत्साह पैदा करने की कोशिश की जा रही है।

नब्बे के दशक की विफलताओं को देखने के बाद क्या हमें आर्थिक सुधारों के उसी पुराने रास्ते पर चलते रहना चाहिए तथा और अधिक परिवर्तन लागू करने की कोशिश करनी चाहिए ? क्या देश इस हालत में है कि वह इस स्थिति को स्वीकार करे ? इस स्थिति को स्वीकार करने की स्थिति में है ? अब समय आ गया है जब हम जगें और राष्ट्र के समक्ष खड़ी वास्तविक चुनौतियों को न केवल समझें, बल्कि पूरे आत्मविश्वास के साथ इसका सामना करें। यह बहुत ही महत्त्वपूर्ण प्रश्न है अतः इस ओर सबका ध्यान अपेक्षित है।

(*यंग इंडियन*, अंक 21, अप्रैल 8, 2000)

भारत से एक नई भूमिका की अपेक्षा

अन्तरराष्ट्रीय मामलों में भारत का जो उचित स्थान था वह उसे विदेशी दासता के दिनों में नहीं मिल सका था। भारत की प्राचीन सभ्यता, संस्कृति और उदात्त परम्पराओं को ध्यान में रखकर आजादी की लड़ाई के दौरान देश के नेताओं ने अन्तरराष्ट्रीय मामलों में भारत की एक प्रभावी भूमिका की कल्पना की थी। इसे ही दृष्टि में रखकर भारत की वैदेशिक नीति की आधारशिला रखी गई और उसका स्वरूप निर्धारित किया गया। इस नीति का मूलाधार यह विश्वास था कि प्रत्येक राष्ट्र को अपने भाग्य को बनाने और सँवारने का नैसर्गिक अधिकार प्राप्त है, जिससे उसको वंचित नहीं किया जा सकता। यह विश्वास 'गोरी जातियों की जिम्मेदारी' के उस सिद्धान्त के विपरीत था जिसका प्रचार हमें गुलाम बनाने वालों ने कर रखा था। काफी पहले महात्मा गांधी ने इस बात पर जोर दिया था कि भारत केवल अपनी आजादी के लिए नहीं बल्कि सारे संसार के गुलाम और शोषित लोगों की आजादी के लिए लड़ रहा था। पराधीनता के अत्यन्त अन्धकारपूर्ण दिनों में भी हम अपने स्वातंत्र्य आन्दोलन के इस नैतिक आधार से डिगे नहीं। हमने एक ऐसी विश्व-व्यवस्था की कल्पना की थी जिसमें सभी राष्ट्र चाहे वे छोटे हों या बड़े हों, गरीब या अमीर हों, अपनी सामर्थ्य और प्रतिभा के अनुसार मानव-जाति की प्रगति और बेहतरी के लिए अपना योगदान करेंगे।

दूसरे महायुद्ध की समाप्ति पर बहुत से देशों के साथ भारत ने आजादी हासिल की। द्वितीय महायुद्ध के बाद दुनिया का दो खेमों में बँटना, उनके बीच का तनाव और बीच-बीच में चलने वाले संघर्ष आज के इतिहास की घटनाएँ हैं। एक न्यायपूर्ण विश्व-व्यवस्था का सपना आज भी अधूरा है। परन्तु उन संकटपूर्ण वर्षों में भी भारत की आवाज सारी दुनिया में और खासतौर से विकासशील देशों में सम्मान के साथ सुनी जाती थी।

सोवियत यूनियन का विघटन और विश्व-सत्ता का एक ध्रुवीय होना आज की वास्तविकता है। प्रश्न यह है कि भारत इस परिदृश्य में अपनी क्या भूमिका समझता है। हाल ही में भारत के राष्ट्रपति ने इस दिशा में एक प्रभावी सम्मानपूर्ण और नियंत्रित अंगलि निर्देश किया था। वैश्विक मामलों में एक सार्थक भूमिका अदा करने के लिए राष्ट्रसंघ की सुरक्षा परिषद में भारत अपने लिए एक स्थायी सीट चाहता है। यह सर्वथा उचित है। परन्तु विडम्बना यह है कि अपने पड़ोसियों को हम इसका औचित्य समझा नहीं सके और आज तक इसके लिए उनका समर्थन हासिल करने में सफल नहीं हो सके हैं। आजकल के माहौल के अनुसार क्षेत्रीय सहयोग के लिए कुछ संगठन बनाए गए। भारत ने इस दिशा में पहल भी की। इनके सम्मेलनों में भारत औपचारिक रूप से शामिल भी होता रहता है। परन्तु हमारे सबसे निकट के जो पड़ोसी हैं वे हमारे पक्ष के औचित्य को हृदयंगम नहीं कर सके। यहाँ तक कि गुट-निरपेक्ष आदोलन जैसा संगठन आज अपने अस्तित्व के लिए एक नए आधार की तलाश कर रहा है।

आज वैश्वीकरण की जो हवा चल रही है उसमें तीसरी दुनिया के देश अलग-थलग पड़ रहे हैं। वैश्वीकरण के जो समर्थक हैं उनके बड़े-बड़े दावों के बावजूद जैसे-जैसे दिन बीत रहे हैं ये देश और भी अलग-थलग पड़ते जा रहे हैं। वे देश जिनकी अर्थव्यवस्था विकसित है और जो सैन्य शक्ति में बढ़े-चढ़े हैं आज सारी दुनिया की शान्ति का रखवाला बनने की कोशिश कर रहे हैं। एक न एक बहाना लेकर वे दुनिया के अलग-अलग हिस्सों के देशों के आन्तरिक और द्विपक्षीय मामलों में दखल देने की कोशिश कर रहे हैं। दुर्भाग्यवश हमने अपने को इस छद्म दखलन्दाजी का शिकार बनने दिया है। आर्थिक प्रभुत्व से राजनीतिक दखलन्दाजी का रास्ता खुलता है। इसे निरन्तर बढ़ते हुए आर्थिक सहयोग और एक-दूसरे की समस्याओं को हल करने में आपसी समझदारी से ही रोका जा सकता है। दुनिया में जो निर्धन देश हैं, इसी तरह उनके लिए हम एक नई और सार्थक राह बना सकते हैं और उन्हें एक अधिक शोषक व्यवस्था के मँडराते हुए खतरे से बचा सकते हैं। अपनी समृद्ध और अपार सम्भावनाओं के साथ भारत आज की दुनिया में एक निर्धारक भूमिका अदा कर सकता है। उपेक्षित देशों को आज एक सशक्त वाणी चाहिए। इस दिशा में आगे बढ़ने के लिए हमें दृढ़ इच्छाशक्ति, दूरदृष्टि और पहल करने की जरूरत है।

(*यंग इंडियन,* अंक 23, अप्रैल 22, 2000)

उदारीकरण का मानवीय चेहरा बेनकाब

आर्थिक सुधारों को मानवीय स्वरूप प्रदान करने के नारे का पर्दाफाश हो गया है। ताजा 'राष्ट्रीय नमूना सर्वेक्षण रिपोर्ट' से उदारीकरण के अति उत्साही समर्थकों की आँखें खुल जानी चाहिए। इस रिपोर्ट में बताया गया है कि उदारीकरण से पहले जब आर्थिक विकास की दर कम थी तब गरीबी दूर करने के प्रयास की गति अधिक थी। सुधार लागू होने के बाद विकास दर बढ़ गई लेकिन गरीबी दूर करने के प्रयास में कमी आ गई और निर्धनता के स्तर से नीचे का जीवन बिताने वालों की संख्या बढ़ गई।

इस स्थिति के बावजूद सरकार वास्तविकता का सामना करने के लिए तैयार नहीं है। सरकार का हर प्रवक्ता यह घोषणा कर रहा है कि हमें आर्थिक सुधार की गति को आगे बढ़ाना होगा और कठोर निर्णय करने होंगे, चाहे इसके जो भी परिणाम हों। आर्थिक सुधार के प्रति अपने अति उत्साह के कारण ऐसा लगता है कि सरकार गरीबों की स्थिति की ओर ध्यान देने के बजाय शेयर बाजार में उतार-चढ़ाव से अधिक चिन्तित हो गई है। पिछले एक सप्ताह में हमने देखा कि मारीशस में पंजीकृत एक वित्तीय संस्था को कर विभाग के नोटिस के चलते शेयर बाजार में भारी गिरावट आ गई और केवल एक दिन में हजारों करोड़ रुपए की राष्ट्रीय सम्पत्ति की हानि हो गई।

जहाँ चालीस प्रतिशत से अधिक लोग निर्धनता के स्तर से नीचे का जीवन बिता रहे हों वहाँ सरकार द्वारा गरीबों की ओर ध्यान नहीं देकर शेयर बाजार की अधिक चिन्ता करना विडम्बनापूर्ण ही माना जाएगा। शेयर बाजार में निवेश करने वाले कुछ लाख लोगों के भविष्य पर ध्यान देना चाहिए और इस बारे में कोई दो राय नहीं हो सकती, किन्तु यह कार्य उन करोड़ों लोगों की उपेक्षा कर के नहीं होना चाहिए जो कठिनाई की जिन्दगी बिता रहे हैं।

सार्वजनिक वितरण प्रणाली के अन्तर्गत दिए जाने वाले गेहूँ का मूल्य ढाई रुपए प्रति किलोग्राम से बढ़ाकर चार रुपए बीस पैसा प्रति किलो किया जाना गरीबों के साथ क्रूर मजाक है। एक झटके में 68 प्रतिशत की वृद्धि पूर्णतया अनुचित है, चाहे इसके पीछे जो भी कारण हो। सरकार ने सार्वजनिक वितरण प्रणाली के अन्तर्गत दिए जाने वाले अनाज को दस से बढ़ाकर बीस किलोग्राम कर दिया है। लेकिन दाम बढ़ा दिए जाने के कारण गरीब लोग इसे खरीद नहीं सकेंगे। सरकार को यह समझना चाहिए कि गरीबों पर प्रतिकूल असर खाद्यान्न की कमी का नहीं बल्कि उसकी खरीद नहीं कर सकने की उनकी स्थिति का पड़ता है। क्रयशक्ति नहीं होने के कारण वह बढ़े मूल्य पर खाद्यान्न नहीं खरीद पाते। सरकार कहती है कि उसकी इस कार्रवाई से खाद्यान्नों पर दी जाने वाली सब्सिडी 9200 करोड़ रुपए से घटकर 8100 करोड़ रुपए हो जाएगी। इससे सब्सिडी की रकम में 1100 करोड़ की कमी होगी। लेकिन केवल 1100 करोड़ रुपए की बचत के लिए 40 करोड़ लोगों के जीवन को कठिनाई में डालना सरकार की असंवेदनशीलता का ही प्रमाण माना जाएगा। अगर वित्तीय घाटे को नियंत्रित करना है, तो यह काम गरीबों को कठिनाई में डालने की बजाय धनी लोगों पर अधिक बोझ बढ़ाकर भी किया जा सकता है। अत: सरकार को अपने इस कठोर निर्णय को वापस लेना चाहिए और करोड़ों लोगों के जीवन पर असर डालने वाले इस मामले को प्रतिष्ठा का प्रश्न नहीं बनाना चाहिए।

निर्धनता के स्तर से नीचे गरीबी का जीवन बिताने वाले इन लोगों की तरह ही देश के किसानों की स्थिति भी बुरी है। उनके गेहूँ को उचित मूल्य पर खरीदने वाला कोई खरीदार नहीं है। सरकार द्वारा गेहूँ की खरीद के लिए खोले गए केन्द्रों पर गेहूँ खरीदने के लिए पर्याप्त धन उपलब्ध नहीं है। फलस्वरूप किसान अपना गेहूँ बाजार में सस्ते दाम पर बेच रहे हैं। उसका उनके ऊपर मनोवैज्ञानिक असर पड़ सकता है, जिससे भविष्य में उत्पादन घट सकता है।

इस समय दुनिया के कई विकासशील देशों को खाद्यानों के अभाव का सामना करना पड़ रहा है। हमें इस स्थिति को समझना चाहिए और किसी भी स्थिति का सामना लोगों के सहयोग से करने के लिए तैयार रहना चाहिए। यदि लोगों का विश्वास हमारे ऊपर से उठ गया तो फिर इस देश का कोई भविष्य नहीं रह जाएगा।

(*यंग इंडियन*, अंक 24, अप्रैल 29, 2000)

दलीय घेरे के बाहर

नीतिगत परिवर्तनों की समीक्षा की जरूरत

इसी सप्ताह के आरम्भ में सरकार ने तेलशोध के लिए विदेशी निवेश की सीमा 49 प्रतिशत से बढ़ाकर सौ प्रतिशत कर दी, विद्युत उत्पादन की परियोजनाओं में 15 सौ करोड़ रुपए की सीमा को समाप्त कर दिया और बहुत से टिकाऊ और गैर-टिकाऊ उपभोक्ता सामानों पर लाभांश सन्तुलित करने की जो शर्तें थीं उन्हें समाप्त कर दिया। सरकार की ओर से यह कहा गया कि ऐसा इसलिए किया गया कि बाहर जाने वाला विदेशी विनिमय बहुत मामूली था और विदेशी कम्पनियाँ इसे प्रतिबन्धात्मक मान रही थीं। अगर थोड़ी देर के लिए इस बात को नजरअन्दाज भी कर दें कि कितना कम विदेशी विनिमय बाहर जा रहा है और विदेशी कम्पनियाँ इन्हें प्रतिबन्धात्मक मान रही थीं या नहीं, मूल बिन्दु यह है कि क्या सरकार ने ईमानदारी से इस बात का परीक्षण करने का प्रयास किया कि कुल मिलाकर कितनी विदेशी मुद्रा बाहर जा रही थी और सीधे विदेशी निवेश कितना बढ़ा। स्वतंत्र सूत्रों का यह आकलन है कि विदेशी कम्पनियों के लाभांश की देनदारी काफी ऊँची है और वह तेजी से बढ़ रही है। इक्विटी शेयर पूँजी पर उन विदेशी कम्पनियों का लाभांश जो सूचीबद्ध हैं 1992-93 में 22.9 प्रतिशत था जो बढ़कर अब 29.6 प्रतिशत हो गया है। प्रतिवर्ष इस लाभांश का लगभग एक-तिहाई बाहर भेजा जा रहा है। इस रफ्तार से तीन-चार वर्षों में भारत में जो विदेशी पूँजी लगी है वह सब लाभांश के रूप में बाहर चली जाएगी। उसी सूत्र से यह भी पता चला है कि निर्यात के मामले में कोई उल्लेखनीय बढ़ोतरी नहीं हुई, जबकि जो खरीदारी हो रही है उसमें आयात का अनुपात तेजी से बढ़ा है। सीधे विदेशी निवेश सम्बन्धी नीतियों के उदारीकरण में वर्तमान सरकार ने तेजी दिखाई है। किसी भी समय यह जानने का प्रयास नहीं किया गया कि ऊँचे विदेशी शेयरों की अनुमति देने से कितनी विदेशी मुद्रा बाहर गई या इसका प्रत्यक्ष या परोक्ष असर रोजगार के अवसरों पर क्या पड़ा तथा छोटे उद्योगों तथा दूसरे राष्ट्रीय उद्योगों पर कैसा कुठाराघात इस नीति से पड़ा। विदेशी निवेश के बड़े-बड़े दावों से यह नहीं साबित होता कि जो पैसा बाहर से आ रहा है उसकी कितनी कीमत देश को अदा करनी पड़ रही है। यह भय प्रकट किया जा रहा है कि विदेशी पूँजी के लिए भारत पहली प्राथमिकता नहीं रहने वाला है। बहुत जल्दी ही वह दिन आने वाला है जब बहुत कम क्षेत्र बचेंगे जिसमें सीधे विदेशी निवेश के लिए रास्ते खोले जाएँगे। एक बार जब विदेशी निवेशक सरकार की कमजोरी को जान जाते हैं तो वे बराबर इस बात के लिए दबाव बनाते हैं कि उनके विस्तार के लिए और उदार नीतियाँ बनायी जाएँ। दुर्भाग्य से यह प्रक्रिया शुरू हो चुकी है और एक कमजोर नेतृत्व की गलत नीतियों और धारणाओं की बहुत ऊँची कीमत देश को अदा करनी पड़ रही है।

सरकार के इन दावों के बावजूद कि मूलभूत ढाँचे में सीधे विदेशी निवेश के लिए ज्यादा आकर्षण होता है, जो विदेशी पूँजी देश में आ रही है वह या तो देशी कम्पनियों

पर अपना वर्चस्व बनाए रखने या उनको खरीद लेने में तथा उपभोक्ता सामग्रियों के क्षेत्र में घुसने और उसमें अपना विस्तार करने में लग रही है। कोई भी दिन ऐसा नहीं बीतता जब समाचारपत्रों में यह पढ़ने को न मिलता हो कि अमुक देशी कम्पनी को किसी विदेशी कम्पनी ने खरीद लिया या जिसमें पहले से विदेशी पूँजी लगा दी गई हो। अभी थोड़े ही दिन पहले एक देशी उद्योग घराने ने अपना वनस्पति ब्रांड एक बहुराष्ट्रीय कम्पनी को बेच दिया। समाचारपत्रों की रिपोर्टों से पता लग रहा है कि वह दिन दूर नहीं है कि जब भारतीय सीमेंट उद्योग पूरे तौर से बहुराष्ट्रीय कम्पनियों के स्वामित्व में चला जाएगा। सार्वजनिक उद्योगों के निजीकरण के नाम पर बहुराष्ट्रीय कम्पनियों के प्रवेश का रास्ता साफ किया जा रहा है और उसके जो देशी सहभागी हैं एक निष्क्रिय सहभागी बन रहे हैं। इससे देश की उत्पादक क्षमता में कोई इजाफा नहीं होता। इसका एक ओर सीधा नतीजा हो रहा है कि कोई नया रोजगार नहीं सृजित हो रहा है। बहुराष्ट्रीय कम्पनियों की भूमिका बढ़ने का मतलब ही है कि पूँजी बहुल और श्रमिकों को बेरोजगार करने वाली टेक्नॉलोजी आएगी और इस तरह रोजगार के अवसर बराबर घटेंगे। यह तथ्य आँख खोलने वाले हैं।

जाहिर तौर पर सरकार यह दिखाने की कोशिश कर रही है कि आयात पर कुछ प्रतिबन्ध लगे हुए हैं, परन्तु असलियत यह है कि आज देश विदेशी उपभोक्ता सामानों से पट रहा है। और ये उपभोक्ता सामग्रियाँ थोड़े से उच्च वर्ग के लोगों की माँग को पूरा कर रही हैं और स्थानीय, मँझोले और छोटे उद्योगों के अस्तित्व के लिए खतरा बन रहा है। पंजाब और हिमाचल प्रदेश की सरकारों ने फलों के रस और बहुत से कृषि उत्पादों के आयात की खुली छूट के प्रति अपना विरोध प्रकट किया है। किसानों ने बीज उत्पादक बहुराष्ट्रीय कम्पनियों के विरोध में जो प्रदर्शन किया था वह हमारे दिमागों में ताजा है। कृषि क्षेत्र में इस तरह विदेशी आयात की जो खुली छूट दी गई है वह अधिक संगठित रूप इसलिए नहीं ले पाती है क्योंकि यह क्षेत्र ही असंगठित है। आज इस बात की सख्त जरूरत है कि इस तरह के आयातों का किसानों, खासतौर से असंगठित ग्रामीण युवाओं पर क्या असर पड़ता है, उसके विरुद्ध आवाज उठाएँ। आमतौर से निजीकरण और खासतौर से विदेशी कम्पनियों का मूलभूत ढाँचे में प्रवेश जनता के ऊपर असहनीय बोझ डालने वाला है और भारत की प्रतिस्पर्द्धात्मक क्षमता को नुकसान पहुँचाने वाला है। कुछ राज्यों में बिजली की जो दरें बढ़ी हैं उससे आबादी का एक बड़ा हिस्सा प्रभावित हुआ है। इस दावे के बावजूद कि विदेशी निवेश बढ़ रहा है। और विदेशी मुद्रा भंडार की स्थिति काफी अच्छी है, रुपए पर जबरदस्त दबाव है। पोर्ट फोलियो कैपिटल पर निर्भरता ने विदेशी मुद्रा और घरेलू स्टॉक मार्केट, दोनों पर ही दबाव बढ़ा दिया। आज की जो नीतियाँ हैं वे भारत के उस परम्परागत नीति के विरुद्ध हैं जो सीधे विदेशी निवेश के बारे में पहले थी। हमारी पुरानी नीतियाँ आत्मनिर्भरता, राष्ट्रीय उद्योगों और निवेशकों के संरक्षण, एक चुनी हुई तकनीकी तथा

निर्यात संवर्धन पर आधारित थी। देश के लोगों को यह अधिकार है कि वे केन्द्र सरकार से नीति परिवर्तनों की समीक्षा की माँग करें। इस बात की भी जरूरत है कि हम इसे स्पष्ट रूप से समझें कि हमारी आर्थिक नीतियाँ अविकसित भारत और गरीब भारतीयों से प्रभावित होने के बजाय किस सीमा तक वैश्विक केन्द्रों से प्रभावित हो रही हैं।

(*यंग इंडियन*, अंक 31, जून 17-23, 2000)

देश बिखराव की ओर : शासन अनिर्णय की स्थिति में

हम अपने इतिहास के नाजुक मोड़ पर पहुँच गए हैं और ऐसा लगता है कि देश बिखराव के खतरे की ओर बढ़ रहा है। इस तरह की स्थिति पैदा होने के कई कारण हो सकते हैं लेकिन इसका सबसे बड़ा कारण देश की सुरक्षा और एकता की रक्षा के सवाल पर शासन में उच्च स्तर पर बनी हुई अनिर्णय की स्थिति है। हाल की घटनाओं से यह संकेत मिलता है कि हम एक घातक स्थिति में पहुँच गए हैं। कश्मीर में उत्पन्न स्थिति का जिस प्रकार सामना किया जा रहा है, वह इसका सबसे बड़ा उदाहरण है। वर्तमान सरकार इस विस्फोटक स्थिति से जिस ढंग से निपट रही है वह किसी भी विवेकशील व्यक्ति की समझ में नहीं आ सकता।

बातचीत के इरादे के संकेत के साथ हुर्रियत के नेताओं को रिहा करने में बड़ी उदारता बरती गई, लेकिन उन्हें रिहा करने से पूर्व उनके साथ न तो कोई सहमति हुई और न ही यह जानने का प्रयास किया गया कि वार्ता में उनकी दिलचस्पी है या नहीं। सरकार का यह कदम एक विवेकहीन राजनीतिक कदम सिद्ध हुआ। इसे लेकर कई प्रकार की प्रतिक्रियाएँ हुईं और इसने हमें एक ऐसी स्थिति में ला दिया जहाँ राष्ट्रीय जनतांत्रिक गठबन्धन की सरकार का एक सहयोगी दल ही राष्ट्रीय एकता के आधार को चुनौती देने लगा।

इस सम्बन्ध में देश के कुछ भागों, विशेषकर वर्तमान साझा सरकार के घटक दलों की प्रतिक्रिया अनिष्टकारी स्थिति का ही संकेत देती है। इस सम्बन्ध में उत्तरदायी हलकों से जिस प्रकार का दृढ़ रवैया अपनाए जाने की अपेक्षा की जा सकती थी उसका न केवल अभाव मिला बल्कि उसकी दबी जबान की बातों से शासन की अकर्मण्यता का ही पर्दाफाश हुआ। हमें इस स्थिति की बड़ी कीमत चुकानी पड़ सकती है।

बिखराव की प्रक्रिया इसी प्रकार के ढुलमुल रवैये से शुरू होती है। इस प्रकार के संकट को देखते हुए हमें तुरन्त दृढ़ तथा निर्णायक कदम उठाने चाहिए थे। इस जिम्मेदारी को किसी दूसरे पर ढकेलना सशंकित तथा ढुलमुल यकीन विचार का ही परिणाम हो सकता है। इस प्रकार की बातें उन लोगों के मुँह से निकलती हैं जो स्वयं अपराधबोध के शिकार हैं और अपने स्वयं के रुख के बारे में आश्वस्त नहीं हैं। इस

सरकार से कम से कम इस बात की अपेक्षा तो की ही जा सकती थी कि वह देश की एकता तथा अखंडता की रक्षा करे। सरकार इस मामले में अपने बुनियादी उत्तरदायित्व के निर्वाह में विफल रही है, किन्तु इसके बावजूद उसे चाहिए कि वह सभी प्रकार के राजनीतिक विचारों के लोगों को विश्वास में ले और साफ शब्दों में घोषणा करे कि वह ऐसे सभी प्रयासों को अस्वीकृत करती है, जिससे देश के बँटने या बिखरने का खतरा पैदा होता है। किसी के साथ भी बातचीत का दरवाजा हमेशा खुला रहना चाहिए, किन्तु देश की एकता तथा उसके अस्तित्व के सवाल पर किसी से कोई बातचीत नहीं होनी चाहिए।

राज्यों को और अधिकार देने की बात समझ में आ सकती है किन्तु विघटनकारी प्रवृत्तियों को प्रोत्साहन देने के किसी भी प्रयास को सहन नहीं किया जाना चाहिए। वर्तमान साझा सरकार की प्रमुख पार्टी, विशेषकर उस पार्टी के वे लोग जो सत्ता में हैं, ऐसा लगता है कि देश को एक रखने के अपने पुराने नारों को भी भूल चुके हैं। यह सन्तोष की बात है कि सरकार ने विलम्ब से ही सही जम्मू-कश्मीर की स्वायत्तता के विधानसभा के प्रस्ताव को नामंजूर कर दिया है। आशा की जानी चाहिए कि इसके बाद ऐसे आवश्यक तथा दृढ़ कदम उठाए जाएँगे जिससे हमारे राष्ट्रीय ढाँचे को और क्षति नहीं पहुँच सके।

(*यंग इंडियन*, अंक 34, जुलाई 8-14, 2000)

शेयरों की बिक्री के पीछे इरादा नेक नहीं

पहले सरकार का इरादा घाटा देने वाले सार्वजनिक उपक्रमों के शेयरों को बेचकर इन कम्पनियों के प्रति अपने वित्तीय दायित्व के भार से मुक्ति पाने का था। शुरू में यही दलील दी गई थी और इस मामले में नई आर्थिक नीतियों के परिणामों के दबाव से साफ इनकार किया गया था। शुरुआत इन उद्योगों का पुनर्गठन कर इन्हें लाभ देने वाला सक्षम उद्योग बनाने के नेक इरादे से की गई थी और केवल घाटा देने वाले उद्योगों को ही इसका लक्ष्य बनाया गया था। लेकिन यह एक बहाना था। इसका वास्तविक उद्देश्य इस पुनर्गठन के पीछे नेक इरादा बताकर लोगों का समर्थन प्राप्त करना मात्र था। इस योजना को जिस ढंग से अन्जाम दिया गया उससे इसके पीछे सरकार के घटिया इरादे की ही बात प्रकाश में आई।

शुरू में लक्ष्य इन उद्योगों का स्वामित्व सार्वजनिक वित्तीय संस्थाओं को सौंपने का था। ऐसा सोचा गया था कि ये संस्थाएँ इन उद्योगों का सार्थक तथा प्रभावी दिशा-निर्देशन कर सकेंगी और इन उपक्रमों को निजी पूँजी निवेश के लिए आकर्षक तथा सक्षम बनाया जा सकेगा। यह विचार था कि इन उद्योगों का पुनर्गठन या इन्हें आधुनिक

बनाकर इन्हें ऐसी स्थिति में लाया जा सकेगा जिससे वह अपने शेयरों को बेचने की स्थिति में हो जाएँगे और लोग उनमें निवेश के लिए आगे आएँगे। ये कम्पनियाँ स्वतंत्र तथा बेहतर प्रबन्धन वाली कम्पनियाँ बन जाएँगी। इस योजना से इन कम्पनियों के शेयरों की बिक्री के सैद्धान्तिक आधार पर विरोध का सामना आसानी से किया जा सकता था और इस बारे में सरकार के इरादों को लेकर किसी प्रकार का सन्देह भी नहीं पैदा होता। इस योजना के तहत सार्वजनिक उपक्रमों को सार्वजनिक वित्तीय संस्थाओं या सरकारी बैंकों को बेचा जाना था। लेकिन इस योजना का पता लोगों को लग गया और निहित स्वार्थ द्वारा इसके विरोध के बाद इसे छोड़ दिया गया। इस योजना में बहुत सारी कमियाँ गिना दी गईं, किन्तु सच्चाई यह थी कि यह इन उपक्रमों के वास्तविक निजीकरण की योजना नहीं थी।

अब इस सम्बन्ध में एक नई रणनीति स्वीकार कर ली गई है। शेयरों की बिक्री के बारे में सलाह के लिए अन्तरराष्ट्रीय सलाहकार नियुक्त किए जा रहे हैं और अन्तरराष्ट्रीय स्तर पर टेंडर माँगे जा रहे हैं। इस मामले में दाँवपेच चलाया जा रहा हैं और लोगों को बेवकूफ बनाने का प्रयास किया जा रहा है। हाल के कुछ सौदों से इसके पीछे के लोगों के वास्तविक इरादों का ही पर्दाफाश हुआ है। पूरी योजना नेक इरादे से शुरू की गई थी ताकि घाटा देने वाले सार्वजनिक उद्योगों के कारण राजकोष पर जो भार पड़ रहा है उसे कम किया जाए। लेकिन अब सरकार के जिम्मेदार हलकों से एक नया नारा दिया जा रहा है कि हम केवल घाटा देने वाले सार्वजनिक उपक्रमों के शेयरों को बेचकर चालू वित्तीय वर्ष में दस हजार करोड़ रुपया एकत्र करने का लक्ष्य प्राप्त नहीं कर सकते, इसलिए मुनाफा देने वाले सार्वजनिक उपक्रमों के शेयर भी बेचे जाएँ। इसके चलते उन सार्वजनिक उपक्रमों के भी शेयर बेचे जाने वाले हैं जो देश के लिए उसके गौरव के उद्योग माने जाते रहे हैं। इन उपक्रमों में तेल, गैस तथा संचार जैसे विभागों के उपक्रम शामिल हैं।

एक ऐसी सरकार जो राष्ट्र के गौरव और महान विरासत का बखान करते थकती नहीं थी, सार्वजनिक उपक्रमों के शेयरों को बेचने के मामले में इतना नीचे चली जाएगी, यह बात सोची भी नहीं जा सकती थी। इस मामले में सरकारी निर्णयों को प्रभावित करने वाले जो लोग हैं उनके ऊपर न तो सरकार के सहयोगी दलों का असर हो रहा है और न अपनी ही पार्टी के लोगों के विरोध का। सरकार के भीतर उभरे इस प्रभावशाली गुट के इरादों पर कोई टीका-टिप्पणी किए बिना हम यहाँ केवल इतना कहना चाहेंगे कि ये लोग आगे आने वाले दिनों में देश के भविष्य के साथ खिलवाड़ करने के दोषी माने जाएँगे, क्योंकि वह जो काम करने जा रहे हैं उससे हम न केवल आर्थिक गुलामी, शोषण तथा गरीबी की ओर बढ़ेंगे बल्कि इससे हमारी मुसीबतें भी बढ़ेंगी। हम आशा करते हैं कि देश की जनता इस प्रकार के आर्थिक तथा राजनीतिक दाँवपेच की अनुमति नहीं देगी।

(*यंग इंडियन*, अंक 35, जुलाई 15-21, 2000)

आपसी मतभेद भुलाकर वास्तविकताओं का मुकाबला करें

जम्मू-कश्मीर की स्वायत्तता का मुद्दा पिछले कुछ दिनों से देश में चर्चा का विषय बना हुआ है। जब हम स्थिति की गम्भीरता का आकलन करते हैं तो हमें यह नहीं भूलना चाहिए कि केन्द्र में एक सरकार है जिसके प्रधानमंत्री अटल बिहारी वाजपेयी हैं और उस सरकार के गृहमंत्री श्री आडवाणी हैं तथा श्रीनगर में फारूक अब्दुल्ला मुख्यमंत्री हैं। वे मामले को बना भी सकते हैं और बिगाड़ भी सकते हैं। हम उनकी उपेक्षा नहीं कर सकते। श्री वाजपेयी, श्री आडवाणी या राष्ट्रीय स्वयंसेवक संघ के इस बारे में क्या विचार थे, उसे बारम्बार याद दिलाने से स्वायत्तता का हल निकलने वाला नहीं है। यह कहना कि आज जो स्थिति पैदा हुई है उसके लिए वर्तमान सरकार ही जिम्मेदार है, सही नहीं होगा।

1991-95 के दरम्यान जब कांग्रेस सत्ता में थी उसी समय वाशिंगटन के समीप अमरीकी सरकार के स्टेट डिपार्टमेंट द्वारा प्रायोजित एक सम्मेलन में जम्मू-कश्मीर को तीन हिस्सों में बाँटने के प्रस्ताव पर विचार-विमर्श हुआ था। उस सम्मेलन में पाकिस्तानी, अमरीका में रहने वाले शिक्षा जगत से जुड़े लोग तथाकथित आजाद कश्मीर और दिल्ली सेंटर फार पालिसी रिसर्च के प्रतिनिधि, जिन पर सरकार का वरदहस्त था—शामिल हुए थे। कश्मीर स्टडी ग्रुप के सम्मेलन के नाम पर उसकी रिपोर्ट दिल्ली में थोड़े लोगों के बीच बाँटी गई है। सम्मेलन में जो लोग शामिल हुए थे उनमें से कुछ लोग दिल्ली आये, उन्होंने सरकार के कुछ लोगों और फारूक अब्दुल्ला तथा कुछ प्रमुख लोगों से भेंट की है। राष्ट्रीय स्वयंसेवक संघ ने एक विशेष उद्देश्य से इस रिपोर्ट का समर्थन किया। राष्ट्रीय स्वयंसेवक संघ की योजना एक विशेष उद्देश्य को प्राप्त करने की है और उस उद्देश्य की प्राप्ति के लिए यह आवश्यक है कि लोग दो राष्ट्रों के उस सिद्धान्त को स्वीकार करें जिसने पाकिस्तान को जन्म दिया। यदि यह सिद्धान्त स्वीकार नहीं किया जाता तो फिर भारत एक हिन्दू राज्य नहीं बन सकता। दिल्ली के एक अखबार में 'राइज आफ रॉबर इंटेलेक्चुअल्स' के शीर्षक से छपे एक लेख में उन तत्त्वों और ताकतों का खुलासा किया गया है जो इस तरह की रिपोर्ट हमारे देश में बाँट रहे हैं। इसके पीछे एक विशेष उद्देश्य है। 1991 में जब सरकार उदारीकरण को बढ़ावा दे रही थी उस समय मैंने लोकसभा में चेतावनी दी थी—"आज हम आर्थिक नीतियों में विदेशी हस्तक्षेप स्वीकार कर रहे हैं, कल हमें राजनीतिक मामलों में विदेशी हस्तक्षेप के लिए तैयार रहना होगा।" आज देश ऐसी स्थिति में पहुँच गया है जब इस तरह का हस्तक्षेप पूरे तौर पर सीना ठोक कर किया जा रहा है।

अगर हम एक-दूसरे पर दोषारोपण करने और अनावश्यक विवादों में ही एक-दूसरे को उलझाए रहे तो इन ताकतों से लड़ पाना सम्भव नहीं होगा। हम एक गम्भीर

समस्या का सामना कर रहे हैं। फारूक अब्दुल्ला को एक विशेष स्थिति में पहुँचा दिया गया है। उनको विश्वास में लिए बिना हुर्रियत कॉन्फ्रेंस के लोगों को जेल से रिहा कर बातचीत का प्रस्ताव किया गया, जो उचित नहीं था। सरकार ने उनसे यह भी नहीं कहा कि उन्हें संविधान के दायरे में ही काम करना होगा। प्रधानमंत्री श्री आडवाणी के बयानों में कुछ गलत नहीं था परन्तु उन्हें उनको यह बात बतानी चाहिए थी कि वे प्रस्ताव के उस किसी भी हिस्से का समर्थन नहीं करते जो अलगाववाद और विभाजक कार्रवाइयों को बढ़ावा देता है। क्योंकि ऐसा नहीं किया गया इसलिए मामला और उलझ गया। उस प्रस्ताव की प्रतिध्वनि आज पंजाब, तमिलनाडु और असम में सुनाई दे रही है। स्वायत्तता के नाम पर ऐसी प्रवृत्तियों को बढ़ावा नहीं दिया जा सकता। सम्भव है कि कुछ लोग इस बात के लिए मेरी आलोचना करें परन्तु मेरा यह निश्चित मत है कि हमारा संविधान संघीय नहीं बल्कि एकात्मक है। संघीय सरकार वह होती है जिसमें कई स्वतंत्र राज्य मिलकर एक संघ बनाते हैं। शब्दों के इस्तेमाल में हमें सावधानी बरतनी चाहिए, क्योंकि ये कभी खतरनाक भी साबित हो सकते हैं। राज्यों को आर्थिक स्वायत्तता मिलनी चाहिए, लेकिन आज राज्य सरकारें विदेशी सरकारों से कर्ज लेने की बात चला रही हैं और काउंटर गारंटी के लिए केन्द्र सरकार पर दबाव डालती हैं। क्या यह उचित है ? गरीब राज्यों तथा राज्यों के पिछड़े इलाकों की जरूरियात कैसे पूरी की जाएँगी ? योजना आयोग इनके लिए कहाँ से धन लाएगा ?

हमारा संविधान बहुत सोच-समझकर बनाया गया था। 50 वर्षों तक इसने ठीक तरह से काम किया है। अगर इसमें कुछ कमियाँ हैं तो उन्हें दूर किया जाना चाहिए। इसे क्षुद्र स्वार्थों की पूर्ति तथा भावनाओं से खिलवाड़ करने के लिए इस्तेमाल नहीं करना चाहिए। आज समय की माँग है कि हम अपने आपसी मतभेद भुलाकर एकजुट होकर उन वास्तविकताओं का मुकाबला करें जिन पर आज की राजनीति आधारित है।

(*यंग इंडियन*, अंक 37, जुलाई 29–अगस्त 4, 2000)

अगस्त क्रान्ति की भावना को जागृत करें

9 अगस्त, 1942 की यादें हमें देशभक्ति की उस भावना का स्मरण दिलाती हैं जिसके चलते अन्ततः अंग्रेजों को भारत छोड़ना पड़ा था। करो या मरो के नारे के चलते पैदा हुए उत्साह और स्वतंत्रता के लिए हर भारतवासी के दिल में पैदा हुई आग ने देश को उपनिवेशवाद के विरुद्ध संघर्ष के लिए खड़ा कर दिया था। एक अत्याचारी शासन के विरुद्ध कुर्बानी, दृढ़निश्चय तथा मानव गरिमा की रक्षा के लिए विद्रोह की जो भावना उस समय प्रकट हुई थी उसने भारतीय जनता की जीवंतता और उनकी अन्तरनिहित शक्ति को उजागर किया था। ऐसा लगता है कि वह एक भूले हुए जमाने

की बात है। उस महान क्रान्ति के अट्ठावन वर्ष बाद आज हम एक विभाजित राष्ट्र दिखाई दे रहे हैं। आज जबकि जाति, धर्म, विश्वास तथा ऐसे ही संकुचित विचारों को देखते हैं तो ऐसा लगता है कि हमने जनता को उसकी बुनियादी जरूरतें उपलब्ध कराने का जो वायदा किया था उस पर ग्रहण लग गया है। इससे आम आदमी खिन्न और निराश है। अब यह विचार करने का समय आ गया है कि हम कहाँ पहुँच गए हैं।

एक दशक पूर्व देश ने नई आर्थिक नीति शुरू की थी, जिसका लक्ष्य था देश की अर्थव्यवस्था को विदेशी पूँजी के अनियंत्रित प्रवाह और उसके विस्तार के लिए खोलना। इस नीति के साथ ही सामान्य जनता की बुनियादी जरूरतों को पूरा करने की अपनी प्राथमिकता को भुला दिया गया। इस नीति का असर अब बहुराष्ट्रीय कम्पनियों के बढ़ते प्रभुत्व के रूप में देखा जा रहा है। हमारे बाजारों में गैर-जरूरी तथा सम्पन्न वर्ग के लोगों के उपयोग में आने वाली वस्तुएँ भर गई हैं। महत्त्वपूर्ण भारतीय कम्पनियों का अधिग्रहण बहुराष्ट्रीय लघु उद्योगों पर पड़ रहा है। यह उद्योग एक-एक कर बन्द हो रहे हैं। इससे पहले से ही खराब बेरोजगारी की स्थिति और बिगड़ गई है। उपभोक्ता वस्तुओं के अनियंत्रित आयात से व्यापार सन्तुलन की स्थिति बिगड़ रही है। अन्तरराष्ट्रीय मुद्रा बाजार में रुपए का गिरता मूल्य चिन्ता का कारण बन गया है। इन नीतियों के चलते विलासिता की वस्तुओं के उपभोग को बढ़ावा मिला है और गरीबी तथा आर्थिक असमानता में वृद्धि से सामाजिक तनाव पैदा हुआ है।

खुली अर्थव्यवस्था शुरू करते समय जो वादे किए गए थे उनमें से एक भी पूरा होता दिखाई नहीं दे रहा है। वादे के अनुसार समग्र आर्थिक विकास की दर में बढ़ोतरी नहीं हो रही है। न ही विकास का लाभ गरीबों तक पहुँच रहा है। सरकारी आँकड़ों के अनुसार पिछले दशक में गरीबी की रेखा के नीचे के स्तर का जीवन बिताने वाले लोगों की संख्या बढ़ गई, जबकि इसके पहले के दो दशक से इसमें कमी आ रही थी। गरीब और अमीर के बीच की खाई तथा क्षेत्रीय असन्तुलन बढ़ गया। दूसरी तरफ इन नीतियों के चलते देश के महानगरों में समृद्धि के कुछ केन्द्र बढ़कर सामने आए। दलितों, आदिवासियों, वास्तुकारों, हर प्रकार की सुविधाओं से वंचित लोगों, विशेषकर अधिसंख्य महिलाओं के जीवन में कोई सुधार नहीं आया। विदेशी निवेश की बातें काफी अधिक की गईं, किन्तु यह निवेश हमारी आशाओं के अनुरूप नहीं रहा और जो भी धन देश में आया उसका उद्देश्य हमारी अर्थव्यवस्था को अस्थिर करने वाला पाया गया। इस मामले में पूर्वी एशिया के कुछ देशों का उदाहरण हमारे सामने है, लेकिन इससे नसीहत लेने की कोशिश नहीं की गई। हमारे ऊपर विदेशी कर्ज का बड़ा बोझ लद गया, जो हमारी राष्ट्रीय आय का एक चौथाई है। देश की स्थिति तेजी के साथ बिगड़ रही है। अधिकांश लोग परेशान हो रहे हैं, जबकि मुट्ठीभर सुविधा-सम्पन्न लोग विकास का लाभ उठा रहे हैं। दूसरी तरफ अधिसंख्य लोगों

को जीवन की बुनियादी सुविधाएँ भी नहीं उपलब्ध हो पा रही हैं। स्थिति अब असहनीय हो रही है। बहुराष्ट्रीय कम्पनियाँ और विदेशी आर्थिक हित हमारे निर्णयों को भी प्रभावित कर रहे हैं। देश निश्चित रूप से धीरे-धीरे आर्थिक गुलामी की ओर बढ़ रहा है। यह स्थिति बर्दाश्त के काबिल नहीं है। प्रत्येक स्वाभिमानी नागरिक का कर्त्तव्य है कि वह इसे चुनौती देने के लिए खड़ा हो। स्वाधीनता आन्दोलन के संघर्ष की भावना फिर से पैदा करने की जरूरत है। हमें एक बार फिर अपने राष्ट्रीय सम्मान की रक्षा का संकल्प लेना है। नव उपनिवेशवाद और उसके समर्थकों के हमले को विफल किया जाना चाहिए। इसके लिए देश की जनता, विशेषकर युवकों को आगे आना चाहिए और राष्ट्र की मर्यादा तथा सम्मान के विरुद्ध समझौते के प्रयास को विफल करना चाहिए। इसके साथ ही बापू के सपने के नए भारत के निर्माण का संकल्प लेना चाहिए।

(*यंग इंडियन*, अंक 38, अगस्त 5-11, 2000)

आर्थिक गुलामी की ओर बढ़ते कदमों का विरोध करें

एक दशक से अधिक समय से सत्ता से जुड़े बुद्धिमान लोग उदारीकरण, वैश्वीकरण और ढाँचागत समायोजन की प्रशंसा के गीत गा रहे हैं। परन्तु उनकी कल्पनाओं का देश कहीं दूर-दूर तक नजर नहीं आता, बल्कि इसके उलट देश भयानक मन्दी के दौर से गुजर रहा है और विकास की दर घटती जा रही है। हमारी खेती तक खतरे में पड़ गई है। हाल के कुछ महीनों में रुपए की कीमत में रिकार्ड गिरावट आई है। हमारा विदेशी मुद्राकोष भी 15 करोड़ अमरीकी डालर प्रतिमाह की रफ्तार से घट रहा है। न केवल घाटे में चलने वाले सार्वजनिक उद्योग बल्कि 'नवरत्न' भी बेचे जा रहे हैं। भारतीय अर्थव्यवस्था के हर मर्ज की रामबाण दवा अब केवल विनिवेश और निजीकरण रह गई है। आज जो हमारे नीति-निर्माता हैं उनके लिए बढ़ती हुई बेरोजगारी, हमारे नौजवानों का अन्धकारमय भविष्य, क्षेत्रीय असन्तुलन और हमारी आबादी के एक बड़े हिस्से की अत्यधिक दरिद्रता ऐसी समस्याएँ नहीं हैं जिन पर वे तत्काल विचार करें। वे उन सारे अवरोधों को हटाने में जुटे हुए हैं जिनके कारण विदेशी कम्पनियाँ हमारी अर्थव्यवस्था पर कब्जा नहीं कर पा रही थीं। उपभोक्ता सामग्रियों के खुले आयात के चलते हमारे देशी उद्योग-धन्धे बन्द हो रहे हैं।

इसी के साथ हमारे धनी और नव-धनाढ्य वर्ग द्वारा विलासिता की वस्तुओं का अन्धाधुंध उपयोग भी हमारी समस्याएँ बढ़ा रहा है। जनता के गरीब तबके में बढ़ते हुए असन्तोष की ओर से आँखें मूँदे हुए यह वर्ग सबसे नए मॉडल के विदेशी सामानों को खरीदने की होड़ लगाए हुए है। इससे मन में वितृष्णा पैदा होती है।

हमारे गणतंत्र के निर्माताओं ने कल्पना की थी कि राज्य आम जनता के कल्याण के लिए कार्य करेगा। परन्तु राज्य अपनी इस जिम्मेदारी से दस्तबरदार हो रहा है। अब जनता को बाजार की शोषणकारी शक्तियों के भरोसे छोड़ा जा रहा है।

राजनीति, जिसे जनता की मूल समस्याओं से जुड़ा रहना चाहिए था, वह अब किसी भी तरह सत्ता हथियाने और किसी भी कीमत पर उसमें बने रहने का खेल बनकर रह गई है। हमने बारम्बार चेतावनी दी। परन्तु जो लोग सत्ता की कुर्सियों पर बैठे हुए हैं वे हमारी अर्थव्यवस्था के विभिन्न क्षेत्रों में देश के हितों को बेचने की जल्दबाजी में हैं।

हम महसूस करते हैं कि समय बहुत तेजी से भाग रहा है और अब समय बहुत कम है। देश में यह सब बहुत दिनों तक नहीं चल सकता। देश के विभिन्न भागों में सरकारी उपेक्षा के विरुद्ध जो उग्र विरोध हो रहे हैं वह अशुभ संकेत है। इसकी उपेक्षा हमारे लिए खतरनाक सिद्ध होगी। अब अवसर आ गया है कि दृढ़निश्चय के साथ कोई कदम उठाया जाए। भारत के लोगों में अपनी स्वतंत्रता और अपनी गरिमा की रक्षा करने की अद्‌भुत आन्तरिक क्षमता है। हम उनसे अपील करते हैं कि वे अपनी पूरी सामर्थ्य के साथ आर्थिक गुलामी की ओर बढ़ते हुए कदमों का विरोध करें।

(*यंग इंडियन*, अंक 48, अक्टूबर 14–20, 2000)

एक बड़ा विश्वासघात

सरकार ने विभिन्न क्षेत्रों की चेतावनी और दुनिया के विभिन्न देशों के अनुभवों की उपेक्षा कर राष्ट्रीय अर्थव्यवस्था को विदेशी पूँजी के क्रूर प्रहार के लिए खोल दिया है। यह अत्यन्त दुखद है कि सरकार लगातार चेतावनी के बावजूद हमारे उद्योग, व्यापार तथा सेवाओं में विदेशी पूँजी का वर्चस्व सुनिश्चित करने का लगातार प्रयास कर रही है। हमारे वित्तीय तथा व्यापार क्षेत्र को बहुराष्ट्रीय कम्पनियों के लिए पूरी तरह खोल दिया गया है। लेकिन बहुराष्ट्रीय कम्पनियाँ केवल इसी से सन्तुष्ट नहीं हैं, बल्कि वह विश्व बाजार पर पूरा नियंत्रण स्थापित करने के प्रयास में हैं। उनकी गिद्ध–दृष्टि अब भारतीय कृषि पर है। हर एक देश को अपने यहाँ खाद्य सुरक्षा की चिन्ता होती है। हमारे यहाँ भी इस प्रकार की चिन्ता स्वाभाविक है। कृषि हमारी राष्ट्रीय स्वतंत्रता तथा सुरक्षा का आधार रहा है। हमारे लिए यह न केवल रोजगार का स्रोत रहा है, बल्कि हमारी सभ्यता की शुरुआत से ही हमारे जीवन का ढंग रहा है। हमारे पर्व, परम्पराएँ और लोक कथाएँ इससे जुड़ी रही हैं। यह समस्त प्राणि–जगत के लिए प्रेम तथा करुणा की भावना की विरासत का अंग रहा है। कृषि–जगत की गतिविधियों के आधार पर ही हमारी सांस्कृतिक विरासत का विकास हुआ है। कृषि क्षेत्र से जुड़ी गतिविधियों

के अलावा इसमें देश के सर्वाधिक बीस करोड़ लोगों को प्रत्यक्ष रोजगार का अवसर मिलता है। इस समय बेरोजगारी हमारे देश की एक प्रमुख समस्या है और कोई भी ऐसी नीति जिससे लोगों का रोजगार छिन रहा हो हमारे लिए आत्मघाती सिद्ध हो सकती है। अपने स्वार्थ से अन्धे हुए देशी और विदेशी पूँजीपति यही काम करने के लिए सन्नद्ध दिखाई दे रहे हैं। दुर्भाग्यवश वर्तमान सरकार यंत्रचालित की तरह उनके इस काम में न केवल सहायक हो रही है बल्कि उसके लिए पहलकदमी भी कर रही है। थोड़े दिनों पूर्व सरकार ने कृषि-नीति का जो दस्तावेज प्रस्तुत किया था उसके प्रारम्भिक हिस्सों में किसानों के हित-साधन की लच्छेदार बातें की गई हैं। परन्तु उसका अन्तिम उद्देश्य बाजारोन्मुखी कृषि की व्यवस्था करना और कृषि को पूरी तौर से बड़ी कम्पनियों के हाथ में देना ही है। ऐसा नहीं है कि यह कदम कोई एकाएक उठाया गया है। अन्तरराष्ट्रीय मुद्राकोष और विश्व बैंक ने लैटिन अमरीका और अफ्रीका में कर्जदार देशों पर कृषि में ढाँचागत सुधार के नाम पर ऐसी शर्तें थोपी थीं। हमारे देश के उद्योगपतियों की भी ललचायी निगाहें कृषि के क्षेत्र पर लगी हुई हैं। 6 दिसम्बर, 1998 को भारतीय उद्योग परिसंघ ने कृषि क्षेत्र में सुधारों के बारे में अपना एजेंडा प्रस्तुत किया था। उनकी शिकायत थी कि जिस क्षेत्र में देश का दो-तिहाई रोजगार है उसे आर्थिक सुधारों ने छुआ तक नहीं है, उनकी माँग थी कि केन्द्रीय सरकार उर्वरकों पर सब्सिडी घटाए तथा राज्य सरकारें भी बिजली और सिंचाई में जो छूट किसानों को दे रही हैं उन्हें घटाएँ। उनके एजेंडे में आखिरी माँग थी कि ठेके और पट्टे की व्यवस्था करके कम्पनियों को कृषि क्षेत्र में प्रवेश दिया जाए। जाहिर है कि भारतीय उद्योग परिसंघ विश्व बैंक और अन्तरराष्ट्रीय मुद्राकोष के इशारों पर यह माँग कर रहा था। भारत सरकार द्वारा प्रस्तुत कृषि-नीति में अक्षर-ब-अक्षर इन्हीं माँगों को स्वीकार किया गया है। जहाँ तक उर्वरकों, सिंचाई और बिजली की सब्सिडी का सवाल था, उसे खतम करने का फैसला सरकार पहले ही कर चुकी है। नई कृषि नीति की धारा 35 में स्पष्ट व्यवस्था की गई है कि जोतों का आकार बढ़ाने के लिए जमीन को पट्टे पर उठाने के प्रावधान किए जाएँगे। यह भी ध्यान में रखने की बात है कि 72 फीसदी काश्तकारों की जोतें दो हेक्टेयर से भी कम हैं। काश्तकारों को जमीन से बेदखल करने का यह अन्तरराष्ट्रीय षड्यंत्र है। समय रहते अगर इन कदमों का विरोध न किया गया तो देश का किसान असंख्य बलिदानों द्वारा प्राप्त अपने जमीन के हक से हाथ धो बैठेगा। खाद्यान्नों के मामले में हमारी आत्मनिर्भरता इससे किस तरह प्रभावित होगी यह भी एक विचारणीय प्रश्न है।

हजारों वर्षों से हमारे देशवासियों ने इस धरती को यह समझकर पूजा है कि मानव जीवन को धारण करने के लिए जो कुछ भी आवश्यक है यह धरती ही उसे देती है। हमारे पूर्वजों ने सृष्टि के कण-कण को पूजा है। इस धरती के साथ उनका श्रम, प्रयास, उनकी आशाएँ, आकांक्षाएँ, उनके सुख और दुख तथा करुणा और मानव भ्रातृत्व सब

जुड़े हुए हैं। उत्थान और पतन तथा सुख और दुख दोनों में ही भारत की यह धरती अपनी सन्तान के लिए गर्व की वस्तु रही है। लम्बे इतिहास में इस धरती ने उन्हें सांत्वना दी है तथा सभी मुसीबतों का सामना करने की प्रेरणा भी दी है। हमने सभी चुनौतियों का सामना साहस और एकता के साथ किया है। आज हमारे सामने फिर एक बार एक खतरनाक चुनौती है। यह चुनौती हमको अपनी जमीन तथा अपनी अस्मिता से वंचित करने की है। हम अपने भविष्य को गिरवी नहीं रख सकते। आइए हम सब संगठित होकर अपनी पवित्र भूमि को दूसरे के हाथों में जाने से रोकें।

(*यंग इंडियन,* अंक 1, नवम्बर 18–24, 2000)

संसद और विधायिकाओं का गिरता स्तर

देश की संसद और विधायिकाओं से यह अपेक्षा की जाती है कि वह देश की जनता की समस्याओं, भावनाओं और आकांक्षाओं की अभिव्यक्ति का माध्यम बनेंगी। किन्तु लोगों ने अब यह सोचना शुरू कर दिया है कि ये संस्थाएँ वर्तमान परिस्थितियों में अपनी इस भूमिका का निर्वाह प्रभावपूर्ण ढंग से कर पा रही हैं या नहीं।

हमारे संविधान निर्माताओं ने इन संस्थाओं से इसी प्रकार की भूमिका की अपेक्षा की थी और शुरुआती दिनों में इन संस्थाओं ने इस दिशा में अपनी उपयोगिता भी सिद्ध की थी, जिससे जनता के मन में इनके प्रति सम्मान की भावना बढ़ी थी। लेकिन हाल के दिनों में इनके कामकाज में तेजी के साथ गिरावट आई है। यह गिरावट अब ऐसी स्थिति में पहुँच गई है जिससे उन सबके मन में जो इस व्यवस्था और इसके आदर्शों में आस्था रखते हैं, चिन्ता पैदा हो रही है। जनता की आकांक्षाओं के ये केन्द्र अब राजनीतिक झगड़े और विवाद के केन्द्र बन गए हैं और इन विवादों का आधार भी मुख्यत: एक-दूसरे की पसन्द और नापसन्द हुआ करती है। इन संस्थाओं का अधिकांश समय अनावश्यक विवादों में नष्ट हो जाता है।

आज हमारा पूरा राजनीतिक दृष्टिकोण जनता की बुनियादी जरूरतों और आकांक्षाओं से हटकर भावनात्मक मुद्दों को उठाने का हो गया है। दुर्भाग्य से हमारे सांसद और विधायक लोगों की भावनाओं से खेलने से भी नहीं चूकते। इसके चलते एक-दूसरे पर आक्षेप किए जाते हैं और आये दिन असंसदीय भाषा का प्रयोग किया जाता है। यह प्रवृत्ति अब ऐसे स्तर पर पहुँच गई है जहाँ कोई विवेक की आवाज भी नहीं सुनी जाती। मर्यादा को ताक पर रख दिया जाता है और पीठासीन अधिकारियों की आवाज शोरगुल में दबकर रह जाती है। सदन के नियमों तथा परम्पराओं की अनदेखी की जाती है जिससे उसकी बैठकों को बार-बार स्थगित करना पड़ता है।

इससे जनता के मन में इन संस्थाओं के प्रति सम्मान की भावना में उत्तरोत्तर कमी आती है। इन संस्थाओं के कामकाज में हर स्तर पर गिरावट आ रही है।

संसदीय लोकतंत्र में जब किसी एक पार्टी का बहुमत नहीं रह जाता तब साझा सरकार अनिवार्य हो जाती है। लेकिन साझा सरकार बनने से पूर्व उनमें शामिल पार्टियों के बीच बुनियादी मुद्दों, नीतियों और उन कार्यक्रमों पर सहमति बनायी जाती है जिनका क्रियान्वयन किया जाना है। निर्धारित लक्ष्य की प्राप्ति के लिए यह आवश्यक होता है। इस सहमति के चलते बुनियादी मुद्दों पर रोजाना सौदेबाजी की गुंजाइश बहुत कम रह जाती है। साझा सरकार के सहयोगी दल भी महत्त्वहीन सवालों पर अपने मतभेदों को सार्वजनिक रूप से उजागर करने से बचते हैं। लेकिन आज हम केन्द्र सरकार के कामकाज के मामले में बहुत चिन्ताजनक स्थिति देख रहे हैं। इस प्रकार की स्थिति पहले कुछ मामलों में केवल राज्य सरकारों में ही देखी जाती थी। लेकिन आज केन्द्र सरकार के वरिष्ठ मंत्री, जो उत्तरदायी पदों पर हैं, आपत्तिजनक ढंग से सौदेबाजी करते देखे जा रहे हैं। यह दुख की बात है कि इन परिस्थितियों में देश के सर्वोच्च कार्यपालक को भी अपने अस्तित्व को बचाए रखने के लिए दबाव में आने के अलावा और कोई चारा नहीं रह जाता। इससे सरकार की प्रतिष्ठा में कमी ही आती है।

पिछले दिनों कांग्रेस सरकारों में भी आन्तरिक विरोध हुआ करता था, किन्तु मतभेदों को पार्टी के भीतर ही हल कर लिया जाता था। इस प्रकार के मतभेद संसद के भीतर नहीं सुनाई देते थे। लेकिन आज की घटनाएँ स्थिति में गिरावट का संकेत दे रही हैं जो संसदीय लोकतंत्र के भविष्य के लिए बहुत ही चिन्ताजनक हैं। कुछ परिस्थितियों में साझा सरकार की बात सोची जा सकती है किन्तु ऐसी सरकारों को एक टीम की तरह पूरी एकता की भावना से काम करना चाहिए। आज की साझा सरकार के सहयोगी अपने उद्देश्यों की पूर्ति के लिए आए दिन धमकियाँ देते और प्रधानमंत्री का पुतला जलाने से भी नहीं चूकते।

कुछ मुद्दों को लेकर केन्द्र और राज्यों में भी तनाव दिखाई देता है। विकसित और अविकसित राज्यों के मुख्यमंत्री आर्थिक सवालों पर आमने-सामने खड़े हो जाते हैं। वित्त आयोग की सिफारिशों पर ऐसा ही दृश्य देखने को मिला। कभी-कभी केन्द्र सरकार भी कुछ राज्यों को सन्तुष्ट करने के लिए तदर्थ फैसले कर लिया करती है। ऐसे मामलों में वह समस्या के प्रति समग्र दृष्टि नहीं अपनाती। हाल में केन्द्र ने पंजाब से खराब धान खरीदने का फैसला किया। इससे दूसरे राज्यों में भी इसी प्रकार की माँग शुरू हो गई। कस्बों को आधुनिक बनाने के लिए बड़ी सहायता दी गई और एक पूर्ववर्ती सरकार ने तो पूरे कर्ज माफ कर दिए। इससे पता चलता है कि राष्ट्रीय स्तर तक की किसी समस्या से निपटने की समग्र नीति बनाने में केन्द्र सरकार किस हद तक अक्षम है।

राज्यमंत्रियों की हाल की यह शिकायत कि कैबिनट मंत्री उन्हें काम करने का पर्याप्त अवसर नहीं देते, मंत्रिपरिषद के सामूहिक दायित्व के सिद्धान्त को ही उपहास्यास्पद बनाती है। अगर यह धारणा बनती है कि प्रधानमंत्री के ऊपर उनके अपने मंत्रिमंडलीय सहयोगी साझा सरकार की पार्टियाँ और अपनी ही पार्टी के लोग दबाव डाल रहे हैं तो इससे उसकी स्थिति संदिग्ध हो जाती है। यह किसी एक व्यक्ति का सवाल न होकर देश के सर्वोच्च कार्यपालक पद की गरिमा का सवाल है।

आज देश लगभग हर मोर्चे पर गम्भीर चुनौती का सामना कर रहा है। ऐसे में वह केवल सरकार के अस्तित्व को बनाए रखने के लिए हर बात पर राजसत्ता के अधिकारों के अशोभनीय समर्पण को गवारा नहीं कर सकता। ऐसी परिस्थिति में राष्ट्र का प्रभावी प्रशासन असम्भव दिखाई दे रहा है। यह स्थिति जितनी जल्दी समाप्त हो उतना ही देश के लिए हितकर होगा।

(*यंग इंडियन*, अंक 3, 2–8 दिसम्बर, 2000)

सभी वर्गों का विश्वास प्राप्त करें

हमारे राष्ट्रीय स्वातंत्र्य आन्दोलन के नेताओं ने सारे राष्ट्र को एक सूत्र में बाँधकर राष्ट्रीय एकता को सुदृढ़ करने के लिए निरन्तर प्रयास किया था। विभिन्न भाषाओं, जातियों और धार्मिक समुदायों में बँटे समाज को एकता के सूत्र में बाँधकर रखना कोई आसान काम नहीं था। धार्मिक, भाषायी या जातीय निष्ठाओं को उभारकर राजनीतिक लाभ उठाने के प्रयास भी निरन्तर होते रहे हैं। उसका तात्कालिक लाभ भी देश के बहुत से दलों को मिला है। हमारे संविधान निर्माता इस खतरे के प्रति सजग थे, इसलिए सत्ता की कुर्सी पर बैठने वालों के लिए उन्होंने पद और गोपनीयता की शपथ का प्रावधान किया था। सत्तासीन होने वाला हर व्यक्ति राष्ट्र की एकता और अखंडता बनाए रखने की शपथ लेकर ही सत्ता के आसन पर बैठता है। राष्ट्रपति और प्रधानमंत्री दो ऐसे पद हैं जिनके आचरण, व्यवहार और कथन पर देश ही नहीं दुनिया की निगाह लगी रहती है। इन पदों पर बैठने वाले व्यक्ति की एक साधारण भूल भी देश को एक बड़े संकट में डालने का कारण बन सकती है। इस परिप्रेक्ष्य में जब हम देश के प्रधानमंत्री द्वारा थोड़े दिन पूर्व मन्दिर निर्माण के सम्बन्ध में दिए गये बयान को देखते हैं तो आश्चर्य और दुख होता है।

पहली बात तो यही है कि विवादास्पद बाबरी मस्जिद गिराने के बाद पैदा हुई उत्तेजना समय बीतने के साथ स्वभावत: कम हो रही थी। यद्यपि कुछ अतिवादी संगठन बार–बार घाव को कुरेदने की कोशिश में लगे हुए थे लेकिन सम्बन्धित पक्षों के मन में यह भाव भी था कि अदालत के फैसले की प्रतीक्षा की जाए। राजग में

शामिल कई दल ऐसे हैं जो धारा 370, समान नागरिक संहिता और राम मन्दिर निर्माण जैसे मुद्दे पर प्रधानमंत्री की पार्टी की राय से अलग राय रखते हैं। वे यह मानते हैं कि ये मुद्दे राष्ट्र को बाँटने वाले मुद्दे हैं। जाहिर है कि प्रधानमंत्री द्वारा एक ऐसे मुद्दे को, जो निश्चित रूप से दो धार्मिक समुदायों के बीच खेमाबन्दी पैदा करता है, 'राष्ट्रीय भावना का प्रकटीकरण' का रूप देना एक समुदाय की भावनाओं को आहत करने का काम था। निश्चित रूप से प्रधानमंत्री के सामने इस मुद्दे पर एक पक्ष बनने की तात्कालिक बाध्यता नहीं थी—सिवाय इसके कि वे अपने मातृ-संगठन में लगातार उठते हुए विरोधी स्वरों को इस तरह की अप्रासंगिक बात कहकर रोक सकें। उनके मातृ-संगठन तथा उसके आनुषंगिक संगठनों में उनके इस कथन से प्रसन्नता और उत्साह की जो लहर पैदा हुई वह इस बात की परिचायक है कि उनका तीर सही निशाने पर लगा है। लेकिन देश की संवैधानिक मर्यादा और खुद उनकी बड़े परिश्रम और काफी कीमत लगाकर एक 'स्वयंसेवक' से अलग धार्मिक, सहिष्णु और लगभग धर्मनिरपेक्ष छवि बनाने का जो प्रयास उनके दल ने किया था, उसे जो आघात पहुँचा है उससे देश का अहित ही हुआ है। इसी सन्दर्भ में बाबरी मस्जिद ढहाने में आरोपित तीन केन्द्रीय मंत्रियों के बचाव में उन्होंने जो कुछ कहा उससे स्थिति जटिल ही हुई है। सी.बी.आई. सीधे प्रधानमंत्री के नियंत्रण में काम करती है। अगर जैसा प्रधानमंत्री का दल और कुछ आरोपित मंत्री कह रहे हैं कि आरोप राजनीति से प्रेरित है तो फिर इस केन्द्रीय जाँच एजेंसी की विश्वसनीयता का क्या होगा ? साथ ही यह भी विचारणीय है कि जब अदालत में मामले लम्बित हों तो मुकदमा चलाने वाले एजेंसी के राजनीतिक मुखिया का आरोपित मंत्रियों को घुमा-फिराकर 'क्लीन चिट' देना कहाँ तक मर्यादित है।

हमारे देश के राजनीतिक दलों का दुहरा चरित्र और महत्त्वपूर्ण मामलों में दुहरा मानदंड अपनाना एक ऐसी त्रासदी है जिसके चलते संवैधानिक संस्थाओं की विश्वसनीयता का क्षरण हो रहा है। राजनीतिक हलकों में यह चर्चा आम है कि फौजदारी के मुकदमे में आरोपित एक केन्द्रीय मंत्री से इस्तीफा केवल इसलिए माँगा गया कि दूसरे आरोपित मंत्रियों के इस्तीफे की माँग उठे। पार्टी के अन्दरूनी मामलों को सुलटाने के लिए संवैधानिक अधिकारों का दुरुपयोग एक खतरनाक खेल है। इसे भी नजरअन्दाज नहीं किया जा सकता कि आरोपित मंत्रियों का इस्तीफा माँगने वाला दल उन्हीं परिस्थितियों में उल्टा आचरण करता है। न्याय, नैतिकता और मर्यादा की माँग करने वालों को स्वयं अपने को भी उसी कसौटी पर कसना होगा।

लोकसभा में तीन केन्द्रीय मंत्रियों के इस्तीफे के प्रश्न पर सत्तारूढ़ गठबन्धन की संख्याबल से जीत अवश्य हुई परन्तु मतदान के पूर्व गठबन्धन के भीतर के मतभेद जिस तरह सामने आए वे भावी राजनीतिक अस्थिरता की ओर ही इशारा करते हैं। राज्यसभा में इसी प्रश्न पर सत्तारूढ़ गठबन्धन की पराजय पर प्रधानमंत्री भले ही यह

खुशफहमी पाल लें कि सरकार तो केवल लोकसभा के प्रति उत्तरदायी है, परन्तु वे और सत्तारूढ़ गठबन्धन इस बात को नजरअन्दाज नहीं कर सकते कि राज्यसभा राज्यों का प्रतिनिधित्व करती है। आज का सत्तारूढ़ गठबन्धन क्षेत्रीय दलों का ही गठजोड़ है। अगर राज्यों के प्रतिनिधि उसके किसी कदम को नकारते हैं तो लोकसभा में उसकी जीत का आधा-अधूरापन छिपाया नहीं जा सकता। बेहतर तो यही होगा कि प्रधानमंत्री किसी समुदाय का प्रतिनिधित्व करने की बजाय सभी वर्गों का विश्वास प्राप्त करने की चेष्टा करें। इसी में देश का हित है।

(*यंग इंडियन*, अंक 6, दिसम्बर 23-29, 2000)

गुजरात के पीड़ितों के दुख में सबकी भागीदारी जरूरी

गुजरात की बेमिसाल आपदा ने पूरे राष्ट्र को झकझोर दिया है। इसने कितने लोगों की जान ली यह अनुमान से परे है। कुछ भूक्षेत्रों में यह संख्या हजारों में बतायी जा रही है। अनेक कस्बे और गाँव मलबे के ढेर में बदल चुके हैं। सम्पत्ति का नुकसान करोड़ों में बताया जा रहा है। इस भीषणतम प्राकृतिक आपदा का सामना पूरे देश को एक होकर करना पड़ेगा। स्थिति से निपटने के लिए हमें न केवल अपने संसाधन जुटाने होंगे बल्कि पीड़ित लोगों के दुख में भागीदार बनना होगा। यह प्रसन्नता की बात है कि विश्व समुदाय ने इस संकट पर तुरन्त प्रतिक्रिया व्यक्त की है और मदद के लिए हाथ बढ़ाया है। लेकिन आपदाग्रस्त क्षेत्र से जो रिपोर्ट आ रही है वह चिन्ता का कारण बन रही है। राहत कार्यों को चलाने में मंथर गति की शिकायत मिल रही है। इस भयानक आपदा का सामना करने में राज्य सरकार का शुरुआती रवैया आश्चर्यजनक रहा। शुरू में प्रशासन पंगु रहा जबकि स्थिति से निपटने और लोगों की जान बचाने की दृष्टि से यह समय बहुत महत्त्वपूर्ण था। अहमदाबाद राज्य की राजधानी के अत्यन्त निकट है, जहाँ सरकार के पास सारी संचार सुविधाएँ उपलब्ध हैं। लेकिन इसके बावजूद प्रशासन का ध्यान इस ओर समय रहते नहीं गया। देश की राजधानी दिल्ली में भी गणतंत्र दिवस की शाम तक इस प्राकृतिक आपदा की भयानकता का अन्दाज नहीं लगाया जा सका था। स्थिति का सामना करने के लिए सेना को बुलाने में भी काफी विलम्ब कर दिया गया। जो इलाके भूकम्प से अधिक प्रभावित हुए उनमें पहले से सेना की छावनियाँ हैं। इनका तुरन्त उपयोग किया जा सकता था। ऐसे अवसरों पर सेना लोगों को राहत पहुँचाने के लिए बराबर तैयार रही और उसका उपयोग सराहनीय रहा है। लेकिन यह दुख की बात है कि गुजरात में उसकी सेवाएँ विलम्ब से ली गईं। सूचना प्रौद्योगिकी के विकास के इस युग में अहमदाबाद जैसे नगर में राहत कार्य शुरू करने में घंटों का विलम्ब अक्षम्य अपराध है, जिसकी अनुमति नहीं दी जानी चाहिए।

यह समय किसी के ऊपर दोषारोपण का नहीं है लेकिन जिनसे स्थिति के निपटने के लिए तुरन्त कदम उठाने की आशा की जाती है, उनसे अगर किसी प्रकार का विलम्ब होता है तो इस पर विचार किया जाना चाहिए। यह आश्चर्यजनक बात है कि राज्य प्रशासन ने अपनी आँख तब खोली जब केन्द्रीय गृहमंत्री अहमदाबाद पहुँचे। लेकिन इसके बाद भी आपात बैठक बुलाने और निर्णय लेने जैसी औपचारिकता में बहुत अधिक समय बर्बाद कर दिया गया। यह किसी राज्य सरकार के कामकाज पर कोई टीका-टिप्पणी नहीं है, बल्कि इसका उद्देश्य प्रशासन में हर स्तर पर आई कमजोरी को दूर करने की ओर लोगों का ध्यान आकृष्ट करना है, ताकि ऐसी गम्भीर स्थिति से निपटने में लापरवाही नहीं हो।

ऐसी स्थिति में जहाँ हजारों लोग अभी भी मलबे के नीचे दबे हों, सैकड़ों-हजारों घायलों का उपचार नहीं हो रहा हो, लोगों के शव अन्तिम संस्कार के लिए पड़े हों, पीड़ित लोग भयंकर सर्दी में खुले आकाश के नीच पड़े हुए हों, रोज-रोज प्राथमिकताएँ निर्धारित किए जाने की बात समझ से परे है। इसका पीड़ित लोगों पर कोई अच्छा असर नहीं पड़ता जहाँ लोग अपना सबकुछ खो चुके हों। उनके लिए आए दिन मुआवजे की बात यह दर्शाती है कि हम स्थिति के प्रति कितने गम्भीर हैं। यह समय अपने सभी संसाधनों को जुटाने और लोगों को आवास तथा बुनियादी सुविधाएँ उपलब्ध कराने में अपनी पूरी शक्ति लगाने का है ताकि पीड़ितों को राहत पहुँचाई जा सके। भूकम्प पीड़ितों के लिए मिल रही सहायता का उपयोग दीर्घकालीन योजना के अनुसार गुजरात के कस्बों और गाँवों में पुनर्वास की ऐसी व्यवस्था करने के लिए किया जाना चाहिए जिससे फिर से ऐसी स्थिति आने पर कम से कम नुकसान की गुंजाइश हो। इसके लिए हम आज की विकसित तकनीक का उपयोग कर सकते हैं।

संकट की इस घड़ी में देश को सहानुभूति की नहीं एकता की जरूरत है। इस प्रकार की प्राकृतिक आपदा से दुख और क्षोभ स्वाभाविक हैं, किन्तु इस अवसर का उपयोग हमें अपने आपको संकल्पबद्ध करने के लिए करना चाहिए, ताकि हम पीड़ित लोगों को बेहतर जीवन दे सकें।

(*यंग इंडियन*, अंक 12, फरवरी 3-9, 2001)

सरकार ने देश तथा आदिवासी हित को गिरवी रखा

सार्वजनिक उद्योग क्षेत्र की एक प्रमुख कम्पनी भारत एल्युमिनियम कारपोरेशन लि. (बाल्को) को एक तथाकथित सामरिक निजी कम्पनी को बेचने का फैसला अत्यन्त दुर्भाग्यपूर्ण है। लाभ कमाने वाली इस सार्वजनिक कम्पनी को बेचने के सरकार के फैसले से कई सवाल उठ खड़े हुए हैं। इससे सरकार की हठधर्मिता और अहंकार

का पता चलता है और वह इस अहंकार के चलते सार्वजनिक परिसम्पत्ति को बेचने के मामले में न केवल निर्वाचित प्रतिनिधियों बल्कि जनता से किए गए वादे की भी उपेक्षा करने के लिए तैयार है। इस सौदे से यह पता चलता है कि सरकार केवल घाटा देने वाले सार्वजनिक उपक्रमों के निजीकरण के अपने पहले के वादे से पीछे हट गई है। सार्वजनिक उपक्रमों के निजीकरण की प्रक्रिया न केवल सैद्धान्तिक दृष्टि से बल्कि इस कारण भी, कि उससे उन लोगों को जो इस फैसले में शामिल होते हैं व्यक्तिगत लाभ का मौका मिलता है, विवादास्पद रही है। बाल्को का सौदा बिना किसी जाँच-पड़ताल, पारदर्शिता, जवाबदेही या राष्ट्रीय हितों की अनदेखी कर जिस ढंग से किया गया वह गम्भीर चिन्ता का विषय है। इस सौदे में मजदूरों और आदिवासी जनता के हितों की भी पूरी तरह उपेक्षा की गई। व्यावसायिक दृष्टि से भी यह एक घाटे का सौदा है।

बाल्को के पास 270 मेगावाट का अपना विद्युत संयंत्र है, जिसकी मियाद 15-20 वर्ष की है। बाक्साइट से एल्युमिनियम बनाने में बिजली की सबसे अधिक जरूरत पड़ती है लेकिन इस सौदे में बाल्को को खरीदने वाली कम्पनी का यह विद्युत संयंत्र ऐसे ही सौंप दिया गया। इस सौदे के अन्तर्गत खरीदने वाले को इस आदिवासी क्षेत्र में बाक्साइट की खानों से बाक्साइट निकालने का भी अधिकार दे दिया गया है। निजी कम्पनियों को आदिवासी क्षेत्रों में उद्योग-धन्धा करने की अनुमति इसलिए नहीं दी जाती कि आदिवासियों के हितों की रक्षा उनके लिए प्राथमिकता की बात नहीं होती। इन सब बातों के अलावा इस बात पर भी ध्यान देना आवश्यक है कि बाल्को वर्षों से लाभ कमाने वाली कम्पनी थी। यह आश्चर्यजनक बात है कि इस कम्पनी को खरीदने के लिए आखिरी चरण में केवल दो ही दावेदार रह गए। कनाडा की कम्पनी अल्कोआ ने आखिरी क्षण अपना दावा वापस ले लिया। इसे खरीदने के लिए जो आखिरी बोली बोली गई उसकी रकम बाल्को की संरक्षित पूँजी के लगभग बराबर रही। ऐसा क्यों रहा ? दूसरी आपत्तिजनक बात यह है कि कम्पनी की परिसम्पत्ति के मूल्यांकन की प्रक्रिया केवल 21 दिनों में कैसे कर ली गई।

सरकार की ओर से यह बताया गया कि इस कम्पनी के निजीकरण की प्रक्रिया में किसी महत्त्वपूर्ण मामले की उपेक्षा नहीं की गई, लेकिन वास्तविकता यह है कि इस मामले में विनिवेश आयोग की सिफारिशों की पूरी तरह उपेक्षा कर दी गई। विनिवेश आयोग विशेषज्ञों का एक ऐसा आयोग है जो सार्वजनिक क्षेत्र के उपक्रमों की बिक्री की निगरानी के लिए ही बनाया गया है। क्या आयोग की सिफारिशों के अनुरूप किसी वित्तीय सलाहकार की नियुक्ति की गई ? सरकार ने विनिवेश आयोग का पुनर्गठन करने की बजाय पूरी प्रकिया को अपने हाथ में क्यों ले लिया ? अगर निरीक्षक तथा महालेखा परीक्षक को इस सौदे में आगे चलकर कोई गड़बड़ी नजर आती है तो इसके लिए कौन जिम्मेदार होगा ? यदि और सब बातों को छोड़ दें तो क्या यह बात सच

नहीं है कि सरकार अपने वित्तीय घाटे की भरपाई के लक्ष्यों को पूरा करने के लिए हताश होकर कम दामों में बाल्को जैसी कम्पनी के शेयरों को बेच रही है। क्या कोई निजी उद्यमी एक हजार करोड़ रुपया निवेश करके भी बाल्को जैसी कोई दूसरी कम्पनी खड़ी कर सकता है?

बाल्को की बिक्री का मामला भारत के एल्युमिनियम आयोग के भविष्य को गिरवी रखने और आदिवासी जनता के हितों को दरकिनार करने के अलावा और कुछ नहीं है। सरकार इसको उदाहरण बनाकर मुनाफा देने वाले दूसरे उपक्रमों को भी बेच सकती है। उसने 25 सरकारी उपक्रमों को बेचने का पहले से ही फैसला कर रखा है। सरकारी उपक्रमों को खरीदने वाले निजी उद्यमी अच्छी तरह जानते हैं कि वर्तमान सरकार की फैसला लेने की प्रक्रिया को अपने पक्ष में किस प्रकार प्रभावित किया जा सकता है।

सरकार को बाल्को सौदे के सारे तथ्य देश की जनता के सामने रखने चाहिए। उसके लिए केवल यही काफी नहीं है कि वह इस अपवित्र कार्य के लिए अपने सहयोगियों का, जिन्होंने राजनीतिक कारणों से उसके सामने आत्मसमर्पण कर दिया, समर्थन प्राप्त कर ले। भारत के नियंत्रक तथा महालेखा परीक्षक को इस सौदे की समीक्षा करनी चाहिए और उसकी रिपोर्ट को सार्वजनिक किया जाना चाहिए। तब तक के लिए इस सौदे को स्थगित कर दिया जाना चाहिए। यह इसलिए भी जरूरी है कि सरकार सारी मर्यादाओं को ताक पर रखकर सार्वजनिक परिसम्पत्ति को बेचने के प्रति अपनी प्रतिबद्धता बार-बार घोषित कर रही है।

(*यंग इंडियन,* अंक 16, मार्च 3-9, 2001)

प्रत्यक्ष विदेशी निवेश की नई नीति देश के हित के विरुद्ध

विदेशी निवेश से देश के विकास से सम्बन्धित समस्याओं को हल कर लेने के अपने भ्रमित विश्वास के चलते सरकार ने कुछ दिन पूर्व अर्थव्यवस्था के कुछ महत्त्वपूर्ण क्षेत्रों में प्रत्यक्ष विदेशी निवेश की सीमा को बढ़ाने का निश्चय किया और औषधि उद्योग, नागरिक उड्डयन, होटल, पर्यटन, नगर विकास, त्वरित परिवहन व्यवस्था तथा कोरियर सेवाओं में इस निवेश का स्वागत किया। दूरसंचार तथा बैंकिंग के क्षेत्र में प्रत्यक्ष विदेशी निवेश की सीमा क्रमशः 74 तथा 49 कर दी गई है। सरकार ने रक्षा उत्पादन के क्षेत्र को न केवल निजी क्षेत्र के लिए खोलने का निश्चय किया है, बल्कि उसमें 26 प्रतिशत के प्रत्यक्ष विदेशी निवेश की भी अनुमति दे दी है। यह एक जोखिम भरा कदम है और सम्भवतः इसके खतरनाक परिणाम भी हो सकते हैं। यह साफ है कि सरकार ने विदेशी निवेश की नीति में ढिलाई सम्भवतः इस आशा से की है कि हर वर्ष उसे दस अरब डालर का प्रत्यक्ष विदेशी निवेश प्राप्त हो सकेगा।

1991 में जबसे उदारीकरण की नीति शुरू की गई, देश की विदेशी निवेश नीति में महत्त्वपूर्ण परिवर्तन किए गए। प्रत्यक्ष विदेशी निवेश को काफी उदार बना दिया गया और कुछ को छोड़ अधिकांश मामलों में इसकी अनुमति दी जाने लगी। परिणाम यह हुआ कि विदेशी निवेशकों के शेयर बढ़ा दिए गए, जिससे भारतीय कम्पनियों पर बहुराष्ट्रीय कम्पनियों का नियंत्रण होने लगा। सरकार विदेशी निवेश की मंजूरी देने में काफी उदार हो गई लेकिन इसके बावजूद निवेश हमारी आशा के अनुरूप नहीं हुआ। इससे पता चलता है कि भारतीय कम्पनियों को हथियाने, स्थानीय साझेदारों को निकालने और प्रत्यक्ष विदेशी निवेश पर नियंत्रण करने की किस प्रकार की कोशिशें हो रही हैं।

दस अरब डालर के प्रत्यक्ष विदेशी निवेश के लक्ष्य को प्राप्त करने के लिए इस प्रकार के निवेश के मामले में अभी जो छूट दी गई है उसका फैसला करते समय सरकार को देश को विश्वास में लेना चाहिए था। उसे यह भी बताना चाहिए था कि पहले से स्वीकृत विदेशी निवेश हमारी आशा के अनुरूप क्यों नहीं हुआ और इसके कारण क्या थे। सरकार ने इसके कारणों में जाने के बजाय प्रत्यक्ष विदेशी निवेश की सीमा को बढ़ाने के कार्य को अधिक आसान समझ लिया। लेकिन क्या पहले विद्युत उत्पादन के क्षेत्र में शतप्रतिशत के प्रत्यक्ष विदेशी निवेश की अनुमति नहीं दी गई थी और इस अनुमति के बावजूद वास्तविक निवेश बहुत कम हुआ।

सरकार ने प्रत्यक्ष विदेशी निवेश के लिए जो नया प्रस्ताव किया है वह वास्तविकता की कसौटी पर खरा नहीं उतरता। इसमें न तो दूरदर्शिता बरती गई है और न ही राष्ट्र के समग्र हित को ध्यान में रखा गया है। सरकार ने इस बुनियादी बात को भी ध्यान में नहीं रखा कि प्रत्यक्ष विदेशी निवेश वहीं हो पाएगा जहाँ निवेशकों को यह लाभप्रद प्रतीत होगा। निवेशक जनता की जरूरतों को ध्यान में रखकर निवेश करने नहीं आएँगे। अगर लाभ की स्थिति है तो प्रत्यक्ष विदेशी निवेश शत-प्रतिशत का शेयर नहीं होने के बावजूद आ जाएगा।

रक्षा उत्पादन के क्षेत्र में निजी क्षेत्र के प्रवेश की अनुमति के बारे में सरकार ने जो तर्क दिए हैं वह उसकी अज्ञानता को ही प्रदर्शित करते हैं। उसका कहना है कि अगर विदेशों की निजी फर्मों से रक्षा उपकरणों का आयात हो सकता है तो देश के भीतर की प्राइवेट फर्मों को उसके निर्माण की अनुमति देने में क्या कठिनाई है। अगर तर्क यही है तो सरकार को रक्षा उत्पादन के क्षेत्र में भी शतप्रतिशत विदेशी निवेश की अनुमति दे देनी चाहिए थी। फिर उसने 26 प्रतिशत की ही अनुमति क्यों दी। लेकिन सरकार भविष्य में इसे भी बढ़ाने का विकल्प खुला रखे हुए है।

सरकार ने प्रत्यक्ष विदेशी निवेश के मामले में जो छूट दी है इससे विदेशी कम्पनियों का वर्तमान उद्योगों को अपने नियंत्रण में लेने का प्रोत्साहन मिलेगा और इसके लिए वह उपयुक्त अवसर की प्रतीक्षा करेंगी।

(*यंग इंडियन*, अंक 26, मई 12-18, 2001)

दलीय घेरे के बाहर

यह दुराग्रह क्यों ?

भारतीय श्रम सम्मेलन में आर्थिक सुधारों के दूसरे चरण के प्रति अपनी प्रतिबद्धता से प्रधानमंत्री ने अपनी हठधर्मिता का ही परिचय दिया। बारम्बार सरकार से किया गया यह अनुरोध व्यर्थ ही रहा कि आर्थिक सुधारों की लगभग दस वर्ष की लाभ-हानि का लेखा-जोखा देखना चाहिए। समय आ गया है कि सरकार उनके परिणामों पर विचार करे। परन्तु उसे अनसुना कर शासन में बैठे हुए लोग समय-समय पर यही राग अलापते रहते हैं, उनकी एक ही रट है, 'चाहे कोई कुछ भी कहे आर्थिक सुधार जारी रहेंगे।' जिस श्रम-सम्मेलन के मंच से प्रधानमंत्री ने आर्थिक-सुधारों को पूरी लगन और संकल्प से जारी रखने का ऐलान किया उसमें शामिल श्रमिकों के प्रतिनिधियों ने रोजगार के घटते अवसरों और अपनी सेवा की सुरक्षा को लेकर चिन्ता प्रकट की। बहुराष्ट्रीय कम्पनियों के दबाव में सरकार जिस प्रकार का परिवर्तन श्रम-कानूनों में करने जा रही है वह पिछले लगभग सौ वर्षों में मजदूर आन्दोलन द्वारा अनगिनत संघर्षों के बाद प्राप्त अधिकारों को समाप्त करने का दुःसाहसिक कदम है। यही कारण है कि विभिन्न मजदूर संगठन, बिना किसी राजनीतिक मतभेद के एक स्वर से आज श्रम-कानूनों में प्रस्तावित परिवर्तन का विरोध कर रहे हैं। लेकिन सरकार के कान पर जूँ नहीं रेंग रही है।

स्वयं भारतीय जनता पार्टी द्वारा खड़ा किया भारतीय मजदूर संघ और उसके नेता जिस प्रकार सरकार की वर्तमान आर्थिक नीतियों की आलोचना कर रहे हैं वह निश्चय ही इस बात का संकेत है कि स्थिति बर्दाश्त के बाहर हो रही है। थोड़े दिनों पूर्व महाराष्ट्र में जिस प्रकार धुर वामपन्थी से लेकर धुर-दक्षिणपन्थी मजदूर संगठनों ने सरकार की आर्थिक नीतियों के विरुद्ध एकजुटता दिखाते हुए हड़ताल की थी, उससे सरकार को सचेत हो जाना चाहिए था। लेकिन जैसी कहावत है—सोते हुए को तो जगाया जा सकता है लेकिन जो सोने का बहाना कर रहा हो उसे कौन जगा सकता है ? सभी मजदूर संगठनों ने सारे देश में एक दिन की हड़ताल का जो प्रस्ताव किया वह उनकी बेचैनी का इजहार है, पर साथ ही हर देशप्रेमी के लिए स्वागत योग्य है। इसके बाद भी सरकार अपने रवैये में परिवर्तन करेगी या नहीं, यह कहना मुश्किल है। फिर भी प्रस्तावित हड़ताल सरकार के इस दावे को झुठलाने में सफल होगी, कि सारे देश में आर्थिक सुधारों के बारे में आम सहमति है।

देश की राजनीति आज जिस स्तर पर पहुँच गई है उसके बारे में जो कुछ भी कहा जाए कम है। राजनीतिक दलों के नेता ज्यों ही सत्ता के बाहर होते हैं वे सरकार की आर्थिक नीतियों के दुष्परिणामों का रोना रोते हैं और अगर किसी तरह उन्हें सत्ता में आने का मौका दिखाई देता है तो पिछला कहा हुआ सब कुछ भूलकर उन्हीं नीतियों का गुणगान शुरू कर देते हैं। देश की वर्तमान दुर्दशा का एक बड़ा कारण इस तरह

का राजनीतिक नेतृत्व भी है। यह एक शुभ लक्षण है कि संगठित क्षेत्रों के मजदूर-संगठन स्थिति की गम्भीरता को समझ कर सक्रिय हो रहे हैं। बाल्को के मजदूरों ने सरकार की विनिवेश नीति के खिलाफ जिस तरह एकजुट होकर आवाज उठाई थी उसने सरकार की लज्जाहीन स्थिति को भलीभाँति उजागर कर दिया था। एनरान के ताजा विवाद ने सरकार की आधारभूत ढाँचे में विदेशी निवेश की नीति को उघाड़कर रख दिया है। विदेशी कम्पनियों की पीठ पर किस प्रकार उनकी सरकारों का हाथ है यह तो उसी दिन स्पष्ट हो गया था जिस दिन मुम्बई में एक देश के राजदूत ने यह कहा था कि एनरान एक 'टेस्ट केस' है। एनरान के साथ जो सलूक किया जाएगा उसी के आधार पर भावी विदेशी निवेशक अपना रवैया तय करेंगे। भारत सरकार और महाराष्ट्र सरकार एनरान को लेकर साँप-छछूँदर की जिस स्थिति में पड़ी है वह केवल दयनीय ही नहीं है बल्कि इस बात की भी चेतावनी है कि अब भी समय है और सरकार विश्व बैंक और अन्तरराष्ट्रीय मुद्राकोष द्वारा सुझाए गए नुस्खे से अपने को अलग करे। मालूम नहीं, सरकार में बैठे लोगों की निगाहों से संयुक्त राष्ट्र संघ के महासचिव कोफी अन्नान का वह वक्तव्य गुजरा है या नहीं जिसमें उन्होंने कहा था कि विश्व व्यापार संगठन का सहारा लेकर विकसित राष्ट्र अविकसित और विकासशील देशों का शोषण कर रहे हैं। चेतावनी के स्वर चारों ओर से उठ रहे हैं। किसान, व्यापारी, छोटे-बड़े उद्योगपति, विद्यार्थी, अपने-अपने तरीके से हर वर्ग सरकार को आगाह करने की कोशिश कर रहा है। सरकार अपने दुराग्रह पर क्यों अड़ी है यह सामान्य व्यक्ति की समझ के बाहर है। उम्मीद करनी चाहिए कि संगठित-मजदूर तबके द्वारा प्रस्तावित हड़ताल उसे अपने कदम पर पुनर्विचार करने का एक अवसर बनेगी।

भारतीय मजदूर संघ के संस्थापक श्री दत्तोपंत ठेंगड़ी ने मजदूरों की आवाज को जिस स्वर में बुलन्द किया है वह अभिनन्दनीय है। क्या सरकार उनके चेतावनी के स्वर को सुनेगी? यह एक राजनेता का उद्‌गार नहीं जिसे राजनीतिक लालसा से उपजा हुआ कहकर सरकार सन्तोष कर ले। प्रधानमंत्री जी को उनकी वेदना के स्वर से अपनी मानसिकता बदलने के लिए यदि प्रेरणा मिले तो यह उनके, उनकी सरकार और देश के भविष्य के लिए एक शुभ संकेत होगा।

(*यंग इंडियन*, अंक 28, मई 26-1 जून, 2001)

आज का हमारा राष्ट्रीय कर्तव्य

पुरी से पोरबन्दर तक की मेरी जो यात्रा शुरू हुई है उसको लेकर अनेक प्रश्न उठाए जा रहे हैं। एक ऐसे समय में, जबकि विभिन्न राजनीतिक दल राज्यों तथा केन्द्र में सत्ता-परिवर्तन की अपेक्षा से जोड़-तोड़ में लगे हुए हों, वैसे में इस यात्रा की

उपादेयता पर ही प्रश्नचिह्न लगाने के प्रयास भी हो रहे हैं। राजनीति में सत्ता का महत्त्व होता है, इससे इनकार नहीं किया जा सकता। परन्तु सत्ता का महत्त्व इसी माने में है कि उसके द्वारा उसे हासिल करने वाला दल एक विशेष प्रकार की नीति और उसी के अनुरूप कार्यक्रमों को लागू करे। परन्तु पिछले कुछ वर्षों से दल और उनकी घोषित नीतियाँ हमारे देश में अप्रासंगिक हो गई हैं। राजनीतिक दल जनता के सामने एक प्रकार की नीतियाँ रखकर वोट माँगते हैं और सत्ता में आने के बाद वे उन घोषित नीतियों के ठीक उलटे काम करते हैं। धीरे-धीरे यह स्पष्ट होता जा रहा है कि कुछ विदेशी वित्तीय संस्थान और बहुराष्ट्रीय कम्पनियाँ हमारे देश की आर्थिक नीतियों को परिचालित कर रहे हैं। सरकार में बैठे हुए लोग अपनी पूर्ववर्ती सरकार द्वारा कुछ सन्धियों पर दस्तखत का बहाना बनाकर इन्ही अन्तरराष्ट्रीय संस्थानों के हित में काम करते दिखाई देते हैं। इसमें न केवल अस्थिर दासता की गन्ध आती है बल्कि हमारी संसद की प्रभुसत्ता के क्षरण का प्रश्न भी जुड़ जाता है।

हमने अनेक बार यह प्रश्न संसद और बाहर भी उठाया कि उदारीकरण, वैश्वीकरण और निजीकरण की नीतियों को लागू किए एक दशक बीत गया है। समय आ गया है कि हम इन नीतियों के परिणामों का लेखा-जोखा करें। जो वादे और आश्वासन इन नीतियों को लागू करते समय किए और दिए गए थे वे कहाँ तक पूरे हुए, इन पर तत्काल विचार करने की आवश्यकता है।

वैसे तो ये प्रश्न संसद में उठने चाहिए थे और उसी मंच पर इन पर विस्तार से चर्चा होनी चाहिए थी। लेकिन दुर्भाग्यवश सांसदों के पास इन महत्त्वपूर्ण प्रश्नों पर विचार करने का समय ही नहीं। संसद का अधिकांश समय प्रायः राष्ट्रीय दृष्टि से महत्त्वहीन प्रश्नों पर हो-हल्ले में बीत जाता है। यह किसी से छिपा नहीं है कि इस वर्ष का बजट बिना किसी चर्चा के पारित कर दिया गया। ऐसे वातावरण में यह अपेक्षा करना कि वहाँ आर्थिक सुधारों से सम्बन्धित प्रश्नों पर कोई सार्थक चर्चा होगी, एक दुराशा ही है। प्रश्न यह उठता है कि ऐसी स्थिति में उन लोगों का क्या कर्तव्य है, जो यह समझते हैं कि आर्थिक सुधारों के नाम पर चलाई जाने वाली नीतियाँ आत्मघाती हैं। आजादी के बाद जनता की गाढ़ी कमाई से खड़े किए गए सार्वजनिक उद्योग औने-पौने दामों पर बेचे जा रहे हैं, विदेशी कम्पनियाँ देशी उद्योगों को एक-एक करके खरीद रही हैं, किसानों को उनकी जमीन से बेदखल करने की नीति घोषित की जा रही है, शिक्षा और स्वास्थ्य जैसे बुनियादी क्षेत्रों को निजी हाथों में सौंपने की तैयारी हो रही है, निरन्तर बढ़ती बेरोजगारी के कारण नौजवानों में कुंठा और निराशा बढ़ रही है, ऐसे माहौल में एक राजनीतिक कार्यकर्ता क्या करे? हम समझते हैं कि इस समय में एक राजनीतिक कार्यकर्ता का यह कर्तव्य है कि वह जनता के बीच जाए और आने वाले खतरों के प्रति उसे आगाह करे। आज का यह राष्ट्रीय कर्तव्य है।

सरकारें बनाने और तोड़ने का काम काफी लुभावना होता है। स्वभावत: राजनीति में काम करने वालों की उसमें दिलचस्पी भी होती है, परन्तु जब सत्ता हासिल करना और येन-केन-प्रकारेण उसमें बने रहना ही राजनीति का एकमात्र उद्देश्य हो जाता है तो उसमें विकृति अवश्यंभावी है। इसके चलते राजनेताओं से जनता का मोहभंग होने पर विस्फोटक स्थितियाँ भी पैदा होती हैं।

पुरी से पोरबन्दर तक की हमारी यात्रा हमारे द्वारा एक राष्ट्रीय कर्तव्य की पूर्ति मात्र है। हमारा मत है कि भारत की जनता का बड़ा हिस्सा भले ही अनपढ़ हो परन्तु वह देश की अस्मिता के प्रति सदैव जागरूक रहा है। हमें विश्वास है कि इस यात्रा के नम्र प्रयास द्वारा हम उसकी इस भावना को जागृत करने में सफल होंगे।

(*यंग इंडियन*, अंक 30, जून 9-15, 2001)

अतीत के अनुभवों को नजरअन्दाज करना भारी भूल होगी

भारत के प्रधानमंत्री और पाकिस्तान के राष्ट्रपति की बातचीत के बारे में पूरी दुनिया विशेषकर उपमहाद्वीप में बड़ी आशाएँ पैदा की जा रही हैं। यह आश्चर्य की बात है कि इस प्रकार का माहौल बिना इस बात को जाने पैदा किया जा रहा है कि बातचीत का स्वरूप और उसका दायरा क्या है। बातचीत का दायरा साफ न होने के बावजूद केवल नेक इरादों के आधार पर आशाओं का महल खड़ा किया जा रहा है। कोई भी चाहेगा कि यह बातचीत सफल हो, किन्तु अतीत के अनुभवों को नजरअन्दाज करना बड़ी गलती होगी। लाहौर की शिखर बैठक के बाद जो कुछ हुआ उसे भुलाया नहीं जा सकता।

इस समय जो कुछ हो रहा है, दुर्भाग्य से उसके भी खिलाड़ी वही पुराने हैं और उनके रुख में किसी प्रकार के परिवर्तन का संकेत नहीं है। स्वयं मनोनीत किन्तु दोनों पक्षों को मान्य बाहरी मध्यस्थ अपनी बात अधिक दबाव के साथ रख रहे हैं और अपने इस आचरण से वह अन्तरराष्ट्रीय व्यवहार के सारे नियमों की धज्जियाँ उड़ा रहे हैं। हमारे पड़ोसी के बयान से यह बात साफ दिखाई देती है। हमारी तरफ से इसका खंडन कमजोर शब्दों में किया गया और उनका (पड़ोसी का) अपने बयान से इन्कार महज औपचारिकता थी। इस परिस्थिति में बातचीत के परिणाम के बारे में कोई अनुमान लगाना कठिन है। बातचीत का स्वागत किया जा सकता है किन्तु सतर्कता के साथ।

बिना किसी पूर्व तैयारी के एक जटिल समस्या पर बातचीत का यह प्रयास कूटनीतिक जगत में अनोखा प्रयास माना जाएगा। पाकिस्तान के जिम्मेदार व्यक्ति जिस प्रकार के वक्तव्य दे रहे हैं उससे न केवल भ्रम पैदा हो रहा है, बल्कि इससे

उनके अहंकार की झलक मिलती है। इससे कूटनीतिक मर्यादा की सारी सीमाओं का उल्लंघन भी होता है। हमारी तरफ से इसकी प्रतिक्रिया न केवल कमजोर है बल्कि इससे पता चलता है कि बिना परिणाम पर ध्यान दिए हम जाल में फँसने के लिए कितना अधिक उत्सुक हैं।

बातचीत के बारे में मीडिया में हाल में जो अटकलें लगायी गईं, वह गम्भीर चिन्ता का विषय है। सियाचिन की स्थिति को बदलने का कोई भी प्रयास हमारे लिए बड़ी समस्याएँ पैदा कर सकता है और बहुत-सी अप्रिय स्मृतियाँ एक बार फिर हमारे मानस पटल पर लौट सकती हैं।

आशा करनी चाहिए कि सरकार पिछले अनुभवों, अपने आसपास की घटनाओं और अपने मित्रों तथा विरोधियों की प्रतिक्रियाओं को ध्यान में रखेगी। हमें किसी दलदल में नहीं फँसना चाहिए जिससे स्वयं बाहर नहीं निकल सकें और निकालने के लिए किसी बाहरी सहायता की जरूरत पड़े। पिछले अनुभवों को देखते हुए हम सरकार से कम से कम इतनी सावधानी की अपेक्षा तो कर ही सकते हैं।

(*यंग इंडियन*, अंक 33, जून 30-जुलाई 6, 2001)

दोनों पक्ष वास्तविकता समझें

भारत-पाकिस्तान शिखर-वार्ता, जो आगरा में आयोजित की गई है, ने दोनों ही देश के लोगों का ध्यान आकृष्ट किया है। इसमें कोई सन्देह नहीं है कि भारत और पाकिस्तान में बहुत-सी ऐसी समस्याएँ हैं, जिनका हल किया जाना जरूरी है। एक बात जो सबके समझ में आती दिखाई दे रही है वह यह कि, बल प्रयोग के द्वारा इन समस्याओं को हल नहीं किया जा सकता। भारत और पाकिस्तान के बीच जो समस्याएँ हैं वे आपसी बातचीत के द्वारा ही हल की जा सकती हैं। इस परिप्रेक्ष्य में दोनों देशों के सर्वोच्च नेताओं की बैठक स्वागत योग्य ही है।

किसी भी शिखर-वार्ता के पूर्व यह जरूरी होता है कि उसके लिए पूर्व तैयारी की जाए और निचले स्तर पर बैठकों का आयोजन कर औपचारिक स्थितियों में जो मतभेद हैं उन्हें कम करने के प्रयास किए जाएँ। जिन विशेष मुद्दों पर मतभेद हों उन्हें छाँटकर ईमानदारी से समझौते का पूर्व प्रयास आवश्यक होता है। सही बात तो यह है कि शिखर-वार्ताएँ कोई कार्यकारी समूह नहीं होते, बल्कि जो सहमति निचले स्तर पर हो जाती है उस पर मुहर लगाने का काम शिखर-वार्ताओं में होता है। परन्तु दुर्भाग्यवश यहाँ सहमति के क्षेत्र दिखाई ही नहीं देते। बरखिलाफ इसके, जो मतभेद हैं वही जोर-शोर से सामने लाए जा रहे हैं। एक शिखर-वार्ता से जैसी अपेक्षा होनी चाहिए वह इसमें परिलक्षित नहीं होती।

आगरा शिखर-वार्ता की कार्यसूची अखबारों तथा इलेक्ट्रॉनिक मीडिया के माध्यम से तय की जा रही है। हर कोई बहुत छोटे और महत्त्वहीन मुद्दों में ही उलझा हुआ है और बुनियादी समस्याओं पर विचार नहीं हो रहा है। इससे क्या फर्क पड़ता है कि कौन आदमी किसी चाय पार्टी में बुलाया जाता है या नहीं। ये गौण मुद्दे हैं। बातचीत के माध्यम से हमें सूचनाओं के आदान-प्रदान और वास्तविकताओं को समझने का मौका मिलता है। दोनों ही देशों को एक-दूसरे के दृष्टिकोण को समझने का प्रयास करना चाहिए, भले ही उनमें मतभेद हों। इस बात पर आश्चर्य होता है कि भारत द्वारा एकतरफा फैसला की घोषणा की जा रही है। इस तरह की घोषणाएँ और रियायतें शिखर-वार्ता के लिए एक माकूल माहौल पैदा करने में सहायक नहीं होतीं। दरअसल इसे या तो कमजोरी समझा जा सकता है या सिर्फ दिखावा अथवा अपरिपक्वता।

वास्तविकताओं को समझना होगा। जमीनी हकीकत यह है कि दो राष्ट्रों का सिद्धान्त अब मान्य होने वाला नहीं है। अगर धर्म के आधार पर कश्मीर की समस्या हल करने की कोशिश की गई तो उसके बहुत गम्भीर परिणाम होंगे। इतिहास के रथ के पहिए को पीछे नहीं घुमाया जा सकता। भारत जिन नीतियों पर चल रहा है उनमें समुदायों के बीच में धर्म या जाति के आधार पर विभेद करने की गुंजाइश नहीं है। भारतीय राष्ट्रवाद की यह मूलभित्ति है। सम्भव है कि पाकिस्तान के नेतृत्व ने उन समूहों के प्रति अपनी प्रतिबद्धता जाहिर की हो जो एक बार फिर से जेहाद छेड़ना चाहते हैं। आतंकवाद को दृढ़ता के साथ खत्म करना होगा। परन्तु यह एक ऐसे नेतृत्व द्वारा किया जा सकता है जिसे जनता का पूरा समर्थन प्राप्त हो। इस बात में गम्भीर सन्देह है कि आज का जो पाकिस्तानी नेतृत्व है वह इस स्थिति का दावा कर सके।

किसी भी शिखर-वार्ता के लिए एक अच्छी आपसी समझदारी और वक्तव्यों में नियंत्रण आवश्यक है। पहले भारत के प्रधानमंत्री को पाकिस्तान का नेतृत्व इसलिए स्वीकार्य नहीं था क्योंकि वह जनता के द्वारा चुना हुआ नहीं था। अब जनरल मुशर्रफ पाकिस्तान के मुख्य कार्यकारी से आगे बढ़कर पाकिस्तान के राष्ट्रपति बन गये हैं। यह पाकिस्तान के संविधान की व्यवस्थाओं से परे हटकर तथा जनतांत्रिक संस्थाओं के ढाँचे के बाहर हुआ। बहुत से लोगों को एक ऐसे नेता से बात करने की बुद्धिमत्ता के बारे में सन्देह है, जिसने केवल सैनिक तरीके से समस्याओं को हल करने का रास्ता ही समझा और जाना है। भारतीय नेतृत्व को इस बात की जानकारी थी। फिर उन्होंने अपनी स्थिति में परिवर्तन क्यों किया? बहुत से हलकों में यह चर्चा है कि अपनी स्थिति में यह परिवर्तन किसी बाहरी शक्ति के इशारे पर किया गया है। यदि यह सत्य होता है तो यह भारत के लिए बहुत दुखद दिन होगा।

(*यंग इंडियन*, अंक 35, जुलाई 14-20, 2001)

आगरा के संशय भरे नाटक का पटाक्षेप

आगरा का संशय भरा नाटक समाप्त हो गया है। इस नाटक से बहुत अधिक उम्मीद लगाने वाले लोग अब उज्ज्वल भविष्य की कहानियाँ तैयार कर रहे हैं। ऐसा लगता है कि वे अपमानजनक अनुभवों से कुछ भी सीखने के लिए तैयार नहीं हैं। प्रशासनिक दक्षता कविता की रचना की सुन्दरता से भिन्न होती है। यह दुख की बात है कि जल्दबाजी में उठाए गए जोखिम के चलते आई विफलता को अनदेखा करने के लिए जो साफ दिखाई दे रहा है उसकी भी उपेक्षा की जा रही है। किसी भी संकट को हल करने के प्रयास में कुछ न कुछ जोखिम रहता है लेकिन ऐसे मामलों में सावधानी बरतना भी आवश्यक होता है।

एक महत्त्वपूर्ण मामले में इस प्रकार का बड़ा कदम उठाते समय कुछ मान्यताओं का पालन किया जाना चाहिए। इसमें कुछ अपवाद हो सकता है लेकिन अपने आपको भिन्न सिद्ध करने के लिए मान्य परम्पराओं की उपेक्षा नहीं करनी चाहिए। यहाँ इसका खुलासा करने की आवश्यकता नहीं है।

हम शिखर बैठक की विफलता के लिए पाकिस्तानी जनरल को दोषी ठहरा रहे हैं। लेकिन कोई भी शुरू से की गई अपनी टिप्पणियों को अनदेखा कैसे कर सकता है। किसी भी व्यक्ति के रुख और उसकी टिप्पणियों को दरकिनार नहीं किया जा सकता। जनरल ने अपने दावे में सदा सफाई से बात की है। उन्होंने अपने देश में अपनी कार्रवाई और भारत के सम्बन्ध में उठाए कदमों से अपने इरादे का साफ संकेत दे दिया था। इन अप्रिय घटनाओं की उन लोगों को याद दिलाने से कोई लाभ नहीं होगा जो अपनी ही काल्पनिक दुनिया में रहने के लिए कृतसंकल्प हैं और बच्चों की तरह परियों की कहानियाँ सुनकर खुश हो जाते हैं।

दो सप्ताह पूर्व मैंने इन कालमों में आगाह किया था। उसकी उपेक्षा से मुझे कोई शिकायत नहीं है। मैं आश्वस्त था कि मेरी राय उन मित्रों के गले नहीं उतरेगी, जो यह मान बैठे हैं कि अन्तरराष्ट्रीय मामलों में उनकी गहरी पैठ है। लेकिन इस स्थिति में भी मैं प्रधानमंत्री से यह अनुरोध करना अपना राष्ट्रीय दायित्व समझता हूँ कि वह अपनी ही बातों पर विचार करें। ऐसे संवेदनशील मामलों में अटल जी से अपने रुख में बार-बार परिवर्तन की अपेक्षा मेरे जैसा व्यक्ति नहीं कर सकता। एक भाषाई पत्र के अग्रलेख की टिप्पणियों में कहा गया है कि मैंने प्रधानमंत्री जी को देशद्रोही करार दिया, मुझे यह लिखने के लिए बाध्य किया। मैं अपनी सीमाएँ जानता हूँ, लेकिन पूरे संयम के साथ अपने विचारों को रखने की अपनी क्षमता से भी मैं अवगत हूँ। बुरी से बुरी परिस्थितियों में मैं किसी भी व्यक्ति के लिए इस प्रकार की शब्दावली का प्रयोग नहीं करता। मैं समझ नहीं पाता कि मेरे विरुद्ध इस प्रकार का आरोप, वह भी अटल जी को लेकर, क्यों लगाया गया। आज भी उनके लिए मेरे मन में आदर है। लेकिन

आगरा में उन्होंने जो कुछ किया उसे लेकर मेरे मन में आशंकाएँ थीं और इस पूरी कार्रवाई से मुझे आश्चर्य हुआ। एक उन जैसे प्रधानमंत्री का, जिसने लोकतंत्र की हत्या करने वाले एक सैनिक तानाशाह के साथ दक्षेस की बैठकों में भाग लेने से इन्कार कर दिया हो, बदला हुआ रुख मेरी समझ से परे रहा। पहले भी हमारे देश के प्रधानमंत्री अन्तरराष्ट्रीय सम्मेलनों में सैनिक शासकों के साथ बैठते रहे हैं। हमारे पड़ोसियों ने दक्षेस की बैठकें नहीं होने देने और क्षेत्रीय सहयोग की भावना को नजरअन्दाज करने के लिए हमारी आलोचना की। लेकिन पाकिस्तान के जनरल को जब प्रधानमंत्री ने निमंत्रण दिया तब सबको आश्चर्य हुआ। निमंत्रण पाने के बाद जनरल ने न्यायपालिका की राय और संवैधानिक व्यवस्था की उपेक्षा कर सारी शक्ति अपने हाथ में ले ली। पाकिस्तान के राष्ट्रपति के रूप में उन्हें सबसे पहले मान्यता भारत ने दे दी। जिस तड़क-भड़क के साथ हमने आगरा शिखर बैठक की तैयारी की और मीडिया के प्रचार से देश के लोगों में अत्यधिक आशाएँ पैदा हुईं, वह एक जोखिम भरा काम था और इसके पीछे एकमात्र उद्देश्य लोकप्रियता हासिल करना था। लेकिन आशाओं के टूटने से स्थिति और बिगड़ जाती है। यह न केवल हमारे लिए बल्कि पूरे उपमहाद्वीप पर लागू होती है। हम अनजाने में ही सही अपने इतिहास के एक संकटपूर्ण दौर में प्रवेश कर गए हैं।

प्रधानमंत्री ने पाकिस्तान का निमंत्रण स्वीकार कर लिया है। चाहे जो भी दबाव हो, शिखर बैठक की स्थापित परम्पराओं के पालन के बाद ही उन्हें वहाँ जाना चाहिए। विभिन्न स्तरों की बातचीत के बाद शिखर बैठक का एजेंडा तय कर लिया जाना चाहिए। एक और शिखर बैठक की विफलता हमारे राष्ट्र की मर्यादा के विरुद्ध होगी। आशा की जानी चाहिए कि हम सावधानी बरतेंगे और भविष्य में स्थिति को और नहीं बिगड़ने देंगे। मेरी बातों का हमारे ही शासकों पर असर नहीं होता, फिर पाकिस्तान के जनरल से मैं क्या उम्मीद कर सकता हूँ। लेकिन इस प्रकार के संवेदनशील मामलों में उन्हें संयम और शालीनता का परिचय देना चाहिए। उन्माद और कट्टरपन्थ इतिहास की धारा और वास्तविकता नहीं बदल सकते। शान्ति और सहयोग के वातावरण के लिए हमें मेल-मिलाप की भावना से काम करने और धैर्य रखने की जरूरत है।

(*यंग इंडियन*, अंक 36, जुलाई 21-27, 2001)

प्रशासकीय व्यवस्था के टूटने की प्रारम्भिक चेतावनी

देश की आन्तरिक सुरक्षा की स्थिति चिन्ताजनक हो गई है। राजधानी में ऐसे समय जबकि संसद का अधिवेशन चल रहा हो एक संसद सदस्य की हत्या से आम जनता विशेषकर संसद सदस्यों का आन्तरिक सुरक्षा-व्यवस्था के प्रति विश्वास डिग गया

है। यह दुर्भाग्यपूर्ण घटना दिन-दहाड़े संसद भवन के निकट हुई। जाँच एजेंसियों ने तत्परता से काम किया और संदिग्ध अपराधियों को गिरफ्तार कर लिया। इस हत्या के पीछे क्या उद्देश्य था यह बात साफ नहीं हो पाई। इस सम्बन्ध में कई तरह की अटकलें लगाई जा रही हैं और यह सिलसिला थोड़े समय तक और चल सकता है। घटना के प्रति कुछ तात्कालिक उग्र प्रतिक्रियाओं को छोड़ सभी सम्बन्धित व्यक्तियों ने संयम का परिचय दिया। घटना पर संसद के भीतर हुई चर्चा में एक-दूसरे पर आरोप-प्रत्यारोप लगाने की जगह चिन्ता के स्वर अधिक सुनाई दिए। सुरक्षा की वर्तमान व्यवस्था को देखते हुए प्रशासकीय व्यवस्था के कभी भी विफल होने की आशंका व्यक्त की जा सकती है। इसके लिए किसी के ऊपर दोष लगाने से कोई लाभ नहीं होगा, बल्कि प्रशासन की जिम्मेदारी सँभालने वालों को ईमानदारी से अपना दिल टटोलना होगा। इस मामले में कुछ साफ दिखाई देने वाली बातें हैं जिनकी हम आसानी से उपेक्षा कर देते हैं। राजनीति के अपराधीकरण का नारा भी वास्तविक बीमारी को नजरअन्दाज करने के लिए आसानी से उछाल दिया जाता है।

अगर सत्तारूढ़ दल, लोगों की बुनियादी जरूरतों की जगह, भावनात्मक मुद्दों की चिन्ता करने लगेगा, तो इसका क्या परिणाम होगा, इसकी कल्पना आसानी से की जा सकती है। इस तरह की बातों से समाज में घृणा तथा द्वेष ही फैलता है। यह दुर्भाग्य की बात है कि प्रतिष्ठित राजनैतिक कार्यकर्ता भी लोगों की भावनाओं को उभारने के लिए सुविधाजनक मुद्दे उठाने से पीछे नहीं रहते।

आध्यात्मिक उद्देश्य से धर्म का उपयोग धर्मान्धता की दृष्टि से किए जाने वाले उसके उपयोग से बिल्कुल भिन्न है। इससे प्रशासकीय ढाँचे के लिए संकट पैदा होता है। इसी प्रकार उपेक्षित लोगों की सामाजिक और आर्थिक स्थिति में सुधार उनकी जातीय भावनाओं को उभारने से नहीं होगा, इससे केवल हिंसा को ही बढ़ावा मिलेगा। एक-दूसरे पर कीचड़ उछालने तथा चरित्र हत्या से अपराधीकरण को ही बढ़ावा मिलता है। लेकिन हमारे सार्वजनिक जीवन के इस पक्ष को भुला दिया गया है। दुखद है कि इस तरह के व्यवहार को भोली-भाली जनता भी पसन्द करती है। मीडिया, जिससे जनभावनाओं को प्रभावित करने की अपेक्षा की जाती है, केवल उन लोगों को, जिनके पास सत्ता और साधन हैं, खुश कर अपने को उपकृत समझती है। इस प्रवृत्ति के विरुद्ध यदि कोई आवाज उठाई जाती है, तो उसे पूरी तरह नजरअन्दाज किया जाता है। इससे पूरा राजनीतिक वातावरण विषाक्त हो रहा है और वर्तमान चुनौती का सामना करने के लिए किसी समन्वित प्रयास की आशा दूर-दूर तक दिखाई नहीं देती। संसदीय मंच पर जो कुछ हो रहा है, उससे हमारी व्यवस्था की आन्तरिक कमियाँ ही उजागर हो रही हैं।

वर्तमान हत्याकांड की जाँच में एक नया मोड़ आया। खबर है कि संदिग्ध अपराधियों ने जिस दिन हत्या की उस दिन उन्हें विभिन्न जेलों में बन्द दिखाया गया

था। जाहिरी तौर पर उनकी जगह कोई कोई दूसरा जेल में रहा होगा। वे जेल में थे और दूसरे दिन उन्हें जमानत पर रिहा दिखाया गया। अब वह भगोड़े हैं और पुलिस उनकी तलाश कर रही है। इससे पता चलता है कि अपराधी किस तरह हमारी उन प्रशासकीय एजेंसियों में, जिनसे कानून व्यवस्था को बनाए रखने की अपेक्षा की जाती है, घुसे हुए हैं। इस प्रकार के हाथों में आन्तरिक सुरक्षा कैसे सुरक्षित रह सकती है? यह बीमारी काफी बढ़ चुकी है।

सरकार ऐसे मामलों में अपने दावों और नेक इरादों के संकेत से अपने आप को सन्तुष्ट मान लेती है। ऐसे गम्भीर अपराधों को अगर पक्षपातपूर्ण और सामान्य प्रशासनिक समस्या मानकर उससे निपटने की कोशिश की गई तो यह सफल नहीं होगी और इससे हमें आगे के खतरों का भी अन्दाज नहीं लग पाएगा। यह हमारी प्रशासकीय व्यवस्था के टूटने की प्रारम्भिक चेतावनी है। अत: हमें इस समस्या को व्यापक परिप्रेक्ष्य में देखना और इस गम्भीर बीमारी को, जो हमारे समूचे राष्ट्रीय जीवन में फैल रही है, रोकने का संकल्पबद्ध प्रयास करना होगा।

(*यंग इंडियन*, अंक 38, अगस्त 4-10, 2001)

राजनीतिक मतभेद भुलाकर चुनौती का सामना करें

जम्मू रेलवे स्टेशन पर की गई हत्याओं ने न केवल जम्मू-कश्मीर के बढ़ते संकट से निपटने में भारत सरकार की क्षमता के नकारेपन को उजागर किया है, बल्कि इससे एक गम्भीर चुनौती का सामना करने के मामले में हमारे राष्ट्र की कमजोरी भी सामने आई है। आगरा शिखर बैठक न केवल शान्ति प्रक्रिया के वांछित लक्ष्य को प्राप्त करने में विफल रही बल्कि इससे आतंकवादी गतिविधियाँ काफी बढ़ गईं। इससे स्थिति से प्रभावपूर्ण ढंग से निपटने के सरकार के बार-बार के दावे खोखले सिद्ध हुए। जम्मू की घटना के कुछ ही घंटे पहले प्रधानमंत्री ने देश को चुनौती से पूरे संकल्प तथा पूरी क्षमता के साथ निपटने का आश्वासन दिया था, किन्तु यह आश्वासन खोखला सिद्ध हुआ। इस सम्बन्ध में गृहमंत्री के दावों को तो अब कोई भी व्यक्ति गम्भीरता से नहीं लेता। हर समय सीमापार के आतंकवाद का रोना रोने की बात सुनते अब दुख होता है। सीमापार के आतंकवाद की वास्तविकता की जानकारी तो सबको है। केवल इसे ही दुहराकर सरकार देश को क्या सन्देश देना चाहती है। आतंकवादी हिंसा की यह निन्दनीय घटनाएँ हमारी भूमि पर हो रही हैं और इन घटनाओं को आए दिन बढ़ाने का दुस्साहस किया जा रहा है। क्या हम यह चाहते हैं कि इस स्थिति से निपटने में कोई और हमारी मदद करे? हमारी अपेक्षाएँ क्या हैं और किससे हैं? क्या हमारा यह प्रयास हमसे हमेशा शत्रुता रखने वाली शक्तियों से मेल-मिलाप करने तथा उनका

दिल जीतने का हिस्सा है या एक शुभचिंतक से सहायता की अपेक्षा की खामख्याली है। लेकिन हाल के वर्षों के जो हमारे अनुभव रहे हैं उन्हें देखते हुए नहीं लगता कि हमारी अपेक्षाएँ पूरी होंगी। इस प्रकार की परिस्थिति में एक गम्भीर चुनौती का सामना करने में केवल अपनी क्षमता की अभिव्यक्ति मात्र से हमें कोई लाभ नहीं होगा।

यह दुर्भाग्य की बात है कि अपनी सुरक्षा के लिए बढ़ते दबाव का मुकाबला करने के प्रयास में पूरे देश को विश्वास में लेने की कोई कोशिश नहीं की जा रही है। हमारे प्रशासनतंत्र के विभिन्न अंगों को तो जैसे लकवा मार गया है। हमारे मंत्रीगण भिन्न आवाजों में बोल रहे हैं। लगता है कि सरकार का नजरिया साफ नहीं है। उसके अन्दर इस बात को लेकर भी भ्रम है कि आखिर उसे जाना किस दिशा में है। इस प्रकार के भ्रम की स्थिति में हमारे सुरक्षाबल अपनी वांछित भूमिका नहीं निभा पा रहे हैं।

यह दुख की बात है कि आतंकवादियों की आक्रामक कार्रवाइयों में वृद्धि के बावजूद हमारी सरकार अपनी ही बहादुरी की घोषणाएँ करने में लगी हुई है। इस तरह के हथकंडे से लोगों को कुछ समय के लिए चुप करने में सहायता मिल सकती है लेकिन अन्ततः इससे निराशा की भावना ही पैदा होगी। दुर्भाग्य की बात है कि सरकार ने यही रणनीति संसद में भी अपनाई। यह दुख की बात है कि हम अपने नागरिकों की सुरक्षा के मामले में भी आपसी विचार-विमर्श से कोई उपयुक्त कदम नहीं उठा पा रहे हैं। इस प्रकार के दुखद तथा संवेदनशील मुद्दे से न केवल सत्तापक्ष बल्कि विपक्ष भी लाभ उठाने और एक-दूसरे से आगे बढ़ने में जुटा हुआ है। इससे हमारी संसदीय प्रणाली के प्रति जनता में निराशा की भावना ही पैदा होगी। इसका असर यह हो सकता है कि यह व्यवस्था ही धीरे-धीरे खतम हो जाए। अब समय आ गया है जबकि हमें गम्भीर समस्याओं पर गम्भीरता के साथ विचार करना चाहिए। इस समय हमें अपने राजनीतिक मतभेदों को भुलाकर चुनौती से मिलजुल कर निपटने का प्रयास करना चाहिए। इस मामले में पहल का दायित्व सरकार का है। दूसरों को भी इस पहल का अनुकूल उत्तर देना होगा। लेकिन इस समय सरकार का काम करने का जो तरीका है उसे देखते हुए इस प्रकार की आशा करना सम्भवतः बहुत अधिक होगा।

(*यंग इंडियन,* अंक 39, अगस्त 11-17, 2001)

स्वतंत्रता दिवस तब और अब

अभी हमने अपना स्वतंत्रता दिवस मनाया। यह दिन हमारे लिए खुशी और अपनी महान विरासत को स्मरण करने, औपनिवेशिक शासन के अपमान, दमन और शोषण को हमेशा के लिए भूलने का होता है। यह अवसर हमें अपने भविष्य के बारे में स्वयं फैसला करने के लिए मिला था। विभाजन के बाद की दुखद घटनाओं के बावजूद

लोगों में आत्मविश्वास की भावना थी, भारत के स्वरूप को बदलने का संकल्प था। उस समय देश के सामने जो समस्याएँ थीं, उन्हें लेकर चिन्ता की भावना थी, लेकिन इसके बावजूद आत्मविश्वास की कमी नहीं थी।

मैंने देश का पहला स्वाधीनता दिवस उत्तर प्रदेश के बलिया में एक छात्र के रूप में देखा था। मुझे आज भी याद है इस छोटे शहर की सड़कों पर लोगों की भीड़ उमड़ पड़ी थी। कुछ वर्ष पहले 1942 में 19 अगस्त को बलिया को स्वतंत्र घोषित कर दिया गया था। एक सप्ताह तक यह जिला स्वतंत्र रहा, फिर ब्रिटिश सेना आ गई थी। उन दिनों जिले में उसके दमन, अत्याचार, आगजनी और लूट की घटनाएँ आज भी मुझे स्मरण हैं। लेकिन 15 अगस्त, 1947 को लोगों में अभूतपूर्व उत्साह था। वे आत्मविश्वास और संकल्प की भावना से भरे हुए थे। यह भावना इस कारण थी कि देश राष्ट्र निर्माण के नए युग में प्रवेश कर रहा था। हर वर्ग के लोग, जिनमें गरीब लोग भी शामिल थे, 15 अगस्त के दिन खुशी से झूम रहे थे। लोग हाथ में तिरंगा झंडा लिए नारे लगा रहे थे। उनके मन में नए भारत का सपना था। यही भावना उनमें आगे के कई वर्षों तक बनी रही।

1962 में मैं दिल्ली आ गया और लगभग चार दशक से देश की राजधानी का स्वतंत्रता दिवस देख रहा हूँ। इस दौरान कई चुनौती भरे अवसर आए। देश के ऊपर आक्रमण हुआ। हमने युद्ध और युद्ध जैसी स्थिति का भी सामना किया। कई बार देश के भीतर की अशान्ति से चिन्ताजनक स्थिति पैदा हुई किन्तु इनका असर हमारे स्वतंत्रता दिवस और गणतंत्र दिवस के समारोहों पर नहीं पड़ा। इन राष्ट्रीय पर्वों पर हमने गर्व ही अनुभव किया। इस दौरान हमने लालकिले पर चारों तरफ से लोगों की बड़ी संख्या में उल्लास के साथ आते और समारोहों में भाग लेते देखा। मजदूर संघों, सामाजिक संगठनों के लोग और स्वतंत्रता सेनानी भी आए। लालकिले की प्राचीर पर संसद सदस्य बड़ी संख्या में उपस्थिति होते रहे। किन्तु इस वर्ष लालकिले का दृश्य कुछ भिन्न दिखाई दिया। उसकी प्राचीर यद्यपि भरी थी और गण्यमान्य व्यक्ति बड़ी संख्या में उपस्थित थे, लेकिन पूरे वातावरण में खामोशी थी। एक वरिष्ठ राजनेता ने मेरे कान में कहा कि इस वर्ष 'कमेंट्री' भी नहीं सुनाई दे रही है। सौभाग्य से इसकी शुरुआत प्रधानमंत्री के आने के कुछ ही मिनट पहले हो गई। इस प्रकार का मायूसी से भरा वातावरण क्यों रहा, यह सवाल बहुतों के मन में उठता होगा। अपने निवास से लालकिले तक मैंने सुनसान सड़कें देखीं। केवल ड्यूटी देने वाले सुरक्षाकर्मी और अखबार बेचने वाले हाकर ही दिखाई दिए। रंग-बिरंगे कपड़ों में छोटे बच्चे जरूर इस नीरवता को तोड़कर मन में सुकून पैदा कर रहे थे।

प्रधानमंत्री ने अपना भाषण साहस और आत्मविश्वास से किया। उसमें कहीं लड़खड़ाहट नहीं थी। लेकिन उनके भाषण में कोई सार-तत्त्व ढूँढ़ने से कोई लाभ नहीं होगा। वह बराबर खाली हुआ करता है। उसमें साहसिक घोषणाएँ और विरोधियों

की आलोचना मिल जाएँगी। और मिल जाएँगी कभी अमल में न लाई जाने वाली कागजी घोषणाएँ। यह सिलसिला कई वर्षों से अनवरत जारी है।

हमारे मन पर सबसे अधिक असर आतंकवादियों की सम्भावित हिंसा के प्रचार का हुआ करता है। इस सम्भावित स्थिति से निपटने की बार-बार घोषणाएँ भी की जाती हैं लेकिन चिन्ता की बात है कि उन पर अमल कम ही होता है। इसका असर लोगों के मन पर पड़ता है और वह अपने घरों से बाहर नहीं निकल पाते। इससे राष्ट्रीय समारोह भी सुरक्षाबल की कवायद बनकर रह जाते हैं और यह धारणा बनती है कि देश की राजधानी भी सुरक्षित नहीं है। हमारे अन्दर मुट्ठीभर शरारती तत्त्वों की शरारत का सामना करने का भी आत्मविश्वास नहीं रह गया है। देश के सुदूर क्षेत्रों में रहने वाले लोगों पर इसका क्या असर होगा, यह सोचने की बात है।

(*यंग इंडियन,* अंक 40, अगस्त 18-24, 2001)

कुछ निश्चित मर्यादाओं के बारे में आम राय जरूरी

तहलका एक बार फिर चर्चा में आ गया है। इस बार प्रदर्शित किए गए नए टेपों में यौनाचार और घूस से सम्बन्धित जो विवरण दिए गए हैं, उनके लिए 'शर्मनाक' विशेषण बहुत ही नरम शब्द है। न्यायमूर्ति वेंकटस्वामी, जो तहलका कांड की जाँच कर रहे हैं उन्होंने मामले की नजाकत को समझते हुए ठीक ही कहा है कि यद्यपि तहलका के असम्पादित टेप उनके पास हैं परन्तु यौनाचार से सम्बन्धित टेपों के प्रदर्शन के पक्ष में वे नहीं हैं। शासन और प्रशासन के उच्च स्तरों पर व्याप्त भ्रष्टाचार को उजागर करना केवल पत्रकारों का ही नहीं एक सामान्य नागरिक का भी कर्तव्य है। लेकिन इसे उजागर करने में कुछ मर्यादाओं का पालन करना आवश्यक है। बीसवीं शताब्दी के अन्तिम दशकों में इलेक्ट्रॉनिक मीडिया के हाथ में ऐसे-ऐसे यंत्र आ गए हैं कि किसी भी व्यक्ति के निजी जीवन की वैयक्तिकता और गोपनीयता खतरे में पड़ गई है। ब्रिटेन की दिवंगत राजकुमारी डायना की मृत्यु के पूर्व उनकी अन्तिम कार-यात्रा के समय जिस प्रकार तथाकथित 'खोजी पत्रकार' उनका पीछा कर रहे थे उसकी भर्त्सना सभी लोगों ने की थी।

समाज का एक वर्ग ऐसा है जो यौनाचार के विवरणों को चटखारे लेकर पढ़ता और देखता है। ऐसे विवरण मनुष्य के भीतर की गर्हित जुगुप्सा को जागृत करते हैं। 'ब्लू फिल्में' और उत्तेजक दृश्य दिखाने वाले टीवी चैनलों का व्यापार इसी प्रवृत्ति के कारण फलता-फूलता है। उसके विरुद्ध समय-समय पर आवाजें भी उठती हैं। परन्तु अगर पत्रकारिता के नाम पर देह-व्यापार में लिप्त महिलाओं तथा इसी प्रकार के अन्य साधनों के इस्तेमाल की खुली छूट दे दी गई तो इसकी परिणति कहाँ होगी,

कहना मुश्किल है। साध्य-साधन के आपसी सम्बन्धों और उनकी पवित्रता की बहस बहुत पुरानी है। इतिहास ने एक बार नहीं अनेक बार यह सिद्ध किया है कि अपवित्र साधनों से पवित्र साध्य नहीं प्राप्त किए जा सकते। समय आ गया है कि पत्रकार, बुद्धिजीवी तथा राजनेता मिल-बैठकर साधनों की मर्यादाओं के बारे में आम राय कायम करें और उनका पालन सुनिश्चित करें। हमारा निश्चित मत है कि तहलका कांड में जो भी राजनेता या अधिकारी दोषी पाए जाते हैं उन्हें दंडित करने में कोई हिचकिचाहट नहीं होनी चाहिए। साथ ही हम यह भी स्पष्ट करना चाहेंगे कि यदि तहलका डॉट कॉम ने इस सिलसिले में कोई गैर-कानूनी काम किया है तो उसे भी बख्शा नहीं जाना चाहिए। न्याय की तुला का सन्तुलन बनाए रखने के लिए यह जरूरी है।

(*यंग इंडियन*, अंक 41, अगस्त 25-31, 2001)

आतंकवाद का सामना करने के लिए और भी रास्ते

भारत की सुरक्षा चिन्ताओं पर हमें पिछले कुछ महीनों के घटनाक्रमों के सन्दर्भ में गहराई के साथ विचार करना होगा। हमें इन घटनाक्रमों का आकलन गुस्से की भावना से नहीं बल्कि बहुत ही सूझबूझ के साथ करना होगा। यह दुर्भाग्य की बात है कि जिम्मेदारी के पद पर बैठे लोग भी इन पर अपनी फौरी प्रतिक्रिया व्यक्त कर देते हैं और यह नहीं सोचते कि वह जो कुछ कह रहे हैं उसका परिणाम क्या होगा। इन घटनाक्रमों का सामना करते समय अगर हमें थोड़ी भी सफलता मिल गई और बाहर से हमारी सराहना हो गई तो हम खुश हो जाते हैं। लेकिन अगर छोटे से संकट को भी लेकर कोई निराशाजनक स्थिति आ गई और बाहर से प्रतिकूल प्रतिक्रिया हो गई तो हम जरूरत से अधिक निराश हो जाते हैं। दोनों ही परिस्थितियों में हमारा दृष्टिकोण सन्तुलित नहीं रह जाता, जिसका परिणाम यह होता है कि हम स्थिति का सही आकलन नहीं कर पाते। इसका नतीजा यह होता है कि हम जल्दबाजी में निर्णय करने लगते हैं जिसमें हमारी जटिलताएँ और बढ़ जाती हैं।

पोखरण द्वितीय विस्फोट एक ऐसी ही घटना है जिसे उदाहरण के रूप में लिया जा सकता है। इस विस्फोट के बाद हम बहुत खुश हो गए लेकिन कुछ ही दिनों के बाद हमारे पड़ोसी ने जब इसी प्रकार का विस्फोट कर दिया तो हमारी चिन्ता बढ़ गई, लेकिन अपने विस्फोट के बाद ही हमें अपनी ओर से चुनौती भरी आवाजें तथा युद्ध की बातें सुनाई देने लगी थीं। कुछ ही सप्ताह बाद इस प्रकार की चुनौती देने वाले लोग शान्ति की बातें करने लगे थे तथा बस-यात्रा की कूटनीति शुरू हो गया थी। लाहौर-यात्रा की प्रशंसा के पुल बाँध दिए गए लेकिन इस तथ्य को नजरअन्दाज कर दिया गया कि पड़ोसी देश के रक्षाकर्मियों ने हमारे प्रधानमंत्री का अभिवादन करने

से भी इन्कार कर दिया था। उनके इस व्यवहार पर ध्यान दिया जाना चाहिए था। इसके बाद कारगिल में जो कुछ हुआ उससे हमारी आँखें खुल जानी चाहिए थीं। इतिहास में शान्ति का मसीहा बनने की आकांक्षा के चलते हमने अपनी सीमाओं पर सतर्कता बरतने की अपनी बुनियादी जिम्मेदारी को भी भुला दिया। घुसपैठिए बिना किसी रुकावट के हमारे क्षेत्र में घुस आए। इस बारे मैं विभिन्न सूत्रों से मिली सूचनाओं को भी हमने नजरअन्दाज कर दिया। हमारे पड़ोसी ने हमारे ऊपर प्रहार की पूरी तैयारी कर ली। यह सब इसलिए हो गया कि हमें लाहौर में शान्ति की चिन्ता अधिक हो गई और हमने दूसरे पक्ष के आश्वासनों पर भरोसा कर लिया। घुसपैठ के चलते स्थिति जब गम्भीर और चिन्ताजनक हो गई तब हमने दूसरे देशों के प्रमुखों को पत्र लिखने का काम शुरू कर दिया, लेकिन इससे हमारे राष्ट्र की मर्यादा नहीं बढ़ी। कारगिल की स्थिति का सामना हमने अपनी सशस्त्र सेनाओं के शौर्य और बलिदान की उनकी भावना के चलते कर लिया।

आज भी हम अपनी कूटनीतिक सफलता के दावे करते और उसके लिए विदेशों की शाबाशी के सन्देशों को गिनाने का प्रयास करते हैं। अपनी सफलता के बारे में हम भ्रम की स्थिति पैदा करते हैं, जबकि यह हमारी असहाय स्थिति का ही परिचायक है, जो पोखरण द्वितीय के बाद उत्पन्न हुई। कारगिल युद्ध के समय हमें हर क्षेत्र से वास्तविक नियंत्रण-रेखा को पार नहीं करने के लिए आगाह किया गया और कहा गया कि इससे टकराव बढ़ सकता है। पोखरण द्वितीय से पहले हम सैन्य-शक्ति की दृष्टि से अपने पड़ोसी से कहीं अधिक शक्तिशाली थे। लेकिन पड़ोसी ने अपने विस्फोट से अपने आपको हमारी बराबरी की स्थिति में ला दिया। कारगिल में देश के सैकड़ों बहादुर जवानों को अपनी जान गँवानी पड़ी, जो वास्तविक निमंत्रण-रेखा को पार कर बचायी जा सकती थी। इतिहास बड़ा क्रूर निर्णायक होता है, वह इसका फैसला दे देगा। आज जो दावे किए जा रहे हैं वह कल के राजनीतिक नेतृत्व के लिए भयावह साबित हो सकते हैं। जो नेतृत्व एक विदेशी मेहमान के इस दावे के आगे, कि कारगिल को हमने खाली करा दिया, अपने बहादुर जवानों की मर्यादा की रक्षा नहीं कर सका, वह देश की मर्यादा की रक्षा कैसे कर सकता है? आतंकवादी हमारे क्षेत्र में हमले कर रहे हैं और हमें अपनी ही भूमि पर उनसे निपटना है। उन्हें बाहर से सहायता और बढ़ावा मिल रहा है। क्या हमने अपनी ही भूमि पर इस स्थिति का सामना करने के लिए हरसम्भव उपाय किए हैं? इस मामले में हमें अपना दिल टटोलना चाहिए।

हमने किसी सिद्धान्त के नाम पर 'दक्षेस' की बैठक में भाग नहीं लिया था। हमने एक सैनिक तानाशाह से बात करने से भी इन्कार किया और उसे मान्यता नहीं दी। इसके चलते हमारे ऊपर क्षेत्रीय सहयोग को आघात पहुँचाने का आरोप लगा। लेकिन इसके बाद ही हमने सैनिक तानाशाह को दोनों देशों के बीच सम्बन्ध सुधारने और आपसी सहयोग के उद्देश्य से आगरा वार्ता के लिए आमंत्रित कर लिया। हमारे इस

फैसले से पाकिस्तान के मुख्य सैनिक कार्यपालक को उस देश के राष्ट्रपति के रूप में मान्यता मिल गई। पहले हमने यह मान्यता देने से इन्कार कर दिया था लेकिन बाद में इस आशा से उन्हें मान्यता प्रदान कर दी कि इससे कई दशकों से चली आ रही दोनों देशों की आपसी समस्याओं को हल करने में सहायता मिल जाएगी। अपने लक्ष्य को प्राप्त करने का यह दूसरा प्रयास था। किन्तु हमें सफलता नहीं मिली। हमने अपने कदम से एक ऐसे व्यक्ति को विश्वसनीयता प्रदान कर दी, जिसे हम सभी बुराइयों की जड़ बताने का प्रयास कर रहे थे।

हाल में संसद भवन पर जो हमला हुआ उससे देश के भीतर गुस्सा स्वाभाविक है। सामान्य जनता इससे अवाक् रह गई। लेकिन हमारे सुरक्षाकर्मियों के साहस से देश एक बड़ी दुर्घटना से बच गया। इस घटना को लेकर पाकिस्तान के विरुद्ध अपनी प्रतिक्रिया व्यक्त करते समय हम यह भूल गए कि संसद के ऊपर सम्भावित आक्रमण की सूचना पहले मिल गई थी लेकिन हमने स्थिति से निपटने के लिए समुचित कदम नहीं उठाए। जो लोग इस कमी के लिए जिम्मेदार हैं, आज वह युद्धोन्माद का वातावरण पैदा करने में लग गए हैं। कुछ ही दिन पूर्व यही लोग वास्तविक नियंत्रण-रेखा को पार किए बिना आतंकवादियों का सफाया कर देने की बातें कर रहे थे। उनका यह रुख इसलिए था कि अमरीका ने उन्हें अफगानिस्तान के घटनाक्रमों के चलते इस प्रकार का कदम नहीं उठाने की सलाह दी थी। अब वही पुरानी बातें फिर दुहराई जा रही हैं और देश को आश्वासन दिया जा रहा है कि वास्तविक नियंत्रण-रेखा को पार किए बिना ही आतंकवादियों का सफाया कर दिया जाएगा। अब जबकि अमरीका पाकिस्तान को हरसम्भव समर्थन दे रहा है, यही नेता बिना समय गँवाये कह रहे हैं कि हमें पाकिस्तान के विरुद्ध लड़ाई छेड़ देनी चाहिए। देश को यह साफ तौर पर समझ लेना चाहिए कि हम आर्थिक रूप से दूसरों पर निर्भर होने और अस्त्र-शस्त्र के मामले में आत्मनिर्भर नहीं होने के कारण लम्बी लड़ाई नहीं लड़ सकते। लेकिन इसके बावजूद अगर हमारे ऊपर युद्ध लाद ही दिया गया तो देश पूरी ताकत से उसका सामना करेगा और हमारे देश की जनता तथा सशस्त्र सेनाएँ इस मामले में पीछे नहीं रहेंगी। आतंकवाद से लड़ने के और भी तरीके हो सकते हैं। इसके लिए हमें अपने गुप्तचर तंत्र को मजबूत करना होगा और आतंकवादियों के सम्भावित हमलों के बारे में सूचना मिलते ही फौरी कार्रवाई करनी होगी। इसके साथ ही हमें देश के भीतर एकता बनाए रखनी होगी। इस प्रकार की लड़ाई के लिए जनता के अन्दर विश्वास की भावना का होना बहुत जरूरी है। कूटनीतिक मोर्चे पर हमें राष्ट्राध्यक्षों को पत्र लिखने की बजाय आशियान, यूरोपीय यूनियन, दक्षेस तथा विश्व के अन्य संगठनों को पत्र लिखने चाहिए और उन्हें वस्तुस्थिति से अवगत कराना चाहिए। आज के सत्ताधारियों को यह बात ध्यान में रखनी चाहिए कि पंजाब में बिना युद्ध के हमने किस प्रकार आतंकवाद की चुनौती का सामना किया था।

(*यंग इंडियन*, अंक 5, दिसम्बर 22-28, 2001)

दलीय घेरे के बाहर

पाकिस्तान के लिए निर्णायक घड़ी

इसे दुर्भाग्यपूर्ण ही कहा जाएगा कि भारतीय उप-महाद्वीप के दो प्रमुख देश इतिहास में एक ऐसे नाजुक मोड़ पर खड़े हैं जहाँ विनाश की चिंगारी किसी भी क्षण एक भयंकर ज्वाला का रूप ले सकती है। इसमें कोई सन्देह नहीं है कि गत 13 दिसम्बर को भारतीय संसद पर जो हमला हुआ उससे देश में क्रोध और क्षोभ की एक लहर फैल गई। सत्तारूढ़ गठबन्धन के सबसे बड़े घटक से सम्बन्ध रखने वाले प्रधानमंत्री और गृहमंत्री की वाक्-चातुरी सरकार की इस अक्षमता को छिपा नहीं सकी कि तमाम घोषणाओं के बावजूद हम जम्मू-कश्मीर में बढ़ते हुए आतंकवाद पर काबू नहीं पा सके। क्योंकि पाकिस्तान अनेक आतंकवादी गुटों को निरन्तर पनाह देता रहा है इसलिए खलनायक के रूप में उसे चिह्नित करने में अधिक प्रयास की जरूरत नहीं पड़ी। मारो-मारो की आवाजें उठने लगीं। फौजों का जमावड़ा शुरू हो गया और देश में एक ऐसा वातावरण बना कि भारत पाकिस्तान के बीच चौथा युद्ध किसी भी समय शुरू हो सकता है।

दुनिया में ऐसे भी दार्शनिक और विचारक हुए हैं जिनका यह मानना है कि राष्ट्र को चुस्त-दुरुस्त रखने के लिए समय-समय पर देश को युद्ध में खड़ा करना आवश्यक है। उनका विचार है कि युद्ध के द्वारा जहाँ राष्ट्र का बल-पौरुष बना रहता है वहीं राष्ट्रभक्ति की भावना भी इससे बढ़ती है। हिटलर और मुसोलिनी जैसे लोग ऐसे ही दार्शनिकों के अनुयायी थे। उनका जो हश्र हुआ, उनके देशों ने जो यातनाएँ सहीं, वे इतिहास के पन्नों में अंकित हो गई हैं। सौभाग्यवश भारत ने एक राष्ट्र के रूप में इस सिद्धान्त को कभी महत्ता नहीं दी। भारतीय लोक मानस में कृष्ण की एक पूर्णावतार के रूप में मान्यता है। हम सभी किसी ऊहापोह की स्थिति में गीता से मार्गदर्शन प्राप्त करते हैं और प्रेरणा लेते हैं। लेकिन हम प्राय: यह भूल जाते हैं कि उन्होंने अन्तिम समय तक युद्ध टालने का प्रयास किया था।

युद्ध करने और युद्धोन्माद पैदा करने में अन्तर है। कब लड़ना, कहाँ लड़ना, ऐसे प्रश्न हैं जिन पर उत्तेजना और गुस्से में निर्णय नहीं लिया जाना चाहिए। हमारे एक पूर्व सेना प्रमुख ने वर्तमान सन्दर्भ में ठीक ही कहा कि जनता की भड़की हुई भावना के आधार पर युद्ध प्रारम्भ करने का फैसला नहीं लिया जा सकता और यह उचित भी नहीं होगा। एक अनिवार्य बुराई के रूप में युद्ध के आ पड़ने पर उसका डटकर मुकाबला करना ही एक परिपक्व राष्ट्र की पहचान है।

यह सन्तोष का विषय है कि इस समय अन्तरराष्ट्रीय जनमत आतंकवाद के खिलाफ है। विश्व व्यापार संगठन और पेंटागन पर हुए आतंकवादी हमले के बाद अमरीका का रुख भी बदला हुआ है। चीन और रूस जैसे देश भी अपने यहाँ अलगाववादी आतंकवाद से रूबरू हैं। ऐसे में पाकिस्तान पर कूटनीतिक दबाव बनाने में भारत को निश्चित रूप से सफलता मिलेगी। लेकिन इसी के साथ हमें इस बात

को बराबर ध्यान में रखना है कि अन्तरराष्ट्रीय क्षेत्र में सभी देश अपने-अपने राष्ट्रीय स्वार्थों को सामने रखकर ही अन्तिम निर्णय लेते हैं। रूस, चीन या अमरीका इसके अपवाद नहीं हैं। इसको दृष्टि में रखकर अगर हम अपने कूटनीतिक प्रयास आगे बढ़ाएँगे तो सफलता की सम्भावनाएँ और भी उज्ज्वल होंगी।

अमरीका द्वारा लश्कर-ए-तोयबा और जैश-ए-मोहम्मद को आतंकवादी संगठन घोषित करना निश्चित रूप से भारत के लिए प्रसन्नता की बात है। देर-सबेर पाकिस्तान के शासकों को इनके खिलाफ प्रभावी कदम उठाने ही पड़ेंगे। अगर पाकिस्तान सिर्फ दिखावटी कदमों तक अपने को सीमित रखता है तो यह उसके लिए महँगा साबित हो सकता है। यह जगजाहिर है कि पाकिस्तान के धार्मिक कट्टरपन्थी जनरल मुशर्रफ से इस बात के लिए खार खाए बैठे हुए हैं कि उन्होंने तालिबान को मझधार में छोड़कर अमरीका का साथ दिया। यह जनरल मुशर्रफ के अपने ही हित में है कि वे ऐसे तत्त्वों से निजात पाएँ। पाकिस्तान के आधिकारिक प्रवक्ता द्वारा भारत और पाकिस्तान के बीच किसी पारमाणविक युद्ध की सम्भावना से इनकार की बात स्वागत योग्य है। लेकिन इसे अमली जामा पहनाने की जरूरत है। यद्यपि आज पाकिस्तान में जनतंत्र नहीं है फिर भी उसके शासकों को एक स्वर्णिम अवसर मिला है कि वे धार्मिक कट्टरपन्थियों और आतंकवादियों के खिलाफ प्रभावी कदम उठाकर भारत-पाक सम्बन्धों में एक नए आधार की शुरुआत करें, जिससे दोनों देशों के बीच मैत्री और सौहार्द का वातावरण बन सके। आशा करनी चाहिए कि सम्बन्धित लोगों को सद्बुद्धि आएगी।

(*यंग इंडियन*, अंक 6, दिसम्बर 29, 2001-जनवरी 4, 2002)

✪✪✪